beck'sche reihe

b'sr'

Dieses Lexikon informiert in rund 1600 gut lesbaren Kurzbiographien präzise und faktenreich über die Personen, welche die deutsche Geschichte von den Anfängen bis zur Gegenwart nachhaltig geprägt haben. Berücksichtigt wurden Personen aus Politik und Kirche, Wirtschaft und Militär. Die Auswahl geht deutlich über herkömmliche Nachschlagewerke hinaus und schließt auch weniger bekannte Gestalten ein. Literaturangaben unter den Artikeln ermöglichen die gezielte Vertiefung. Ein zuverlässiges Vademekum nicht nur für Historiker, sondern für alle, die sich für deutsche Geschichte interessieren.

Udo Sautter ist Professor am Historischen Seminar der Universität Tübingen. Bei C.H.Beck erschienen von ihm unter anderem «Lexikon der amerikanischen Geschichte» (1997), «Das Buch der Jahrestage» (1999), «Geschichte Kanadas» (2000) sowie «Die 101 wichtigsten Personen der Weltgeschichte» (2002).

Udo Sautter

Biographisches Lexikon zur deutschen Geschichte

Verlag C. H. Beck

Die Deutsche Bibliothek – CIP-Einheitsaufnahme
Ein Titeldatensatz für diese Publikation ist bei
Der Deutschen Bibliothek erhältlich

Originalausgabe

© Verlag C.H. Beck oHG, München 2002
Gesamtherstellung: Druckerei C.H. Beck, Nördlingen
Umschlagentwurf: +malsy, Bremen
Umschlagabbildungen: *von oben nach unten:* Friedrich I. Barbarossa
(«Cappenberger Barbarossa-Kopf»), Kopfreliquar, um 1160; Königin Luise
von Preußen, unbez. Aquarell, 1806; Martin Luther, Gemälde von
Lucas Cranach d. Ä., 1532; Rosa Luxemburg, Porträtaufnahme, um 1905;
Ludwig Erhard, Porträtaufnahme, um 1963. Alle Fotos: AKG, Berlin
Printed in Germany
ISBN 3 406 47632 5

www.beck.de

Inhalt

Vorwort
7

Abkürzungen
9

Artikel A–Z
13

Register
433

Vorwort

Auf dem Büchermarkt wurde bisher kein handliches und erschwingliches Kompendium der hier vorgelegten Art angeboten, das rasch und zuverlässig Auskunft gewährt über die bedeutenderen Personen der deutschen Geschichte. Ich bin daher der Anregung des Verlags C.H. Beck gern gefolgt, diese Lücke zu schließen.

Eine gewisse Schwierigkeit bereitete freilich die Auswahl der zu berücksichtigenden Persönlichkeiten. Ich habe nach einiger Überlegung darauf verzichtet, etwa im Stile der *Neuen Deutschen Biographie* Menschen aus allen Lebens- und Wirkungsbereichen aufzuführen. Ein solches Unterfangen wäre bei der Begrenztheit des verfügbaren Platzes kaum zu bewältigen gewesen und hätte wohl auch insgesamt meine Kompetenz überfordert. Für viele der ausgesparten Gebiete, so etwa die Literatur, die Geisteswissenschaften oder die Künste, gibt es ohnehin bereits gut informierende und empfehlenswerte Werke. So beschränkt sich die hier getroffene Selektion hauptsächlich auf Personen, die traditionellerweise der Geschichte im engeren Sinn zugeschrieben werden, also vor allem solche, die an der Ausübung der Macht teilhatten, diese erstrebten oder ihr nahestanden. Dies schließt durchaus auch bekanntere Wirtschaftsführer ein. Historiker fallen zwar eigentlich nicht unter diese Definition, doch wurden wichtigere unter ihnen ebenfalls berücksichtigt.

Der erfaßte Raum ist zuerst derjenige des ostfränkischen und dann der des Heiligen Römischen Reiches sowie des Deutschen Bundes, des Deutschen Reiches, der Bundesrepublik und der DDR. Bei Personen dieses Raumes wurde auf den Zusatz «deutsch» für gewöhnlich verzichtet. Schweizer wurden bis 1648, Österreicher bis 1945 berücksichtigt.

Leitgedanke bei der Abfassung war, daß bei einem Nachschlagewerk die Vermittlung substantieller Fakten Vorrang haben muß vor interpretatorischer Evaluierung. Letztere wurde daher nur selten und ansatzweise gewagt. Wert wurde vielmehr gelegt auf Klarheit und Zuverlässigkeit. Sollte einem Benutzer trotzdem eine Unstimmigkeit begegnen, so bitte ich um Nachsicht und einen Hinweis an mich über den Verlag. Auch andere Anregungen werde ich gern entgegennehmen.

Der betreuende Lektor des Verlags, Herr Dr. Ulrich Nolte, hat auch die Arbeit an diesem Buch mit verständnisvoller Geduld begleitet. Die Korrektorin, Frau Dr. Brigitte Schillbach, hat es vor mancherlei Unstimmigkeiten und Unvollkommenheiten bewahrt. Beiden gilt mein guter Dank.

Tübingen, Frühjahr 2002 *U. Sautter*

Abkürzungen

Abg.	Abgeordnete, -n, -r	DKP	Deutsche Kommunistische Partei
ADGB	Allgemeiner Deutscher Gewerkschaftsbund Deutschlands	DNVP	Deutschnationale Volkspartei
allg.	allgemein	DP	Deutsche Partei
Aug.	August	dt.	deutsch
Bd.; Bde.	Band; Bände	Dtld.	Deutschland
bes.	besondere usw.; -s	DVP	Deutsche Volkspartei
Bf.	Bischof	e.	ein, eine usw.
BHE	Bund der Heimatvertriebenen und Entrechteten	eigtl.	eigentlich
		EKD	Evangelische Kirche in Deutschland
BVP	Bayerische Volkspartei	Erzbf.	Erzbischof
bzw.	beziehungsweise	europ.	europäisch
CDU	Christlich-Demokratische Union	ev.	evangelisch
		EWG	Europäische Wirtschaftsgemeinschaft
christl.-soz.	christlich-sozial		
Co.	Company	FDGB	Freier Deutscher Gewerkschaftsbund
ČSR	Tschechoslowakei		
CSU	Christlich-Soziale Union	FDJ	Freie Deutsche Jugend
		FDP	Freie Demokratische Partei
d. Ä.	der Ältere		
DDP	Deutsche Demokratische Partei	Febr.	Februar
		franz.	französisch
DDR	Deutsche Demokratische Republik	Frhr.	Freiherr
		FU	Freie Universität
DEFA	Deutsche Film AG	FVP	Freie Volkspartei
DemVP	Demokratische Volkspartei	geb.	geborene
		gen.	genannt
ders.	derselbe	Gesch.	Geschichte
Dez.	Dezember	Gestapo	Geheime Staatspolizei
DGB	Deutscher Gewerkschaftsbund	GVP	Gesamtdeutsche Volkspartei
d. Gr.	der Große	hannov.	hannoverisch
d. h.	das heißt	Hg.	Herzog
d. J.	der Jüngere	hgl.	herzoglich

hl.	heilig	NDB	Neue Deutsche Biographie
Hl.	Heilige/Heiliger		
Hrsg., Hrsgg.	Herausgeber, -in, -innen	NJ	New Jersey
		NPD	Nationaldemokratische Partei Deutschlands
i. B.	im Breisgau		
IG	Industriegewerkschaft	NSDAP	Nationalsozialistische Deutsche Arbeiterpartei
IN	Indiana		
insbes.	insbesondere		
internat.	international	Nov.	November
ital.	italienisch	NY	New York
Jan.	Januar	OKH	Oberkommando des Heeres
Jh.	Jahrhundert		
kath.	katholisch	Okt.	Oktober
Kf.	Kurfürst	OKW	Oberkommando der Wehrmacht
kfl.	kurfürstlich		
Kg.	König	östr.	österreichisch
kgl.	königlich	PA	Pennsylvania
konserv.	konservativ	PDS	Partei des Demokratischen Sozialismus
KPD	Kommunistische Partei Deutschlands		
		Präs.	Präsident
KPdSU	Kommunistische Partei der Sowjetunion	Prof.	Professor
		prot.	protestantisch
Ks.	Kaiser	Pseud.	Pseudonym
ksl.	kaiserlich	rd.	rund
k. u. k.	kaiserlich und königlich (Österreich-Ungarn)	SA	Sturmabteilung
		SBZ	Sowjetische Besatzungszone
KZ	Konzentrationslager	SD	Sicherheitsdienst (des Reichsführers SS)
LDPD	Liberal-Demokratische Partei Deutschlands		
		SED	Sozialistische Einheitspartei Deutschlands
Lit.	Literaturangabe(n)		
MA	Mittelalter		
MfS	Ministerium für Staatssicherheit	Sept.	September
		sog.	sogenannt
		soz.dem.	sozialdemokratisch
Mio.	Millionen	SPD	Sozialdemokratische Partei Deutschlands
MO	Missouri		
Mrd.	Milliarden	SS	Schutzstaffel
MSPD	Mehrheitssozialisten	stellv.	stellvertretend
Nachdr.	Nachdruck	Stellv.	Stellvertreter
nat.soz.	nationalsozialistisch	u.	und
NATO	North Atlantic Treaty Organization	u. a.	und andere, unter anderem

UdSSR	Union der Sozialistischen Sowjetrepubliken	v.a.	vor allem
u.T.	unter Teck	Vors.	Vorsitzende, -r
UN	United Nations	VT	Vermont
urspr.	ursprünglich	Wiss., wiss.	Wissenschaft, wissenschaftlich
USA	United States of America	Württ., württ.	Württemberg, württembergisch
USPD	Unabhängige Sozialdemokratische Partei Deutschlands	ZK	Zentralkomitee
		z.T.	zum Teil
usw.	und so weiter	zus.	zusammen

Adjektive auf -isch und -lich sind abgekürzt.

Wenn nicht näher bezeichnet oder durch den Kontext nicht klar anders erschließbar, handelt es sich bei im Text genannten Kaisern, Königen und anderen Amtsträgern um solche des Heiligen Römischen Reiches, des Deutschen Reiches oder der Bundesrepublik Deutschland.

Artikel A–Z

A

Abel, Karl August von (1844), Politiker, *17.9.1788 Wetzlar, †3.9.1859 München. Seit 1810 in bayer. Diensten, leitete er ab 1837 das bayer. Innen- u. ab 1840 das Finanzministerium. Wegen Benachteiligung der prot. Kirche verlor er 1846 die Leitung des Kirchen- u. Schulwesens. Die Affäre um L. ↑Montez führte 1847 zu seiner Entlassung. 1847–50 war er Gesandter in Turin.

Lit.: Heinz Gollwitzer, *Ein Staatsmann des Vormärz* (1993).

Abs, Hermann Josef, Bankfachmann, *15.10.1901 Bonn, †5.2.1994 Bad Soden. Nach e. Banklehre u. Aufenthalten in Amsterdam, London, den USA u. Lateinamerika trat er 1929 in das Bankhaus Delbrück, Schickler & Co. in Berlin ein, dessen Teilhaber er 1935 wurde. 1936 in den Vorstand der Berliner Wertpapierbörse u. 1937 in den der Dt. Bank berufen, wurde er 1938 Direktor der Auslandsabteilung der letzteren. 1948 Vorstandssprecher der Kreditanstalt für Wiederaufbau, wurde er bald zum führenden Bankier der Bundesrepublik u. war neben ↑Pferdmenges der wichtigste finanzpolit. Berater ↑Adenauers. Bei der Londoner Schuldenkonferenz 1951–53 leitete er die dt. Delegation. 1957–67 war er Vorstandssprecher u. 1967–76 Aufsichtsratsvors. der Dt. Bank. Als Aufsichtsratsmitglied bzw. -vors. auch vieler anderer Unternehmen erlangte er großen wirtschaftspolit. Einfluß.

Lit.: Manfred Pohl, *H. J. A.* (1981).

Ackermann, Anton [eigtl. Eugen Hanisch], Politiker, *25.12.1905 Thalheim (Erzgebirge), †4.5.1973 Berlin (Ost). Er trat 1926 der KPD bei u. kämpfte 1936–37 im Span. Bürgerkrieg. Danach ging er in die Sowjetunion u. betätigte sich dort im Nationalkomitee Freies Dtld. 1945 nach Dtld. zurückgekehrt, war er seit 1946 Mitglied der SED u. ihres ZK. 1949–53 Staatssekretär im Außenministerium der DDR, wurde er 1954 von allen Ämtern ausgeschlossen, 1956 jedoch rehabilitiert. Er nahm sich das Leben.

Adalbero ↑Albero.

Adalbert
HAMBURG-BREMEN:
Adalbert I., Erzbf., *um 1000, †16.3.1072 Goslar. Der Halberstädter Dompropst wurde von Kg. ↑Heinrich III. 1043 zum Erzbf. von Hamburg-Bremen ernannt. Als päpstl. Legat u. (1053) Vikar des Nordens erweiterte er seinen missionar. Einflußbereich bis Finnland, Island u. Grönland u. in das slaw. besiedelte Gebiet (um 1060 Gründung der Bistümer Mecklenburg u. Ratzeburg), scheiterte jedoch mit dem Plan e. nord. Patriarchats. Als Vormund des minderjährigen Kg.s

↑Heinrich IV. 1063–66 verdrängte er Erzbf. ↑Anno II. von Köln u. hatte bis 1066 maßgebl. Einfluß auf die Reichspolitik.

Lit.: Wolfgang Huschner, «A.», in Eberhard Holtz u. Wolfgang Huschner, Hrsgg., *Dt. Fürsten des MA* (1995).

MAGDEBURG:

Adalbert I., Erzbf., †20.6.981 Zscherben (bei Halle/Saale). Der vermutl. aus Lothringen stammende Mönch war 961–62 Missionsbf. in Rußland. 966 wurde er Abt der elsäss. Reichsabtei Weißenburg, wo er die Chronik Reginos von Prüm (um 840–915) für die Jahre 907–67 fortsetzte. Ks. ↑Otto I. ernannte ihn 968 zum Erzbf. von Magdeburg. Er widmete sich intensiv der Organisation von Erzbistum u. Kirchenprovinz wie auch der Missionstätigkeit u. förderte das Aufblühen der Domschule. In Dtld. wird er als Hl. verehrt (Tag: 20.6.).

Lit.: Olaf B. Rader, «A.», in Eberhard Holtz u. Wolfgang Huschner, Hrsgg., *Dt. Fürsten des MA* (1995).

MAINZ:

Adalbert, Erzbf., †23.6.1137. Seit 1106 leitete er als erster Kanzler Kg. ↑Heinrichs V. die Unterhandlungen mit der Kurie. 1109 wurde er zum Erzbf. von Mainz bestimmt u. 1111 mit Ring u. Stab belehnt. Seine anschließende Territorialpolitik brachte ihn in Gegensatz zum Ks., der ihn 1112–15 auf dem Trifels gefangenhielt. A. führte danach die Fürstenopposition wie auch die kirchl. Reformpartei an. Er hatte wesentl. Einfluß sowohl auf den Abschluß des Wormser Konkordats 1122, in dem der Ks. auf die Bf.sinvestitur verzichtete, als auch auf die Wahl Kg. ↑Lothars III. von Supplinburg.

Lit.: Peter Neumeister, «A. I. von Saarbrücken», in Eberhard Holtz u. Wolfgang Huschner, Hrsgg., *Dt. Fürsten des MA* (1995).

Adalbert [eigtl. Vojtech], Bf. von Prag, *um 956 Libice, †23.4.997 im Samland. Er stammte aus dem ostböhm. Fürstengeschlecht der Slavnikiden u. besuchte die Domschule in Magdeburg. 983 (?) als Bf. von Prag investiert, wirkte er mit wenig Erfolg gegen die heidn. Reaktion. 988–92 u. 995–96 zog er sich in e. röm. Kloster zurück. Bei e. Begegnung 996 mit Ks. ↑Otto III. konnte er diesen zur Fortsetzung der Ostmissionierung bewegen. Im Herbst 996 wurde ihm die Rückkehr nach Prag endgültig verwehrt, u. er ging für einige Monate an den Hof Hg. Stefans von Ungarn. Von dort reiste er mit Unterstützung des poln. Hg.s Boleslaw Chrobry als Missionar zu den heidn. Preußen, wo er den Märtyrertod erlitt. Sein freigekaufter Leichnam wurde nach Gnesen verbracht. 999 sprach ihn Papst Sylvester II. hl. (Tag: 25.8.). Als Otto im Jahre 1000 sein Grab besuchte, stiftete er das Erzbistum Gnesen. 1039 wurden A.s sterbl. Überreste nach Prag gebracht.

Lit.: Hans Hermann Henrix, Hrsg., *A. von Prag* (1997).

Adam von Bremen, Geschichtsschreiber, †12.10. nach 1081 u. vor

1085. Wohl aus Ostfranken kommend, wurde er 1066 in Bremen Domherr. Vor dem 11.6.1069 zum Domscholasten ernannt, verfaßte er in den 1070er Jahren e. Bf.sgesch. der Hamburger Kirche in vier Büchern.

Lit.: Franz-Josef Schmale, «A. von B.», in *Die dt. Literatur des MA: Verfasserlexikon.* Bd. I (1978), 50–54.

Adelheid, Ks.in, *um 931, †16.12. 999 Kloster Selz (Elsaß). Die Tochter Kg. Rudolfs II. von Burgund wurde 947 mit Kg. Lothar II. vermählt, dem Sohn u. Erben Kg. Hugos von Italien. Hugo starb 948, Lothar 950. Sie wurde daraufhin von Kg. Berengar II. nach dessen Usurpation der ital. Kg.sgewalt gefangengesetzt, da sie nicht zum Verzicht auf Italien bereit war. Sie erhielt jedoch Hilfe vom dt. Kg. ↑Otto I., der sich 951 in zweiter Ehe mit ihr als Erbin Italiens vermählte u. so die mittelalterl. Verbindung Dtld.s mit Italien begründete. Dieser Ehe entstammten u.a. Kg. ↑Otto II. u. ↑Mathilde, Äbtissin von Quedlinburg. 962 wurde A. an der Seite Ottos I. in Rom zur Ks.in gekrönt. Sie nahm an seinen Staatsgeschäften regen Anteil, verlor aber nach seinem Tod 973 ihren Einfluß an ihre Schwiegertochter ↑Theophanu. Mit letzterer zus. sicherte sie 983 dem minderjährigen ↑Otto III. den Thron u. leitete nach Theophanus Tod 991 mit Hilfe von Erzbf. ↑Willigis von Mainz die vormundschaftl. Regierung. Gebildet u. reformoffen, besaß sie freil. nicht die Energie Theophanus, was zu einigem Machtverlust des Reichs bes. im Osten führte. Als Freundin Burgunds unterstützte sie die Klosterreform von Cluny. Nach der Mündigerklärung Ottos III. 994 kam es bald zum Bruch mit diesem, u. sie zog sich in ihre Klosterstiftung Selz zurück. Eine der bedeutendsten Frauengestalten des Jh.s, wurde sie bald als Hl. verehrt u. 1097 kanonisiert (Tag: 16.12.).

Lit.: Werner Goez, *Lebensbilder aus dem MA* (1998); Bruno Keiser, *A.* (1999).

Adenauer, Konrad, Politiker, *5.1. 1876 Köln, †19.4.1967 Rhöndorf (bei Bonn). Der Jurist war 1901–03 als Gerichtsassessor, 1904–06 in e. Rechtsanwaltspraxis tätig. 1906 trat er der Zentrumspartei bei u. war 1906–17 Beigeordneter, 1917–33 Oberbürgermeister von Köln. 1920–33 Präs. des preuß. Staatsrates, forderte er wiederholt, das Rheinland aus Preußen zu lösen, nicht aber aus dem Reich. 1933 wurde er amtsenthoben u. 1934 sowie nach dem 20.7.1944 für einige Monate inhaftiert. Im Mai 1945 von der amerikan. Besatzungsmacht wieder als Kölner Oberbürgermeister eingesetzt, wurde er im Okt. von der brit. entlassen. Er baute ab 1945 die CDU mit auf u. war ab 1946 ihr Vors. in der brit. Zone, 1950–66 ihr Bundesvors. 1948–49 war er Präs. des Parlamentar. Rates, 1949–67 saß er im Bundestag. 1949 zum ersten Bundeskanzler der Bundesrepublik Dtld. gewählt, war er 1951–55 auch ihr Außenminister. Er betrieb von Anfang an e. auf Westintegration zielende Politik, welche 1950 die Mitgliedschaft im Europarat, 1951 in der Montanunion, 1954 in der Westeurop. Union, 1955 nach der Wiedererlangung der Souveränität in der NATO, 1957 in EWG u. Euratom brachte. Die Einbindung in das westl. Bündnissystem, für die auch e. Verteidigungsbeitrag zu leisten war, erschien ihm, da sie allein Freiheit sicherte, wichtiger als e. unter Verzicht auf diese Sicherheit vielleicht mögl. Wiedervereinigung mit dem kommunist. regierten Teil Dtld.s. Zentrales Anliegen war ihm die Aussöhnung mit Frankreich (Elysée-Vertrag 1963). Innenpolit. unterstützte er die Wirschaftspolitik ↑Erhards, welche bei Eingliederung der Flüchtlinge u. Vertriebenen e. enorme Wiederaufbauleistung vollbrachte («Wirtschaftswunder»). Sein zielbewußter, alle verfassungsrechtl. Vollmachten ausschöpfender Regierungsstil gewann ihm große polit. Autorität im In- u. Ausland, gleichzeitig aber auch starke Gegnerschaft. Als die CDU 1961 die absolute Mehrheit im Bundestag verlor, mußte er in Koalitionsverhandlungen mit der FDP seine weitere Amtszeit auf zwei Jahre begrenzen. Dementsprechend trat er 1963 als Bundeskanzler zurück.

Lit.: Hans-Peter Schwarz, *Die Ära A.* (2 Bde., 1981–83); ders., *A.* (2 Bde., 1986–91); Henning Köhler, *A.* (1994); Gösta von Uexküll, *K. A.* (⁸1998); Wilhelm von Sternburg, *A.* (2001); Charles Williams, *A.* (2001).

Adler, Friedrich, östr. Politiker, *9.7.1879 Wien, †2.1.1960 Zürich. Nach dem Studium der Physik war der Sohn von V. ↑A. 1911–14 Sekretär der östr. soz.dem. Partei in Wien. Im Ersten Weltkrieg agierte er gegen die patriot. Kriegspolitik seiner Partei u. erschoß am 21.10.1916 den östr. Ministerpräs.en Karl Graf Stürgk (*1859). Zum Tod verurteilt u. zu Kerker begnadigt, wurde er am 2.11.1918 amnestiert. Bis Juni 1919 gelang es ihm als Vors. des Reichsvollzugsausschusses der Arbeiterräte, gegen kommunist. Druck die Errichtung e. Räterepublik in Österreich zu verhindern. Er war dann Mitglied der Konstituierenden Nationalversammlung (1919–20) u. des Nationalrats (1920–23). Ab 1921 wandte er sich der Neuorganisation des internat. Sozialismus zu u. war 1923–40 Generalsekretär der Internationale der Sozialist. Arbeiterparteien. Ab 1940 im Exil in den USA, kam er 1946 nach Europa zurück.

Lit.: Rudolf G. Ardelt, *F. A.* (1984).

Adler, Victor, östr. Politiker, *24.6.1852 Prag, †11.11.1918 Wien. Aus großbürgerl.-jüd. Familie stammend, lernte er als niedergelassener Arzt (ab 1883) die Elendsverhältnisse der Arbeiterschaft kennen. Nach anfängl. Verbindungen zu den Dt.-nationalen zog er sich wegen deren wachsendem Antisemitismus zurück u. ging nach persönl. Begegnungen mit ↑Engels, W. ↑Liebknecht u. ↑Bebel zur Sozialdemokratie über. Seine große polit. Leistung war danach der Aufbau e. geschlossenen soz.-dem. Massenpartei. Auf dem Hainfelder Parteitag (Jahreswende 1888–89) gelang die Vereinigung des gemäßigten mit dem von ↑Kautsky geführten orthodox-marxist. Flügel zur Soz.dem. Partei Österreichs, womit die Grundlage für die Herausbildung des Austromarxismus geschaffen war. Als Begründer des offiziellen Parteiorgans, der *Arbeiterzeitung*, u. Mitbegründer der II. Internationale (beides 1889) war er bald unbestrittener Parteiführer. 1905–18 Mitglied des östr. Abg.-hauses, hatte er maßgebl. Anteil an der Einführung des allg. Wahlrechts (1907). Im Ersten Weltkrieg unterstützte er die Kriegspolitik der Regierung. Nach dem Zus.bruch Österreich-Ungarns 1918 war er Mitglied der östr. Nationalversammlung. In der provisor. Regierung Dt.-Österreichs amtierte er als Staatssekretär des Äußeren (Okt.–Nov. 1918) u. gab den Anstoß zu dem Votum für den Anschluß an das Dt. Reich.

Lit.: Lucian O. Meysels, *V. A.* (1997).

Adolf

HEILIGES RÖMISCHES REICH:

Adolf von Nassau, Kg., *um 1250, †2.7.1298 bei Göllheim (Rheinpfalz). Nach dem Tod Kg. ↑Rudolfs von Habsburg wurde er 1292 in Frankfurt einstimmig zum Kg. gewählt, da die Kf.en vor der Wahl ↑Albrechts I., des energ. Sohns Rudolfs, zunächst zurückschreckten u. von Adolf weitgehende Zugeständnisse erhielten. Nur gering begütert, aber von einiger Bildung, war er darauf angewiesen, sich e. eigene Hausmacht aufzubauen. Nach dem Aussterben der dortigen Wettiner nahm er die Mark Meißen als erledigtes Reichslehen an sich, die Landgrafschaft Thüringen erwarb er 1294 käufl. Diese Politik machte ihn aber zum Gegner der Kf.en, die sich nun mit Albrecht gegen ihn verbanden. 1297 sah er sich mit e. überlegenen Koalition von Böhmen, Mainz u. Österreich konfrontiert. Auf Betreiben des Mainzer Erzbf.s Gerhard II. (1230–1305) wurde er im Juni 1298 abgesetzt u. Albrecht zum Kg. erhoben. Beim Versuch, seinen Anspruch zu behaupten, fiel er in der Entscheidungsschlacht gegen Albrecht bei Göllheim. Sein Kg.tum wurde damit e. Opfer der Interessen jener Kf.en, die es ins Leben gerufen hatten.

Lit.: Gerhard Hartmann, «Kg. A. von N.», in ders. u. Karl Rudolf Schnith, Hrsgg., *Die Ks.* (1996).

KÖLN:

Adolf I., Erzbf., *um 1157, †15.4.1220 Neuß. 1183 Domdekan in Köln, wurde er 1191 Dompropst u. 1193 Erzbf. Er focht die 1198 erfolgte Wahl ↑Philipps von Schwaben zum dt. Kg. an u. krönte vielmehr ↑Otto IV. in Aachen. 1204 trat er jedoch zu Philipp über, den er 1205 ebenfalls in Aachen krönte, woraufhin er von Papst Innozenz III. gebannt u. 1205 abgesetzt wurde.

Lit.: Hugo Stehkämper, «Der Kölner Erzbf. A. von Altena u. die dt. Kg.swahl (1195–1205)», in *Histor. Zeitschrift*, N.F. (1973), Beiheft 2.

MAINZ:

Adolf I., Erzbf., *um 1353, †6.2.1390 Heiligenstadt. Der nassau. Adlige war 1372–88 Bf. von Speyer u. wurde 1371 u. nochmals 1373 zum

Erzbf. von Mainz gewählt. 1386 wurde unter seiner Beteiligung der rhein. Münzverein gegründet. 1389 erlangte er die päpstl. Erlaubnis zur Gründung der Universität Erfurt.

Holstein:
Adolf I., Gf. von Schauenburg u. Holstein, †13.11.1128. Um 1111 wurde er mit Hamburg u. Gütern im Holstein. belehnt. Er betrieb e. aktive Städte- u. Burgenpolitik, begann um 1120 in Hamburg Fernhändler anzusiedeln u. hinderte die dän. Ausdehnung nach Süden. Seine Regierung begründete die Herrschaft des Hauses Schauenburg in Holstein.

Adolf II., Graf von Schauenburg u. Holstein, †6.7.1164 Demmin (Pommern). Er trat 1130 die Nachfolge seines Vaters an. Alsbald holte er dt. Kolonisten aus seiner Grafschaft, aus Westfalen, Friesland u. Holland in die neueroberten Gebiete Ostholsteins u. leitete damit die mittelalterl. dt. Besiedlung der Ostseeküstenländer ein. Auch errichtete er wieder das Bistum Oldenburg in Holstein, das 1149 mit dem Slawenapostel ↑Vizelin besetzt wurde. 1143 gründete er die Kaufmannssiedlung Lübeck als erste dt. Stadt an der Ostsee. Er fiel im Dienst Hg. ↑Heinrichs des Löwen bei der Niederwerfung des mecklenburg. Slawentums.

Aehrenthal, Aloys Frhr. (1909 Graf) Lexa von, östr. Politiker, *27.9.1854 Groß-Skal (Böhmen), †17.2.1912 Wien. Der Jurist trat 1877 in den östr.-ungar. diplomat. Dienst u. war dann Gesandter in Bukarest (1895–98) sowie Botschafter in St. Petersburg (1899–1906). Als Außenminister (1906–12) suchte er die Balkanstellung der Donaumonarchie zu stärken. Die diplomat. nicht genügend vorbereitete Annexion der seit 1878 besetzten Territorien Bosnien u. Herzegowina 1908 löste jedoch den Widerspruch Rußlands, aber auch Serbiens, der Türkei u. Großbritanniens u. damit e. erst 1909 beigelegte Krise aus. Er widersetzte sich andererseits der Absicht des Generalstabschefs ↑Conrad von Hötzendorf, e. Präventivkrieg gegen Serbien zu führen, weshalb er 1911 entlassen wurde.

Lit.: W(ilhelm) M. Carlgren, *Iswolsky u. A.* (1955); Solomon Wank, Hrsg., *Aus dem Nachlaß A.* (2 Bde., 1994).

Agartz, Viktor, Gewerkschafter, *15.11.1897 Remscheid, †9.12.1964 Bensberg. Er trat 1915 der SPD bei u. war bis 1933 Vorstand der Kölner Konsum-Genossenschaft. Nach 1945 war er maßgebl. beteiligt am Wiederaufbau der SPD u. des DGB, dessen Wirtschaftswiss. Institut er 1948–55 leitete. Sein Festhalten am Marxismus führte 1959 zu seinem Parteiausschluß.

Agnes, Ks.in, *um 1025, †14.12.1077 Rom. Die Tochter Hg. Wilhelms V. von Aquitanien u. Poitou wurde 1043 die zweite Gemahlin des verwitweten Kg.s ↑Heinrich III. Wie dieser, stand sie der kirchl. Reformbewegung nahe. Als Heinrich 1046 in Rom die Ks.würde empfing, wurde sie mit ihm gekrönt. Nach dessen Tod 1056 führte sie die Regentschaft für ihren 1054 zum Kg. gekrönten minderjährigen Sohn ↑Heinrich IV. Ohne festen Beraterkreis, oft schwankend u. leicht beeinflußbar, regierte sie wenig glückl. Nach dem Tod Papst Viktors II. brüskierte sie die Kurie durch die Aufstellung e. Gegenpapstes (Honorius II.). Die Hg.tümer wurden an zu mächtige Adlige vergeben, so Schwaben 1057 an ↑Rudolf von Rheinfelden u. Bayern 1061 an ↑Otto von Northeim. Als sie 1061 den Schleier nahm, entriß ihr Erzbf. ↑Anno II. von Köln 1062 die Regentschaft. Sie zog sich daraufhin nach Rom zurück, wo sie sich mit Papst Alexander II. aussöhnte u. verblieb.

Lit.: Mechthild Black-Veldtrup, *Ks.in A.* (1995).

Agricola, Georgius [eigtl. Georg Bauer], Naturforscher, *24.3.1494 Glauchau, †21.11.1555 Chemnitz. Nach dem Studium der Philosophie u. Theologie war er ab 1527 Stadtarzt in St. Joachimsthal u. ab 1533 in Chemnitz. In diesen Bergwerkszentren beschäftigte er sich, als erster seit der Antike, empir. mit mineralog. Heilmitteln u. legte damit die Grundlagen für e. wiss. Mineralogie. Sein Werk *De re metallica* (1556) blieb für Generationen wegweisend.

Lit.: Hans Hartmann, *G. A.* (1953).

Albero (Adalbero), Erzbf. von Trier, *um 1080 Montreuil (bei Toul, Frankreich), †18.1.1152 Koblenz. Er wurde 1131 zum Erzbf. von Trier gewählt u. 1137 zum päpstl. Legaten in Dtld. ernannt. Als Reformanhänger begünstigte er Zisterzienser u. Prämonstratenser durch Kloster- u. Stiftsgründungen.

Lit.: Ursula Vones-Liebenstein, «Neue Aspekte zur Wahl Konrads III.», in Hanna Vollrath u. Stefan Weinfurter, Hrsgg., *Köln – Stadt u. Bistum* (1993).

Albert ↑Albrecht II., Erzbf. von Magdeburg.

Albert I., Bf. von Riga, *um 1165 bei Bremen, †17.1.1229 Riga. Einer Bremer Ministerialenfamilie entstammend, war er Domherr u. Leiter der Domschule in Bremen. 1199 wurde er zum Missionsbf. von Livland geweiht u. begann im folgenden Jahr mit Hilfe e. Kreuzfahrerheeres die Unterwerfung u. Bekehrung. Mit gotländ. Kaufleuten gründete er 1201 Riga als seinen Bf.ssitz. Kg. ↑Philipp von Schwaben belehnte ihn 1207 als Reichsfürst mit Livland. Er mußte aber auf Weisung des Papstes für ein Drittel seines Gebiets seine Landesherrschaft dem 1202 gestifteten Schwertbrüderorden abtreten, der ihn bei der Christianisierung unterstützte. Auch die Esten wurden bis 1227 unterworfen. 1214 konnte er die Exemtion seines Bistums erreichen, wodurch dieses von der Bremer Metropolitanautorität unabhängig wurde. Die ebenfalls angestrebte Erhebung zum Erzbistum vermochte er jedoch nicht durchzusetzen. Er wurde in Riga als Hl. verehrt (Tag: 1.6.).

Lit.: Gisela Gnegel-Waitschies, *Bf. A. von Riga* (1958).

Albert, Kg. von Sachsen, *23.4. 1828 Dresden, †19.6.1902 Sibyllenort (Schlesien). Nach Teilnahme an den Kriegen gegen Dänemark 1849 u. Preußen 1866 kommandierte er im Dt.-franz. Krieg 1870/71 erfolgreich die Maasarmee. 1873 folgte er seinem Vater auf den sächs. Thron. Krit. nicht nur gegenüber O. von ↑Bismarck, sondern auch der Sozialdemokratie, führte er 1896 das Dreiklassenwahlrecht ein.

Lit.: Konrad Sturmhoefel, *Kg. A. von S.* (1898).

Albertz, Heinrich, Politiker, *22.1. 1915 Breslau, †18.5.1993 Bremen. Der Theologe, Mitglied der Bekennenden Kirche, wurde 1943 wegen seines Eintretens für ↑Niemöller zu Gefängnis verurteilt. 1947–55 saß er in Niedersachsen im Landtag (SPD), 1948 wurde er dort Flüchtlings- u. 1951 Sozialminister. 1955–61 war er in Berlin Senatsdirektor, danach Senator für Inneres (1961–63), Bürgermeister u. Senator für Polizei (1963–66) u. schließl. Regierender Bürgermeister (1966–67).

Lit.: Jacques Schuster, *H. A.* (1997).

Albrecht

Heiliges Römisches Reich:

Albrecht I., Kg., *um 1255, †1.5. 1308 bei Brugg (Schweiz). Der älteste Sohn Kg. ↑Rudolfs von Habsburg wurde 1282 von seinem Vater gemeinsam mit seinem Bruder Hg. Rudolf (1271–90) mit Österreich, Steiermark, Kärnten u. Krain belehnt, 1283 jedoch zum alleinigen Landesherrn bestimmt. Der Vater vermochte zu seinen Lebzeiten nicht, ihm auch die Thronfolge zu sichern; vielmehr wurde nach des Vaters Tod bei der Kg.swahl 1292 wegen der wachsenden habsburg. Territorialmacht ↑Adolf von Nassau gewählt. Im Kurkolleg trat jedoch e. Stimmungsumschwung ein, u. nach der Absetzung Adolfs u. dessen Tod in der Schlacht bei Göllheim 1298 wurde A. in Frankfurt/Main doch erhoben. Allerdings mußte er sich bald wegen Zollfragen u.a. gegen die rhein.Kf.en durchsetzen. Dies gelang ihm durch Verständigung anfangs mit Kg. Philip IV. von Frankreich, später mit Papst Bonifatius VIII. Bemüht, sich e. starke Hausmacht zu schaffen, versuchte er nach dem Tod Kg. Wenzels III. 1306, Böhmen als erledigtes Reichslehen für seinen Sohn Rudolf einzuziehen. Dieser starb jedoch 1307. Ebenso mißlang sein Versuch, sich Thüringen-Meißen zu sichern. Er erlag e. Mordanschlag des Johann Parricida (um 1290–nach 1312), e. Sohns seines Bruders Rudolf, der vergebl. Entschädigung gefordert hatte für die seinem Vater anläßl. des 1283 erfolgten Verzichts versprochene, aber nie zuteil gewordene Abfindung.

Lit.: Alphons Lhotsky, *Gesch. Österreichs seit der Mitte des 13. Jh.s* (1967); Richard Reifenscheid, «Kg. A. I.», in Gerhard Hartmann u. Karl Rudolf Schnith, Hrsgg., *Die Ks.* (1996).

Albrecht II., Kg., *16.8.1397, †27.10.1439 bei Gran (Ungarn). Der

Sohn Albrechts IV. von Österreich (1377–1404) übernahm 1411 als Hg. A.V. die Herrschaft in seinen Erblanden. 1421 vermählte er sich mit Elisabeth (1409–42), der einzigen Tochter Ks. ↑Sigismunds, Erbin von Ungarn u. Böhmen. Nach Sigismunds Tod wurde er 1438 gegen weitreichende Zugeständnisse an den einheim. Adel zum Kg. von Ungarn u. zum Kg. von Böhmen erhoben. Im gleichen Jahr wurde er in Frankfurt/Main einstimmig zum dt. Kg. gewählt, allerdings nie gekrönt. Da er im Osten u. Südosten des Reichs gegen Hussiten, Polen u. Türken kämpfen mußte, konnte er kaum wirkungsvoll in die Belange des Reichs eingreifen. Im Streit zwischen dem Konzil von Basel u. dem von diesem abgesetzten Papst Eugen IV. bemühte er sich um Vermittlung. Eine starke Persönlichkeit, war ihm nicht genügend Regierungszeit vergönnt, um über Ansätze zu e. eigenständigen Reichspolitik auf territorialer Grundlage hinauszukommen. Er starb auf e. Feldzug zur Türkenabwehr an der Ruhr. Mit ihm begann die – bis auf ↑Karl VII. – ununterbrochene Herrschaftsfolge der Habsburger im Reich.

Lit.: Günther Hödl, *A. II.* (1978).

BAYERN:
Albrecht III. der Fromme, Hg., *27.3.1401 München, †29.2.1460 ebd. Am Prager Hof erzogen, nahm er am Zug gegen die Hussiten teil. Er wurde vermutl. heiml. 1432 mit A. ↑Bernauer vermählt. Während seiner 1438 beginnenden Regierungszeit lehnte er die ihm vom böhm. Landtag angebotene Krone ab. Sein Bestreben, die Klöster zu reformieren, trug ihm den Beinamen «der Fromme» ein.

Lit.: Gerda M. Lucha, *Kanzleischriftgut* (1993).

Albrecht IV. der Weise, Hg., *15.12.1447 München, †18.3.1508 ebd. Er erreichte die Alleinherrschaft 1467 durch den Tod bzw. Verzicht seiner Brüder 1467 u. 1493. Im Bestreben, seine Hausmacht zu erweitern, unterwarf er die niederbayer. Ritterschaft, scheiterte jedoch bei dem Versuch, Regensburg zu mediatisieren. Die Wiedervereinigung Ober- u. Niederbayerns gelang durch den Landshuter Erbfolgekrieg 1504–05. Das Primogeniturgesetz von 1506 schuf dann die Grundlage für den dauernden Zus.halt der Territorien.

Albrecht V. der Großmütige, Hg., *29.2.1528 München, †24.10.1579 ebd. Er trat 1550 die Regierung an. Die Schuldenlast seines Hg.tums ließ ihn anfängl. seinen reformator. gesinnten Landständen gegenüber tolerant auftreten. Von e. vermuteten Adelsverschwörung aufgeschreckt, begann er jedoch 1563 als erster dt. weltl. Fürst mit der strikten Durchführung der Gegenreformation. Durch die Gründung der Hofbibliothek, des Antiquariums u. der Kunstkammer förderte er das Ansehen Münchens als Kunststadt.

Lit.: Maximilian Lanzinner, *Fürst, Räte u. Landstände 1511–1598* (1980).

BRANDENBURG:

Albrecht I. der Bär, Markgraf, *um 1100, †18.11.1170. Der einzige Sohn des askan. Grafen Otto von Ballenstedt (†1123) bemächtigte sich 1124 der Niederlausitz, die ihm Kg. ↑Lothar III. 1125 verlieh, die er jedoch 1131 durch Ungnade des Kg.s wieder verlor. Für die Teilnahme am Romzug Lothars 1132–33 belehnte ihn dieser 1134 mit der Nordmark (Altmark). Nahe Freundschaft mit dem christl. Hevellerfürsten Pribislaw-Heinrich (†1150) brachte ihm 1127 die Zauche südwestl. von Berlin u. nach dessen Tod das Havelland mit Brandenburg ein. Durch Besiedlung mit niederrhein., fries. u. sächs. Kolonisten baute er das dünn von Slawen bevölkerte Gebiet ohne deren gewaltsame Ausrottung zu e. dt. Territorium aus (Mark Brandenburg). Unter Mitwirkung des Prämonstratenserordens christianisierte er das Land, förderte den Burgen- u. Städtebau u. gründete die seit dem Slawenaufstand 983 verwaisten Bistümer Havelberg u. Brandenburg neu. Zwar war er e. reichstreuer Anhänger der stauf. Kg.smacht, doch konnte er seinen Erbanspruch auf das Hg.tum Sachsen (Kg. ↑Konrad III. hatte ihn 1138 damit belehnt) gegen seinen Rivalen Hg. ↑Heinrich den Löwen nicht behaupten. Er gilt als der Gründer des brandenburg. Staates.

Lit.: Eberhard Schmidt, *Die Mark Brandenburg unter den Askaniern* (1973); Helmut Assing, «A. der B.», in Eberhard Holtz u. Wolfgang Huschner, Hrsgg., *Dt. Fürsten des MA* (1995).

Albrecht III. Achilles, Markgraf, Kf., *9.(24.?)11.1414 Tangermünde, †11.3.1486 Frankfurt/Main. Der dritte Sohn Kf. ↑Friedrichs I. von Brandenburg übernahm nach dem Tod des Vaters 1440 die Regierung des fränk. «Unterlandes» in Ansbach, wozu 1464 noch das fränk. «Oberland» Kulmbach-Bayreuth mit der Plassenburg kam. Im sog. 1. Markgräfler Krieg 1449–51 bemühte er sich vergebl., Nürnberg zu unterwerfen, wie auch sein Versuch, e. Hg.tum Franken für die Hohenzollern zu errichten, durch seine Niederlage bei Giengen 1462 gegen seine von Bayern geführten Nachbarn erfolglos blieb. Nach der Abdankung seines Bruders Kf. ↑Friedrich II. (1413–71) 1470 übernahm er auch die Regierung der Mark Brandenburg u. erhielt die Kurwürde. 1473 legte er durch die «Dispositio Achillea» die Primogenitur u. die Unteilbarkeit der Mark fest; die beiden fränk. Fürstentümer sprach er seinen jüngeren Söhnen zu.

Lit.: Erhard Waldemar Kanter, *Markgraf A. A. von Brandenburg* (1911).

Albrecht Alcibiades, Markgraf von Brandenburg-Kulmbach, *28.3.1522 Ansbach, †8.1.1557 Pforzheim. Prot. erzogen, trat er 1541 die Regierung in Kulmbach u. Bayreuth an. Erbstreit mit seinen Verwandten brachte ihn im Schmalkald. Krieg 1546–47 auf die ksl. Seite, doch schloß er sich 1550 wieder ↑Moritz von Sachsen an u. vermittelte 1552 den Vertrag von Chambord, in dem Metz, Toul u. Verdun Frankreich überlassen wurden. Im von ihm angezettelten Markgräflerkrieg 1552–53 wurde er geschlagen. 1554 wurde die Reichsacht über ihn verhängt, u. er verlor seine fränk. Besitzungen.

Lit.: Otto Kneitz, *A. A.* (²1982).

Magdeburg:
Albrecht II. (Albert), Erzbf., *um 1170, †15.10.1232. Aus thüring. Adel, wurde er 1205 als Anhänger Kg. ↑Philipps von Schwaben zum Erzbf. ernannt u. 1206 vom Papst geweiht. Nach Philipps Ermordung 1208 verhalf er Kg. ↑Otto IV. zur Anerkennung in ganz Dtld., wurde jedoch von diesem geächtet, als er sich 1212 für die Wahl ↑Friedrichs II. zum Kg. einsetzte. Der Neubau des 1207 abgebrannten Magdeburger Doms ist sein Verdienst.

Mainz:
Albrecht II., Markgraf von Brandenburg, Erzbf., *28.6.1490 Berlin, †24.9.1545 Mainz. Der Hohenzoller wurde 1513 Erzbf. von Magdeburg sowie Administrator von Halberstadt. Danach ohne Theologiestudium zum Priester geweiht, wurde er 1514 Erzbf. von Mainz, 1518 Kardinal. Zur Bezahlung der hohen Pallien- u. Dispensgelder verwendete er teilweise Mittel aus e. urspr. für den Bau der Peterskirche in Rom betriebenen Ablaßhandel, gegen dessen Auswüchse sich M. ↑Luther in seinen Ablaßthesen wandte. A. tolerierte anfangs die Reformation in seinen Gebieten, bekämpfte sie aber in den 1540er Jahren. Ein typ. Renaissancefürst, förderte er humanist. Bestrebungen u. die Künste.

Lit.: Friedhelm Jürgensmeier, Hrsg., *Erzbf. A. von Brandenburg* (1991).

Österreich:
Albrecht III., Hg., *1349, †29.8.1395 Laxenburg (bei Wien). Nach dem Tod seines Bruders ↑Rudolf IV. erhielt er 1379 durch Teilung mit seinem jüngeren Bruder Leopold III. (1351–86) Nieder- u. Oberösterreich. Er erreichte für die Wiener Universität die Einrichtung e. theolog. Fakultät u. erlangte von den Wittelsbachern 1369 die Anerkennung der habsburg. Herrschaft über Tirol. Gegen die Eidgenossen konnte er sich 1388 in der Schlacht bei Näfels nicht durchsetzen.

Albrecht VI., Erzhg. (1453), *1418 Wien, †2.12.1463 ebd. Sein Bruder Ks. ↑Friedrich III. überließ ihm 1446 die Herrschaft in den Vorlanden, wo er 1457 die Universität Freiburg i. B. gründete. 1458 erhielt er auch Oberösterreich. Sein gewaltsamer Versuch ab 1461, die gesamte Herrschaft an sich zu bringen, scheiterte.

Albrecht, Erzhg., Hg. von Teschen, östr. Feldmarschall, *3.8.1817 Wien, †18.2.1895 Arco (bei Trient). Der älteste Sohn Erzhg. ↑Karls war 1844–48 kommandierender General von Nieder- u. Oberösterreich u. amtierte 1851–60 widerwillig als Militär- u. Zivilgouverneur in Ungarn. 1863 zum Feldmarschall ernannt, errang er 1866 als Kommandant der Südarmee den Sieg über die Italiener bei

Custozza. Nach der Schlacht bei Königgrätz löste er 1866 ↑Benedek im Oberbefehl über die ksl. Armee ab u. widmete sich deren Reorganisation. 1870 Frankreich zuneigend, sprach er sich nach 1878 für e. engeren Anschluß an Dtld. aus.

PREUSSEN:
Albrecht, Markgraf von Brandenburg-Ansbach, Hochmeister, Hg. in Preußen, *17.5.1490 Ansbach, †20.3.1568 Tapiau. 1507 Domherr in Köln, wurde er 1511 zum Hochmeister des Dt. Ordens gewählt. Unter dem Einfluß Andreas Osianders (1498–1552) u. M. ↑Luthers wandte er sich der Reformation zu. Im den «Reiterkrieg» endgültig abschließenden Frieden von Krakau 1525 stimmte er der Umwandlung des Ordensstaats in e. poln. erbl. Lehen zu. 1526 führte er die Reformation in Preußen ein u. gründete 1544 die Universität Königsberg.
Lit.: Walther Hubatsch, *A. von Brandenburg-Ansbach* (1960).

SACHSEN:
Albrecht der Beherzte, Hg., *31.7.1443 Grimma, †12.9.1500 Emden. Der Sohn des Kf.en ↑Friedrich II. des Sanftmütigen von Sachsen übernahm nach dessen Tod 1464 zus. mit seinem älteren Bruder ↑Ernst die Herrschaft. Er strebte 1471 vergebl. die böhm. Krone an. In der Leipziger Teilung der wettin. Lande 1485 erhielt er den meißn. Teil mit Dresden u. wurde so zum Begründer der albertin. Linie der Wettiner. Er zentralisierte seine Finanzen, die durch neue Silberfunde u. die Gründung von Annaberg u. Schneeberg stark gehoben wurden. Eifriger Gefolgsmann des Ks.s, führte er 1487 das Reichsheer gegen den ungar. Kg. Matthias Corvinus (1443–90). 1488 wurde er Statthalter der Niederlande, deren Aufstand er 1492 unterdrückte. 1498 wurde er von Ks. ↑Maximilian I. zum «ewigen Gubernator» von Westfriesland ernannt.
Lit.: Dietmar Fuhrmann, Hrsg., *Hg. A. der Beherzte* (2000).

Albrecht, Ernst, Politiker, *29.6.1930 Heidelberg. Der promovierte Volkswirt war nach e. Karriere in internat. Institutionen 1970–90 Mitglied des Landtags von Niedersachsen. Als Ministerpräs. (1976–90) setzte er mit der Neuordnung des NDR-Staatsvertrags die Zulassung privater Sender durch.

Aldringen, Johann von, Feldmarschall, *10.12.1588 Luxemburg, †22.7.1634 Landshut. Der aus ärml. Verhältnissen stammende A. stand 1621–23 in bayer. Diensten u. wechselte dann ins ksl. Heer. Seit 1625 Regimentsinhaber u. Vertrauter ↑Wallensteins, wurde er 1627 in den Frhr.-enstand u. 1632 in den Reichsgrafenstand erhoben. 1630 eroberte er Mantua. Nach ↑Tillys Tod übernahm er 1632 als Feldmarschall den Befehl über die Truppen der Liga. In das Komplott gegen Wallenstein verwickelt, fiel er bei der Verteidigung Landshuts gegen die Schweden.

Alfons X. der Weise, Gegenkg., *26.11.1221 Toledo, †4.4.1284 Sevilla. Der Enkel ↑Philipps von Schwaben wurde 1252 Kg. von Kastilien u. Léon. 1255 beanspruchte er das Hg.tum Schwaben als mütterl. Erbteil. 1257 wurde er mit franz. Unterstützung u. unter Anführung des Erzbf.s von Trier, Arnold II. (†1259), gegen ↑Richard von Cornwall zum röm. Kg. u. Ks. gewählt. Obwohl er nie nach Dtld. kam, bemühte er sich danach fast zwei Jahrzehnte lang um päpstl. Anerkennung. Die Wahl ↑Rudolfs von Habsburg 1273 beendete jede realist. Hoffnung hierauf.

Lit.: Joseph F. O'Callaghan, *The Learned King* (Philadelphia, 1993).

Alkuin, angelsächs. Theologe, *um 730 Northumbrien, †19.5.804 Tours. Der anglosächs. Adlige leitete seit 778 die Domschule in York. Kg. ↑Karl I. d. Gr. rief ihn 781 ins Frankenreich, wo er 796 Abt von St. Martin in Tours wurde u. auch der Hofschule vorstand. Wichtigster Berater Karls in geist. u. religiös. Fragen, wurde er e. der Begründer der sog. karoling. Renaissance.

Lit.: Luitpold Wallach, *Alcuin and Charlemagne* (Ithaca NY, ²1968); Marie-Hélène Jullien, *Alcuin* (Turnhout, 1999).

Altenstein, Karl Frhr. vom Stein zum, Politiker, *1.10.1770 Schalkhausen (bei Ansbach), †14.5.1840 Berlin. Aus altem fränk. Reichsadel stammend, trat er 1793 in den von ↑Hardenberg geleiteten ansbach. Verwaltungsdienst ein. 1799 kam er an das Generaldirektorium nach Berlin, wo er 1803 Geheimer Oberfinanzrat wurde u. die Rigaer Denkschrift zur Reform der preuß. Monarchie (1807) ausarbeitete, allerdings auch ↑Steins Sturz betrieb. 1808–10 war er preuß. Finanzminister, 1813–15 Zivilgouverneur von Schlesien. Als Minister für Kultus, Unterricht u. Medizinalwesen (1817–38) bestimmte er, von den Ideen Fichtes u. Hegels beeinflußt, nachhaltig die preuß. Kulturpolitik. In seine Amtszeit fallen der Ausbau der Elementarschulen, Gymnasien u. Lehrerseminare, die Ausdehnung der Schulpflicht auf das gesamte Staatsgebiet (1825) u. die Gründung der Universität Bonn. Weniger erfolgreich war sein Bestreben, den Staat der Kirche überzuordnen, führte es doch 1822 zum Agendenstreit u. 1837 zu den Kölner Wirren.

Lit.: Reinhard Lüdicke, *Die preuß. Kultusminister u. ihre Beamten* (1918).

Altheim, Franz, Historiker, *6.10.1898 Frankfurt/Main, †17.10.1976 Münster. Er war ab 1942 ordentl. Prof. für Alte Gesch. an der Universität Halle u. 1950–65 an der FU Berlin. Sein bes. Interesse galt der Hellenistik u. der röm. Religionsgesch. Hauptwerke: *Röm. Religionsgesch.* (3 Bde., 1931–33); *Weltgesch. Asiens im griech. Zeitalter* (1947–48); *Gesch. der Hunnen* (5 Bde., 1959–62).

Altmann, Bf. von Passau, *um 1015, †8.8.1091 Zeiselmauer (bei Wien). Aus westfäl. Adel stammend, wirkte A. als Hofkaplan der Ks. witwe ↑Agnes. Sie ließ ihn 1065 zum Bf.

von Passau wählen. Im Investiturstreit stand er entschieden auf der Seite Papst Gregors VII. u. floh 1077–78 vor Kg. ↑Heinrich IV. aus Passau nach Rom. 1080 kehrte er als päpstl. Vikar nach Dtld. zurück, konnte jedoch sein Hochstift nicht wieder voll gewinnen u. mußte sein Wirken auf einige Teile seiner Diözese beschränken. Er wird als Hl. verehrt (Tag: 8., auch 9.8.).

Lit.: (Altmannus), *Der hl. A.: Festschrift zur 900-Jahr-Feier* (1965).

Altmeier, Peter, Politiker, *12.8.1899 Saarbrücken, †28.8.1977 Koblenz. Das ehemalige Zentrums-Mitglied war 1945 Mitbegründer u. 1946–66 Landesvors. der CDU in Rheinland-Pfalz, ab 1947 auch Mitglied des Landtags. Als Ministerpräs. 1947–69 gab er dem Land e. einheitl. Verwaltungsstruktur.

Alvensleben, Gustav von, General, *30.9.1803 Eichenbarleben (bei Magdeburg), †30.6.1881 Gernrode. Der preuß. Offizier wurde 1847 Major u. war 1849–50 Generalstabschef während der Militäraktionen in Baden. Generaladjutant Kg. ↑Wilhelms I. ab 1861, schloß er 1863 am Zarenhof die sog. A.sche Konvention ab. Im Dt.-franz. Krieg 1870–71 kommandierte er das III. Armeekorps.

Amalia (Anna A.), Hg.in von Sachsen-Weimar, *24.10.1739 Wolfenbüttel, †10.4.1807 Weimar. Nach dem Tod ihres Gemahls Ernst August II. Konstantin von Sachsen-Weimar (1737–58) übernahm sie die Regierung des Landes. 1771 holte sie Wieland als Erzieher ihres Sohnes ↑Karl August nach Weimar, 1773 Goethe u. machte die Stadt zu e. kulturellen Zentrum in Dtld.

Lit.: Ursula Salentin, *A. A.* (³2001).

Amalie Elisabeth, Landgräfin von Hessen-Kassel, *29.1.1602 Hanau, †3.8.1651 Kassel. Nach dem Tod ihres Gemahls Landgraf Wilhelm V. (1602–37) wurde sie Regentin u. sicherte 1643 vertragl. das Erbe Hanau. 1645/46 eroberte sie Marburg, dessen Besitz ihr im Westfäl. Frieden bestätigt wurde. Ihr Sohn Wilhelm VI. (1629–68) konnte so 1650 e. gefestigte Herrschaft übernehmen.

Amalie, Prinzessin, *9.11.1723 Berlin, †30.9.1787 ebd. Die Schwester ↑Friedrichs II. d.Gr. war ab 1755 Äbtissin von Quedlinburg. Bekannt wurde ihr Liebesverhältnis zu dem preuß. Offizier Friedrich Frhr. von der Trenck (1726–94).

Amann, Max, Politiker, *24.11.1891 München, †30.3.1957 ebd. Der gelernte Kaufmann war 1921–23 Geschäftsführer der NSDAP u. nahm am Hitler-Putsch (↑Hitler) teil. 1925–45 Direktor des Zentralverlags der Partei, stand er 1933–45 als Präs. der Reichspressekammer vor. Er wurde 1941 zum SS-Obergruppenführer ernannt u. 1948 als Hauptschuldiger zu 10 Jahren Arbeitslager verurteilt.

Lit.: Joseph Wulf, *Presse u. Funk im Dritten Reich* (1989).

Amelunxen, Rudolf, Politiker, *30.6.1888 Köln, †21.4.1969 Düsseldorf. Der Jurist arbeitete ab 1919 in verschiedenen preuß. Ministerien u. war 1926–32 Regierungspräs. in Münster. 1946–47 war er Ministerpräs. u. Kultusminister, 1947–50 Sozialminister u. 1947–58 Justizminister von Nordrhein-Westfalen. 1947–58 war er auch Mitglied des dortigen Landtags (Zentrum).

Ancillon, Johann Peter *Friedrich* (Jean Pierre Frédéric), Staatsmann, *30.4.1767 Berlin, †19.4.1837 ebd. Der e. Hugenottenfamilie entstammende Theologe wurde 1790 Prediger der franz. Gemeinde in Berlin, 1792 zugleich Prof. der Gesch. an der Kriegsakademie, 1803 Hofhistoriograph, 1810 Erzieher des späteren Kg.s ↑Friedrich Wilhelm IV. 1814 trat er als Legationsrat in das Ministerium ↑Hardenbergs ein u. war 1832–37 Außenminister. Monarchist.-konserv. gesinnt, bekämpfte er die preuß. Reformbewegung u. trat außenpolit. für e. europ. Gleichgewichtspolitik ein, was ihn beides zum Anhänger des «Systems» ↑Metternichs machte.

Lit.: Paul Haake, *A. u. Kronprinz Friedrich Wilhelm IV.* (1920).

Andrássy, Gyula [Julius] d.J., Graf, östr.-ungar. Politiker, *30.6.1860 Töketerebes, †11.6.1929 Budapest. Der Sohn von G. ↑A.d.Ä. war 1894–95 Minister am kgl. Hoflager. Einer der Führer der Verfassungspartei, war er 1906–10 ungar. Innenminister. Als letzter östr.-ungar. Außenminister (24.10.–1.11.1918) bot er am 28.10. der Entente e. Sonderfrieden an. 1921–26 war er in der ungar. Nationalversammlung Führer der christl.-demokrat. Partei u. unterstützte im Okt. 1921 den erfolglosen Putschversuch Kg. ↑Karls.

Lit.: Reinhold Lorenz, *Ks. Karl* (1959).

Andrássy, Gyula [Julius] d.Ä., Graf, östr.-ungar. Politiker, *3.3.1823 Kaschau, †18.2.1890 Volosca (bei Rijeka). Nach Teilnahme am ungar. Aufstand 1848–49 u. Flucht wurde er zum Tod verurteilt, 1857 aber begnadigt. Ab 1861 im ungar. Reichstag, setzte er sich mit Ferenc Deák für e. zentralist. Dualismus innerhalb der Donaumonarchie mit gemeinsamer Außenpolitik u. Verteidigung ein. Nach dem östr.-ungar. Ausgleich 1867 wurde er erster ungar. Ministerpräs. Er brachte 1868 den Ausgleich mit den Kroaten zuwege u. setzte die Eingliederung des Gebiets der Militärgrenze in Ungarn durch. Während des Dt.-franz. Kriegs 1870–71 wirkte er auf strikte Neutralität Österreich-Ungarns hin. Als dessen Außenminister 1871–79 vereinbarte er das Dreiks.abkommen mit dem Dt. Reich u. Rußland 1873 u. blieb während des russ.-türk. Kriegs 1877–78 neutral. Auf dem Berliner Kongreß 1878 konnte er die östr.-ungar. Besetzung Bosniens u. Herzegowinas durchsetzen. Nach dem Abschluß des gegen Rußland gerichteten Zweibunds mit dem Dt. Reich 1879 trat er aus innenpolit. Gründen zurück.

Lit.: Fritz Leidner, *Die Außenpolitik Österreich-Ungarns 1870–1879* (1934); Rainer F. Schmidt, *Die gescheiterte Allianz* (1992).

Andreä, Jakob, Theologe u. Reformator, *25.3.1528 Waiblingen, †7.1.1590 Tübingen. Er studierte ab 1541 an der Universität Tübingen. Ab 1553 Stadtpfarrer in Göppingen, wirkte er bei der Einführung der Reformation in verschiedenen süddt. Territorien mit u. begleitete Hg. ↑Christoph von Württ. auf diplomat. Reisen. 1561 wurde er Prof., 1562 Kanzler der Universität Tübingen u. führte 1568 die Reformation in Braunschweig-Wolfenbüttel ein. Eifrig bestrebt, in innerprot. Auseinandersetzungen zu vermitteln, beschäftigte er sich in zahlreichen Schriften mit Fragen des Abendmahls u. der Kirchenordnung u. war Mitverfasser der Konkordienformel (1577).
Lit.: Hermann Ehmer, Hrsg., *Leben des J. A.* (1991).

Anna Amalia ↑Amalia (Anna A.).

Anna Jagjello, Gemahlin des späteren Ks.s ↑Ferdinand I., *23.7.1503 Prag, †27.1.1547 ebd. Die jagellon. Erbin heiratete 1521 Erzhg. Ferdinand, damals bereits Herr der habsburg. nieder- u. inneröstr. Erbländer. Unter ihren 15 Kindern war auch der spätere Ks. ↑Maximilian II. Aufgrund des bei der Hochzeit geschlossenen Erbvertrags fielen nach dem Tod ihres Bruders Ludwig II. (1506–26) Böhmen u. Ungarn an Habsburg.
Lit.: Alphons Lhotsky, *Das Zeitalter des Hauses Österreich* (1971).

Anneke, Mathilde Franziska [geb. Giesler], Frauenrechtlerin, *3.4.1817 Blankenstein/Ruhr, †25.11.1884 Milwaukee (USA). Die Gutsbesitzerstochter heiratete nach ihrer Scheidung e. aus polit. Gründen entlassenen ehemaligen preuß. Offizier. 1848 gründete sie die linksdemokrat. *Neue Köln. Zeitung* u. die *Frauenzeitung.* Nach Teilnahme am bad. Aufstand floh sie 1849 mit ihrem Mann in die USA, wo sie e. der Pionierinnen der Frauenbewegung wurde.

Anno II., Erzbf. von Köln, *um 1010, †4.12.1075, begraben in Siegburg. Aus Schwaben stammend, wurde er an der Bamberger Domschule ausgebildet. Ks. ↑Heinrich III. ernannte ihn 1054 zum Propst von Goslar u. 1056 zum Erzbf. von Köln. Nach Heinrichs Tod 1056 war er zus. mit Ks.in ↑Agnes Vormund für den unmündigen Kg. ↑Heinrich IV. Er entriß ihr 1062 die Regentschaft, wurde aber aus dieser bereits 1063 von Erzbf. ↑Adalbert I. von Hamburg-Bremen verdrängt. Er hat seinem Erzbistum zu bedeutendem Gebietszuwachs verholfen. Wegen seiner willkürl. Herrschaft wurde er 1074 von den Bürgern aus Köln vertrieben u. fand Aufnahme in dem von ihm gestifteten Kloster Siegburg, wo er bald verehrt wurde. Eine dort niedergeschriebene Vita wurde Grundlage für das im 12. Jh. entstandene Annolied. 1183 wurde er hl. gesprochen (Tag: 4.12.).
Lit.: Dieter Lück, *Erzbf. A. II. von Köln* (1971); Wolfgang Eggert, «A. II.», in Eberhard Holtz u. Wolfgang Huschner, Hrsgg., *Dt. Fürsten des MA* (1995).

Anselm von Havelberg, Erzbf., †12.8.1158 bei Mailand. Er war 1129–55 Bf. von Havelberg. Berater der Kg.e ↑Lothar III., ↑Konrad III. u. ↑Friedrich I., wirkte er als Gesandter des Reiches u. verhandelte in Konstantinopel über theolog. Streitfragen. 1155 wurde er zum Erzbf. von Ravenna gewählt.

Ansgar, Erzbf. von Hamburg-Bremen, *um 801 in der Picardie, †3.2.865 Bremen. Der sächs. Benediktiner missionierte seit 826 im dän. Schleswig-Holstein u. in Südschweden. Seit 831 erster Bf. von Hamburg, wurde er 864 nach der Vereinigung der beiden Bistümer Erzbf. von Hamburg-Bremen u. damit Missionsbf. für die Dänen u. Schweden («Apostel des Nordens»; Hl., Tag 3.2.).

Anton Günther, Graf von Oldenburg, *31.10.1583 Oldenburg, †19.6.1667 Rastede. Er trat 1603 die Regierung an. Durch e. geschickte Geschenke- u. Bestechungspolitik, u.a. finanziert durch Mittel aus dem gegen den Widerstand Bremens 1623 eingeführten Weserzoll, gelang es ihm, seinem Land im 30jährigen Krieg die Neutralität zu sichern. Die mit Hingabe betriebene Pferdezucht u. eine kluge Landesverwaltung brachten seinem durch Territorialgewinne (Kniphausen 1623, Delmenhorst 1647) erweiterten Land Wohlstand. Da er ohne legitime Nachkommen starb, fielen nach seinem Tod die Stammlande gemeinsam an Dänemark u. Holstein-Gottorf.

Lit.: Hermann Lübbing, *Graf A. G. von Oldenburg* (1967).

Anton Ulrich, Hg. von Braunschweig-Wolfenbüttel, *4.10.1633 Hitzacker, †27.3.1714 Salzdahlum (bei Wolfenbüttel). Seit 1685 Mitregent seines Bruders, übernahm er 1704 allein die Regierung. 1671 unterwarf er die Stadt Braunschweig. 1710 wurde er kath. Ein Schöngeist, verfaßte er hero.-galante Romane u. ließ in Wolfenbüttel e. Neubau für die 1704 begründete Hg.-August-Bibliothek errichten.

Lit.: Rüdiger Klessmann, Hrsg., *A. U. von Braunschweig* (1983).

Apel, Erich, Politiker, *3.10.1917 Judenbach (bei Sonneberg), †3.12.1965 Berlin (Ost). Er wurde 1946 SPD-Mitglied u. war 1946–52 als Ingenieur in der Sowjetunion tätig. 1955 wurde er Minister für Schwermaschinenbau der DDR u. war ab 1960 Mitglied des ZK der SED. Er strebte e. Auflockerung des starren zentralist. Planungssystems der DDR an. Nach Auseinandersetzungen mit ↑Ulbricht u. ↑Mittag nahm er sich das Leben.

Apel, Hans, Politiker, *25.2.1932 Hamburg. Nach e. kaufmänn. Lehre studierte er Wirtschaftswiss.en (Promotion 1960). 1955 trat er in die SPD ein. 1962–65 arbeitete er im parlamentar. Dienst des Europaparlaments u. war dann 1965–90 Mitglied des Bundestags. 1972–74 war er Parlamentar. Staatssekretär im Auswärtigen Amt, 1974–78 Bundesfinanzminister, 1978–82 Bundesverteidigungsminister. Ab 1990 war er als Aufsichtsratsvors. in Unternehmen der Braunkohle- u. Stahlindustrie tätig.

Arendt, Walter, Politiker, *17.1.1925 Heessen (Westfalen). Der gelernte Bergmann trat 1946 in die SPD ein u. arbeitete 1948–55 in der Presseabteilung der IG Bergbau u. Energie. 1955–64 war er dort Mitglied des Vorstands u. 1964–69 Vors. 1967–69 amtierte er auch als Präs. des Internat. Bergarbeiterverbandes. 1961–80 saß er im Bundestag, 1961–69 auch im Europ. Parlament. 1969–76 war er Bundesarbeitsminister.

Aribo, Erzbf. von Mainz, *um 990, †6.4.1031 Como. Der Sohn e. bayer. Pfalzgrafen war spätestens seit 1020 Erzkaplan des mit ihm verwandten Kg.s ↑Heinrich II. Seit 1021 Erzbf. von Mainz, förderte er die Wahl ↑Konrads II. zum Kg. u. wurde 1024 auch Erzkanzler für Italien. Er setzte sich entschieden für Reform u. Durchsetzung des überkommenen Kirchenrechts ein. Bes. wegen Eherechtsfragen geriet er darüber in Konflikt sowohl mit der Kurie als auch dem Ks., u. ab 1027 schwand sein Einfluß bei Hofe. Nach e. Pilgerreise starb er auf dem Rückweg von Rom.

Lit.: Ludwig Falck, *Mainz im frühen u. hohen MA* (1972).

Armansperg, Joseph Ludwig Graf von, Politiker, *28.2.1787 Kötzting, †3.4.1853 München. Der Jurist trat 1808 in den bayer. Staatsdienst. Mitglied des Landtags (ab 1825) sowie Innen- u. Finanzminister (1826–28), geriet er infolge seiner liberalen Haltung in Gegensatz zu Kirche u. Adel. Als Außenminister (1828–31) betrieb er tatkräftig die Schaffung e. dt. Zollunion (Zollvertrag mit Württ. 1828). 1832 berief ihn die Londoner Konferenz zum Präs.en des Regentschaftsrates für den minderjährigen Kg. Otto von Griechenland, u. er leitete 1835–37 als Staatskanzler die griech. Politik.

Lit.: Roswitha Gräfin Armansperg, *J. L. Graf A.* (1976).

Arminius, Cheruskerfürst, *18 oder 16 v.Chr., †19 oder 21 n.Chr. Der cherusk. Adlige kam etwa 8 v.Chr. nach Rom u. erhielt dort nach Teilnahme an Feldzügen des Tiberius gegen das freie Germanien das röm. Bürgerrecht. 7 n.Chr. zurück in der Heimat, bestimmte ihn wohl die Steuer- u. Verwaltungspolitik des röm. Statthalters Varus zum Aufstand. Er organisierte den Widerstand verschiedener Germanenstämme u. schlug im Herbst des Jahres 9 im Teutoburger Wald e. röm. Heer von etwa 20 000 Mann. Nach weiteren wechselvollen Kämpfen gegen Germanicus (14–16) u. gegen den Markomannen Marbod (17) wurde er von auf seine Machtstellung neid. Verwandten ermordet.

Lit.: Rainer Wiegels, *A. u. die Varusschlacht* (1999).

Arnaud, Henri, Waldenserführer, *30.9.1641 Embrun (Dauphiné),

†5.12.1721 Schönenberg (bei Pforzheim). Nach Theologiestudium in der Schweiz war er in Piemont u. der Dauphiné als Pfarrer tätig. Nach Aufhebung des Edikts von Nantes 1685 ging er mit seiner Gemeinde nach einiger Irrfahrt in die Waldensertäler des Piemont u. von dort, nach dem Frieden von Rijswijk 1697, über die Schweiz nach Dtld. Die Auswanderer ließen sich in Württ. (Raum Maulbronn-Calw), vereinzelt auch in Baden u. Hessen-Darmstadt nieder. A. wirkte ab 1699 bis zu seinem Tod als Pfarrer in der Waldensergemeinde Dürrmenz-Schönenberg.
Lit.: Theo Kiefner, *H. A.* (1989).

Arnim, Alexander Heinrich Frhr. (1841) von, Diplomat, *13.2.1798 Berlin, †5.1.1861 Düsseldorf. Er war 1840–46 preuß. Gesandter in Brüssel u. 1846–48 in Paris. Der Vertraute Kg. ↑Friedrich Wilhelms IV. veranlaßte diesen zu seinem Aufruf vom 21.3.1848, in dem sich der Kg. «an die Spitze des Gesamtvaterlandes» stellte. Kurzfristig Außenminister (März–Juni 1848), bekämpfte A. später als Mitglied des Herrenhauses u. dann des Landtags die Reaktion.

Arnim, Hans Georg von, Feldherr, *1581 (1583?) Boitzenburg (Uckermark), †28.4.1641 Dresden. Er trat 1613 in schwed. Dienste u. wechselte 1621 in poln., 1626 in ksl. über. Unter ↑Wallenstein zeichnete er sich in Mecklenburg u. Pommern aus u. leitete die Belagerung Stralsunds. 1628 zum Feldmarschall ernannt, schlug er 1629 auf der Stuhmer Heide ↑Gustav II. Adolf, schied aber als überzeugter Lutheraner nach dem Erlaß des Restitutionsedikts aus dem ksl. Heer aus. Er trat in kursächs. Dienste u. befehligte 1631 in der Schlacht bei Breitenfeld auf schwed. Seite die kursächs. Reiterei. Danach besetzte er Nordböhmen einschließl. Prag. Nach der Schlacht bei Lützen 1632 führte er mit Wallenstein Bündnisverhandlungen, was zu dessen Ermordung beitrug. Nach dem Frieden von Prag 1635 verließ er die kursächs. Dienste, da er die Preisgabe der prot. Interessen in Schlesien mißbilligte.
Lit.: Walter Görlitz, *H. G. von A.* (1938).

Arnim, Harry Graf (1870), Diplomat, *3.10.1824 Moitzelfitz (Pommern), †19.5.1881 Nizza. Er trat 1851 in den preuß. diplomat. Dienst ein. 1862 wurde er Gesandter in Lissabon, 1864 in München u. kurz darauf beim Hl. Stuhl, wo er als Protestant sich 1870 vergebl. bemühte, e. Protest der dt. Bischöfe gegen das Unfehlbarkeitsdogma durchzusetzen. Nach seiner Beteiligung 1871 am Friedensschluß mit Frankreich wurde er zum Gesandten, 1872 zum Botschafter in Paris ernannt. Seine Unterstützung monarchist. Tendenzen dort brachte ihn in Gegensatz zu O. von ↑Bismarck. Nach seiner Abberufung 1874 veröffentlichte er von ihm zurückbehaltene amtl. Schriftstücke, weshalb er 1875 zu neun Monaten Gefängnis u. schließl., nach Flucht in die Schweiz u. nach Italien sowie weiteren Veröffentlichungen, 1876 in e. umstrittenen Prozeß zu fünf Jahren Zuchthaus in Abwesenheit verurteilt wurde.

Lit.: Gerhard Kratzsch, *H. von A.* (1974).

Arnim, Heinrich Alexander Frhr. von ↑A., Alexander Heinrich Frhr. von.

Arnim-Boitzenburg, Adolf Heinrich Graf von, Politiker, *10.4.1803 Berlin, †8.1.1868 Schloß Boitzenburg (Uckermark). Als preuß. Innenminister (1842–45) versuchte der gemäßigte Konserv. erfolglos, Kg. ↑Friedrich Wilhelm IV. zu e. Verfassungsreform zu bewegen. Kurzfristig Ministerpräs. (19.–29.3.1848), saß er dann in der Frankfurter Nationalversammlung, im preuß. Abg.-haus u. ab 1854 im Herrenhaus.

Lit.: Wolf Nitschke, «Konserv. Edelmann», in Hans-Christof Kraus, Hrsg., *Konserv. Politiker in Dtld.* (1995).

Arnold, Karl, Politiker, *21.3.1901 Herrlishöfen (bei Biberach), †29.6.1958 Düsseldorf. Von Beruf Lederarbeiter, war er 1920–33 in der christl. Arbeiterbewegung aktiv. 1925–33 war er stellv. Vors. des Zentrums u. 1945 Mitbegründer der CDU. Er beteiligte sich führend am Wiederaufbau der Gewerkschaften, war 1946 Oberbürgermeister von Düsseldorf u. 1947–56 Ministerpräs. von Nordrhein-Westfalen.

Lit.: Detlev Hüwel, *Der Politiker K. A.* (1982).

Arnulf von Kärnten, Kg., Ks., *um 850, †8.12.899 Regensburg. Der unehel. Sohn von Kg. ↑Karlmann erbte beim Tod seines Vaters 876 ledigl. als Markgraf Kärnten u. Pannonien. 887 wurde er jedoch nach Absetzung Kg. ↑Karls III. des Dicken vom ostfränk. Adel zum Kg. erhoben. Er stützte sich auf Bayern, konnte 888 Lothringen zur Huldigung zwingen u. wurde 894 in Italien als Kg. anerkannt. Er besiegte 891 die Normannen entscheidend an der Dyle u. setzte 894 seine Oberhoheit über die Abodriten, Sorben u. Böhmen durch. Von Papst Formosus wurde er 896 in Rom zum Ks. gekrönt. Nachfolger wurde sein Sohn ↑Ludwig IV. das Kind.

Arnulf der Böse, Hg. von Bayern, †14.7.937 Regensburg. Er übernahm nach dem Tod seines Vaters Markgraf Luitpold (†907) die Führung des bayer. Stammes, kämpfte erfolgreich gegen die Ungarn u. setzte seine hgl. Gewalt gegen Kg. ↑Konrad I. wie auch gegen den Episkopat durch. Wegen seiner in großem Umfang vorgenommenen Säkularisationen nannten ihn mönch. Chronisten «den Bösen». 919 erscheint er als Kg. (in Bayern?; oder als dt. Gegenkg.?), doch erkannte er 921 gegen Zusicherung freier Hand in Innen- u. Außenpolitik die Oberhoheit Kg. ↑Heinrichs I. an. 933–34 versuchte er auf e. Italienzug vergebl., die langobard. Kg.skrone für seinen Sohn Eberhard (†nach 938) zu erwerben.

Lit.: Alois Schmid, *Das Bild des Bayernhg.s A.* (1976).

Auer, Ignaz, Politiker, *19.4.1846 Dommelstadl (bei Passau), †10.4.

1907 Berlin. Der gelernte Sattler war seit 1869 Mitglied der soz.dem. Bewegung u. saß mit Unterbrechungen 1877–1907 im Reichstag (SPD). 1886 zus. mit ↑Bebel zu e. neunmonatigen Gefängnisstrafe verurteilt, wandte er sich ab 1891 dem Revisionismus ↑Bernsteins zu.

Lit.: Eduard Bernstein, I. A. (1907).

Auersperg, *Adolf* Carl Daniel Fürst, östr. Politiker, *21.7.1821 Prag, †5.1.1885 Goldegg (bei St. Pölten). Der Bruder von C. ↑A. studierte Jura, wurde dann Kavallerieoffizier u. 1860 in den böhm. Landtag gewählt. 1867 wurde er Oberstlandmarschall von Böhmen, 1869 Mitglied des Herrenhauses u. 1870 Landespräs. von Salzburg. Als östr. Ministerpräs. (1871–79) führte er e. liberale Wahlreform durch (direkte Wahl des Reichsrats durch etwa 6 % der Gesamtbevölkerung, 1873) u. errichtete den Verwaltungsgerichtshof (1875). Er erreichte 1878 die Erneuerung des östr.-ungar. Ausgleichs, geriet aber durch seine Zustimmung zur Okkupation Bosniens u. der Herzegowina auf dem Berliner Kongreß 1878 in Schwierigkeiten. 1879–85 war er Präs. des Obersten Rechnungshofs.

Lit.: Georg Franz, *Liberalismus* (1955).

Auersperg, Carlos (Karl Wilhelm Philipp) Fürst, östr. Politiker, *1.5.1814 Prag, †4.1.1890 ebd. Der Jurist (Bruder von A.C.D. ↑A.) forderte 1846–47 als Mitglied der dt. Fortschrittspartei in Opposition zu ↑Metternich die Erweiterung der Rechte des böhm. Landtags. 1861–67 war er Präs. des östr. Herrenhauses u. befürwortete den östr.-ungar. Ausgleich. Als östr. Ministerpräs. 1867–68 stand er an der Spitze des sog. Bürgerministeriums u. stritt für die Aufhebung des Konkordats von 1855; e. tschechenfreundl. Politik lehnte er ab. 1868–83 war er Oberstlandmarschall von Böhmen.

Auersperg, Johann Weikhart Fürst (1653), östr. Staatsmann, *11.3.1615 Seisenberg (Slowenien), †13.11.1677 Laibach. Der Oberhofmeister (später Minister) der Ks. ↑Ferdinand III. u. ↑Leopold I. war lange der einflußreichste Mann bei Hof. Wegen des Verdachts, im Zus.hang mit der span. Erbfolgefrage 1668 verräter. Verhandlungen mit Frankreich mit dem Ziel der Erlangung der Kardinalswürde geführt zu haben, wurde er 1669 entlassen.

Lit.: Oswald Redlich, *Weltmacht des Barock* (⁴1961).

Auerswald, Alfred von, Politiker, *16.10.1797 Königsberg, †3.7.1870 Berlin (Sohn von H.J. von ↑A.). Ab 1845 Generallandschaftsdirektor der Provinz Preußen, forderte der Altliberale 1847 auf dem Vereinigten Landtag die Gewährung der 1815 versprochenen Verfassung. März–Juni 1848 war er Innenminister u. später Mitglied der liberalen Opposition gegen O.T. Frhr. von ↑Manteuffel.

Auerswald, Hans Jakob von, Beamter, *25.7.1757 Plauth (Westpreußen), †3.4.1833 Königsberg (Vater von A. von ↑A. u. von R. von ↑A.). Der preuß. Karrierebeamte war 1808–10 u. nach den Befreiungskriegen bis 1824 Oberpräs. von Ostpreußen, Westpreußen u. Litauen, 1806–19 außerdem Kurator der Universität Königsberg. Im Jan. 1813 berief er ohne kgl. Genehmigung den ostpreuß. Landtag ein.

Auerswald, Rudolf von, Politiker, *1.9.1795 Marienwerder, †15.1.1866 Berlin (Sohn von H.J. von ↑A.). Er war ab 1842 Regierungspräs. in Trier, 1848 Oberpräs. von Ostpreußen. Aufgrund seiner liberalen Gesinnung zum Ministerpräs.en ernannt (Juni–Sept. 1848), war er ab 1853 tonangebend in der liberalen Opposition im Abg.haus. 1860–62 nochmals Ministerpräs., konnte er die Heeresreform nicht durchsetzen.

Aufhäuser, Siegfried, Gewerkschaftsführer, *1.5.1884 Augsburg, †6.12.1969 Berlin. Der gelernte Kaufmann stand 1917–33 dem Allg. Freien Angestelltenbund (AFA) vor. Er war seit 1912 Mitglied der SPD, seit 1917 der USPD u. wechselte 1922 wieder zur SPD. 1921–33 saß er im Reichstag. 1933–35 gehörte er dem Vorstand der Exil-SPD an. 1939–51 in New York, war er nach seiner Rückkehr 1952–59 Vors. der Dt. Angestelltengewerkschaft (DAG).

Augspurg, *Anita* Johanna, Frauenrechtlerin, *22.9.1857 Verden, †20.12.1943 Zürich. Zuerst Lehrerin u. Schauspielerin, studierte sie 1893–97 in Zürich Jura (Dr.jur.). Sich dem linken Flügel der Frauenbewegung anschließend, wurde sie 1903 Präs.in des Dt. Verbandes für Frauenstimmrecht. Die Mitbegründerin der Internat. Frauenliga für Frieden u. Freiheit (1918) gab 1918–33 die *Zeitschrift für Frauenstimmrecht* heraus. 1933 emigrierte sie in die Schweiz.
Lit.: Christiane Henke, *A. A.* (2000).

Augstein, Rudolf, Publizist, *5.11.1923 Hannover. Er ist seit 1947 Hrsg. der Zeitschrift *Der Spiegel*. 1955–73 Mitglied der FDP, saß er 1972–73 im Bundestag.

August
PREUSSEN:
August Wilhelm, Prinz von Preußen, *9.8.1722 Berlin, †12.6.1758 Oranienburg. Der jüngere Bruder ↑Friedrichs II. d.Gr. stieg in der preuß. Armee bis zum General der Infanterie (1756) auf. Er lehnte den Präventivkrieg gegen Österreich ab, nahm aber im 7jährigen Krieg an verschiedenen Schlachten teil. Nach der Schlacht bei Kolin 1757 erlitt sein Kontingent große Verluste beim Rückzug auf Bautzen, woraufhin er die Armee verließ.
Lit.: Mary Lavater-Sloman, *Der vergessene Prinz* (1973).

SACHSEN:
August, Kf. von Sachsen, *31.7.1526 Freiberg, †12.2.1586 Dresden. 1544–48 Administrator von Merseburg, folgte er seinem älteren Bruder ↑Moritz 1553 als Kf. nach. Mit den

wegen des Entzugs der Kurwürde verstimmten Ernestinern söhnte er sich im Naumburger Vertrag 1554 aus. Auf territoriale Expansion bedacht, doch vorsichtig taktierend, verfolgte er e. an den Ks. angelehnte Neutralitätspolitik. Entgegen den Bestimmungen des Augsburger Religionsfriedens von 1555 erwarb er u. a. die drei Hochstifte Meißen (1559), Merseburg u. Naumburg (1565) sowie Plauen u. das Vogtland (1577). Weiteren Gebietszuwachs sicherte er sich durch die ihm von Ks. ↑Ferdinand I. aufgetragene Beendigung der sog. «Grumbachschen Händel», als er die Reichsacht gegen ↑Grumbach vollstreckte u. hierbei auch Ländereien seines ernestin. Vetters Johann Friedrich II. (1529–95) erhielt, der Grumbach unterstützt hatte. Im Inneren seines Landes förderte er durch e. geschickte Finanzpolitik die Wirtschaft, bes. das Bergwerks- u. Hüttenwesen. Er bemühte sich, seine Kammergüter zu Musterbetrieben auszubauen u. machte Leipzig zu e. bedeutenden Handelsmetropole. Die Konkordienformel von 1577 sicherte die Durchsetzung der luther. Orthodoxie.

Lit.: Friedrich Wilhelm Ebeling, *A. von S.* (1886).

August II. der Starke, Kf. von Sachsen, Kg. von Polen, *12.5.1670 Dresden, †1.2.1733 Warschau. Er folgte seinem vorzeitig verstorbenen Bruder Johann Georg IV. (1668–94) als Friedrich A. I. auf den kfl. Thron. 1697 wurde er, nach Übertritt zum Katholizismus, mit Hilfe Österreichs u. substantieller Bestechungsgelder als A. II. zum poln. Kg. gewählt. Mittelgroß, aber außergewöhnl. kräftig, verlangte es ihn nach Expansion seines territorialen Besitzes. Im Verbund mit Friedrich IV. von Dänemark u. Zar Peter I. von Rußland drangen sächs. Truppen 1700 unerwartet in das schwed. Livland ein, erlagen aber dem Gegenangriff des schwed. Kg.s Karl XII. A. mußte im Frieden von Altranstädt 1706 zugunsten von Stanislaus Leszczyński auf die poln. Krone verzichten, konnte sie aber nach der Niederlage Karls XII. gegen Rußland bei Poltawa 1709 zurückgewinnen. Seine Bestrebungen, in Sachsen u. in Polen absolutist.-zentralist. Regierungsmethoden einzuführen, scheiterten am Widerstand der Stände u. bewirkten bes. in Polen e. weitere Zerrüttung der inneren Ordnung. Prunk- u. kunstliebend, ließ er seine beiden Residenzen Dresden u. Warschau nach dem Vorbild von Versailles ausbauen, ruinierte dadurch aber die sächs. Finanzen. Außer seinem legitimen Nachfolger ↑August III. hatte er mehrere andere Nachkommen von seinen zahlreichen Mätressen.

Lit.: Karl Czok, *August der Starke* (³1997); Hermann Schreiber, *A. II.* (2000).

August III., Kf. (als Friedrich A. II.), Kg. von Polen, *17.10.1696 Dresden, †5.10.1763 ebd. Der Sohn von ↑A. II. dem Starken folgte seinem Vater, nachdem er 1717 öffentl. zum Katholizismus übergetreten war, 1733 als Kf. von Sachsen u., nach

Abschluß des Poln. Erbfolgekriegs, 1735/38 als der letzte sächs.-poln. Kg. auch auf dem poln. Thron nach. Die Führung der Politik überließ er seinem Minister ↑Brühl u. kümmerte sich selbst vielmehr um den Ausbau Dresdens zur barocken Kunststadt.

Lit.: Jacek Staszewski, *A. III.* (1996).

Augusta, Ks.in, *30.9.1811 Weimar, †7.1.1890 Berlin. Die Prinzessin aus dem Haus Sachsen-Weimar heiratete 1829 den späteren Ks. ↑Wilhelm I. Liberal gesinnt, versuchte sie entsprechend auf die Regierung einzuwirken. 1862 gelang es ihr nicht, die Ministerpräs.schaft O. von ↑Bismarcks zu verhindern. Später mißbilligte sie den Kulturkampf.

Lit.: Helmut H. Schulz, *Ks.in A.* (1996).

Auguste Viktoria, Ks.in, *22.10.1858 Dolzig, †11.4.1921 Haus Doorn (Niederlande). Die Tochter Hg. Friedrichs VIII. von Schleswig-Holstein (1829–90) heiratete 1881 den späteren Ks. ↑Wilhelm II. Gemeinsam mit A. ↑Stoecker u. ↑Bodelschwingh d. Ä. engagierte sie sich für die Armenfürsorge u. während des Ersten Weltkriegs für die Verwundetenpflege. Gegenüber ↑Bethmann Hollweg vertrat sie e. harte Kriegführung.

Aventinus [eigtl. Johannes Turmair], Geschichtsschreiber, *4.7.1477 Abensberg (bei Kelheim), †9.1.1534 Regensburg. Er studierte ab 1495 u.a. in Ingolstadt, Wien u. Paris. Ab 1508 Prinzenerzieher in München, verfaßte er u.a. e. Gesch. der bayer. Herzöge u., als «Historiographus» ab 1517, die *Annales ducum Boiariae* (1519–21) sowie e. *Baier. Chronik* (1533). Er zählt zu den Begründern moderner Geschichtsschreibung.

Lit.: Eberhard Dünninger, *J. A.* (1977).

Axen, Hermann, Politiker, *6.3.1916 Leipzig, †15.2.1992 Berlin. Jüd. Herkunft, wurde er in den 1930er Jahren wegen kommunist. Tätigkeit inhaftiert u. ging 1938 nach Frankreich. Von dort wurde er 1942 ausgeliefert u. in KZ interniert. 1945 Mitbegründer der FDJ, trat er 1946 der SED bei. Ab 1950 saß er im ZK der SED, ab 1970 im Politbüro. 1956–66 war er Chefredakteur der Tageszeitung *Neues Dtld.* Als Vors. des Volkskammerausschusses für auswärtige Angelegenheiten seit 1971 war er e. der Architekten der Außenpolitik der DDR.

Axmann, Artur, Jugendfunktionär, *18.2.1913 Hagen (Westfalen), †24.10.1996 Berlin. Ab 1928 Mitglied der Hitler-Jugend, wurde er 1932 in die Reichsleitung der NSDAP berufen. 1940 zum Nachfolger ↑Schirachs als Reichsjugendführer der NSDAP ernannt, sah er seine Hauptaufgabe in der Militarisierung der Jugend. 1949 wurde er zu dreijähriger Haft verurteilt.

Lit.: Torsten Schaar, *A. A.* (1998).

B

Baader, Andreas, Terrorist, *6.5.1943 München, †18.10.1977 Stuttgart. Ohne Berufsausbildung, wurde er 1968 wegen zweier Brandanschläge auf Kaufhäuser zu drei Jahren Zuchthaus verurteilt. Angehörige der Rote-Armee-Fraktion befreiten ihn 1970. Beteiligung an Banküberfällen u. Bombenanschlägen führten zu erneuter Verhaftung 1972. 1977 zu lebenslängl. Freiheitsstrafe verurteilt, nahm er sich in der Haftanstalt Stuttgart-Stammheim das Leben.

Baader, Ottilie, Politikerin, *30.5.1847 Frankfurt/Oder, †24.7.1925 Berlin. Die Arbeiterin kam unter dem Eindruck der Schriften von K. ↑Marx u. ↑Bebel zur Sozialdemokratie. 1900–08 «Zentralvertrauensperson der Genossinnen Dtld.s», forderte sie in der Folge Frauenstimmrecht, Frauen- u. Kinderschutz sowie bessere Arbeiterinnenbildung.

Bach, Alexander Frhr. von (1854), östr. Staatsmann, *4.1.1813 Loosdorf (Niederösterreich), †13.9.1893 Schloß Schönberg (bei Wiener Neustadt). Der Jurist machte sich nach neunjährigem Staatsdienst 1843 als Rechtsanwalt in Wien selbständig. Reform-liberal gesinnt, unterstützte er die Märzrevolution 1848 u. übernahm im Juli das Justizministerium. Unter dem Eindruck der Radikalisierung der Revolution im Okt. trat er zurück. Nunmehr dem Konservativismus zuneigend, wurde er im Nov. Justizminister u. im Juli 1849 Innenminister in der Regierung F. Fürst zu ↑Schwarzenbergs. Nach dessen Tod übernahm er 1852 auch die Leitung der Regierung, der er durch das Konkordat von 1855 die Unterstützung der Kirche zu sichern wußte. Initiator des e. straffen Einheitsstaat anstrebenden, neoabsolutist. «bachschen Systems», gelang ihm die Neuordnung der Verwaltung u. hier bes. des Steuerwesens sowie, gegen den Widerstand des Adels, die Durchsetzung der bäuerl. Grundentlastung. Widerstände gegen seinen Zentralismus u. außenpolit. Mißerfolge (ital. Krieg 1859) führten zu seiner Entlassung. 1859–65 war er östr. Gesandter beim Hl. Stuhl.

Lit.: Friedrich Walter, «A. Frhr. von B.», in *Neue Östr. Biographie ab 1815,* Bd. 13 (1959).

Bachem, Carl, Publizist u. Politiker, *22.9.1858 Köln, †11.12.1945 Burgsteinfurt (Vetter von J. ↑B.). Der promovierte Jurist war Mitglied des preuß. Abg.hauses (1888–1904; Zentrum) sowie des Reichstags (1889–1906) u. in letzterer Eigenschaft an der Schaffung des Bürgerl. Gesetzbuchs beteiligt. Als Redakteur der *Köln. Volkszeitung* bestimmte er deren nationalist. Kurs während des Ersten Weltkriegs. Er veröffentlichte e. Gesch. der Zentrumspartei (9 Bde., 1927–32).

Bachem, Julius, Publizist u. Politiker, *2.7.1845 Mülheim/Ruhr, †22.1.1918 Köln (Vetter von C. ↑B). Urspr. Rechtsanwalt, schrieb er 1869–1915 als Redakteur der *Köln. Volkszeitung* u. Mithrsg. des *Staatslexikons* der Görresgesellschaft im Sinne e. Ausgleichs zwischen den Konfessionen u. zwischen Monarch u. Volk. 1876–91 saß er im preuß. Abg.haus (Zentrum).

Lit.: Hugo Stehkämper, «J.B.», in Rudolf Morsey, Hrsg., *Zeitgesch. in Lebensbildern* (1973).

Bach-Zelewski, Erich von dem, SS-Obergruppenführer, *1.3.1899 Lauenburg (Pommern), †8.3.1972 München. Freikorpsmitglied u. bis 1924 Reichswehroffizier, trat er 1930 in die NSDAP ein u. war dann an den Morden im Zus.hang mit dem sog. Röhm-Putsch (↑Röhm) beteiligt. Er leitete ab 1942 die Partisanenbekämpfung im Osten u. kommandierte 1944 die Niederschlagung des Warschauer Aufstandes. 1962 wurde er zu lebenslangem Zuchthaus verurteilt.

Lit.: Ruth Bettina Birn, *Die Höheren SS- u. Polizeiführer* (1986).

Badeni, Kasimir Felix Graf, östr. Politiker, *14.10.1846 Surochów (Galizien), †9.7.1909 Krasne (Galizien). Statthalter von Galizien (ab 1888), wurde er 1895 Ministerpräs. der westl. Reichshälfte der östr.-ungar. Monarchie. Erfolgreich mit e. Wahl- u. e. Steuerreform, scheiterte er 1897 mit der Einführung der Doppelsprachigkeit in der Verwaltung der Länder Böhmen u. Mähren u. trat zurück.

Lit.: Robert A. Kann, *Das Nationalitätenproblem der Habsburgermonarchie* (²1964).

Baeck, Leo, Rabbiner, *23.5.1873 Lissa (Posen), †2.11.1956 London. Er promovierte bei Wilhelm Dilthey u. war ab 1897 Rabbiner in Oppeln, ab 1907 in Düsseldorf u. ab 1912 in Berlin. Hier lehrte er gleichzeitig an der Hochschule für die Wiss. des Judentums. Ab 1933 bis zu seiner Deportation nach Theresienstadt 1943 wirkte er auch als Präs. der Reichsvertretung der dt. Juden. Seit 1945 vor allem in London lebend, setzte sich der liberale jüd. Religionswissenschaftler für e. Verständigung der Religionen untereinander u. die Heilung des Risses zwischen Deutschen u. Juden ein. 1954 wurde in Jerusalem das Leo Baeck Institute gegründet (weitere Büros in London u. New York).

Lit.: Albert H. Friedlander, *L. B.* (1973).

Bahr, *Egon* Karlheinz, *18.3.1922 Treffurt (Thüringen). Der Journalist trat 1956 in die SPD ein u. war 1960–66 Leiter des Presseamts des Landes Berlin unter ↑Brandt. Dieser übertrug ihm die Leitung des Planungsstabs im Auswärtigen Amt (1967–69). 1969–72 war er als Staatssekretär im Bundeskanzleramt maßgebl. an der Formulierung u. Durchführung der neuen Ostpolitik beteiligt. 1972–74 war er Bundesminister für bes. Aufgaben, 1974–76 für wirtschaftl. Zus.arbeit, 1976–81 Bundesgeschäftsführer seiner Partei.

1972–90 Mitglied des Bundestags, war er 1984–94 Direktor des Hamburger Instituts für Friedensforschung u. Sicherheitspolitik.

Lit.: Andreas Vogtmeier, *E. B. u. die dt. Frage* (1996).

Bahro, Rudolf, Sozialwissenschaftler, *18.11.1935 Bad Flinsberg (Schlesien), †5.12.1997 Berlin. Er war 1954–77 Mitglied der SED u. arbeitete 1967–77 als Wirtschaftsfunktionär. Er kritisierte das wirtschaftl. u. polit. System der DDR u. wurde 1978 zu acht Jahren Haft verurteilt. 1979 in die Bundesrepublik entlassen, war er 1979–85 Mitglied u. 1982–84 im Bundesvorstand der Grünen. Seit 1990 war er Prof. in Berlin.

Balduin, Erzbf. von Trier, *1285, †21.1.1354 Trier. Aus dem Haus Luxemburg stammend, wurde er bereits 1307 Erzbf. von Trier. Er betrieb erfolgreich die Wahl seines Bruders ↑Heinrich VII. zum Kg., unterstützte ihn 1310 beim Erwerb Böhmens für dessen Sohn Johann von Luxemburg (1296–1346) u. begleitete ihn auf jenem Romzug, der im Bilderzyklus des *Codex Balduini* dargestellt ist. 1314 hatte er maßgebl. Einfluß auf die Wahl ↑Ludwigs IV. des Bayern, distanzierte sich aber später von ihm. Am Zustandekommen des Kurvereins von Rhens 1338, welcher die Herrschaftsberechtigung des von den Kf.en gewählten Kg.s sicherte, war er führend beteiligt.

Lit.: Johannes Mötsch, *B. von Luxemburg* (1985).

Balk(e), Hermann, Landmeister des Dt. Ordens, †5.3.1239 Würzburg (?). Er gründete 1231 als ersten Stützpunkt des Dt. Ordens in Preußen die Burg Vogelsang. Im Auftrag des Hochmeisters ↑Hermann von Salza erteilte er 1233 Kulm u. Thorn die Kulmer Handfeste, welche dann die Rechtsentwicklung in Preußen bestimmte.

Lit.: Klaus Militzer, *Die Entstehung der Dt. ordensballeien* (²1981).

Balke, Siegfried, Politiker, *1.6.1902 Bochum, †11.6.1984 München. Der promovierte Chemiker war 1925–52 in verschiedenen Firmen tätig u. wurde 1953 auf Vorschlag von ↑Strauß zum Bundespostminister ernannt. 1954 trat er in die CSU ein. 1956–57 war er Bundesminister für Atomfragen, 1957–61 für Atomkernenergie u. Wasserwirtschaft, 1961–62 für Atomkernenergie. 1957–69 saß er im Bundestag. 1964–69 war er Präs. der Bundesvereinigung der Dt. Arbeitgeberverbände.

Ballestrem, *Franz* Karl Graf von, Politiker, *5.9.1834 Plawniowitz (Oberschlesien), †23.12.1910 ebd. 1855–71 preuß. Offizier, saß er 1872–93 u. 1898–1906 im Reichstag (Zentrum). Im letzteren war er 1898–1906 Präs. Nach dem Abebben des Kulturkampfs war er bestrebt, das Zentrum an der Gesetzgebung konstruktiv zu beteiligen.

Lit.: Helmut Neubach, *F. Graf von B.* (1984).

Ballin, Albert, Reeder, *15.8.1857 Hamburg, †9.11.1918 ebd. Der Sohn e. jüd. Auswanderungsagenten übernahm 1886 die Leitung der Passageabteilung der Hamburg-Amerika-Linie (HAPAG). 1888 wurde er dort Vorstandsmitglied, 1899 Generaldirektor. Unter seiner Leitung entwickelte sich die Firma zur größten Reederei der Welt. Ein enger persönl. Freund Ks. ↑Wilhelms II., trat er für gute polit. u. wirtschaftl. Zus.arbeit mit Großbritannien ein u. strebte bes. in der Flottenrivalität e. Ausgleich an. Zu Beginn des Ersten Weltkriegs unternahm er e. Friedensvermittlungsversuch. Enttäuscht über die Zerstörung seines Lebenswerks im Krieg nahm er sich das Leben.

Lit.: Lamar Cecil, *A. B.* (1969); Eberhard Straub, *A. B.* (2001).

Bamberger, Ludwig, Politiker, *22.7.1823 Mainz, †14.3.1899 Berlin. Der Jurist beteiligte sich an der Revolution 1848–49 als radikalrepublikan. Publizist u. wurde 1851 wegen seiner Mitwirkung am pfälz. Aufstand zu Zuchthaus u. 1852 zum Tod verurteilt. Er floh u. arbeitete danach in Paris u. London im Bankgewerbe, bis er 1866 als Anhänger O. von ↑Bismarcks nach Dtld. zurückkehrte. 1868 saß er im Zollparlament, 1871–93 im Reichstag (nationalliberal) u. wirkte maßgebl. an der Vereinheitlichung des dt. Münz- u. Währungswesens mit. 1880 trennte er sich jedoch aus Gegnerschaft gegen den Schutzzoll u. die Kolonialpolitik von den Nationalliberalen u. beteiligte sich 1884 an der Gründung der Dt.-Freisinnigen Partei.

Lit.: Marie-Lise Weber, *L. B.* (1987); Benedikt Koehler, *L. B.* (1999).

Bangemann, Martin, Politiker, *15.11.1934 Wanzleben (Sachsen-Anhalt). Der promovierte Jurist u. Rechtsanwalt trat 1963 der FDP bei u. saß 1972–80 u. 1987–88 im Bundestag. 1974–75 war er Generalsekretär der FDP, 1985–88 ihr Bundesvors. 1984–88 war er Bundeswirtschaftsminister. 1988–99 war er Kommissar der Europ. Kommission.

Barbarossa ↑Friedrich I. B.

Barbie, Klaus, SS-Hauptsturmführer, *25.10.1913 Bad Godesberg, †25.9.1991 Lyon (Frankreich). Er trat 1932 in die NSDAP ein u. war seit 1935 beim SD tätig. Im Nov. 1942 nach Lyon versetzt, wirkte er, wie franz. Gerichte feststellten, an über 4000 Hinrichtungen mit. Nach dem Krieg lebte er bis 1983 in Bolivien. An Frankreich ausgeliefert, wurde er 1987 zu lebenslanger Haft verurteilt.

Barnim I., Hg. von Pommern-Stettin, *um 1219, †13. oder 14.11.1278. Er mußte 1250 die Lehnshoheit Brandenburgs über Pommern anerkennen u. die Uckermark abtreten. Durch Förderung von Geistlichkeit u. Klöstern sowie die Ansiedlung dt. Adelsgeschlechter betrieb er die Eindeutschung u. Kolonisierung Pommerns.

Lit.: Dietmar Lucht, *Die Städtepolitik Hg. B.s I.* (1965); Heidelore Böcker, «B. I.», in Eberhard Holtz u. Wolfgang Huschner, Hrsgg., *Dt. Fürsten des MA* (1995).

Barnim III., Hg. von Pommern-Stettin, *vor 1300, †24.8.1368. Nach dem Aussterben der Askanier in Brandenburg suchte er die Lehnsabhängigkeit Pommerns von Brandenburg zu beenden. Durch militär. Erfolge erreichte er 1338 die Anerkennung Pommerns als Reichslehen u. 1348 von Ks. ↑Karl IV. die Bestätigung der Reichsunmittelbarkeit.

Barnim IX., Hg. von Pommern, *2.12.1501 Oderburg, †2.11.1573 ebd. Ab 1523 regierte er zus. mit seinem Bruder Georg I. (†1531; 1532 vorläufige Teilung des Landes) u. führte 1534 mit Unterstützung ↑Bugenhagens die Reformation ein. Nach der endgültigen Teilung 1541 in Stettin u. Wolgast übernahm er Stettin u. bestimmte 1569, da ohne männl. Nachkommen, seine Großneffen zu seinen Erben.

Lit.: Adolf Hofmeister, *Aus der Gesch. des pommer. Hg.shauses* (1938).

Barschel, Uwe, Politiker, *13.5.1944 Glienicke (bei Berlin), †11.10.1987 Genf. Er saß ab 1971 im schleswig-holstein. Landtag (CDU), ab 1973 als Fraktionsvors. Seit 1979 Finanz- u. Innenminister, war er 1982-87 Ministerpräs. Wegen e. gegen ↑Engholm angezettelten Rufmordkampagne mußte er zurücktreten. Die Umstände seines Todes sind ungeklärt.

Bartenstein, Johann Christoph Frhr. von (1733), östr. Politiker, *23.10.1690 Straßburg, †6.8.1767 Wien. Der Protestant konvertierte 1715 zum Katholizismus, um in östr. Dienste treten zu können. Ab 1733 leitete er als Geheimer Staatssekretär prakt. die östr. Außenpolitik. Als ihn hierin ab etwa 1750 ↑Kaunitz ausstach, wandte er sich innenpolit. Aufgaben zu.

Lit.: Max Braubach, *Diplomatie u. geistiges Leben* (1969).

Barth, *Theodor* Wilhelm, Politiker, *16.7.1849 Duderstadt, †3.6.1909 Baden-Baden. Der promovierte Jurist saß 1881-98 u. 1901-03 als Liberaler im Reichstag, 1898-1903 auch im preuß. Abg.haus. Dort u. als Hrsg. der Wochenschrift *Die Nation* (1883-1907) trat er entschieden für Freihandel ein.

Lit.: Konstanze Wegner, *T. B. u. die Freisinnige Vereinigung* (1968).

Barzel, Rainer, Politiker, *20.6.1924 Braunsberg (Ostpreußen). Der promovierte Jurist saß 1957-87 im Bundestag (CDU), 1964-73 als Fraktionsvors. der CDU/CSU. 1962-63 war er Bundesminister für gesamtdt. Fragen. Als Bundesvors. der CDU (1971-73) war er 1972 Kanzlerkandidat. 1982-83 war er Bundesminister für innerdt. Beziehungen, 1983-84 Bundestagspräs. Er trat zurück wegen des Verdachts, in den Flick-Skandal verwickelt zu sein.

Lit.: R. B., *Ein gewagtes Leben* (2001; Autobiographie).

Bassermann, Ernst, Politiker, *26.7. 1854 Wolfach, †24.7.1917 Baden-Baden. Der Rechtsanwalt saß 1893–1917 im Reichstag. Ab 1898 Vors. der nationalliberalen Fraktion, wurde er 1905 Vors. der Nationalliberalen Partei. Er war wesentl. an der Politik des Bülow-Blocks (↑Bülow, B. Fürst von) beteiligt u. wirkte 1917 am Sturz ↑Bethmann Hollwegs mit.

Lit.: Beverly Heckart, *From B. to Bebel* (New Haven, 1974).

Bassermann, *Friedrich* Daniel, Politiker, *24.2.1811 Mannheim, †29.7. 1855 ebd. Der gelernte Kaufmann saß ab 1841 als Liberaler in der bad. 2. Kammer, wo er am 12.2.1848 den Antrag auf Wahl e. dt. Nationalversammlung stellte. Nach Teilnahme am Vorparlament leitete er in der Nationalversammlung den Verfassungsausschuß. Im April 1849 war er Mitglied der Ks.deputation, 1850 des Unionsparlaments in Erfurt. Ein Nervenleiden veranlaßte ihn, sich das Leben zu nehmen.

Lit.: Heinz Gollwitzer, *F. D. B.* (1955).

Bastian, Gert, Generalmajor, *26.3. 1923 München, †1.10.1992 Bonn. Seit 1956 in der Bundeswehr, avancierte er bis 1976 zum Generalmajor. 1954–63 war er Mitglied der CDU. 1980 verließ er aus polit. Gründen die Bundeswehr u. betätigte sich in der Friedensbewegung. 1983–87 saß er im Bundestag (1983–84 u. 1986–87 für die Grünen). Er erschoß vermutl. seine Lebensgefährtin P. ↑Kelly u. nahm sich dann selbst das Leben.

Bästlein, Bernhard, Politiker, *3.12. 1894 Hamburg, †18.9.1944 Brandenburg. Er trat 1912 der SPD, 1920 der KPD bei u. hielt sich 1921–23 in der Sowjetunion auf. 1932 in den preuß. Landtag u. im März 1933 in den Reichstag gewählt, wurde er von Mai an bis 1940 inhaftiert. Nach der Entlassung baute er in Hamburg e. Widerstandsorganisation auf u. war 1942–44 erneut in Haft. Er entfloh, wurde wieder gefaßt, zum Tod verurteilt u. hingerichtet.

Baudissin, Wolf Graf von, Generalleutnant, *8.5.1907 Trier, †5.6.1993 Hamburg. Er war seit 1930 Berufssoldat u. 1943–47 in brit. Gefangenschaft. Als e. der ersten Offiziere in die Dienststelle ↑Blank berufen, entwickelte er seit 1952 dort u. bis 1958 im Bundesverteidigungsministerium das Konzept der Inneren Führung u. prägte dabei den Begriff «Staatsbürger in Uniform». 1963–67 war er im Stab der NATO tätig. 1968–84 nahm er e. Lehrauftrag an der Universität Hamburg wahr.

Bauer, *Gustav* Adolf, Politiker, *6.1. 1870 Darkehmen (Ostpreußen), †16.9.1944 Berlin. Der Gewerkschafter saß 1912–25 im Reichstag bzw. der Nationalversammlung (SPD). Im Okt. 1918 wurde er Staatssekretär im Kabinett des Prinzen ↑Max von Baden, 1919 Reichsarbeitsminister. Nach dem Rücktritt ↑Scheidemanns wurde er Reichsministerpräs. (21.6.1919; Reichskanzler 14.8.). Unter seiner Regierung wurde der Versailler Vertrag unterzeichnet u. die Verfassung der Weimarer Republik verabschiedet. Beim Kapp-Putsch (↑Kapp) im März 1920 trat er zurück. 1921–22 war er Reichsschatzminister u. Vizekanzler. 1925 wurde er wegen seiner Beziehungen zu dem korrupten Textilkaufmann Julius Barmat aus seiner Partei ausgeschlossen.

Lit.: Karlludwig Rintelen, *Ein undemokrat. Demokrat: G. B.* (1993).

Bauer, Otto, östr. Politiker, *5.9. 1881 Wien, †4.7.1938 Paris. Der Sohn e. jüd. Textilindustriellen, promovierter Jurist, wurde 1907 Redakteur der *Arbeiter-Zeitung* u. war im gleichen Jahr Mitbegründer der Monatsschrift *Der Kampf.* Ab 1914 in russ. Kriegsgefangenschaft, wurde er 1917 ausgetauscht. Nov. 1918–Juli 1919 plädierte er als Staatssekretär im Außenministerium für die Auflösung Österreich-Ungarns u. setzte sich für den Anschluß an das Dt. Reich ein. Wegen der Annahme des Friedensvertrags trat er zurück. 1919–20 war er prominentes Mitglied der konstituierenden Nationalversammlung, 1920–34 des Nationalrats (SPÖ). Er war 1926 maßgebl. an der Formulierung des Linzer Parteiprogramms der SPÖ beteiligt. Während der Febr.kämpfe 1934 floh er in die ČSR u. 1938 weiter nach Paris. Er gilt als führender Theoretiker des Austromarxismus u. verfaßte u.a. *Die Nationalitätenfrage u. die Sozialdemokratie* (1907), *Der Weg zum Sozialismus* (1913), *Die östr. Revolution* (1923) u. *Kapitalismus u. Sozialismus nach dem Weltkrieg* (1931).

Lit.: Otto Leichter, *O. B.* (1970); Erich Fröschl, Hrsg., *O. B.* (1985).

Bauernjörg ↑Waldburg.

Baum, *Gerhart* Rudolf, Politiker, *28.10.1932 Dresden. Der Jurist trat 1954 der FDP bei u. war 1961–62 als Rechtsanwalt in Köln tätig. 1962–72 war er Mitglied der Geschäftsführung der Bundesvereinigung der Dt. Arbeitgeberverbände, 1972–94 saß er im Bundestag. 1972–78 Parlamentar. Staatssekretär im Bundesinnenministerium, war er 1978–82 Bundesinnenminister. Seit 1994 arbeitete er wieder als Anwalt.

Bäumer, Gertrud, Frauenrechtlerin, *12.9.1873 Hohenlimburg, †25.3. 1954 Bethel. Urspr. Volksschullehrerin, promovierte sie 1904. 1910–19 Vors. des Bundes dt. Frauenvereine, gründete sie im Ersten Weltkrieg den Nationalen Frauendienst. Zus. mit H. ↑Lange gab sie die Zeitschrift *Die Frau* (1893–1944) heraus. 1919 saß sie in der Nationalversammlung, 1920–33 im Reichstag (DDP). 1922–33 war sie Ministerialrätin im Innenministerium. Sie verfaßte zahlreiche Arbeiten zur Stellung der Frau.

Lit.: Marie L. Bach, *G. B.* (1989).

Baumkircher, Andreas Frhr. von, Söldnerführer, *um 1409 (1420?) Wippach (Krain), †23.4.1471 Graz. Der Adlige wurde 1455 Burghauptmann von Preßburg u. 1459 ksl. Rat. 1462 half er, die durch Anhänger

Erzhg. Albrechts VI. (1418–63) belagerte Wiener Burg zu entsetzen, trat aber 1463 zu dem ungar. Kg. Matthias Corvinus (1443–90) über u. befehdete von da an Ks. ↑Friedrich (III.), bis er festgenommen u. ohne Gerichtsverfahren enthauptet wurde.

Lit.: Rudolf Kropf, *A. B. u. seine Zeit* (1983).

Beatrix von Burgund, Ks.in., *um 1143, †15.11.1184 Jouhe (bei Dôle, Frankreich). Ks. ↑Friedrich I. Barbarossa heiratete B. 1156, nachdem er sich von seiner ersten Frau getrennt hatte, u. gewann dadurch Herrschaftsrechte in Hochburgund u. der Provence. Sie wurde 1167 in Rom zur Ks.in gekrönt. In Burgund regierte sie zeitweilig eigenständig. Sie ist die Mutter von Ks. ↑Heinrich VI. u. von Kg. ↑Philipp von Schwaben.

Bebel, August, Politiker, *22.2.1840 Köln-Deutz, †13.8.1913 Passugg (Schweiz). Ab 1864 selbständiger Drechslermeister, schloß er sich schon 1861 in Leipzig der Arbeiterbewegung an. 1865 wurde er dort Vors. des Arbeiterbildungsvereins u. 1867 des Verbandes dt. Arbeitervereine. Unter dem Einfluß W. ↑Liebknechts sich dem Sozialismus zuwendend, gründete er mit diesem zus. 1867 die Sächs. Volkspartei u. errang e. Mandat im Norddt. Reichstag. 1869 Mitbegründer der Soz.dem. Arbeiterpartei u. dann deren Vors., war er 1875 in Gotha führend am Zus.schluß der Arbeiterparteien zur Sozialist. Arbeiterpartei Dtld.s (ab 1891 SPD), 1889 an der Gründung der Zweiten Internationale in Paris beteiligt. 1871–1913 saß er im Reichstag, 1881–91 auch im sächs. Landtag. Er trat 1871 zuerst für die Verteidigung Dtld.s ein, stellte sich aber gegen die Annexion Elsaß-Lothringens u. solidarisierte sich mit der Pariser Kommune, weshalb er 1872 zus. mit Liebknecht zu zwei Jahren Festungshaft verurteilt wurde. Nach dem Erlöschen der Sozialistengesetze wirkte er 1891 an der Ausarbeitung des Erfurter Programms der SPD mit. Zwar war er von der Richtigkeit der Marxschen Lehre überzeugt, doch erfolgte der von ihm maßgebl. geleitete Ausbau der Partei auf dem Boden demokrat. Wahlkämpfe u. parlamentar. Oppositionsverhaltens. Entschiedener Gegner des Revisionismus ↑Bernsteins, zeigte er sich doch immer bestrebt, konkrete soziale Reformen zu erreichen. Er galt zu seinen Lebzeiten als der führende dt. Sozialdemokrat. Wichtigste Werke: *Unsere Ziele* (1870); *Die Frau u. der Sozialismus* (1883).

Lit.: Helmut Hirsch, *A. B.* (²1988); Ursula Herrmann u.a., *A. B.* (1989); Francis L. Carsten, *A. B.* (1991).

Becher, *Johannes* Robert, Kulturpolitiker, *22.5.1891 München, †11.10.1958 Berlin (Ost). Er studierte Medizin, Literatur u. Philosophie. 1917 USPD-Mitglied, trat er 1918 dem Spartakusbund bei u. stand ab 1919 der KPD nahe. 1933 emigrierte er über die ČSR u. Frankreich nach Moskau. 1945 kehrte er nach Berlin zurück. Als bedeutender Literat war er 1954–58 Minister für Kultur der DDR, verlor danach jedoch allen polit. Einfluß. 1949 verfaßte er die Nationalhymne der DDR (Musik von ↑Eisler).

Lit.: Jens-Fietje Dwars, *Abgrund des Widerspruchs* (1998).

Beck, Kurt, Politiker, *5.2.1949 Bergzabern. Der gelernte Elektromechaniker trat 1972 der SPD bei u. war ab 1979 Mitglied des Landtags von Rheinland-Pfalz. 1991–94 war er dort Vors. seiner Fraktion, seit 1994 Ministerpräs. seines Landes.

Beck, Ludwig, Generaloberst, *29.6.1880 Biebrich, †20.7.1944 Berlin. Der Berufsoffizier war seit 1912 im Großen Generalstab tätig. Ab 1933 Leiter des Truppenamts im Reichswehrministerium, wurde er 1935 Chef des Generalstabs des Heeres. Er hatte den Regierungsantritt ↑Hitlers begrüßt, widersetzte sich jedoch dessen Plänen zur Zerschlagung der ČSR u. trat deshalb am 18.8.1938 zurück. Nach seiner anschließenden Verabschiedung wurde der von hohem moral. Ethos bestimmte B. bald zum Mittelpunkt des gegen Hitler gerichteten militär. Widerstands. Von den Verschwörern des 20.7.1944 als Reichsverweser vorgesehen, wurde er nach dem Scheitern des Anschlags verhaftet u. nach seinem vergebl. Versuch, sich das Leben zu nehmen, erschossen.

Lit.: Klaus-Jürgen Müller, *General L. B.* (1980).

Beck, *Max* Wladimir Frhr. von, östr. Politiker, *6.9.1854 Wien, †20.1.1943 ebd. Der promovierte Jurist arbeitete 1880–1906 im Ackerbauministerium. Als östr. Ministerpräs. (1906–08) führte er 1907 gegen adligen Widerstand das allg. u. gleiche Wahlrecht ein. 1907–18 war er Mitglied des Herrenhauses des östr. Reichsrats u. 1915–34 Präs. des Obersten Rechnungshofs.

Lit.: Johann Christoph Allmeyer-Beck, *Ministerpräs. Baron B.* (1956).

Becker, Carl Heinrich, Politiker, *12.4.1876 Amsterdam, †10.2.1933 Berlin. Er lehrte 1908–13 als Prof. für Orientalistik in Hamburg, danach in Bonn. Er war Mitglied der DDP u. 1921 sowie 1925–30 preuß. Kultusminister, reformierte die Lehrerbildung u. das Hochschulwesen u. trat für den Abschluß des preuß. Konkordats 1929 ein. Ab 1930 war er Prof. für Islamkunde in Berlin.

Lit.: Guido Müller, *Weltpolit. Bildung u. akadem. Reform* (1991).

Becker, Johann Philipp, Politiker, *19.3.1809 Frankenthal (Pfalz), †7.12.1886 Genf. Der gelernte Bürstenmacher beteiligte sich 1832 am Hambacher Fest u. emigrierte 1838 in die Schweiz. Während der Revolution 1848/49 kämpfte er als Offizier auf bad.-aufständ. Seite. 1860 unterstützte er in Italien Garibaldi. 1864 beteiligte er sich in London an der Gründung der 1. Internat. u. 1869 an der Ausarbeitung des Eisenacher Programms der Soz.dem. Arbeiterpartei.

Beckerath, Hermann von, Politiker, *13.12.1801 Krefeld, †12.5.

1870 ebd. Der liberal gesinnte Bankier war ab 1843 Mitglied des rhein. Provinziallandtags, 1847 des preuß. Vereinigten Landtags u. dann der Frankfurter Nationalversammlung. 1848–49 Reichsminister der Finanzen u. 1849 Mitglied der Ks.deputation, saß er dann auch im Erfurter Unionsparlament. Im preuß. Abg.-haus (1849–52) stellte er sich gegen die reaktionäre Verfassungsreform. 1862 zog er sich aus der Politik zurück.

Beimler, Hans, Politiker, *2.7.1895 München, †1.12.1936 Madrid. Der gelernte Schlosser trat 1918 in die KPD ein u. saß 1932–33 im Reichstag. Ab April 1933 im KZ Dachau inhaftiert, gelang ihm im Mai die Flucht. 1935–36 leitete er in Zürich die «Rote Hilfe». 1936 ging er nach Spanien, wo er im Bürgerkrieg als Kommissar e. Internat. Brigade bei der Verteidigung Madrids fiel.

Lit.: Ursula Langkau-Alex, *Volksfront für Dtld.?* (1975).

Beitz, Berthold, Manager, *26.9.1913 Demmin (Pommern). Während des Zweiten Weltkriegs rettete er im Generalgouvernement jüd. Arbeiter vor der Deportation ins KZ. 1949–53 war er leitend im Versicherungsgewerbe tätig. Ab 1953 bekleidete er führende Positionen im Krupp-Konzern, 1970–89 als Aufsichtsratsvors. der Friedrich Krupp GmbH. Öffentl. bekannt wurden seine Bemühungen um die Ausweitung des dt. Osthandels.

Bell, Johannes, Politiker, *23.9.1868 Essen, †21.10.1949 Würgassen/Weser. Der Rechtsanwalt war ab 1908 Zentrumsabg. im preuß. Landtag u. 1912–18 sowie 1920–33 im Reichstag (1920–26 Vizepräs.). 1919 saß er in der Nationalversammlung u. war Reichskolonial-, 1919–20 Reichsverkehrs-, 1926–27 Reichsjustizminister. Er unterzeichnete zus. mit ↑Müller(-Franken) 1919 den Vertrag von Versailles.

Benda, Ernst, Jurist, *15.1.1925. Er trat 1946 in die CDU ein u. saß 1955–57 im Abg.haus von Berlin. 1957–71 war er Vertreter Berlins im Bundestag. 1967–68 Parlamentar. Staatssekretär im Bundesinnenministerium, war er 1968–69 Bundesinnenminister u. 1971–83 Präs. des Bundesverfassungsgerichts. 1984–93 nahm er e. Professur an der Universität Freiburg i. B. wahr.

Benedek, Ludwig August Ritter von, östr. General, *14.7.1804 Ödenburg, †27.4.1881 Graz. Der ungar. luther. Adlige trat 1822 in den östr. Militärdienst ein. Er kämpfte 1848 mit ↑Radetzky u. diente 1850–57 als dessen Generalstabschef. Nach erfolgreicher Teilnahme an der Schlacht von Solferino wurde er 1859 Feldzeugmeister. 1866 mit der Führung der Nordarmee betraut, wurde er nach der Niederlage bei Königgrätz 1866 ungnädig entlassen.

Lit.: Oskar Regele, *Feldzeugmeister B.* (1960).

Benedikt von Aniane, Abt, *um 750, †11.2.821 Kornelimünster (bei Aachen). Der Abt des südfranz. Benediktinerklosters Aniane wurde von Ks. ↑Ludwig I. dem Frommen 814 zum Abt von Maursmünster u. dann 815 oder 816 zum Abt des neugegründeten Klosters Kornelimünster bestellt. Auch übernahm er die Aufsicht über alle Klöster des Fränk. Reichs. Die Reformsynoden der Jahre 816 u. 817 wurden von ihm maßgebl. beeinflußt. (Hl.; Tag: 11.2.)

Benjamin, Hilde [geb. Lange], Politikerin, *5.2.1902 Bernburg/Saale, †18.4.1989 Berlin (Ost). Die Rechtsanwältin schloß sich 1927 der KPD an. Während der nat.soz. Herrschaft hatte sie Berufsverbot. 1946 trat sie der SED bei u. leitete die Kaderabteilung in der Dt. Zentralverwaltung für Justiz der SBZ (1946–49). 1949–53 war die wegen ihrer harten Urteile «Rote Hilde» Genannte Vizepräs.in des Obersten Gerichtshofs der DDR, 1953–67 Justizministerin. 1954–89 war sie Mitglied des ZK der SED.
Lit.: Marianne Brentzel, *Die Machtfrau* (1997); Andrea Feth, *H. B.* (1997).

Bennigsen, Alexander Levin Graf von, Politiker, *21.7.1809 Zakret (Litauen), †27.2.1893 Banteln/Leine. Seit 1841 hannov. Schatzrat u. Mitglied der 1. Kammer, wurde der Jurist 1848 zum Ministerpräs.en berufen. Differenzen mit Kg. Ernst August (1771–1851) hinsichtl. Verwaltungsreform u. Militärfragen brachten 1850 seine Entlassung. 1881–83 gehörte er als welf. Abg. dem Reichstag an.

Bennigsen, Rudolf von, Politiker, *10.7.1824 Lüneburg, †7.8.1902 Bennigsen (bei Hannover). Der Jurist war 1846–56 im hannov. Staatsdienst tätig. 1856–66 saß er als Mitglied der liberalen Opposition in der hannov. 2. Kammer. 1859 Mitgründer des Dt. Nationalvereins, war er bis 1867 dessen Vors. 1866 setzte er sich für die Neutralität Hannovers ein. 1867 wurde er Vors. der nationalliberalen Fraktion im Norddt. Reichstag u. gehörte dem Reichstag dann bis 1883 an, 1873–79 als Präs. Als Folge seiner Mißbilligung der Zollschutzpolitik u. der Sozialistengesetzgebung O. von ↑Bismarcks 1878–79 legte er 1883 sein Reichstagsmandat nieder, gehörte dem Reichstag aber 1887–98 nochmals an, ebenfalls als Vors. seiner Fraktion. 1867–83 saß er außerdem im preuß. Abg.haus. Er hatte bedeutenden Anteil am Ausbau des Reiches u. insbes. am Kompromiß 1874 über die siebenjährige Festlegung der Friedensstärke des Heeres (Septennat) u. an der Justizgesetzgebung 1876. 1888–97 war er Oberpräs. von Hannover.
Lit.: Hermann Oncken, *R. von B.* (2 Bde., 1910); R.-von-B.-Stiftung, *Der Nationalliberalismus in seiner Epoche* (1981).

Benno II., Bf. von Osnabrück, *um 1020 Löhningen (bei Waldshut),

†27.7.1088 Iburg (bei Osnabrück). Wahrscheinl. aus ministerialem Elternhaus, bewies er im Ungarnfeldzug 1051 Organisationstalent. Nach e. Karriere als Dompropst in Hildesheim u. Leiter der Verwaltung der Pfalz Goslar wurde er 1068 von Kg. ↑Heinrich IV. zum Bf. von Osnabrück ernannt; 1069 wurde er ordiniert. Von sächs. Aufständ. zeitweilig aus seinem Bistum vertrieben (1075?–80), vermittelte er zwischen Ks. u. Papst 1077 in Canossa sowie 1078–84 mehrmals in Rom. In seinem Bistum förderte er das Verkehrswesen u. die Landwirtschaft. Ein reger Bauherr, gründete er u. a. das Kloster Iburg. Der Streit um den Zehnten mit den Klöstern Corvey u. Herford verleitete ihn zu Urkundenfälschungen.

Lit.: Carl Möller, *B. von O. als Architekt* (1988); Werner Goez, *Lebensbilder aus dem MA* (1998).

Berchtold, Leopold Graf, östr. Politiker, *18.4.1863 Wien, †21.11.1942 Peresznye (bei Ödenburg). Der Diplomat war 1906–11 Botschafter in St. Petersburg u. 1912–15 k. u. k. Minister des Äußeren. Fehlentscheidungen in den Balkankriegen 1912/13 trugen zur außenpolit. Isolierung Österreich-Ungarns bei. 1914 war er maßgebl. an Ultimatum u. Kriegserklärung gegen Serbien nach dem Mord an ↑Franz Ferdinand beteiligt. Meinungsverschiedenheiten über die Italienpolitik führten im Jan. 1915 zu seinem Rücktritt.

Lit.: Hugo Hantsch, *L. Graf B.* (2 Bde., 1963).

Bergmann, Christine, Politikerin, *7.9.1939 Dresden. Die promovierte Apothekerin trat 1989 der SPD bei. 1991–98 war sie Bürgermeisterin von Berlin u. Senatorin für Arbeit, seit 1998 Bundesfamilienministerin.

Bergmann-Pohl, Sabine [geb. Schulz), Politikerin, *20.4.1946 Eisenach. Die Ärztin trat 1981 der CDU bei u. wurde 1990 Abg. der Volkskammer sowie deren Präs.in u. damit als Nachfolgerin M. ↑Gerlachs Staatsoberhaupt der DDR. Im Okt. 1990 wurde sie Bundesministerin für bes. Aufgaben im Kabinett ↑Kohl. Ab Dez. 1990 saß sie im Bundestag, 1991–98 war sie Parlamentar. Staatssekretärin im Bundesgesundheitsministerium.

Bergner, Christoph, Politiker, *24.11.1948 Zwickau. Der promovierte Landwirt war seit 1991 Mitglied des Landtags von Sachsen-Anhalt (CDU; 1991–93 u. ab 1994 Fraktionsvors.). 1993–94 war er Ministerpräs. seines Landes.

Berlepsch, *Hans* Hermann Frhr. von, Politiker, *30.3.1843 Dresden, †2.6.1926 Seebach (Thüringen). Der Jurist war 1877–80 Staatsminister in Schwarzburg-Sondershausen, ab 1884 Regierungspräs. in Düsseldorf, ab 1889 Oberpräs. der Rheinprovinz, 1890–96 preuß. Handelsminister. Als letzterer unterstützte er ↑Caprivis Sozial- u. Handelspolitik u. bes. die Arbeiterschutzgesetzgebung. Widerstand von Arbeitgeberseite führte zu seinem Rücktritt.

Lit.: Werner Trappe, *Dr. H. Frhr. von B. als Sozialpolitiker* (1934).

Berlichingen, Götz von, Reichsritter, *1480 Jagsthausen, †23.7.1562 Burg Hornberg (zu Neckarzimmern). 1504 verlor er im Kriegsdienst die rechte Hand, die durch e. eiserne Prothese ersetzt wurde. Wegen zahlreicher Fehden wurde er 1512 u. 1518 geächtet. 1519 kämpfte er für Hg. ↑Ulrich von Württ. gegen den Schwäb. Bund. 1525 führte er im Bauernkrieg zeitweilig den Odenwälder Haufen an, weshalb er 1528–30 in Augsburg gefangengehalten wurde.

Lit.: Helgard Ulmschneider, *G. von B.* (1974).

Bernauer, Agnes, Baderstochter, †12.10.1435 Straubing. Vermutl. vermählte sich der spätere Hg. ↑Albrecht III. der Fromme von Bayern 1432 heiml. mit ihr. Sein Vater, der regierende Hg. ↑Ernst, mißbilligte die unebenbürtige Heirat u. ließ A. B. in der Donau ertränken.

Bernhard I., Markgraf (1372) von Baden, *1364, †5.5.1431. 1380 legte er zus. mit seinem Bruder Rudolf VII. (†1391) im Erbvertrag von Heidelberg fest, daß die Markgrafschaft in höchstens zwei Linien aufgeteilt werden sollte. Nach dem Tod Rudolfs Alleinregent, konnte er in der Folge durch geschickte Politik u. Käufe seinen Besitz halten bzw. mehren u. damit die Grundlagen für die Entwicklung Badens schaffen.

Lit.: Richard Fester, *Markgraf B. I.* (1896).

Bernhard II., Hg. von Kärnten, *zwischen 1176 u. 1181, †4.1.1256 Völkermarkt(?). Er regierte ab 1202. In andauernden Auseinandersetzungen bes. mit den Grafen von Tirol u. Görz, den Herrschern von Meranien u. den in Kärnten begüterten Bischöfen von Bamberg gelang es ihm, seinen Territorialbesitz zu mehren. Mit dem Erwerb wichtiger Alpenübergänge u. der Gründung des Residenzplatzes Klagenfurt schuf er die Grundlage für den Aufstieg des Hg.-tums.

Lit.: August von Jaksch, *Gesch. Kärntens bis 1335* (2 Bde., 1928–29).

Bernhard, Hg. von Sachsen-Weimar, Feldherr, *16.8.1604 Weimar, †18.7.1639 Neuenburg (Baden). Nach verschiedenen Diensten im 30-jährigen Krieg schloß er sich 1631 Kg. ↑Gustav II. Adolf an u. behauptete 1632 nach dessen Tod das Schlachtfeld von Lützen. 1633 erhielt er das Hg.tum Franken als schwed. Lehen. Nach der Niederlage bei Nördlingen 1634 kämpfte er auf franz. Seite. Der wohl bedeutendste dt. prot. Feldherr des Kriegs starb an den Pocken.

Lit.: G(ustav) Droysen, *B. von Weimar* (2 Bde., 1885).

Bernhardi, Friedrich von, General u. Militärschriftsteller, *22.11.1849 St. Petersburg, †10.7.1930 Kunnersdorf (Schlesien). 1898–1901 war er Chef der kriegsgeschichtl. Abteilung im preuß. Großen Generalstab. Er befürwortete e. dt. Großmachtpolitik, so bes. in seinem Buch *Dtld. u. der nächste Krieg* (1912), das im Ausland als Kriegshetze ausgelegt wurde. Im Ersten Weltkrieg kommandierte er e. Armeekorps.

Bernstein, Eduard, Politiker, *6.1. 1850 Berlin, †18.12.1932 ebd. Der Sohn e. jüd. Lokomotivführers arbeitete ab 1870 als Angestellter im Bankhaus Rothschild in Berlin. 1872 trat er der Soz.dem. Arbeiterpartei (Eisenacher) bei u. war Mitverfasser des Gothaer Programms (1875). 1881–90 leitete er erst von Zürich, ab 1887 von London aus die Redaktion des illegalen Parteiorgans *Der Sozialdemokrat*. ↑Engels bestimmte ihn zum Verwalter seines literar. Nachlasses. Trotz Aufhebung des Sozialistengesetzes 1890 konnte er erst 1901 nach Berlin zurückkehren. Er saß dann 1902–06, 1912–18 u. 1920–28 im Reichstag. 1917 wurde er Mitglied der USPD, trat aber 1920 wieder in die SPD ein u. wirkte maßgebl. an der Abfassung des Görlitzer Programms (1921) mit. Er hatte sich schon seit 1890 vom orthodoxen Marxismus entfernt u. versuchte vielmehr aufgrund des von ihm theoret. begründeten Revisionismus, die Kluft zwischen revolutionärer Theorie u. reformist. Praxis zu überbrücken.

Lit.: Till Schelz-Brandenburg, *E. B. u. Karl Kautsky* (1992); Francis L. Carsten, *E. B.* (1993).

Bernstorff, Albrecht Graf von, Diplomat, *22.3.1809 Dreilützow (Mecklenburg), †26.3.1873 London. Ab 1845 in verschiedenen europ. Hauptstädten als preuß. Gesandter tätig, war der liberal Gesinnte 1861–62 preuß. Außenminister. 1862–73 war er Botschafter in London, wo er im Sinn e. dt.-engl. Interessenausgleichs wirkte.

Bernstorff, Albrecht Graf von, Diplomat, *6.3.1890 Berlin, †25.4. 1945 ebd. (Enkel des vorigen). Seit 1914 im diplomat. Dienst, arbeitete er 1922–33 bei der dt. Botschaft in London. Nach 1933 betätigte er sich in der Wirtschaft. An Widerstandsplänen gegen Hitler beteiligt, wurde er ab 1940 wiederholt verhaftet u. schließl. von der Gestapo erschossen.

Lit.: Kurt von Stutterheim, *Die Majestät des Gewissens* (1962).

Bernstorff, *Christian* Günther Graf von, Politiker, *3.4.1769 Kopenhagen, †28.3.1835 Berlin. Ab 1791 dän. Gesandter in Berlin u. dann Stockholm, war er 1797–1810 dän. Außenminister, danach Gesandter in Wien. 1818 trat er in preuß. Dienste ein u. leitete bis 1832 das Außenministerium. Hier vertrat er e. konserv. Politik u. unterstützte die Entstehung des Dt. Zollvereins zur Stärkung der Stellung Preußens.

Lit.: Lawrence J. Baack, *C. B. and Prussia* (New Brunswick, 1980).

Bernstorff, Johann Heinrich Graf von, Diplomat, *14.11.1862 London, †6.10.1939 Genf (Sohn von

A. Graf von B., *1809). Der Gardeoffizier trat 1890 in den diplomat. Dienst ein. Ab 1906 Generalkonsul in Kairo, war er 1908–17 Botschafter in Washington. In dem Bemühen, die USA vom Eintritt in den Ersten Weltkrieg abzuhalten, warnte er die dt. Regierung vergebl. vor der Wiederaufnahme des uneingeschränkten U-Boot-Kriegs. 1917–18 war er Botschafter in Konstantinopel. Nach dem Krieg schloß er sich der DDP an u. saß für sie 1921–28 im Reichstag. Als Präs. der Dt. Liga für Völkerbund seit 1922 u. als ständiger dt. Vertreter auf der Abrüstungskonferenz seit 1926 setzte er sich für die Mitgliedschaft Dtld.s im Völkerbund ein. 1933 ging er in die Schweiz.

Lit.: Reinhard R. Doerries, *Washington-Berlin 1908/1917* (1975).

Bernward, Bf. von Hildesheim, *um 960, †20.11.1022 Hildesheim. Der sächs. Adlige wurde 987 Erzieher u. Hofkaplan des unmündigen Ks. ↑Otto III. 993 wurde er als Bf. von Hildesheim ordiniert. Dort stiftete er das Kloster St. Michael. Als Anreger u. Förderer hatte er Anteil am Erblühen der sog. Otton. Kunst (Hl.; Tag: 20.11.).

Lit.: Francis Joseph Tschan, *Saint B. of Hildesheim* (3 Bde., Notre Dame IN, 1942–52).

Berthold von Henneberg, Erzbf. von Mainz, *1441 oder 1442, †21.12.1504. Er erhielt schon früh Domherrenstellen (Straßburg 1452; Köln 1458; Mainz 1464). 1474 wurde er in Mainz Domdekan, 1484 Erzbf. u. Kf. Als Landesherr führte er e. strenges, patriarchal.-aristokrat. Regiment. Eine starke Persönlichkeit, gewann der Kurerzkanzler rasch großen Einfluß auf Reichsangelegenheiten. Auf dem Reichstag zu Worms 1495 setzte er gegen Ks. ↑Maximilian I. einige Hauptziele der ständ. Reichsreform durch, so die Einrichtung des Reichskammergerichts u. die Verkündung des Ewigen Landfriedens. Es gelang ihm jedoch nicht, die Institutionalisierung e. vom Kg.-tum teilweise unabhängigen ständ. Reichsregiments (1500–02) durchzusetzen.

Lit.: Karl S. Bader, *Ein Staatsmann vom Mittelrhein* (1954); Wilhelm Füßlein, *B. VII. von Henneberg* (1983).

Berthold II. von Zähringen, Hg., *um 1050, †12.4.1111. Von der päpstl. Partei 1092 zum Hg. von Schwaben gewählt, verzichtete er 1097 auf das Hg.tum zugunsten Friedrichs I. von Staufen (1050–1105). Er behielt jedoch den Hg.stitel u. wählte als Amts- u. Familiennamen den Namen der Burg bei dem Dorf Zähringen u. wurde damit der Begründer der hgl. Linie der Zähringer.

Berthold V. von Zähringen, Hg., *um 1160, †18.2.1218 Freiburg i. B. Er trat 1186 die Regierung an, unterwarf den burgund. Adel in der Schweiz u. gründete 1191 Bern. Eine Minderheit wählte ihn 1198 in Köln zum Nachfolger Ks. ↑Heinrichs VI., doch verzichtete er gegen das Zugeständnis der Reichsvogtei über Schaffhausen zugunsten ↑Philipps von Schwaben. Da er kinderlos blieb, zerfiel nach seinem Tod die Herrschaft der Zähringer.

Bertram, *Adolf* Johannes, Kardinal, *14.3.1859 Hildesheim, †6.7.1945 Schloß Johannesberg (Mähren). Der promovierte Theologe u. Kirchenjurist wurde 1906 Bf. von Hildesheim u. 1914 Fürstbf. von Breslau. 1919 zum Kardinal erhoben, war er 1919–45 Vors. der Fuldaer Bf.skonferenz. Er kritisierte den nat.soz. Rassismus, verurteilte aber aus takt. Gründen das polit. Verhalten des nat.soz. Regimes nicht öffentl.

Lit.: Ludwig Volk, «A. Kardinal B.», in Rudolf Morsey, Hrsg., *Zeitgesch. in Lebensbildern* (1973).

Beseler, *Hans* Hartwig von, General, *27.4.1850 Greifswald, †20.12.1921 Neubabelsberg. Er wurde 1899 Oberquartiermeister im preuß. Großen Generalstab u. leitete 1904–10 das Ingenieur- u. Pionierkorps. Ab 1912 saß er als Freikonserv. im preuß. Herrenhaus. 1915–18 war er Generalgouverneur in Warschau, wo er maßgebl. an der Schaffung des Kg.-reichs Polen (1916) beteiligt war.

Best, Werner, Politiker, *10.7.1903 Darmstadt, †23.6.1989 Düsseldorf. Der promovierte Jurist war ab 1929 Richter in Hessen u. trat 1930 der NSDAP, 1931 der SS bei. Er verfaßte 1931 die hochverräter. sog. Boxheimer Dokumente, entging aber e. Strafe außer zeitweiliger Suspension. 1933 hess. Polizeipräs., ging er 1935 zur Gestapo u. 1939 zum Reichssicherheitshauptamt in Berlin. 1940–42 war er in der Militärverwaltung in Frankreich tätig. 1942–45 Reichsbevollmächtigter in Dänemark, wurde er dort 1948 zum Tod verurteilt, aber begnadigt u. 1951 entlassen. Eine 1971 erhobene Anklage wegen Massenmords wurde aus Gesundheitsgründen nicht verhandelt.

Lit.: Ulrich Herbert, *B.* (1996).

Bethmann Hollweg, Theobald von, Politiker, *29.11.1856 Hohenfinow (bei Eberswalde), †2.1.1921 ebd. Nach dem Jurastudium in Straßburg, Leipzig u. Berlin wurde er 1884 Regierungsassessor u. war 1886–96 als Nachfolger seines Vaters Landrat in seinem Heimatkreis. Ab 1896 Oberpräsidialrat in Potsdam, wurde er 1899 Oberpräs. der Provinz Brandenburg. 1905 zum preuß. Minister des Inneren ernannt, wurde er 1907 Staatssekretär des Reichsamtes des Inneren. Am 14.7.1909 folgte er B. von ↑Bülow auf dessen Empfehlung hin als Reichskanzler u. preuß. Ministerpräs. nach. Im Gegensatz zu seinem Vorgänger stützte er sich nicht auf e. ständige regierungstreue Mehrheit im Reichstag, sondern bemühte sich für anstehende Entscheidungen jeweils um die nötige Mehrheit bei den verschiedenen Fraktionen. Er blieb innenpolit. nicht ohne Erfolge; so gelangen ihm 1909 der Abschluß der Reichsfinanzreform, 1910 die Reform der elsäss.-lothring. Verfassung, 1911 die Verabschiedung der Reichsversicherungsordnung u. e. Reichsvereinsgesetzes. Freil. konnte er gegen konserv. Widerstand die von ihm als notwendig erachtete Reform des Dreiklassenwahlrechts in Preußen nicht durchsetzen u. mußte bei den Reichstagswahlen 1912 e. Ruck nach links hinnehmen, der die SPD zur stärksten Fraktion werden ließ. Außenpolit. duldete er die ungeschickte Marokkopolitik seines Staatssekretärs ↑Kiderlen-Waechter. Zwar suchte er gegenüber Großbritannien den Ausgleich, aber das von ↑Tirpitz vorangetriebene Rüstungsprogramm verhinderte das Zustandekommen e. Flottenabkommens 1912. In der Julikrise 1914 trug er zur Eskalation bei, indem er die Regierung in Wien zu e. raschen militär. Sanktion gegen Serbien drängte. Während des Ersten Weltkriegs versuchte er e. Festlegung von Kriegszielen zu umgehen, um Spielraum für e. Verständigungsfrieden zu behalten. Im Okt. 1916 mußte er jedoch unter dem Druck von rechts die öffentl. Kriegszieldiskussion freigeben u. im Nov. der Proklamation e. Kg.reichs Polen zustimmen. Anfang 1917 willigte er gegen besseres Wissen in den uneingeschränkten U-Bootkrieg ein. Der damit verbundene Kriegseintritt der USA u. die ihm im Reichstag angelasteten militär. Mißerfolge führten, auch auf Druck der Obersten Heeresleitung, zu seiner Entlassung durch Ks. ↑Wilhelm II. am 13.7.1917. Danach zog er sich auf sein ererbtes Gut zurück.

Lit.: Eberhard von Vietsch, *B. H.* (1969); Klaus Hildebrand, *B. H.* (²1970); Konrad Hugo Jarausch, *The Enigmatic Chancellor* (New Haven, 1973); Günter Wollstein, *T. von B. H.* (1995).

Beust, *Friedrich* Ferdinand Frhr., Graf (1868) von, Politiker, *13.1.1809 Dresden, †24.10.1886 Schloß Altenberg (bei Wien). Der Jurist trat 1830 in Sachsen in den diplomat. Dienst u. war dort ab 1849 Außen- u. Kultusminister, 1853–66 Außen- u. Innenminister, zugleich seit 1858 Ministerpräs. Seine Ablehnung der Frankfurter Reichsverfassung 1849 verursachte die Dresdner Mairevolution, die mit preuß. Hilfe niedergeschlagen wurde. Anschließend schloß er mit Preußen u. Hannover das der Union voraufgehende Dreikg.sbündnis, schwenkte aber nach 1850 als Verfechter der Triaspolitik in e. antipreuß.-proöstr. Richtung um. 1866 schloß er das Bündnis Sachsens mit Österreich. Nach der Niederlage im Dt. Krieg trat er in östr. Dienste u. wurde Außenminister, 1867 Ministerpräs. (ab Juni Reichskanzler). Er war maßgebl. an der Ausarbeitung des östr.-ungar. Ausgleichs u. der Dezemberverfassung beteiligt. 1870 versuchte er vergebl., Österreich an der Seite Frankreichs in den Dt.-franz. Krieg zu führen. 1871–78 war er Botschafter in London, 1878–82 in Paris.

Lit.: Heinrich Potthoff, *Die dt. Politik B.s* (1968); Helmut Rumpler, *Die dt. Politik des Frhr. von B.* (1972).

Beust, Ole von, Politiker, *13.4.1955 Hamburg. Der Jurist trat 1971 der CDU bei. Seit 1983 arbeitete er als selbständiger Rechtsanwalt in Hamburg. Seit 1978 saß er in der Hamburger Bürgerschaft (ab 1993 Fraktionsvors.). Ende Okt. 2001 wurde er zum Ersten Bürgermeister von Hamburg gewählt.

Beuth, Christian *Peter* Wilhelm, Finanzbeamter, *28.12.1781 Kleve, †27.9.1853 Berlin. Er trat 1801 in den preuß. Staatsdienst ein. An den Befreiungskriegen nahm er als Lützowscher Jäger (↑Lützow) teil u. war danach wie zuvor zunächst im Finanzministerium, ab 1817 im Handels- u. ab 1825 im Innenministerium tätig. Ab 1821 im Staatsrat, wirkte er energ. für den Aufbau e. preuß. Industrie.

Lit.: Helmut Reihlen, *C. P. W. B.* (³1992).

Beyme, Karl Friedrich von, Politiker, *10.7.1765 Königsberg (Neumark), †10.12.1838 Steglitz. Ab 1791 war er Kammergerichtsrat u. Mitglied der Kommission zur Vorbereitung des Allg. Landrechts. Außenminister 1806–07, war er danach beteiligt an der Bauernbefreiung u. wurde 1808 auf Empfehlung ↑Steins Justizminister (bis 1810). Ab 1817 Mitglied des Staatsrats u. Minister für Gesetzesrevision, trat er 1819 aus Protest gegen die Karlsbader Beschlüsse zurück.

Lit.: Werner von Beyme, *C. F. von B.* (1987).

Bieberstein ↑Marschall von Bieberstein.

Biedenkopf, *Kurt* Hans, Politiker, *28.1.1930 Ludwigshafen. Der promovierte Jurist war nach der Habilitation (Frankfurt/Main, 1963) 1964–70 Prof. in Bochum (1967–69 Rektor). Mitglied der CDU seit 1965, war er 1973–77 ihr Generalsekretär. 1976–80 u. 1987–90 saß er im Bundestag, 1980–88 war er Mitglied des Landtags von Nordrhein-Westfalen. Seit 1990 war er Mitglied des Landtags u. bis April 2002 Ministerpräs. von Sachsen.

Biegeleben, Ludwig Maximilian Frhr. von (1872), östr. Diplomat, *14.1.1812 Darmstadt, †6.8.1872 Sauerbrunn (Steiermark). Der Jurist war ab 1842 hess. Geschäftsträger in Wien u. wurde 1848 von H. von ↑Gagern in das Frankfurter Reichsministerium berufen, wo er als Unterstaatssekretär des Äußeren im großdt. Sinne wirkte. Als Leiter des Departements für dt. Angelegenheiten im östr. Ministerium des Äußeren (1850–71) bestimmte er die antipreuß. Haltung Österreichs.

Lit.: Rüdiger von Biegeleben, *L. Frhr. von B.* (1930).

Bienerth-Schmerling, Richard Graf (1915), östr. Politiker, *2.3.1863 Verona, †3.6.1918 Wien. Der Verwaltungsfachmann wurde 1897 Ministerialrat im Unterrichtsministerium u. 1905 Unterrichtsminister. Als Innenminister (1906–08) führte er die Wahlrechtsreform durch. 1908–11 war er Ministerpräs. u. mußte vor allem wegen Sprachen- u. Schulfragen schwere innenpolit. Auseinandersetzungen durchstehen.

Lit.: Josef Maria Baernreither, *Verfall des Habsburgerreiches* (1939).

Billung, Hermann ↑Hermann Billung.

Bischoffwerder, Johann Rudolf von, General u. Politiker, *13.11.1741 Ostramondra (Thüringen), †31.10.1803 Marquardt (bei Potsdam). Der Jurist nahm in preuß. Diensten am 7jährigen Krieg teil u. lebte dann in Sachsen, wo er Freimaurer u. dann auch Rosenkreuzer wurde. Ab 1778 wieder im preuß. Heer, gewann er Einfluß auf den späteren Kg. ↑Friedrich Wilhelm II., dem er nach dessen Regierungsantritt e. der wichtigsten Ratgeber wurde. Er war Mitverfasser des Religionsedikts von 1788. 1797 wurde er entlassen.

Bismarck, Herbert Fürst von (1898), Diplomat, *28.12.1849 Berlin, †18.9.1904 Friedrichsruh (bei Hamburg). Der älteste Sohn O. von ↑Bismarcks arbeitete seit 1874 im auswärtigen Dienst (1877–81 als Privatsekretär seines Vaters, 1881–84 an den Botschaften in London u. St. Petersburg). 1884 wurde er Gesandter in Den Haag, 1885 Unterstaatssekretär, 1886 Staatssekretär des Auswärtigen u. zugleich 1888–90 preuß. Staatsminister. 1881–89 saß er für die Dt. Reichspartei, 1893–1904 als Parteiloser im Reichstag.
Lit.: Heinrich Stamm, *Graf H. von B. als Staatssekretär* (1979).

Bismarck, Otto Fürst von (1871), Politiker, *1.4.1815 Schönhausen (bei Stendal), †30.7.1898 Friedrichsruh (bei Hamburg). Er stammte väterl.seits aus altmärk. Geschlecht. Nach dem Jurastudium (Göttingen, Berlin) u. Referendariat (1836–39) bewirtschaftete er seine Güter Kniephof und, ab 1845, Schönhausen. Sein recht ungehemmter Lebenswandel nahm e. Wendung, als er durch pommersche Pietisten zum Glauben an e. persönl. Gott fand. In diesen Kreisen begegnete er auch Johanna von Puttkamer (1824–94), die er 1847 heiratete. 1847–48 Abg. im Vereinigten Landtag, stand er 1849–50 als Mitglied des preuß. Abg.hauses u. dann des Erfurter Unionsparlaments auf der äußersten Rechten. Kg. ↑Friedrich Wilhelm IV. entsandte ihn daraufhin 1851 als preuß. Gesandten an den Bundestag nach Frankfurt. Seinem «realpolit.» Ziel der Stärkung der preuß. Großmachtstellung dienten hier sowohl die Bemühung, Österreich die Führungsrolle im Dt. Bund strittig zu machen, als auch die Neutralitätspolitik im Krimkrieg. 1859–62 war er Botschafter in St. Petersburg, 1862 kurzfristig in Paris. Auf Anregung ↑Roons ernannte ihn Kg. ↑Wilhelm I. auf dem Höhepunkt des preuß. Verfassungskonflikts zum Ministerpräs.en (23.9./8.10.1862). Mehrere Jahre lang regierte er gegen die liberale Parlamentsmehrheit ohne Verabschiedung e. Haushalts. Es gelang ihm jedoch, den innenpolit. Konflikt durch außenpolit. Erfolge zu kompensieren, so im Dt.-dän. Krieg um Schleswig-Holstein 1864 u. schließl. im Dt. Krieg 1866. Nach dem preuß. Sieg über Österreich setzte er sich für dessen Schonung als Großmacht ein, was Preußen nach der Gründung des Norddt. Bundes 1867 dann im Dt.-franz. Krieg 1870–71 zugute kam. Im März 1871 wurde er im noch während des Krieges ausgerufenen Dt. Reich der erste Reichskanzler. Bei der Konsolidierung des neuen Staats in den 1870er Jahren arbeitete er eng mit liberalen Kräften zus. Sein Versuch, die alten polit. u. gesellschaftl. Strukturen durch die Bekämpfung der kath. Kirche im «Kulturkampf» sowie durch die Ausschaltung der revolutionsgesinnten Arbeiterschaft mit Hilfe des Sozialistengesetzes zu konservieren, verschärfte freil. die innenpolit. Spannungen. Diese minderten sich nur teilweise durch die nun in Abkehr von den Nationalliberalen in den 1880er Jahren erfolgende Sozialgesetzgebung. Gegenüber dem Ausland erklärte er das Dt. Reich für saturiert u. schuf e. Bündnissystem, das Frankreich isolieren u. dabei gleichzeitig das Gleichgewicht der europ. Großmächte sichern sollte. Oberflächl. hierin weitgehend erfolgreich, wurde er 1890 wegen polit. Meinungsverschiedenheiten von dem 1888 an die Macht gekommenen, selbstbewußten jungen Ks. ↑Wilhelm II. in verletzender Form entlassen. Danach polemisierte er von seinem Alterssitz Friedrichsruh aus gegen den «Neuen Kurs» ↑Caprivis. Noch zu seinen Lebzeiten begann in weiten Volkskreisen e. fast myth. Verherrlichung des «Eisernen Kanzlers», den liberale u. sozialist. Kreise allerdings eher als mit Blut u. Eisen unverantwortl. umgehenden Gewaltmenschen sehen wollten.

Lit.: Hans-Ulrich Wehler, *B. u. der Imperialismus* (⁴1976); Andreas Hillgruber, *O. von B.* (1978); Jost Dülffer, Hrsg., *O. von B.* (1993); Lothar Gall, *B.* (1997).

Blank, Theodor, Politiker, *19.9.1905 Elz (Hessen), †14.5.1972 Bonn. Der Gewerkschafter war 1945 Mitbegründer der CDU. 1945–50 Vorstandsmitglied der IG Bergbau, saß er 1946–49 im Landtag von Nordrhein-Westfalen u. 1949–72 im Bundestag. 1947–49 war er Mitglied des Wirtschaftsrats. 1951 zum Staatssekretär ernannt u. mit der Vorbereitung der Wiederbewaffnung beauftragt, hatte er als Leiter der Dienststelle (später Amt) B. im Bundeskanzleramt u. 1955–56 als Bundesverteidigungsminister maßgebl. Anteil am Aufbau der Bundeswehr. 1957–65 war er Bundesminister für Arbeit u. Sozialordnung.

Lit.: Montecue J. Lowry, *The Forge of West German Rearmament* (New York, 1990).

Blaskowitz, Johannes, Generaloberst, *10.7.1883 Peterswalde (Ostpreußen), †5.2.1948 Nürnberg. Der Berufsoffizier wurde im Okt. 1939 zum Oberbefehlshaber Ost ernannt. Er wandte sich in Denkschriften gegen Übergriffe u. Terrormaßnahmen der SS u. wurde danach mehrfach seiner Posten enthoben. Zuletzt war er Oberbefehlshaber in Holland. Wegen Kriegsverbrechen angeklagt, nahm er sich das Leben.

Lit.: Christopher Clark, «J.B.», in Ronald Smelser u. Enrico Syring, Hrsgg., *Die Militärelite des Dritten Reichs* (²1998).

Bleichröder, Gerson von (1872), Bankier, *22.12.1822 Berlin, †19.2.1893 ebd. Er übernahm 1855 das väterl. Bankhaus, das unter seiner Leitung bestens florierte. Als Hofbankier der Hohenzollern erwarb er das Vertrauen O. von ↑Bismarcks, dem er nicht nur das Privatvermögen verwaltete, sondern auch 1866 die finanziellen Mittel für den Krieg gegen Österreich verschaffte u. 1870–71 als Finanzberater diente. 1872 wurde er als erster ungetaufter Jude geadelt. Durch seine internat. Beziehungen, bes. auch seine Verbindung mit dem Hause Rothschild, vermochte er wichtige polit. Informationen zu vermitteln. Mit seinem auf 100 Mio. Mark geschätzten Vermögen war er e. der reichsten Männer Dtld.s u. der Welt.

Lit.: Fritz Stern, *Gold u. Eisen* (1999).

Blittersdorf, Friedrich Landolin Karl Frhr. von, Politiker, *14.2.1792 Mahlberg (bei Offenburg), †16.4.1861 Frankfurt/Main. 1813 in den bad. Staatsdienst eingetreten, wurde der Jurist 1818 Geschäftsträger in St. Petersburg u. war dann 1821–35 u. 1843–48 Gesandter beim Bundestag. Monarch. gesinnt u. Gegner der bad. Verfassung von 1818, stritt er fortgesetzt mit der 2. Kammer. 1835–43 war er Außenminister.

Lit.: Wolfgang von Hippel, *F. L. K. von B.* (1967).

Blobel, Paul, SS-Standartenführer, *13.8.1894 Potsdam, †7.6.1951 Landsberg/Lech. Er war ab 1935 Mitglied des SD. Unter seiner Führung erschoß das Sonderkommando 4a der Einsatzgruppe C im Sept. 1941 über 30000 Juden in der Schlucht Babi-Yar bei Kiew. Er wurde 1948 zum Tod verurteilt u. 1951 hingerichtet.

Blomberg, Barbara, Bürgerin, *1527 oder 1528 Regensburg, †18.12.1597 Ambrosero (Spanien). Die Tochter e. Regensburger Gürtlers wurde 1546 Geliebte Ks. ↑Karls V. Aus der Verbindung ging Don Juan d'Austria (1547–78) hervor. B. wurde mit e. Offizier verheiratet, mußte aber nach dessen Tod (1569) wegen ihres sittenlosen Lebenswandels auf Geheiß Don Juans nach Spanien gehen.

Lit.: Marita A. Panzer, *B. B.* (1995).

Blomberg, Werner von, Generalfeldmarschall, *2.9.1878 Stargard (Pommern), †14.3.1946 Nürnberg. Der Berufssoldat war im Ersten Weltkrieg im Generalstab, 1919–20 im Reichswehrministerium tätig. 1927–29 war er dort Chef des Truppenamts u. 1929–33 Befehlshaber im Wehrkreis I (Königsberg). Am 3.1.1933 wurde er Reichswehrminister im Kabinett ↑Hitler. Ob er um die Vorbereitung zum sog. Röhm-Putsch (↑Röhm) wußte, ist umstritten. Nach dem Tod ↑Hindenburgs 1934 ließ er die Reichswehr auf Hitler vereidigen. 1935 wurde er zum Reichskriegsminister u. Oberbefehlshaber der Wehrmacht, 1936 zum Generalfeldmarschall ernannt. Im Febr. 1938 mußte er wegen seiner nicht standesgemäßen Heirat (↑Fritsch) zurücktreten. Er starb in amerikan. Haft.

Lit.: Karl-Heinz Janssen u. Fritz Tobias, *Der Sturz der Generäle* (1994); Richard R. Muller, «W. von B.», in Ronald Smelser u. Enrico Syring, Hrsgg., *Die Militärelite des Dritten Reiches* (²1998).

Blos, Wilhelm, Politiker u. Publizist, *5.10.1849 Wertheim/Main, †6.7.1927 Stuttgart. Er trat 1872 der Soz.dem. Arbeiterpartei bei u. arbeitete als Redakteur bei soz.dem. Zeitungen. 1877–78, 1881–87, 1890–1907 u. 1912–18 saß er im Reichstag (SPD). Am 9.11.1918 wurde er Vors. der provisor. württ. Regierung, u. am 7.3.1919 wurde er zum württ. Staatspräs.en gewählt. Im Juni 1920 trat er aus der Regierung aus.
Lit.: Horst Krause, *W. B.* (1980).

Blücher, Franz, Politiker, *24.3.1896 Essen, †26.3.1959 Bad Godesberg. 1938–45 Bankdirektor in Essen, war er 1945 Mitbegründer, 1949–54 Bundesvors. der FDP. Als Mitglied des Wirtschaftsrats (1947–49) war er maßgebl. an der Vorbereitung der Währungsreform beteiligt. Er saß 1947–49 im nordrhein-westfäl. Landtag. 1949–57 Mitglied des Bundestags, war er gleichzeitig Vizekanzler u. Bundesminister für den Marshallplan bzw. für wirtschaftl. Zus.arbeit. 1956 ging er zur FVP, später zur DP.

Blücher von Wahlstatt, Gebhard Leberecht Fürst (1814), Feldherr, *16.12.1742 Rostock, †12.9.1819 Krieblowitz (Schlesien). Ab 1758 in schwed. militär. Diensten, geriet er 1760 in preuß. Kriegsgefangenschaft u. trat in das preuß. Heer über. Aus Ärger über e. ausgebliebene Beförderung bat er 1771 um seinen Abschied u. wurde 1773 entlassen. Nach dem Tod Kg. ↑Friedrichs II. d. Gr. wurde er 1787 wieder in sein altes Regiment aufgenommen. 1788 Oberstleutnant, kämpfte er 1793–94 gegen die franz. Revolutionsheere. Zum Generalmajor befördert, erhielt er 1795 das Kommando über e. Teil der Observationsarmee in Münster u. wurde dort 1803 als Generalleutnant (ab 1801) Militärgouverneur. Nach der Schlacht von Auerstedt 1806 geriet er in franz. Gefangenschaft, wurde aber rasch ausgetauscht. Zum Generalgouverneur von Pommern ernannt, wurde er wegen seiner antifranz. Haltung auf franz. Druck hin 1811 abberufen. Im Febr. 1813 erhielt er das Kommando über die Feldtruppen in Schlesien, mit ↑Scharnhorst als Generalstabschef u. ↑Gneisenau als Generalquartiermeister. An der Katzbach erfolgreich, erzwang er den Elbübergang bei Wartenburg. Sein energ. Vorgehen in der Völkerschlacht bei Leipzig brachte ihm die Ernennung zum Generalfeldmarschall u. den von den Russen geprägten Beinamen «Marschall Vorwärts» ein. In der Neujahrsnacht 1814 setzte er bei Caub über den Rhein u. schlug kurz darauf mit Unterstützung der Hauptarmee Napoleon I. bei La Rothière. Trotz schwerer Rückschläge (Champaubert; Montmirail) konnte seine Armee in Paris einziehen, wo ihn Kg. ↑Friedrich Wilhelm III. Anfang Juni als Blücher von Wahlstatt in den persönl. Fürstenstand erhob. Nach Napoleons I. Rückkehr aus Elba 1815 übernahm er den Oberbefehl über die preuß. Armee u. errang trotz der Niederlage bei Ligny zus. mit Wellington den entscheidenden alliierten Sieg in der Schlacht bei Waterloo (18.6.). Noch im gleichen Jahr nahm er seinen Abschied.

Lit.: Ludolf Fiesel, *B.* (1969); Tom Crepon, *G. L. von B.* (1999).

Blüm, Norbert, Politiker, *21.7. 1935 Rüsselsheim. Der gelernte Werkzeugmacher trat 1950 der CDU bei. Ein spätes Studium schloß er mit Promotion (1967 Dr. phil.) ab. 1972–81 sowie seit 1983 gehörte er dem Bundestag an. 1977–87 war er Hauptgeschäftsführer der Sozialausschüsse der CDU. 1981–82 war er Senator für Bundesangelegenheiten in Berlin. Als Bundesminister für Arbeit u. Sozialordnung (1982–98) bemühte er sich um e. Reform der Renten- u. Sozialversicherung. 1987–99 war er Vors. der CDU in Nordrhein-Westfalen.

Blum, Robert, Politiker, *10.11. 1807 Köln, †9.11.1848 Wien. Kaufmann. Gehilfe, dann Theaterdiener u. -kassierer sowie Schriftsteller, engagierte er sich zugleich ab 1839 als polit. Agitator u. Organisator der liberalen Bewegung in Sachsen. 1848 wurde er Vizepräs. des Vorparlaments. In der Nationalversammlung war er Mitglied des Verfassungsausschusses. Als Führer der radikalliberalen Fraktion setzte er sich für das Prinzip der Volkssouveränität u. die Einführung der Republik ein. Im Okt. wurde er zus. mit ↑Fröbel nach Wien delegiert, um den Aufständ. e. Sympathieadresse zu überbringen. Er beteiligte sich am Widerstand gegen ↑Windischgrätz u. wurde nach der Einnahme der Stadt standrechtl. erschossen, was in Dtld. große Entrüstung auslöste.

Lit.: Siegfried Schmidt, *R. B.* (1971); Helmut Hirsch, Hrsg., *R.-B.-Symposium* (1987).

Blumhardt, *Christoph* Friedrich, Theologe u. Politiker, *1.6.1842 Möttlingen (bei Calw), †2.8.1919 Bad Boll. Er leitete ab 1870 zus. mit seinem Vater Johann Christoph B. (1805–80), ab 1880 allein das pietist. Erweckungszentrum Bad Boll bei Göppingen. Einer der ersten ev. Geistlichen, der sich der SPD anschloß, saß er 1900–06 für diese im württ. Landtag. Er gilt als e. der Begründer des religiösen Sozialismus.

Lit.: Klaus Jürgen Meier, *C. B.* (1979).

Bluntschli, Johann Caspar, Politiker, *7.3.1808 Zürich, †21.10.1881 Karlsruhe. Der Jurist, Schüler ↑Savignys, war 1833–48 Prof. in Zürich, 1848–61 in München, danach in Heidelberg. Polit. aktiv, gehörte er 1861–71 der bad. 1. Kammer an. 1864 war er Mitbegründer des dt. Protestantenvereins, 1868–71 als Nationalliberaler Mitglied des Zollparlaments. 1873–81 saß er in der bad. 2. Kammer u. war zuletzt deren Präs. Seine wiss. Arbeiten machten ihn zum führenden Staatstheoretiker seiner Zeit. Hauptwerke: *Allg. Staatsrecht* (2 Bde., 1851–52); *Dt.*

Privatrecht (1853); *Dt. Staats-Wörterbuch* (Hrsg., 11 Bde., 1857–79); *Lehre vom modernen Staat* (2 Bde., 1875); *Politik als Wiss.* (1876).

Lit.: Jacques Vontobel, *J. C. B.s Lehre von Recht u. Staat* (1956).

Bock, Fedor von, Generalfeldmarschall, *3.12.1880 Küstrin, †3.5. 1945 Lensahn (Holstein). Der General der Infanterie (1935) befehligte 1938 die dt. Truppen beim Einmarsch in Österreich. Zum Generaloberst befördert (1938), befehligte er beim Polenfeldzug 1939 die Heeresgruppe Nord, in Frankreich 1940 die Heeresgruppe B (Ernennung zum Generalfeldmarschall), in Rußland 1941 die Heeresgruppe Mitte, 1942 die Heeresgruppe Süd. Wegen Differenzen mit ↑Hitler wurde er Mitte 1942 verabschiedet.

Lit.: Horst Mühleisen, «F. von B.», in Ronald Smelser u. Enrico Syring, Hrsgg., *Die Militärelite des Dritten Reichs* (²1998).

Bock, Lorenz, Politiker, *12.8.1883 Nordstetten (bei Horb), †4.8.1948 Rottweil. Der Jurist saß 1919–33 im württ. Landtag (Zentrum). 1947–48 war er Mitglied des Landtags u. Staatspräs. von Württ.-Hohenzollern.

Böckler, Hans, Gewerkschafter, *26.2.1875 Trautskirchen, †16.2. 1951 Düsseldorf. Der gelernte Goldschläger trat 1894 der SPD u. dem Dt. Metallarbeiter-Verband bei. Ab 1903 hauptberufl. bei letzterem u. dem ADGB tätig, saß er 1928–33 im Reichstag. Nach Kriegsende betrieb er den Wiederaufbau der Gewerkschaften u. deren Zus.fassung im DGB. 1947 wurde er dessen 1. Vors. in der brit. Besatzungszone, 1949 in der Bundesrepublik. In seiner Amtszeit errangen die Gewerkschaften die Mitbestimmung in der Montanindustrie u. wurden die Ruhrfestspiele gegründet.

Lit.: Else Klein-Viehöver, *H. B.* (1952); Ulrich Borsdorf, *H. B.* (1982).

Bodelschwingh d. Ä., Friedrich von [gen. Vater B.], Theologe, *6.3.1831 Tecklenburg, †2.4.1910 Bethel (bei Bielefeld). Er wurde 1863 Pfarrer in der Nähe von Unna u. 1872 Vorsteher der 1867 gegründeten Heil- u. Pflegeanstalten in Bethel. Diese baute er zur größten ev. Pflegestätte in Dtld. aus u. eröffnete 1877 e. Ausbildungsstätte für Diakone. Zu den eigtl. Häusern für Kranke traten allmähl. Arbeiterkolonien (ab 1882) u. Bemühungen um die Erziehungsfürsorge. 1905 wurde e. eigene theolog. Hochschule, 1906 die Bethel-Mission in Ostafrika gegründet.

Lit.: Manfred Hellmann, «*Es geht kein Mensch über die Erde*» (1993).

Bodelschwingh d. J., Friedrich von, Theologe, *14.8.1877 Bethel (bei Bielefeld), †4.1.1946 ebd. Er war seit 1901 Mitarbeiter, 1910 Nachfolger seines Vaters F. von ↑B. d. Ä. in der Leitung der B.schen Anstalten in Bethel. 1933 wurde er von den ev. Landeskirchen zum Reichsbf. gewählt, konnte jedoch auf nat.soz. Druck hin das Amt nicht ausüben. Er verhinderte weitgehend die Durchführung des nat.soz. Euthanasieprogramms in Bethel.

Lit.: Matthias Benad, *F. von B. d. J.* (1997).

Boden, Wilhelm, Politiker, *5.3.1890 Grumbach (bei Birkenfeld), †18.10.1961 Birnbach (Westerwald). Der promovierte Jurist war 1919-33 u. 1945 Landrat in Altenkirchen u. saß 1932-33 im preuß. Landtag (Zentrum). 1947-59 war er Präs. der Landeszentralbank Rheinland-Pfalz. 1946-47 Ministerpräs., 1947 auch Innenminister, war er 1947-61 Mitglied des Landtags von Rheinland-Pfalz (CDU).

Bodenstein ↑Karlstadt, Andreas Rudolf.

Boelcke, Oswald, Kampfflieger, *19.5.1891 Giebichenstein (bei Halle), †28.10.1916 nahe Bapaume/Somme (Frankreich). Er trat 1911 ins Heer ein u. wurde 1914 zum Flieger ausgebildet. Mit 40 Luftsiegen war er e. der erfolgreichsten dt. Flieger des Ersten Weltkriegs. 1916 schuf er die Jagdstaffel als takt. Formation im Luftkampf. Er fiel infolge e. Zus.stoßes in der Luft.

Lit.: Johannes Werner, *B.* (1932).

Boetticher, Karl *Heinrich* von, Politiker, *6.1.1833 Stettin, †6.3.1907 Naumburg/Saale. Der Jurist war ab 1869 im preuß. Innenministerium tätig. 1872-76 war er Landdrost (Regierungspräs.) in Hannover, 1876-78 Regierungspräs. in Schleswig u. ab 1879 Oberpräs. in Schleswig-Holstein. 1866-70 saß er im preuß. Abg.-haus, 1867-70 auch im schleswig-holstein. Landtag, 1878-79 im Reichstag (Dt. Reichspartei). 1880 wurde er Staatssekretär des Reichsamts des Inneren. Einer der engsten Vertrauten O. von ↑Bismarcks u. wesentl. an dessen Sozialgesetzgebung beteiligt, stellte er sich doch in dessen Auseinandersetzung mit Ks. ↑Wilhelm II. auf die Seite des Ks. s. Unter ↑Caprivi wirkte er führend in der Handelspolitik des Neuen Kurses mit. Als sich sein Verhältnis zum Ks. verschlechterte, wurde er 1897 entlassen u. Oberpräs. der Provinz Sachsen (1897-1906).

Bohl, Friedrich, Politiker, *5.3.1945 Rosdorf (bei Göttingen). Er trat schon als Schüler 1963 der CDU bei, studierte Jura 1964-69 u. saß 1970-80 im Landtag von Hessen. Von 1980 an war er Mitglied des Bundestags, dabei 1984-91 Parlamentar. Geschäftsführer der CDU/CSU-Bundestagsfraktion. 1991-98 war er als Bundesminister Chef des Bundeskanzleramts, 1998 auch noch kurzfristig Chef des Presse- u. Informationsamts der Bundesregierung.

Bolz, Eugen, Politiker, *15.12.1881 Rottenburg/Neckar, †23.1.1945 Berlin-Plötzensee. Der Jurist saß 1912-33 sowohl im württ. Landtag als auch im Reichstag (Zentrum). 1919-23 war er Justizminister, 1923-33 Innenminister u. 1928-33 gleichzeitig Staatspräs. von Württ. Der in Württ. e. breite, von den Demokraten bis zu den Dt.nationalen reichende Koalition führende B. stützte die Politik ↑Brünings. Im März 1933 aus dem Amt verdrängt, wurde er von ↑Goerdeler als Reichskultusminister vorgesehen. Nach dem Attentatsversuch vom 20.7.1944 verhaftet, wurde er zum Tod verurteilt u. enthauptet.

Lit.: Joachim Sailer, E. B. u. die Krise des polit. Katholizismus (1994).

Bolz, Lothar, Politiker, *3.9.1903 Gleiwitz, †29.12.1986 Berlin (Ost). Der Rechtsanwalt trat 1929 der KPD bei u. emigrierte 1935 in die Sowjetunion, wo er 1943 das Nationalkomitee Freies Dtld. mitbegründete. 1947 kehrte er nach Dtld. zurück u. wurde Vors. der Nationaldemokrat. Partei Dtld.s (1948–72). 1949–53 war er Aufbauminister, 1953–65 Außenminister der DDR.

Bonhoeffer, Dietrich, Theologe, *4.2.1906 Breslau, †9.4.1945 KZ Flossenbürg. Nach dem Studium der ev. Theologie war er 1927–29 Vikar in Barcelona. Nach der Habilitation (1929 Berlin) verbrachte er e. Studienjahr am Union Theological Seminary in New York u. war dann Studentenpfarrer in Berlin (1931–33), Pfarrer zweier dt. ev. Gemeinden in London (1933–34) u. 1935–40 Leiter des (illegalen) Predigerseminars der Bekennenden Kirche in Finkenwalde (Pommern). 1940 erhielt er Rede-, 1941 Schreibverbot u. schloß sich der Widerstandsbewegung um ↑Canaris an. Seit 1940 bei der Abwehr tätig, versuchte er, durch seine ökumen. Verbindungen Kontakt mit der brit. Regierung aufzunehmen. Im April 1943 verhaftet, wurde er zus. mit Canaris, ↑Oster u. a. im KZ Flossenbürg gehängt.

Lit.: Hans-Walter Schleicher, «D. B.», in Rudolf Lill u. Heinrich Oberreuter, Hrsgg., 20. Juli: Portraits des Widerstands (1994); Eberhard Bethge, D. B. ([18]2000).

Bonifatius [eigtl. Winfrid], Missionar, *672 oder 673 in Wessex (England), †5.6.754 bei Dokkum (Friesland). Vermutl. e. westsächs. Grundherrenfamilie entstammend, erhielt er e. solide klösterl. Ausbildung. Nach der Priesterweihe machte er 716 e. kurzen Missionsversuch in Friesland. Obwohl zum Abt der Benediktinerabtei Nursling gewählt, verließ er 718 England endgültig mit dem Ziel der Germanenmission, die ihm 719 von Papst Gregor II. in Rom unter Verleihung des Namens B. formell aufgetragen wurde. Bei e. zweiten Aufenthalt in Rom wurde er 722 zum Bf. geweiht, später (wahrscheinl. 732) von Papst Gregor III. zum Erzbf. (ohne festen Sprengel) sowie auf seiner dritten Romreise 737–38 zum «legatus Germanicus» ernannt. Er wirkte in den 720er Jahren zuerst in Hessen, wo er die Klöster Amöneburg u. Fritzlar gründete. Seit 723 mit e. Schutzbrief ↑Karl Martells versehen, fällte er 724, vermutl. bei Geismar, die Donareiche, e. heidn. Kultbaum. Unterstützt durch Hg. Odilo (†748), konnte er in Bayern 739 die Bistümer Passau, Regensburg, Freising u. 745 Eichstätt gründen. Während Karl Martell sich zurückgehalten hatte, wurde unter dessen Sohn Karlmann (vor 714-754) im fränk. Reich auch die Gründung der Bistümer Würzburg, Büraburg u. Erfurt u. des Klosters Fulda (744) mögl. Versuche B.s, die fränk. Kirche zu reformieren, scheiterten allerdings am Widerstand des Klerus. 746 übernahm er das Bistum Mainz. Auf e. Missionsreise wurde er in Friesland erschlagen u. dann in Fulda beigesetzt. Er wird seit dem 16. Jh. «Apostel Dtld.s» genannt. (Hl.; Tag: 5.6.).

Lit.: Theodor Schieffer, *Winfrid-B.* (²1972); Lutz E. von Padberg, *Wynfreth-B.* (1989).

Bora, Katharina von, Ehefrau M. ↑Luthers, *29.1.1499 Lippendorf (Sachsen), †20.12.1552 Torgau. Aus verarmtem Adelsgeschlecht stammend, wurde sie 1515 im Kloster Nimbschen bei Grimma als Nonne (Zisterzienserin) eingesegnet. Luthers Ansichten über Ordensgelübde veranlaßten sie zur Flucht 1523 nach Wittenberg, wo sich der Reformator 1525 mit ihr durch ↑Bugenhagen trauen ließ. Vier ihrer Kinder überlebten.

Lit.: Martin Treu, *K. von B.* (³1999).

Borchert, Jochen, Politiker, *25.4. 1940 Nahrstedt (bei Stendal). Er kam 1953 nach Westdtld. u. schloß 1961 e. landwirtschaftl. Ausbildung zum Agraringenieur ab. Als Funktionär im Bund Dt. Landjugend (1963-72) trat er 1965 der CDU bei. 1970-74 studierte er Wirtschaftswiss.en. Seit 1970 den elterl. Landwirtschaftsbetrieb leitend, saß er ab 1980 im Bundestag u. war 1993-98 Bundesminister für Ernährung, Landwirtschaft u. Forsten.

Bormann, Martin, Politiker, *17.6. 1900 Halberstadt, †2.5.1945 Berlin. Er arbeitete nach Ende des Ersten Weltkriegs als Eleve, dann als Inspektor auf mecklenburg. Gütern. 1922-23 war er Mitglied des Freikorps ↑Roßbach. Wegen Beteiligung an e. Fememord wurde er 1924 zu e. Jahr Gefängnis verurteilt. 1927 trat er in die NSDAP ein, übte verschiedene Parteiämter aus u. wurde 1933 Stabsleiter beim Stellv. des Führers R. ↑Heß u. Reichsleiter der Partei. Nach Heß' Flug nach England 1941 wurde er Leiter der Parteikanzlei im Ministerrang u. im April 1943 «Sekretär des Führers». Stets im Hintergrund bleibend u. der Öffentlichkeit wenig bekannt, kaltblütig u. intrigant, ehrgeizig u. organisator. begabt, gewann er durch seinen weitreichenden Einfluß auf ↑Hitler e. enorme Machtposition. Nach Kriegsende galt er lange als verschollen, doch wurden 1972 gefundene Knochenreste 1998 eindeutig als von ihm stammend identifiziert.

Lit.: Peter Longerich, *Hitlers Stellv.* (1992); Jochen von Lang, «M. B.», in Ronald Smelser u. a., Hrsgg., *Die braune Elite 1* (⁴1999).

Born, Stephan [eigtl. Simon Buttermilch], Arbeiterführer, *28.12. 1824 Lissa (Posen), †4.5.1898 Basel. Der Schriftsetzer trat 1847 in Paris dem Bund der Gerechten bei. 1848 berief er den ersten allg. Arbeiterkongreß nach Berlin u. gründete dort die Arbeiter-Verbrüderung, die erste umfassende Organisation der dt. Arbeiterschaft. Ideolog. hatte er sich von K. ↑Marx u. ↑Engels gelöst u. vertrat nun die Überwindung des Gegensatzes von Kapital u. Arbeit durch staatl. geförderte Produktivassoziationen. 1849 flüchtete er in die Schweiz, wo er als Redakteur der *Basler Nachrichten* u. Honorarprof. für dt. u. franz. Literatur tätig wurde.

Lit.: Frolinde Balser, *Sozial-Demokratie 1848/49–1863* (2 Bde., ²1965).

Börner, Holger, Politiker, *7.2.1931 Kassel. Der gelernte Betonfacharbeiter saß 1957–76 im Bundestag. Er war 1967–72 parlamentar. Staatssekretär im Bundesverkehrsministerium, 1972–76 Bundesgeschäftsführer der SPD, 1976–87 Ministerpräs., 1978–87 Mitglied des Landtags von Hessen.

Borries, *Wilhelm* Friedrich Otto Graf von (1860), Politiker, *30.7. 1802 Dorum (bei Wesermünde), †14.5.1883 Celle. Der Jurist war 1841–48 Mitglied des hannov. Staatsrates. Antiliberal, förderte er als Innenminister (1851–52) u. leitender Minister (1855–62) die Reaktion u. verschaffte sich durch Wahlbeeinflussung Mehrheiten in der Kammer. Nach der Annexion Hannovers durch Preußen wurde er 1867 Mitglied des preuß. Herrenhauses.

Borsig, Ernst von (1909), Industrieller, *13.9.1869 Berlin, †6.1. 1933 ebd. Der Enkel J.F.A. ↑B.s übernahm 1894 zus. mit seinem Bruder Conrad B. (1873–1945) die Leitung der B.-Werke. Als Vors. der Vereinigung der Dt. Arbeitgeberverbände (1924), des Gesamtverbandes Dt. Metallindustrieller, des Reichsverbandes der dt. Industrie u. des Reichswirtschaftsrates verfügte er über starken Einfluß in der Weimarer Republik.

Borsig, Johann Friedrich *August*, Unternehmer, *23.6.1804 Breslau, †6.7.1854 Berlin. Der gelernte Zimmermann wandte sich bald dem Maschinenbau zu. 1837 gründete er in Berlin e. Eisengießerei- u. Maschinenbaufirma, die sich u.a. dem Dampfmaschinenbau widmete. 1841 wurde die erste Lokomotive hergestellt, u. die Firma entwickelte sich danach zur größten Lokomotivenfabrik des europ. Kontinents. 1935 wurden die inzwischen zu e. Großkonzern ausgebauten B.-Werke von der Rheinmetall AG übernommen.

Lit.: Ulla Galm, *A. B.* (1987).

Bosch, Robert, Industrieller, *23.9. 1861 Albeck (bei Ulm), †12.3.1942 Stuttgart. Er lernte Feinmechaniker u. eröffnete 1886 nach Aufenthalten in den USA (1883–84) u. England e. eigene Werkstätte in Stuttgart. Die Firma nahm durch die Entwicklung e. Hochspannungsmagnetzünders für Ottomotoren nach der Jh.wende zus. mit dem Anwachsen der Autoproduktion enormen Aufschwung. Weitere elektr. Zubehörteile sowie Einspritzpumpen kamen hinzu, u. das Unternehmen erreichte e. internat. dominierende Stellung als Kraftfahrzeugausrüster. Es wurde 1916 in e. AG, 1937 in e. GmbH umgewandelt. Persönl. sparsam u. bescheiden, dabei freigebig als Stifter, bes. im Medizin- u. Bildungsbereich, galt B. schon zu Lebzeiten als der Prototyp des vorbildl. Unternehmers.

Lit.: Theodor Heuss, *R. B.* (¹⁰1987).

Bötsch, Wolfgang, Politiker, *8.9.1938 Bad Kreuznach. Der promovierte Jurist trat 1960 in die CDU ein, war 1968–74 in Bayern im Verwaltungsdienst tätig u. saß 1974–76 im bayer. Landtag, ab 1976 im Bundestag. 1982–89 war er Parlamentar. Geschäftsführer der CDU/CSU-Bundestagsfraktion, 1989–93 Vors. der CSU-Landesgruppe im Bundestag. Als Bundespostminister (1993–97) führte er die Reorganisation der Bundespost zu Ende.

Bötticher ↑Boetticher.

Bouhler, Philipp, Politiker, *11.9.1899 München, †19.5.1945 Dachau. Der gelernte Kaufmann war ab Nov. 1921 beim *Völk. Beobachter* tätig u. nahm 1923 am Hitler-Putsch (↑Hitler) teil. 1925–34 war er Reichsgeschäftsführer der NSDAP u. Mitglied des Reichstags. Als Chef der «Kanzlei des Führers» (ab 1934) war er maßgebl. an der Durchführung des Euthanasieprogramms beteiligt. Nach der Festnahme durch amerikan. Truppen nahm er sich das Leben.

Lit.: Hans-Walther Schmuhl, «P. B.», in Ronald Smelser u. a., Hrsgg., *Die Braune Elite 2* (²1999).

Boyen, Hermann von, Heeresreformer, *23.6.1771 Kreuzburg (Ostpreußen), †15.2.1848 Berlin. Er trat 1787 in den preuß. Militärdienst ein u. hörte 1788 während seiner militär. Ausbildung in Königsberg Kant. 1803 nahm ihn ↑Scharnhorst in seine «Militär. Gesellschaft» auf u. berief ihn 1808 in die Militärreorganisationskommission. Direktor im Kriegsdepartement ab 1810, bemühte er zus. mit Scharnhorst u. ↑Gneisenau erfolglos, Kg. ↑Friedrich Wilhelm III. zum Eintritt in den Krieg gegen Napoleon I. zu bewegen. 1812 begab er sich enttäuscht nach St. Petersburg. 1813 zurück, nahm er an den Befreiungskriegen teil u. wurde 1814 Kriegsminister. Er führte sofort die allg. Wehrpflicht u. 1815 die Landwehrordnung ein. Seine bürgerl.-demokratisierenden Bestrebungen stießen freil. auf den Widerstand der restaurativen Kräfte, u. er trat 1819 zurück. 1841 nochmals Kriegsminister, nahm er 1847 unter Beförderung zum Generalfeldmarschall endgültig seinen Abschied. Zus. mit ↑Roon hat er die preuß.-dt. Armee maßgebl. geprägt.

Lit.: Gerhard Scholtz, *H. von B.* (1936); Johannes Ullrich, *Generalfeldmarschall H. von B.* (1936); Gerhard Ritter, *Staatskunst u. Kriegshandwerk* (⁴1970), Bd. I.

Boyneburg, Konrad von [«der kleine Hess»], Landsknechtsführer, *1494, †29.6.1567 Schelklingen. Der Sohn e. hess. Hofmeisters wuchs am Stuttgarter Hof auf u. trat 1519 in hess. Dienste. Mit den Landsknechten Ks. ↑Karls V. kämpfte er 1525 in der Schlacht von Pavia. Nach dem Schlaganfall ↑Frundsbergs 1527 Befehlshaber der dt. Landsknechte in Italien, erstürmte er Rom (Sacco di Roma) u. entsetzte Neapel. Auch an den ksl. Feldzügen 1542 gegen die Türken, 1544 gegen Frankreich u. den Schmalkald. Bund nahm er teil. Zus. mit dem Grafen Reinhard von Solms (1491–1562) verfaßte er e. Landsknechtsordnung. 1554 erhob ihn Karl V. zum Reichsfrhrn.

Bracht, Franz, Politiker, *23.11. 1877 Berlin, †26.11.1933 ebd. Der Jurist war 1923–24 Staatssekretär in der Reichskanzlei unter W. ↑Marx, danach bis 1932 Oberbürgermeister von Essen. Der konserv. Zentrumspolitiker wirkte beim Staatsstreich ↑Papens mit u. übte dann als stellv. Reichskommissar die Regierungsgewalt in Preußen aus. Im Kabinett ↑Schleicher war er Reichsinnenminister.

Brack, Viktor, SS-Oberführer, *9.11. 1904 Haaren, †2.6.1948 Landsberg/ Lech. Der Volkswirt wurde 1936 ↑Himmlers Verbindungsmann zur Dienststelle ↑Bouhlers. 1939–41 organisierte er das nat.soz. Euthanasieprogramm u. war für die Ermordung von über 50000 Menschen verantwortl. Später hatte er erhebl. Anteil an der Errichtung der Todeslager in Polen. 1947 wurde er von e. amerikan. Militärgericht zum Tod verurteilt u. 1948 hingerichtet.

Brandenburg, Friedrich Wilhelm Graf von, Politiker, *24.1.1792 Berlin, †6.11.1850 ebd. Der Sohn von Kg. ↑Friedrich Wilhelm II. aus morganat. Ehe, 1848 General der Kavallerie, wurde am 2.11. zum preuß. Ministerpräs.en berufen. Er löste am 5.12. die preuß. Nationalversammlung auf u. festigte durch die gleichentags oktroyierte Verfassung die Autorität der Regierung. Die Annahme der Frankfurter Reichsverfassung lehnte er kategor. ab. Nach dem Scheitern der Unionspolitik seines Außenministers ↑Radowitz stimmte er unter dem Druck Rußlands schließl. der Olmützer Punktation (1850) zu, die die kleindt. Lösung der Reichsfrage vorerst verhinderte.

Brandler, Heinrich, Politiker, *3.7. 1881 Warnsdorf (Böhmen), †26.9. 1967 Hamburg. Von Beruf Maurer, trat er 1901 der SPD bei u. leitete nach seinem Ausschluß 1915 die Spartakusgruppe in Chemnitz. Gründungsmitglied der KPD 1918, wurde er 1921 deren Mitvors., 1924 jedoch wegen Annäherung an die SPD abgesetzt u. 1929 aus der Partei ausgeschlossen. Er emigrierte nach Frankreich (1933) u. Kuba (1941) u. kehrte 1949 nach Dtld. zurück.

Lit.: Jens Becker, *H. B.* (2001).

Brandt, Willy, Politiker [eigtl. Herbert Ernst Karl Frahm], Politiker, *18.12.1913 Lübeck, †8.10.1992 Unkel (bei Bonn). Er trat 1930 der SPD bei, wechselte jedoch 1931 zu e. Splittergruppe über, der Sozialist. Arbeiterpartei. Nach dem Abitur 1932 emigrierte er 1933 über Kopenhagen nach Norwegen, wo er als Journalist (u. a. 1937 für skandinav. Zeitungen im Span. Bürgerkrieg) arbeitete. Als er 1938 in Dtld. ausgebürgert wurde, nahm er die norweg. Staatsbürgerschaft an. Nach der dt. Besetzung Norwegens 1940 ging er nach Schweden. 1945 kehrte er als Korrespondent skandinav. Zeitungen nach Dtld. zurück u. war 1947 Presseattaché der norweg. Militärmission in Berlin. Wieder eingebürgert, trat er noch 1947 in Schleswig-Holstein unter seinem Schriftstellernamen W. B. erneut in die SPD ein. 1948–49 war er Vertreter des SPD-Parteivorstands in Berlin. 1949–57 u. 1969–83 saß er im Bundestag. 1951–66 war er Mitglied des Berliner Abg.hauses, 1955–57 auch dessen Präs., 1957–66 Regierender Bürgermeister von Berlin. Kanzlerkandidat der SPD in den Bundestagswahlen 1961 u. 1965, unterlag er ↑Adenauer bzw. ↑Erhard. Nach dem Tod ↑Ollenhauers wurde er Bundesvors. der SPD (1964–87). Als Außenminister u. Vizekanzler der Großen Koalition unter ↑Kiesinger (1966–69) bemühte er sich um e. Aktivierung der Ostpolitik, die er als Bundeskanzler der sozial-liberalen Koalition (1969–74) forcierte (1970 Treffen mit ↑Stoph in Erfurt u. Kassel; Unterzeichnung des Moskauer u. des Warschauer Vertrags; 1971 Berlin-Abkommen). Für seine entsprechenden Bemühungen erhielt er 1971 den Friedensnobelpreis. Ein gegen ihn 1972 beantragtes Mißtrauensvotum im Bundestag scheiterte knapp, doch mußte er wegen der Guillaume-Affäre (↑Guillaume) im Mai 1974 zurücktreten. 1976–92 war er Präs. der Sozialist. Internationale, 1979–83 auch Mitglied des Europ. Parlaments.

Lit.: Gunter Hofmann, *W. B.* (1988); Peter Koch, *W. B.* (²1992); Carola Stern, *W. B.* (⁷1999); Gregor Schöllgen, *W. B.* (2001).

Brauchitsch, Walther von, Generalfeldmarschall, *4. 10. 1881 Berlin, †18. 10. 1948 Hamburg. Der Berufssoldat war ab 1912 im Generalstab tätig u. wurde 1921 als Major in die Reichswehr übernommen. 1933 Divisionskommandeur in Königsberg, wurde er 1937 Befehlshaber des Gruppenkommandos 4 (motorisierte Verbände). Als Nachfolger von ↑Fritsch 1938–41 Oberbefehlshaber des Heeres, konnte er sich nicht zu e. Unterstützung L. ↑Becks gegen ↑Hitler entschließen. Er leitete vielmehr die Feldzüge gegen Polen, Frankreich, Jugoslawien u. Griechenland. Seit 1940 Generalfeldmarschall, machte ihn Hitler dann für das Mißlingen der Winteroffensive in Rußland verantwortl. u. entließ ihn am 19. 12. 1941. Er starb in brit. Militärhaft.

Lit.: Jürgen Löffler, *W. von B.* (2001).

Brauer, Johann *Nikolaus* Friedrich, Politiker, *14. 1. 1754 Büdingen, †17. 11. 1813 Karlsruhe. 1774 trat er in bad. Dienste. Ab 1803 organisierte er (seit 1808 Mitglied des bad. Staatsrats) unter Berücksichtigung bestehender Traditionen die Verwaltung des neugeschaffenen Großhg.-tums Baden. Den 1808 eingeführten Code Napoléon entwickelte er zum

Bad. Landrecht weiter. In der Kirchenpolitik vermied er Schroffheiten, sowohl aufgeklärten Bestrebungen wie den etablierten Kirchen gegenüber.

Brauer, Max, Politiker, *3.9.1887 Ottensen (heute zu Hamburg), †2.2.1973 Hamburg. Der gelernte Glasbläser trat 1903 der SPD bei u. wurde 1919 Bürgermeister, 1924 Oberbürgermeister von Altona. 1933 flüchtete er in die Schweiz u. ging für den Völkerbund e. Jahr nach China, dann in die USA. 1946 zurück in Dtld., war er 1946–53 u. 1957–60 Erster Bürgermeister von Hamburg. 1961–65 saß er im Bundestag.

Lit.: Erich Lüth, *M. B.* (1972).

Brauksiepe, Änne [geb. Engels], Politikerin, *23.2.1912 Duisburg, †1.1.1997 Oelde (Westfalen). Zunächst in der Behindertenfürsorge tätig, war sie 1945 Mitbegründerin der CDU u. saß 1949–72 im Bundestag. 1958–71 war sie Vors. der CDU-Frauenvereinigungen u. 1968–69 Bundesfamilienministerin.

Braun, Eva [eigtl. E. Hitler], Geliebte ↑Hitlers, *6.2.1912 München, †30.4.1945 Berlin. Sie wurde 1929 durch den Fotografen Heinrich Hoffmann (1885–1957) mit Hitler bekannt gemacht. Seit 1932 war sie Hitlers Geliebte u. zog 1936 in den Berghof auf dem Obersalzberg (bei Berchtesgaden). Nach der Heirat am 29.4.1945 im Führerbunker unter der Reichskanzlei nahmen sich beide gemeinsam am folgenden Tag das Leben.

Lit.: Johannes Frank, *E. B.* (1988).

Braun, Lily [geb. von Kretschman, verw. von Giżycki], polit. Schriftstellerin, *2.7.1865 Halberstadt, †9.8.1916 Berlin. Die Generalstochter gründete 1895 zus. mit M. ↑Cauer die Zeitschrift *Frauenbewegung*. 1896 trat sie der SPD bei, wo sie sich den Revisionisten anschloß. In ihren *Memoiren e. Sozialistin* (2 Bde., 1909–11) schilderte sie die Auseinandersetzung mit dem orthodoxen Flügel.

Lit.: Ute Speck, *Ein mögl. Ich* (1997).

Braun, Otto, Politiker, *28.1.1872 Königsberg, †15.12.1955 Ascona (bei Locarno). Er trat als Druckerlehrling 1889 der SPD bei u. bekleidete bald führende Positionen in der ostpreuß. Landarbeiterbewegung. Seit 1913 Mitglied des preuß. Abg.hauses, saß er 1919–20 in der Weimarer Nationalversammlung u. 1920–33 im Reichstag. 1918 wurde er preuß. Landwirtschaftsminister (bis 1921). Nach dem Kapp-Putsch (↑Kapp) 1920 auch Ministerpräs., regierte der populäre «rote Zar» mit kurzen Unterbrechungen (1921, 1925) bis 1932 an der Spitze von Koalitionsregierungen. Bei der Reichspräs.enwahl 1925 war er im ersten Wahlgang der Kandidat der SPD. Als seine Koalition aus SPD, Zentrum u. DDP in der Landtagswahl am 24.4.1932 die Mehrheit verlor, aber geschäftsführend im Amt blieb, wurde sie durch den Staatsstreich ↑Papens am 20.7. abgesetzt. Eine Verordnung des Reichspräs.en vom 6. 2. 1933 enthob ihn endgültig seines Amtes, woraufhin er in die Schweiz emigrierte.

Lit.: Hagen Schulze, *O. B.* (1981).

Braunmühl, Gerold von, Diplomat, *15.9.1935 Breslau, †10.10.1986 Bonn. Der promovierte Jurist trat 1966 in den auswärtigen Dienst ein u. arbeitete u. a. in Washington (1966–67), Neu-Delhi (1971–74) u. Moskau (1974–77). Ab 1977 war er stellv. Leiter des Referats Dtld. u. Berlin im Auswärtigen Amt. Er wurde von der Terroristengruppe Rote-Armee-Fraktion erschossen.

Brauns, Heinrich, Sozialpolitiker, *3.1.1868 Köln, †19.10.1939 Lindenberg (Allgäu). Nach dem Studium (kath. Theologie; Nationalökonomie u. Staatsrecht, Promotion 1905) war er 1890–1900 in der Seelsorge tätig. 1900–20 leitete er den Volksverein für das kath. Dtld. 1919 saß er in der Nationalversammlung, 1920–23 im Reichstag (Zentrum). Als Reichsarbeitsminister (1920–28) betrieb er die Schaffung der Arbeitslosenversicherung.

Lit.: Hubert Mockenhaupt, *Weg u. Wirken des geistl. Sozialpolitikers H. B.* (1977).

Bray-Steinburg, Otto Graf von, Politiker, *17.5.1807 Berlin, †9.1.1899 München. Der Sohn e. franz. Emigranten trat nach dem Jurastudium in den bayer. diplomat. Dienst ein u. war 1843–59 Gesandter in St. Petersburg, unterbrochen durch Amtszeiten als Außenminister 1846–47 u. 1848–49. 1860–70 Gesandter in Wien, nahm er 1866 an den Berliner Friedensverhandlungen teil. 1870 nochmals Außenminister sowie Vors. im Ministerrat, erreichte er in Verhandlungen mit O. von ↑Bismarck Sonderrechte für den Eintritt Bayerns in das Dt. Reich. 1871–97 war er wieder Gesandter in Wien.

Bredow, Ferdinand von, Generalmajor, *16.5.1884 Neuruppin, †1.7.1934 Berlin(?). Der Berufsoffizier gehörte ab 1925 der Abwehrabteilung des Reichswehrministeriums an. Als enger Mitarbeiter ↑Schleichers war er mit den Interna der NSDAP vertraut. Er wurde im März 1933 von der Gestapo verhaftet u. im Zus.hang mit der Röhm-Affäre (↑Röhm) von e. SS-Kommando erschossen.

Breitscheid, Rudolf, Politiker, *2.11.1874 Köln, †24.8.1944 KZ Buchenwald. Der promovierte Volkswirt war 1908 Mitbegründer u. bis 1912 Vors. der liberalen, mit der SPD Kontakt suchenden Demokrat. Vereinigung. 1912 trat er der SPD bei, 1917 der USPD u. 1922 wieder der SPD. 1915–23 gab er das Wochenblatt *Der Sozialist* heraus. Von Nov. 1918 bis Jan. 1919 war er preuß. Innenminister. 1920–33 saß er im Reichstag, wo er ab 1922 e. der Fraktionsvors.en der SPD war. Er wurde bald zum Hauptsprecher seiner Partei in außenpolit. Fragen u. setzte sich für Verständigung u. bes.

die Locarnopolitik ↑Stresemanns ein. 1926–30 war er Mitglied der dt. Völkerbundskommission. Er emigrierte 1933 in die Schweiz u. wenige Monate später nach Frankreich. Die Vichy-Regierung lieferte ihn 1941 aus. 1943 in das KZ Buchenwald verbracht, kam er dort bei e. Luftangriff um.

Lit.: Peter Pistorius, *R. B.* (1970).

Brentano, Heinrich von, Politiker, *20.6.1904 Offenbach, †14.11.1964 Darmstadt. Der promovierte Jurist u. Rechtsanwalt war 1945 Mitbegründer der CDU in Hessen, wo er 1946–49 im Landtag saß. Als Mitglied des Parlamentar. Rats 1948–49 beteiligte er sich führend an der Ausarbeitung des Grundgesetzes. 1949–64 saß er im Bundestag (1949–55 u. 1961–64 Fraktionsvors. der CDU/CSU). Als Bundesaußenminister 1955–61 setzte er sich im Sinne ↑Adenauers für die Westintegration u. die Implementierung der Hallstein-Doktrin (↑Hallstein) ein; sein Rücktritt erfolgte unter dem Druck der FDP.

Lit.: Klaus Gotto, «H. von B.», in Jürgen Aretz u. a., Hrsgg., *Zeitgesch. in Lebensbildern.* Bd. 4 (1980).

Brentano, Lorenz, Politiker, *14.11.1813 Mannheim, †17.9.1891 Chicago (USA). Seit 1837 Rechtsanwalt in Mannheim, wurde er 1845 in die bad. 2. Kammer gewählt, 1848 in die Frankfurter Nationalversammlung. Im Mai 1849 trat er an die Spitze der republikan., provisor. bad. Regierung. Seine Kompromißbereitschaft scheiterte am Radikalismus ↑Struves. B. floh in die Schweiz u. wurde in Abwesenheit zum Tod verurteilt. 1850 emigrierte er in die USA, wo er nach einiger Farmer- u. Journalistentätigkeit 1859 zum Redakteur der *Illinois Staats-Zeitung* berufen wurde. 1872–76 war er amerikan. Konsul in Dresden, 1877–79 saß er im amerikan. Kongreß (Republikan. Partei).

Brenz, Johannes, Reformator, *24.6.1499 Weil der Stadt, †11.9.1570 Stuttgart. Nach dem Theologiestudium 1520 zum Priester geweiht, wurde er 1522 als Prediger nach Schwäb. Hall gerufen. Dort führte er die Reformation ein. Im Abendmahlsstreit stellte er sich auf die Seite M. ↑Luthers. 1529 nahm er am Marburger Religionsgespräch, 1530 am Augsburger Reichstag teil. Im Auftrag Hg. ↑Ulrichs redigierte er 1535 die württ. Kirchenordnung u. wirkte 1537–38 bei der luther. Reformierung der Universität Tübingen mit. 1551 verfaßte er die *Confessio Virtembergica*, die 1552 dem Trienter Konzil vorgelegt wurde. 1553 Propst der Stuttgarter Stiftskirche, schrieb er die «Große Kirchenordnung» (1559).

Lit.: Hans-Martin Maurer u. Kuno Ulshöfer, *J. B.* (1970).

Brockdorff-Rantzau, Ulrich Graf von, Diplomat, *29.5.1869 Schleswig, †8.9.1928 Berlin. Der promovierte Jurist trat 1894 in den diplomat. Dienst u. war 1912–18 Gesandter in Kopenhagen. Im Dez. 1918 Staatssekretär im Auswärtigen Amt, war er danach Außenminister (parteilos) im Kabinett ↑Scheidemann (Febr. bis Juni 1919). Er leitete die dt. Delegation bei den Friedensverhandlungen in Versailles, wo er sich erfolglos bemühte, die Vertragsbedingungen zu mildern. Nach der dt. Entscheidung, den Vertrag zu unterzeichnen, trat er zurück. Als Botschafter in Moskau (1922–28) befürwortete er e. gemäßigte Annäherung an Rußland, warnte aber vor e. militär. Bindung. Am Zustandekommen des Berliner Vertrags (1926) war er maßgebl. beteiligt.

Lit.: Leo Haupts, *Graf B.-R.* (1984); Udo Wengst, *Graf B.-R.* (²1986); Christiane Scheidemann, *U. Graf B.-R.* (1998).

Bronsart von Schellendorf, Walter, General, *21.12.1833 Danzig, †13.12.1914 Berlin. Der preuß. Berufsoffizier wurde 1884 zum Generalleutnant, 1888 zum Kommandierenden General des III. Armeekorps in Berlin u. 1890 des X. Armeekorps in Hannover ernannt. Als Kriegsminister (1893–96) strebte er e. Reform der Militärstrafprozeßordnung an.

Brück [eigtl. Heintz(e)], Gregor, Politiker, *1483 [?] Brück (bei Wittenberg), †15.2.1557 Jena. Nach Jurastudien trat B. (auch Pontanus gen.) in kursächs. Dienste. Er vertrat die Sache M. ↑Luthers auf dem Wormser Reichstag 1521, war Hauptverfasser der Speyerer Protestation 1529 u. schrieb das Vorwort zur dt. Fassung der Augsburger Konfession. Er wirkte an den polit. Entscheidungen des Schmalkald. Bundes u. bei der Gründung der Universität Jena mit.

Lit.: Ekkehart Fabian, *Dr. G. B.* (1957).

Bruck, *Karl* Ludwig Frhr. von (1849), östr. Staatsmann, *18.10.1798 Elberfeld (heute Wuppertal), †23.4.1860 Wien. Der gelernte Kaufmann gründete 1832 in Triest den Triestiner Lloyd (später Östr. Lloyd). 1848 war er Triester Abg. in der Frankfurter Nationalversammlung. 1848–51 östr. Handelsminister im Kabinett F. Fürst zu ↑Schwarzenberg, erreichte er e. Senkung der Zolltarife, beseitigte 1850 die Zollschranken zwischen Österreich u. Ungarn u. schloß den preuß.-östr. Postvertrag ab. 1853 war er maßgebl. am Abschluß des Handelsvertrags mit Preußen beteiligt. 1853–55 war er Internuntius (Botschafter) in Konstantinopel. Als Finanzminister (1855–60) stabilisierte er die Währung, doch gelang es ihm nicht, die durch den Krieg mit Sardinien 1859 prekär gewordene Finanzlage zu bessern. Zu Unrecht der Mitschuld an Unregelmäßigkeiten bezichtigt, wurde er ungnädig entlassen u. nahm sich das Leben.

Lit.: Wilhelm Ihde, *K. L. von B.* (1943).

Brühl, Heinrich Graf von, Staatsmann, *13.8.1700 Gangloffsömmern (Thüringen), †28.10.1763 Dresden. Er trat 1720 in den Dienst ↑Augusts II. des Starken u. machte rasch Karriere. 1733 wurde er zum Kammerpräs.en, 1746 zum Premierminister ernannt. Er hatte großen Einfluß auf Kg. August III. (1696–1763) u. bestimmte weitgehend die sächs. Politik. Verdienstvoll war seine Förderung der Meißener Porzellanmanufaktur u. der Textilindustrie sowie der Dresdner Oper. Seine Ämter nutzte er auch zu persönl. Bereicherung (Brühlsches Palais, Brühlscher Garten in Dresden, Kunstsammlungen). Während des 7jährigen Kriegs hielt er sich zus. mit dem Kg. in Polen auf.

Lit.: Walter Fellmann, *H. Graf B.* (⁴2000).

Brun(o), Erzbf. von Köln, *925, †11.10.965 Reims. Der jüngste Sohn von Kg. ↑Heinrich I. kam nach dem Tod des Vaters an den Hof seines Bruders Kg. ↑Otto I., der ihn 951 zum Erzkanzler ernannte. 953 wurde er zum Erzbf. von Köln u. Hg. von Lothringen erhoben. Während der Hg.srevolte (↑Liudolf, Hg. von Schwaben) stand er an der Seite seines Bruders u. konnte in der Folgezeit durch geschickte Politik die lothring. Großen an die Krone binden. Er verwendete überhaupt seinen großen kirchl. Einfluß zur Stützung des Reichs u. war damit e. der bedeutendsten Vertreter des otton. Reichskirchensystems. Die von der Benediktinerabtei Gorze in Lothringen ausgehende Klosterreform erfuhr durch ihn tatkräftige Förderung. Auch gilt er als der Schöpfer der otton. Bildungspflege. Seit 1870 ist er offiziell als Hl. anerkannt (Tag: 11.10.).

Lit.: Hans Peter Schwenk, *B. von Köln* (1995).

Brüning, Heinrich, Politiker, *26.11.1885 Münster, †30.3.1970 Norwich VT (USA). Nach dem Studium der Volkswirtschaft (Promotion 1915) diente er bis 1918 als Kriegsfreiwilliger. 1919 kurz in der student. Sozialhilfe u. als Referent ↑Stegerwalds tätig, war er 1920–30 Geschäftsführer des (christl.) Dt. Gewerkschaftsbundes. 1924–33 saß er im Reichstag (Zentrum), ab 1929 als Fraktionsvors., 1928–29 auch im preuß. Landtag. Nach dem Rücktritt des von ↑Müller(-Franken) geführten Kabinetts der Großen Koalition 1930 bildete er am 30.3. als Reichskanzler e. Kabinett der bürgerl. Mitte ohne parlamentar. Mehrheit unter Einschluß von Vertretern der Großindustrie. Er bemühte sich um die Sanierung der Finanzen des Reichs durch e. deflationäre Haushaltspolitik, um so trotz der vorherrschenden Depression die Voraussetzungen für e. Lösung der Reparationsfrage zu schaffen u. die Arbeitslosigkeit bekämpfen zu können. Nach einigen Rückschlägen u. dem Wahlerfolg der NSDAP im Sept. ging er zu e. auf der Notverordnungsgewalt des Reichspräs. basierenden, von der SPD tolerierten Regierungsweise über. Bei e. im Herbst 1931 erfolgten Kabinettsumbildung übernahm er auch das Amt des Außenministers. Sein extremer Sparkurs steigerte die Arbeitslosigkeit u. ließ die Wirtschaft weiter schrumpfen. Obwohl er damit die wesentl. Voraussetzungen für die Revision der Reparationen schuf u. trotz seiner erfolgreichen Bemühung um die Wiederwahl ↑Hindenburgs zum Reichspräs.en im April 1932 verlor er zunehmend die Unterstützung der Reichswehr u. der mit seinem Programm der Osthilfe nicht einverstandenen ostelb. Agrarier. Unter beider Einfluß entzog ihm Hindenburg das Vertrauen, u. er trat am 30.5. zurück. Im März 1933 wandte er sich gegen das Ermächtigungsgesetz. Als letzter Vors. des Zentrums (ab Mai) löste er es unter nat.soz. Druck am 5.7. auf. Er emigrierte 1934 über Holland nach Großbritannien, dann in die Schweiz u. 1936 in die USA, wo er 1937-51 Prof. für Politikwiss. an der Harvard University war. 1951-54 lehrte er an der Universität zu Köln. Danach lebte er wieder in den USA.

Lit.: Rudolf Morsey, «H.B.», in ders., Hrsg., *Zeitgesch. in Lebensbildern* (1973); Winfried Glashagen, *Die Reparationspolitik H.B.s 1930-1931* (1980); Gerhard Schulz, *Von B. zu Hitler* (1992).

Bruno, Bf. von Olmütz, *um 1205, †17.2.1281 Olmütz. Der Adlige aus dem Hause Schauenburg/Holstein war Dompropst in Lübeck (1229) u. Hamburg (1236), ehe er 1245 zum Bf. von Olmütz bestellt wurde. In der Folge wirkte er für das böhm. Kg.shaus. 1278 stellte er sich an die Seite Kg. ↑Rudolfs von Habsburg, der ihn zum Reichstatthalter Nordmährens ernannte.

Buback, Siegfried, Jurist, *3.1.1920 Wilsdruff (Sachsen), †7.4.1977 Karlsruhe. Seit 1959 in der Abteilung Landesverrat der Bundesanwaltschaft tätig, war er u.a. mit den Ermittlungen zur *Spiegel*-Affäre (1962) u. der Fahndung nach A. ↑Baader u. ↑Meinhof befaßt. Als Generalbundesanwalt (ab 1974) leitete er die Untersuchung im Fall ↑Guillaume. Er wurde von Terroristen der Rote-Armee-Fraktion auf der Straße erschossen.

Bubis, Ignatz, Funktionär, *12.1. 1927 Breslau, †13.8.1999 Frankfurt/Main. Er überlebte die nat.soz. Herrschaft im Ghetto von Dęblin (Polen) u. war ab 1949 im Edelmetallhandel, später vor allem im Immobiliengeschäft tätig. Seit den frühen 1980er Jahren in Spitzenpositionen jüd. Verbände, war er 1992-99 Vors. des Zentralrats der Juden in Dtld. Seit 1969 gehörte er der FDP an.

Bucer, Martin, Reformator, *11.11. 1491 Schlettstadt, †27.2.1551 Cambridge (England). Seit 1506 Dominikaner, studierte er ab 1517 in Heidelberg u. Mainz Theologie u. alte Sprachen. Nach dem Empfang der Priesterweihe lernte er 1518 bei der Heidelberger Disputation M. ↑Luther kennen. Mit päpstl. Dispens trat er 1521 aus dem Dominikanerorden aus u. übernahm nacheinander verschiedene Pfarrstellen, heiratete aber bereits 1522 e. ehemalige Nonne. Reformator. gesinnt, wurde er 1524 Leutpriester in Straßburg. Wegen Differenzen in der Abendmahlsauffassung wandte er sich allmähl. von Luther ab u. ↑Zwingli zu. Auf Ausgleich mit den Wittenbergern bedacht, nahm er 1529 am Marburger

Religionsgespräch teil. 1530 verfaßte er zus. mit Wolfgang Capito (1478–1541) die dann in Straßburg bis zum Augsburger Interim 1548 geltende «Confessio tetrapolitana». In den 1530er Jahren bemühte er sich um die Organisation des Gemeindelebens (Kirchenzucht, Konfirmation) auch in Ulm, Memmingen u. Augsburg. An der Abfassung der im Abendmahlsstreit vermittelnden Wittenberger Konkordie 1536 hatte er wesentl. Anteil, bei den Religionsgesprächen zu Hagenau, Worms u. Regensburg 1540/41 war er zugegen. Er gewann großen Einfluß auf Landgraf ↑Philipp I. den Großmütigen von Hessen, dessen Doppelehe er verteidigte. 1542 in das Erzbistum Köln gerufen, mußte er dasselbe freil. auf Druck des Domkapitels wieder verlassen. Als Straßburg das von ihm abgelehnte Interim annahm, folgte er 1549 e. Ruf nach England, wo er in Cambridge ab 1550 theolog. Vorlesungen hielt. Er gilt als e. der bedeutendsten dt. Reformatoren.

Lit.: Gottfried Hammann, *M. B.* (1989); Martin Greschat, *M. B.* (1990).

Bucerius, Gerd, Verleger, *19.5. 1906 Hamm (Westfalen), †29.9.1995 Hamburg. Der promovierte Jurist war ab 1945 Bausenator in Hamburg. Von 1949 bis zu seinem Austritt aus der CDU 1962 saß er im Bundestag. 1946 war er in Hamburg Mitbegründer der Wochenzeitung *Die Zeit*, die er ab 1957 allein verlegte, bis er 1985 die publizist. Leitung an H. ↑Schmidt abgab. 1951 übernahm er auch die Illustrierte *Stern*. 1973–91 saß er im Aufsichtsrat der Bertelsmann AG.

Bucher, Ewald, Politiker, *19.7.1914 Rottenburg/Neckar, †31.10.1991 Mutlangen (bei Schwäb. Gmünd). Der promovierte Jurist, ehemaliges Mitglied der NSDAP, ließ sich nach Kriegsteilnahme 1945 als Rechtsanwalt in Schwäb. Gmünd nieder. 1950 trat er der FDP (zuerst DemVP) bei u. saß 1953–68 im Bundestag. 1962–65 war er Bundesjustizminister, 1965–66 Bundesminister für Wohnungswesen u. Städtebau. Ab 1967 war er in verschiedenen Verbänden tätig. 1972 trat er aus der FDP aus, 1984 in die CDU ein.

Bucher, Lothar, Politiker, *25.10.1817 Neustettin, †10.10.1892 Glion (bei Montreux). Er trat 1838 in den preuß. Justizdienst ein. 1848 saß er in der preuß. Nationalversammlung u. 1849 in der 2. Kammer. Der urspr. linke Demokrat verbrachte die Jahre 1850–61 im Exil in London, wurde aber nach seiner Rückkehr von O. von ↑Bismarck ins Auswärtige Amt berufen, wo er 1864–86 diverse Sonderaufgaben erfüllte.

Lit.: Christoph Studt, *L. B.* (1992).

Bucquoi, *Karl* Bonaventura von Longueval, Graf von, Feldherr, *9.1.1571 Arras (Frankreich), †10.7.1621 vor Neuhäusel (Slowakei). Einer im franz. Artois ansässigen Adelsfamilie entstammend, kämpfte er in den 1590er Jahren in östr. Diensten in den Niederlanden. 1602 Generalfeldzeugmeister, wurde er vermutl. 1616

Statthalter im Hennegau. Im 30jährigen Krieg schlug er 1619 bei der Verteidigung Wiens ↑Mansfeld u. später die Böhmen. Danach führte er Mähren unter ksl. Hoheit zurück. Bei der Rückeroberung Ungarns fiel er bei der Belagerung der Festung Neuhäusel.

Bugenhagen, Johannes, Reformator, *24.6.1485 Wollin (Pommern), †19.4.1558 Wittenberg. Er wurde 1509 ohne Theologiestudium zum Priester geweiht. Ab 1521 in Wittenberg, gewann er das Vertrauen M. ↑Luthers u. wurde 1523 Pfarrer an der Wittenberger Stadtkirche u. dessen Beichtvater, traute ihn 1525, arbeitete an dessen Bibelübersetzung mit u. hielt ihm 1546 die Leichenpredigt. 1535 wurde er Prof. für Theologie. Er übte e. rege Predigt- u. Reisetätigkeit aus, verfaßte zahlreiche Kirchenordnungen für norddt. Städte (Braunschweig 1528; Hamburg 1529; Lübeck 1531; Hildesheim 1544), reformierte verschiedene Territorien (u. a. Pommern 1534–35; Dänemark 1535–39, wo er Kg. Christian III. krönte) u. verfaßte e. Gesch. Pommerns (*Pomerania* 1517). Er gilt als e. der bedeutendsten Organisatoren des reformator. Kirchen- u. Schulwesens in Norddtld.
Lit.: Hans-Günter Leder, Hrsg., *J. B.* (1984); Ernst Volk, *Dr. Pommer J. B.* (1999).

Bulmahn, Edelgard, Politikerin, *4.3.1951 Minden. Sie trat 1969 in die SPD ein. Nach dem Studium der Polit. Wiss. u. der Anglistik 1973–78 war sie sieben Jahre lang Studienrätin. Ab 1987 Mitglied des Bundestags, ist sie seit 1998 Bundesministerin für Bildung u. Forschung.

Bülow, Andreas von, Politiker, *17.7.1937 Dresden. Er kam 1945 nach Westdtld. u. studierte Jura (Promotion 1969). Er trat 1960 der SPD bei. 1966–69 im Verwaltungsdienst tätig, saß er 1969–94 im Bundestag. 1976–80 war er Parlamentar. Staatssekretär im Bundesverteidigungsministerium, 1980–82 Bundesforschungsminister.

Bülow, Bernhard Fürst von (1905), Politiker, *3.5.1849 Klein-Flottbek (bei Hamburg), †28.10.1929 Rom. Der Jurist trat 1874 in den diplomat. Dienst ein. Durch Beziehungen begünstigt, machte er schnell Karriere. 1888 Gesandter in Bukarest, wurde er 1893 Botschafter in Rom u. 1897 Staatssekretär des Äußeren. Am 17.10.1900 berief ihn Ks. ↑Wilhelm II., dem er freundschaftl. verbunden war, als Nachfolger von ↑Hohenlohe-Schillingsfürst zum Reichskanzler u. preuß. Ministerpräs.en. Seine Außenpolitik suchte in Fortsetzung der ausgreifenden Haltung der 1890er Jahre Dtld. e. «Platz an der Sonne» zu verschaffen. Der Erwerb weiterer Kolonien (Kiautschou 1897; Karolinen 1899), die Unterstützung der Flottenpläne von ↑Tirpitz u. der Bau der Bagdadbahn zielten in diese Richtung. Freil. führte seine unter dem Einfluß ↑Holsteins praktizierte Politik der «freien Hand», welche die dt. Handlungsfreiheit bewahren sollte, zur

Isolierung des Dt. Reiches; sinnfällig wurde dies bes. in der Marokkokrise 1905–06 u. in der Bosnienkrise 1908. Innenpolit. aktiv wurde er vor allem nach den sog. Hottentottenwahlen 1907 durch seine Förderung der Bildung des konserv.-liberalen «Bülow-Blocks» im Reichstag. Als er nach der *Daily-Telegraph*-Affäre 1908 den Ks. öffentl. bloßstellte, war seine Position essentiell geschwächt. Nach dem Zerbrechen des Blocks wegen des Scheiterns der Reichsfinanzreform mußte er im Juni 1909 um seinen Abschied bitten. Als Sonderbotschafter in Italien 1914–15 vermochte er dieses Land nur kurzfristig vom Kriegseintritt auf seiten der Entente abzuhalten. Seine *Denkwürdigkeiten* (4 Bde., 1930–31) zeigen ihn als den fähigen, aber selbstgefällig-opportunist. Diplomaten, als den ihn weite Teile der Öffentlichkeit schon zu seiner Amtszeit wahrgenommen hatten.

Lit.: Katharine Anne Lerman, *The Chancellor as Courtier* (Cambridge, 1990); Gerd Fesser, *Reichskanzler B. Fürst von B.* (1991).

Bülow, Friedrich Wilhelm Graf (1814) B. von Dennewitz, General, *16.2.1755 Falkenberg (Altmark), †25.2.1816 Königsberg. Seit 1768 in preuß. Diensten, begleitete er Prinz ↑Louis Ferdinand im 1. Koalitionskrieg 1792–95. Nach weiterem Heeresdienst, u.a. im Krieg 1806–07, bereitete er 1812–13 als Generalgouverneur in Ostpreußen die Erhebung gegen Napoleon vor. Unter dem Oberbefehl Jean-Baptiste Bernadottes errang er 1813 Siege bei Großbeeren u., über Marschall Michel Ney, bei Dennewitz. Danach war er erfolgreich an der Völkerschlacht bei Leipzig u. der Vertreibung der Franzosen aus den Niederlanden beteiligt. 1815 trugen seine Truppen wesentl. zum Sieg über Napoleon bei Waterloo bei.

Bülow, Hans Graf von (1810), *14.7.1774 Essenrode (bei Gifhorn), †11.8.1825 Bad Landeck (Schlesien). Er trat 1794 in preuß. Dienste u. wurde 1801 Kriegs- u. Domänenrat beim Generaldirektorium Berlin. 1808–11 unter Kg. ↑Jérôme westphäl. Finanzminister, stürzte er über die unnachgiebigen Kontributionsforderungen Napoleons. 1813–18 war er preuß. Finanzminister, ab 1818 Handelsminister, bis er nach vielen Querelen mit dem Außenminister C. G. Graf von ↑Bernstorff 1825 demissionierte u. Oberpräs. von Schlesien wurde. Während seiner Ministerzeit gelang es ihm nicht, e. Steuerreform durchzusetzen, wohl aber das Zollgesetz von 1818 u. die Weserschiffahrtsgesetze von 1823.

Bumke, Erwin, Jurist, *7.7.1874 Stolp, †20.4.1945 Leipzig. Der promovierte Jurist trat 1919 der DNVP bei. Er war ab 1920 Ministerialdirektor im Reichsjustizministerium u. wurde 1929 Präs. des Reichsgerichts in Leipzig u. Vors. des Staatsgerichtshofs für das Dt. Reich, der unter seiner Leitung 1932 den Staatsstreich in Preußen vom 20.7. für zulässig erklärte. Nach 1933 trat er durch konsequente Anwendung der nat.soz. Rechtsgrundsätze hervor. Kurz vor Kriegsende nahm er sich das Leben.

Lit.: Dieter Kolbe, *Reichsgerichtspräs. Dr. E. B.* (1975).

Bunsen, Christian *Karl* Josias Frhr. von (1858), Diplomat, *25.8.1791 Korbach, †28.11.1860 Bonn. Der Theologe kam 1818 zur preuß. Gesandtschaft beim Vatikan, wo er 1824 ↑Niebuhr als Gesandter ablöste. 1829 wurde er auch Generalsekretär des von ihm mitbegründeten archäolog. Instituts in Rom. Er verhandelte mit der Kurie über die Mischehe, wurde aber 1838 wegen des darüber ausgebrochenen Kölner Kirchenstreits abberufen. 1842–54 Gesandter in London, verhandelte er im Auftrag der dt. Nationalversammlung mit Dänemark über Schleswig-Holstein, mußte aber 1852 das Londoner Protokoll unterzeichnen. Als er sich während des Krimkriegs für den Anschluß Preußens an die Westmächte einsetzte, erhielt er seinen Abschied.

Burchard I., Bf. von Worms, *965, †20.8.1025 Worms. Der gebürtige Hesse wurde Kämmerer in der Erzdiözese Mainz. Ks. ↑Otto III. bestellte ihn 1000 zum Bf. von Worms. Er leitete in dem von den Ungarn verwüsteten Bistum e. wirtschaftl. Aufschwung ein, förderte die Domschule u. den Kirchenbau (der neugebaute Petersdom wurde 1018 im Beisein Ks. ↑Heinrichs II. geweiht) u. vollendete die Stadtmauer. Durch die Aufzeichnung des damals in Dtld. geltenden Kirchenrechts (*Decretum Buchardi*, 20 Bücher, 1007–14) schuf er e. wichtige Rechtsgrundlage.

Lit.: Albert Michael Koeniger, *B. I. von Worms* (1905).

Bürckel, Josef, Politiker, *30.3.1895 Lingenfeld, †28.9.1944 Neustadt/Weinstraße. Der Lehrer trat früh der NSDAP bei u. wurde 1925 Gauleiter der Rheinpfalz. Ab 1930 saß er im Reichstag. 1934 wurde er Bevollmächtigter der Reichsregierung für das Saargebiet u. Gauleiter der Saarpfalz, 1935 Reichskommissar für die Wiedereingliederung des Saargebiets in das Reich. 1938 übertrug ihm ↑Hitler die entsprechende Aufgabe in Österreich, wo er 1939 Reichsstatthalter u. Gauleiter von Wien wurde. Ab 1940 war er Chef der Zivilverwaltung u. Gauleiter in Lothringen. In seinen Amtsbezirken schaltete er die ev. Kirche weitgehend gleich u. bedrängte die kath. Kirche. Er veranlaßte zahlreiche Judendeportationen u. die Zerstörung von Kirchenbauten. Vermutl. nahm er sich das Leben.

Lit.: Dieter Muskalla, *N. S. Politik an der Saar* (1995).

Burckhardt, Carl Jacob, schweizer. Diplomat, *10.9.1891 Basel, †3.3.1974 Vinzel (Kanton Waadt). Der promovierte Historiker war 1918–22 Attaché in Wien. Nach Tätigkeit für das Internat. Komitee vom Roten Kreuz (IKRK) u. Habilitation (1926) lehrte er ab 1927 an der Universität Zürich (ab 1929 als Prof.), 1932–37

u. 1939–45 gleichzeitig in Genf. 1937–39 war er Hoher Kommissar des Völkerbunds in Danzig. Seit 1934 Mitglied des IKRK, war er während des Zweiten Weltkriegs für Kriegsgefangene u. Zivilinternierte tätig u. 1945–48 Präs. des IKRK. 1945–49 vertrat er die Schweiz als Gesandter in Paris. Er erwarb sich auch als Historiker e. gute Reputation (*Richelieu*, 3 Bde., 1935–67; *Meine Danziger Mission*, 1960). 1954 erhielt er den Friedenspreis des Dt. Buchhandels.

Lit.: Paul Stauffer, *Zwischen Hofmannsthal u. Hitler* (1991).

Burda, Franz, Verleger, *24.2.1903 Philippsburg (Baden), †30.9.1986 Offenburg. Der promovierte Volkswirt übernahm 1929 die väterl. Druckerei in Offenburg. Nach dem Zweiten Weltkrieg hatte er auf dem Zeitschriftenmarkt Erfolg u.a. mit der *Bunten Illustrierten* (ab 1954), dann auch *Freundin, Bild + Funk* u. *Focus*. Die B.-Gruppe wurde unter seiner Führung zu e. Medienriesen mit in- u. ausländ. Tochterunternehmen.

Buß, Franz Joseph Ritter von (1863), Politiker, *25.3.1803 Zell/Harmersbach (Baden), †31.1.1878 Freiburg i.B. Ab 1833 Prof. für Staatswiss. u. Völkerrecht in Freiburg, saß er 1837–40, 1846–48 u. 1873 im bad. Landtag. 1848 war er Mitglied der Nationalversammlung, 1850 des Unionsparlaments in Erfurt u. 1874–77 des Reichstags (Zentrum). Führend im bad. polit. Katholizismus u. von großdt. Gesinnung, war er 1848 Präs. des ersten dt. Katholikentags in Mainz.

Lit.: Julius Dorneich, *F.J.B.* (1979).

C

Camerarius, Ludwig, Politiker, *22.1.1573 Nürnberg, †4.10.1651 Heidelberg. Der Jurist wirkte am Reichskammergericht in Speyer. Ab 1598 in pfälz. Diensten, leitete er ab 1611 die Außenpolitik. Nach der Niederlage ↑Friedrichs V. am Weißen Berg 1620 strebte er e. schwed. geführte prot. Koalition an. 1626–41 war er schwed. Gesandter in den Niederlanden.
Lit.: Friedrich Hermann Schubert, *L. C.* (1955).

Camphausen, Gottfried *Ludolf*, Politiker, *10.1.1803 Hünshoven (bei Aachen), †3.12.1890 Köln. Er trat 1821 in das väterl. Tabak- u. Ölgeschäft ein u. führte es ab 1830 von Köln aus. Er beteiligte sich maßgebl. am Aufbau der Eisenbahn u. der rhein. Dampfschiffahrt. 1843 wurde er Mitglied des rhein. Provinziallandtags. Im preuß. Vereinigten Landtag 1847 war er Wortführer der gemäßigten Liberalen. 1848 wurde er zum preuß. Ministerpräs.en berufen (29.3.–20.6.) u. war danach preuß. Bevollmächtigter bei der provisor. Reichsregierung in Frankfurt, wo er sich für die Selbständigkeit Preußens im Rahmen e. dt. Bundesstaats u. die Ks.wahl des preuß. Kg.s einsetzte. Ab 1849 war er Mitglied der preuß. 1. Kammer bzw. des Herrenhauses, 1850 des Erfurter Unionsparlaments u. 1867–71 des Reichstags (altliberal).
Lit.: Jürgen Hofmann, *Das Ministerium C.-Hansemann* (1981).

Camphausen, Otto von (1896), Politiker, *21.10.1812 Hünshoven (bei Aachen), †18.5.1896 Berlin. Der Bruder von G.L. ↑C. trat 1834 in das preuß. Finanzministerium ein u. wurde 1854 Präs. der Preuß. Seehandlung. 1849–52 saß er als Liberaler im preuß. Abg.haus, 1850 im Erfurter Unionsparlament u. ab 1860 im preuß. Herrenhaus. 1869–78 war er preuß. Finanzminister, ab 1873 außerdem Vizepräs. des Staatsministeriums. Er beseitigte das Defizit im Staatshaushalt, doch überforderten ihn die infolge der franz. Kriegsentschädigungen auftretenden Währungsprobleme. Als Vertreter des alten Beamtenliberalismus trat er zurück, als sich O. von ↑Bismarck der Schutzzollpolitik zuwandte.

Canaris, Wilhelm, Admiral, *1.1.1887 Aplerbeck (bei Dortmund), †9.4.1945 KZ Flossenbürg. Seit 1905 in der Kriegsmarine, war er während des Ersten Weltkriegs u.a. in Geheimaufträgen in Spanien tätig u. sympathisierte nach Kriegsende mit dem Kapp-Putsch (↑Kapp). 1935 zum Konteradmiral befördert u. zum Chef der Abwehrabteilung im Reichskriegsministerium (ab März 1938 Amt Ausland/Abwehr des OKW) ernannt, erkannte er bald die wahre Natur des Nationalsozialismus u. unterstützte ab 1938 aktiv die Widerstandsbewegung gegen ↑Hitler. Ab 1941 aus wachsender Resignation nur noch in seinem Amt ausharrend, beteiligte er sich nicht an den Vorbereitungen zu dem Attentat auf Hitler am 20.7.1944. Dennoch wurde er verhaftet, in e. SS-Verfahren verurteilt u. gehängt.

Lit.: Heinz Höhne, C. (1993).

Canisius, Petrus [eigtl. Pieter Kanijs], Jesuit, *8.5.1521 Nimwegen (Niederlande), †21.12.1597 Freiburg (Schweiz). Er studierte in Köln, wo er mit der Devotio moderna in Berührung kam. 1543 schloß er sich der neugegründeten Gesellschaft Jesu an u. wurde durch Ignatius von Loyola als achter Jesuit zur Profeß zugelassen. In der Folge widmete er sich der kath. Erneuerung Dtld.s («Zweiter Apostel Dtld.s»), vor allem als Prof., Rektor oder Gründer verschiedener Universitäten oder Kollegien (u.a. Ingolstadt, 1549–52; Wien, 1552–54; Prag, 1555–56; Augsburg, 1559–66; Innsbruck, 1571–77; Freiburg ab 1580). 1556–69 wirkte er als Provinzial der oberdt. Jesuitenprovinz. Mit seinen gegenreformator. Schriften erzielte er e. große Breitenwirkung. 1925 wurde er hl.gesprochen u. zum Kirchenlehrer erhoben (Tag: 27.4.).

Lit.: Karlheinz Diez, *Christus u. seine Kirche* (1987).

Caprivi, Leo Graf von (1891), General u. Politiker, *24.2.1831 Berlin, †6.2.1899 Skyren (bei Crossen/Oder). Aus e. urspr. östr. Familie stammend, trat er 1849 in den preuß. Militärdienst ein u. wurde 1860 dem Großen Generalstab zugeteilt. Nach Teilnahme an den Kriegen 1864 u. 1866 zeichnete er sich im Krieg 1870–71 bei Mars-la-Tour aus u. erhielt den Orden Pour-le-mérite. Ab 1872 hatte er verschiedene Kommandeurpositionen inne. 1883 wurde er Chef der Admiralität u. 1888 Kommandierender General des X. Armeekorps in Hannover. Am 20.3.1890 ernannte ihn Ks. ↑Wilhelm II. als Nachfolger O. von ↑Bismarcks zum Reichskanzler u. preuß. Ministerpräs.en. Kurz darauf übernahm er auch das Auswärtige Amt. Außenpolit. suchte er den Ausgleich mit Großbritannien durch den Helgoland-Sansibar-Vertrag (1890). Zwar verlängerte er nicht den Rückversicherungsvertrag mit Rußland, doch beendete er den dt.-russ. Handelskrieg durch den Abschluß e. Handelsvertrags (1894). Zuvor schon hatte er durch Handelsverträge mit Österreich-Ungarn, Italien, Belgien, der Schweiz u. Rumänien (1891–93) die Exportchancen dt. Industrieprodukte erhöht, dabei aber freil. durch die gleichzeitige Senkung der dt. Landwirtschaftszölle (Verbilligung des Brotpreises) den Unwillen der dt. Agrarier auf sich gezogen, die mit der Gründung des Bundes der Landwirte (1893) antworteten. Seine Politik des «Neuen Kurses», die sich bes. auf das Zentrum u. die Linksliberalen stützte, hatte 1890–91 mit der Durchführung von Sozialreformen (Einsetzung von Gewerbegerichten, Verbot von Kinder- u. langer Frauenarbeit, Einführung von

Arbeitsordnungen) begonnen. 1892 trat er als preuß. Ministerpräs. zurück. Obwohl er 1893 noch e. Heeresverstärkung im Reichstag durchbrachte, wurde er 1894 vom Ks. fallen gelassen, als er sich der von ↑Eulenburg, seinem Nachfolger als preuß. Ministerpräs., befürworteten, gegen die SPD gerichteten Umsturzvorlage (Verschärfung von Strafen für polit. Delikte) widersetzte. Gewiß eigenwillig, aber klar denkend, unbestechl. u. persönl. bescheiden, ist er wohl von e. bismarckzentrierten Geschichtsschreibung lange Zeit unterbewertet worden.

Lit.: Heinrich Otto Meisner, *Der Reichskanzler C.* (²1969); Rolf Weitowitz, *Dt. Politik u. Handelspolitik* (1978); Rainer Lahme, *Dt. Außenpolitik 1890–1894* (1990).

Carlowitz, Christoph von, Staatsmann, *13.12.1507 Hermsdorf (bei Dresden), †8.1.1574 Rothenhaus (Böhmen). Der Schüler von Erasmus trat 22jährig in den Dienst Hg. ↑Georgs des Bärtigen von Sachsen u. gewann unter Hg. ↑Moritz bedeutenden polit. Einfluß. Er führte die Reform der Universität Leipzig u. die Säkularisation der Klöster durch. Außenpolit. riet er zu engem Anschluß an Ks. ↑Karl V. Auf dem Regensburger Reichstag 1546 erlangte er nicht nur für Moritz die Verleihung der Schutzherrschaft über Magdeburg u. Halberstadt, sondern auch die Zusicherung der sächs. Kurwürde. Nach dem Schmalkald. Krieg 1546–47 war er am Abfall Moritz' vom Ks. wie auch an den Verhandlungen über den Passauer Vertrag 1552 u. den Augsburger Religionsfrieden 1555 beteiligt. Nach 1557 war er vorzügl. in ksl. Diensten tätig.

Carmer, *Johann Heinrich* Casimir Graf von (1798), Jurist u. Politiker, *29.12.1721 Kreuznach, †23.5.1801 Rützen. Er trat 1751 in den preuß. Justizdienst ein u. wurde 1768 Chefpräs. aller Oberamtsregierungen in Schlesien. Nachdem ihn Kg. ↑Friedrich II. d. Gr. 1779 zum Großkanzler u. Justizminister ernannte, führte er die preuß. Justizreform fort. Zus. mit ↑Svarez u. a. wurde er zum Schöpfer des Allg. Landrechts.

Carstens, Karl, Politiker, *14.12.1914 Bremen, †30.5.1992 Meckenheim. Der promovierte Jurist arbeitete ab 1945 als Rechtsanwalt in Bremen. 1949–54 wirkte er als Bevollmächtigter Bremens beim Bund in Bonn u. habilitierte sich 1952 in Köln. 1954–55 dt. Vertreter beim Europarat in Straßburg, trat er 1955 in den auswärtigen Dienst ein u. wurde dort 1960 2. Staatssekretär. 1966 wechselte er als Staatssekretär ins Verteidigungsministerium u. 1968 ins Bundeskanzleramt, schied dort aber nach Übernahme der Regierung durch die SPD-FDP-Koalition 1969 aus. Seit 1955 Mitglied der CDU, saß er 1972–79 im Bundestag (1973–76 Vors. der CDU/CSU-Fraktion) u. war 1976–79 Bundestagspräs. 1979–84 war er Bundespräs.

Cauer, Minna (Wilhelmine) [geb. Schelle], Frauenrechtlerin, *1.11.

1842 Freyenstein (Prignitz), †3.8. 1922 Berlin. Die Pfarrerstochter mit Lehrerinnenausbildung befaßte sich ab 1881 mit Frauenfragen. 1888–1919 leitete sie den von ihr gegründeten Verein Frauenwohl. Seit 1889 im Vorstand des Kaufmänn. Hilfsvereins für weibl. Angestellte tätig, gab sie ab 1895 die Zeitschrift *Frauenbewegung* heraus. Eines ihrer Hauptziele war die polit. Gleichberechtigung der Frauen.

Lit.: Gerlinde Naumann, *M. C.* (1988).

Chamberlain, Houston Stewart, Kulturphilosoph, *9.9.1855 Portsmouth (England), †9.1.1927 Bayreuth. Er lebte 1885–89 in Dresden, danach in Wien. 1909 heiratete er Eva von Bülow (1867–1942; Tochter Richard Wagners); 1916 wurde er dt. Staatsangehöriger. In seinem Werk *Die Grundlagen des 19. Jh.s* (2 Bde., 1899) entwickelte er e. arische Rassenideologie, die den Nationalsozialismus stark beeinflußte.

Lit.: Geoffrey G. Field, *Evangelist of Race* (New York, 1981).

Christian
ANHALT-BERNBURG
Christian I., Fürst, *11.5.1568 Bernburg/Saale, †17.4.1630 ebd. Streng luther. erzogen, wurde er 1591 mit der Führung des Hilfsheeres der prot. Reichsstände für Kg. Heinrich IV. von Frankreich betraut. Er trat 1592 zum Kalvinismus über. Ab 1595 Verwalter der Oberpfalz im Auftrag des Kf.en Friedrich IV. von der Pfalz (1574–1610), betrieb er mit zelot. Eifer die Gründung der prot. Union 1608 u. bewog Frankreich zur Teilnahme am Jülich-Klev. Erbfolgekrieg. Er setzte die Wahl Kf. ↑Friedrichs V. 1619 zum böhm. Kg. durch, verlor aber als Oberbefehlshaber der böhm. Truppen die Schlacht am Weißen Berg 1620 gegen die kath. Partei u. floh geächtet nach Schweden. 1624 unterwarf er sich dem Ks.

BRAUNSCHWEIG-WOLFENBÜTTEL:
Christian d. J., Hg., *20.9.1599 Gröningen, †16.6.1626 Wolfenbüttel. Er wurde 1616 zum prot. Administrator des Bistums Halberstadt bestellt, gewann aber keinen Einfluß auf die Regierung u. kämpfte daher im 30jährigen Krieg als Söldnerführer in den Niederlanden u. in Westfalen. 1621 stellte er e. eigenes Heer zur Unterstützung ↑Friedrichs V. von der Pfalz auf, wurde aber von ↑Tilly 1622 bei Höchst u. 1623 vernichtend bei Stadtlohn geschlagen. Der rücksichtslose Haudegen wurde im Volksmund «der tolle Halberstädter» gen. Er starb am Fieber.

Lit.: Hans Wertheim, *Der tolle Halberstädter* (2 Bde., 1929).

MAINZ:
Christian I. (Ch. von Buch), Erzbf., *um 1130, †25.8.1183 Tusculum (Italien). Er wurde 1160 zum Erzbf. von Mainz gewählt (1166 investiert, 1167 ordiniert). Von Ks. ↑Friedrich I. Barbarossa zum Reichskanzler ernannt (1162–66), löste er 1164 ↑Rainald von Dassel als Reichslegat für Italien ab, besiegte aber zus. mit ihm 1167 die Römer bei Tusculum.

Danach wirkte er im Dienst des Ks.s als Heerführer in Italien, als Vermittler mit den dt. Fürsten u. zwischen Frankreich u. England sowie als diplomat. Vertreter in Byzanz (1170). Am Abschluß des Friedens von Venedig 1177 zwischen dem Ks. u. Papst Alexander III. hatte er bedeutenden Anteil.

Lit.: Wilfried Schöntag, *Untersuchungen zur Gesch. des Erzbistums Mainz* (1973).

SCHLESWIG-HOLSTEIN:

Christian I. von Oldenburg, Kg. von Dänemark, Hg. von Schleswig u. Graf von Holstein, *1426, †21.5. 1481 Kopenhagen. Der Graf von Oldenburg wurde 1448 zum Kg. von Dänemark gewählt u. erlangte 1450 durch den Unionsvertrag von Bergen die Vereinigung Dänemarks mit Norwegen. Seine Bestellung 1460 zum Hg. von Schleswig u. Grafen von Holstein begründete die Personalunion dieser Territorien mit Dänemark. Die 1457 gewonnene schwed. Krone verlor er 1471 wieder.

Christian IV., Hg., Kg. von Dänemark u. Norwegen, *12.4.1577 Frederiksborg, †28.2.1648 Kopenhagen. Er wurde nach dem Tod seines Vaters, Kg. Friedrichs II. von Dänemark (1534–88), 1588 Kg. von Dänemark u. 1591 von Norwegen. 1593 mündig erklärt, übernahm er die Regierung in den Hg.tümern. 1596 wurde er in Kopenhagen gekrönt. Im 30jährigen Krieg bemüht, die Kontrolle über die Elbe- u. die Wesermündung zu erlangen, ließ er sich 1625 als Hg. von Holstein zum Kreisobersten des Niedersächs. Reichskreises wählen. Er griff in den Kampf gegen Liga u. Ks. ein u. wurde 1626 trotz günstiger Stellung von ↑Tilly bei Lutter am Barenberge vernichtend geschlagen. 1643 wurde sein bis dahin neutrales Land in e. Krieg mit Schweden gezogen; obwohl die dän. Flotte einige Erfolge erzielen konnte, erlitt er zu Lande schwere Niederlagen u. mußte 1645 e. ihn demütigenden Frieden schließen.

Lit.: Paul Douglas Lockhart, *Denmark in the Thirty Years' War* (Selinsgrove PA, 1996).

Christoph I., Markgraf von Baden, *13.11.1453, †19.3.1527 Baden-Baden. 1475 trat er zus. mit seinem Bruder Albrecht die Regierung in Baden an, übernahm aber 1482 nach dessen Abfindung die Alleinregierung. 1488 wurde er von Ks. ↑Maximilian I. zum Gouverneur von Luxemburg, 1500 in das Reichsregiment berufen. 1515 setzte er in e. Hausgesetz die Unveräußerlichkeit seiner Markgrafschaft fest, die er durch Erbabkommen u. anderweitig vergrößert hatte.

Christoph, Hg. von Württ., *12.5. 1515 Urach, †28.12.1568 Stuttgart. Der Sohn von Hg. ↑Ulrich wurde nach der Vertreibung seines geächteten Vaters aus dem Hg.tum am Hof ↑Ferdinands (I.), des Bruders Ks. Karls V., 1520–30 erzogen. Einer Mitnahme nach Spanien entzog er sich 1533 durch die Flucht nach

Bayern. Sein Vater sandte ihn 1534 an den franz. Hof. 1542 übernahm er die Statthalterschaft in der württ. Besitzung Mömpelgard. Nach dem Tod Ulrichs 1550 gelangte er in Württ. zur Herrschaft, bei der er bemerkenswerte staatsmänn. Fähigkeiten bewies. Nach strikter Neutralität in der Fürstenverschwörung erreichte er im Vertrag von Passau (1552), dem er 1553 beitrat, den Verzicht Ferdinands auf die Einziehung Württ.s als verwirktes östr. Afterlehen. Überzeugter Lutheraner, führte er, unterstützt von ↑Brenz u. a., grundlegende innerkirchl. Reformen durch, die im Erlaß der sog. Großen Kirchenordnung von 1559 gipfelten. 1565 erhob er die ev. Lehre augsburg. Konfession zur ausschließl. Landesreligion. Er förderte das Schulwesen, unterstützte den Protestantismus in Italien, Österreich u. Ungarn u. bemühte sich zugleich durch Beteiligung an zahlreichen Religionsverhandlungen u. Beschickung des Konzils von Trient um Annäherung an den Katholizismus. Durch die Einrichtung des ständigen Kontrollierenden Landtagsausschusses (1554) erweiterte er das Mitspracherecht der württ. Landstände.

Lit.: Robert Uhland, *900 Jahre Haus Württ.* (³1985).

Claß, Heinrich, Politiker, *29.2. 1868 Alzey, †16.4.1953 Jena. Der Jurist arbeitete ab 1895 als Rechtsanwalt in Mainz. Ab 1897 war er im Alldt. Verband tätig u. wurde 1908 dessen Vors. (bis 1939). Im Ersten Weltkrieg trat er für e. imperialist. dt. Weltpolitik ein. 1917 Mitbegründer der Vaterlandspartei, vertrat er auch als Redakteur der *Dt. Zeitung* ab 1918 e. antirepublikan., antidemokrat. Linie. Seine Ideen e. völk. Diktatur u. e. Weltmachtstellung Dtld.s bewegten sich in den 1920er Jahren in Richtung der nat.soz. Propaganda, doch blieb er nach 1933 ohne Einfluß.

Clausewitz, Carl von, General u. Militärtheoretiker, *1.6.1780 Burg (bei Magdeburg), †16.11.1831 Breslau. Er trat bereits 1792 in den preuß. Militärdienst ein u. machte den Rheinfeldzug 1793–94 mit. 1795 Leutnant, besuchte er 1801–03 die von ↑Scharnhorst geleitete Kriegsschule. Nach Teilnahme am Feldzug 1806 u. Kriegsgefangenschaft in Frankreich schloß er sich 1808 in Königsberg dem Kreis der Reformer um Scharnhorst, ↑Gneisenau u. ↑Boyen an. Nach dem preuß. Bündnis mit Frankreich 1812 trat er in russ. Dienste u. wirkte am Zustandekommen der von L. ↑Yorck von Wartenburg geschlossenen Konvention von Tauroggen (1812) mit. Da Kg. ↑Friedrich Wilhelm III. ihm vorerst die Reaktivierung verweigerte, kehrte er erst 1815 wieder in preuß. Dienst zurück. Er wurde als Oberst in den Generalstab übernommen u. diente bis 1818 in Koblenz. Zum Generalmajor ernannt, war er 1818–30 als Verwaltungsdirektor der Allg. Kriegsschule (später Kriegsakademie) in Berlin tätig, wo er Zeit für militärwiss. Studien fand. 1831 während des poln. Aufstands Chef des

Generalstabs der preuß. Observationsarmee, erlag er der von russ. Truppen eingeschleppten Cholera. Er veröffentlichte schon zu seinen Lebzeiten Schriften von kriegswiss. Bedeutung. Sein Hauptwerk, *Vom Kriege*, wurde 1832–34 von seiner Witwe herausgegeben. Von Untersuchungen der Feldzüge ↑Friedrichs II. d. Gr. u. Napoleons I. ausgehend, versucht er darin, e. Theorie des Kriegs unter Berücksichtigung des Primats der Politik u. der Interdependenz des Kriegs mit den sozialen u. wirtschaftl. Faktoren zu entwickeln. Er wurde damit zum Begründer der modernen Kriegslehre.

Lit.: Wilhelm von Schramm, *C.* (³1981); Dietmar Schössler, *Carl von C.* (1991); Peter Paret, *C. u. der Staat* (1993).

Clemens August von Wittelsbach, Erzbf. u. Kf. von Köln, *17.8.1700 Brüssel, †6.2.1761 Ehrenbreitstein. Der Bruder Ks. ↑Karls VII. wurde 1719 Fürstbf. von Münster u. Paderborn u. kam 1723 als letzter Wittelsbacher auf den Kölner Erzstuhl, außerdem wurde er 1724 Bf. von Hildesheim, 1728 von Osnabrück u. 1732 Hochmeister des Dt. Ordens. Persönl. unsicher, suchte er die Interessen seines Hauses zu wahren, indem er mehrfach die polit. Fronten wechselte. Als Kunstmäzen förderte er den Bau mehrerer barocker Schlösser (Bonn; Poppelsdorf; Brühl).

Lit.: Georg Bönisch, *C. A.* (²2000); Frank Günter Zehnder, *Der Riß im Himmel* (2000).

Clemens Wenzeslaus, Erzbf. u. Kf. von Trier, *28.9.1739 Schloß Hubertusburg (bei Leipzig), †27.7.1812 Marktoberdorf (Allgäu). Der Sohn von ↑August III. erhielt 1763 die Bistümer Freising u. Regensburg. 1764 empfing er die Priesterweihe u. wurde Koadjutor in Augsburg. 1768 zum Erzbf. u. Kf. von Trier gewählt, fiel ihm im gleichen Jahr das Fürstbistum Augsburg zu, woraufhin er unter wittelsbacher Druck Freising u. Regensburg nicht halten konnte. In Trier sanierte er die Finanzen des hochverschuldeten Erzbistums. Patriarchal.-absolutist. gesinnt, förderte er Wirtschaft u. Bildungswesen. Vor den franz. Revolutionstruppen mußte er 1794 nach Augsburg flüchten. 1801 u. 1803 verlor er seine Territorien, blieb aber bis zu seinem Tod Bf. von Augsburg.

Lit.: Heribert Raab, *C. W. von Sachsen* (1962).

Clement, Wolfgang, Politiker, *7.7.1940 Bochum. Der Jurist betätigte sich ab 1968 als Journalist u. war 1981–86 Sprecher des Parteivorstands der SPD. 1989–95 war er Chef der Staatskanzlei, 1995–98 Wirtschaftsminister, ab 1998 Ministerpräs. von Nordrhein-Westfalen.

Cobenzl, Johann *Ludwig* Graf von, östr. Politiker, *21.11.1753 Brüssel, †22.2.1809 Wien. Seine Tätigkeit als Verwaltungschef in Galizien (1772–74), Gesandter in Berlin (1774–79) u. St. Petersburg (1779–95) befähigte ihn, Österreich beim Friedensschluß von Campo Formio (1797), auf dem

Rastatter Kongreß (1797–98) u. in Lunéville (1801) zu vertreten. Als Außenminister 1800–05 erkannte er 1804 das Ks.tum Napoleons I. an. Nach dem Scheitern des 3. Koalitionskriegs wurde er 1805 entlassen.

Cocceji, Samuel Frhr. von (1749), Jurist, *20.10.1679 Heidelberg, †4.10.1755 Berlin. Seit 1702 Prof. in Frankfurt/Oder, wurde er 1723 Präs. des Kammergerichts in Berlin. Er wurde 1727 Staats- u. Kriegsminister, 1738 Justizminister u. 1747 zum Großkanzler berufen. Seine bes. Leistung bestand in der Säuberung u. Vereinheitlichung des Gerichtswesens, der Etablierung e. Tribunals in Berlin 1748 als Höchstinstanz für die gesamte preuß. Rechtsprechung u. der Schaffung e. Visitationsordnung (1754). Aufgrund e. Gutachtens von ihm wurde auch die Ausarbeitung e. Allg. Landrechts begonnen, das dann nach der Weiterarbeit von ↑Carmer u. ↑Svarez 1794 in Kraft trat.

Lit.: Herman Weill, *Frederick the Great and S. von C.* (Madison WI, 1961).

Cochläus, Johannes [eigtl. J. Dobneck], Humanist, *10.1.1479 Wendelstein (bei Schwabach), †11.1.1552 Breslau. Als Rektor der Lateinschule in Nürnberg (1510–15) schrieb er mehrere Lehrbücher. Seit 1515 in Italien, studierte er dort die Rechte (Bologna) u. Theologie (Ferrara, 1517 Dr. theol.). In Rom zum Priester geweiht, trat er 1521 in Worms gegen M. ↑Luther auf. Hg. ↑Georg der Bärtige von Sachsen berief ihn 1528 zum Hofkaplan. 1530 gehörte er zu den Verfassern der die Augsburger Konfession widerlegenden *Confutatio pontifica*. Er hatte auch teil an den Religionsgesprächen in Hagenau, Worms u. Regensburg (1540–41; 1546). Seine Lutherbiographie *Commentaria de actis et scriptis Martini Lutheri* (1549) hat das kath. Lutherbild bis ins 20. Jh. beeinflußt.

Lit.: Remigius Bäumer, *J. C.* (1980).

Conrad von Hötzendorf, Franz Graf (1918), östr.-ungar. Feldmarschall, *11.11.1852 Penzing (bei Wien), †25.8.1925 Bad Mergentheim. Er besuchte ab 1863 e. Kadettenschule, ab 1867 die Militärakademie in Wiener Neustadt, danach die Kriegsschule in Wien. 1878–79 nahm er an der Besetzung Bosnien-Herzegowinas teil. Nach verschiedenen Generalstabsdiensten befehligte er ab 1895 e. Infanterieregiment. 1903 wurde er Kommandeur e. Infanteriedivision in Innsbruck. Bekannt als Verfasser einiger militärtheoret. Werke, wurde er 1906 zum Chef des Generalstabs ernannt. Bemühungen, sich auch in die Außenpolitik einzuschalten – er trat 1908–09 für e. Präventivkrieg gegen das expansive Serbien wie auch gegen Italien ein – führten 1911 zu seiner vorübergehenden Entlassung, doch übernahm er auf Vermittlung des Thronfolgers ↑Franz Ferdinand im Dez. 1912 seinen alten Posten erneut. Während der Julikrise 1914 gehörte er zu den Befürwortern e. Krieges gegen Serbien. Im Ersten Weltkrieg arbeitete er, trotz gelegentl. Differenzen bes. mit ↑Falkenhayn, strateg. u. polit. eng mit der dt. Obersten Heeresleitung zus. Ihm gelang der Durchbruch an der Karpatenfront bei Gorlice 1915. Bei der Bildung der dt./östr.-ungar. Obersten Kriegsleitung setzte er, 1916 zum Feldmarschall ernannt, e. östr.-ungar. Vetorecht durch. Polit. Meinungsverschiedenheiten mit Ks. ↑Karl führten zu seiner Versetzung an die ital. Front (1.3.1917), wo er nach der erfolglosen Junioffensive im Juli 1918 seines Kommandos enthoben wurde.

Lit.: Oskar Regele, *Feldmarschall C.* (1955); Helmut Hoyer, *Ks. Karl der Erste u. Feldmarschall C. von H.* (1972); Lawrence Sondhaus, *F. C. von H.* (Boston, 2000).

Conze, Werner, Historiker, *31.12.1910 Neuhaus/Elbe, †28.4.1986 Heidelberg. Nach der Habilitation (Königsberg, 1940) war er ab 1951 Prof. in Münster u. ab 1957 in Heidelberg. 1972–76 war er Präs. des Verbandes der Historiker Dtld.s. Er gilt als e. der Begründer der modernen dt. Sozialgeschichtsforschung. Hauptwerke: *Die dt. Nation: Ergebnis der Gesch.* (1963); *Geschichtl. Grundbegriffe* (Mithrsg.; 8 Bde., 1972–97).

Corvinus, Antonius [auch Rabe], Reformator, *27.2.1501 Warburg, †5.4.1553 Hannover. Er trat 1519 in das Zisterzienserkloster Loccum ein, wurde aber 1523 als Anhänger M. ↑Luthers aus dem Orden ausgestoßen. 1528 wurde er Prediger in Goslar, 1529 in Witzenhausen. Landgraf ↑Philipp I. den Großmütigen von Hessen begleitete er zu den Religionsgesprächen in Hagenau, Worms u. Regensburg (1540–41; 1546). 1539 verfaßte er e. Kirchenordnung für Northeim, 1542 e. für das Fürstentum Calenberg. 1549, nach der zeitweiligen Rückkehr Calenbergs zum kath. Glauben, wurde er wegen seines Widerstands gegen das Augsburger Interim in Haft genommen u. erst 1552 wieder freigelassen.

Lit.: Paul Tschackert, *A. C.* (1900).

Cosel (Cossell), *Anna* Constanze Gräfin von (1707), *17.10.1680 Depenau (Holstein), †31.3.1765 Stolpen. Die Tochter e. dän. Obersten wurde nach ihrer Scheidung Mätresse ↑Augusts II. des Starken u. 1707 zur Reichsgräfin erhoben. Als sie den Erbanspruch ihrer drei Kinder durchsetzen wollte, fiel sie 1712 in Ungnade u. wurde ab 1716 auf Schloß Stolpen (bei Pirna) festgesetzt.

Lit.: Józef Ignazy Kraszewski, *Gräfin C.* (1990).

Crispien, Arthur, Politiker, *4.11.1875 Königsberg, †29.11.1946 Bern. Er arbeitete 1904–15 als Redakteur verschiedener soz.dem. Zeitungen in Königsberg, Danzig u. Stuttgart. Von Nov. 1918 bis Jan. 1919 war er als USPD-Mitglied württ. Innenminister. Nach der Vereinigung der USPD, in der er seit 1919 neben ↑Haase Vors. war, mit der SPD 1922 wurde er e. der drei Vors.en der SPD. 1920–33 Mitglied des Reichstags, emigrierte er 1933 über Österreich in die Schweiz.

Cuno, Wilhelm, Politiker, *2.7.1876 Suhl, †3.1.1933 Aumühle (bei Hamburg). 1907–17 im Reichsschatzamt tätig, leitete der promovierte Jurist im Ersten Weltkrieg die Reichsgetreidestelle. 1917 wurde er Mitglied des Direktoriums der Hamburg-Amerika-Linie (HAPAG) u. 1918 als Nachfolger ↑Ballins deren Generaldirektor. Er nahm als Wirtschaftssachverständiger teil an den Waffenstillstands- u. Friedensverhandlungen 1918–19 u. der Konferenz von Genua 1922. Im Nov. 1922 wurde er zum Reichskanzler ernannt u. bildete, selbst parteilos, e. konserv., der Wirtschaft nahestehendes Kabinett. Seine Bemühungen, e. Regelung der Reparationsfrage zu erreichen, scheiterten an der Ablehnung der Alliierten. Die Ruhrbesetzung im Jan. 1923 beantwortete er mit der Politik des passiven Widerstands, welche die Zerrüttung der Reichsfinanzen vollendete. Ein von der SPD eingebrachtes Mißtrauensvotum im Reichstag stürzte ihn im Aug. Er kehrte 1926 zur HAPAG zurück u. führte sie 1930 zur Union mit dem Norddt. Lloyd.

Lit.: Karl-Heinz Harbeck, *Das Kabinett C.* (1968); Hermann J. Rupieper, *The C. Government* (Den Haag, 1979); Hermann-Josef Rupieper, «W.C.», in Wilhelm von Sternburg, Hrsg., *Die dt. Kanzler* (²1998).

Curtius, Ernst, Historiker, *2.9.1814 Lübeck, †11.7.1896 Berlin. Er war ab 1844 Prof. in Berlin, 1855–67 in Göttingen, ab 1868 wieder in Berlin. Althistoriker u. Archäologe, unternahm er mehrere Forschungsreisen nach Griechenland u. Kleinasien u. leitete die erste Ausgrabungskampagne in Olympia (1875–81). Hauptwerke: *Griech. Gesch.* (3 Bde., 1857–67); *Alterthum u. Gegenwart* (3 Bde., 1892).

Lit.: Karl Christ, *Von Gibbon zu Rostovtzeff* (³1989).

Curtius, Julius, Politiker, *7.2.1877 Duisburg, †10.11.1948 Heidelberg. Er war seit 1905 Rechtsanwalt in Duisburg. Im Ersten Weltkrieg diente er als Offizier. 1920–32 saß er im Reichstag (DVP) u. vertrat daneben als Anwalt beim Berliner Kammergericht vor allem die Schwerindustrie. 1926–29 war er Reichswirtschaftsminister. Nach dem Tod ↑Stresemanns wurde er als dessen «Testamentsvollstrecker» Reichsaußenminister (1929–31) u. setzte den Youngplan gegen starken Widerstand von rechts endgültig durch. Sein Versuch, 1931 e. dt.-östr. Zollunion zustande zu bringen, scheiterte am franz. Widerstand u. dem Einspruch des Haager Schiedsgerichtshofs. Im Okt. 1931 trat er zurück.

Lit.: Andreas Rödder, *Stresemanns Erbe* (1996).

D

Dahlem, Franz, Politiker, *14.1. 1892 Rohrbach (Lothringen), †17.12. 1981 Berlin (Ost). Der gelernte Kaufmann trat 1913 der SPD, 1917 der USPD u. 1920 der KPD bei. Ab 1921 Mitglied des preuß. Landtags, wurde er 1924 Redakteur der *Roten Fahne*. 1927 in das ZK u. 1928 in das Politbüro der Partei gewählt, saß er 1928-33 auch im Reichstag. Nach seiner Emigration 1933 nahm er ab 1937 am Span. Bürgerkrieg teil. 1939-41 war er in Frankreich u. 1941-45 im KZ Mauthausen interniert. Danach in der DDR, gehörte er 1950-53 u. ab 1957 dem ZK der SED an.

Dahlgrün, Rolf, Politiker, *19.5. 1908 Hannover, †19.12.1969 Hamburg-Harburg. Der promovierte Jurist arbeitete ab 1936 bei der Phönix-Gummiwerke AG in Hamburg-Harburg. 1949 trat er in die FDP ein. 1953-57 war er Mitglied der Hamburger Bürgerschaft, 1957-69 des Bundestags. 1962-66 war er Bundesfinanzminister.

Dahlmann, *Friedrich* Christoph, Historiker u. Politiker, *13.5.1785 Wismar, †5.12.1860 Bonn. Nach Promotion in Wittenberg (1810) u. Habilitation in Kopenhagen (1811) wurde er 1812 Prof. für Gesch. in Kiel. Ab 1815 Sekretär der schleswig-holstein. Ritterschaft, kämpfte er engagiert für deren Rechte u. damit auch für die Sonderstaatlichkeit der Hg.tümer. Dies u. seine Wirkung auf die bis dahin unpolit. bürgerl. Schichten brachte ihn in Gegensatz zur dän. Regierung. Er übernahm daher 1829 e. Professur in Göttingen, wo er 1831 am hannov. Verfassungsentwurf mitarbeitete, 1837 aber als Führer der «Göttinger Sieben», die gegen die Aufhebung der Verfassung protestierten, des Landes verwiesen wurde. Nach Zwischenstationen in Leipzig u. ab 1838 in Jena war er dann 1842-60 Prof. für Gesch. u. Staatswiss.en in Bonn. Durch seine Bücher u. sein Eintreten für e. liberalen Konstitutionalismus weithin bekannt, wurde er 1848 Mitglied des Vorparlaments u. der Frankfurter Nationalversammlung (Casinopartei). Für die kleindt. Lösung eintretend, scheiterte er im Sept. mit dem Versuch e. Regierungsbildung. Er saß 1849-50 noch in der preuß. 1. Kammer u. 1850 im Erfurter Unionsparlament, zog sich dann aber aus dem polit. Leben zurück. Seine Geschichtsschreibung, die liberale Überzeugung mit national- u. machtstaatl. Maximen verband, machte ihn zum geistigen Vater der preuß. Schule, die dann später in seinem Schüler ↑Treitschke ihren Höhepunkt erreichte. Seine *Quellenkunde der dt. Gesch.* (1830 u.ö.), später fortgeführt u. bekannt als «Dahlmann-Waitz», wurde e. unerläßl. Hilfsmittel der dt. Geschichtswiss. Weiteres Hauptwerk: *Die Politik auf den Grund u. das Maß der gegebenen Zustände zurückgeführt* (1835).

Lit.: Ernst Rudolf Huber, *F.C.D. u. die dt. Verfassungsbewegung* (1937); Wilhelm P. Bürklin, *Freiheit verpflichtet* (1985).

Dahrendorf, *Ralf* Gustav Lord (1993), Soziologe, *1.5.1929 Hamburg. Er war nach der Habilitation (Saarbrücken, 1957) Prof. in Tübingen (1960–66) u. ab 1966 in Konstanz. 1947–52 Mitglied der SPD u. 1967–88 der FDP, war er 1969–70 Mitglied des Bundestags u. parlamentar. Staatssekretär im Außenministerium, 1970–74 EG-Kommissar, 1974–84 Direktor der London School of Economics, 1987–97 Warden des St. Antony's College, Oxford. 1993 wurde er zum «Baron of Clare Market in the City of Westminster» ernannt.

Dalberg, Karl Theodor von, Kf. von Mainz, *8.2.1744 Herrnsheim (bei Worms), †10.2.1817 Regensburg. Der promovierte Jurist wurde 1768 zum Priester geweiht u. 1787 Koadjutor des Erzbf.s von Mainz, 1788 des Bf.s von Konstanz. 1800 trat er die Nachfolge des letzteren an, 1802 diejenige des ersteren. Dem sich eng an Napoleon (I.) Anlehnenden beließ der Reichsdeputationshauptschluß 1803 nicht nur die Kf.enwürde, sondern entschädigte ihn auch für den Verlust der durch die Säkularisation an Frankreich gefallenen linksrhein. Gebiete des Erzbistums mit Regensburg, Aschaffenburg u. Wetzlar. Er selbst wurde Erzbf. von Regensburg u. durch päpstl. Breve 1805 apostol. Administrator rechtsrhein., nichtpreuß. Territorien. 1806 übernahm er als Fürstprimas von Dtld. die nominelle Leitung des Rheinbunds. 1810 erhob ihn Napoleon zum Großhg. von Frankfurt. Die siegreichen Alliierten zwangen ihn 1813 zum Verzicht auf seine Territorien u. beschränkten ihn auf sein Amt als Erzbf. von Regensburg.

Lit.: Klaus Rob, *K. T. von D.* (1984); Konrad M. Färber u.a., Hrsgg., *C. von D.* (1994); Karl Hausberger, Hrsg., *C. von D.* (1995).

Daluege, Kurt, Politiker, *15.9.1897 Kreuzburg (Oberschlesien), †23.10.1946 Prag. Erst Soldat u. dann im Freikorps ↑Roßbach, trat er 1922 in die NSDAP ein. 1928–33 führte er die SS-Gruppe Ost. Seit 1933 Mitglied des Reichstags, wurde er 1936 unter ↑Himmler Chef der Ordnungspolizei. Als stellv. Reichsprotektor von Böhmen u. Mähren war er für die dort 1942–43 nach dem Attentat auf ↑Heydrich ausgeübte Terrorpolitik verantwortl., u.a. für das Massaker von Lidice. Er wurde in Prag hingerichtet.

Lit.: Caron Cadle, «K.D.», in Ronald Smelser u.a., Hrsgg., *Die braune Elite 2* (²1999).

Dalwigk zu Lichtenfels, Carl Friedrich *Reinhard* von, Politiker, *19.12.1802 Darmstadt, †28.9.1880 ebd. Nach Verwaltungsaufgaben auf lokaler Ebene übernahm der Jurist 1850 die Leitung der hess.-darmstädt. Ministerien des Äußeren u. des Inneren, 1852 des Gesamtministeriums. Als Gegner des Liberalismus stützte er sich auf die kath. Kirche u. betrieb bis 1866 e. pro-östr., sich an Frankreich anlehnende Politik. Auf Betreiben O. von ↑Bismarcks mußte er 1871 zurücktreten.

Lit.: Gerhard Heck, *D. u. der Nationalverein* (1968).

Damian Hugo, Graf von Schönborn, Kardinal, *19.9.1676 Mainz, †19.8.1743 Bruchsal. Nach dem Studium u. a. am Collegium Germanicum in Rom war er erst Offizier in der Reichsarmee. 1699 trat er in den Dt. Orden ein u. wurde 1703 Komtur der Ballei Hessen. Als Reichskommissar im niedersächs. Kreis 1708–12 bemühte er sich um Klärung der Rechtsverhältnisse in Hamburg. 1715 zum Kardinal ernannt, wurde er 1716 Koadjutor des Bf.s von Speyer u. 1719 dort Bf. 1720 zum Priester geweiht, wurde er 1740 auch Bf. von Konstanz. Er war sehr bestrebt, die wirtschaftl. Genesung des durch die Kriege Ludwigs XIV. von Frankreich verwüsteten Bistums Speyer zu fördern. Seine Residenz verlegte er in das von ihm erbaute Schloß Bruchsal.

Lit.: Uta Hassler, *Die Baupolitik des Kardinals* (1985).

Danckelman, *Eberhard* Christoph von, Politiker, *23.11.1643 Lingen/ Ems, †31.3.1722 Berlin. 1688 ernannte Kf. ↑Friedrich III. von Brandenburg seinen früheren Lehrer zum leitenden Minister. D. zentralisierte die Finanzverwaltung u. war maßgebl. an der Errichtung der Universität Halle (1694) u. der Akademie der Künste (1696) beteiligt. 1697 wegen angebl. Mißwirtschaft verhaftet, wurde er 1707 wieder freigelassen u. 1713 von Kg. ↑Friedrich Wilhelm I. rehabilitiert.

Darré, Richard *Walther,* Politiker, *14.7.1895 Belgrano (Argentinien), †5.9.1953 München. Der Sohn e. dt. Kaufmanns in Übersee besuchte Schulen in Argentinien, England u. Dtld. Nach Kriegsteilnahme 1920 Diplomkoloniallandwirt, 1925 Diplomlandwirt, wurde er 1930 Mitglied der NSDAP. Als Leiter des agrarpolit. Referats entwarf er 1930, sich auf seine Bücher *Das Bauerntum als Lebensquelle der nord. Rasse* (1929) u. *Neuadel aus Blut u. Boden* (1930) stützend, das erste Agrarprogramm der Partei. 1931 trat er der SS bei u. war Leiter ihres Rasse- u. Siedlungs(haupt)amts (1931–42; 1934 SS-Obergruppenführer). 1932–45 saß er im Reichstag. Als Reichsminister für Ernährung u. Landwirtschaft (1933–42) schuf er 1933 die berufsständ. Organisation «Reichsnährstand» u. fungierte 1934–45 als Reichsbauernführer. Gegner der Kriegspolitik ↑Hitlers, trat er 1942 als Minister zurück. 1945 verhaftet, wurde er 1949 zu sieben Jahren Haft verurteilt, aber schon 1950 entlassen.

Lit.: Friedrich Grundmann, *Agrarpolitik im «Dritten Reich»* (1979); Gustavo Corni, «R. W. D.», in Ronald Smelser u. a., Hrsgg., *Die braune Elite 1* (⁴1999).

Dasbach, Georg Friedrich, Politiker u. Publizist, *9.12.1846 Horhausen (Westerwald), †11.10.1907 Bonn. Dem kath. Geistlichen wurde im Kulturkampf 1875 von der preuß. Regierung jegl. Amtshandlung untersagt, woraufhin er mehrere kath. Zeitungen u. Interessenverbände gründete. Ab 1890 war er Mitglied des preuß. Abg.hauses u. 1898–1907 des Reichstags (Zentrum).

Lit.: Hubert Thoma, *G. F. D.* (1975).

Däubler-Gmelin, Herta [geb. Gmelin], Politikerin, *12.8.1943 Preßburg (Slowakei). Die promovierte Juristin trat 1965 der SPD bei. Seit 1972 saß sie im Bundestag u. war dort 1980–83 Vors. des Rechtsausschusses. Seit 1998 ist sie Bundesjustizministerin.

Däumig, *Ernst* Friedrich, Politiker, *25.11.1866 Merseburg, †4.7.1922 Berlin. Der ehemalige Fremdenlegionär trat um 1898 der SPD bei u. war ab 1901 Redakteur bei soz.dem. Zeitungen, darunter dem *Vorwärts* (1911–16). Als Mitglied der USPD organisierte er 1918 den Jan.-Streik. Er gehörte 1918–19 zu den Revolutionären Obleuten u. setzte sich für die Einführung des Rätesystems ein. 1920–22 saß er im Reichstag. Ende 1920 trat er zur KPD über.

Lit.: Eberhard Kolb, *Die Arbeiterräte in der dt. Innenpolitik* (1978).

Daun, Leopold Graf von, östr. Feldmarschall, *25.9.1705 Wien, †5.2.1766 ebd. Er kämpfte seit 1734 im östr. Militärdienst auf verschiedenen Kriegsschauplätzen. Nach dem Frieden von Aachen 1748 wurde er mit der Reorganisation des östr. Heeres betraut. Zu diesem Zweck erließ er 1749 e. einheitl. Dienstreglement u. gründete 1752 die Militärakademie in Wiener Neustadt, deren erster Generaldirektor er wurde. Sich des Wohlwollens der Ks.in ↑Maria Theresia erfreuend, wurde er 1754 zum Feldmarschall ernannt. Im 7jährigen Krieg brachte er Kg. ↑Friedrich II. d.Gr. bei Kolin 1757 die erste große Niederlage bei, siegte bei Hochkirch 1758, wurde aber bei Torgau 1760 geschlagen. Seine übervorsichtige, zögernde Kriegsführung trug zum Überleben Preußens bei.

Lit.: Franz Lorenz von Thadden, *Feldmarschall D.* (1967).

Dehler, Thomas, Politiker, *14.12.1897 Lichtenfels, †21.7.1967 Streitberg (Oberfranken). Der promovierte Jurist trat 1919 der DDP bei u. arbeitete ab 1924 als Rechtsanwalt in München, ab 1926 in Bamberg. 1924 war er Mitbegründer des Reichsbanners Schwarz-Rot-Gold. Ein aktiver Gegner des Nationalsozialismus, wurde er 1944 interniert. 1946–56 war er Landesvors. der FDP Bayern, 1954–57 Bundesvors. 1945 Mitbegründer der FDP, saß er 1946–49 im bayer. Landtag, 1948–49 im Parlamentar. Rat, 1949–67 im Bundestag (1953–56 Fraktionsvors.), dessen Vizepräs. er 1960–67 war. 1949–53 war er Bundesjustizminister. Engagierter Liberaler, trat er für Verhandlungen mit der Sowjetunion über die dt. Frage ein u. widersetzte sich dem

Saarstatut, was entscheidend zum Ende der Koalition der FDP mit der CDU 1956 beitrug.
Lit.: Udo Wengst, *T.D.* (1997); Herbert Witner, *T.D.* (1999).

Dehnkamp, Willy, Politiker, *22.7.1903 Hamburg, †12.11.1985 Bremen. Der gelernte Schlosser trat 1920 der SPD bei u. war ab 1925 als hauptamtl. Funktionär tätig. Ab 1951 Mitglied der Bremer Bürgerschaft u. Senator für das Bildungswesen, war er 1965–67 Senatspräs.

Deimling, Berthold von (1905), General, *21.3.1853 Karlsruhe, †3.2.1944 Baden-Baden. Er wirkte 1904–06 bei der Niederwerfung des Hereroaufstandes mit, zuletzt als Kommandeur der gesamten Schutztruppe in Dt.-Südwestafrika. 1913 war er als Kommandierender General in Straßburg in die Zabernaffäre verwickelt. Im Ersten Weltkrieg wandelte er sich zum Kriegsgegner u. Pazifisten. 1918 trat er der DDP, 1924 dem Reichsbanner bei.

Delbrück, *Clemens* Gottlieb von (1916), Politiker, *19.1.1856 Halle/Saale, †17.12.1921 Jena. Ab 1902 Oberpräs. von Westpreußen, wurde er 1905 zum preuß. Minister für Handel u. Gewerbe ernannt. Als Staatssekretär des Inneren (1909–16) war er maßgebl. an der Gestaltung der Verfassung für Elsaß-Lothringen u. der Reichsversicherungsordnung beteiligt. Er gehörte 1918 zu den Gründern der DNVP u. war 1919 Mitglied der Nationalversammlung.
Lit.: Joachim Delbrück, *C. von D.* (1922).

Delbrück, Hans, Historiker u. Politiker, *11.11.1848 Bergen (Rügen), †14.7.1929 Berlin. Der Schüler ↑Sybels war nach Promotion (1873) u. Habilitation (1881) Prof. für Gesch. in Berlin (1895–1921). 1883–1919 gab er die *Preuß. Jahrbücher* heraus (bis 1889 zus. mit ↑Treitschke). In seiner wiss. Arbeit widmete er sich bes. der Kriegsgesch. (Hauptwerke: *Gesch. der Kriegskunst im Rahmen der polit. Gesch.*, 4 Bde., 1900–20; *Gneisenau*, 1882). Mitglied des preuß. Abg.hauses (1882–85) u. des Reichstags (1884–90, freikonserv.), stand er dem Kathedersozialismus nahe u. vertrat als Gegner der Konserv. u. Nationalliberalen e. liberal-fortschrittl. Linie. Er bejahte zwar die dt. Weltpolitik, wandte sich jedoch bald gegen das Tempo der Flottenbaupolitik von ↑Tirpitz u. gegen die Hegemoniebestrebungen der Alldt. Innenpolit. erstrebte er die Abschaffung des preuß. Dreiklassenwahlrechts u. bekämpfte später die Dolchstoßlegende.
Lit.: Annelise Thimme, *H.D.* (1955); Arden Bucholz, *H.D. and the German Military Establishment* (Iowa City, 1985).

Delbrück, Rudolf von (1896), Politiker, *16.4.1817 Berlin, †1.2.1903 ebd. Der Jurist trat 1842 in das preuß. Finanzministerium ein. Ab 1848 im Handelsministerium, leitete er ab 1849 maßgebl. die preuß. Zollvereinspolitik. Er bewirkte die Verträge über den Anschluß Hannovers u. Oldenburgs an den Zollverein (1851), erreichte dessen Verlängerung um zwölf Jahre gegen östr. Widerstand u. setzte, freihändler. gesinnt, auch den preuß.-franz. Handelsvertrag von 1862 durch. Der weitere Ausbau des Zollvereins nach 1866 (Zollparlament) war sein Werk. 1867 wurde er Präs. des Bundeskanzleramtes des Norddt. Bundes u. 1871 des Reichskanzleramtes. O. von ↑Bismarcks «rechte Hand», agierte er als dessen Stellv. in Bundesrat u. Reichstag. Unter seiner maßgebl. Beteiligung entstanden die liberalen Wirtschaftsgesetze der späten 1860er u. der 1870er Jahre (metr. Maß- u. Gewichtssystem, Gewerbeordnung, Währungsvereinheitlichung). Als Bismarck im Gefolge der 1873 eintretenden Großen Depression vom Freihandel abrückte, die Übernahme der Eisenbahnen durch das Reich plante u. sich stärker e. Sozialpolitik zuzuwenden begann, nahm D. 1876 seinen Abschied. 1878–81 saß er fraktionslos im Reichstag, wo er die Schutzzollpolitik Bismarcks scharf bekämpfte. Danach zog er sich aus dem öffentl. Leben zurück.

Lit.: Rudolf Morsey, *Die oberste Reichsverwaltung unter Bismarck* (1957).

Delp, Alfred, Widerstandskämpfer, *15.9.1907 Mannheim, †2.2.1945 Berlin-Plötzensee. Er konvertierte 1922 zum Katholizismus, trat 1926 in die Gesellschaft Jesu ein u. wurde 1937 zum Priester geweiht. 1939–41 redigierte er die danach verbotene kath. Zeitschrift *Stimmen der Zeit* u. war dann bis 1944 in München-Bogenhausen in der Seelsorge tätig. Ab 1942 stand er in Verbindung mit dem Kreisauer Kreis, wo er Grundlinien der kath. Soziallehre in die Neuordnungspläne einfließen ließ. Er war zwar am Attentat auf ↑Hitler am 20.7.1944 nicht beteiligt, wurde jedoch Ende Juli verhaftet, zum Tod verurteilt u. gehängt.

Lit.: Roman Bleistein, *A. D.* (1989).

Derfflinger, Georg Frhr. von (1674), Generalfeldmarschall, *20.3.1606 Neuhofen (bei Linz), †14.2.1695 Gusow (Brandenburg). Er trat 1632 in schwed. Dienste, wo er rasch befördert wurde. Nach 1648 zog er sich auf e. brandenburg. Gut zurück. 1655 von Kf. ↑Friedrich Wilhelm zum Generalwachtmeister ernannt, bewährte er sich in den Kriegen gegen Polen, Schweden u. Frankreich als hervorragender Feldherr u. wurde 1670 zum Generalfeldmarschall erhoben. Am Sieg bei Fehrbellin 1675 über die Schweden maßgebl. beteiligt, eroberte er danach Stettin, Rügen u. Stralsund u. vertrieb die Schweden aus Ostpreußen. Sein starkes Interesse an Heeresreform führte u. a. zur Schaffung der Waffengattung der Dragoner.

Lit.: Gerd-Ulrich Herrmann, *G. Frhr. von D.* (1997).

Dertinger, Georg, Politiker, *25.12.1902 Berlin, †21.1.1968 Leipzig. Bis 1933 Mitglied der DNVP, war er 1945 Mitbegründer der CDU in der SBZ u. 1946–49 deren Generalsekretär. Er förderte zus. mit ↑Nuschke die Unterordnung unter die SED. 1949–53 Außenminister der DDR, wurde er 1954 wegen Spionage u. Verrat zu 15 Jahren Zuchthaus verurteilt, wovon er 10 Jahre verbüßte.

Deutsch, Julius, östr. Politiker, *2.2.1884 Lackenbach (Burgenland), †17.1.1968 Wien. Der gelernte Drucker u. promovierte Jurist arbeitete seit 1909 im Zentralsekretariat der Soz.dem. Partei in Wien. 1918–19 Unterstaatssekretär, 1919–20 Staatssekretär für das Heerwesen, baute er 1918–20 die republikan. Volkswehr auf u. gründete 1923 den Republikan. Schutzbund, e. Wehrverband, dessen Obmann er bis 1934 blieb. 1919–34 saß er im Nationalrat. Er spielte bei den Febr.unruhen 1934 e. wichtige Rolle u. flüchtete danach in die ČSR. 1936–39 kämpfte er als General bei den Internat. Brigaden im Span. Bürgerkrieg. 1939 ging er nach Frankreich u. 1940 in die USA. Nach der Rückkehr 1946 leitete er bis 1951 die Sozialist. Verlagsanstalten Österreichs. Polit. Meinungsverschiedenheiten führten 1952 zum Bruch mit seiner Partei.

Lit.: J.D., *Ein weiter Weg* (1960; Autobiographie).

Dibelius, Otto, ev. Landesbf., *15.5.1880 Berlin, †31.1.1967 ebd. Der promovierte Theologe wurde 1906 ordiniert u. wirkte auf verschiedenen Pfarrstellen, bis er 1925 Generalsuperintendent der Kurmark wurde. Mit einigen heftig diskutierten Schriften (*Das Jh. der Kirche*, 1926; «Friede auf Erden?», 1930) machte er auf sich aufmerksam. Trotz seiner nationalkonserv. Gesinnung 1933 seiner Ämter enthoben, wurde er aktives Mitglied der Bekennenden Kirche. 1945–66 Bf. der Ev. Kirche Berlin-Brandenburg, war er 1945 Mitverfasser des Stuttgarter Schuldbekenntnisses der EKD, deren Ratsvors. er 1949–61 war. 1954–60 war er e. der Präs.en des Weltrats der Kirchen.

Lit.: Robert Stupperich, O.D. (1989).

Dickel, Friedrich, Politiker, *9.12.1913 Vohwinkel, †22.10.1993 Berlin. Der Metallgießer war seit 1931 Mitglied der KPD u. emigrierte 1933; 1936–37 kämpfte er im Span. Bürgerkrieg, 1937–46 lebte er in der Sowjetunion. Nach der Rückkehr in die SBZ war er seit 1947 führend beim Aufbau der Volkspolizei tätig. 1963–89 war er Innenminister der DDR u. Chef der Volkspolizei. Seit 1967 gehörte er dem ZK der SED an.

Dieckmann, Johannes, Politiker, *19.1.1893 Fischerhude (bei Bremen), †22.2.1969 Berlin (Ost). Er war 1919–33 Parteisekretär der DVP u. saß 1930–33 im sächs. Landtag. Nach 1945 war er Mitbegründer der LDPD in der SBZ. 1948–50 war er Justizminister von Sachsen, ab 1949 auch Präs. der Volkskammer u. 1960–69 zugleich stellv. Vors. des Staatsrats der DDR.

Diederichs, Georg, Politiker, *2.9.1900 Northeim, †19.6.1983 Laatzen. Der promovierte Volkswirt trat

1926 der DDP u. 1930 der SPD bei. 1947–74 saß er im niedersächs. Landtag, 1948–49 im Parlamentar. Rat. 1957–61 war er niedersächs. Sozialminister, 1961–70 Ministerpräs. von Niedersachsen.

Diekmann, Bruno, Politiker, *19.4.1897 Dietrichsdorf (bei Kiel), †11.1.1982 Kiel. Der Elektrotechniker trat 1919 der SPD bei. 1946–53 Mitglied des Landtags von Schleswig-Holstein, war er dort 1946–48 Minister für Wirtschaft u. Verkehr, 1948–49 für Verkehr u. Landwirtschaft, 1949–50 Ministerpräs. Von 1953 bis 1969 saß er im Bundestag.

Diepgen, Eberhard, Politiker, *13.11.1941 Berlin. Der Rechtsanwalt trat 1962 der CDU bei u. saß ab 1971 im Berliner Abg.haus (1980–84 u. 1989–90 Fraktionsvors.). 1984–89 war er Regierender Bürgermeister von Berlin (West), 1990–2001 von Berlin.

Dietl, Eduard, Generaloberst, *21.6.1890 Bad Aibling, †23.6.1944 (bei Hartberg, Steiermark). Das ehemalige Mitglied im Freikorps ↑Epp war seit den 1920er Jahren Vertrauter ↑Hitlers. Er wurde 1935 Kommandeur e. Gebirgsjäger-Regiments. 1940 besetzte er mit der von ihm kommandierten 3. Gebirgsjäger-Division im Norwegenfeldzug Narvik. Ab 1942 war er als Generaloberst dt. Oberbefehlshaber in Lappland. Er kam bei e. Flugzeugunglück ums Leben.

Lit.: Winfried Heinemann, «E.D.», in Ronald Smelser u. Enrico Syring, Hrsgg., *Die Militärelite des Dritten Reiches* (²1998).

Dietmar ↑Thietmar.

Dietrich II., Bf. von Metz, †30.4.1047. Der Sohn des Grafen Siegfried von Luxemburg (um 919–98) wurde 1005 zum Bistumsverweser in Metz ernannt. Er ließ sich nach seiner Ankunft sofort zum Bf. ausrufen, was Kg. ↑Heinrich II. widerwillig akzeptierte. Der Konflikt brach offen aus, als sich D.s Bruder 1008 gegen den kgl. Willen zum Erzbf. von Trier wählen ließ. Der Kg. setzte slaw.-heidn. Kontingente ein, die das Bistum verwüsteten. Der Streit endete erst, als D.s Brüder 1012 auf das Hg.tum Bayern u. das Erzbistum Trier verzichteten. Bei der Kg.swahl 1024 stand D. auf seiten ↑Konrads II., an dessen Hof er dann erhebl. Einfluß gewann.

Lit.: Eduard Hlawitschka, *Die Anfänge des Hauses Habsburg-Lothringen* (1969).

Dietrich II. von Moers, Erzbf. von Köln, *um 1385, †14.2.1463 Schloß Zons (bei Dormagen). Er wurde 1414 in Nachfolge seines Onkels Friedrich III. Graf von Saarwerden (1348–1414) Erzbf. von Köln. Zwar konnte er 1424 das Bistum Münster u. 1433 das Bistum Utrecht mit seinen Brüdern besetzen, doch vermochte er in der Soester Fehde gegen das Hg.tum Kleve (1444–49) die kurköln. Machtansprüche nicht voll durchzusetzen.

Lit.: Georg Droege, *Verfassung u. Wirtschaft in Kurköln* (1957).

Dietrich, Joseph (Sepp), Generaloberst der Waffen-SS, *28.5.1892 Hawangen (Allgäu), †21.4.1966 Ludwigsburg. Der gelernte Metzger war Mitbegründer der SS u. ab 1928 Befehlshaber von ↑Hitlers persönl. Sicherheitsdienst, ab 1933 der Leibstandarte «Adolf Hitler». 1934 war er an der Niederschlagung des sog. Röhm-Putsches (↑Röhm) beteiligt. Im Zweiten Weltkrieg kommandierte er Verbände der Waffen-SS. 1946 zu lebenslanger Haft verurteilt, wurde er 1955 entlassen.

Lit.: Charles Messenger, *Hitler's Gladiator* (London, 1988); James Weingarner, «J. ‹Sepp› D.», in Ronald Smelser u. Enrico Syring, Hrsgg., *Die Militärelite des Dritten Reiches* (²1998).

Dietrich, Otto, Journalist, *31.8.1897 Essen, †22.11.1952 Düsseldorf. Der promovierte Politikwiss.ler arbeitete ab 1928 als Redakteur in München u. Essen. Ab 1931 Reichspressechef der NSDAP, wurde er 1932 Reichsleiter im Führerkorps der NSDAP u. trat in die SS ein. Als Vizepräs. der Reichspressekammer ab 1933 war er an der Gleichschaltung der Presse beteiligt. 1938–45 war er Staatssekretär im Propagandaministerium, Pressechef der Reichsregierung u. Präs. der Reichspressekammer. 1941 wurde er zum SS-Obergruppenführer ernannt. 1949 im Wilhelmstraßenprozeß wegen Verbreitung des Judenhasses zu sieben Jahren Gefängnis verurteilt, wurde er 1950 entlassen.

Lit.: Jürgen Hagemann, *Die Presselenkung im Dritten Reich* (1970).

Dirlewanger, Oskar, SS-Oberführer, *26.9.1895 Würzburg, †7.6.1945 Altshausen (Oberschwaben). Nach Freikorpsaktivität promovierte er 1922 zum Dr. rer. pol. u. trat der NSDAP bei. 1934 wurde er wegen Kindesmißbrauch u. Unterschlagung zu Zuchthaus verurteilt. Nach der Entlassung ging er 1937 zur Legion Condor. Ab 1940 Kommandeur e. SS-Sonderformation, war er bei der Partisanenbekämpfung u. der Niederschlagung des Warschauer Aufstands eingesetzt. Er starb in franz. Gefangenschaft an Mißhandlungen.

Lit.: Rolf Michaelis, *Das SS-Sonderkommando D.* (²1999).

Dittmann, Wilhelm, Politiker, *13.11.1874 Eutin, †7.8.1954 Bonn. Der gelernte Tischler trat 1894 der SPD bei. Er arbeitete 1899–1904 als Redakteur bei soz.dem. Zeitungen in Bremerhaven u. Solingen, danach in verschiedenen polit. Ämtern. 1912–18 vertrat er Remscheid im Reichstag. 1917 war er Mitbegründer der USPD. Wegen Teilnahme am Jan.streik 1918 zu fünf Jahren Haft verurteilt, wurde er im Okt. entlassen. Im Nov.–Dez. gehörte er dem Rat der Volksbeauftragten an. 1919 saß er in der Nationalversammlung, 1920–33 wieder im Reichstag (ab 1922 SPD). 1933–51 lebte er als Emigrant in der Schweiz.

Dohm, Hedwig [geb. Schleh], Frauenrechtlerin, *20.9.1833 Berlin, †4.6.1919 ebd. Die Tochter e. urspr. jüd. Tabakfabrikanten heiratete 1852 den spät. Chefredakteur des *Kladderadatsch* Ernst D. (1819–83). Sie erzog fünf Kinder u. begann dann als 40jährige über die Frauenfrage zu schreiben (*Was die Pastoren von den Frauen denken*, 1872; *Der Jesuitismus im Hausstande*, 1873; *Die wiss. Emancipation der Frau*, 1874). 1888 gründete sie den Dt. Frauenverein Reform. In der organisierten Frauenbewegung engagierte sie sich nicht, vertrat jedoch führend deren Ziele, so später auch noch in *Die Antifeministen* (1902) u. *Erziehung zum Frauenstimmrecht* (1909).

Lit.: Ute Speck, *Ein mögl. Ich* (1997).

Dohnanyi, Hans von, Widerstandskämpfer, *1.1.1902 Wien, †8.4.1945 KZ Sachsenhausen. Der Jurist war ab 1929 im Reichsjustizministerium tätig. Nach dem sog. Röhm-Putsch (↑Röhm) schloß er sich dem Kreis um ↑Goerdeler u. ↑Popitz an. Ab 1939 dem Chef der Abteilung Abwehr (↑Canaris) zugeteilt, bereitete er mit von ↑Tresckow u. ↑Schlabrendorff das dann erfolglose Attentat auf ↑Hitler im März 1943 vor. Kurz darauf in e. KZ inhaftiert, wurde er von e. SS-Standgericht verurteilt u. hingerichtet.

Lit.: Winfried Meyer, *Unternehmen Sieben* (1993).

Dohnanyi, Klaus von, Politiker, *23.6.1928 Hamburg (Sohn von H. von ↑D.). Der promovierte Jurist arbeitete 1954–60 bei den Ford Werken in Köln u. trat 1957 in die SPD ein. 1960–67 Geschäftsführer e. Marktforschungsinstituts, war er 1968 Parlamentar. Staatssekretär im Bundeswirtschaftsministerium u. 1969–72 im Bundeswiss.ministerium. 1972–74 war er Bundeswiss.minister u. 1976–81 Staatsminister im Auswärtigen Amt. 1981–88 war er Erster Bürgermeister, 1982–88 auch Mitglied der Bürgerschaft von Hamburg.

Dollfuß, Engelbert, östr. Politiker, *4.10.1892 Texing (Niederösterreich), †25.7.1934 Wien. Nach Kriegsteilnahme als Offizier promovierte er 1923 zum Dr. jur. 1927 wurde er Direktor der niederöstr. Landwirtschaftskammer, 1930 Präs. der Östr. Bundesbahnen. 1931–34 war er östr. Landwirtschaftsminister. Ab Mai 1932 leitete er außerdem als Bundeskanzler u. Außenminister e. aus Christl.-Soz., Heimatblock u. Landbund gebildete Regierung. Deren parlamentar. Schwäche veranlaßte ihn, beeinflußt von den Staatstheorien ↑Spanns u. der kath. Soziallehre, ab März 1933 mit Hilfe von Notverordnungen aufgrund des Ermächtigungsgesetzes von 1917 autoritär zu regieren. Die kommunist. Partei wurde im Mai 1933, die nat.soz. im Juni verboten, das Regime durch die Gründung der teilw. als Wehrverband organisierten Vaterländ. Front (Mai 1933) abgestützt. Die Niederschlagung der soz.dem. inspirierten Febr.unruhen 1934 beraubte seine Regierung freil. e. mögl. antinat.soz. Massenbasis. Am 1.5. proklamierte er e. neue, ständ. Verfassung. Außenpolit. suchte er Anlehnung an Italien u. Ungarn

(Röm. Protokolle, 1934). Er wurde bei e. nat.soz. Putschversuch erschossen.

Lit.: Gerhard Jagschitz, *Der Putsch* (1976); Martin Kitchen, *The Coming of Austrian Fascism* (London, 1980).

Döllinger, Johann Joseph *Ignaz* von, Theologe u. Historiker, *28.2. 1799 Bamberg, †10.1.1890 München. Er wurde 1822 zum Priester geweiht u. war ab 1826 Prof. für Kirchengesch. in München. Beeinflußt von der aus Frankreich kommenden romant. Erneuerungsbewegung in der kath. Kirche, stand er dem Kreis um ↑Görres nahe. Mitglied der bayer. Ständekammer seit 1845, war er 1848–49 Wortführer der kath. Rechten in der Frankfurter Nationalversammlung. Er trat für e. harmon. mit Rom verbundene dt. Nationalkirche ein u. geriet seit den 1860er Jahren in wachsenden Gegensatz zur röm. Kurie. 1869–70 bekämpfte er erbittert die Dogmatisierung der päpstl. Unfehlbarkeit u. wurde 1871 exkommuniziert, schloß sich aber offiziell der altkath. Kirche nicht an. Kg. ↑Ludwig II. ernannte den wohl angesehensten kath. Kirchenhistoriker seiner Zeit 1873 zum Präs.en der Bayer. Akademie der Wiss.en. Hauptwerke: *Die Reformation* (3 Bde., 1846–48); *Kirche u. Kirchen* (1861).

Lit.: Franz Xaver Bischof, *Theologie u. Gesch.* (1997); Horst Fuhrmann, *I. von D.* (1999).

Dollinger, Werner, Politiker, *10.10. 1918 Neustadt/Aisch. Der promovierte Wirtschafwiss.ler war nach Kriegsteilnahme 1945 e. der Mitbegründer der CSU. 1953–90 saß er im Bundestag, 1961–62 war er Landesgruppenvors. seiner Fraktion. 1962–66 war er Bundesschatzminister, 1966–69 Bundespostminister, 1982–87 Bundesverkehrsminister. 1971–91 war er Mitglied der Synode der EKD.

Dönitz, Karl, Großadmiral, *16.9. 1891 Berlin, †24.12.1980 Aumühle (Schleswig-Holstein). Er wurde 1913 Marineoffizier u. diente im Ersten Weltkrieg, ab 1918 als U-Boot-Kommandant. 1919 trat er der neuen Reichsmarine bei u. fand 1924–27 in der Wehrabteilung des Oberkommandos der Marine u. danach wieder auf See Verwendung. 1935 zum Chef e. U-Boot-Flottille ernannt, wurde er 1936 mit dem Aufbau u. der strateg.-takt. Ausrichtung der dt. U-Boot-Waffe beauftragt. Ab Sept. 1939 «Befehlshaber der U-Boote», entwickelte er die sog. Rudeltaktik zur Bekämpfung alliierter Geleitzüge, wurde 1940 zum Vizeadmiral u. im Jan. 1943 zum Großadmiral u. als Nachfolger ↑Raeders zum Oberbefehlshaber der Kriegsmarine ernannt. Überzeugter Nationalsozialist (Goldenes Parteiabzeichen 1944), Bewunderer u. enger Mitarbeiter ↑Hitlers, wurde er von diesem mit Wirkung vom 1.5.1945 zum Nachfolger als Reichspräs. u. Oberbefehlshaber der Wehrmacht bestimmt. Er ließ durch ↑Schwerin von Krosigk am 2.5. 1945 in Plön e. «Geschäftsführende Reichsregierung» mit Sitz in Flensburg bilden. Diese bemühte sich um Teilkapitulation im Westen, wodurch ca. 2 Mio. Soldaten u. Flüchtlinge vor der Gesamtkapitulation aus dem Osten in den Machtbereich der Amerikaner u. Engländer gelangen konnten. Mit der Reichsregierung wurde er am 23.5.1945 vom brit. Oberkommando abgesetzt u. verhaftet. Im Okt. 1946 wurde er vom Internat. Militärgerichtshof in Nürnberg wegen Verbrechen gegen den Frieden u. das Kriegsrecht zu zehn Jahren Haft verurteilt, die er in Berlin-Spandau verbüßte. Er verfaßte u.a. apologet. Memoiren (*Mein wechselvolles Leben*, 1968).

Lit.: Karl Alman, *Großadmiral K.D.* (1983); Peter Padfield, *D.* (1984).

Dorpmüller, Julius, Politiker, *24.7. 1869 Elberfeld (heute Wuppertal), †5.7.1945 Malente. Der Ingenieur war erst im preuß. u. 1908–17 im chines. Eisenbahndienst tätig. 1926 wurde er Generaldirektor der Dt. Reichsbahn. 1937–45 war er zugleich Reichsverkehrsminister.

Dransfeld, Hedwig, Politikerin, *24.2.1871 Hacheney (bei Dortmund), †13.3.1925 Werl. Seit 1890 Lehrerin, wurde sie 1912 erste Vors. des Kath. Dt. Frauenbundes. 1919 war sie Mitglied der Nationalversammlung, ab 1920 saß sie im Reichstag (Zentrum). Ihr Interesse galt sowohl kulturpolit. Fragen als auch der Frauenbewegung.

Lit.: Hedwig Wassenberg, *Von der Volksschullehrerin zur Volkslehrerin* (1994).

Droste zu Vischering, Clemens August Frhr. von, Erzbf. von Köln, *21.1.1773 Vorhelm (Münsterland), †19.10.1845 Münster. Schon seit 1815 im Konflikt mit der preuß. Regierung, wurde er 1827 Weihbf. von Münster u. 1835 Erzbf. von Köln. Seine unbeugsame Haltung in der Mischehenfrage löste 1837 die sog. Kölner Wirren aus. 1837–39 von der Regierung interniert, verzichtete er 1842 auf die persönl. Verwaltung seines Erzbistums.

Lit.: Markus Hänsel-Hohenhausen, *C.A. Frhr. D. zu V.* (1990).

Droysen, Johann Gustav, Historiker, *6.7.1808 Treptow (Pommern), †19.6.1884 Berlin. Nach dem Studium war er ab 1829 Gymnasiallehrer in Berlin, wo er sich 1833 für klass. Philologie habilitierte u. Prof. wurde. 1840 folgte er e. Ruf nach Kiel. Er engagierte sich in der Politik u. trat für die Rechte Schleswig-Holsteins gegenüber Dänemark ein. 1848 Mitglied der Frankfurter Nationalversammlung, gehörte er der rechten Mitte (Casinopartei) an u. setzte sich für e. kleindt. Lösung ein. Als Schriftführer des Verfassungsausschusses hatte er maßgebl. Einfluß auf die Gestaltung der Verfassung. Nach dem Scheitern der Revolution u. kurzer Zeit als Abg. in der schleswig-holstein. Landesversammlung zog er sich 1850 aus der Politik zurück. 1851 wurde er Prof. in Jena, 1859 wieder in Berlin. Ab Mitte der 1840er Jahre wandte er sich der Moderne zu. Im Sinne Hegels deutete er die Gesch. als Befreiungs- u. Bildungsprozeß, bei dem die rationale Selbstbestimmung des Individuums das polit. Handeln leitet. Seine Geschichtsauffassung, die Preußen dazu berufen sah, die nationalstaatl. Einigung Dtld.s herbeizuführen, machte ihn zum Begründer der boruss.-kleindt. Geschichtslehre. Nachwirkungen bis in die Gegenwart haben seine erstmals 1868 als *Grundriß der Historik* veröffentlichten methodolog. Überlegungen. Weiteres Hauptwerk: *Gesch. der preuß. Politik* (14 Bde., 1855–86).

Lit.: Jörn Rüsen, *Begriffene Gesch.* (1964); ders., «J. G. D.», in Hans-Ulrich Wehler, Hrsg., *Dt. Historiker* (1973); Robert Southard, *D.* (Lexington KY, 1995).

Ducháč, Josef, Politiker, *19. 2. 1938 Bad Schlag. Der Diplomingenieur arbeitete ab 1964 bei den Gummiwerken Waltershausen, ab 1990 als Betriebsleiter. 1990–92 war er Mitglied des Landtags (CDU) u. Ministerpräs. von Thüringen. Danach war er in der Konrad-Adenauer-Stiftung tätig.

Duckwitz, Arnold, Kaufmann u. Politiker, *27. 1. 1802 Bremen, †19. 3. 1881 ebd. Aus e. Kaufmannsfamilie stammend, gründete er 1828 e. Importgeschäft in Bremen. 1839 Dirigent, d. h. Präs., der brem. Bürgerschaft, wurde er 1840 Ältermann der Kaufmannschaft u. 1841 Senator. 1848 im Vorparlament u. im Fünfzigerausschuß, wurde er im Aug. Reichsminister des Handels. Auch mit der Leitung des Marinedepartements beauftragt, begann er den Aufbau e. dt. Kriegsflotte. Im Mai 1849 trat er zurück, vertrat aber 1850 Bremen im Staatenhaus des Erfurter Parlaments. 1857–63 u. 1866–69 war er Bürgermeister von Bremen. 1875 trat er als Senator zurück u. verfaßte seine *Denkwürdigkeiten* (1877).

Lit.: Arnold Krieger, Hrsg., *A. D.* (1942).

Duesterberg, Theodor, Politiker, *19. 10. 1875 Darmstadt, †4. 11. 1950 Hameln. Der Berufsoffizier nahm 1919 als Oberstleutnant seinen Abschied. 1923 Parteisekretär der DNVP in Halle, trat er dem Frontkämpferbund Stahlhelm bei u. wurde 1924 neben ↑Seldte dessen 2. Bundesführer. In den folgenden Jahren agierte er gegen den Versailler Vertrag, die Weimarer Republik u. den Youngplan. 1932 kandidierte er für das Amt des Reichspräs.en u. erhielt im ersten Wahlgang 6,8% der Stimmen. Als er 1933 die Gleichschaltung des Stahlhelms ablehnte, mußte er zurücktreten. Nach dem sog. Röhm-Putsch (↑Röhm) 1934 kurz inhaftiert, stand er später dem Kreis um ↑Goerdeler nahe.

Lit.: Volker R. Berghahn, *Der Stahlhelm* (1966).

Duisberg, Carl, Industrieller, *29. 9. 1861 Barmen, †19. 3. 1935 Leverkusen. Der promovierte Chemiker trat 1884 in die Farbenfabriken Bayer ein. 1900 Mitglied u. 1912 Vors. des Vorstands, setzte er sich schon seit 1904 für e. Zus.schluß der dt. chem. Industrie ein; nach der Gründung

103

der I. G. Farbenindustrie 1925 wurde er deren Aufsichts- u. Verwaltungsratsvors. Sein Unternehmen patriarchal. führend, gründete er viele Wohlfahrtseinrichtungen für Werksangehörige. Nach dem Ersten Weltkrieg engagierte er sich stark für die Förderung des akadem. Lebens (Notgemeinschaft der dt. Wiss., 1920; Darlehnskasse der Dt. Studentenschaft, 1921). 1925–31 war er Vors. des Reichsverbandes der Dt. Industrie.

Lit.: Hans-Joachim Flechtner, *C. D.* (1981).

Duncker, *Franz* Gustav, Politiker, *4.6.1822 Berlin, †18.6.1888 ebd. Der Journalist wirkte 1859 bei der Gründung des Dt. Nationalvereins u. 1861 der Fortschrittspartei mit. Er leitete ab 1865 den Berliner Handwerkerverein u. gründete zus. mit M. ↑Hirsch u. ↑Schulze-Delitzsch die dt. Gewerkvereine. 1867–77 saß er im Reichstag.

Duncker, *Maximilian* Wolfgang, Historiker u. Politiker, *15.10.1811 Berlin, †21.7.1886 Ansbach. Er wurde 1837 als Burschenschafter zu sechs Jahren Festung verurteilt. Vorzeitig entlassen, habilitierte er sich 1839 in Halle für Gesch. 1848–49 war er Mitglied der Frankfurter Nationalversammlung (Casinopartei) u. des Erfurter Unionsparlaments, 1849–52 des preuß. Abg.hauses. 1867–74 war er Direktor der preuß. Staatsarchive. Hauptwerk: *Gesch. des Alterthums* (9 Bde.; 1852–86).

Dunin, Martin von, Erzbf. von Gnesen u. Posen, *11.11.1774 Wal (bei Rawa, Polen), †26.12.1842 Posen. Nach dem Studium in Rom 1797 zum Priester geweiht, wurde er 1829 Administrator u. 1831 Erzbf. von Gnesen-Posen. Wegen seiner unbeugsamen Haltung in der Mischehenfrage wurde er 1839 in der Festung Kolberg inhaftiert, nach dem Regierungsantritt Kg. ↑Friedrich Wilhelms IV. 1840 jedoch wieder in sein Amt eingesetzt.

Dutschke, Rudolf [Rudi], Studentenführer, *7.3.1940 Schönefeld, †24.12.1979 Århus (Dänemark). Nachdem er in der DDR den Wehrdienst verweigert hatte, studierte er 1961–68 Soziologie an der FU Berlin. Seit 1964 Mitglied des Sozialist. Dt. Studentenbundes, war er ab 1966 führend an Protestaktionen gegen das polit. Establishment beteiligt. Er starb an den Spätfolgen e. 1968 auf ihn verübten Attentats.

Lit.: Jürgen Miermeister, *R. D.* (^{4}1997).

E

Eberhard
FRANKEN:
Eberhard, Hg., †2.10.939 bei Andernach. Der Bruder Kg. ↑Konrads I. verzichtete auf Konrads Wunsch nach dessen Tod auf die Kg.skrone u. lenkte die Wahl auf ↑Heinrich I. Er erbte jedoch die konradin. Güter u. Lehen, was ihn zum mächtigsten Grafen in Franken machte. Obwohl er den Stammesherzögen in vielfacher Beziehung gleichgestellt wurde, war Franken doch kein vollausgebildetes Stammeshg.tum. Die Entwicklung hierzu wurde abgebrochen durch die Teilnahme E.s an den Aufständen des nachmaligen Hg.s ↑Heinrich I. von Bayern u. Hg. Giselberts von Lothringen (um 890–939) gegen Kg. ↑Otto I.

WÜRTTEMBERG:
Eberhard I. der Erlauchte, Graf von Württ., *13.3.1265, †5.6.1325 Stuttgart. Der postume Sohn des Grafen Ulrich I. von Württ. (†1265) regierte seit 1279. Er widersetzte sich erfolgreich den habsburg. Bestrebungen zur Einziehung des ehemaligen stauf. Besitzes u. des im Interregnum usurpierten Reichsguts sowie der Wiederherstellung des Hg.tums Schwaben. In zwei Fehden wurde er von Kg. ↑Rudolf I. von Habsburg besiegt, erhielt aber von Kg. ↑Albrecht I. zum Dank für die Teilnahme an der Schlacht von Göllheim 1298 die Landvogtei Niederschwaben. Diese wurde ihm freil. auf Veranlassung der um ihre Autonomie besorgten niederschwäb. Städte von Ks. ↑Heinrich VII. wieder entzogen. Von diesem wurde er 1309 geächtet u. 1310 aus Württ. vertrieben, eroberte sein Land aber 1315 wieder zurück. Nachdem er nach der Doppelwahl zunächst 1314 ↑Friedrich (III.) dem Schönen angehangen hatte, versöhnte er sich 1323 mit Ks. ↑Ludwig IV. dem Bayern, der ihm seine Rechte u. Besitzungen bestätigte. Durch seine Erwerbungen schuf er die Grundlage für e. einheitl. württ. Territorium.
Lit.: Hans-Georg Hofacker, *Die schwäb. Reichslandvogteien* (1980).

Eberhard II. der Greiner, Graf von Württ., *1315, †15.3.1392. Er trat 1344 zus. mit seinem Bruder Ulrich IV. (†1366) die Regierung an. Sie versuchten, die schwäb. Reichsstädte ihrer Landeshoheit zu unterwerfen, worauf Ks. ↑Karl IV. auf deren Drängen hin 1360 kurz Krieg gegen sie führte. Nach Ulrichs Tod Alleinherrscher, siegte E. 1372 bei Altheim über die Städte, doch unterlag sein Sohn Ulrich (†1388) ihnen bei Reutlingen 1377. E.s Sieg in der Schlacht bei Döffingen 1388 brach schließl. die Macht des Schwäb. Städtebundes. Uhland hat den wegen seiner ständigen Fehden von seinen Zeitgenossen den Greiner (Zänker) genannten E. in seiner Ballade «Graf E. der Rauschebart» besungen.

Lit.: Eberhard Holtz, «E. II.», in ders. u. Wolfgang Huschner, Hrsgg., *Dt. Fürsten des MA* (1995).

Eberhard I. im Bart (als Graf E. V.), Hg. von Württ., *11.12.1445 Urach, †24.2.1496 Tübingen. Nach dem frühzeitigen Tod seines Vaters, Graf Ludwigs von Württ.(-Urach; †1450), kam er unter die Vormundschaft seines Onkels, Graf Ulrichs V. des Vielgeliebten von Württ.(-Stuttgart; 1413–80). Mit bad.-pfälz. Hilfe u. Unterstützung der württ. Landstände konnte er 1459 die Vormundschaft abschütteln. Er betrieb dann systemat. die Wiedervereinigung der seit 1442 getrennten Landesteile Urach u. Stuttgart u. erreichte sie in dem 1482 mit seinem Vetter Eberhard d.J. (1447–1504) geschlossenen Münsinger Vertrag, in dem auch die künftige Unteilbarkeit des Landes samt etwaiger Erwerbungen festgelegt wurde. 1488 war er an der Gründung des Schwäb. Bundes führend beteiligt. 1492 dessen oberster Feldhauptmann, wurde er auf dem Reichstag zu Worms 1495 von Ks. ↑Maximilian I. zum Hg. von Württ. u. Teck erhoben. Nach e. ausschweifenden Jugend bezeichnete seine 1468 ins Hl. Land unternommene Pilgerfahrt e. Wende. Er beschäftigte sich eingehend mit religiösen Fragen, trat für die Reform von Klöstern ein, förderte Niederlassungen der Brüder vom gemeinsamen Leben u. gründete 1477 mit päpstl. Erlaubnis die Universität Tübingen. 1495 erließ er die erste umfassende Landesordnung Württ.s.

Lit.: Volker Himmelein, *E., der mit dem Barte* (1977); Fritz Ernst, *E. im Bart* (1933; Nachdr. 1979); Gerhard Faix, *E. im Bart* (1990).

Eberhard Ludwig, Hg. von Württ., *18.9.1676 Stuttgart, †31.10.1733 Ludwigsburg. Er trat nach der Volljährigkeitserklärung 1693 die Regierung an. Im Span. Erbfolgekrieg befehligte er trotz Widerstands der Stände zeitweilig die Reichstruppen unter Prinz ↑Eugen u. zeichnete sich bei Höchstädt 1704 aus. Seit 1706 stand er unter dem Einfluß seiner Mätresse ↑Graevenitz. Durch seine Bautätigkeit (ab 1704 Schloß u. Stadt Ludwigsburg; 1724 Residenz), Wirtschafts-, Verwaltungs- u. Schulreformen sowie den Aufbau e. stehenden Heeres erschöpfte er die Mittel seines Landes.

Lit.: Robert Uhland, Hrsg., *900 Jahre Haus Württ.* (³1985).

Ebert, Friedrich, Politiker, *4.2.1871 Heidelberg, †28.2.1925 Berlin. Er schloß sich nach abgebrochener Sattlerlehre 1889 in Mannheim der Sozialdemokratie an. Ab 1891 in Bremen, wurde er 1893 Redakteur der *Bremer Bürger-Zeitung* u. 1900 Mitglied der Bremer Bürgerschaft. Er war dem marxist. Zentrum zuzurechnen, als er 1905 Sekretär des SPD-Vorstandes in Berlin wurde. Ein hervorragender Organisator u. Redner, saß er ab 1912 im Reichstag u. wurde nach dem Tod ↑Bebels 1913 zum Vors. der Partei neben

↑Haase gewählt. Im Ersten Weltkrieg verfolgte er den Kurs des «Burgfriedens» u. übernahm nach der Abspaltung der radikalen Linken 1916 die Führung der Mehrheitssozialisten u. ihrer Reichstagsfraktion. Er lehnte Annexionen ab u. hatte maßgebl. Anteil an der Vorbereitung der Friedensresolution 1917 u. dem Sturz von ↑Michaelis. Obwohl er die republikan. Revolution mißbilligte, übernahm er am 9.11. 1918 von Prinz ↑Max von Baden das Amt des Reichskanzlers u. am folgenden Tag neben Haase den Vorsitz im Rat der Volksbeauftragten. In enger Zus.arbeit mit ↑Groener gelang ihm die Wahrung der Reichseinheit u. der Übergang zur parlamentar. Demokratie. Am 11.2.1919 wählte ihn die Weimarer Nationalversammlung zum vorläufigen Reichspräs.en. 1922 wurde seine Amtszeit mit verfassungsändernder Mehrheit bis Ende Juni 1925 verlängert. Während seiner Präs.schaft trug er durch bedachtsame, aber zielstrebige Amtsführung, oft unter Anwendung des in Art. 48 der Verfassung gewährten Notverordnungsrechts, wesentl. zur Stabilisierung der Weimarer Republik bei. Persönl. Angriffe von seiten der nationalen Rechten, die u. a. Ende 1924 wegen seiner Beteiligung am Munitionsarbeiterstreik 1918 zu e. formaljurist. begründeten Verurteilung wegen Landesverrats führten, trafen ihn schwer. Er starb an e. verschleppten Blinddarmentzündung.

Lit.: Werner Maser, *F.E.* (1990); Peter-Christian Witt, *F.E.* (³1992); Eberhard Kolb, Hrsg., *F.E. als Reichspräs.* (1997).

Ebert, Friedrich, Politiker, *12.9. 1894 Bremen, †4.12.1979 Berlin (Ost). Der Sohn des Reichspräs.en ↑E. trat 1913 der SPD bei. 1919–33 Redakteur verschiedener soz.dem. Zeitungen, saß er 1928–33 im Reichstag. 1946 war er Mitbegründer der SED u. ab 1947 Mitglied des ZK, ab 1949 des Politbüros. 1948–67 war er Oberbürgermeister von Berlin (Ost) u. 1960–79 Mitglied des Staatsrats der DDR.

Echter von Mespelbrunn ↑Julius Echter von Mespelbrunn.

Eck, Johannes [eigtl. J. Maier aus Eck (Egg)], Theologe, *13.11.1486 Egg/Günz, †10.2.1543 Ingolstadt. 1508 zum Priester geweiht, wurde er 1510 in Freiburg i.B. zum Dr.theol. promoviert u. Prof. in Ingolstadt. Der strikte Gegner M. ↑Luthers trieb diesen in der Leipziger Disputation 1519 zum Bruch mit dem Papst. 1520 wurde er mit der Veröffentlichung der Bulle *Exsurge Domine* beauftragt. Beim Augsburger Reichstag 1530 hatte er maßgebl. Anteil an der Abfassung der *Confutatio pontifica.* Einer der scharfsinnigsten u. meistgehaßten Gegner der Reformation, war er auch bei den Religionsgesprächen von Hagenau (1540), Worms u. Regensburg (1541) zugegen.

Lit.: Max Ziegelbauer, *J. E.* (1987).

Edith(a), Kg.in, †946. Die Tochter des angelsächs. Kg.s Eduard d.Ä. wurde 929 mit dem späteren Ks.

↑Otto I. d. Gr. vermählt. Sie wurde im Magdeburger Dom beigesetzt.

Egmond (Egmont), Lamoraal Graf von, Statthalter, *18.11.1522 La Hamaide (Hennegau), †5.6.1568 Brüssel. Der Feldherr ↑Karls V. u. Philipps II. von Spanien war ab 1559 Statthalter von Flandern u. Artois. Mitglied des niederländ. Staatsrats, spielte der Katholik in der Opposition des Hochadels gegen die span. Verwaltung der Niederlande e. führende Rolle. Er beteiligte sich jedoch nicht an dem bewaffneten Aufstand, der nach dem Scheitern der Ausgleichsverhandlungen ausbrach. Dennoch wurde er 1567 nach dem Einmarsch des Generalstatthalters, des Hg.s von Alba, verhaftet, zum Tod verurteilt u. enthauptet.

Ehard, Hans, Politiker, *10.11.1887 Bamberg, †18.10.1980 München. Nach Tätigkeit im bayer. Justizdienst ab 1925 war der Jurist 1946–54 u. 1960–62 bayer. Ministerpräs. sowie 1962–66 Justizminister von Bayern. Er hatte 1949 erhebl. Einfluß auf die Ausgestaltung der bayer. Verfassung. 1949–54 war er Vors. der CSU u. 1954–60 Präs. des bayer. Landtags.

Lit.: Dieter Albrecht, «H.E.», in Jürgen Aretz u.a., Hrsgg., *Zeitgesch. in Lebensbildern.* Bd. 5 (1982).

Ehlers, Hermann, Politiker, *1.10. 1904 Schöneberg (heute zu Berlin), †29.10.1954 Oldenburg. Der in der Berliner Kommunalverwaltung u. im Justizdienst tätige, promovierte Jurist setzte sich seit Beginn des Kirchenkampfs aktiv für die Bekennende Kirche ein. Rechtsberater des Altpreuß. Bruderrats u. jurist. Chef der Kirchenverwaltung, weigerte er sich, der NSDAP beizutreten, u. wurde 1939 aus dem Justizdienst entlassen. Im Krieg Soldat, wurde er nach 1945 jurist. Oberkirchenrat in Oldenburg. 1946 trat er der CDU bei u. saß 1949–54 im Bundestag, 1950–54 als Bundestagspräs. 1952 wurde er Vors. des CDU-Landesverbandes Oldenburg u. gründete den Ev. Arbeitskreis der CDU.

Lit.: Andreas Meier, *H.E.* (1991); Karl-Eckhard Hahn, «Polit. Profil e. christl. Konserv.», in Hans-Christof Kraus, Hrsg., *Konserv. Politiker in Dtld.* (1995).

Ehmke, *Horst* Paul August, Politiker, *4.2.1927 Danzig. Der promovierte Jurist trat 1947 in die SPD ein. 1952–56 arbeitete er als wiss. Assistent der SPD-Bundestagsfraktion, danach bei der Ford Foundation. Nach Habilitation 1960 war er 1961–67 Prof. in Freiburg. 1967–69 Staatssekretär im Bundesjustizministerium, war er 1969 kurzfristig Bundesjustizminister, danach 1969–72 Bundesminister u. Chef des Bundeskanzleramts, 1972–74 Bundesminister für Forschung sowie für das Postwesen. Wegen der Guillaume-Affäre (↑Guillaume) trat er als Minister zurück. 1969–94 war er Mitglied des Bundestags.

Ehrenberg, Herbert, Politiker, *21.12.1926 Collnischken (Ostpreußen). Der promovierte Sozialwiss.ler trat 1955 in die SPD ein u. arbeitete 1956-61 in der Geschäftsleitung e. Industrieunternehmens. 1964-68 war er bei der IG Bau, Steine, Erden tätig, 1968-71 im Bundeswirtschaftsministerium bzw. im Bundeskanzleramt. 1971-72 war er Staatssekretär im Bundesarbeitsministerium, 1976-82 Bundesarbeitsminister. 1972-90 saß er im Bundestag.

Ehrhardt, Hermann, Freikorpsführer, *29.11.1881 Diersburg (Baden), †27.9.1971 Brunn am Walde (Österreich). Der Korvettenkapitän gründete 1919 das Freikorps «Brigade E.», das am 13.3.1920 mit seinem Einmarsch in Berlin den Kapp-Putsch (↑Kapp) einleitete. Nach seiner Verhaftung entkam er u. gründete den Geheimbund Organisation Consul, der dann an den Attentaten auf ↑Erzberger, ↑Rathenau u. ↑Scheidemann beteiligt war. E. lebte später in Süddtld. u. ab 1936 unauffällig in Österreich.

Lit.: Gabriele Krüger, *Die Brigade E.* (1971).

Eichel, Hans, Politiker, *24.12.1941 Kassel. Nach dem Studium der Germanistik u. der Politologie arbeitete er erst im höheren Schuldienst. 1964 trat er der SPD bei. 1970-75 SPD-Fraktionsvors. im Stadtparlament von Kassel, war er 1975-91 dort Oberbürgermeister, 1991-99 Ministerpräs. von Hessen u. ab 1999 Bundesfinanzminister.

Eichhorn, Johann Albrecht *Friedrich*, Politiker, *2.3.1779 Wertheim/Main, †16.1.1856 Berlin. Der Jurist trat 1800 in den preuß. Staatsdienst ein. Ab 1816 im Außenministerium u. ab 1817 Mitglied des Staatsrats, war er maßgebl. beteiligt am Aufbau des Dt. Zollvereins. Als Kultusminister (1840-48) bemühte sich der orthodox Gesinnte vergebl. um e. synodalen Umbau der ev. Landeskirche.

Eichmann, Adolf, SS-Obersturmbannführer, *19.3.1906 Solingen, †1.6.1962 Ramla (Israel). Seine Familie zog nach Linz/Donau, wo er nach abgebrochener Schulausbildung 1927-33 für die amerikan. Vacuum Oil Co. als Reisevertreter arbeitete. 1932 trat er der östr. NSDAP bei. Ab 1933 in Bayern, war er ab Okt. 1934 in der Zentralstelle des Sicherheitsdienstes der SS in Berlin u. ab Anfang 1935 in deren Juden-Referat tätig. Ab Aug. 1938 leitete er die Zentralstelle für jüd. Auswanderung in Wien. Im Dez. 1939 übernahm er die Leitung des Referats IV B 4 (Judenangelegenheiten) im Reichssicherheitshauptamt. Seine Dienststelle organisierte die Deportation von Millionen von Juden aus dem dt. Machtbereich in die Massenvernichtungslager der besetzten Ostgebiete. Nach Kriegsende konnte er über Italien nach Argentinien entkommen. Der israel. Geheimdienst spürte ihn auf u. entführte ihn 1960 nach Israel. Dort wurde er 1961 zum Tod verurteilt u. gehängt.

Lit.: Christina Große, *Der E.-Prozeß* (1995); Hans Safrian, *E. u. seine Gehilfen* (1997).

Eicke, Theodor, SS-Obergruppenführer, *17.10.1892 Hampont (Lothringen), †26.2.1943 bei Orelka (Sowjetunion). 1923–32 beim Sicherheitsdienst der I.G. Farben beschäftigt, trat er 1928 in die NSDAP u. die SA, 1930 in die SS ein. Wegen e. Bombenattentats wurde er 1932 zu zwei Jahren Zuchthaus verurteilt, konnte aber fliehen. 1933 wurde er Kommandant des KZ Dachau, 1934 Inspekteur der KZ u. Leiter der Wachmannschaften (SS-Totenkopfverbände). Auf Befehl ↑Hitlers erschoß er ↑Röhm. Bekannt für seine Brutalität, kommandierte er im Zweiten Weltkrieg die Totenkopf-Division der Waffen-SS. Er kam bei e. Flugzeugabsturz ums Leben.

Eike von Repgow, Rechtsbuchverfasser, *um 1180, †nach 1233. Er entstammte e. edelfreien Familie aus Reppichau (Anhalt). Über sein Leben ist wenig bekannt. Aus dem prakt. Rechtsleben Nordostdtld.s schöpfend, verfaßte er, erst in latein., dann in niederdt. Sprache, in den 1220er Jahren den *Sachsenspiegel*, das älteste umfassende dt. Rechtsbuch. Es enthält das Land- u. Lehnsrecht des ostfäl. Sachsen u. gewann rasch gesetzesgleiches Ansehen in Norddtld. u. in Teilen Polens, Rußlands u. Ungarns; in Thüringen u. Anhalt blieben manche seiner Regelungen bis 1900 in Kraft. Er gilt vielen auch als Autor der Sächs. Weltchronik, der ältesten Weltchronik in dt. Sprache.

Lit.: Hans Thieme, «E. von R.», in *Die Großen Deutschen*, Bd. I (1956); Rolf Lieberwirth, *E. von Repchow u. der Sachsenspiegel* (1982).

Einem, Karl von, gen. von Rothmaler, Generaloberst, *1.1.1853 Herzberg (Harz), †7.4.1934 Mülheim/Ruhr. Als Leiter des Allg. Kriegsdepartements im preuß. Kriegsministerium organisierte er 1900 die dt. Chinaexpedition während des Boxeraufstands. 1903–09 war er preuß. Kriegsminister, danach Kommandierender General des VII. Armeekorps in Münster u. im Ersten Weltkrieg Befehlshaber der 3. Armee in der Champagne (1914–18).

Einhard, Geschichtsschreiber, *um 770 Mainfranken, †14.3.840 Seligenstadt. Der Schüler ↑Alkuins gehörte zum Gelehrtenkreis am Hofe Ks. ↑Karls I. d. Gr.; nach dessen Tod war er auch Berater Ks. ↑Ludwigs I. des Frommen u., ab 817, des späteren Ks.s ↑Lothar I. 830 zog er sich in das von ihm 828 gegründete Benediktinerkloster Seligenstadt im Odenwald zurück, wo er um 835 die *Vita Caroli Magni* schrieb, e. Biographie Karls I. d. Gr.

Lit.: Hermann Schefers, *E.* (1997).

Einsiedel, Detlev Graf von, Politiker, *12.10.1773 Wolkenburg (Erzgebirge), †20.3.1861 ebd. Ab 1794 im sächs. Verwaltungsdienst tätig, wurde er 1813 Kabinettsminister für innere u. äußere Angelegenheiten. Nach dem Wiener Kongreß 1815 bemühte er sich erfolgreich um den Ausgleich mit Preußen u. die Sanierung der Staatsfinanzen. Sein Willkürregiment u. seine Reformfeindlichkeit machten ihn jedoch bei der Bevölkerung so verhaßt, daß er 1830 zurücktreten mußte. Danach widmete er sich der techn. Entwicklung seiner Eisenwerke.

Eisler, Gerhart, Politiker, *20.2.1897 Leipzig, †21.3.1968 in Jerewan (armen. Sowjetrepublik). Der Bruder von R. ↑Fischer u. des Komponisten Hanns E. (1898–1962) war im Ersten Weltkrieg östr. Offizier. 1918 trat er der kommunist. Partei in Wien bei. Ab 1921 lebte er als Journalist in Dtld. u. gehörte ab 1927 innerhalb der KPD zur Gruppe der «Versöhnler». Ab 1935 war er Mitglied der Auslandsleitung der KPD in Prag, Paris u. Spanien. Nach seiner Internierung 1939–41 in Frankreich ging er über Mexiko in die USA. Dort 1949 verhaftet, floh er in die DDR, wo er 1962 Vors. des Staatl. Rundfunkkomitees wurde. Ab 1967 Mitglied des ZK der SED, starb er auf e. Reise in der Sowjetunion.

Eisner, Kurt, Politiker, *14.5.1867 Berlin, †21.2.1919 München. Der Sohn e. jüd. Fabrikanten studierte Philosophie u. Germanistik ohne Abschluß. 1892–98 war er Redakteur erst bei der *Frankfurter Zeitung,* dann bei der *Hess. Landeszeitung* u. stand ↑Naumanns nationalsozialem Verein nahe. Nach Verbüßung e. 1897 verhängten neunmonatigen Gefängnisstrafe wegen Majestätsbeleidigung trat er 1898 der SPD bei. 1899–1905 war er Redakteur des *Vorwärts,* 1907–10 Chefredakteur der *Fränk. Tagespost* in Nürnberg, ab 1910 arbeitete er bei der *Münchner Post.* In der Münchner Bohème zugange, führten ihn unbedingte Kriegsgegnerschaft u. der starre Glaube an Dtld.s Kriegsschuld 1917 zur USPD. Nach führender Teilnahme an den Munitionsarbeiterstreiks im Jan. 1918 wurde er bis Okt. inhaftiert. Noch vor dem Rücktritt des Ks. s. rief er in der Nacht zum 8.11. im Landtagsgebäude in München den republikan. «Freistaat Bayern» aus u. wurde Vors. e. Arbeiter-, Bauern- u. Soldatenrats sowie Ministerpräs. e. aus Vertretern der MSPD u. der USPD gebildeten Regierung. Seine widersprüchl., schwache Politik ließ seine Anhängerschaft rasch schrumpfen. Nach der vernichtenden Niederlage der USPD bei den bayer. Landtagswahlen am 12.1.1919 wurde er auf dem Weg zur konstituierenden Sitzung des neugewählten Landtags von Leutnant Anton Graf von Arco-Valley (1897–1945) erschossen.

Lit.: Franz Schade, *K.E. u. die bayer. Soz.demokratie* (1961); Freya Eisner, *K.E.* (1979); Bernhard Grau, *K.E.* (2001).

Ekkehard I., Markgraf von Meißen, †30.4.1002 Pöhlde. Er wurde 985 von Ks.in ↑Theophanu mit der Mark östl. der Saale belehnt. Durch verschiedene Feldzüge sicherte er seine nach dem großen Slawenaufstand von 983 in Frage gestellte Herrschaft, u. es gelang ihm, e. hg.gleiche Stellung in ganz Thüringen zu erringen. Ks. ↑Otto III. nahestehend, bewarb er sich nach dessen Tod 1002 vergebl. um die Reichskrone. Persönl. Gegner ermordeten ihn am Fuß des Harzes.

Lit.: Waltraut Bleiber, «E. I.», in Eberhard Holtz u. Wolfgang Huschner, Hrsgg., *Dt. Fürsten des MA* (1995).

Elisabeth

ÖSTERREICH:

Elisabeth Amalie Eugenie, Ks.in, *24.12.1837 München, †10.9.1898 Genf. Die bayer. Prinzessin wurde am 24.4.1854 Ks. ↑Franz Joseph angetraut. Sie kam in der Folge mit der Ablehnung durch die Mutter des Ks.s u. das konserv. Milieu am Wiener Hof nur schwer zurecht. Der Tod ihres Sohnes, des Kronprinzen ↑Rudolf, traf sie überaus hart. Sie wurde am Genfer See von e. ital. Anarchisten erstochen.

Lit.: Egon Caesar Corti, *E.* (⁴1998).

PFALZ:

Elisabeth Charlotte [gen. Liselotte] von der Pfalz, Hg.in von Orléans, *27.5.1652 Heidelberg, †8.12.1722 Saint-Cloud (bei Paris). Die Tochter des Kf.en Karl Ludwig (1617–80) heiratete 1671 Philipp I. von Orléans, den Bruder des franz. Kg.s Ludwig XIV. Während ihres 50jährigen Aufenthalts am franz. Hof schrieb sie 4000 urwüchsige, oft derbe Briefe über Eleganz, Intrige u. Klatsch dort. Ihre Erbansprüche auf die Allodien des Hauses Pfalz-Simmern aufnehmend, griff Ludwig XIV. die Pfalz im Pfälz. Erbfolgekrieg 1688–97 an u. verwüstete sie.

Lit.: Mathilde Knoop, *Madame* (²1966).

PREUSSEN:

Elisabeth Christine, Kg.in, *8.11.1715 Wolfenbüttel, †13.1.1797 Berlin. Die Tochter Hg. Ferdinand Albrechts II. von Braunschweig-Bevern (1680–1735) u. Nichte Ks. ↑Karls VI. wurde 1733 mit dem späteren Kg. ↑Friedrich II. d. Gr. vermählt. Nach gemeinsamen Ehejahren in Neuruppin u. Rheinsberg lebte E. ab 1740 zumeist allein auf ihrem Schloß Schönhausen bei Berlin.

Lit.: Else Kurbjeweit, *E. C. u. Friedrich II.* (1988); Paul Noack, *E. C. u. Friedrich d. Gr.* (2001).

THÜRINGEN:

Elisabeth, Landgräfin von Thüringen, *1207 Sáros-Patak (Ungarn), †17.11.1231 Marburg/Lahn. Aus ungar. Kg.shaus, wurde sie 1221 mit Landgraf Ludwig IV. dem Hl.en von Thüringen (1200–27) vermählt. Nach dessen Tod als Kreuzfahrer widmete sie ihr Leben der Ehelosigkeit u. Askese sowie der Aufopferung für Arme u. Kranke. 1235 wurde sie hl.gesprochen (Tag: 19.11.).

Lit.: Norbert Ohler, *E. von Thüringen* (³1997).

Elser, Johann *Georg*, Schreiner, *4.1.1903 Hermaringen (Württ.), †9.4.1945 KZ Dachau. Das ehemalige Mitglied des Roten Frontkämpferbunds baute 1938 in der Absicht, ↑Hitler zu töten, e. Sprengladung in e. Pfeiler des Münchner Bürgerbräukellers ein. Hitler beendete seine dortige Rede am 8.11.1939 kurz vor der Explosion. E. wurde gefaßt

u. vor der Ankunft der Alliierten ermordet.
Lit.: Helmut Ortner, *Der Attentäter* (²1999).

Eltz-Rübenach, Paul Frhr. von, Politiker, *9.2.1875 Wahn (bei Köln), †25.8.1943 Linz/Rhein. Der Maschinenbauingenieur wurde 1924 Präs. der Reichsbahndirektion Karlsruhe u. war als Parteiloser 1932–37 Reichsverkehrs- u. Reichspostminister. Aus Protest gegen die antichristl. Politik ↑Hitlers lehnte er 1937 das ihm verliehene Goldene Parteiabzeichen der NSDAP ab u. mußte zurücktreten.

Engelbert I., Graf von Berg, Erzbf. von Köln, *um 1185, †7.11.1225 bei Schwelm. Er wurde 1198 in Köln Propst von St. Georg, 1199 Dompropst. Als Anhänger seines Vetters Erzbf. ↑Adolf I. von Köln wurde er exkommuniziert, doch unterwarf er sich 1208 dem Papst u. wurde, nachdem er sich auf die Seite Kg. ↑Friedrichs II. gestellt hatte, 1216 zum Erzbf. von Köln gewählt. 1220 wurde er Reichsverweser u. Vormund ↑Heinrichs (VII.), den er 1222 zum Kg. krönte. Seine Territorialpolitik festigte Kölns Vorrangstellung am Niederrhein, löste aber den Mordanschlag e. Verwandten aus, dem er zum Opfer fiel. Ohne kanonisiert zu sein, gilt er als Hl. (Tag: 7.11.).
Lit.: Josef Lothmann, *Erzbf. E. I. von K.* (1993).

Engelhard, *Hans* A(rnold), Politiker, *16.9.1934 München. Der Jurist trat 1954 in die FDP ein u. arbeitete nach Beendigung seines Studiums (1963) als Rechtsanwalt in München. 1972–94 saß er im Bundestag. 1982–91 war er Bundesjustizminister.

Engels, Friedrich, sozialist. Theoretiker, *28.11.1820 Barmen, †5.8.1895 London. Der Sohn e. vermögenden Textilfabrikanten (Fertigungsstätten in Westfalen u. Manchester, England) ging 1841 zum Militärdienst nach Berlin, wo er sich den Junghegelianern annäherte. In Manchester ab 1842 seine kaufmänn. Lehre abschließend, suchte er die Begegnung mit radikal-sozialkrit. Kreisen u. schrieb erste sozialist. Artikel. Die Begegnung mit K. ↑Marx in Paris 1844 führte dann zu e. lebenslangen Zusammenwirken, das u.a. zur Mitarbeit E.s an den *Dt.-franz. Jahrbüchern* u. der gemeinsamen Umformung des Londoner Bundes der Gerechten in den Bund der Kommunisten führte. Im Auftrag des letzteren verfaßten sie 1847/48 das *Manifest der Kommunist. Partei*. Verfolgung wegen seines Agierens während der Revolution 1848/49 in Dtld. ließ ihn wiederholt in die Schweiz flüchten, von wo er dann 1850 in England eintraf. Die Mitarbeit im väterl. Betrieb in Manchester, den er 1860 selbst übernahm, gestattete ihm die finanzielle Unterstützung des sich zumeist in Geldnöten befindenden Marx. 1870 übersiedelte E. nach London, wo er bereits 1864 an der Gründung der Internat. Arbeiter-Assoziation («I. Internationale») beteiligt gewesen war. Dort widmete er sich nunmehr organisator. Fragen des internat. Sozialismus u. verfaßte zahlreiche sozialpolit., hist. u. militärtheoret. Schriften. Auf die schon früher veröffentlichten Werke (*Die Lage der arbeitenden Klasse in England*, 1845; *Der dt. Bauernkrieg*, 1850) folgten nun *Herrn Eugen Dührings Umwälzung der Wiss.* («Anti-Dühring», 1878), *Der Ursprung der Familie, des Privateigentums u. des Staates* (1884) sowie, nach dem Tod von Marx, die Vollendung u. Herausgabe des 2. u. 3. Bd.es des *Kapital* (1885; 1894). E. war nicht nur der bedeutendste Förderer u. Freund von Marx, sondern wohl auch der wichtigste Popularisierer des Marxschen Gedankenguts.

Lit.: Hans Peter Bleuel, *F. E.* (1981); Helmut Hirsch, *F. E.* (1986); Terrell Carver, *F. E.: His Life and Thought* (Basingstoke, 1989).

Engholm, Björn, Politiker, *9.11. 1939 Lübeck. Der gelernte Schriftsetzer studierte 1962–72 Politikwiss. u. Volkswirtschaft. Seit 1962 SPD-Mitglied, saß er 1969–83 im Bundestag. 1977–81 war er Parlamentar. Staatssekretär im Bundesbildungsministerium, 1981–82 Bundesbildungsminister. 1983–94 saß er im Landtag, 1988–93 war er Ministerpräs. von Schleswig-Holstein. 1991–93 war er Bundesvors. der SPD. Als Kanzlerkandidat aufgestellt, trat er 1993 wegen Verwicklung in den Skandal um ↑Barschel von allen Ämtern außer dem des Landtagsabg. zurück.

Ensslin, Gudrun, Terroristin, *15.8. 1940 St. Bartholomä, †18.10.1977 Stuttgart-Stammheim. Die Pfarrerstochter gehörte mit A. ↑Baader u. ↑Meinhof zu den frühen Mitgliedern der Terroristengruppe Rote-Armee-Fraktion. Nach ihrer Beteiligung an Banküberfällen u. Sprengstoffattentaten wurde sie 1972 verhaftet. 1977 zu lebenslängl. Haft verurteilt, nahm sie sich im Gefängnis das Leben.

Epp, *Franz* Xaver Ritter (1917) von, Politiker, *16.10.1868 München, †31.12.1946 ebd. Nach Dienst bei der Schutztruppe in Dt.-Südwestafrika 1904–06 u. im Ersten Weltkrieg gründete er 1919 das Freikorps E., das die Münchner Räterepublik u. den kommunist. Ruhraufstand 1920 bekämpfte. 1928 Mitglied der NSDAP u. des Reichstags (bis 1945), wurde er 1933 erst Reichskommissar u. dann Reichsstatthalter in Bayern. Ab 1934 war er auch Reichsleiter des Kolonialpolit. Amtes der NSDAP.

Lit.: Katja-Maria Wächter, *Die Macht der Ohnmacht* (1999).

Eppelmann, Rainer, Politiker, *12.2.1943 Berlin. Der gelernte Maurer u. ev. Pfarrer war Mitbegründer u. erster Vors. des Demokrat. Aufbruchs in der DDR. 1990 Mitglied der Volkskammer u. Minister für Abrüstung u. Verteidigung der DDR, wurde er danach 1990 Mitglied des Bundestags u. der CDU. Von 1994 bis 2001 war er Vors. der

Christl.-Demokrat. Arbeitnehmerschaft.

Eppler, Erhard, Politiker, *9.12.1926 Ulm. Der promovierte Anglist arbeitete 1953-61 im höheren Schuldienst. 1952 Mitbegründer der GVP, trat er 1956 der SPD bei. 1961-76 saß er im Bundestag u. war 1968-74 Bundesminister für wirtschaftl. Zus.arbeit. 1973-81 war er Vors. der SPD Baden-Württ.s, 1977-91 der Grundwertekommission der SPD. 1976-82 saß er im baden-württ. Landtag. 1981-83 u. 1989-91 war er Präs. des Dt. Ev. Kirchentags.

Erdmann, Karl Dietrich, Historiker, *29.4.1910 Köln, †23.6.1990 Kiel. Nach Tätigkeit in der Wirtschaft u. Habilitation (Köln 1947) war er 1953-78 Prof. in Kiel. 1950 gründete er die Zeitschrift *Gesch. in Wiss. u. Unterricht*, die er bis 1989 mit herausgab. 1966-70 war er Vors. des Dt. Bildungsrats. Werke u. a.: *Die Zeit der Weltkriege* (1959); *Kurt Riezler, Tagebücher* (Hrsg., 1972).

Erhard, Ludwig, Politiker, *4.2.1897 Fürth, †5.5.1977 Bonn. Der gelernte Kaufmann studierte nach Kriegsteilnahme 1919-25 Betriebs- u. Volkswirtschaft in Nürnberg u. Frankfurt/Main. 1926 promoviert, arbeitete er 1928-42 am Institut für Wirtschaftsbeobachtung in Nürnberg. 1945 wurde er von der amerikan. Militärregierung als bayer. Minister für Handel u. Gewerbe eingesetzt, mußte aber nach den Wahlen im Dez. 1946 dieses Amt aufgeben. Ab 1947 war er Leiter der Sonderstelle für Geld u. Kredit des Wirtschaftsrates der Bizone, ab März 1948 Direktor der Verwaltung für Wirtschaft der letzteren. Diese Schlüsselposition ermöglichte es ihm, im Juni gleichzeitig mit der von den Militärregierungen durchgeführten Währungsreform ohne deren Genehmigung die Zwangswirtschaft in wichtigen Wirtschaftsbereichen zu beenden. Dies begründete seinen späteren Ruf als «Vater des Wirtschaftswunders». 1949-63 war er Bundeswirtschaftsminister. Das von ihm von Anfang an durchgesetzte Konzept der «sozialen Marktwirtschaft», das bei grundsätzl. Befürwortung u. Absicherung der wirtschaftl. Freiheit e. Regulierungs- u. Kontrollfunktion des Staates bejahte, hatte wesentl. Anteil am schnellen wirtschaftl. Wiederaufstieg der Bundesrepublik Dtld. Er wurde neben ↑Adenauer zu e. Symbolfigur der dt. Politik. Obwohl sich Adenauer gegen Ende seiner Amtszeit gegen e. Kandidatur E.s sträubte, wurde dieser im Okt. 1963 zum Bundeskanzler gewählt u. konnte auch 1965 seine Wiederwahl erreichen. Insgesamt hatte er als Regierungschef wenig Fortüne. Außenpolit. mußte er sich einerseits als «Atlantiker» mit den sich um ↑Strauß gruppierenden sog. «Gaullisten» in der CDU/CSU auseinandersetzen u. andererseits infolge des starren Festhaltens an der Hallstein-Doktrin (↑Hallstein) die Begrenztheit aller Bemühungen um Auflockerung des Verhältnisses zu den

Staaten im Osten erfahren. Innenpolit. schadete ihm die 1966 unerwartet einsetzende Rezession. Im Okt. traten die FDP-Minister aus der von ihm geführten Koalition aus. Nach kurzer Minderheitsregierung wurde im Dez. ↑Kiesinger zum neuen Bundeskanzler gewählt. E. gab im Mai 1967 auch den von ihm erst seit März 1966 innegehabten Vorsitz der CDU auf.

Lit.: Karl Hohmann, *L. E.* (1997); Volker Hentschel, *L. E.* (1998); Volker Laitenberger, *L. E.* (1999).

Erich I., Hg. von Pommern, *1381 oder 1382, †3.5.1459 Rügenwalde. Urspr. Bogislaw von Pommern, siedelte er 1388/89 nach Dänemark über u. nahm den Namen E. an. 1397 zum Kg. gekrönt, folgte er 1412 seiner Großtante Margarete auf den Thron von Dänemark, Norwegen u. Schweden. 1449 mußte er sich jedoch nach Pommern zurückziehen.

Erler, Fritz, Politiker, *14.7.1913 Berlin, †22.2.1967 Pforzheim. Der Verwaltungsfachmann wurde 1938 wegen illegaler soz.dem. Tätigkeit verhaftet u. 1939 zu zehn Jahren Zuchthaus verurteilt. 1945–49 war er Landrat in Biberach/Riß bzw. Tuttlingen. 1946–49 im Landtag von Württ.-Hohenzollern, 1949–67 im Bundestag (SPD; ab 1964 Fraktionsvors.), profilierte er sich als außen- u. militärpolit. Sprecher seiner Partei. Er war maßgebl. an der Durchsetzung des im Godesberger Grundsatzprogramm 1959 formulierten Reformkurses beteiligt. Ab 1964 war er stellv. Parteivors. 1966 bejahte er die Bildung e. großen Koalition.

Lit.: Christina Schroeter, *F. E.* (1992).

Ernst
BAYERN-MÜNCHEN:
Ernst, Hg., *1373, †2.7.1438. Er teilte 1397–1435 die Regierung mit seinem Bruder Wilhelm (1375–1435), wobei er weitgehend zu den Streitereien der Linien Ingolstadt u. Landshut Distanz hielt. Der Nachwelt bekannt blieb er, weil er 1435 aus dynast. Gründen A. ↑Bernauer, die heiml. angetraute Gattin seines Sohnes ↑Albrecht (III.), ertränken ließ.

BRAUNSCHWEIG-LÜNEBURG:
Ernst August, Hg. von Cumberland u. zu Braunschweig-Lüneburg. *21.9.1845 Hannover, †14.11.1923 Gmunden (Österreich). Einziger Sohn Kg. ↑Georgs V. von Hannover, beanspruchte er nach dem Tod seines Vaters 1878 das Thronfolgerecht. Da sein Land 1866 von Preußen annektiert worden war, verweigerte ihm 1885 der Bundesrat die Nachfolge im Hg.tum Braunschweig. Erst sein Sohn Ernst August (1887–1953) wurde 1913 dort als Hg. eingesetzt, dankte aber im Nov. 1918 ab.

KÖLN:
Ernst, Hg. von Bayern, Erzbf. von Köln, *17.12.1554 München, †17.2.1612 Arnsberg. Der Wittelsbacher wurde 1566 Bf. von Freising u. 1573 von Hildesheim, doch wurde er nur zum Priester (1577) u. nie zum Bf.

geweiht. 1581 wurde er Fürstbf. von Lüttich u. Administrator der Abteien Stablo-Malmedy und, nach der Absetzung Erzbf. ↑Gebhards II. von Köln, 1583 dessen Nachfolger; das Kf.tum konnte er freil. erst mit Hilfe span. u. bayer. Truppen in Besitz nehmen. 1585 wurde er auch noch Fürstbf. von Münster. Auf die Durchsetzung der Beschlüsse des Konzils von Trient bedacht, förderte er die Niederlassung der Jesuiten in seinen Bistümern. Allerdings bereitete sein beanstandenswerter Lebenswandel der Reformpartei beträchtl. Schwierigkeiten; ab 1595 führte daher sein Neffe u. Nachfolger Ferdinand (1577–1650) als Koadjutor das Erzstift.

Lit.: Günther von Lojewski, *Bayerns Weg nach Köln* (1962).

HANNOVER:

Ernst August, Kf., *30.11.1629 Herzberg, †2.2.1698 Herrenhausen. 1679 übernahm er das Hg.tum Calenberg u. führte 1682 die Primogenitur im Welfenhaus ein. 1692 erwarb er durch polit. u. militär. Unterstützung Ks. ↑Leopolds I. die Kurwürde für Hannover. Durch seine Ehe mit Sophie Dorothea von der Pfalz (1630–1714, Enkelin Kg. Jakobs I. von England) gewann er seinem Haus die Anwartschaft auf die engl. Krone.

Ernst August, Kg., *5.6.1771 London, †18.11.1851 Hannover. Der Sohn des engl. Kg.s Georg III. studierte in Göttingen, bevor er 1799 als Hg. von Cumberland Mitglied des engl. Oberhauses wurde. Seine Übernahme der hannov. Krone 1837 beendete die seit 1714 bestehende Personalunion zwischen Hannover u. England. Streng konserv. gesinnt, hob er noch 1837 die seit 1833 in Hannover geltende Verfassung auf, was zu Protesten u. dem Konflikt mit den Göttinger Sieben führte. 1848 sah er sich dann gezwungen, e. der aufgehobenen ähnl. Verfassung zu unterzeichnen u. e. liberales Ministerium einzusetzen.

Lit.: Geoffrey Malden Willis, *E. A.* (1961).

SACHSEN:

Ernst, Kf., *24.3.1441 Meißen, †26.8.1486 Colditz. Er folgte 1464 zus. mit seinem Bruder ↑Albrecht dem Beherzten seinem Vater ↑Friedrich II. dem Sanftmütigen. Aufgrund e. aktiven Territorialpolitik konnte er Gebiete im Vogtland (1466), in Niederschlesien (1472) u. in der Niederlausitz (1477) erwerben. In der Leipziger Teilung 1485 teilte er mit Albrecht die Wettiner Lande u. begründete die Linie der Ernestiner.

Lit.: Hans Philippi, *Die Wettiner* (1989).

Ernst der Fromme, Hg. von Sachsen-Gotha-Altenburg, *25.12.1601 Altenburg, †26.3.1675 Gotha. Er übernahm 1618 mit seinen Brüdern die Regierung. 1631 trat er in den militär. Dienst Kg. ↑Gustav II. Adolfs u. nahm teil an den Schlachten von Lützen (1632) u. Nördlingen (1634). Nach dem Tod seiner Brüder konnte er sein Gebiet um Teile von Altenburg u. Eisenach vermehren. 1640 wählte er Gotha zur Residenz. Verdienste erwarb er sich durch vorbildl. Verwaltung sowie Förderung der luther. Kirche.

Lit.: Hans Zimmer, *E. der Fromme.* (²1913).

Ernst II., Hg. von Sachsen-Coburg-Gotha, *21.6.1818 Coburg, †22.8.1893 Reinhardsbrunn. Er übernahm 1844 die Regierung u. unterstützte, kleindt.-national gesinnt, 1849–50 die preuß. Unionspläne. Auf seine Anregung hin wurde Coburg Sitz des 1859 gegründeten Dt. Nationalvereins. Auch der Frankfurter Fürstenkongreß 1863 war maßgebl. von ihm initiiert. 1861 schloß er e. Militärkonvention mit Preußen, das er auch 1866 unterstützte. Nach der Reichsgründung 1871 zog er sich aus der großen Politik zurück u. widmete sich nur noch der Regierung seines Landes.

Lit.: Harald Bachmann, Hrsg., *Hg. E. II. von S.-C. u. Gotha* (1993).

SCHWABEN:
Ernst II., Hg. von Schwaben, *um 1007, †17.8.1030 bei Burg Falkenstein (Schwarzwald). Da er beim Tod seines Vaters Ernst I. (†1015) noch minderjährig war, stand er zunächst unter der Vormundschaft seiner Mutter ↑Gisela u. nach deren Wiederverheiratung 1016 mit dem späteren Ks. ↑Konrad II. unter derjenigen seines Onkels Erzbf. Poppo von Trier (†1047). Seit der Kg.swahl Konrads 1024 stellte er sich auf die Seite der Opposition, wahrscheinl. wegen Erbansprüchen auf Burgund. Auf Fürsprache der Mutter beließ ihm Konrad 1028 das Hg.tum. Als er sich 1030 weigerte, seinen im Widerstand gegen Konrad verharrenden Freund Werner, Graf von Kyburg (†1030), zu bekämpfen, wurde er geächtet u. gebannt. Beide wurden auf der Burg Falkenstein (Baar) gestellt u. fielen nach verzweifeltem Widerstand. Dichtung u. Sage haben «Hg. Ernsts» Freundestreue verklärt.

Lit.: Helmut Maurer, *Der Hg. von Schwaben* (1978).

Erthal, Franz Ludwig Frhr. von, Bf. von Bamberg u. Würzburg, *16.1.1730 Lohr/Main, †14.2.1795 Würzburg (Bruder von F.K.J. Frhr. von ↑E.). 1763 Regierungspräs. in Würzburg, wurde er 1779 zum Bf. von Bamberg u. von Würzburg bestellt. Er bemühte sich im Sinne des aufgeklärten Absolutismus um Reformen im Schulwesen, in der Kranken- u. Armenfürsorge u. um Förderung der Landwirtschaft.

Lit.: Werner Loibl, *F. L. von E.* (1980).

Erthal, Friedrich Karl Joseph Frhr. von, Erzbf. von Mainz, *3.1.1719 Mainz, †25.7.1802 Aschaffenburg (Bruder von F.L. Frhr. von ↑E.). 1764 Rektor der Mainzer Universität, wurde er 1774 zum Erzbf. von Mainz u. Bf. von Worms gewählt. Er bemühte sich um aufklärer. Reformen u. größere Unabhängigkeit von der Kurie, traf aber auf den Widerstand der Bischöfe seiner Kirchenprovinz. Die Eroberung von Mainz durch die Franzosen 1792 zwang ihn zum Ausweichen nach Aschaffenburg.

Ertl, Josef, Politiker, *7.3.1925 Oberschleißheim, †16.11.2000 Murnau. Nach dem Wehrdienst absolvierte er e. Landwirtschaftsstudium u. trat 1952 der FDP bei. Danach arbeitete er bis 1959 im bayer. Landwirtschaftsministerium. 1961-87 saß er im Bundestag. 1969-83 war er Bundesernährungsminister, 1971-83 auch Vors. der FDP in Bayern.

Erzberger, Matthias, Politiker, *20.9.1875 Buttenhausen (Württ.), †26.8.1921 Bad Griesbach (Baden). Nach zweijähriger Tätigkeit als Volksschullehrer arbeitete er ab 1896 als Redakteur bei der Stuttgarter Zentrumszeitung *Dt. Volksblatt.* 1899 beteiligte er sich an der Gründung der Christl. Gewerkschaften. Ab 1903 Abg. im Reichstag (Zentrum), wurde er bald als Finanzexperte u. Publizist e. breiteren Öffentlichkeit bekannt. Als Führer des linken Flügels seiner Partei trug er mit seiner Kritik an der dt. Kolonialverwaltung maßgebl. zur Auflösung des Reichstags im Dez. 1906 bei, die zu den sog. Hottentottenwahlen führte. Im Ersten Weltkrieg war er zunächst in diplomat. u. publizist. Mission für die Reichsleitung tätig u. befürwortete e. «Siegfrieden» mit Annexionen (Belgien), trat dann aber allmähl. für e. Verständigungsfrieden ein. Einer der Mitinitiatoren der Friedensresolution des Reichstags vom Juli 1917, wirkte er am Sturz ↑Bethmann Hollwegs mit. Unter Prinz ↑Max von Baden wurde er am 3.10.1918 zum Staatssekretär ohne Portefeuille ernannt u. unterzeichnete dann an der Spitze der dt. Delegation am 11.11. in Compiègne den Waffenstillstand, dessen Durchführung er anschließend leitete (Reichsminister ohne Geschäftsbereich, Febr.–Juni 1919). Um die Einheit des Reiches zu wahren, setzte er sich für die Annahme des Versailler Vertrags ein. Als Reichsfinanzminister u. Vizekanzler ab Juni 1919 betrieb er e. Finanzreform, welche die Finanzhoheit der Länder beschränkte u. das Reich durch den Aufbau e. eigenen Finanzverwaltung u. die Erhebung direkter Steuern stärkte. Von der Rechten wegen seiner «Erfüllungspolitik» angefeindet u. wegen Verquickung von privaten u. polit. Interessen ins Zwielicht geraten, trat er im März 1920 zurück. Wieder in den Reichstag gewählt, wurde er von Mitgliedern der rechtsradikalen Organisation Consul ermordet.
Lit.: Theodor Eschenburg, *M. E.* (1973); Klaus Epstein, *M. E.* (1976).

Etzel, Franz, Politiker, *12.8.1902 Wesel, †9.5.1970 Wittlaer (bei Düsseldorf). Nach früher Mitgliedschaft in der DNVP war er 1945 Mitbegründer der CDU u. saß 1949-52 u. 1957-65 im Bundestag. 1952-57 war er Vizepräs. der Montanunion, 1957-61 Bundesfinanzminister.

Eugen, Prinz von Savoyen, Feldherr u. Politiker, *18.10.1663 Paris, †21.4.1736 Wien. Der Sohn des franz. Generals Eugen Moritz Prinz von

Savoyen-Carignan u. e. Nichte des Kardinals Mazarin wurde von Kg. Ludwig XIV. für die geistl. Laufbahn bestimmt. Als ihm die Aufnahme in das franz. Heer verwehrt wurde, floh er 1683 u. trat in die ksl. Armee ein. Er bewährte sich bei der Abwehr der türk. Belagerung Wiens u. erhielt noch im gleichen Jahr e. eigenes Dragonerregiment. Seit 1690 unterstützte er als Befehlshaber e. östr. Korps den Hg. von Savoyen im Krieg gegen Frankreich u. wurde 1693 zum Feldmarschall befördert. 1697 erhielt er den Oberbefehl im Türkenkrieg u. erfocht den entscheidenden Sieg bei Zenta in Ungarn. Während des Span. Erbfolgekriegs wurde er 1703 zum Präs.en des Hofkriegsrats u. der geheimen Staatskonferenz ernannt, wodurch auch sein polit. Einfluß stieg. Seine militär. Erfolge, zus. mit den vom Hg. von Marlborough geführten engl. Truppen, u. a. bei Höchstädt (1704) sowie in Flandern bei Oudenaarde (1708) u. Malplaquet (1709) drängten Frankreich in die Defensive. 1707 vom Reichstag zum Reichsfeldmarschall ernannt, führte er 1714 die Friedensverhandlungen von Rastatt u. Baden, durch die Österreich Mailand, Neapel u. Sardinien gewann. Im folgenden Türkenkrieg brachten ihn der glänzende Sieg von Peterwardein (1716) u. die Einnahme Belgrads (1717) in den Zenit seines Feldherrnruhms. Zwar begründeten diese Leistungen die östr. Großmachtstellung, doch mußte er sich später gegen höf. Intrigen zur Wehr setzen; diese bewogen ihn auch 1725, auf das Generalgouvernement der Niederlande zu verzichten, das ihm 1716 übertragen worden war. Er galt als der fähigste Feldherr seiner Zeit. Auch Kunst- u. Wissenschaftsmäzen, sammelte er e. bedeutende Bibliothek u. ließ Schloß Belvedere in Wien erbauen.

Lit.: Max Braubach, *Prinz E. von Savoyen* (5 Bde., 1963–65); Johannes Kunisch, Hrsg., *Prinz E. von Savoyen u. seine Zeit* (1986); Wolfgang Oppenheimer, *Prinz E. von Savoyen* (1996); Franz Herre, *Prinz E.* (2000).

Eulenburg, *Botho* Wend Graf zu, Politiker, *31.7.1831 Wicken (Ostpreußen), †5.11.1912 Berlin (Neffe von F. A. Graf zu ↑E.). Er war ab 1869 Regierungspräs. in Wiesbaden u. ab 1873 Oberpräs. in Hannover. Als preuß. Minister des Innern 1878–81 hatte er maßgebl. Anteil an der Sozialistengesetzgebung u. der Verwaltungsreform. Wegen Auseinandersetzungen mit O. von ↑Bismarck zurückgetreten, wurde er Oberpräs. von Hessen-Nassau u. 1892 preuß. Ministerpräs. u. Innenminister. 1894 wurde er gleichzeitig mit ↑Caprivi entlassen.

Eulenburg, *Friedrich* Albrecht Graf zu, Politiker, *29.6.1815 Königsberg, †2.4.1881 Berlin (Onkel von B. W. Graf zu ↑E.). Ab 1851 im diplomat. Dienst, leitete der Jurist 1859–62 die preuß. Ostasienexpedition u. war dann 1862–78 Minister des Innern. Während des Verfassungskonflikts war er e. der Hauptgegner der Liberalen im Abg.haus, in dem er 1866–77 saß. Andererseits reformierte er aber später die Landesverwaltung mit dem Ziel der Stärkung der Selbstverwaltung.

Lit.: Gerhard Lange, *Die Bedeutung des preuß. Innenministers F.A. Graf zu E.* (1993).

F

Falk, Adalbert, Politiker, *10.8.1827 Metschkau (Schlesien), †7.7.1900 Hamm. Der Jurist arbeitete im preuß. Justizministerium (ab 1868) an den gesetzgeber. Maßnahmen der Reichsgründungszeit mit. Als preuß. Kultusminister (1872–79) hatte er wesentl. Anteil am Kulturkampf, der ihm die Gegnerschaft der kath. u. der prot.-konserv. Bevölkerungsteile eintrug. Mit dem Schulaufsichtsgesetz 1872 setzte er die staatl. Schulaufsicht durch. Bleibendes Verdienst erwarb er sich durch die materielle Besserstellung der Lehrer.

Lit.: Erich Foerster, *A. F.* (1927).

Falkenhausen, Alexander von, General, *29.10.1878 Blumenthal (Schlesien), †31.7.1966 Nassau. Der Berufssoldat nahm an der dt. China-Expedition 1900–01 teil. Im Ersten Weltkrieg war er Berater der türk. Truppen in Palästina, 1934–39 Militärberater in China. 1940–44 war er Militärbefehlshaber in Belgien u. Nordfrankreich. Nach dem 20.7.1944 kam er in KZ-Haft. 1951 verurteilte ihn e. belg. Gericht zu Zwangsarbeit, doch wurde er kurz darauf begnadigt.

Falkenhayn, Erich von, General, *11.9.1861 Burg Belchau (bei Graudenz, Polen), †8.4.1922 Schloß Lindstedt (bei Potsdam). Nach e. Kadettenausbildung wurde er 1880 Leutnant u. 1893 in den Großen Generalstab versetzt. 1896–99 Lehrer an e. chines. Kriegsschule u. danach in preuß. Dienst im dt. Pachtgebiet in China, diente er ab 1903 wieder in Dtld. bei der Truppe. 1907–11 war er Generalstabschef des XVI. Armeekorps in Lothringen. 1913–15 preuß. Kriegsminister, wurde ihm im Sept. 1914 nach dem Scheitern des dt. Vormarschs an der Marne als Nachfolger H.J.L. von ↑Moltkes die Leitung des Generalstabs des Feldheeres übertragen, zu dessen Chef er im Nov. ernannt wurde. Er entschied sich gegen e. Rückzug im Westen, konnte aber die Gerinnung des Kampfes zum Stellungskrieg nicht verhindern. Er lehnte die Pläne ↑Hindenburgs u. ↑Ludendorffs e. entscheidenden Ostoffensive im Jahre 1915 ab u. setzte ab Febr. 1916 alle Kräfte im Angriff auf Verdun ein, mußte diesen aber nach dem Beginn der russ. Brussiloffensive u. der alliierten Sommeoffensive auslaufen lassen. Nach dem Kriegseintritt Rumäniens wurde er im Aug. 1916 durch Hindenburg u. Ludendorff abgelöst. Er bewährte sich danach als Kommandeur der 9. Armee im Rumänienfeldzug u. befehligte 1917–18 die Heeresgruppe F in Syrien u. Mesopotamien. Nach Meinungsverschiedenheiten mit der türk. Heeresleitung wurde er im März 1918 Oberbefehlshaber der 10. Armee in Weißrußland. Im Juni 1919 nahm er seinen Abschied.

Lit.: Karl-Heinz Janßen, *Der Kanzler u. der General* (1967); Heinz Kraft, *Staatsräson u. Kriegsführung* (1980); Holger Afflerbach, *F.* (²1996).

Faulhaber, Michael von (1913), Kardinal, *5.3.1869 Heidenfeld (bei Schweinfurt), †12.6.1952 München. 1892 zum Priester geweiht, war der Theologe nach Habilitation (1899 Würzburg) 1903-10 Prof. in Straßburg, 1911-17 Bf. von Speyer, seit 1917 Erzbf. von München, ab 1921 Kardinal. Der Republik stand er distanziert gegenüber, stellte sich aber dann nach e. Periode des Abwartens entschieden gegen den Rassismus u. die Kirchenfeindlichkeit des nat.-soz. Regimes. An der Abfassung der päpstl. Enzyklika *Mit brennender Sorge* (1937) war er maßgebl. beteiligt.

Lit.: Ludwig Volk, «M. Kardinal von F.», in Rudolf Morsey, Hrsg., *Zeitgesch. in Lebensbildern.* Bd. 2 (1975).

Febronius, Justinus ↑Hontheim, Johann Nikolaus von.

Fechner, Max, Politiker, *27.7.1892 Rixdorf (bei Berlin), †13.9.1973 Berlin (Ost). Der Werkzeugmacher trat 1910 der SPD bei, 1917 der USPD u. ging 1922 zur SPD zurück. 1924-33 saß er im preuß. Landtag. 1933-34 u. 1944-45 inhaftiert, war er 1946 Mitbegründer der SED u. ab 1950 Mitglied des ZK. 1949-53 Justizminister der DDR, wurde er 1953-56 als Staatsfeind in Haft gehalten.

Fechter, Peter, Maurer, *14.1.1944 Berlin-Weißensee, †17.8.1962 Berlin-Mitte. Der Maurer wurde bei e. Fluchtversuch an der Berliner Mauer angeschossen u. starb auf Ostberliner Gebiet, da ihm keine Hilfe geleistet wurde. Sein Tod löste 1993 e. der sog. Mauerschützenprozesse aus.

Feder, Gottfried, Ingenieur, *27.1. 1883 Würzburg, †24.9.1941 Murnau (Bayern). Er gründete 1917 den Dt. Kampfbund zur Brechung der Zinsknechtschaft. Seine antisemit. durchsetzten Gedanken fanden Eingang in das Programm der von ihm mitgegründeten NSDAP. Für diese saß er 1924-36 im Reichstag. 1933 wurde er Staatssekretär im Reichswirtschaftsministerium, doch verlor er rasch an Einfluß u. wurde 1936 Honorarprof. an der TH Berlin.

Fehrenbach, Konstantin, Politiker, *11.1.1852 Wellendingen (Baden), †26.3.1926 Freiburg i.B. Der Jurist war Strafverteidiger in Freiburg u. gehörte 1885-87 u. 1901-13 der bad. 2. Kammer an (Zentrum), 1907-09 als Präs. 1903-18 war er Mitglied des Reichstags (Juni – Nov. 1918 Präs.), Febr. 1919 – Juni 1920 Mitglied u. Präs. der Nationalversammlung, 1920-26 Mitglied des Reichstags. Er wurde bekannt durch seine Rede im Reichstag in der Zabernaffäre (1913), als er sich auf die Seite der Elsässer stellte. Während des Umbruchs vom Ks.reich zur Republik 1918-19 bemühte er sich um Wahrung der polit. Kontinuität. Als Reichskanzler (Juni 1920–Mai 1921) führte er e. bürgerl. Minderheitsregierung, die an der Reparationsfrage scheiterte. 1923–26 war er Vors. der Reichstagsfraktion seiner Partei.

Lit.: Josef Becker, «K. F.», in Rudolf Morsey, Hrsg., *Zeitgesch. in Lebensbildern* (1973); Peter Wulf, *Das Kabinett F.* (1972); ders., «K. F.», in Wilhelm von Sternburg, Hrsg., *Die dt. Kanzler* (²1998).

Fellgiebel, Fritz *Erich*, General, *4.10.1886 Pöpelwitz (Schlesien), †4.9.1944 Berlin. Er war 1939–44 Leiter des Wehrmachtsnachrichtendienstes u. hatte Kontakte zur Widerstandsbewegung. Am 20.7.1944 unterbrach er die Nachrichtenverbindung des Führerhauptquartiers zur Außenwelt u. wurde deshalb vom Volksgerichtshof zum Tod verurteilt u. hingerichtet.

Ferdinand
HEILIGES RÖMISCHES REICH:
Ferdinand I., Kg., Ks., *10.3.1503 Alcalá de Henares (bei Madrid), †25.7.1564 Wien. Der Enkel Ks. ↑Maximilians I. u. zweite Sohn ↑Philipps des Schönen u. Johannas der Wahnsinnigen (1479–1555) wurde in Spanien u. den Niederlanden erzogen. Im April 1521 trat ihm sein Bruder, Ks. ↑Karl V., die fünf östr. Hg.tümer zur selbständigen Regierung ab, 1522 kamen hierzu noch Tirol u. Vorderösterreich sowie das unter habsburg. Verwaltung stehende Württ. (bis 1534). Während der Abwesenheit des Ks.s fungierte er als dessen Statthalter im Reich u. stemmte sich gegen die Ausbreitung der Lehre M. ↑Luthers. Nach dem Tod seines kinderlosen jagellon. Schwagers, Kg. Ludwigs II. von Böhmen u. Ungarn, nach der Schlacht von Mohács 1526 gewann er dessen beide Kronen. 1531 wurde er zum röm. Kg. gewählt. Unbeirrt an der kath. Lehre festhaltend, bemühte er sich andererseits um die konfessionelle Wiedervereinigung oder wenigstens e. Ausgleich zwischen den Bekenntnissen. Dementsprechend förderte er die Religionsgespräche von Worms, Hagenau u. Regensburg (1540–41), vermittelte während der zum Passauer Vertrag von 1552 führenden Fürstenverschwörung zwischen der Fürstenopposition u. dem Ks. u. leitete dann den hierauf folgenden Reichstag zu Augsburg 1555, auf dem der Religionsfriede ausgehandelt wurde. Nach der Abdankung seines Bruders 1556 übernahm er vollends die Aufgaben des Reichsoberhaupts u. wurde 1558 zum Ks. gekrönt. Seine versöhnl. Religionspolitik äußerte sich auch in seinem Eintreten gegenüber dem Konzil von Trient für die Priesterehe u. den Laienkelch. In den östr. Erblanden bemühte er sich um Vereinheitlichung u. Zentralisierung (Einrichtung des Hofrats 1522, des Hofkriegsrats 1556).

Lit.: Paula Sutter Fichtner, *F. I.* (1986); Richard Reifenscheid, «Ks. F. I.», in Gerhard Hartmann u. Karl Rudolf Schnith, Hrsgg., *Die Ks.* (1996); Ernst Laubach, *F. I. als Ks.* (2001).

Ferdinand II., Kg., Ks., *9.7.1578 Graz, †15.2.1637 Wien. Der Enkel Ks. ↑Ferdinands I. wurde ab 1590 von Jesuiten in Ingolstadt erzogen. Ab 1598 führte er in den Ländern seines Vaters Karl von Steiermark, Kärnten u. Krain (1540-90) u. nach seiner Wahl zum Kg. von Böhmen (1617) u. Ungarn (1618) auch dort die Gegenreformation durch. Sein Vorgehen in Böhmen löste 1618 den Aufruhr der Stände aus u. dadurch seine Absetzung u. den Beginn des 30jährigen Kriegs. Nach dem Tod seines Vetters, Ks. ↑Matthias', 1619 zum Ks. gewählt, gewann er die Unterstützung seines Schwagers, Kf. ↑Maximilians I. von Bayern, u. der kath. Liga. Deren Sieg in der Schlacht am Weißen Berg 1620 über den «Winterkg.» ↑Friedrich V. von der Pfalz stellte seine Herrschaft in Böhmen wieder her. Weitere Erfolge ↑Tillys u. ↑Wallensteins führten die ksl. Herrschaft F.s auf den Höhepunkt seiner Macht, der seinen Ausdruck im Erlaß des Restitutionsedikts (1629) fand, welches von den Protestanten die Rückgabe von Kirchengütern forderte. Die von den Kf.en erzwungene Entlassung Wallensteins u. das Eingreifen Schwedens u. Frankreichs in den Krieg brachten freil. den Umschwung. Der Wiederberufung Wallensteins 1632 folgte, als dieser seine Machtfülle auszudehnen drohte, 1634 seine von F. veranlaßte Ermordung. F. verzichtete 1635 im Frieden von Prag auf die Durchführung des Restitutionsedikts. 1636 erreichte er die Wahl seines Sohnes ↑Ferdinand (III.) zum Kg., nachdem er bereits 1621 das Recht der Primogenitur im Haus Österreich etabliert hatte. F. war erfolgreich in der Konsolidierung des Katholizismus in den habsburg. Erblanden; sein frühabsolutist. Versuch der Stärkung der Reichsgewalt scheiterte allerdings am Unabhängigkeitsstreben der Territorialfürsten.

Lit.: Hans Sturmberger, *Ks. F. II.* (1957); Johann Franzl, *F. II.* (²1989); Dieter Albrecht, «F. II.», in Anton Schindling u. Walter Ziegler, Hrsgg., *Die Ks. der Neuzeit* (1990).

Ferdinand III., Kg., Ks., *13.7.1608 Graz, †2.4.1657 Wien. Der Sohn von Ks. ↑Ferdinand II. wurde 1625 Kg. von Ungarn, 1627 Kg. von Böhmen. Nach der Ermordung ↑Wallensteins übernahm er den Oberbefehl über das ksl. Heer u. siegte mit Hilfe von ↑Gallas 1634 bei Nördlingen über die Schweden. In Religionsfragen gemäßigter als sein Vater, bemühte er sich seit 1641, den 30-jährigen Krieg zu beenden, indem er bei Wahrung der Reichseinheit den Ausgleich mit den Kf.n suchte. Die im Westfäl. Frieden 1648 festgeschriebene Zersplitterung des Reiches konnte er nicht verhindern, doch gelang ihm e. durchgreifende Festigung der Herrschaft in seinen Erblanden.

Lit.: Konrad Repgen, «F. III.», in Anton Schindling u. Walter Ziegler, Hrsgg., *Die Ks. der Neuzeit* (1990).

Ferdinand IV., Kg., *8.9.1633 Wien, †9.7.1654 ebd. Der älteste Sohn von Ks. ↑Ferdinand III. wurde 1646 zum Kg. von Böhmen gewählt, 1647 zum Kg. von Ungarn u. 1653 zum röm. Kg. Er starb an den Blattern.

BRAUNSCHWEIG-BEVERN:
Ferdinand, Hg., Feldmarschall, *12.1.1721 Wolfenbüttel, †3.7.1792 Braunschweig. Der Schwager ↑Friedrichs II. d. Gr. trat 1740 in das preuß. Heer ein u. nahm am 1. u. 2. Schles. Krieg teil. Im 7jährigen Krieg leitete er erfolgreich die Verteidigung von Norddtld. gegen Frankreich. 1763–66 war er Gouverneur von Magdeburg.

ÖSTERREICH:
Ferdinand, Ks., *19.4.1793 Wien, †29.6.1875 Prag. Obwohl kränkl. u. geistig zurückgeblieben, mußte der älteste Sohn von Ks. ↑Franz I. seinem Vater 1835 auf dem Thron nachfolgen, um den Grundsatz der Legitimität zu wahren. Er hatte zuvor schon ab 1829 an den Sitzungen des Staatsrats teilgenommen u. war 1830 zum Kg. von Ungarn, 1836 zum Kg. von Böhmen u. 1838 mit der lombard. Krone gekrönt worden. Die Regierungsgeschäfte leitete für ihn die sog. Staatskonferenz, die sich aus seinem Onkel Erzhg. Ludwig (1784–1864), seinem Bruder Franz Karl (1802–78), Staatskanzler ↑Metternich u. Minister Franz Graf Kolowrat-Liebsteinsky (1778–1861) zus.-setzte. Deren Uneinigkeit bewirkte maßgebl. die polit. Stagnation Österreichs im Vormärz. Persönl. schlicht u. gütig, aber unfähig zu eigenen Entscheidungen, floh er während der Revolution im Mai 1848 nach Innsbruck. Im Aug. kehrte er nach Wien zurück u. dankte nach dem militär. Erfolg der Gegenrevolution am 2.12. zugunsten seines Neffen ↑Franz Joseph ab.

Lit.: Lorenz Mikoletzky, «F. I. von Österreich», in Anton Schindling u. Walter Ziegler, Hrsgg., *Die Ks. der Neuzeit* (1990).

Fey, Emil, östr. Politiker, *23.3.1886 Wien, †15.3.1938 ebd. Der Berufssoldat, 1919 in den Ruhestand versetzt, war ab 1921 geschäftsführender Vizepräs. des östr. Offiziersverbandes u. ab 1927 führend am Aufbau der Wiener Heimwehr beteiligt. Als er die letztere ab 1930 an die Christl.-soz. Partei anschloß, geriet er in Gegensatz zu ↑Starhemberg. 1932 wurde er Staatssekretär für das Sicherheitswesen in der Regierung ↑Dollfuß u. 1933 Sicherheitsminister. Er hatte maßgebl. Anteil an der Niederwerfung der Febr.unruhen 1934. Von Juli 1934 bis Okt. 1935 Innenminister, wurde er 1936 mit der Auflösung der Heimwehr polit. ausgeschaltet. Seine Rolle beim nat.soz. Putschversuch gegen Dollfuß im Juli 1934 ist umstritten. Beim dt. Einmarsch nahm er sich mit seiner Familie das Leben.

Ficker, Julius von (1885), Historiker, *30.4.1826 Paderborn, †10.7.1902 Innsbruck. Nach dem Studium der Gesch. (Promotion Bonn, 1849) war er 1852–79 Prof. in Innsbruck. Er verfaßte zahlreiche Werke zur mittelalterl. Verfassungsgesch. (*Vom Reichsfürstenstand*, Bd. I, 1861; *Dt. Kg.tum u. Ks.tum*, 1862) u. verbesserte die Methoden der histor. Urkundenkritik. Weite Aufmerksamkeit erregte 1861–62 sein Streit mit

↑Sybel, wobei F. vom kath.-großdt. Standpunkt aus die mittelalterl. Ks.-politik verteidigte.

Lit.: Julius Jung, *J. F.* (Neuausg. 1981).

Filbinger, Hans, Politiker, *15.9.1913 Mannheim. Der promovierte Jurist war im Zweiten Weltkrieg als Marinerichter eingesetzt. Ab 1951 Mitglied der CDU, war er 1960-66 Innenminister Baden-Württ. s. Als Ministerpräs. ab 1966 führte er e. Verwaltungsreform durch, trat aber 1978 wegen Vorwürfen hinsichtl. seiner Beteiligung als Marinerichter an drei Todesurteilen zurück.

Fischer, Andrea, Politikerin, *14.1.1960 Arnsberg. Die gelernte Druckerin trat 1985 den Grünen bei. Nach dem Studium der Volkswirtschaft 1985-90 war sie im Versicherungswesen u. in verschiedenen wiss. Institutionen tätig. Seit 1994 Mitglied des Bundestags, wurde sie 1998 Bundesministerin für Gesundheit, trat aber im Jan. 2001 wegen polit. Fehler in der BSE-(Rinderwahnsinn-)Krise zurück.

Fischer, Fritz, Historiker, *5.3.1908 Ludwigstadt, †1.12.1999 Hamburg. Er war 1942-73 Prof. in Hamburg. Seine Publikationen zur Gesch. des Ersten Weltkriegs (u.a. *Griff nach der Weltmacht*, 1961; *Krieg der Illusionen*, 1969), in denen er die These vertrat, das dt. Ks.reich habe den Krieg bewußt herbeigeführt, lösten heftige Diskussionen (Fischer-Kontroverse) aus.

Fischer, Joseph [*Joschka*], Politiker, *12.4.1948 Gerabronn. 1968-75 nahm er an revolutionär-militanten Aktionen teil. Nach Hinwendung zu Umweltfragen wurde er 1980 Mitglied der Partei Die Grünen u. saß 1983-85 im Bundestag, 1987-91 im hess. Landtag u. ab 1994 (für Bündnis 90/Die Grünen; Sprecher der Fraktion 1994-98) wieder im Bundestag. 1985-87 u. 1991-94 war er hess. Umweltminister. Als Bundesaußenminister ab 1998 vermittelte er im Kosovokonflikt.

Fischer, Oskar, Politiker, *19.3.1923 Asch (ČSR). Der gelernte Schneider war nach Kriegsdienst u. sowjet. Gefangenschaft ab 1947 in der SBZ bzw. der DDR Funktionär der FDJ. 1955-59 war er Botschafter in Bulgarien. Nach Studium an der Parteihochschule 1962-65 war er 1971-89 Mitglied des ZK der SED u. 1975-90 Außenminister der DDR.

Fischer, Ruth [eigtl. Elfriede Golke, geb. Eisler], Politikerin, *11.12.1895 Leipzig, †13.3.1961 Paris. Die Schwester von G. ↑Eisler u. des Komponisten Hanns E. (1898-1962) war 1918 Mitgründerin der östr. kommunist. Partei. 1919 nach Berlin übergesiedelt, wurde sie bald führend in der linken Opposition innerhalb der KPD. Ab 1924 Mitglied des Politbüros der Partei u. des Reichstags (bis 1928), wurde sie 1926 aus der KPD ausgeschlossen. Ihr Versuch, e. linkskommunist. Partei zu schaffen (Leninbund), scheiterte. 1933 emigrierte sie nach Paris, 1940 in die USA. Ab 1945 lebte sie als Publizistin in Paris.

Lit.: Hermann Weber, *Die Wandlung des dt. Kommunismus* (1969); Sabine Hering, *Kampfname R. F.* (1995).

Fischhof, Adolf, östr. Politiker, *8.12.1816 Altofen (Ungarn), †23.3. 1893 Emmersdorf (Kärnten). Der Arzt hielt am 13.3.1848 in Wien die erste revolutionäre Ansprache. Er spielte danach als führender Abg. der Linken im Reichstag in Wien u. dann in Kremsier e. bedeutende Rolle. Später trat er in wichtigen Schriften für e. föderalist. Neugliederung der östr. Monarchie ein.

Lit.: Richard Charmatz, *A. F.* (1910).

Flach, Karl–Hermann, Politiker, *17.10.1929 Königsberg, †25.8.1973 Frankfurt/Main. Er war in der SBZ Mitglied der LDPD. 1949 nach Berlin (West) übergesiedelt, war er 1959–62 Bundesgeschäftsführer, 1971–73 Generalsekretär der FDP. Ab 1972 saß er im Bundestag. Als stellv. Chefredakteur der *Frankfurter Rundschau* (1964–71) steigerte er deren überregionale Bedeutung.

Flick, Friedrich, Industrieller, *10.7. 1883 Ernsdorf (Westfalen), †20.7. 1972 Konstanz. Der Sohn e. Landwirts u. Holzhändlers absolvierte nach e. kaufmänn. Lehre die Handelshochschule Köln u. wurde 1907 Prokurist bei der Bremer Hütte. 1913 trat er in den Vorstand e. westfäl. Eisenunternehmens ein u. wechselte 1915 in den Vorstand der Charlottenhütte bei Siegen, deren Aktionär u. 1917 Generaldirektor er wurde. Während des Ersten Weltkriegs baute er das Unternehmen fortlaufend im Montanbereich aus, u. a. durch Erwerb der Kattowitzer Bergbau- u. Eisenhütten-AG. Während der Nachkriegszeit erleichterte die Inflation die Tilgung der durch seine Akquisitionen entstandenen Schulden. 1926 gelang ihm durch Aktientausch e. substantielle Beteiligung an den Vereinigten Stahlwerken AG. 1929 faßte er seine Unternehmen in der Mitteldt. Stahlwerke AG zus. Die Weltwirtschaftskrise der frühen 1930er Jahre brachte ihn dem Bankrott nahe, doch kam ihm die Regierung ↑Brüning mit e. spektakulären Aktienkaufaktion («Gelsenberg-Affäre») zu Hilfe. Sein Besitz wurde 1937 in die als Familienunternehmen gegründete Holdinggesellschaft F. F. KG eingebracht. Mitglied der NSDAP (ab 1937) u. des Freundeskreises des Reichsführers SS ↑Himmler sowie ab 1938 Wehrwirtschaftsführer, erlangte er während des Zweiten Weltkriegs Kontrolle über e. Großteil der Montanindustrie in den vom nat.soz. Regime besetzten Ländern. Im Nov. 1946 verhaftet, wurde er 1947 in Nürnberg als Kriegsverbrecher (Ausbeutung von Zwangsarbeitern u. KZ-Häftlingen) zu sieben Jahren Gefängnis verurteilt. 1950 vorzeitig entlassen, baute er seinen durch den Verlust der mitteldt. Unternehmen u. die von den Alliierten vorgenommene Entflechtung geschwächten Konzern erneut auf, wobei er sich nun nach Abstoßen des Kohlebereichs (1952) bes. der Automobilbranche u. der chem. Industrie zuwandte. Bei seinem Tod hinterließ er e. der größten dt. Unternehmensgruppen, deren 300000 Beschäftigte e. Jahresumsatz von 18 Mrd. DM erwirtschafteten.

Lit.: Günter Ogger, *F. F. d. Gr.* (³1973); Hans Werner Kilz, *F. – Die gekaufte Republik* (1984); Gerhard Th. Mollin, *Montankonzerne u. «Drittes Reich»* (1988); Susanne Jung, *Die Rechtsprobleme der Nürnberger Prozesse* (1992).

Florin, Peter, Politiker, *2.10.1921 Köln. Nach Aufenthalt während des Kriegs in der Sowjetunion kam er 1945 in die SBZ u. wurde Mitglied der KPD/SED. Ab 1949 im Außenministerium der DDR tätig, saß er 1954–90 in der Volkskammer u. war 1958–89 Mitglied des ZK. 1967–69 war er Botschafter in der ČSR, 1973–82 Ständ. Vertreter der DDR bei den UN.

Flottwell, *Eduard* Heinrich von (1861), Politiker, *23.7.1786 Insterburg, †28.5.1865 Berlin. Er trat 1805 in den preuß. Justizdienst ein u. wurde 1825 Regierungspräs. in Marienwerder, 1830 Oberpräs. in der durch den poln. Aufstand bedrohten Provinz Posen. Widerstand gegen seine antikath. Schulpolitik führte zu seiner Versetzung 1840 als Oberpräs. nach Sachsen. 1844 wurde er preuß. Finanzminister, 1846 Oberpräs. von Westfalen. 1848–49 saß er in der Frankfurter Nationalversammlung, 1849 in der preuß. 1. Kammer. 1850–62 war er, mit kurzer Unterbrechung 1858–59, Oberpräs. von Brandenburg.

Lit.: Manfred Laubert, *E. F.* (1919).

Focke, Katharina [geb. Friedlaender], Politikerin, *8.10.1922 Bonn. Nach Lehramtsstudium u. Promotion (Dr.phil. 1954) war sie 1961–69 Geschäftsführerin des Bildungswerks Europ. Politik in Köln. 1964 trat sie der SPD bei. 1966 kurzfristig Mitglied des Landtags von Nordrhein-Westfalen, saß sie 1969–80 im Bundestag. 1972–76 war sie Bundesfamilienministerin, 1979–89 Abg. im Europ. Parlament.

Follen, Karl, Politiker, *4.9.1796 Romrod (bei Gießen), †13.1.1840 im Long Island Sound (USA). Nach dem Jurastudium nahm er an den Befreiungskriegen teil u. gründete 1815 zus. mit seinem Bruder Adolf F. (1794–1855) in Gießen die erste Burschenschaft. Nach der Promotion 1818 wurde er Privatdozent in Gießen, mußte dann aber wegen e. revolutionären Aufrufs nach Jena gehen. Wegen seines Einflusses auf ↑Sand sah er sich nach dessen Ermordung ↑Kotzebues gezwungen, 1819 nach Frankreich, dann in die Schweiz u. 1824 schließl. in die USA zu emigrieren. Dort lehrte er 1825–35 an der Harvard University dt. Sprache u. Literatur. Danach wirkte er als unitar. Prediger. Er kam bei e. Dampferunglück vor New York ums Leben.

Lit.: J(ulia) Wüst, *K. F.* (1935).

Forckenbeck, Max[imilian] von, Politiker, *23.10.1821 Münster, †26.5.1892 Berlin. Der Jurist trat 1847 in den preuß. Justizdienst ein. Da er wegen revolutionärer Betätigung 1848 die Richterlaufbahn aufgeben mußte, arbeitete er 1849–59 als Rechtsanwalt in Ostpreußen. 1858–73 gehörte er dem preuß. Abg. haus an (1866–73 als Präs.). 1861 war er Mitbegründer der Dt. Fortschrittspartei, 1866 der Nationalliberalen Partei. Für letztere saß er 1867–92 im Reichstag, dessen Präs. er 1874–79 war. 1872 wurde er zum Oberbürgermeister von Breslau gewählt; 1878–92 war er gewählter Oberbürgermeister von Berlin.

Lit.: Martin Philippson, *M. von F.* (1898).

Forster, Johann *Georg*, Revolutionär, *27.11.1754 Nassenhuben (bei Danzig), †10.1.1794 Paris. Er segelte 1772–75 mit James Cook um die Welt. Ab 1778 war er Prof. in Kassel, 1784–87 in Wilna u. ab 1788 Bibliothekar in Mainz. Nach der franz. Eroberung der Stadt 1792 wurde er Mitglied des Jakobinerklubs u. Mitbegründer der Mainzer Republik. Nach der Rückeroberung von Mainz emigrierte er nach Paris.

Lit.: Klaus Harpprecht, *G. F.* (1990).

Francke, August Hermann, Theologe, *22.3.1663 Lübeck, †8.6.1727 Halle/Saale. Aus pietist.-frommem, bürgerl. Elternhaus stammend, studierte er ev. Theologie in Erfurt, Kiel u. Leipzig. Ein Erweckungserlebnis 1687 bestimmte sein weiteres Leben. 1690 übernahm er e. Pfarrstelle in Erfurt. Von dort wegen seines pietist. Eifers vertrieben, erhielt er 1692 durch die Vermittlung Philipp Jakob Speners (1635–1705) e. Stelle in Glauchau bei Halle; 1694 wurde er zum Prof. für oriental. Sprachen (1698 für Theologie) an die neugegründete Universität Halle berufen. Neben seiner Lehrtätigkeit wirkte er rastlos im sozialen Bereich. Die von ihm 1695 in Glauchau gegründete Armenschule entwickelte sich schnell zu e. großen Schulstadt, für die Freundeskreise im Bürgertum inner- u. außerhalb Dtld.s die nötigen Unterhalts- u. Ausbaumittel spendeten. Kinder aller Schichten wurden in e. wohlgegliederten Schulsystem unterrichtet. Die Institution wurde 1700 nach Halle verlegt. In seiner von Comenius beeinflußten Pädagogik traten Spiel u. Frohsinn zugunsten der Beschäftigung mit der dt. Sprache u. den Realien zurück. In Manufakturen u. Werkstätten wurde handwerkl. Ausbildung gewährt. 1710 wurde e. Bibelanstalt zur Verbreitung billiger Bibeln u. pietist. Schriften gegründet, deren Erzeugnisse bis nach Rußland, Nordamerika u. Indien gingen. Bei seinem Tod wurden über 2000 Schüler, darunter 40 % Mädchen, in seinen Anstalten unterrichtet.

Lit.: Erich Beyreuther, *A. H. F.* ([1956] 1987); Ernst Bunke, *A. H. F.* (³1986).

Franckenstein, *Georg* Arbogast Frhr. von u. zu, Politiker, *2.7.1825 Würzburg, †22.1.1890 Berlin. Erbl. Mitglied der bayer. 1. Kammer, wurde er 1875 deren Präs. 1872–90 saß er im Reichstag (Zentrum). Im Kulturkampf profilierte er sich als Katholikenführer. Bei der Zoll- u. Finanzreform 1879 setzte er e. Kompromiß zwischen Reich u. Bundesstaaten durch (F.sche Klausel).

Lit.: Hermann Ludwig Müller, *G. A. Frhr. von u. zu F.* (1925).

Frank, Anne [eigtl. Annelies Marie F.], NS-Opfer, *12.6.1929 Frankfurt/Main, †März 1945 KZ Bergen-Belsen. Ihre jüd. Familie floh 1933 in die Niederlande u. versteckte sich während des Kriegs in e. Amsterdamer Hinterhaus bis zur Entdeckung durch die Gestapo. A. F. führte e. Tagebuch (14.6.1942 bis 1.8.1944), das nach dem Krieg veröffentlicht u. vielfach übersetzt wurde. Sie starb im KZ Bergen-Belsen an den Folgen e. Epidemie.

Lit.: Eberhard Kolb, *A. F.* (1992); Carol Ann Lee, *A. F.* (2000).

Frank, Hans, Politiker, *23.5.1900 Karlsruhe, †16.10.1946 Nürnberg. 1918 Kriegsfreiwilliger, schloß er sich 1919 der nationalist. Thule-Gesellschaft, dem Freikorps ↑Epp u. der Dt. Arbeiterpartei (Vorläuferin der NSDAP) an. 1919–24 studierte er Rechtswiss. in München, Wien u. Kiel. 1923 trat er in NSDAP ein, nahm am Putschversuch ↑Hitlers teil u. floh dann für kurze Zeit nach Österreich. 1924 in Kiel zum Dr. iur. promoviert, ließ er sich 1927 als Rechtsanwalt in München nieder. Er vertrat mehrmals Mitglieder der NSDAP vor Gericht u. gründete 1928 den Bund nat.soz. dt. Juristen (später NS-Rechtswahrerbund). 1930–42 Leiter des Rechtsamts der Partei (1934 Reichsrechtsamt), saß er 1930–45 im Reichstag. 1933–34 war er bayer. Justizminister u. Reichskommissar für die Gleichschaltung der Justiz in den Ländern, ab Ende 1934 bis 1945 Reichsminister ohne Geschäftsbereich. 1933–42 leitete er als Präs. die maßgebl. von ihm gegründete Akademie für Dt. Recht, die e. umfassende Rechtsreform nach nat.soz. Grundsätzen anstrebte. Als Generalgouverneur für die besetzten poln. Gebiete (1939–45) war er verantwortl. für die dortige gewalttätige dt. Besatzungspolitik (Terror, Deportationen), wobei er sich allerdings ab 1943 um e. gewisse Milderung bemühte. 1942 bei Hitler wegen Kompetenzstreitigkeiten mit ↑Himmler in Ungnade gefallen, verlor er im selben Jahr alle Parteiämter. 1946 wurde er in Nürnberg wegen Kriegsverbrechen u. Verbrechen gegen die Menschlichkeit zum Tod verurteilt u. nach reuigem Übertritt zum Katholizismus gehängt.

Lit.: Czeslaw Madajczyk, *Die Okkupationspolitik Nazidtld.s in Polen* (1988); Christian Schudnagies, *H. F.* (1989).

Frank, Walter, Historiker, *12.2.1905 Fürth, †9.5.1945 Groß-Brunsrode (bei Braunschweig). Der promovierte Historiker wurde 1934 Referent «für Fragen des histor. Schrifttums» im Stab von R. ↑Heß. Ab 1935 leitete er das Reichsinstitut für Gesch. des neuen Dtld.s in Berlin, von wo er bedeutenden Einfluß ausübte, bes. bei der Besetzung von Lehrstühlen. Ende 1941 wurde er beurlaubt. Bei Kriegsende nahm er sich das Leben.

Lit.: Helmut Heiber, *W. F.* (1966).

Franke, Egon, Politiker, *11.4.1913 Hannover, †26.4.1995 ebd. Der gelernte Tischler war ab 1933 für die illegale Sozialist. Front tätig u. erhielt hierfür e. mehrjährige Gefängnisstrafe. 1945 war er Mitbegründer der SPD, deren Präsidium er ab 1964 angehörte. Er saß 1951–87 im Bundestag. 1969–82 war er Bundesminister für innerdt. Beziehungen.

Frantz, Gustav Adolf *Constantin,* Publizist, *12.9.1817 Börnecke (bei Halberstadt), †2.5.1891 Blasewitz (bei Dresden). Der promovierte Mathematiker war 1844–48 im preuß. Kultusministerium angestellt u. 1853–56 im Konsulardienst in Spanien tätig. Nach seiner Pensionierung 1858 betätigte er sich als staatsphilosoph. u. polit. Publizist. Konserv. u. großdt. eingestellt, forderte er, mit gelegentl. antisemit. Untertönen, die Schaffung e. föderativen europ. Staatenbundes. Dies brachte ihn nach 1871 in scharfen Gegensatz zu O. von ↑Bismarck. Im 20. Jh. wurden manche seiner Gedanken von konserv. Denkern wieder aufgegriffen.

Lit.: Udo Sautter u. Hans Elmar Onnau, Hrsgg., C. F.: Briefe (1974).

Franz

HEILIGES RÖMISCHES REICH:
Franz I. Stephan, Ks., *8.12.1708 Nancy, †18.8.1765 Innsbruck. Er kam 1723 an den Wiener Hof. Nach dem Tod seines Vaters, Hg. Leopolds von Lothringen (1679–1729), übernahm er dessen Hg.tum. 1730 wurde er Statthalter von Ungarn. 1736 mußte er zugunsten des poln. Kg.s Stanislaus Leszczyński auf Lothringen verzichten, erhielt dafür aber 1737 das Großhg.tum Toskana. 1736 heiratete er ↑Maria Theresia. 1740 ihr Mitregent, wurde er 1745 zum Ks. gewählt. Ohne polit. Einfluß, rationalisierte er auf seinen Gütern die Landwirtschaft. 1763 begann er erfolgreich mit der Sanierung der Staatsfinanzen. Durch ihn wurde der am Hofe vorherrschende Einfluß der ital. Sprache u. Kultur durch den franz. abgelöst.

Lit.: Fred Hennings, *U. sitzet zur linken Hand* (1961).

Franz II., Ks., als Franz I. östr. Ks., *12.2.1768 Florenz, †2.3.1835 Wien. Er folgte 1792 seinem Vater ↑Leopold II. auf den Thron. In den Koalitionskriegen mit dem revolutionären Frankreich u. Napoleon (I.) unterstützte er trotz Niederlagen u. Gebietsverlusten die Politik seiner Minister (↑Thugut; ↑Cobenzl). Auf die Selbsternennung Napoleons zum Ks. der Franzosen reagierte er mit der Errichtung des östr. Ks.tums (11.8.1804), auf die Bildung des Rheinbunds 1806 mit der Niederlegung der röm. Ks.krone (6.8.) u. der Erklärung, das Hl. Röm. Reich sei damit erloschen. Er billigte die von ↑Stadion organisierte, letztl. erfolglose Erhebung Österreichs gegen Napoleon. Nach dem Frieden von Schönbrunn 1809 trug er die vorsichtigere Politik seines neuen Ministers ↑Metternich mit, die sich v. a. in der Heirat seiner Tochter ↑Marie Louise mit Napoleon 1810 u. dem

Zögern vor dem östr. Eintreten in die antifranz. Koalition 1813 manifestierte. Nach den Befreiungskriegen lehnte er die Wiedererrichtung des alten Ks.tums ab. Autoritärbürokrat. denkend, detailfreudig u. reformfeindl., stand er wohlwollend hinter der sozialkonserv. Politik Metternichs.

Lit.: Walther Tritsch, *Metternich u. sein Monarch* (1952); Walter Ziegler, «F. II.»; «F. I. von Österreich», in Anton Schindling u. Walter Ziegler, Hrsgg., *Die Ks. der Neuzeit* (1990); Richard Reifenscheid, «Ks. F. II./I.», in Gerhard Hartmann u. Karl Rudolf Schnith, Hrsgg., *Die Ks.* (1996).

Münster:
Franz, Graf von Waldeck, Bf. von Münster, Minden u. Osnabrück, *um 1492, †15.7.1553 Burg Wolbeck. Bf. von Minden (1530) u. Münster u. Osnabrück (1532), gestand er 1533 der Stadt Münster das ev. Bekenntnis zu. Das 1534 ausartende Wiedertäuferregiment konnte er 1535 mit Hilfe von Reichstruppen beenden. Während Münster auf die Dauer rekatholisiert wurde, brachte F.' zögerl. Haltung die Hinwendung Mindens u. Osnabrücks zur Reformation.

Lit.: Hans-Joachim Behr, *Graf F. von W.* (1999).

Osnabrück:
Franz Wilhelm, Graf von Wartenberg, Bf., *1.3.1593 München, †1.12.1661 Regensburg. Von Jesuiten ausgebildet, wurde er 1621 zum köln. Oberhofmeister u. ersten Minister berufen. 1625 wurde er Bf. von Osnabrück (ab 1628 im Amt) u. von Minden (1629). Widerstand gegen seine strikte Durchsetzung des Restitutionsedikts von 1629 veranlaßte ihn zur Flucht 1633 aus seinen Bistümern. Im Westfäl. Frieden 1648 verlor er Minden u. mußte der Umwandlung Osnabrücks in e. konfessionell parität. Staat zustimmen. 1649 Bf. von Regensburg u. 1660 Kardinal, trieb er die Gegenreformation u. den Wiederaufbau in seinen Bistümern zielstrebig voran.

Lit.: Georg Schwaiger, *Kardinal F. W. von W.* (1954).

Österreich/Österreich-Ungarn:
Franz I. ↑Franz II.

Franz Joseph, Ks., *18.8.1830 Schönbrunn (bei Wien), †21.11.1916 ebd. Sorgfältig auf sein Herrscheramt vorbereitet, übernahm er nach der Abdankung seines Onkels ↑Ferdinand am 2.12.1848 die Regierung. Das Erlebnis der Märzrevolution veranlaßte ihn, seine vordringlichste Aufgabe in der Wiederherstellung der Autorität der Zentralgewalt u. deren Sicherung zu sehen. Durch Ministerpräs. F. Fürst zu ↑Schwarzenberg wurde 1849 der Reichstag von Kremsier aufgelöst. Die gleichzeitig oktroyierte Verfassung trat nie in Kraft. Auch formal durch das Silvesterpatent (31.12.1851) wieder aufgehoben, wurde sie ab 1852 durch das System des Neoabsolutismus ersetzt, das die monarch. Vorrangstellung betonte. Die Verwaltung u. der Polizeiapparat wurden straff zentralist. organisiert, das Wohlwollen der kath. Kirche durch das Konkordat von 1855 gewonnen. Der Krimkrieg 1854–56 u. die Niederlage im ital. Krieg von 1859 brachten freil. die internat. Isolierung Österreichs. Die Niederlage im Dt. Krieg 1866 führte dann 1867 im Ausgleich mit Ungarn zur Errichtung der östr.-ungar. Realunion u. zur Einführung der östr. Dezemberverfassung. F.J. orientierte sich in der Folge pflichtbewußt an letzterer, wenn er auch 1879 durch den Abschluß des Zweibunds mit dem Dt. Reich u. die Ernennung von ↑Taaffe zum Ministerpräs.en die «liberale Ära» enden ließ. Den späteren Reformbestrebungen des Thronfolgers ↑Franz Ferdinand stand er insgesamt ablehnend gegenüber. Die seit dem Berliner Kongreß 1878 wachsenden Spannungen mit Rußland, zu deren Intensivierung Österreich u. a. durch die Annexion Bosniens 1908 erhebl. beitrug, hat er in ihrer Reichweite nicht richtig erkannt. Vielmehr haben seine Fehleinschätzung der europ. Kräfteverhältnisse u. die teilweise hierdurch bedingte Starrheit seiner Politik die beim Ausbruch des Ersten Weltkriegs bestehende Krisenkonstellation mitgeschaffen. Eine direkte Mitschuld am Krieg trägt er aber wohl nicht. Im Grunde geradlinig u. selbstbewußt, erschien er seiner Umwelt nach dem Freitod seines Sohnes ↑Rudolf u. der Ermordung seiner Gemahlin ↑Elisabeth schroffer u. menschenscheuer als zuvor.

Lit.: Heinrich Drimmel, *F.J.* (³1992); Franz Herre, *Ks. F.J. von Österreich* (1992); Alan Palmer, *F.J. I.* (1995); Steven Beller, *F.J.* (1997).

Franz Ferdinand, Erzhg., *18.12.1863 Graz, †28.6.1914 Sarajewo. Der Neffe Ks. ↑Franz Josephs diente im östr. u. ungar. Militär u. wurde nach dem Tod des Kronprinzen ↑Rudolf (1889) u. seines Vaters Erzhg. Karl Ludwig (1833–96) Thronfolger der Donaumonarchie. Ein schweres Lungenleiden zwang ihn jahrelang, kurgemäß am Mittelmeer zu leben. Nachkommen aus seiner 1900 mit der unebenbürtigen Sophie Gräfin Chotek (1868–1914) eingegangenen, von Ks. ↑Franz Joseph nur als morganat. Ehe gestatteten Verbindung wären von der Thronfolge ausgeschlossen geblieben. 1898 zum Stellv. des Ks.s im Obersten Kommando der Streitkräfte ernannt, wurde er 1899 zum General der Kavallerie befördert. Er sah seine wichtigste Aufgabe im Ausbau u. in der Modernisierung der östr. Land- u. Marinestreitkräfte. 1913 wurde er zum «Generalinspekteur der gesamten bewaffneten Macht» ernannt. Er erkannte durchaus die Reformbedürftigkeit der habsburg. Monarchie u. entwickelte zus. mit e. Gruppe jüngerer östr. Politiker, dem sog. Belvederekreis, Konzeptionen für e. Staatsumbau in föderalist. u. liberal-demokrat. Sinne. Bei Wahrung e. möglichst starken Zentralgewalt sollte durch e. Dreigliederung der Monarchie (Trialismus) bei bes. Berücksichtigung der Kroaten durch Einführung des allg. Wahlrechts der Einfluß des ungar. Adels abgeschwächt werden. Später neigte er Plänen zur Aufteilung der Monarchie nach Volksgruppen zu. Von den tatsächl. Regierungsgeschäften blieb er freil. vorerst ausgeschlossen. Den Italienern mißtrauend, neigte er außenpolit. e. Dreiks.bündnis zu. Die Präventivkriegspläne ↑Conrads von Hötzendorf, dem er persönl. nahestand, teilte er nicht. Bei e. Manöverbesuch in Bosnien fiel er zus. mit seiner Gemahlin e. von Serbien organisierten Attentat zum Opfer, wodurch der Erste Weltkrieg ausgelöst wurde.

Lit.: Gerd Holler, *F.F. von Österreich-Este* (1982); Gordon Brook-Shepherd, *Die Opfer von Sarajevo* (1988); Friedrich Weissensteiner, *F.F.* (²1999).

Franz Christoph von Hutten, Bf. von Speyer, *6.3.1706 Wiesenfeld, †20.4.1770 Bruchsal. Der Speyerer Domherr wurde 1743 zum Bf. von Speyer gewählt. Ein eifriger Seelsorger, war er bestrebt, der kirchenfeindl. Aufklärung durch Verbesserung der Schulbildung u. des Theologiestudiums sowie Straffung der Disziplin im Klerus zu begegnen. Unter ihm wurde das Schloß in Bruchsal vollendet. 1761 wurde er zum Kardinal ernannt.

Lit.: Johann Pfeiffer, *Der Speyerer Fürstbf. F. C. Kardinal von H.* (1959).

Franz Ludwig ↑Erthal, Franz Ludwig Frhr. von.

Freisler, Roland, Jurist, *30.10.1893 Celle, †3.2.1945 Berlin. Der promovierte Jurist trat 1925 der NSDAP bei u. saß ab 1932 im preuß. Landtag. Als Staatssekretär im preuß. Justizministerium (1933-34) u. im Reichsjustizministerium (1934-42) betrieb er die Ausrichtung der Justiz auf die nat.soz. Ideologie. 1942-45 Präs. des Volksgerichtshofs, übte er e. rücksichtslose Terrorjustiz aus, bes. gegen die Verschwörer des 20.7. 1944. Er starb bei e. Luftangriff.

Lit.: Helmut Ortner, *Der Hinrichter R.F.* (³1996).

Frick, Wilhelm, Politiker, *12.3. 1877 Alsenz (Pfalz), †16.10.1946 Nürnberg. Der promovierte Jurist stand ab 1900 im bayer. Staatsdienst u. leitete ab 1919 in München die polit. Polizei. Früh in Berührung mit ↑Hitler, beteiligte er sich 1923 an dessen Putschversuch u. wurde wegen Beihilfe zum Hochverrat zu 15 Monaten Haft verurteilt. Vorzeitig entlassen, saß er ab 1924 im Reichstag (ab 1928 Fraktionsvors.) u. war 1930-31 erster nat.soz. Minister e. Landes (Innenminister in Thüringen). Als Reichsinnenminister 1933-43 leitete er den administrativen Auf- u. Ausbau der nat.soz. Herrschaft (Parteienverbot; Gleichschaltung; Nürnberger Gesetze), mußte aber freil. die Leitung der Polizei an ↑Himmler abtreten. 1943-45 war er Reichsprotektor von Böhmen u. Mähren. Der Internat. Militärgerichtshof in Nürnberg verurteilte ihn 1946 zum Tod durch Erhängen.

Lit.: Günter Neliba, *W.F.* (1992).

Friderichs, Hans, Bankfachmann, *16.10.1931 Wittlich. Der promovierte Volkswirt trat 1956 der FDP bei u. saß 1965–69 u. 1972–77 im Bundestag. 1964–69 war er Bundesgeschäftsführer der FDP, 1972–77 Bundeswirtschaftsminister, 1978–85 Vorstandssprecher der Dresdner Bank AG.

Fried, *Alfred* Hermann, östr. Pazifist, *11.11.1864 Wien, †5.5.1921 ebd. Er war führend an der Gründung der Dt. Friedensgesellschaft (1892) beteiligt u. gab ab 1899 die Zeitschrift *Die Friedens-Warte* heraus. In zahlreichen Veröffentlichungen suchte er die Friedenssicherung zu fördern. 1911 erhielt er den Friedensnobelpreis. Während des Ersten Weltkriegs in die Schweiz emigriert, forderte er die Errichtung e. Völkerbunds.

Friedjung, Heinrich, östr. Publizist, *18.1.1851 Roštín (Mähren), †14.7.1920 Wien. Der Sohn e. jüd. Kaufmanns wurde 1873 Prof. für Gesch. an der Wiener Handelsakademie. 1879 aus polit. Gründen entlassen, arbeitete er mit ↑Schönerer u. V. ↑Adler das dt.-nationale Linzer Programm (1882) aus u. redigierte in der Folge verschiedene Blätter großdt. Richtung. Seine Geschichtsschreibung hat ähnl. Charakter.

Friedrich
Heiliges Römisches Reich:
Friedrich I. Barbarossa, Kg., Ks., *um 1122, †10.6.1190 im Saleph (Fluß in Kleinasien). Der Hohenstaufe übernahm 1147 in Nachfolge seines Vaters, Hg. Friedrichs II. (1090–1147), die Herrschaft im Hg.-tum Schwaben. Sein Onkel, Kg. ↑Konrad III., designierte ihn 1152 zum Thronfolger, woraufhin er von den Fürsten in Frankfurt einstimmig zum Kg. gewählt u. in Köln gekrönt wurde. Seine Herrschaft, auf Stärkung der Reichsgewalt ausgerichtet, war im Grunde e. einziger langer Kampf gegen widerspenstige Vasallen nördl. der Alpen sowie, auf sechs Italienzügen, gegen die turbulenten Städterepubliken in der Lombardei u. den Papst. Auf seinem ersten Italienzug 1155 in Rom zum Ks. gekrönt, konnte er 1162 durch die Einnahme Mailands die renitenten ital. Staaten unterwerfen. Fünf Jahre später schien es, daß er auch dem Papst gebieten könne, als die plötzl. in Rom ausbrechende Malaria große Teile seines Heeres u. auch seinen Kanzler ↑Rainald von Dassel dahinraffte. In der Lombardei nahm man dies als Signal zur Revolte. Beim Unterdrückungsversuch erlitt er 1176 bei Legnano e. schwere Niederlage, die ihn zu e. Politikwende bewegte. Er erkannte den zuvor bekämpften Papst Alexander III. an u. gestand 1183 im Frieden von Konstanz den lombard. Stadtstaaten gegen finanzielle Leistungen die Selbstverwaltung zu. 1178 ließ er sich in Arles zum Kg. von Burgund krönen, nachdem er bereits 1156 in zweiter Ehe die burgund. Erbin ↑Beatrix geheiratet hatte. Seinen stärksten Rivalen in Dtld., den Welfen Hg. ↑Heinrich den Löwen, der ihn durch Verweigerung der Heerfahrt entscheidend für Legnano ge-

schwächt hatte, konnte er ausschalten, indem er ihn 1180 lehnsrechtl. wegen Nichtachtung der ksl. Majestät verurteilen u. seiner Besitzungen für verlustig erklären ließ. Durch die Vermählung seines Sohnes Heinrich, des späteren Ks.s ↑Heinrich VI., mit der sizil. Erbin ↑Konstanze 1186 bahnte er die folgenreiche Verbindung des Reichs mit Sizilien an. Auf der Höhe seiner Macht zog er 1189 im 3. Kreuzzug gegen den ägypt. Sultan Saladin, der 1187 Jerusalem erobert hatte, ertrank aber nach dem Sieg bei Ikonion beim Baden im Fluß Saleph. Schon für seine Zeitgenossen e. Idealgestalt, aber doch wohl in seiner Herrschaft weniger erfolgreich, als der spätere Mythos ihn zeichnete, wurde er bald neben ↑Karl I. d. Gr. der volkstümlichste Ks. des dt. MA.

Lit.: Marcel Pacaut, *F. B.* (1969); Gunther Wolf, Hrsg., *F. B.* (1975); Evamaria Engel, *Ks. F. B.* (1994); Ferdinand Opll, *F. B.* (³1998); Ernst W. Wies, *Ks. F. B.* (²1998).

Friedrich II., Kg., Ks., *26.12.1194 Iesi (bei Ancona), †13.12.1250 Fiorentino (Apulien). Der Sohn von Ks. ↑Heinrich VI. u. ↑Konstanze von Sizilien wurde 1196 zweijährig zum dt. Kg. gewählt. Nach seines Vaters Tod verzichtete seine Mutter für ihn auf den Titel u. ließ ihn vielmehr 1198 in Palermo zum Kg. von Sizilien krönen. Nach ihrem Tod 1198 fungierte, ihrer Bestimmung gemäß, Papst Innozenz III. bis 1208 als F.s Vormund. Innozenz betrieb auch die erneute Wahl F.s zum dt. Kg. in Nürnberg 1211 als Gegenmaßnahme gegen den Süditalien bedrohenden Welfenks. ↑Otto IV. F. setzte sich mit Unterstützung Frankreichs (Schlacht bei Bouvines 1214) rasch durch u. wurde 1215 in Aachen gekrönt. 1220 folgte die Ks.krönung in Rom. Fortan beschäftigte er sich hauptsächl. mit dem Ausbau des sizil. Staates zu e. straff organisierten Beamtenstaat, der in der Kodifikation des Verwaltungsrechts 1231 gipfelte. 1228 unternahm er den lange versprochenen 5. Kreuzzug u. konnte sich vom ägypt. Sultan Al Kamil die hl. Stätten vertragl. übergeben lassen. 1229 krönte er sich selbst in der Grabeskirche zum Kg. von Jerusalem. Von da an verschlechterte sich für ihn die polit. Situation. In Dtld. mußte er 1231/32 den Fürsten im *Statutum in favorem principum* wichtige Hoheitsrechte überlassen. Um seinen aufrührer. Sohn ↑Heinrich (VII.) zu unterwerfen, weilte er 1235–36 e. letztes Mal in Dtld. Gegen die lombard. Städte konnte er sich trotz seines Sieges bei Cortenuova 1237 nicht durchsetzen, sein Verhältnis zur Kurie war u. blieb gespannt, u. in Dtld. wurden Gegenkg.e gewählt (↑Heinrich Raspe; ↑Wilhelm von Holland). Schon zu Lebzeiten andererseits bewundert wegen seiner Genialität u. seines Interesses für Dichtung, Mathematik, Philosophie u. Naturwiss. («stupor mundi»), ging er nach seinem Tod in die Sage ein.

Lit.: Georgina Masson, *F. II. von Hohenstaufen* (1991); Wolfgang Stürner, *F. II.* (1997); Eberhard Horst, *F. der Staufer*

(2000); Ekkehart Rotter, *F. II. von Hohenstaufen* (2000); Klaus von Eickels u. Tania Brüsch, Hrsgg., *Ks. F. II.* (2000).

Friedrich (III.) der Schöne, Gegenkg., *1289, †13.1.1330 Burg Gutenstein (Niederösterreich). Der zweite Sohn von Kg. ↑Albrecht I. übernahm 1306 die Verwaltung Österreichs. Nach der Ermordung seines Vaters 1308 konnte er sich nicht die Kg.swürde sichern. Er verständigte sich jedoch mit dem neuen Kg. ↑Heinrich VII., nach dessen Tod er 1314 von vier Fürsten zum Kg. gewählt wurde. Eine Gegenpartei wählte kurz darauf seinen Vetter ↑Ludwig IV. den Bayern, gegen den F. dann im Thronstreit lag, bis er 1322 bei Mühldorf/Inn geschlagen u. gefangengenommen wurde. Erst 1325 konnte er durch die im Vertrag von München gegebene Zustimmung zur Gemeinschaftlichkeit des Kg.tums wieder die Freiheit erlangen. Danach zog er sich in sein Hg.tum Österreich zurück.

Lit.: Günther Hödl, *Habsburg u. Österreich* (1988).

Friedrich III., Kg., Ks., *21.9.1415 Innsbruck, †19.8.1493 Linz. Als F. V. seit 1424 Hg. von Steiermark, Kärnten u. Krain, wurde er 1440 als Nachfolger seines Vetters Kg. ↑Albrecht II. zum dt. Kg. gewählt u. 1452 von Papst Nikolaus V., als letzter dt. Herrscher in Rom, auch zum Ks. gekrönt. Bereits 1448 hatte er mit Papst Eugen IV. das Wiener Konkordat geschlossen, das insgesamt die Position des Papstes bei der Besetzung geistl. Stellen in Dtld. stärkte u. dann bis 1806 die Beziehungen zwischen Reich u. Kurie regelte. Auch in den habsburg. Angelegenheiten konnte F., nicht zuletzt wegen seiner bedächtigen Entschlußlosigkeit, das Abbröckeln des Hausmachtbesitzes nicht verhindern. So ging Böhmen 1458 an Georg Podiebrad (1420–71), Ungarn ab 1463 an Matthias Corvinus (1443–90) verloren. Letzterer vertrieb F. 1485 sogar aus Wien u. behauptete die Stadt sowie Kärnten, die Steiermark u. das Land bis zur Enns bis zu seinem Tod. Auch F.s Versuch Anfang der 1440er Jahre, den schweizer. Aargau durch den Einsatz franz. Söldner, der sog. Armagnaken, zurückzugewinnen, scheiterte u. endete in von diesen verursachten Verwüstungen. Ein Gegner der von Ks. ↑Sigismund in Angriff genommenen Reichsreform, vermochte er nur mit Mühe seine Absetzung durch die Fürsten u. die Etablierung e. Gegenkg.s zu verhindern. 1486 erreichte er jedoch die Wahl seines Sohnes ↑Maximilian (I.) zum röm. Kg.; da dieser ab 1477 mit Maria von Burgund (1457–82) vermählt gewesen war, wurde hierdurch der Grund für den Aufstieg des Hauses Österreich gelegt. Unkrieger. u. abwartend, aber begünstigt durch mehrere glückl. Umstände, gelang es ihm schließl., nach dem Tod Matthias Corvinus' zum Ende seiner Regierungszeit den gesamten habsburg. Besitz wieder zu vereinen. Dieser ging dann geschlossen an Maximilian über.

Lit.: Bernd Rill, *F. III.* (1987); Richard Reifenscheid, «Ks. F. III.», in Gerhard Hartmann u. Karl Rudolf Schnith, Hrsgg., *Die Ks.* (1996); Paul Joachim Heinig, *Ks. F. III.* (1997).

DEUTSCHES REICH:
Friedrich (III.), Ks., als Kg. von Preußen F. III., *18.10.1831 Potsdam, †15.6.1888 ebd. Der älteste Sohn des späteren Ks.s ↑Wilhelm I., als Kronprinz F. Wilhelm genannt, wurde von dem Altertumsforscher E. ↑Curtius erzogen. 1858 vermählte er sich mit der brit. Prinzessin ↑Viktoria. Unter deren Einfluß geriet er aufgrund seiner liberalen Gesinnung in gewissen Gegensatz zu seinem Vater u. auch zu O. von ↑Bismarck. In den dt. Einigungskriegen führte er mit Erfolg Truppenkommandos; im Dt. Krieg 1866 entschied die von ihm befehligte 2. Armee die Schlacht bei Königgrätz. Bei den Waffenstillstandsverhandlungen von Nikolsburg trat er für die versöhnl. Politik Bismarcks ein. Im Dt.-franz. Krieg 1870–71 führte er, 1870 zum Generalfeldmarschall ernannt, die in der 3. Armee zus.gefaßten süddt. Truppen bei Sedan u. vor Paris, blieb aber von seinem Generalstabschef Leonhard von Blumenthal (1810–1900) beeinflußt. Von preuß.-monarch. Selbstbewußtsein durchdrungen, setzte er sich für die Reichsgründung ein. Danach bestand sein Leben vor allem in der Erfüllung von Repräsentationspflichten, wenn er auch 1878 vorübergehend die Stellvertretung seines Vaters übernahm. Erst 1888 kam er, bereits schwer an Kehlkopfkrebs erkrankt, an die Herrschaft, verschied aber nach unsachgemäßer ärztl. Behandlung bereits nach 99 Tagen. Bis heute wird die Frage debattiert, ob er bei längerer Regierung wirkl. e. liberaleren Kurs in der Innenpolitik zu stützen vermocht hätte.

Lit.: Franz Herre, *Ks. F. III.* (1992); Hellmut Seier, «F. III.», in Anton Schindling u. Walter Ziegler, Hrsgg., *Die Ks. der Neuzeit* (1990).

BADEN:
Friedrich I., Großhg., *9.9.1826 Karlsruhe, †28.9.1907 Insel Mainau. Der zweitgeborene Sohn Großhg. ↑Leopolds trat nach dem Tod seines Vaters 1852 für seinen geisteskranken Bruder Ludwig II. (1824–58) die Regentschaft an u. wurde 1856 endgültig Großhg. Er regelte das wegen des bad. Kirchenstreits gestörte Verhältnis zwischen Staat u. kath. Kirche u. setzte umfangreiche Verwaltungsreformen in Gang. Die Bestrebungen zur Einigung Dtld.s unter der Führung Preußens unterstützte er auf dem Frankfurter Fürstentag 1863, wechselte dann aber, der bad. öffentl. Meinung folgend, 1866 auf die Seite Österreichs. Nach dem Sieg Preußens schloß er mit demselben e. Schutzbündnis u. reorganisierte das bad. Heer 1868 nach preuß. Vorbild. Beim Beginn des Dt.-franz. Kriegs 1870 trat er dem Norddt. Bund bei, wirkte vermittelnd bei der Reichsgründung u. brachte bei der Ks.proklamation am 18.1.1871 in Versailles das Hoch auf Ks. ↑Wilhelm I. aus. Der liberal denkende, im bad. Volk beliebte Fürst

war nicht unbeteiligt am Sturz O. von ↑Bismarcks 1888. In seinem Land förderte er das Hochschulwesen u. reformierte 1904 das Wahlrecht.

Lit.: Walther Peter Fuchs, *Studien zu Großhg. F. I. von B.* (1995).

BAYERN:

Friedrich, Hg., *um 1339, †4.12.1393 Budweis. Erst gemeinsam mit seinen Brüdern regierend, trat er 1379 die Alleinherrschaft an. 1383 hielt er sich im Auftrag Kg. ↑Wenzels am franz. Hof auf. Mehrere Auseinandersetzungen mit den Städten endeten mit der Auflösung der Städtebünde u. dem unter maßgebl. Beteiligung F.s geschlossenen Reichslandfrieden von Eger 1389. Bei der Teilung seines Landes 1392, die bis 1506 dauerte, konnte er sich den reichsten Anteil, Niederbayern-Landshut, sichern.

BRANDENBURG:

Friedrich I., Kf., *1371, †20.9.1440 Cadolzburg. Der Hohenzoller erbte 1385 Ansbach u. war seit 1397 als Friedrich VI. Burggraf von Nürnberg. Ab 1409 stand er im Dienst Kg. ↑Sigismunds u. warb für dessen Wahl zum röm. Kg. 1410. Hierfür wurde er 1411 zum Verweser der Mark Brandenburg ernannt, 1415 auf dem Konstanzer Konzil offiziell mit ihr u. 1417 mit dem Erzkämmereramt u. der Kur belehnt. Damit wurde er zum Stammvater der brandenburg. Hohenzollern. An der Spitze e. Reichsheeres kämpfte er 1427–31 gegen die Hussiten. Seine Heirat 1401 mit Elisabeth von Bayern-Landshut (1383–1442) verwikkelte ihn bis zu seinem Tod in den bayer. Erbfolgestreit. 1425 übertrug er die Mark seinem Sohn Friedrich II. (1413–71) u. zog sich auf seine fränk. Besitzungen zurück.

Friedrich Wilhelm der Große Kf., *16.2.1620 Berlin, †9.5.1688 Potsdam. Der Sohn des Kf.en ↑Georg Wilhelm übernahm 1640 die Regierung in seinem durch den 30jährigen Krieg erschütterten Land. Im Westfäl. Frieden 1648 gewann er Hinterpommern u. einige geistl. Gebiete. In der Folgezeit bestimmte das Streben nach Angliederung Vorpommerns u. die Konsolidierung seines verstreuten Territorialbesitzes sein Vorgehen. Eine 1653 den Ständen abgetrotzte langfristige Steuerbewilligung schuf e. erste feste Grundlage für e. stehendes Heer u. damit auch die Möglichkeit für das ständige Lavieren zwischen den europ. Mächten, das seine Politik kennzeichnete. Durch Beteiligung am 1. Nord. Krieg erreichte er im Frieden von Oliva 1660 die endgültige Anerkennung seiner Souveränität über das Hg.tum Preußen. Im Reichskrieg gegen den franz. Kg. Ludwig XIV. nahm er 1674 als Reichsstand teil u. schlug dann die mit Frankreich verbündeten Schweden 1675 bei Fehrbellin (nahe Potsdam), was ihm den Beinamen «Großer Kf.» eintrug. Das eroberte Vorpommern mußte er freil. im Frieden von Nimwegen 1679 wieder herausgeben. Seine Enttäuschung hierüber bewog ihn zu e.

Annäherung an Frankreich, die sich in der Annahme franz. Subsidien u. seiner Neutralität bei der franz. Reunionspolitik manifestierte. Nach der Revokation des Edikts von Nantes durch Ludwig XIV. 1685 schloß er sich, selbst Kalvinist, wieder der ksl. Seite an. Die Aufnahme von aus Frankreich vertriebenen Hugenotten förderte den Aufbau e. modernen Gewerbewesens, wie er überhaupt durch merkantilist. Maßnahmen (Ansiedlung von Industrien, Koloniegründung an der afrikan. Guineaküste, Bau von Kanälen) die wirtschaftl. Entwicklung seines Landes voranzutreiben bestrebt war. Hierdurch u. durch seine Neuordnung des Besteuerungswesens bereitete er den Grund für den späteren Aufstieg Brandenburg-Preußens.

Lit.: Ernst Opgenoorth, *F. W., der Große Kf.* (2 Bde., 1971–78); Barbara Beuys, *Der Große Kf.* (1979); Ludwig Hüttl, *F. W. von Brandenburg, der Große Kf.* (1981); Andreas Nachama, *Der Große Kf.* (1989).

Friedrich III. ↑Friedrich I., Kg. in Preußen.

BRAUNSCHWEIG-OELS:
Friedrich Wilhelm, Hg. von Braunschweig-Oels, *9.10.1771 Braunschweig, †16.6.1815 Quatre-Bras (Belgien). Er trat 1788 in den preuß. Militärdienst. 1806 unter ↑Blücher für den Verlust von Lübeck verantwortl., nahm er seinen Abschied. 1809 stellte er e. Freikorps auf u. kämpfte auf östr. Seite. Sein «Schwarzes Korps» kämpfte ab 1810 als dt.-engl. Legion in Spanien. Der «Schwarze Hg.» kehrte 1813 nach Braunschweig zurück. Er unterstützte 1815 den brit. Oberbefehlshaber Wellington gegen Napoleon I. u. fiel im Kampf.

Lit.: Paul Zimmermann, *Der Schwarze Hg. F. W.* (1936).

HESSEN-HOMBURG:
Friedrich II., Landgraf, *30.3.1633 Homburg v.d.H., †24.1.1708 ebd. Der «Prinz von Homburg» trat 1654 in schwed. Dienste u. verlor 1659 bei der Belagerung Kopenhagens e. Bein. 1661 verabschiedet, trat er 1670 in brandenburg. Dienste u. hatte 1675 entscheidenden Anteil am Sieg über die Schweden bei Fehrbellin. 1681 übernahm er die Regierung der Landgrafschaft Homburg, wo er die wirtschaftl. Entwicklung durch Aufnahme von Hugenotten u. Waldensern förderte.

Lit.: Herbert Rosendorfer, *Der Prinz von Homburg* (³1991).

HESSEN-KASSEL:
Friedrich Wilhelm I., Kf., *20.8.1802 Hanau, †6.1.1875 Prag. Er übernahm 1831 fakt. die Herrschaft, als sein Vater, Kf. Wilhelm II. (1777–1847), sich aus Protest gegen die ihm nach der Julirevolution aufgezwungene Verfassung zurückzog. Obwohl er durch e. unstandesgemäße Ehe belastet war, regierte er zunächst erfolgreich (Anschluß an den preuß. Zollverein 1831; gesetzgeber. Tätigkeit seines Ministers ↑Hassenpflug). Das allmähl. Zurückdrängen des Parlaments verschlechterte freil. sein Verhältnis zu breiten Bevölke-

rungskreisen. Deren Unmut entlud sich 1848 in Aufständen u. zwang ihn zur Einsetzung e. liberalen Ministeriums. 1850 ersetzte er dieses wieder durch Hassenpflug. Auch hob er die Verfassung von 1831 auf, die er erst unter dem Druck Preußens u. des Dt. Bundes 1862 wieder einführte. Als er sich 1866 Österreich anschloß, wurde sein Land von preuß. Truppen besetzt. Er selbst verlor seinen Thron u. zog sich auf seine böhm. Güter zurück.

MEISSEN:
Friedrich I. der Freidige, Markgraf, Landgraf von Thüringen, *1257, †16.11.1323 Wartburg. Der Enkel Ks. ↑Friedrichs II. sollte nach ↑Konradins Tod entsprechend dem Wunsch der stauf. Partei die Nachfolge seines Großvaters in Italien antreten. Er kämpfte lange zus. mit seinem Bruder Dietrich III., Landgraf von Thüringen (1260–1307) um sein Erbe. 1291 erhielt er die Markgrafschaft Meißen. Thüringen, das er erst nach Auseinandersetzungen mit Kg. ↑Adolf von Nassau u. dem Sieg über Kg. ↑Albrecht I. bei Lucka 1307 gewinnen konnte, erhielt er 1310 von Kg. ↑Heinrich VII. im Vertrag von Prag bestätigt. Er gilt als der zweite Begründer (nach ↑Konrad I., Markgraf von Meißen) des Hauses Wettin.

Lit.: Herta Wagenführer, *F. der Freidige* (1936).

ÖSTERREICH:
Friedrich II. der Streitbare, Hg., *um 1210, †15.6.1246. Er trat 1230 die Herrschaft an u. erstrebte die Loslösung der östr. Länder aus dem Reichsverband. Auf die Ächtung durch Ks. ↑Friedrich II. 1236 folgte ab 1239 e. Annäherung, ohne daß der impulsive, prunkliebende F. seine selbständige Landespolitik aufgegeben hätte. Bei e. Feldzug gegen die Ungarn starb der letzte Babenberger nach e. Schlacht an der Leitha.

Lit.: Karl Lechner, *Die Babenberger in Österreich* (⁴1992).

PFALZ:
Friedrich I. der Siegreiche, Kf., *1.8.1425 Heidelberg, †12.12.1476 ebd. Er übernahm 1449 als Vormund seines Neffen Philipp des Aufrichtigen (1448–1508) die Regentschaft u. konnte sich durch dessen Adoption 1452 bei Wahrung von dessen Erbrecht die Herrschaftsrechte in der Pfalz auf Lebenszeit sichern. Die Anerkennung des Ks.s, der 1474 die Reichsacht über ihn verhängte, blieb ihm freil. vorenthalten. Er betrieb in zahlreichen Fehden erfolgreich die Vergrößerung seines Gebiets auf Kosten der Nachbarn, bes. von Kurmainz, u. legte damit den Grund für die Vormachtstellung der Pfalz am Oberrhein. Er reorganisierte die Universität Heidelberg (1452), sorgte für die Rezeption des röm. Rechts, errichtete das Pfälz. Hofgericht als Appellationsinstanz für alle Stände seines Landes (1462) u. befürwortete die Bestrebungen zur Reform des Reichs.

Lit.: Bernhard Rolf, *Kurpfalz* (1981); Eberhard Holtz, «F. I.», in ders. u. Wolfgang

Huschner, Hrsgg., *Dt. Fürsten des MA* (1995).

Friedrich III. der Fromme, Kf., *14.2.1515 Simmern, †26.10.1576 Heidelberg. Er heiratete 1537 Maria von Brandenburg-Kulmbach (1519-67), die ihn dazu brachte, 1546 zum Protestantismus überzutreten. 1559 übernahm er die Regierung der Kurpfalz u. führte hier konsequent die kalvinist. Lehre ein. In seinem Auftrag wurde der Heidelberger Katechismus (1563) erarbeitet. Die Kalvinisten in England, Frankreich u. den Niederlanden unterstützte er militär. u. finanziell.
Lit.: Werner Braselmann, *F. der Fromme* (1963).

Friedrich V., Kf., Kg. von Böhmen, *26.8.1596 Amberg, †29.11.1632 Mainz. Nach seinem Regierungsantritt als Kf. 1614 folgte er in allen Fragen der großen Politik dem Rat des Verwalters der Oberpfalz ↑Christian I. von Anhalt-Bernburg u. seiner Heidelberger Räte (u.a. ↑Camerarius). Seine Heirat 1613 mit Elisabeth Stuart (1596-1662), der Tochter Kg. Jakobs I. von England, zeigte das Bestreben seiner Ratgeber, der Pfalz e. festen Platz unter den europ. Mächten zu verschaffen. Haupt der prot. Union, wurde er 1619 nach dem Tod von Ks. ↑Matthias durch die böhm. Stände zum Kg. von Böhmen erhoben. Die Truppen Ks. ↑Ferdinands II. u. der kath. Liga schlugen ihn jedoch 1620 am Weißen Berg bei Prag. (Seine kurze Herrschaft brachte ihm den Spottnamen «Winterkg.» ein.) Er floh in die Niederlande u. wurde 1621 geächtet, die Pfalz wurde von seinen Gegnern besetzt. Die bayer. Kurwürde fiel 1623 an ↑Maximilian I. von Bayern, der 1628 auch die Oberpfalz erhielt. Kurz nach der prot. Rückeroberung der Pfalz 1632 starb er am Fieber.
Lit.: Peter Bilhöfer, *Nicht gegen Ehre u. Gewissen* (2000).

PREUSSEN:

Friedrich I., Kg. in Preußen, als F. III. Kf. von Brandenburg, *11.7.1657 Königsberg, †25.2.1713 Berlin. Der Sohn von ↑Friedrich Wilhelm, dem Großen Kf.en, kam 1688 an die Regierung. Von dem Juristen ↑Danckelman erzogen, ernannte er diesen umgehend zum leitenden Minister u. errichtete unter dessen Anleitung 1689 die Geheime Hofkammer als kollegial. Zentralbehörde der Domänenadministration. Seit Beginn seiner Regierung erstrebte er, nicht zuletzt in Erwartung der Rangerhöhung der Häuser Sachsen (Polen) u. Hannover (England), die Gewinnung der Kg.swürde. Gegen das Versprechen der Unterstützung im Span. Erbfolgekrieg erlangte er dann auch von Ks. ↑Leopold I. die Zustimmung zur Erhebung des außerhalb der Reichsgrenzen gelegenen Hg.tums Preußen (d.h. Ostpreußens) zum Kg.reich. Nach der eigenhändig vollzogenen Krönung zum «Kg. in Preußen» am 18.1.1701 in Königsberg löste er sein Hilfsversprechen ein durch den Einsatz preuß. Truppen gegen Frankreich auf verschiedenen Kriegsschauplätzen. Weniger diese Kraftanstrengung, für die er Subsidien erhielt, als vielmehr der von ihm aus Eitelkeit u. Prunksucht getriebene höf. Aufwand belasteten die Finanzkraft seines Staates bis an die Grenze des Tragbaren. Nicht zuletzt unter dem Einfluß seiner ihm geistig überlegenen Gemahlin Sophie Charlotte (1668–1705) stiftete er 1694 die Universität Halle, 1696 in Berlin die Akademie der Künste u. 1700 die Sozietät der Wissenschaften, letztere unter Mitwirkung von Leibniz. Nach dem Vorbild seines Vaters nahm er aus Frankreich vertriebene Hugenotten auf. Trotz Verschwendung u. Mißwirtschaft kommt ihm das Verdienst zu, seinen Staat angesichts diverser Erbansprüche seiner Halbbrüder zus.gehalten zu haben. Der Erwerb der Kg.skrone war e. wichtiger Markstein in der Gesch. Preußens.

Lit.: Linda Frey u. Marsha Frey, *F. I.* (1984); Werner Schmidt, *F. I.* (1996); Hans-Joachim Neumann, *F. I.* (2001).

Friedrich Wilhelm I., Kg. in Preußen, *14.8.1688 Berlin, †31.5.1740 Potsdam. Er heiratete 1706 die hannov. Prinzessin ↑Sophie Dorothea u. trat 1713 die Herrschaft an. In bewußtem Gegensatz zu seinem Vater ↑Friedrich I. lehnte er das prunkvolle Hofleben ab. Von kalvinist. Arbeitsethos u. Pflichtgefühl durchdrungen, führte er e. Regime der Sparsamkeit ein, um die zerrütteten Staatsfinanzen zu ordnen. Die Behördenorganisation, welche mit der Gründung des Generalkriegskommissariats 1660 begonnen u. sich mit der Schaffung der Geheimen Hofkammer 1689 (1713 Generalfinanzdirektorium) fortgesetzt hatte, fand in deren Zus.fassung zum Generaldirektorium als oberster Verwaltungsbehörde 1723 ihren Abschluß. Die in den Provinz- u. Lokalverwaltungen überlebenden Reste ständ. Vorrechte wurden zurückgedrängt. Der Adel wurde stärker zum Staats- u. hier v. a. zum Militärdienst herangezogen, was die Gefahr e. frondierenden Adelsopposition weitgehend beseitigte. Neben dem Typ des kg.streuen Offiziers schuf er den des preuß. Beamten, der sich als Landeskind pflichtbewußt u. unpolit. dem Staate widmet. Der Steigerung der Wirtschaftskraft dienten die Gründung e. Textilmanufaktur in Berlin 1713 u. die Ansiedlung von 17 000 Salzburger Exulanten 1732. Im Grunde hatten alle diese Maßnahmen die Stärkung des preuß. Militärpotentials zum Ziel. Das beträchtl. verstärkte stehende Heer (1740 über 80 000 Mann) wurde ab 1733 durch e. Kantonalsystem rekrutiert, in dem bestimmte Bezirke e. festgelegte Zahl von Rekruten stellen mußten. Trotzdem hielt sich der «Soldatenkg.» außenpolit. zurück, konnte aber im Frieden von Utrecht 1713 Obergeldern u. nach dem 2. Nord. Krieg 1720 das bisher schwed. Vorpommern mit Stettin gewinnen. Aufs Ganze gesehen, hat sein fürsorgl. Despotismus den Aufstieg Preußens zur zweiten dt. Großmacht entscheidend vorbereitet.

Lit.: Gerhard Oestreich, *F. W. I.* (1977); Hans-Joachim Neumann, *F. W. I.* (1993); Wolfgang Venohr, *Der Soldatenkg.* (²2001).

Friedrich II. d. Gr., Kg. in, ab 1772 von Preußen, *24.1.1712 Berlin, †17.8.1786 Potsdam. Der Sohn von Kg. ↑Friedrich Wilhelm I. interessierte sich früh für franz. Literatur u. Musik, während der Vater auf e. Erziehung in militär. Strenge bestand. Ein Fluchtversuch F.s 1730 (↑Katte) endete mit seiner Inhaftierung u. anschließender prakt. Tätigkeit. 1733 bestimmte der Vater F. zur Ehe (1733) mit ↑Elisabeth Christine von Braunschweig-Bevern. Das Paar blieb kinderlos u. trennte sich bald, aber F., der 1736–40 auf Schloß Rheinsberg (bei Berlin) lebte, söhnte sich oberflächl. mit seinem Vater aus, dem er 1740 in der Regierung nachfolgte. Auch unter ihm ging, nunmehr im Sinne e. aufgeklärten Absolutismus, alle Gewalt vom Kg. aus. Immerhin wurde die Folter abgeschafft u. mit der Vereinheitlichung des Rechts begonnen. Die wichtigste Veränderung kam in der Außenpolitik. Als Ks. ↑Karl VI. im Okt. 1740 starb, erhob F. zweifelhafte Ansprüche auf schles. Gebiete u. marschierte ein. In zwei Kriegen (1740–42 u. 1744–45) konnte er Schlesien behaupten. In den folgenden Jahren förderte er Manufaktur u. Landwirtschaft, vergrößerte das Heer u. baute in Potsdam Schloß Sanssouci. Dort umgab er sich mit Gleichgesinnten, darunter Voltaire (1750–53). Österreich allerdings suchte Schlesien zurückzugewinnen. Als F. 1756 mit Großbritannien die Konvention von Westminster schloß, alliierte es sich mit Frankreich u. Rußland. Im ausbrechenden 7jährigen Krieg geriet F. trotz militär. Erfolge (Roßbach, Leuthen 1757, Torgau 1760) immer mehr in Bedrängnis (Niederlagen bei Kolin 1757, Hochkirch 1758, Kunersdorf 1759). 1762 rettete ihn der Tod der russ. Zarin Elisabeth. Schließl. beließ der Frieden zu Hubertusburg 1763 Schlesien bei Preußen, wogegen F. seinerseits versprach, bei der nächsten Ks.wahl seine Stimme ↑Maria Theresias Sohn ↑Joseph (II.) zu geben. Damit wurde der territoriale Besitzstand quo ante bestätigt u. Preußen endgültig in das Konzert der europ. Mächte aufgenommen. Es stand fortan in Dtld. gleichwertig neben Österreich. Der Erwerb von Ermland u. Westpreußen im Zuge der 1. Poln. Teilung 1772 festigte diese Position. F. widmete sich künftig v. a. der wirtschaftl. u. administrativen Entwicklung seiner Territorien nach merkantilist. Prinzipien, ließ allerdings seinen Untertanen durch die starre Beibehaltung der überkommenen Ständeordnung wenig Raum zur Entfaltung eigener Initiativen. Persönl. immer schroffer werdend, verbrachte er seine letzten Lebensjahre in zyn. Einsamkeit. Trotzdem wurde er, schon seit 1745 gelegentl. «der Große» genannt, von der Nachwelt zur legendären Gestalt («Alter Fritz») verklärt.

Lit.: Oswald Hauser, Hrsg., *F. d. Gr.* (1987); Ingrid Mittenzwei, *F. II. von Preußen*

(⁵1990); G(eorge) P. Gooch, *F. d. Gr.* (⁹1991); Theodor Schieder, *F. d. Gr.* (1998); Hans-Joachim Neumann, *F. d. Gr.* (2000); Christopher Duffy, *F. d. Gr.* (2001).

Friedrich Wilhelm II., Kg., *25.9.1744 Berlin, †16.11.1797 Potsdam. Der Sohn des Prinzen August Wilhelm (1722–58), des Bruders ↑Friedrichs II. d. Gr., war hochbegabt u. kunstliebend, aber verschwender., unstetig u. dem Einfluß von Günstlingen u. Mätressen zugängl. Ungenügend auf sein Herrscheramt vorbereitet, bemühte er sich nach seinem Regierungsantritt 1786 zunächst, die antiöstr. Politik seines Vorgängers fortzusetzen. Unter dem Eindruck der Revolution in Frankreich verbündete er sich jedoch 1791 mit Österreich. Im gleichen Jahr verleibte sich Preußen aufgrund alter Hausverträge die Markgrafschaften Ansbach u. Bayreuth ein. Nach dem Scheitern des 1. Koalitionskriegs schloß er mit Frankreich zur Wahrung der in der 2. u. 3. Poln. Teilung (1793 u. 1795) übernommenen Gebiete den Sonderfrieden von Basel (1795), der Preußen e. Jahrzehnt Neutralität bescherte, freil. aber wegen des Rückzugs aus der Verteidigung des Reiches die öffentl. Meinung in Dtld. gegen ihn aufbrachte. Innenpolit. vollendete er, der wie sein Berater ↑Bischoffwerder dem Orden der Rosenkreuzer angehörte, die unter Friedrich II. d. Gr. begonnene Rechtskodifizierung durch die Veröffentlichung des Allg. Landrechts 1794. Infolge seiner finanziellen Mißwirtschaft hinterließ er seinem Nachfolger ↑F. W. III. e. hochverschuldetes Land.

Lit.: Wilhelm Moritz von Bissing, *F. W. II.* (1967); Gustav Sichelschmidt, *F. W. II.* (1993).

Friedrich Wilhelm III., Kg., *3.8.1770 Potsdam, †7.6.1840 Berlin. Der Sohn von Kg. ↑F. W. II. übernahm 1797 die Herrschaft. Volkstüml. durch seine Liebesheirat mit ↑Luise (1793) u. im Gegensatz zu seinem Vater pflichtbewußt, nüchtern u. sparsam, verfolgte er e. konserv., auf die Macht der Krone u. e. Bündnis restaurativer Mächte setzenden Regierungskurs. Zunächst führte er die preuß. Neutralitätspolitik im Sinne des Friedens von Basel 1795 weiter, die aber freil. bald zu außenpolit. Isolierung u. Abhängigkeit von Napoleon führte. Immerhin erreichte er so für sein Land durch den Reichsdeputationshauptschluß 1803 erhebl. Gebietszuwachs. Als er sich dann 1806 unter franz. Bedrohung für den Krieg entschied, wurden seine Heere in der Doppelschlacht bei Jena u. Auerstedt vernichtend geschlagen. Im Frieden von Tilsit 1807 verlor Preußen alle Territorien westl. der Elbe u. diejenigen aus der 2. u. 3. Poln. Teilung. Unter dem Eindruck der Niederlage ließ er das bisherige Kabinettssystem fallen u. gab den Reformern unter ↑Stein u. ↑Scharnhorst die Möglichkeit, den Staat umfassend neu zu ordnen. Als Gegner e. dt. Nationalstaats entschloß er sich dann allerdings 1813 nur widerwillig zur Teilnahme an den Befreiungskriegen u. erließ nur zögernd den von ↑Hippel verfaßten

Aufruf «An mein Volk» (17.3.). Auf dem Wiener Kongreß 1814–15 gewann er die Rheinprovinz, Westfalen, das nördl. Sachsen sowie Posen u. stimmte der Errichtung des Dt. Bundes zu. In der Folge zeigte er sich nach außen als Anhänger der Hl. Allianz von 1815 u. machte im Inneren die eingeleiteten Reformen wieder teilweise rückgängig. 1817 veranlaßte er den Zus.schluß der reformierten u. luther. Kirchen zur Union; das 1815 gegebene Versprechen, e. gesamtstaatl. Verfassung einzuführen, erfüllte er nur ansatzweise, förderte aber den Aufbau e. modernen Verwaltung.

Lit.: Friedrich R. Paulig, *F. W. III.* (²1905); Thomas Stamm-Kuhlmann, *Kg. in Preußen in großer Zeit* (1992).

Friedrich Wilhelm IV., Kg., *15.10. 1795 Berlin, †2.1.1861 Schloß Sanssouci (bei Potsdam). Der begabte, aber sprunghafte Sohn von Kg. ↑F.W. III. wurde von dem späteren Außenminister ↑Ancillon in konserv., christl.-german. Geist erzogen. Nach seinem Regierungsantritt 1840 ging er von der Restaurationspolitik seines Vaters ab. Er beendete den 1837 wegen der Mischehenfrage offen ausgebrochenen Kölner Kirchenstreit u. lockerte die Zensur sowie die Verfolgung der sog. Demagogen. Das von seinem Vater gegebene, aber nicht gehaltene Verfassungsversprechen löste er allerdings ebenfalls nicht ein, sondern berief 1847 ledigl. den Vereinigten Landtag, der aus den Mitgliedern der acht preuß. Provinziallandtage bestand. In der Märzrevolution 1848 verzichtete er auf den konsequenten Einsatz militär. Macht u. beugte sich den liberalen Forderungen, v.a. durch die Berufung des Ministeriums G.L. ↑Camphausen. 1849 lehnte er jedoch die von der Frankfurter Nationalversammlung angebotene Erbks.-würde ab u. führte dadurch das Scheitern der Revolution mit herbei. Im gleichen Jahr löste er die preuß. Nationalversammlung auf u. oktroyierte e. Verfassung. Diese leitete trotz ihres Übergewichts an monarch. Organen die konstitutionelle Entwicklung in Preußen u. später im Dt. Reich ein. Unter russ.-östr. Druck liquidierte er 1850 die Unionspolitik seines Vertrauten ↑Radowitz u. stimmte der Restitution des Dt. Bundes zu. Die preuß. Innenpolitik wurde danach von dem reaktionär gesinnten Ministerium O.T. Frhr. von ↑Manteuffel bestimmt. In F.W.s Regierungszeit fiel die Angliederung der Fürstentümer Sigmaringen u. Hechingen (1849) u. der Verlust von Neuchâtel (1857). Eine Gehirnerkrankung des «Romantikers auf dem Thron» machte 1858 die Einsetzung seines Bruders ↑Wilhelm (I.) als Regenten notwendig.

Lit.: Otto Büsch, Hrsg., *F.W. IV.* (1987); Malve Gräfin Rothkirch, *Der «Romantiker» auf dem Preußenthron* (1990); Walter Bußmann, *Zwischen Preußen u. Dtld.* (1992); Dirk Blasius, *F.W. IV.* (1992); David E. Barclay, *Anarchie u. guter Wille* (1995).

SACHSEN:

Friedrich I. der Streitbare, Kf., *11.4.1370 Altenburg (Thüringen) (?), †4.1.1428 ebd. Schon seit

1382 Markgraf von Meißen, erhielt er 1407 u. 1410 zus. mit seinen Brüdern die noch fehlenden Ländereien der Mark. Ab 1425 regierte er allein. Senior des Hauses Wettin, spielte er e. bedeutende Rolle in der Reichspolitik. Er wirkte beim Sturz Kg. ↑Wenzels mit, gründete 1409 für die aus Prag vertriebenen dt. Prof.en die Universität Leipzig u. unterstützte ab 1420 Kg. ↑Sigismund gegen die Hussiten. Hierfür erhielt er 1420 die Belehnung mit den böhm. Lehen u. 1423 das sächs. Kf.entum, womit er den Grundstein für den Aufstieg seines Hauses legte.

Friedrich II. der Sanftmütige, Kf. von Sachsen, *22.8.1412 Leipzig, †7.9.1464 ebd. Seit 1428 Kf., erwarb er 1439 die Burggrafschaft Meißen. Trotz zahlreicher militär. Verwicklungen, u.a. 1446–51 im Sächs. Bruderkrieg u. mit Brandenburg, konnte er die innere Entwicklung seines Landes u. vor allem des Rechtswesens voranbringen. 1438 hielt er den ersten Landtag ab. 1459 bereinigte er im Vertrag von Eger das Verhältnis zu Böhmen.

Friedrich III. der Weise, Kf., *17.1.1463 Torgau, †5.5.1525 Lochau (bei Torgau). Nach e. humanist. geprägten Ausbildung trat er 1486 die Herrschaft an u. regierte bis zu seinem Tod gemeinsam mit seinem Bruder Johann dem Beständigen (1468–1532). Zwar förderte er die Entwicklung e. neuzeitl. Bürokratie, doch trug seine Verwaltung auch noch durchaus patriarchal. Züge.

Seine starke Religiosität manifestierte sich in e. Pilgerfahrt 1493 ins Hl. Land. Auch an Gesch. u. Jurisprudenz interessiert, gründete er 1502 die Universität Wittenberg, an der ab 1508 M. ↑Luther u. ab 1518 ↑Melanchthon lehrten. Seine Politik litt unter den Spannungen zur albertin. Linie in Dresden. Er fühlte sich dem Reichsganzen verpflichtet u. bemühte sich um die Reichsreform. Nach dem Tod Ks. ↑Maximilians I. lehnte er jedoch die ihm von der päpstl. Partei vorgeschlagene Kandidatur für die Nachfolge als Ks. ab, war aber bestrebt, durch e. maßgebl. von ihm entworfene Wahlkapitulation die Macht des dann gewählten ↑Karls V. einzuschränken. Obwohl Luthers Lehre zögernd gegenüberstehend, lieferte er diesen 1518 nicht an die Kurie aus u. weigerte sich 1521, den über denselben verhängten Bann durchzuführen. Er erwirkte ihm vielmehr freies Geleit zum Reichstag in Worms u. brachte ihn danach auf der Wartburg in Sicherheit. Er hielt bis Ende 1524 in Wittenberg an der Messe fest u. nahm erst auf seinem Sterbebett das Abendmahl unter beiden Gestalten.

Lit.: Paul Kirn, *F. der Weise u. die Kirche* (1924); Ingetraut Ludolphy, *F. der Weise* (1984).

Friedrich August I. der Starke ↑August II. der Starke.

Friedrich August II. ↑August III.

Friedrich August der Gerechte, Kf. (III.), Kg. (I.), *23.12.1750 Dresden,

†31.5.1827 ebd. Er trat 1768 die Regierung an u. widmete sich dem Wiederaufbau seines im 7jährigen Krieg verheerten Landes. Zur Durchsetzung der Erbansprüche seiner Mutter verbündete er sich im Bayer. Erbfolgekrieg 1778 erfolgreich mit ↑Friedrich II. d. Gr. Die ihm angebotene poln. Kg.skrone lehnte er 1793 ab. Im 4. Koalitionskrieg 1806 auf der Seite Preußens, schloß er sich danach Napoleon I. an u. erhielt für den Beitritt zum Rheinbund den Kg.stitel. Im Frieden von Tilsit 1807 wurde ihm das Großhg.tum Warschau zugesprochen. In der Völkerschlacht bei Leipzig 1813 gefangengenommen, mußte er auf dem Wiener Kongreß 1815 großen Gebietsabtretungen zustimmen.

WÜRTTEMBERG:
Friedrich, Hg. (II.), Kg. (I.), *6.11.1754 Treptow (Hinterpommern), †30.10.1816 Stuttgart. Der Neffe Hg. ↑Karl Eugens wurde am Hof Kg. ↑Friedrichs II. d. Gr. erzogen u. stand 1774–81 in preuß., 1782–86 in russ. Dienst. 1797 übernahm er die Regierung in Württ. Er mußte zwar 1802 zugunsten Frankreichs auf seine linksrhein. Territorien verzichten, erhielt aber im Reichsdeputationshauptschluß 1803 umfangreiche Gebietsentschädigungen u. im gleichen Jahr die Kf.enwürde. Als Verbündeter Napoleons I. erwarb er im Frieden von Preßburg 1805 weitere Gebiete sowie die volle Souveränität u. die Kg.swürde. Unter Aufhebung der altständ. Verfassung wurde danach Württ. in e. bürokrat.-absolutist. regierten Einheitsstaat umgewandelt. F. trat 1806 dem Rheinbund bei, wechselte jedoch 1813 zu den Alliierten über u. schloß sich 1815 dem Dt. Bund an. Die Oktroyierung e. neuen Landesverfassung 1815 brachte ihn in e. bis zu seinem Tod fortdauernden Konflikt mit den Ständen.

Lit.: Paul Sauer, *Der schwäb. Zar F.* (²1986).

Friedrich Karl Joseph ↑Erthal, Friedrich Karl Joseph Frhr. von.

Friedrich, Ks.in ↑Viktoria.

Friesen, Richard Frhr. von, Politiker, *9.8.1808 Thürmsdorf, †25.2.1884 Dresden. Er trat 1835 in den sächs. Staatsdienst ein u. wurde 1849 Innenminister. 1851 setzte er die Auflösung des Landtags u. die Wiedereinführung der Verfassung von 1831 durch. Wegen Meinungsverschiedenheiten mit ↑Beust hinsichtl. der weiteren Mitgliedschaft im Dt. Zollverein trat er 1852 zurück. Finanzminister ab 1859, förderte er den Bergbau, die Meißener Porzellanmanufaktur u. das Eisenbahnwesen. 1866 übernahm er auch das Außenministerium u. war 1870 an den Verhandlungen mit den süddt. Staaten über deren Beitritt zum Dt. Reich beteiligt. 1871–76 war er Ministerpräs.

Frings, Josef, Erzbf. von Köln, *6.2.1887 Neuß, †17.12.1978 Köln. Er wurde 1910 zum Priester geweiht u. betreute 1915–37 verschiedene Pfarrstellen. 1920 in Freiburg i. B.

zum Dr. theol. promoviert, war er 1937–42 Regens am Priesterseminar Bensberg, 1942–69 Erzbf. von Köln. 1946 wurde er zum Kardinal erhoben. Vors. der Dt. Bf.skonferenz 1945–65, war er Wortführer des dt. Katholizismus. Auf dem 2. Vatikan. Konzil profilierte er sich durch Stellungnahmen zu diversen Fragen (Kirche, Religionsfreiheit, Mission u. a.). Er war Mitbegründer der Hilfswerke Misereor (1959) u. Adveniat (1961).

Lit.: Norbert Trippen, «J. Kardinal F.», in Jürgen Aretz u. a., Hrsgg., *Zeitgesch. in Lebensbildern.* Bd. 7 (1994).

Fritsch, Werner Frhr. von, Generaloberst, *4.8.1880 Benrath, †22.9. 1939 Praga (bei Warschau). Der Berufssoldat diente im Ersten Weltkrieg im Generalstab. Ab 1928 Leiter des Truppenamts im Reichswehrministerium, wurde er 1934 Chef der Heeresleitung u. war 1935–38 als Oberbefehlshaber des Heeres maßgebl. an der dt. Wiederaufrüstung beteiligt. Den Kriegsplänen ↑Hitlers stand er als Teilnehmer der im Hoßbach-Protokoll (↑Hoßbach) aufgezeichneten Konferenz ablehnend gegenüber. Im Zus.hang mit dem Skandal um die zweite Eheschließung ↑Blombergs wurde er verleumder. der Homosexualität bezichtigt u. entlassen. Trotz e. nachträgl. Ehrenerklärung Hitlers nicht voll rehabilitiert, suchte er vor Warschau als Chef e. Artillerieregimentes den Tod.

Lit.: Williamson Murray, «W. Frhr. von F.», in Ronald Smelser u. Enrico Syring, Hrsgg., *Die Militärelite des Dritten Reichès* (²1998).

Fritz, Joß, Bauernführer, *um 1470 Untergrombach (bei Bruchsal), †um 1525. Der Leibeigene des Bf.s von Speyer organisierte unter dem Zeichen des Bundschuh Bauernaufstände, so 1502 im Bistum Speyer, 1513 im Breisgau u. 1517 am Oberrhein. Obwohl alle verraten wurden, konnte F. stets entkommen. 1524 tauchte er letztmals auf.

Fritzsche, Hans, Journalist, *21.4. 1900 Bochum, †27.9.1953 Köln. Nach dem Studium der Gesch. u. der Volkswirtschaft trat er 1923 der DNVP bei u. war 1924–32 Redakteur im Konzern ↑Hugenbergs. Ab 1933 NSDAP-Mitglied u. im Reichspropagandaministerium tätig, wurde er dort 1938 Leiter der Presseabteilung u. 1942 der Rundfunkabteilung. Seine polit. Rundfunkkommentare machten ihn der Bevölkerung weithin bekannt. In Nürnberg wurde er 1946 von der Anklage des Kriegsverbrechens freigesprochen, in e. bayer. Spruchkammerverfahren 1947 jedoch zu neun Jahren Zwangsarbeit verurteilt. 1950 wurde er amnestiert.

Lit.: Joseph Wulf, *Presse u. Funk im Dritten Reich* (1989).

Fröbel, Julius [Pseud. Carl Junius], Politiker, *16.7.1805 Griesheim (bei Arnstadt, Thüringen), †6.11.1893 Zürich. Der Neffe des Pädagogen Friedrich F. (1782–1852), promovierter Naturwiss.ler, war 1833–44 Prof. in Zürich. Er schloß sich radikaldemokrat. Strömungen des dt. Vormärz an u. ging 1845 nach Preußen u. nach seiner Ausweisung von dort nach

Dresden. 1848 saß er für die Fürstentümer Reuß in der Frankfurter Nationalversammlung. Mit ↑Blum nach Wien entsandt, wurde er dort wie dieser wegen Beteiligung am Oktoberaufstand zum Tod verurteilt, jedoch begnadigt. Noch Mitglied des Rumpfparlaments in Stuttgart, emigrierte er 1849 in die USA. Nach der Rückkehr 1857 nach Wien gewann er bald e. nationalen Ruf als polit. Publizist. Im Grunde e. mitteleurop. Föderation anstrebend, bereitete er mit seiner Schrift *Die Leitung der großdt. Angelegenheiten* (1861) den Frankfurter Fürstentag von 1863 vor. 1867 gründete er in München die *Südd. Presse*, die er 1873 wieder verkaufte. Danach war er Konsul des Dt. Reiches in Smyrna (1873–76) u. in Algier (1876–88). Den Rest seines Lebens verbrachte er in Zürich.

Lit.: Rainer Koch, *Demokratie u. Staat bei J. F.* (1978).

Frölich, Paul, Politiker, *7.8.1884 Leipzig, †16.3.1953 Frankfurt/Main. Der gelernte Kaufmann trat 1902 in die SPD ein u. profilierte sich nach dem Ersten Weltkrieg auf der extremen Linken. Einige Jahre führendes KPD-Mitglied, saß er 1921–24 u. 1928–30 im Reichstag. Da ihn die KPD 1928 ausschloß, ging er 1932 zur Sozialist. Arbeiterpartei, für die er dann ab 1934 in Paris tätig war. 1941 in den USA, kam er 1950 nach Frankfurt zurück u. trat wieder der SPD bei.

Fromm, Friedrich, Generaloberst, *8.10.1888 Berlin, †12.3.1945 Brandenburg. Der Berufssoldat war 1939 bis Juli 1944 Befehlshaber des Ersatzheers. Obwohl schon 1938 in die Widerstandspläne gegen Hitler eingeweiht, befahl er nach dem mißglückten Attentat am 20.7.1944 die standrechtl. Erschießung ↑Stauffenbergs u. veranlaßte L. ↑Beck zu dem Versuch, sich das Leben zu nehmen. Er wurde trotzdem amtsenthoben, vom Volksgerichtshof verurteilt u. erschossen.

Lit.: Bernhard R. Kroener, «F. F.», in Ronald Smelser u. Enrico Syring, Hrsgg., *Die Militärelite des Dritten Reiches* (²1998).

Frundsberg, Georg von, Landsknechtsführer, *24.9.1473 Mindelheim, †20.8.1528 ebd. Er nahm an verschiedenen Feldzügen des Schwäb. Bundes u. Ks. ↑Maximilians I. teil. 1502 zum Ritter geschlagen, wurde er 1512 Oberster Feldhauptmann von Tirol. Er beteiligte sich am Krieg gegen Frankreich (1513–16), an der Vertreibung Hg. ↑Ulrichs aus Württ. durch den Schwäb. Bund u. an den Kämpfen 1521 in den Niederlanden gegen Frankreich. 1525 hatte er entscheidenden Anteil am Sieg des ksl. Heeres bei Pavia gegen die Franzosen. 1526 warb er auf eigene Kosten e. 12000 Mann starkes Heer an, um für Ks. ↑Karl V. gegen die Liga von Cognac zu kämpfen. Am Sacco di Roma 1527 nahm er nicht teil. F.s Sorge um die Bedürfnisse seiner Söldner sicherte ihm deren Respekt u. Zuneigung.

Lit.: Reinhard Baumann, *G. von F.* (²1991).

Fuchs, Anke [geb. Nevermann], Politikerin, *5.7.1937 Hamburg. Die Tochter des Politikers ↑Nevermann trat 1956 in die SPD ein u. studierte Rechtswiss. 1964–68 war sie beim DGB tätig. 1971 Mitglied der Hamburger Bürgerschaft, war sie ab 1977 Staatssekretärin im Bundesarbeitsministerium u. ab 1980 Abg. im Bundestag, ab 1998 auch Vizepräs.in desselben. 1982 war sie Bundesjugendministerin, 1987–90 Bundesgeschäftsführerin der SPD.

Fugger, Jakob II. der Reiche, Handelsherr, *6.3.1459 Augsburg, †30.12.1525 ebd. Urspr. für den geistl. Stand bestimmt, trat er nach dem Tod von vier älteren Brüdern 1473 in das elterl. Geschäft ein u. übernahm nach Lehrjahren in Venedig 1485 die Leitung der sich mit Erzeugung u. Handel von Kupfer u. Silber befassenden Faktorei in Innsbruck. Erfolgreiche Finanzmanipulationen ermöglichten ihm den Erwerb diverser Buntmetallbergwerke in verschiedenen europ. Ländern u. die Errichtung e. Kupfermonopols. Seine Geschäftsverbindungen machten die F. allmähl. zum größten Bankhaus der Zeit. Er lieh den Habsburgern (so u.a. für die Ks.wahl ↑Karls V. 1519) u. den Päpsten. Für die röm. Kurie organisierte er das Pfründen- u. Gebührenwesen u. finanzierte den Ablaßhandel (auch 1517) vor. 1514 wurde er in den Reichsgrafenstand erhoben. In Augsburg gründete er die Wohnsiedlung «Fuggerei» als Stiftung für bedürftige Mitbürger. Als er starb, betrug sein Vermögen etwa 2 Mio. Gulden, von denen er 1,8 Mio in den letzten 17 Jahren erwirtschaftet hatte.

Lit.: Götz von Pölnitz, *J. F.* (2 Bde., 1949–51); Frederik Hetmann, *Großes Geld* (1986).

Funk, Walther, Politiker, *18.8.1890 Trakehnen, †31.5.1960 Düsseldorf. Er war ab 1912 Wirtschaftsjournalist u. 1922–30 Chefredakteur der *Berliner Börsen-Zeitung.* 1931 trat er der NSDAP bei u. wurde zum Wirtschaftsbeauftragten ↑Hitlers ernannt. Ab 1932 saß er im Reichstag. 1933 wurde er Pressechef der Reichsregierung. Als Reichswirtschaftsminister (1938–45) u. zugleich Reichsbankpräs. (ab 1939) war er für die Intensivierung der Kriegsvorbereitungen mitverantwortl. 1946 wurde er in Nürnberg zu lebenslängl. Haft verurteilt, 1957 aber wegen Krankheit entlassen.

Funke, Karl-Heinz, Politiker, *29.4.1946 Dangast (Niedersachsen). Der Agrarwirt trat 1966 der SPD bei u. war seit 1978 Mitglied des Landtags, 1990–98 Minister für Ernährung u. Landwirtschaft in Niedersachsen. 1998–2001 war er Bundesernährungsminister.

Furler, Hans, Politiker, *5.6.1904 Lahr, †29.6.1975 Oberkirch (Baden). Der Jurist war ab 1940 Prof. in Karlsruhe, ab 1949 in Freiburg i.B. Er saß 1953–72 im Bundestag (CDU) u. war 1955–58 Mitglied, 1956–58 Präs. der Gemeinsamen Versammlung der Montanunion sowie 1958–

72 Mitglied, 1960–62 Präs. des Europ. Parlaments. 1958–66 war er auch Präs. des Dt. Rats der Europ. Bewegung.

Fürstenberg, Franz Frhr. von, Verwaltungspolitiker, *7.8.1729 Herdringen (Westfalen), †16.9.1810 Münster. Der Geistliche aus westfäl. Adelsgeschlecht wurde 1762 Minister im Fürstbistum Münster. Ein aktiver Reformer, gründete er 1773 die Universität Münster, förderte das Schulwesen u. belebte das Medizinalwesen.

Lit.: Alwin Hanschmidt, *F. von F. als Staatsmann* (1969).

Fürth, Henriette, Frauenrechtlerin, *15.8.1861 Gießen, †8.6.1938 Bad Ems. Sie engagierte sich für Frauenrechte, bes. für die Einführung des Frauenwahlrechts u. den Mutterschutz, u. schrieb u.a. *Geschlechtl. Aufklärung in Schule u. Haus* (1902). 1919–24 sozialist. Stadtverordnete in Frankfurt/Main, erhielt das Mitglied des Centralvereins dt. Staatsbürger jüd. Glaubens 1933 Berufsverbot.

Lit.: Angelika Epple, *H. F.* (1996).

G

Gabriel, Sigmar, Politiker, *12.9. 1959 Goslar. Nach dem Studium für das höhere Lehramt war er in der Erwachsenenbildung tätig. 1977 der SPD beigetreten, war er ab 1990 Mitglied des Landtags (1998–99 Fraktionsvors.), ab Dez. 1999 Ministerpräs. von Niedersachsen.

Gagern, *Hans* Christoph Ernst Frhr. von, Politiker, *25.1.1766 Kleinniedesheim (bei Worms), †22.10. 1852 Kelkheim (Taunus). Der Jurist trat 1787 in nassau. Dienste u. war 1788–1811 Leitender Minister u. oberster Gerichtspräs. In den Reichsdeputationshauptschluß-Verhandlungen 1803 konnte er als Kompensation für die im Frieden von Lunéville 1801 an Frankreich verlorenen linksrhein. Gebiete Territorien zwischen Rhein u. Lahn erwirken. 1813 berief ihn ↑Stein in den preuß. Verwaltungsrat für die befreiten westdt. Gebiete. Auf dem Wiener Kongreß 1814–15 fungierte er als Vertreter der Niederlande u. war dann 1816–18 Gesandter Luxemburgs beim Dt. Bund. Danach widmete er sich der polit. Schriftstellerei.

Lit.: Hellmuth Rössler, *Zwischen Revolution u. Reaktion* (1958).

Gagern, Wilhelm *Heinrich* August Frhr. von, Politiker, *20.8.1799 Bayreuth, †22.5.1880 Darmstadt. 1812 Militärkadett in München, nahm er 1815 mit dem nassau. Kontingent der Verbündeten an der Schlacht bei Waterloo teil. Er studierte Jura in Heidelberg, wo er der Burschenschaft beitrat, Göttingen u. Jena. 1821 trat er in den hess.-darmstädt. Staatsdienst ein u. wurde 1829 Regierungsrat in Darmstadt. Liberal gesinnt, wurde er 1832 in die hess. 2. Kammer gewählt u. 1833 nach Konflikten mit seinen Vorgesetzten aus dem Staatsdienst entlassen. Er verzichtete 1836 auf e. erneute Kandidatur u. zog sich auf sein Familiengut Monsheim zurück. Im Okt. 1847 nahm er an der Heppenheimer Tagung profilierter Liberaler teil u. wurde Anfang März 1848 vom Großhg. zum leitenden Minister in der neuen liberalen Regierung seines Landes ernannt. Er trat wenig später zurück, um dem Vorparlament u. der Frankfurter Nationalversammlung angehören zu können, zu deren Präs. er im Mai gewählt wurde. Er vertrat das Konzept e. gesamtdt. Bundesstaates mit monarch.-konstitutioneller Spitze u. unterstützte die Wahl Erzhg. ↑Johanns zum Reichsverweser. Am 18.12. folgte er ↑Schmerling als Leiter des Reichsministeriums nach. Hier setzte er sich für e. schnelleren Zus.schluß Preußens mit den dt. Mittel- u. Kleinstaaten zu e. engeren Bund ein, zu dem Österreich später in e. weiteren Bund treten sollte. Als dieser Plan scheiterte, trat er mit den Erbksl.en für e. kleindt. Lösung ein u. betrieb die Wahl des preuß. Kg.s ↑Friedrich Wilhelm IV. zum Ks. der Deutschen. Nach dessen Ablehnung der Ks.-krone trat die Regierung G. im Mai 1849 zurück. Er verließ daraufhin die Nationalversammlung, bemühte sich als Mitglied des Erfurter Unionsparlaments um die Bildung der preuß. Union u. kehrte dann ins Privatleben zurück. Ab Ende der 1850er Jahre begann er, von Preußen enttäuscht, sich Österreich zuzuwenden u. unterstützte 1862–63 dessen Bundesreformpläne. 1863–72 war er hess. Gesandter in Wien. O. von ↑Bismarcks Reichsgründung hat er freudig begrüßt. 1872 setzte er sich in Darmstadt zur Ruhe.

Lit.: Paul Wentzke, *H. von G.* (1957).

Gaismair, Michael, Bauernführer, *um 1490 Sterzing, †April 1532 Padua. Urspr. Schreiber des Bf.s von Brixen, übernahm er im Bauernkrieg 1525 die Führung des Tiroler Bauernhaufens. Er floh zu ↑Zwingli nach Zürich u. entwarf 1526 e. Tiroler Landesordnung, e. utop. Plan e. demokrat. Bauernrepublik. Nach Teilnahme am 2. Salzburger Bauernaufstand 1526 mußte er auf venetian. Gebiet ausweichen, wo er ermordet wurde.

Lit.: Jürgen Bücking, *M. G.* (1978).

Galen, Clemens August Graf von, Bf. von Münster, *16.3.1878 Dinklage, †22.3.1946 Münster. Er wurde 1904 zum Priester geweiht u. war danach Seelsorger in Berlin. Ab 1933 Bf. von Münster, wandte er sich entschieden gegen die nat.soz. Rassenlehre. 1934 veröffentlichte er seine gegen Alfred ↑Rosenberg gerichteten *Studien zum Mythus des 20. Jh.s.* Im ganzen Dt. Reich bekannt wurde er durch seine Predigten 1941 gegen die Euthanasie u. gegen die das Konkordat verletzende Beschlagnahme von Kirchengut. Nach dem Krieg setzte er sich gegenüber der brit. Besatzungsmacht für die Belange der Bevölkerung ein. 1946 wurde er zum Kardinal ernannt.

Lit.: Heinrich Portmann, *Kardinal von G.* (^{18}1986).

Galinski, Heinz, Funktionär, *28.11.1912 Marienburg (Westpreußen), †19.7.1992 Berlin. Der gelernte Kaufmann war während des Dritten Reichs in verschiedenen KZ inhaftiert. Nach dem Zweiten Weltkrieg war er maßgebl. am Wiederaufbau der jüd. Gemeinde in Berlin beteiligt u. amtierte ab 1949 als deren Vors. 1988–92 war er Vors. des Zentralrats der Juden in Dtld.

Galland, Adolf, Jagdflieger, *19.3.1912 Westerholt (Westfalen), †9.2.1996 Remagen. Nach der Ausbildung zum Verkehrsflieger ging er 1934 zur Reichswehr u. nahm dann mit der Legion Condor am Span. Bürgerkrieg teil. 1941 General, 1942 Inspekteur der Jagdflieger, war er mit 104 Abschüssen e. der erfolgreichsten dt. Piloten. 1948–54 war er Berater der Luftwaffe in Argentinien, danach der Luftfahrtindustrie in Dtld.

Lit.: Günter Fraschka, *Mit Schwertern u. Brillanten* (⁷1977).

Gallas, Matthias Graf von, General, *16.9.1584 Trient, †25.4.1647 Wien. Er schloß sich 1618 dem Heer der kath. Liga an. 1627 Frhr., trat er 1629 in das ksl. Heer über u. kämpfte im Mantuan. Erbfolgekrieg. 1632 wurde er in den Reichsgrafenstand erhoben. 1634 erhielt er nach der Ermordung ↑Wallensteins, von deren Plan er wußte, in die er aber nicht verwickelt war, die Herrschaft Friedland u. den Oberbefehl über das ksl. Heer. Im gleichen Jahr siegte er bei Nördlingen über die Schweden. Das Nachlassen seiner Erfolge in den nächsten Jahren führte zu seiner Entlassung 1639. 1643–45 u. Ende 1646 erneut Oberbefehlshaber, blieb er, trunksüchtig u. ausschweifend, weiterhin ohne Glück.

Gayl, Wilhelm Frhr. von, Politiker, *4.2.1879 Königsberg, †7.11.1945 Potsdam. Er diente im Ersten Weltkrieg als Hauptmann u. war dann im Verwaltungsdienst in Ostpreußen tätig. Mitglied der DNVP, wurde er 1932 unter ↑Papen Reichsinnenminister. Er unterstützte den Staatsstreich in Preußen am 20.7.1932. Nach der Machtergreifung ↑Hitlers übte er keine polit. bedeutende Funktion mehr aus.

Gebhard II. Truchseß von Waldburg, Erzbf. von Köln, *10.11.1547 Heiligenberg (bei Überlingen), †31.5.1601 Straßburg. Er wurde 1560 Domherr in Augsburg u. 1568 Kapitular in Köln. 1577 von dem die Übermacht der Wittelsbacher fürchtenden Domkapitel zum Erzbf. von Köln gewählt, akzeptierte er die Beschlüsse des Tridentinums u. ließ sich 1578 zum Priester weihen. Ein Liebesverhältnis mit Agnes von Mansfeld (†nach 1601) veranlaßte ihn, sich 1582 vom Papsttum loszusagen. Seinem Versuch, das Erzstift zu säkularisieren, widersetzten sich das Domkapitel u. die Stadt. G. heiratete seine Konkubine 1583, woraufhin ihn im gleichen Jahr e. päpstl. Bulle seines Amts enthob. Im Köln. Krieg (1584–88) unterlag er bayer.-span. Truppen u. flüchtete 1589 nach Straßburg.

Lit.: Günther von Lojewski, *Bayerns Weg nach Köln* (1962).

Gehlen, Reinhard, General, *3.4.1902 Erfurt, †8.6.1979 Berg (am Starnberger See). Der Berufsoffizier trat 1920 in die Reichswehr ein u. arbeitete seit 1935 im Generalstab des Heeres, 1942–45 als Leiter der Abteilung Fremde Heere Ost. Nach Kriegsende stellte er der amerikan. Besatzungsmacht das von ihm gesammelte Geheimmaterial zur Verfügung u. baute in ihrem Auftrag e. Nachrichtendienst auf (Organisation G.). Dieser wurde 1956 in Bundesnachrichtendienst umbenannt und, dem Bundeskanzleramt unterstellt, bis 1968 von G. geleitet. G.s Memoiren *Der Dienst* (1971) erregten öffentl. Aufsehen.

Lit.: Mary Ellen Reese, *Organisation G.* (1990).

Geiler, Karl, Politiker, *10.8.1878 Schönau (Schwarzwald), †14.9.1953 Heidelberg. Der Jurist war Rechtsanwalt. Ab 1921 lehrte er an der Universität Heidelberg u. wurde dort 1947 Prof. für Internat. Recht. 1945–47 war er Ministerpräs. in Hessen (parteilos).

Geiler von Kaysersberg, Johannes, Prediger, *16.3.1445 Schaffhausen, †10.3.1510 Straßburg. In Kaysersberg im Elsaß aufgewachsen, lehrte er an den Universitäten Basel (ab 1471) u. Freiburg i. B. (1476–77). Ab 1478 predigte u. schrieb er in Straßburg gegen die Mißstände der Zeit, bes. auch in der Kirche. Originell u. witzig, hatte er großen Zulauf, blieb aber auf dem Boden der kirchl. Lehre.
Lit.: Otto Herding, Hrsg., *Das Leben des J. G. von K.* (1970).

Geißler, Heiner, Politiker, *3.3.1930 Oberndorf/Neckar. Der promovierte Jurist saß 1965–67 u. ab 1980 im Bundestag (CDU). 1967–77 war er Sozialminister in Rheinland-Pfalz, 1977–89 Generalsekretär der CDU, 1982–85 auch Bundesminister für Jugend, Familie u. Gesundheit.

Genscher, Hans–Dietrich, Politiker, *21.3.1927 Reideburg (bei Halle/Saale). Der Jurist trat 1945 der LDPD bei u. ging 1952 in die Bundesrepublik. Im gleichen Jahr wurde er Mitglied der FDP, deren Bundesgeschäftsführer er 1962–64 u. deren Vors. er 1974–85 war. 1965–98 saß er im Bundestag, 1969–74 war er Bundesinnenminister, 1974–92 -außenminister. Unter seiner Führung vollzog die FDP den Schwenk von der sozial-liberalen zur christl.-liberalen Koalition. Um den Ost-West-Dialog bemüht, spielte er e. maßgebl. Rolle bei der außenpolit. Absicherung der Wiedervereinigung Dtld.s.
Lit.: Werner Filmer u. Heribert Schwan, *H.-D. G.* (1993).

Gentz, Friedrich, Publizist, *2.5.1764 Breslau, †9.6.1832 Wien. Der Jurist trat 1785 in den preuß. Staatsdienst ein u. war 1793–1802 Kriegsrat. Urspr. Anhänger der Franz. Revolution, bekämpfte er bald publizist., von der preuß. Regierung unterstützt, die europ. Machtpolitik Napoleons I. 1802 schied er aus dem preuß. Staatsdienst aus u. siedelte nach Wien über, wo er weiterhin für e. antinapoleon. Politik u. für die Wiederherstellung des europ. Gleichgewichts eintrat. Seit 1810 vertrauter Mitarbeiter ↑Metternichs, wirkte er, e. der führenden Gegner der nationalen u. konstitutionellen Zeittendenzen, am Wiener Kongreß 1814–15 sowie an den Kongressen von Aachen (1818), Troppau (1820) u. Laibach (1821) mit.
Lit.: Golo Mann, *F. von G.* (1995).

Georg

BRANDENBURG:
Georg Wilhelm, Kf., *3. oder 13.11.1595 Cölln/Spree, †1.12.1640 Königsberg. Er kam 1620 an die Regierung u. betrieb im 30jährigen Krieg, beeinflußt von seinem kath. Ratge-

ber Adam Graf zu Schwarzenberg (1584–1641), e. schwankende Politik. Nach dem anfängl. Versuch, Neutralität zu wahren, trat er 1627, veranlaßt durch die Verwüstung e. Teils seiner Ländereien durch ↑Mansfeld u. ↑Wallenstein, auf die ksl. Seite. Kg. ↑Gustav II. Adolf zwang ihn 1630 zum Anschluß an Schweden, doch suchte er nach dessen Tod wieder Verbindung zu Habsburg u. unterzeichnete 1635 den Frieden von Prag. Die Schweden besetzten daraufhin fast die ganze Mark u. verhinderten den bevorstehenden Anfall Pommerns. Im Inneren vermochte sich der hochverschuldete Kf. gegen die Stände nicht durchzusetzen. Seine Herrschaft bildete wohl den Tiefpunkt der Gesch. des entstehenden brandenburg.-preuß. Staates.

BRAUNSCHWEIG-LÜNEBURG:
Georg, Hg., *27.2.1583 Celle, †12.4.1641 Hildesheim. Er stand ab 1604 erst in holländ., dann in span. u. dän. Kriegsdiensten. 1626 trat er auf die ksl. Seite u. nahm am Feldzug gegen ↑Christian IV. von Dänemark u. der Eroberung von Mantua 1630 teil. 1631 schloß er sich ↑Gustav II. Adolf an u. eroberte als General des niedersächs. Reichskreises 1634 die Hochstifte Hildesheim u. Minden. Die welf. Erbteilung 1635 brachte ihm die Fürstentümer Calenberg u. Göttingen. 1636 bestimmte er Hannover zur Residenzstadt seines geplanten Erbfürstentums. Er starb unter ungeklärten Umständen nach e. Bankett.

HANNOVER:
Georg Ludwig, Kf. [als G. I. seit 1714 Kg. von Großbritannien], *7.6.1660 Hannover, †22.6.1727 Osnabrück. Seine Ehe mit ↑Sophie Dorothea verlief unglückl. u. wurde 1694 geschieden. 1698 trat er die Regierung an. Seit der Verleihung der Kurwürde an seinen Vater ↑Ernst August 1692 ksl. Parteigänger, beteiligte er sich am Span. Erbfolgekrieg 1702–14 u. erreichte in den Friedensschlüssen 1713/14 die internat. Anerkennung seiner Kurwürde. Urenkel des brit. Kg.s Jakob I., trat er 1714 die Thronfolge in Großbritannien an, womit die bis 1837 dauernde brit.-hannov. Personalunion begann. Mit brit. Hilfe erwarb er für Hannover die Hg.tümer Verden (1719) u. Bremen (1720).

Lit.: Ragnhild Hatton, *G. I.* (²1985).

Georg V., Kg., *27.5.1819 Berlin, †12.6.1878 Paris. Seit 1833 erblindet, folgte er 1851 seinem Vater Kg. ↑Ernst August auf den Thron. Er betrieb e. reaktionäre Politik, die 1855 in der Aufhebung der Verfassung von 1848 ihren Höhepunkt erreichte. Außenpolit. bemühte er sich um e. Ausgleich zwischen Preußen u. Österreich. Ein Bündnisangebot Preußens lehnte er 1866 ab u. unterlag dann den Preußen mit den von ihm geführten Truppen bei Langensalza in Thüringen. Sein Kg.-reich wurde daraufhin von Preußen annektiert, was G., der danach im Exil lebte, nie anerkannte. Sein beschlagnahmtes Privatvermögen (Welfenfonds) verwandte O. von ↑Bismarck für polit. Zwecke.

Lit.: Jürgen Krüger, *Blindheit u. Kg.tum* (1992).

HESSEN-DARMSTADT:
Georg II., Landgraf, *17.3.1605 Darmstadt, †11.6.1661 ebd. Er trat 1626 die Regierung an u. setzte die bereits von seinem Vater Ludwig V. (1577–1626) verfolgte Politik der Gebietserweiterung auf Kosten Hessen-Kassels fort. Er verstand es, das im Marburger Erbfolgestreit 1623 ergangene Reichshofratsurteil durchzusetzen, indem er mit Landgraf Wilhelm V. von Hessen-Kassel (1602–37) den Hess. Hauptakkord von 1627 schloß, der ihm u. a. ganz Oberhessen u. die Ranggleichheit im Reich einbrachte. 1627–31 ließ er die Universität Marburg ausbauen. Trotz seines Bestrebens, Neutralität zu wahren, wurde sein Land ab 1634 durch die Wirren des 30jährigen Kriegs von Durchzügen schwed., ksl. u. franz. Truppen verwüstet. Nach dem Tod Wilhelms übernahm dessen Witwe ↑Amalie Elisabeth die Regentschaft u. begann 1645 mit Unterstützung Frankreichs u. Schwedens, Krieg gegen ihn zu führen. Sie zwang ihn im April 1648 zum Kasseler Einigkeitsvertrag, durch den der Hauptakkord aufgehoben wurde u. er die meisten der 1627 gewonnenen Gebiete zurückgeben mußte. 1659 schloß er sich dem von Frankreich gesponserten ersten Rheinbund an.

Lit.: Wilhelm Diehl, *Landgraf G. der Zweite* (1912); Hans Heinrich Weber, *Der Hessenkrieg* (Diss. 1935).

SACHSEN:
Georg der Bärtige, Hg., *27.8.1471 Meißen, †17.4.1539 Dresden. Der Albertiner übernahm 1500 die Regierung. 1515 verkaufte er an den späteren Ks. ↑Karl V. die Statthalterschaft über Friesland. Er bekämpfte nicht nur die Reformation nach Kräften, sondern war 1525 auch maßgebl. an der Niederwerfung der Bauern beteiligt. Sein ihm nachfolgender Bruder Heinrich (1473–1541) führte die Reformation im albertin. Sachsen ein.

Lit.: Heinrich von Welck, *G. der Bärtige* (1900).

Georg III. Truchseß von Waldburg ↑Waldburg.

WALDECK:
Georg Friedrich, Fürst von (1682), Staatsmann, *31.1.1620 Arolsen, †19.11.1692 ebd. Er trat 1642 in niederländ. militär. Dienste, wo er Kontakt fand zu Kf. ↑Friedrich Wilhelm von Brandenburg. Dieser ernannte ihn 1651 zum Generalmajor u. Geheimen Rat, 1653 zum leitenden Minister. G. F. unterstützte seinen neuen Dienstherrn bei der Zentralisierung der Staatsverwaltung u. insbes. bei der Entmachtung der Stände bei der Steuerbewilligung. Er veranlaßte F. W., sich an die Spitze e. antihabsburg. Opposition im Reich zu stellen. Als der Kf. 1658 mit der Ks.wahl ↑Leopolds I. hiervon abließ u. sich vielmehr gegen Schweden wandte, trat er in schwed. Dienste u. kehrte nach dem Frieden von Oliva 1660 in sein eigenes Fürstentum zurück, wo

er 1645 die Regierung übernommen hatte. 1664 führte er das Reichsheer ohne Erfolg gegen die Türken. Nach braunschweig. Heeresdiensten 1665–72 kämpfte er als Feldmarschall Wilhelms III. von Oranien gegen Frankreich. Von Leopold I. 1682 zum Reichsfürsten erhoben, kämpfte er 1683 als Reichsmarschall erneut gegen die Türken u. nahm an der Befreiung Wiens teil. Nach dem Übergang Wilhelms III. von Oranien nach England 1688 verteidigte er mit wechselndem Erfolg als dessen Generalkapitän die Niederlande gegen Frankreich. Er starb auf e. Urlaub in seinem dt. Fürstentum.

Lit.: Gerhard Menk, *G. F. von W.* (1992).

Gerhardt, Wolfgang, Politiker, *31.12.1943 Ulrichstein-Helpershain. Der promovierte Politologe war 1978–82, 1983–87 u. 1991–94 Mitglied des hess. Landtags u. ab 1983 bzw. 1991 Fraktionsvors. der FDP. 1987–91 war er hess. Minister für Wiss. u. Kunst. Seit 1994 saß er im Bundestag, seit 1998 als Vors. der FDP-Fraktion. 1995–2001 war er Bundesvors. der FDP.

Gerlach, Ernst *Ludwig* von, Politiker, *7.3.1795 Berlin, †18.2.1877 ebd. Der Bruder von L. von ↑G. studierte Jura u. nahm an den Befreiungskriegen teil. 1820 trat er in den preuß. Justizdienst ein, wurde 1829 Landgerichtsdirektor in Halle u. 1834 Präs. des Oberlandesgerichts in Frankfurt/Oder, 1842 Mitglied des Staatsrats u. war dann 1844–74 Präs. des Oberlandes- u. Appellationsgerichts in Magdeburg. Neupietist.-ständ. geprägt – er hatte 1828 die *Ev. Kirchenzeitung* mitbegründet –, vertrat er zeitlebens die konserv. verstandenen Interessen der Ev. Kirche. Mit dem Ausbruch der Revolution 1848 erlangte er polit. Bedeutung, als er die Gründung der Konserv. Partei Preußens u. ihres Organs, der *Neuen Preuß. Zeitung* («Kreuzzeitung»), betrieb. An letzterer hat er dann jahrzehntelang maßgebl. mitgearbeitet. 1849 war er als Führer der äußersten Rechten Mitglied der preuß. 1. Kammer, 1850 des Unionsparlaments, 1851–58 der preuß. 2. Kammer bzw. des Abg.-hauses. Als Berater Kg. ↑Friedrich Wilhelms IV. führend in der «Kamarilla», wirkte er während der sog. Reaktionszeit stark auf die preuß. Politik ein, ohne je e. Regierungsamt zu übernehmen. Mit Anbruch der Neuen Ära erlosch sein Einfluß, doch suchte er ab 1862 die Nähe O. von ↑Bismarcks, den er jurist. unterstützte. 1866 kam es jedoch zum Bruch mit diesem, da er den Krieg gegen Österreich u. die anschließenden Annexionen als Verrat an der Idee der Hl. Allianz empfand. Entsprechend verurteilte er auch die kleindt. Reichsgründung. Im Kulturkampf schloß er sich im Landtag, wo er ab 1873 saß, als Hospitant dem Zentrum an. Als er 1874 wegen Beleidigung Bismarcks zu e. Geldstrafe verurteilt wurde, mußte er seinen Abschied als Oberlandesgerichtspräs. nehmen. 1877 saß er auch noch kurzfristig im Reichstag.

Lit.: Hans-Joachim Schoeps, *Das andere Preußen* (⁵1981); Hans-Christof Kraus, *E. L. von G.* (2 Bde., 1994).

Gerlach, Leopold von, General u. Politiker, *17.9.1790 Berlin, †10.1.1861 Potsdam. Der Bruder von E. L. von ↑G. nahm kurz am preuß.-franz. Krieg von 1806 teil u. studierte dann Jura, zuletzt in Berlin, wo er durch ↑Savigny u. die histor. Rechtsschule beeinflußt wurde. Nach Teilnahme an den Befreiungskriegen 1813-15 gehörte er zur Umgebung des späteren Kg.s ↑Friedrich Wilhelm IV. u. dessen Bruders ↑Wilhelm (I.). 1826 wurde er Adjutant des letzteren, 1850 Generaladjutant des ersteren. Als Haupt der «Kamarilla», d.h. der e. Art Nebenregierung bildenden Vertrauten des Kg.s, beeinflußte er die preuß. Politik in hochkonserv., antirevolutionärem Sinne. Die Berufung ↑Brandenburgs zum Ministerpräs.en im Herbst 1848 u. die Bestellung O. von ↑Bismarcks zum Bundestagsgesandten 1851 gehen wesentl. auf ihn zurück. Er trat gegen ↑Radowitz u. dessen Unionspolitik für die Punktation von Olmütz u. damit für die konserv. Solidarität mit Österreich u. Rußland sowie für die Bewahrung des Dt. Bundes ein. Auf die Dauer geriet er dann freil. in Gegensatz zu Bismarck u. dessen Realpolitik.

Lit.: Hans-Joachim Schoeps, *Das andere Preußen* (⁵1981).

Gerlach, Manfred, Politiker, *8.5.1928 Leipzig. Der Justizangestellte trat 1945 der LDPD bei u. war 1954-67 Generalsekretär, 1967-90 Vors. der Partei. 1949-59 war er Mitglied des Zentralbeirats der FDJ. Ab 1960 war er auch stellv. Vors. des Staatsrats der DDR u. 1989-90 dessen letzter Vors. 1990 wurde er Mitglied des Bundes Freier Demokraten u. dann der FDP, trat aber 1993 wegen staatsanwaltl. Ermittlungen gegen ihn wieder aus.

Gero, Markgraf, †20.5.965. Kg. ↑Otto I. beauftragte ihn 937 mit dem Schutz der Grenze an der mittleren Elbe u. der unteren Saale nach Osten. Sein Vorgehen gegen die slaw. Nachbarn ermöglichte die Gründung der Bistümer Havelberg u. Brandenburg (948) u. Meißen (968). 963 eroberte er die Niederlausitz.

Gerstein, Kurt, Widerstandskämpfer, *11.8.1905 Münster, †25.7.1945 Paris. Der Bergbauingenieur trat 1933 in die NSDAP ein, schloß sich aber der Bekennenden Kirche an. In der Folge wurde er kurzfristig im KZ Welzheim inhaftiert u. 1938 aus der Partei ausgeschlossen. Nach dem Medizinstudium in Tübingen trat er 1941 in die Waffen-SS ein, um sich Klarheit über das Euthanasieprogramm zu verschaffen. Er wurde Augenzeuge diverser nat.soz. Tötungsaktionen, so 1942 in Belzec, Treblinka u. Sobibor, woraufhin er mehrfach Persönlichkeiten in Dtld. u. den Niederlanden unterrichtete. In franz. Gefangenschaft verfaßte er e. dann vom Internat. Militärtribunal in Nürnberg verwendeten Bericht über seine Erlebnisse. Man fand ihn erhängt in seiner Pariser Gefängniszelle.

Lit.: Pierre Joffroy, *Der Spion Gottes* (²1995); Jürgen Schäfer, *K. G.* (1999); Bernd Hey, *K. G.* (2000).

Gerstenmaier, Eugen, Politiker, *25.8.1906 Kirchheim u.T., †13.3.1986 Remagen. Nach e. kaufmänn. Lehre holte er 1931 das Abitur nach u. studierte dann Theologie (Habilitation Rostock/Berlin 1937/38). Schon 1936 schloß er sich der Bekennenden Kirche an u. war 1936–40 als hauptamtl. Mitarbeiter im Kirchl. Außenamt der Dt. Ev. Kirche u. ab 1940 im Auswärtigen Amt tätig. Durch H. B. von ↑Haeften u. ↑Trott zu Solz kam er zum Kreisauer Kreis u. wurde nach dem 20.7.1944 zu sieben Jahren Zuchthaus verurteilt. 1945 gründete er in Stuttgart das Hilfswerk der EKD, das er bis 1951 leitete. Einer der führenden Repräsentanten des prot. Flügels der CDU, saß er 1949–69 im Bundestag, 1954–69 als Präs.

Lit.: Karl B. Schnelting, *Zeugen des Jh.s* (1982).

Gertrud von Süpplingenburg, Hg.-in, *18.4.1115, †18.4.1143 Klosterneuburg (bei Wien). Die Tochter Ks. ↑Lothars III. wurde 1127 mit Hg. ↑Heinrich X. dem Stolzen von Bayern vermählt, was die Anwartschaft der Welfen auf die Nachfolge Lothars begründete. Aus der Ehe ging der um 1129/30 geborene Hg. ↑Heinrich der Löwe hervor, für den nach dem Tod des Vaters G. die Vormundschaft ausübte. Sie vertei-digte erfolgreich Heinrichs Ansprüche auf das Hg.tum Sachsen gegen ↑Albrecht I. den Bären. Heinrich mußte auf Bayern verzichten, doch heiratete G. 1142 in zweiter Ehe den gleichzeitig mit Bayern belehnten ↑Heinrich II. Jasomirgott, um e. Ausgleich zwischen Welfen u. Babenbergern herbeizuführen. Sie starb bei der Geburt ihres ersten Kindes aus zweiter Ehe.

Lit.: Thilo Vogelsang, *Die Frau als Herrscherin* (1954).

Gervinus, *Georg* Gottfried, Historiker, *20.5.1805 Darmstadt, †18.3.1871 Heidelberg. Nach kaufmänn. Tätigkeit 1819–24 studierte er in Heidelberg Gesch. u. habilitierte sich 1830. 1835 wurde er Prof. in Heidelberg, 1836 in Göttingen, wo er 1837 zu den Göttinger Sieben gehörte u. des Landes verwiesen wurde. 1844 übernahm er in Heidelberg e. Honorarprofessur. Zus. mit ↑Mathy u.a. gründete er 1847 die liberale propreuß. *Dt. Zeitung* u. redigierte sie bis 1848. Kurzfristig saß er in der Frankfurter Nationalversammlung. Nach e. Hochverratsprozeß 1853 wurde ihm die Lehrbefugnis entzogen. Föderativ eingestellt, beobachtete er danach mißbilligend die Entwicklung zur Reichsgründung hin. Hauptwerke: *Gesch. der poet. Nationalliteratur der Deutschen* (5 Bde., 1835–40); *Gesch. des neunzehnten Jh.s* (8 Bde., 1855–66).

Lit.: Gangolf Hübinger, *G. G. G.* (1984).

Geßler, Otto, Politiker, *6.2.1875 Ludwigsburg, †24.3.1955 Lindenberg (Allgäu). Der promovierte Jurist trat 1900 in den bayer. Justizdienst ein u. war 1913-19 Oberbürgermeister von Nürnberg. 1918 Mitbegründer der DDP, war er 1919-20 Reichsminister für Wiederaufbau. 1920-24 saß er im Reichstag. Nach dem Kapp-Putsch (↑Kapp) wurde er 1920 Reichswehrminister u. war zus. mit ↑Seeckt maßgebl. am Aufbau der Reichswehr beteiligt. Seit 1927 parteilos, trat er 1928 wegen e. Finanzaffäre zurück. 1931-33 war er Vors. des Vereins für das Dt.tum im Ausland. 1944 im KZ Ravensbrück inhaftiert, amtierte er ab 1949 als Präs. des Bayer., 1950-52 auch des Dt. Roten Kreuzes.

Lit.: Heiner Möllers, *Reichswehrminister O. G.* (1998).

Geyer, Florian, Reichsritter u. Bauernführer, *um 1490 Giebelstadt, †10.6.1525 Rimpar (bei Würzburg). In Franken begütert, nahm der Landsknechtsführer 1519 am Feldzug des Schwäb. Bundes gegen Hg. ↑Ulrich von Württ. teil. Danach wurde er im Dienst des Hochmeisters ↑Albrecht von Preußen e. Anhänger M. ↑Luthers. 1525 führte er die Tauberbauern bis vor Würzburg. Nach den Niederlagen bei Königshofen u. Ingolstadt wurde er von e. Knecht seines Schwagers ↑Grumbach erschlagen.

Lit.: Christa Dericum, *Des G.s schwarze Haufen* (1987).

Gies, Gerd, Politiker, *24.5.1943 Stendal (Altmark). Der Veterinärmediziner trat 1970 der CDU in der DDR bei. 1990 Mtglied der Volkskammer, war er 1990-91 Ministerpräs. von Sachsen-Anhalt.

Gisela, Ks.in, *um 990, †15.2.1043 Goslar. Die Tochter e. Hg.s von Schwaben war dreimal vermählt. Ihrer zweiten Ehe entstammte Hg. ↑Ernst II. von Schwaben, ihrer dritten, mit dem späteren Kg. ↑Konrad II., Kg. ↑Heinrich III. Sie übte bedeutenden Einfluß auf die Regierungsgeschäfte Konrads II. aus. An Ostern 1027 wurde sie an seiner Seite in Rom zur Ks.in erhoben.

Lit.: Erich Brandenburg, *Probleme um die Ks.in G.* (1928).

Gisevius, Hans Bernd, *14.6.1904 Arnsberg, †23.2.1974 Müllheim/Baden. Der promovierte Jurist arbeitete ab 1936 bei der Gestapo u. im Reichsinnenministerium. 1940-44 Vizekonsul in Zürich, stand er mit dem Widerstandskreis um ↑Canaris in Verbindung und hatte Kontakte zu Allen W. Dulles, dem Leiter des amerikan. Geheimdienstes in der Schweiz. Sein Bericht *Bis zum bitteren Ende* (1946) wurde in zahlreiche Sprachen übersetzt.

Glaise von Horstenau, Edmund, östr. Politiker, *27.2.1882 Braunau/Inn, †20.7.1946 Lager Langwasser (bei Nürnberg). Der Berufsoffizier kam 1910 in den östr. Generalstab u. leitete nach schwerer Verwundung 1915-18 das Pressereferat des Armee-Oberkommandos. Nach Kriegsende studierte er Gesch. u. leitete dann 1925-38 das Kriegsarchiv. 1934-36 war er Mitglied des Staatsrats. 1936–38 Minister ohne Geschäftsbereich bzw. Innenminister im Kabinett ↑Schuschnigg, amtierte er im Kabinett ↑Seyß-Inquart als Vizekanzler. Als Bevollmächtigter Dt. General in Kroatien 1941–44 setzte er sich gegen die Aktivitäten der Ustascha ein. Er geriet in amerikan. Kriegsgefangenschaft u. nahm sich das Leben, um der Auslieferung an Jugoslawien zu entgehen.

Lit.: Gert Fricke, *Kroatien 1941–1944* (1972); Peter Broucek, *Ein General im Zwielicht* (3 Bde., 1980–88).

Globke, Hans, Verwaltungsbeamter, *10.9.1898 Düsseldorf, †13.2.1973 Bonn. Der promovierte Jurist, 1922 dem Zentrum beigetreten, war 1932–45 Ministerialrat im Reichsinnenministerium. 1946 wurde er Mitglied der CDU und trat 1949 auf Wunsch ↑Adenauers in das Bundeskanzleramt ein, das er als Staatssekretär (1953–63) zu e. wirkungsvollen Regierungsinstrument ausbaute. Wegen seiner früheren Mitwirkung an e. Kommentar zu den Nürnberger Rassegesetzen war er zeitweilig heftigen Angriffen ausgesetzt.

Lit.: Ulrich von Hehl, «H.G.», in Jürgen Aretz u.a., Hrsgg., *Zeitgesch. in Lebensbildern.* Bd. 3 (1979).

Globocnik, Odilo, SS-Gruppenführer, *21.4.1904 Triest, †21.5.1945 bei Weißensee (Kärnten). Er trat 1922 der NSDAP, 1933 der SS bei. 1938 wurde er erster Gauleiter von Wien. Wegen e. Devisenverfahrens amtsenthoben, wurde er von ↑Himmler 1939 zum SS- u. Polizeiführer von Lublin (Polen) ernannt. Dort war er maßgebl. an der Ermordung von rd. 1,75 Mio. Juden beteiligt. 1943–45 war er Höherer SS- u. Polizeiführer «Adriat. Küstenland». Bei seiner Festnahme nahm er sich das Leben.

Glogowski, Gerhard, Politiker, *11.2.1943 Hannover. Der gelernte Werkzeugmacher studierte Volkswirtschaft u. trat 1961 der SPD bei. 1976–81 u. 1986–90 war er Oberbürgermeister von Braunschweig. Seit 1984 Mitglied des Landtags von Niedersachsen, war er dort 1990–98 Innenminister u. 1998–99 Ministerpräs.

Glotz, Peter, Politiker, *6.3.1939 Eger. Der promovierte Kommunikationswiss.ler trat 1961 der SPD bei u. war 1980–87 deren Bundesgeschäftsführer. 1970–72 saß er im bayer. Landtag u. 1972–77 sowie 1983–96 im Bundestag. 1977–81 war er Senator für Wiss. u. Forschung in Berlin, 1996–99 Gründungsrektor der Universität Erfurt, ab 2000 Prof. in St. Gallen.

Gneisenau, *August* Wilhelm Anton Graf (1814) Neidhardt von, Generalfeldmarschall, *27.10.1760 Schildau (bei Torgau), †23.8.1831 Posen. Nach wegen Geldmangels abgebrochenem Studium trat er 1778 in östr., 1780 in ansbach-bayreuth. Militärdienste. 1782 wurde er als Leutnant mit ansbach. Truppen nach Halifax eingeschifft, um auf brit.

Seite am amerikan. Unabhängigkeitskrieg teilzunehmen, doch war schon Waffenstillstand geschlossen worden. 1786 trat er als Premierleutnant in das preuß. Heer ein, wurde 1790 Stabskapitän u. kämpfte 1794–95 in Polen. Im preuß.-franz. Krieg nahm er an der Schlacht von Jena 1806 teil u. zeichnete sich aus, zum Major befördert, als er 1807 Kolberg zus. mit ↑Nettelbeck u. ↑Schill bis zum Frieden von Tilsit verteidigte. Hierfür wurde er nach 1807 in verschiedene Reformkommissionen berufen, darunter diejenige zur Reorganisation des Heeres. Er setzte zus. mit ↑Scharnhorst die Einrichtung der Kriegsschule durch, erreichte 1808 die Abschaffung der Prügelstrafe u. bemühte sich im Sinne der Reformen ↑Steins um die Beseitigung ständ. Vorrechte in der Armee u. die Einführung der allg. Wehrpflicht. 1809 zum Oberst befördert, nahm er wegen der preuß. Neutralität im östr.-franz. Krieg seinen Abschied. Nach kurzem Englandaufenthalt kehrte er 1810 zurück u. reiste im Auftrag ↑Hardenbergs über Österreich nach England, Rußland u. Schweden, um Verbindungen anzuknüpfen. Im Frühjahrsfeldzug 1813 diente er als 2. Generalquartiermeister ↑Blüchers u. wurde als Generalleutnant dessen Generalquartiermeister nach dem Tod ↑Scharnhorsts. Er war an der Planung der Schlacht bei Leipzig 1813 beteiligt u. hatte maßgebl. Anteil am Sieg bei Waterloo 1815. In den Grafenstand erhoben, befehligte er bis 1816 e. Armeekorps, mußte aber wegen seiner liberalen Gesinnung sein Kommando aufgeben. Ab 1818 Gouverneur von Berlin, wurde er 1825 zum Generalfeldmarschall ernannt. Beim poln. Aufstand 1831 kommandierte er die preuß. Observationsarmee u. starb an der Cholera.

Lit.: Hans Otto, G. (1981); Gerhard Thiele, G. ... e. *Chronik* (1999).

Gneist, Heinrich *Rudolf* von (1888), Jurist u. Politiker, *13.8.1816 Berlin, †22.7.1895 ebd. Ab 1836 im preuß. Justizdienst, wurde er nach der Habilitation (Berlin, 1839) 1845 Prof. in Berlin. Er saß 1859–93 im preuß. Abg.haus, 1867–84 als Nationalliberaler auch im Reichstag. Er hatte großen Einfluß auf die Verwaltungsgesetzgebung u. war führend an der Ausarbeitung der Kreisordnung (1872) u. der Landgemeindeordnung (1891) beteiligt.

Lit.: Erich J. Hahn, R. *von G.* (1995).

Goebbels, Paul *Joseph*, Politiker, *29.10.1897 Rheydt, †1.5.1945 Berlin. Der gehbehinderte Sohn e. Buchhalters studierte Germanistik u. begann nach seiner Promotion 1921 vergebl. e. Karriere als freier Schriftsteller. 1924 schloß er sich den Nationalsozialisten an u. war bis 1925 Schriftleiter der Wochenzeitung *Völk. Freiheit*, 1925–27 der von G. ↑Strasser herausgegebenen *Nat.soz. Briefe* u. 1927–35 Begründer u. Hrsg. der Zeitschrift *Der Angriff* (ab 1930 Tageszeitung). 1926 trat er offiziell in die NSDAP ein u. wurde Gauleiter von Berlin-Brandenburg. Ab 1928 saß er im Reichstag. Aufgrund seines rhetor.-demagog. Talents von ↑Hitler 1930 zum Reichspropagandaleiter der NSDAP bestellt, wurde er zu e. der wichtigsten Wegbereiter der kommenden nat.soz. Wahlerfolge. Am 13.3.1933 übernahm er das Reichsministerium für Volksaufklärung u. Propaganda. Als Präs. der von ihm im Herbst gegründeten Reichskulturkammer betrieb er die Gleichschaltung im publizist. u. kulturellen Bereich. Durch rigorose Sprachregelung beherrschte er die Bildung der öffentl. Meinung u. hatte maßgebl. Anteil sowohl an der Entwicklung des Führermythos als auch der Akzeptanz der Judenverfolgung. Im Zweiten Weltkrieg trug er durch seine manipulierende Interpretation der Kriegslage u. umtriebige Massenmobilisierung entscheidend zur Verlängerung des Krieges bei. Nach dem 20.7.1944 wurde er zum «Reichsbevollmächtigten für den totalen Kriegseinsatz» ernannt u. von Hitler im April 1945 testamentar. zu seinem Nachfolger als Reichskanzler bestimmt. Er ermordete seine sechs Kinder u. nahm sich danach mit seiner Frau das Leben.

Lit.: Helmut Heiber, *J. G.* (³1988); Heinrich Fraenkel u. Roger Manvell, *G.* (³1995); Ralf Georg Reuth, *J. G.* (²2000).

Goerdeler, *Carl* Friedrich, Politiker, *31.7.1884 Schneidemühl, †2.2.1945 Berlin-Plötzensee. Der promovierte Jurist war ab 1912 1. Beigeordneter in Solingen, kämpfte 1914–18 im Ersten Weltkrieg im Osten, zuletzt als Hauptmann, u. im März 1919 kurzfristig in e. Freikorpseinheit in Königsberg. 1920–30 war er 2. Bürgermeister von Königsberg u. trat 1923 der DNVP bei. 1930 wurde er aufgrund seines hervorragenden Verwaltungs- u. Organisationstalents zum Oberbürgermeister von Leipzig gewählt u. bemühte sich dann energ., durch Notstandsprogramme die Arbeitslosigkeit zu verringern. Anhänger des von ↑Brüning praktizierten Präsidialsystems, war er 1931–32 u. dann 1934–35 Reichskommissar für Preisüberwachung. Gegner der nat.soz. Rassen- u. Kirchenpolitik, trat er 1937 wegen der Entfernung des Standbilds des jüd. Komponisten Felix Mendelssohn Bartholdy (1809–47) von seinem Oberbürgermeisteramt zurück u. war in den nächsten Jahren auf Auslandsreisen für den Robert-Bosch-Konzern (↑Bosch) tätig. Ab 1939 wurde er in Verbindung mit L. ↑Beck zum führenden Kopf der nichtkommunist. Widerstandsbewegung gegen ↑Hitler u. war als neuer Reichskanzler vorgesehen. Im Grunde monarch. gesinnt u. die Ermordung Hitlers ablehnend, vielmehr auf e. erfolgreichen Staatsstreich des Militärs zählend, plante er die Rückkehr zu e. parlamentar. Rechtsstaat mit e. starken Reichsspitze. Die internat. Großmachtposition des Dt. Reiches hoffte er wahren zu können. Sein Verhältnis zu verschiedenen anderen Widerstandsgruppen, so dem Kreisauer Kreis u. dem Sozialisten ↑Leber, war nicht ungetrübt. Nach dem Attentat auf Hitler, das er nicht billigte, wurde er Mitte August 1944 von der Gestapo verhaftet. Vom Volksgerichtshof im Sept. zum Tod verurteilt, wurde er nach längerer Haft enthauptet.

Lit.: Gerhard Ritter, *G. u. die dt. Widerstandsbewegung* (⁴1984); Erich Kosthorst, «C.F.G.», in Rudolf Lill u. Heinrich Oberreuter, Hrsgg., *20. Juli: Portraits des Widerstands* (1984); Ines Reich, *C.F.G.* (1997; Leipziger Zeit).

Goldschmidt, Henriette [geb. Benas], Frauenrechtlerin, *23.11.1825 Krotoschin (Posen), †30.1.1920 Leipzig. Die Ehefrau e. jüd. Predigers gründete 1865 in Leipzig mit A. ↑Schmidt u. L.↑Otto-Peters den Allg. Dt. Frauenverein. Durch die Gründung der ersten Kindergärtnerinnenschule (Leipzig, 1878) u. die Einrichtung von Volkskindergärten half sie bei der Entwicklung des Kindergärtnerinnenberufs.

Lit.: Josefine Siebe u. Johannes Prüfer, *H. G.* (1922).

Goltz, August Graf von der, Diplomat, *20.7.1765 Dresden, †17.1.1832 Berlin. Ab 1787 im preuß. Staatsdienst, wurde er 1791 Gesandter in Kopenhagen, 1793 in Mainz u. 1802 in St.Petersburg. Als preuß. Außenminister (ab 1807) schloß er den Frieden von Tilsit (1807). 1816-24 war er Bundestagsgesandter in Frankfurt/Main.

Goltz, Colmar Frhr. von der [G.-Pascha], Generalfeldmarschall, *12.8.1843 Bielkenfeld (bei Labiau), †19.4.1916 Bagdad. Der Berufssoldat nahm im preuß. Dienst an den Kriegen 1866 u. 1870-71 teil. 1878-83 war er Kriegsgeschichtslehrer an der preuß. Kriegsakademie, 1883-96 reorganisierte er das türk. Heer, dem er auch 1909-13 wiederholt als Berater beistand. 1898-1902 modernisierte er das Pionierkorps u. das Festungswesen. 1914 war er kurzfristig Generalgouverneur in Belgien, danach Berater des Sultans. Als Kommandeur der 6. türk. Armee konnte er 1916 durch e. Sieg über die Engländer am Euphrat die Vereinigung der letzteren mit den Russen verhindern. Er starb an Flecktyphus.

Lit.: Pertev Demirhan, *Generalfeldmarschall C. Frhr. von der G.* (1960).

Goltz, Robert Graf von der, Diplomat, *6.6.1817 Paris, †24.6.1869 Berlin-Charlottenburg. Der Jurist war 1848 Mitbegründer der *Neuen Preuß. Zeitung* («Kreuzzeitung») u. schloß sich dann der Wochenblattpartei an. Ab 1857 war er Gesandter in Athen, 1859 in Konstantinopel, 1860 in St.Petersburg u. 1863 in Paris. 1864-66 konnte er e. franz. Eingreifen in Mitteleuropa, das Preußen geschadet hätte, abwenden.

Lit.: Otto zu Stolberg-Wernigerode, *R. Heinrich Graf von der G.* (1967).

Goltz, Rüdiger Graf von der, General, *8.12.1865 Züllichau, †4.11.1946 Kinsegg (Allgäu). Als Kommandeur e. dt. Landwehrdivision befreite er 1918 zus. mit finn. Truppen Finnland von der Roten Armee. Anschließend befehligte er im Baltikum antisowjet. Freiwilligenverbände. Auf Druck der Entente wurde er 1919 abberufen.

Gomolka, Alfred, Politiker, *21.7.1942 Breslau. Nach Promotion (1971) u. Habilitation (1988) wurde er 1992 Prof. für Raumordnung u. Landeskunde in Greifswald. 1960–68 u. ab 1971 Mitglied der CDU (DDR), war er 1990–94 Mitglied des Landtags u. 1990–92 Ministerpräs. von Mecklenburg-Vorpommern.

Goppel, Alfons, Politiker, *1.10.1905 Regensburg, †24.12.1991 Aschaffenburg. Der Jurist war 1930–33 Mitglied der BVP, seit 1945 der CSU, für die er ab 1954 im bayer. Landtag saß. Ab 1957 Staatssekretär im Justizministerium, war er 1958–62 Innenminister u. 1962–78 Ministerpräs. von Bayern. 1979–84 saß er im Europ. Parlament.

Göring, Hermann, Politiker, *12.1.1893 Rosenheim, †15.10.1946 Nürnberg. Der Sohn e. hohen Kolonialbeamten wurde im Ersten Weltkrieg als Jagdflieger mit dem Orden Pour le mérite ausgezeichnet. 1919–21 arbeitete er als Testpilot in Skandinavien. 1922 trat er der NSDAP bei u. übernahm die Führung der SA. Beim Putsch ↑Hitlers im Nov. 1923 schwer verwundet, floh er ins Ausland u. kehrte erst Ende 1926 aufgrund e. Amnestie zurück. 1928 wurde er in den Reichstag gewählt u. übernahm dort nach den Juliwahlen 1932 das Präsidium. Seit 1930 polit. Beauftragter Hitlers in Berlin, war er maßgebl. an der Bildung der Regierung Hitler-↑Papen im Jan. 1933 beteiligt. In dieser bekleidete er die Ämter e. Reichsministers ohne Geschäftsbereich u. e. Reichskommissars für (ab Mai Reichsminister der) Luftfahrt. Als Reichskommissar für das preuß. Innenministerium (ab April preuß. Ministerpräs.) benutzte er die preuß. Machtbasis zur Verfolgung polit. Gegner. Das Geheime Staatspolizeiamt wurde gegründet, Polizei u. Beamtenschaft wurden «gesäubert», erste KZ eingerichtet. Nach aktiver Mitwirkung an dem auf den angebl. Röhm-Putsch (↑Röhm) folgenden Massaker wurde er 1934 zum Reichsjägermeister, 1935 zum Reichsforstmeister und, als General der Flieger, zum Oberbefehlshaber der Luftwaffe ernannt. 1936 wurde er Beauftragter für den Vierjahresplan. 1938 zum Generalfeldmarschall befördert, suchte er im Aug. 1939 durch private Kontakte den Kriegsausbruch zu verhindern. Zwar wurde er von Hitler am 1.9. öffentl. zu seinem Nachfolger bestimmt u. 1940 zum Reichsmarschall befördert, doch verlor er nach dem Scheitern der Luftschlacht um England u. wegen seiner wirtschaftl. Inkompetenz stark an Einfluß. Persönl. war er eitel u. prunksüchtig, aber nicht ohne Mut. Als er kurz vor Kriegsende Verhandlungen mit dem Feind forderte, wurde er von Hitler seiner Ämter enthoben. Im Mai 1945 geriet er in amerikan. Gefangenschaft u. wurde in Nürnberg zum Tod verurteilt. Kurz vor der Erhängung nahm er sich das Leben durch Einnahme von Zyankali.

Lit.: Stefan Martens, *H. G.* (1985); Alfred Kube, *Pour le mérite u. Hakenkreuz* (²1987); Richard James Overy, *H. G.* (²1990); Werner Maser, *H. G.* (2000).

Görres, Johann *Joseph* von (1839), Publizist, *25.1.1776 Koblenz, †29.1.1848 München. Er studierte Medizin u. Naturwiss. u. wurde zum Anhänger der Franz. Revolution u. der Idee e. rhein. Republik. Ein Aufenthalt in Paris 1799–1800 enttäuschte ihn jedoch tief. 1801–06 unterrichtete er als Physiklehrer in Koblenz u. war dann 1806–08 Privatdozent in Heidelberg, wo er u. a. Philosophie, altdt. Literatur u. Psychologie lehrte. Ab 1808 zurück in Koblenz, gab er dort 1814–16 den in 1–3tägigem Abstand erscheinenden *Rhein. Merkur* heraus, der rasch zu e. der besten journalist. Organe der Zeit wurde u. G. zu e. der bedeutendsten Publizisten werden ließ. Wegen seines Eintretens für e. freiheitl. Verfassung in e. geeinten Dtld. unter östr. Führung wurde das Blatt von der preuß. Regierung verboten. Nach Veröffentlichung seiner Kampfschrift *Teutschland u. die Revolution* (1819) mußte er vor drohender Verhaftung nach Straßburg fliehen. Während seines Aufenthaltes dort fand er zur kath. Kirche zurück. 1827 wurde er an die Universität München als Prof. für Gesch. berufen, wo er rasch Mittelpunkt e. Kreises bedeutender kath. Gelehrter wurde. 1838 war er Mitbegründer der *Histor.-polit. Blätter*, die, urspr. als Instrument zur Verteidigung der Kirche konzipiert, bald zum Organ der Großdt. wurden. Er wandte sich gegen staatl. Einmischung in kirchl. Belange u. forderte Geistes- u. Gewissensfreiheit, Toleranz u. ökumen. Gesinnung. 1836–42 erschien sein mehrbänd. Hauptwerk *Die christl. Mystik*.

Lit.: Heribert Raab, Hrsg., *J. G.* (1985); Harald Dickerhof, Hrsg., *G.-Studien* (1999); Jon VanDen Heuvel, *A German Life in the Age of Revolution* (Washington DC, 2001).

Gottfried II. der Bärtige, Hg. von Ober- u. Niederlothringen, †21.12.1069 Verdun. Nach dem Tod seines Vaters Gozelo I. (†1044) erhielt er von Ks. ↑Heinrich III. ledigl. Oberlothringen. Er empörte sich 1045 mit franz. u. holländ. Unterstützung. 1049 von Papst Leo IX. gebannt u. 1050 vom Ks. besiegt, heiratete er 1054 die oberlothring. Erbin Beatrix von Tuszien (um 1015–1076). Hierdurch fiel ihm e. bedeutende Machtstellung in Italien zu, welche die ksl. Herrschaft über das Papsttum gefährdete, zumal sein Bruder Friedrich 1057 als Stephan IX. den päpstl. Thron bestieg. 1056 unterwarf er sich freil. dem Ks. 1065 übertrug ihm dann Kg. ↑Heinrich IV. auch Niederlothringen zu Lehen.

Lit.: Rudolf Jung, Hrsg., *G. der Bärtige* (1884).

Götting, Gerald, Politiker, *9.6.1923 Halle/Saale. Der Philologe trat 1946 der CDU bei u. war 1949–66 ihr Generalsekretär in der DDR u. 1966–89 ihr Vors. Ab 1969 Mitglied der Volkskammer, war er 1969–76 deren Präs. 1991 wurde er aus der CDU ausgeschlossen u. wegen Veruntreuung von Parteigeldern zu 18 Monaten Haft verurteilt.

Gradl, Johann Baptist, Politiker, *25.3.1904 Berlin, †2.7.1988 ebd. Der gelernte Bankkaufmann studierte Volkswirtschaft (Promotion 1930). Er trat der Zentrumspartei bei u. war 1931–45 im Bankengewerbe tätig. 1945 war er Mitbegründer der CDU in Berlin, 1954 des Kuratoriums Unteilbares Dtld. 1957–80 saß er im Bundestag. 1965–66 war er Bundesvertriebenenminister.

Graevenitz, Christiane *Wilhelmine* Friederike von, Mätresse, *4.2.1686 Schwerin, †21.10.1744 Berlin. Seit 1706 am württ. Hof, wurde sie die Mätresse Hg. ↑Eberhard Ludwigs, der sie 1707 in morganat. Ehe heiratete. Auch nachdem er sich auf Verlangen des Ks.s 1710 von ihr trennte, verblieb sie bei Hof, wo sie die Stellenbesetzung beeinflußte u. umfangreichen Besitz erwarb. 1733 wurde sie schließl. des Landes verwiesen.

Lit.: Sybille Oßwald-Bargende, *Die Mätresse, der Fürst u. die Macht* (2000).

Gröber, Adolf, Politiker, *11.2.1854 Riedlingen/Donau, †19.11.1919 Berlin. Der Jurist trat 1878 in den württ. Justizdienst ein u. wurde 1888 Landrichter, 1912 Landgerichtsdirektor in Heilbronn. Führendes Mitglied des Zentrums, das sich unter seiner Ägide in Württ. endgültig 1895 konstituierte, saß er 1887–1919 im Reichstag (1917–19 Vors. der Fraktion) bzw. in der Nationalversammlung u. 1889–1919 im württ. Landtag. Er widmete sich v.a. Militärfragen u. der Sozialpolitik. 1896 u. 1906 Präs. der dt. Katholikentage, war er e. der bedeutenden Persönlichkeiten des polit. Katholizismus in Dtld.

Lit.: Hermann Cardauns, *A. G.* (1921).

Groener, Wilhelm, General u. Politiker, *22.11.1867 Ludwigsburg, †3.5.1939 Bornstedt (bei Potsdam). Er trat 1884 in das württ. Heer ein u. wurde 1899 als Hauptmann in die Eisenbahnabteilung des Großen Generalstabs versetzt, deren Leitung er 1912 als Oberstleutnant übernahm. Als Chef des Feldeisenbahnwesens (ab 1914) hatte er maßgebl. Anteil an der reibungslosen Mobilisierung zu Beginn des Ersten Weltkriegs. 1916 wurde er Vorstandsmitglied des Kriegsernährungsamtes. Zum Generalleutnant befördert, übernahm er im gleichen Jahr die Leitung des neugebildeten Kriegsamts zur Ausschöpfung der Produktionsreserven. Seine in vielfacher Hinsicht offene sozialpolit. Haltung brachte ihn in Gegensatz zu ↑Ludendorff, woraufhin er im Aug. 1917 aus seinem Amt abberufen wurde. Mit e. Truppenkommando erst im Westen, dann ab März 1918 in der Ukraine betraut, wurde er am 26.10.1918 als Nachfolger Ludendorffs zum Ersten Generalquartiermeister ernannt u. leitete nach dem Waffenstillstand die Rückführung u. Demobilisierung der Truppen. In Verbindung mit ↑Ebert sicherte er unter Billigung ↑Hindenburgs der sich etablierenden neuen Regierung die Unterstützung des Militärs zu («Ebert-G.-Bündnis», 10.11.). 1919 setzte er sich für die Unterzeichnung des Versailler Vertrags ein u. nahm Ende Sept. seinen Abschied. 1920-23 leitete er mit Unterbrechungen als parteiloser Fachminister das Reichsverkehrsministerium. Als parteiloser Reichswehrminister (1928-32) u. Reichsinnenminister (1931-32) besetzte er gegen Ende der Weimarer Republik wichtige polit. Schlüsselpositionen. In enger Verbindung mit ↑Schleicher suchte er, zu der von ↑Brüning praktizierten Präsidialregierung neigend, den Abstand zwischen preuß.-dt. Militärtradition u. Parlamentarismus zu überbrücken. Das von ihm im April 1932 durchgesetzte Verbot der SA u. der SS brachte ihn in Gegensatz zu Schleicher u. trübte sein Verhältnis zu Hindenburg. Er trat am 13.5. als Reichswehrminister u. Ende Mai mit Brünings Kabinett als Reichinnenminister zurück.

Lit.: Wolfgang Sauer, *Das Bündnis Ebert-G.* (1957); Gerhard W. Rakenius, *W. G. als Erster Generalquartiermeister* (1977); Johannes Hürter, *W. G. (1928-32)* (1993).

Grolman, *Karl* Wilhelm von, General, *30.7.1777 Berlin, †15.9.1843 Posen. Seit 1791 mit Unterbrechungen in preuß. Diensten, wurde er 1815 Generalquartiermeister ↑Gneisenaus. Er reorganisierte den Generalstab, nahm aber 1819 mit ↑Boyen aus Protest gegen die Reaktion seinen Abschied. 1825 wieder im aktiven Dienst, wurde er 1832 Kommandierender General in Posen.

Lit.: Wolfgang Paul, *Die Grolmans* (1995).

Gropper, Johannes, Theologe, *24.2.1503 Soest, †13.3.1559 Rom. Seit 1525 Offizial des Kölner Erzbf.s, hatte er führenden Anteil an den Religionsgesprächen in Hagenau, Worms u. Regensburg (1540-41). Obwohl reformgesinnt, widersetzte er sich der Einführung der Reformation in Köln. Er starb bei e. Aufenthalt in Rom.

Lit.: Walter Lipgens, *Kardinal J. G.* (1951).

Grotewohl, Otto, Politiker, *11.3.1894 Braunschweig, †21.9.1964 Berlin (Ost). Der gelernte Buchdrucker trat 1912 in die SPD ein u. 1918 zur USPD über, kehrte aber 1922 zur SPD zurück. 1920-25 saß er im braunschweig. Landtag, 1925-33 im Reichstag. 1921-24 war er Minister in Braunschweig (verschiedene Portefeuilles), 1925-33 Präs. der dortigen Landesversicherungsanstalt. 1933-45 war er kaufmänn. tätig. 1945 in der SBZ Vors. der SPD, führte er diese dann 1946 in die SED u. war neben ↑Pieck 1946-54 Vors. der letzteren. 1949-64 war er Ministerpräs. bzw. Vors. des Staatsrats der DDR. Er stand in der SED ständig im Schatten ↑Ulbrichts u. war seit 1960 schwer krank.

Lit.: Heinz Vosske, *O. G.* (1979); Markus Jodl, *Amboß oder Hammer?* (1997).

Grumbach, Wilhelm von, Reichsritter, *1.6.1503 Rimpar, †18.4.1567 Gotha. Der Schwager ↑Geyers stand urspr. in würzburg. Diensten, schloß sich ab 1540 aber dem Markgrafen ↑Albrecht Alcibiades an. Nach dessen Tod 1557 trat er in die Dienste Hg. Johann Friedrichs II. von Sachsen (1529–95), um die polit. Ambitionen des letzteren für seine eigenen Ziele nutzbar zu machen. Sein wohl berechtigtes Streben, die Allodifizierung seiner Lehen gegen das Hochstift Würzburg durchzusetzen, führte zu den sog. Grumbachschen Händeln (1563–67), in deren Verlauf über ihn die Reichsacht verhängt u. er schließl. verhaftet u. lebendig geviertelt wurde.

Grumbkow, Friedrich Wilhelm von, General, *4.10.1678 Berlin, †18.3. 1739 ebd. Nach Kriegsdienst im Span. Erbfolgekrieg übernahm er 1712 das preuß. Generalkriegskommissariat u. wurde 1723 e. der vier Dirigierenden Minister im Generaldirektorium. Kg. ↑Friedrich Wilhelm I. nahestehend, wurde er 1733 zum General, 1737 zum Generalfeldmarschall ernannt. Er trat entschieden für enges Zus.wirken zwischen Preußen u. Österreich ein.

Grundig, Max, Unternehmer, *7.5. 1908 Nürnberg, †8.12.1989 Baden-Baden. Der gelernte Installateur machte sich 1927 mit e. Radiogeschäft selbständig. Nach dem Zweiten Weltkrieg hatte er mit der Herstellung von Radios großen Erfolg. Sein Konzern, seit 1972 AG, beschäftigte 1979 über 38 000 Personen u. ist seither mit dem niederländ. Philipskonzern verbunden. G. gab 1984 die Unternehmensführung ab.

Lit.: Christl Bronnenmeyer, M. G. (1999).

Grüneberg, Gerhard, Politiker, *29.8.1921 Lehnin (bei Brandenburg), †10.4.1981 Berlin (Ost). Der gelernte Maurer trat 1946 in die SED ein, absolvierte 1952–56 e. Fernstudium an der Parteihochschule u. war ab 1958 Kandidat bzw. Mitglied des ZK, ab 1966 Mitglied des Politbüros. In letzterem war er zuständig für die Agrarpolitik.

Grynszpan, Herschel, Attentäter, *28.3.1921 Hannover. Er hielt sich ab 1937 in Paris auf. Auf die Nachricht von der Deportation von Verwandten hin schoß er aus Rache am 7.11.1938 auf den dt. Diplomaten Ernst vom ↑Rath. Dessen Tod diente dem nat.soz. Regime als Vorwand für die Novemberpogrome. G. wurde 1940 an Dtld. ausgeliefert u. inhaftiert. Seine Spur verliert sich nach Kriegsende.

Gscheidle, Kurt, Politiker, *16.12. 1924 Stuttgart. Nach Kriegsteilnahme arbeitete er im Postdienst als Fernmeldetechniker. 1953–57 war er Funktionär der Postgewerkschaft. 1956 trat er der SPD bei u. saß 1961–65 sowie 1976–80 im Bundestag. 1969–72 war er Staatssekretär in verschiedenen Ministerien, 1974–82 Bundesminister für Verkehr u. das Post- u. Fernmeldewesen bzw. für das Post- u. Fernmeldewesen.

Guderian, Heinz, Generaloberst, *17.6.1888 Kulm, †15.5.1954 Schwangau. Er trat 1907 in das preuß. Heer ein, wurde 1917 in den Generalstab berufen u. 1920 in die Reichswehr übernommen. In verschiedenen Positionen tätig, u. a. bei den Verkehrstruppen, entwickelte er während der 1920er Jahre Gedanken zum Aufbau e. Panzertruppe. 1934 wurde er Stabschef des Kommandos der Kraftfahrtruppen, 1935 als Oberst Kommandeur e. Panzerdivision u. 1938 als General der Panzertruppen Chef der Schnellen Truppen. Im Polenfeldzug des Zweiten Weltkriegs befehligte er e. motorisiertes Armeekorps, im Westfeldzug 1940 u., ab Juli 1940 Generaloberst, ebenso im Rußlandfeldzug 1941 e. Panzerarmee. Meinungsverschiedenheiten mit ↑Hitler bezügl. takt. Fragen führten im Dez. 1941 zu seiner Ablösung. Im Febr. 1943 wurde er jedoch zum Generalinspekteur der Panzertruppen ernannt u. nach dem Attentat auf Hitler im Juli 1944 zum Chef des Generalstabs des Heeres. Wegen erneuter Differenzen mit Hitler hinsichtl. des Kampfes gegen die Rote Armee nahm er Ende März 1945 e. Krankheitsurlaub. Im Mai 1945 von den Amerikanern gefangengenommen, wurde er 1948 aus der Gefangenschaft entlassen. Danach entfaltete er e. reiche schriftsteller. Tätigkeit zu militär. Themen.

Lit.: Kenneth Macksey, *G.* (1976); Dermot Bradley, *Generaloberst H. G. u. die Entstehungsgesch. des modernen Blitzkrieges* (1986); Hans-Heinrich Wilhelm, «H. G.», in Ronald Smelser u. Enrico Syring, Hrsgg., *Die Militärelite des Dritten Reiches* (²1999).

Guillaume, Günter, Journalist, *1.2.1927 Berlin, †10.4.1995 Eggersdorf (bei Berlin). Der Verlagsredakteur übersiedelte 1956 im Auftrag des MfS nach Frankfurt/Main u. trat 1957 der SPD bei. Seine hauptberufl. Parteikarriere führte ihn 1970 ins Bundeskanzleramt, wo er 1972 persönl. Referent ↑Brandts wurde. Er wurde 1974 wegen Spionage verhaftet, 1975 zu 13 Jahren Haft verurteilt u. 1981 in die DDR abgeschoben. Die Affäre trug wesentl. zum Rücktritt Brandts bei.

Günther, Graf von Schwarzburg-Blankenburg, Gegenkg., *1304 Blankenburg (Thüringen), †14.6.1349 Frankfurt/Main. Der Anhänger Kg. ↑Ludwigs IV. des Bayern wurde nach dessen Tod von der wittelsbach. Partei 1349 zum Gegenkg. ↑Karls IV. gewählt u. in Frankfurt gekrönt. Schwer erkrankt, verzichtete er jedoch nach e. Niederlage seiner Truppen im Vertrag von Eltville 1349 auf die Krone.

Gürtner, Franz, Politiker, *26.8.1881 Regensburg, †29.1.1941 Berlin. Der Jurist wurde 1920 Landgerichtsrat in München. Als bayer. Justizminister (1922–32) ermöglichte er ↑Hitlers vorzeitige Entlassung aus der Festungshaft. 1932–41 Reichsjustizminister, hatte er führenden Anteil an der Verabschiedung des Staatsnotwehrgesetzes (1934), das die nachträgl. Rechtsgrundlage für die Morde im Gefolge des sog. Röhm-Putschs (↑Röhm) lieferte.

Gustav II. Adolf, Kg. von Schweden, *19.12.1594 Stockholm, †16.11.1632 bei Lützen. Er kam 1611 an die Herrschaft. Verwaltungs- u. Heeresreformen ermöglichten den Verfolg e. Großmachtpolitik, die 1629 den Erwerb Livlands von Polen erbrachte u. in dem Ausgreifen auf das im 30jährigen Krieg befindl. Dtld. kulminierte. Nach der Landung auf Usedom im Juli 1630 besetzte er Stettin. Im Vertrag von Bärwalde (Jan. 1631) sicherte er sich franz. Subsidien u. trieb dann die durch die Entlassung ↑Wallensteins geschwächten Ksl. zurück, verbündete sich mit Hessen-Kassel u. Sachsen u. schlug im Sept. ↑Tilly bei Breitenfeld. Zur Entlastung der prot. Stände im Süden des Reiches marschierte er bis an den Rhein. Im März 1632 zog er wieder nach Osten, erzwang gegen Tilly den Lechübergang bei Rain u. eroberte Augsburg u. München. Die Wiederberufung Wallensteins zwang ihn, sich nach Norden zu wenden. In Sachsen stieß er auf die gegner. Hauptmacht u. fiel in der unentschiedenen Schlacht bei Lützen. Obwohl sein Auftreten in Dtld. vor allem polit. motiviert war, wurde er hier in der Folge zum Vorkämpfer des Protestantismus hochstilisiert.

Lit.: Ulrich Bracher, *G. A.* (1971); Felix Berner, *G. A.* (1996); Jörg-Peter Findeisen, *G. II. A. von Schweden* (1996).

Gustloff, Wilhelm, Politiker, *30.1.1895 Schwerin, †4.2.1936 Davos (Schweiz). Er wurde 1921 Mitglied des Dt.völk. Schutz- u. Trutzbündnisses u. trat 1929 der NSDAP bei. 1932–36 leitete er die Auslandsorganisation der NSDAP in der Schweiz. Er wurde von dem jugoslaw.-jüd. Studenten David Frankfurter erschossen.

Lit.: Emil Ludwig, *Der Mord in Davos* (1986).

Gutenberg [eigtl. Gensfleisch zur Laden], Johannes, Erfinder des Buchdrucks, *um 1400 Mainz, †3.2.1468 ebd. Er verließ Mainz vor 1430 u. arbeitete als Goldschmied in Straßburg, erschien aber 1448 wieder in Mainz. Zu dieser Zeit beherrschte er bereits den Buchdruck mit bewegl. Lettern. Seine 42zeilige «G.-Bibel» entstand um 1455.

Lit.: Albert Kapr, *J. G.* (²1988).

Gysi, Gregor, Politiker, *16.1.1948 Berlin. Der promovierte Jurist wurde 1967 Mitglied der SED. Als Rechtsanwalt vertrat er u.a. ↑Bahro u. ↑Havemann. Er erwirkte die Genehmigung zur Großdemonstration am 4.11.1989. 1989–92 war er Vors. der SED(-PDS). Seit 1990 war er Mitglied des Bundestags (1990–2000 Fraktionsvors.). Er bestritt den Verdacht, inoffizieller Mitarbeiter des MfS gewesen zu sein, aber 1998 entschied das Bundesverfassungsgericht gegen ihn. 2000 erklärte er seinen bevorstehenden Rückzug aus der Politik, wurde jedoch 2001 Senator für Wirtschaft, Arbeit u. Frauen in Berlin.

H

Haack, Dieter, Politiker, *9.7.1934 Karlsruhe. Der Jurist trat 1961 der SPD bei u. arbeitete 1962–63 im bayer. Verwaltungsdienst. 1963–69 war er im Bundesministerium für gesamtdt. Fragen tätig, 1969–90 saß er im Bundestag. 1972–80 war er Parlamentar. Staatssekretär im Bundesministerium für Raumordnung, Bauwesen u. Städtebau, 1978–82 Bundesminister hierfür. Seit 1990 war er Präs. der Landessynode der Ev.-Luther. Kirche in Bayern.

Haase, Hugo, Politiker, *29.9.1863 Allenstein, †7.11.1919 Berlin. Der Rechtsanwalt saß 1897–1907 u. 1912–18 im Reichstag (1912–16 Fraktionsvors.). Verweigerer der Kriegskredite, wurde er 1917 Mitbegründer u. Vors. der USPD. 1918 war er neben ↑Ebert Vors. des Rats der Volksbeauftragten. Er starb an den Folgen e. Attentats.

Lit.: Kenneth R. Calkins, *H. H.* (1976); Dieter Engelmann, *H. H.* (1999).

Habsburg (-Lothringen), Otto von, *20.11.1912 Reichenau (Niederösterreich). Der letzte Kronprinz der Monarchie Österreich-Ungarn promovierte in Staatswiss. (Löwen, 1935). Die Politik ↑Hitlers veranlaßte ihn 1938, Bundeskanzler ↑Schuschnigg zum Widerstand aufzurufen. 1938–40 lebte er in Frankreich, 1940–44 in den USA. Seit 1954 war er in Dtld. wohnhaft. 1961 verzichtete er auf seine Herrschaftsansprüche. 1979–99 war er Mitglied des Europ. Parlaments.

Haeften, *Hans* Bernd von, Widerstandskämpfer, *18.12.1905 Berlin, †15.8.1944 Berlin-Plötzensee (Bruder von W. K. von ↑H.). Der Jurist trat 1933 in den auswärtigen Dienst. Mitglied der Bekennenden Kirche, stieß er 1941 zum Kreisauer Kreis. Er wurde nach dem 20.7.1944 verhaftet, verurteilt u. hingerichtet.

Haeften, Werner Karl von, Widerstandskämpfer, *9.10.1908 Berlin, †21.7.1944 ebd. Der Jurist (Bruder von H. B. von ↑H.) war als Adjutant ↑Stauffenbergs (ab Ende 1943) dessen engster Helfer bei den Vorbereitungen zum Attentat auf ↑Hitler am 20.7.1944. Nach dessen Scheitern wurde er standrechtl. erschossen.

Haenisch, Konrad, Politiker, *14.3.1876 Greifswald, †28.4.1925 Wiesbaden. Er schloß sich früh sozialist. Kreisen an. Nach kurzem Studium der Gesch. u. der Volkswirtschaft war er Redakteur der *Leipziger Volkszeitung*, dann der *Dortmunder Arbeiterzeitung*. 1913–25 war er Mitglied des preuß. Landtags (SPD). Als preuß. Kultusminister 1918–21 strebte er e. Auflockerung autoritärer Strukturen der Schulverwaltung an u. berief 1920 die Reichsschulkonferenz ein. In seine Amtszeit fiel die Abschaffung der geistl. Schulaufsicht u. die Umwandlung der Religion in e. Wahlfach. 1922 wurde er Regierungspräs. in Wiesbaden.

Hager, Kurt, Politiker, *24.7.1912 Bietigheim, †18.9.1998 Berlin. Er trat 1930 der KPD bei u. nahm 1937–39 auf republikan. Seite am Span. Bürgerkrieg teil. Nach Aufenthalt als Emigrant in Frankreich u. England wurde er 1946 Mitglied der SED u. 1949 Prof. für Philosophie an der Humboldt-Univ. 1954 im ZK der SED, wurde er 1963 Mitglied des Politbüros. 1976–89 war er Mitglied des Staatsrats der DDR. 1990 schloß ihn die SED-PDS aus.

Hahn, Carl Horst, Manager, *1.7. 1926 Chemnitz. Der Volkswirt wurde 1954 Assistent von ↑Nordhoff. 1959–64 leitete er die Tochterfirma des Volkswagenwerks in den USA. 1964–72 war er Vorstandsmitglied bei der Volkswagenwerk AG. Nach Tätigkeit als Vorstandsvors. der Reifenfirma Continental Gummi-Werke AG (1973–81) nahm er 1982–92 die gleiche Position bei Volkswagen ein u. war dann 1993–97 dort Aufsichtsratsmitglied.

Hainisch, Marianne [geb. Perger], östr. Politikerin, *25.3.1839 Baden (bei Wien), †5.5.1936 Wien. Um die von ihr als reformbedürftig erachtete gesellschaftl. Stellung der Frauen zu verbessern, setzte sie sich ab 1870 für e. allg. Mittelschulbildung für Mädchen ein sowie für deren Zulassung zu Hoch- u. Gewerbeschulen. In den folgenden Jahren wurde sie zu e. führenden Vertreterin der bürgerl. Frauenbewegung. 1902 gründete sie den Bund östr. Frauenvereine, der sich 1904 dem International Council of Women anschloß u. dessen Vors. sie bis 1918 blieb. Im Herbst 1918 trat sie der Bürgerl.-Demokrat. Partei bei, 1929 war sie an der Gründung der Östr. Frauenpartei beteiligt. Die Einführung des Muttertags geht auf sie zurück.

Hainisch, Michael, östr. Politiker, *15.8.1858 Aue (Niederösterreich), †26.2.1940 Wien. Nach Jurastudium u. kurzem Staatsdienst bewirtschaftete er sein Landgut, wirkte aber aktiv auf dem Gebiet der Agrar- u. Sozialpolitik. 1920–28 war der Parteilose der erste östr. Bundespräs. 1929–30 war er Handelsminister.

Halder, Franz, Generaloberst, *30.6. 1884 Würzburg, †2.4.1972 Aschau (Chiemgau). Der Berufssoldat war im Ersten Weltkrieg im Generalstab tätig. 1934 Generalmajor, wurde er 1936 als Generalleutnant Generalquartiermeister des Heeres u. 1938 als Nachfolger L. ↑Becks Generalstabschef. Er leitete die Feldzüge gegen Polen u., seit 1940 Generaloberst, gegen Frankreich u. auf dem Balkan. Strateg. Differenzen mit ↑Hitler während des Rußlandkriegs führten zu seiner Ablösung im Sept. 1942. Er hatte 1938 Verbindung zu Beck u. ↑Witzleben, arbeitete aber andererseits an der Abfassung völkerrrechtswidriger Richtlinien mit, etwa des Kommissarbefehls, u. lehnte es ab, sich am Widerstand gegen Hitler aktiv zu beteiligen. Nach dem 20.7.1944 wurde er trotzdem in KZ-Haft genommen u. erst von den Amerikanern befreit.

Lit.: Gerd R. Ueberschär, *Generaloberst F. H.* (1991); Christian Hartmann, *H.* (1991).

Haller, Johannes, Historiker, *16.10.1865 Keinis (Estland), †24.12.1947 Tübingen. Nach Promotion (Heidelberg 1891) u. Habilitation (Basel 1897) wurde er 1902 Prof. in Marburg, 1904 in Gießen u. 1913 in Tübingen, wo er 1932 emeritiert wurde. Seine Forschungsschwerpunkte lagen in der Gesch. des Ks.tums u. des Papsttums im MA. Die zeitgeschichtl. Arbeiten des dt.nationalen Gegners der Weimarer Republik, aber etwa auch seine *Epochen der dt. Gesch.* (1923), zeigen deutl. antidemokrat. u. antirepublikan. Züge. Weitere Werke: *Die Ära Bülow* (1922); *Das altdt. Ks.tum* (1926); *Das Papsttum* (4 Bde., 1934-45).

Hallstein, Walter, Politiker, *17.11.1901 Mainz, †29.3.1982 Stuttgart. Der Jurist war nach der Habilitation (Berlin, 1929) Prof. in Rostock (1930-41) u. in Frankfurt/Main (1941-48). Nach e. Gastprofessur in den USA leitete er 1949-50 die dt. UNESCO-Kommission. 1950 Staatssekretär im Bundeskanzleramt, führte er die in den Schuman-Plan mündenden Verhandlungen. 1951-57 war er Staatssekretär im Auswärtigen Amt u. trat mit der 1955 offiziell formulierten sog. «Hallstein-Doktrin» für den Anspruch der Bundesrepublik ein, das gesamte dt. Volk gegenüber dem Ausland vertreten zu dürfen. Als Präs. der EWG-Kommission in Brüssel (1958-67) legte er 1959 den sog. Hallstein-Plan zur Verwirklichung e. gemeinsamen europ. Marktes vor. 1968-74 war er Präs. der Europ. Bewegung, 1969-72 saß er im Bundestag (CDU).

Lit.: Wilfried Loth, Hrsg., *W. H.* (1995).

Halske, Johann Georg, Unternehmer, *30.7.1814 Hamburg, †18.3.1890 Berlin. Der gelernte Mechaniker gründete 1847 in Berlin zus. mit ↑Siemens die Telegraphen-Bauanstalt von Siemens & Halske, aus der später der Siemens-Konzern hervorging. Er selbst schied 1867 aus der Firma aus u. widmete sich dem Aufbau des Berliner Kunstgewerbemuseums. 1880-86 war er Stadtrat in Berlin.

Hamm-Brücher, Hildegard [geb. Brücher], *11.5.1921 Essen. Die promovierte Chemikerin trat 1948 der FDP bei u. saß 1950-66 sowie 1970-76 im bayer. Landtag (ab 1972 Fraktionsvors.). 1967-69 war sie Staatssekretärin im hess. Kultusministerium, 1969-72 im Bundeswiss.s-ministerium. 1976-90 saß sie im Bundestag u. war 1977-82 parlamentar. Staatssekretärin im Auswärtigen Amt.

Haniel, Franz, Unternehmer, *20.11.1779 Ruhrort, †24.4.1868 ebd. Er eröffnete 1800 e. Kohlenhandlung u. beteiligte sich später an verschiedenen Kohlegruben. Mit dem Erwerb der Gutehoffnungshütte in Oberhausen begann der Aufbau e. Großunternehmens, das u.a. e. führende Position in der Koksproduktion erreichte u. auch im Transportwesen (Schiffs-, Eisenbahn- u. Straßenbau) e. bedeutende Rolle spielte.

Lit.: Bodo Herzog u. Klaus J. Mattheier, *F.H.* (1979).

Hanisch ↑Ackermann, Anton.

Hansemann, David, Wirtschaftspolitiker, *12.7.1790 Finkenwerder, †4.8.1864 Schlangenbad. Der gelernte Kaufmann war erst unternehmer. tätig. 1845 profilierte er sich auf dem Rhein. Provinziallandtag u. 1847 auf dem preuß. Vereinigten Landtag als e. der Führer der liberalen Opposition. 1848 war er von März bis Sept. preuß. Finanzminister in den Kabinetten G. L. ↑Camphausen u. R. von ↑Auerswald. Großdt.-föderativ eingestellt, war er e. Einzelgänger unter den preuß. Liberalen. 1850–51 stand er der Preuß. Bank vor, danach wirkte er wieder als Unternehmer, v. a. im Eisenbahnbau u. im Versicherungswesen.

Lit.: Egon Rehmann, *D. H.* (1981).

Harden, Maximilian [eigtl. Felix Ernst Witkowski], Publizist, *20.10.1861 Berlin, †30.10.1927 Montana (Wallis). Der Sohn e. jüd. Kaufmanns betätigte sich zuerst als Schauspieler, dann ab 1888 als Journalist. 1892 gründete er die polit. Wochenschrift *Die Zukunft*. Als konserv. Monarchist suchte er sich urspr. Ks. ↑Wilhelm II. anzunähern, polemisierte nach Ablehnung dann aber unter dem Pseudonym Apostata gegen denselben u. die Hofkamarilla. 1906 beschuldigte er den persönl. Freund Ks. ↑Wilhelms II., Philipp Fürst zu Eulenburg (1847–1921), der Homosexualität u. löste dadurch e. polit. Krise aus. Vor dem Ersten Weltkrieg trat er für den dt. Imperialismus ein, wandelte sich jedoch im Krieg zum entschlossenen Pazifisten. Nach e. 1922 von Rechtsradikalen auf ihn verübten Attentat lebte er in der Schweiz.

Lit.: Harry F. Young, *M. H.* (1971).

Hardenberg, Karl August Fürst (1814) von, Staatsmann, *31.5.1750 Essenrode (bei Gifhorn), †26.11.1822 Genua. Der aus hannov. Adel stammende Jurist trat 1770 in den hannov. Staatsdienst ein, verließ diesen aber, um 1783 Minister im Hg.-tum Braunschweig-Wolfenbüttel zu werden. 1790 trat er in preuß. Dienst über u. übernahm die Verwaltung der Markgrafschaft Ansbach-Bayreuth. 1791 zum preuß. Staats- u. Kriegsminister ernannt, vollzog er den Anschluß der Markgrafschaften an den preuß. Staat u. verwaltete das Territorium als selbständige Provinz. 1795 wirkte er bestimmend am Abschluß des Friedens von Basel mit. 1798 zum Kabinettminister erhoben, war er ab 1804 als Außenminister tätig, bis Napoleon I. 1806 seinen Rücktritt erzwang. Im April 1807 zum leitenden Minister ernannt, wurde er nach dem Frieden von Tilsit im Juli 1807 erneut auf Veranlassung Napoleons verabschiedet. Er konnte jedoch die Berufung ↑Steins zu seinem Nachfolger durchsetzen, war freil. aber auch an dessen Entlassung beteiligt, als dessen Agrarreformen in Gegensatz zu den Interessen des Grundadels gerieten. Seine Rigaer Denkschrift von 1807 forderte Reformen nach franz. Vorbild. Seit 1810 bis zu seinem Tod preuß. Staatskanzler, setzte er die Reformen Steins fort mit der Neuordnung von Steuern u. Finanzen, der Einführung der Gewerbefreiheit bei Abbau der städt. Zunftverfassung (1810), der Ablösung der Grundherrschaft (1811), der Judenemanzipation (1812) u. der Unterstützung der Bildungsreform ↑Humboldts. Nach der Niederlage Napoleons in Rußland veranlaßte er den preuß. Kg. ↑Friedrich Wilhelm III. 1813, an den Befreiungskriegen teilzunehmen. 1814-15 setzte er auf dem Wiener Kongreß bedeutende Gebietserweiterungen für Preußen durch. Danach unterstützte er das «System ↑Metternich», sorgte aber für Verwaltungsreform u. die Eingliederung der neuen Provinzen in den Staatsverband. Nach den Karlsbader Beschlüssen von 1819 schwand sein polit. Einfluß.

Lit.: Peter Gerrit Thielen, *K. A. von H.* (1967); Walther Hubatsch, *Die Stein-H.schen Reformen* (²1989); Barbara Vogel, Hrsg., *Preuß. Reformen 1807-1820* (1980).

Harich, Wolfgang, Philosoph, *9.12.1923 Königsberg, †15.3.1995 Berlin. Er trat 1945 der KPD bei u. studierte ab 1946 Philosophie u. Literaturwiss. (1951 Promotion). Danach war er Lektor beim Aufbau-Verlag in Berlin (Ost) u. Lehrbeauftragter an der Humboldt-Universität. Nach der Gründung e. reformorientierten Diskussionsforums 1956 wurde er verhaftet u. 1957 zu 10 Jahren Zuchthaus verurteilt. Er wurde 1964 freigelassen u. 1990 rehabilitiert.

Harkort, Friedrich, Unternehmer, *25.2.1793 Harkorten (bei Hagen), †6.3.1880 Hombruch (bei Dortmund). Er gründete nach den Befreiungskriegen Eisen- u. Kupferwalzwerke, e. Maschinenfabrik u. e. Lederfabrik. 1838 ging er bankrott u. widmete sich danach mehr der Politik u. Publizistik. Liberal gesinnt, saß er 1849-70 im preuß. Abg.-haus u. 1871-74 im Reichstag (Fortschrittspartei).

Lit.: Wolfgang Köllmann, *F. H.* (1964).

Harnack, Adolf von (1914), Theologe, *7.5.1851 Dorpat, †10.6.1930 Heidelberg. Nach der Habilitation in Leipzig war er dort ab 1876 Prof., ab 1879 in Gießen, ab 1886 in Marburg u. 1888-1921 in Berlin. Ab 1890 Mitglied der Preuß. Akademie der Wiss.en, schrieb er deren *Gesch.* (3 Bde., 1900), wodurch er u.a. in Kontakt mit dem Ks. u. dem ksl. Hof kam. 1905-21 Generaldirektor der späteren Preuß. Staatsbibliothek, wurde er 1911 auch Präs. der von ihm selbst angeregten Ks.-Wilhelm-Gesellschaft (heute Max-Planck-Gesellschaft). Vielerlei Ehrenämter belegten seine einflußreiche Stellung im Ks.reich, doch bekannte er sich nach Kriegsende entschieden zur Republik. Weitere Werke: *Lehrbuch der Dogmengesch.* (3 Bde., 1886–90); *Die Entstehung der christl. Theologie* (1927).

Lit.: Kurt Nowak, *A. von H.* (2000).

Harnack, Arvid von, Widerstandskämpfer, *24. 5. 1901 Darmstadt, †22. 12. 1942 Berlin-Plötzensee. Der doppelt promovierte Jurist (Dr. iur.; Dr. phil.; Neffe von Adolf von H.) war im Reichswirtschaftsministerium beamtet. Seit 1938 arbeitete er mit der kommunist. Spionageorganisation Rote Kapelle um ↑Schulze-Boysen zus. Er wurde mit seiner amerikan. Frau Mildred verhaftet (3. 9. 1942), verurteilt u. hingerichtet.

Lit.: Hans Coppi, Hrsg., *Die Rote Kapelle* (1994).

Hasenclever, Wilhelm, Politiker, *19. 4. 1837 Arnsberg, †3. 7. 1889 Berlin-Schöneberg. Gelernter Lohgerber, arbeitete er 1862–63 als Redakteur. 1864 trat er dem Allg. Dt. Arbeiterverein bei, dessen Sekretär er 1864 u. Präs. er 1871 wurde. 1875 war er führend in Gotha bei der Ausarbeitung des Programms der Sozialist. Arbeiterpartei beteiligt. 1874–78 u. 1879–88 saß er im Reichstag. Ab 1876 gab er mit W. ↑Liebknecht den *Vorwärts* heraus.

Lit.: Hans-Albert Schwarz, *W. H.* (2000).

Hassel, Kai-Uwe von, Politiker, *21. 4. 1913 Gare (Tansania), †8. 5. 1997 Aachen. Er war 1935–40 Pflanzungskaufmann in Ostafrika. Nach dem Wehrmachtsdienst saß er 1950–65 im Landtag (CDU), 1954–63 war er Ministerpräs. von Schleswig-Holstein. 1953–54 u. 1965–80 saß er im Bundestag (1969–72 Präs., 1972–76 Vizepräs.). 1963–66 war er Bundesverteidigungs-, 1966–69 Bundesvertriebenenminister. Er repräsentierte den konserv.-prot. Flügel der CDU.

Hasselfeldt, Gerda [geb. Rainer], Politikerin, *7. 7. 1950 Straubing. Sie trat 1969 der CSU bei. Nach dem Studium der Volkswirtschaft arbeitete sie 1975–87 in der Bundesanstalt für Arbeit. Ab 1987 saß sie im Bundestag. 1989–91 war sie Bundesministerin für Raumordnung, Bauwesen u. Städtebau, 1991–92 für Gesundheit. Ab 1995 war sie finanzpolit. Sprecherin der CDU/CSU-Bundestagsfraktion.

Hassell, Ulrich von, Diplomat, *12. 11. 1881 Anklam (Pommern), †8. 9. 1944 Berlin-Plötzensee. Der Jurist trat 1908 in den diplomat. Dienst ein. Im Weltkrieg schwer verwundet, schloß er sich 1918 der DNVP an u. wurde 1919 Botschaftsrat in Rom, 1921 Generalkonsul in Barcelona. 1926–30 war er Gesandter in Kopenhagen, 1930–32 in Belgrad u. 1932–38 Botschafter in Rom. Ab 1933 Mitglied der NSDAP, mißbilligte er die Entwicklung der nat.-soz. Politik u. wurde im Febr. 1938 aus dem Dienst entlassen. Er nahm Kontakt zu ↑Goerdeler, L. ↑Beck u. ↑Popitz auf u. sollte im künftigen Kabinett des ersteren das Außenministerium übernehmen. Nach dem 20.7.1944 wurde er verhaftet, zum Tod verurteilt u. gehängt.

Lit.: Gregor Schöllgen, *U. von H.* (1990).

Hassenpflug, Hans Daniel *Ludwig*, Politiker, *26.2.1794 Hanau, †10.10. 1862 Marburg. Der Jurist trat 1816 in den kurhess. Staatsdienst ein u. war 1832–37 Innen- u. Justizminister. Seine christl.-konserv. Staatsauffassung u. autoritäre Amtsführung (u.a. mehrfache Landtagsauflösung) brachten ihn in dauernde Konflikte mit der liberalen Opposition. 1838 übernahm er die Leitung der Verwaltung des Fürstentums Hohenzollern-Sigmaringen, 1839 die des Großhg.tums Luxemburg. Ab 1841 stand er im preuß. Staatsdienst, bis er 1850 wieder als Innen- u. Justizminister nach Kurhessen berufen wurde. Er geriet erneut in Konflikt mit den Ständen u. provozierte e. bewaffnete Bundesintervention, die beinahe zum Krieg zwischen Preußen u. Österreich geführt hätte. 1855 trat er zurück.

Hatto I., Erzbf. von Mainz, *um 850, †5.5.913. Der schwäb. Adlige war erst Abt der Reichenau u. von Ellwangen; 891 wurde er Erzbf. von Mainz u. Abt von Weißenburg. Einer der einflußreichsten Ratgeber der Kg.e ↑Arnulf von Kärnten, ↑Ludwig IV. des Kindes u. ↑Konrad I., war er führend beteiligt am Sturz der alten Babenberger.

Lit.: Friedhelm Jürgensmeier, *Das Bistum Mainz* (²1989).

Hatzfeld, Melchior Graf von Gleichen u., Feldmarschall, *20.10.1593 Crottorf (bei Altenkirchen), †9.1. 1658 Powitzko (Schlesien). Er trat 1625 in das ksl. Heer ein u. stieg bis 1635 zum Feldmarschall auf. Nach wechselhaften Kämpfen gegen die Schweden nahm er 1646 seinen Abschied. 1657 führte er zur Unterstützung des Kg.s von Polen nochmals e. ksl. Heer gegen die Schweden u. eroberte Krakau. 1639 belehnte ihn der Kf. von Mainz mit Teilen der Grafschaft Gleichen, 1641 der Ks. mit der Herrschaft Trachenberg in Schlesien.

Lit.: Günther Engelbert, *Das Kriegsarchiv des Ksl. Feldmarschalls M. von H.* (1993).

Hatzfeld-Trachenberg, Sophie Gräfin von, *10.8.1805 Trachenberg (Schlesien), †25.1.1881 Wiesbaden. Von ihrer Familie 1822 zur Heirat mit ihrem Vetter gezwungen, litt sie zwei Jahrzehnte lang unter dessen Mißhandlungen. ↑Lassalle, der 1848–56 in ihrem Haus in Düsseldorf wohnte, erreichte in langwierigen Prozessen ihre Scheidung (1851) u. die Rückgabe ihrer Allode, was sie ihm mit e. Jahresrente von 7000 Talern lohnte. Nach seinem Tod gewann sie einigen Einfluß auf den Allg. Dt. Arbeiterverein.

Lit.: Helmut Hirsch, *S. von H. in Selbstzeugnissen* (1981).

Hatzfeld-Wildenburg, Paul Graf von, Diplomat, *8.10.1831 Düsseldorf, †22.11.1901 London. Der Sohn von S. ↑H.-Trachenberg trat nach dem Jurastudium 1859 in den preuß. diplomat. Dienst ein. 1870–71 unterstützte er O. von ↑Bismarck im diplomat. Verkehr mit den Franzosen. Nach Tätigkeit als dt. Gesandter in Madrid (1874–78) u. Botschafter in Konstantinopel (1878–81) war er Staatssekretär im Auswärtigen Amt (1882–85). Als Botschafter in London (1885–1901) setzte er sich vergebl. für e. Verbesserung des dt.-brit. Verhältnisses ein.

Haubach, Theodor, Journalist, *15.9.1896 Frankfurt/Main, †23.1.1945 Berlin-Plötzensee. Der Wirtschaftsjournalist u. Jungsozialist war 1924 maßgebl. an der Gründung des Reichsbanners Schwarz-Rot-Gold beteiligt. 1928–32 Pressereferent im preuß. Innenministerium, wurde er 1934–35 u. 1938 im KZ inhaftiert. Ab 1942 in Verbindung mit dem Kreisauer Kreis, wurde er nach dem Attentat auf ↑Hitler verhaftet u. hingerichtet.

Hauff, Volker, Politiker, *9.8.1940 Backnang. Er trat 1959 der SPD bei u. studierte dann Volkswirtschaft mit Promotion 1968. 1969–89 saß er im Bundestag. 1972–78 Parlamentar. Staatssekretär im Bundesforschungsministerium, war er 1978–80 Bundesforschungsminister u. 1980–82 Bundesverkehrsminister. 1989–91 war er Oberbürgermeister von Frankfurt/Main.

Haugwitz, Christian Graf von (1786), Kabinettsminister, *11.6.1752 Peuke (Schlesien), †9.2.1832 Venedig. 1792 zum preuß. Staats- u. Kabinettsminister ernannt, schloß er 1794 mit England den Subsidienvertrag in Den Haag u. 1795 den Sonderfrieden von Basel. Als Außenminister (1802–04 u. 1805–06) mußte er nach der Schlacht bei Austerlitz den Bündnisvertrag von Schönbrunn mit Frankreich (15.12.1805) akzeptieren. 1806 empfahl er den Krieg gegen Frankreich.

Haugwitz, Friedrich Wilhelm Graf, östr. Politiker, 11.12.1702 in Sachsen, †11.9.1765 Knönitz (Mähren). Er wurde 1725 kath. u. trat in den östr. Staatsdienst ein. 1742 wurde er Präs. der zentralen Landesverwaltung des östr. Restschlesiens, wo er bestrebt war, die Ständemacht zu reduzieren. 1749–60 stand er dem Directorium in publicis et cameralibus vor, das in e. großen Verwaltungsreform Administration u. Steuerwesen aller östr. Territorien zus.faßte u. die staatsrechtl. Sonderstellung der Länder der böhm. Krone beendete. Trotz mancherlei Modifizierungen blieb dieses neue System dann grundlegend für den östr. Staatsapparat bis 1848. H. wurde 1760 Staatsminister im Staatsrat.

Lit.: Friedrich Walter, *Männer um Maria Theresia* (1951).

Hauser, Kaspar, Findelkind, *angebl. 30.4.1812, †17.12.1833 Ansbach. Der verwahrloste Bauernbursche tauchte am 26.5.1828 in Nürnberg auf. Er nannte sich K.H. u. gab an, in e. Kellerverlies aufgewachsen zu sein. Pädagog. u. psycholog. Experimente, u. a. durch den Gymnasialprof. Georg Friedrich Daumer (1800–75), in dessen Obhut er gegeben wurde, beeinträchtigten sein seel. Gleichgewicht. Nachdem 1829 u. 1831 zwei rätselhafte Attentatsversuche auf ihn ausgeübt wurden, wurde er 1832 nach Ansbach verbracht u. als Aktenkopist bei der Regierung beschäftigt. Am 14.12. 1833 erhielt er im Schloßpark e. Stichwunde in den Unterleib, der er drei Tage später erlag. Seine Herkunft wie auch die eigtl. Ursache seines Todes sind bis heute ungeklärt. Die These, daß er der Sohn von Großhg. Karl von Baden (1786–1818) u. dessen Gattin Stephanie Beauharnais (1789–1860), der Adoptivtochter Napoleons I., gewesen sei, wurde 1996 durch Genanalyse widerlegt.

Lit.: Otto Flake, *K. H.* (1990); Johannes Mayer, *K. H.* (1994).

Haushofer, Albrecht, Schriftsteller, *7.1.1903 München, †23.4.1945 Berlin. Der Sohn von K. ↑H. promovierte 1924 in München u. wurde 1940 Prof. für Geographie in Berlin sowie Mitarbeiter des Auswärtigen Amtes. Nach dem Englandflug von R. ↑Heß 1941 kurz inhaftiert, wurde er aus dem Auswärtigen Amt entlassen u. nahm Kontakte zum Widerstand auf. Wegen Teilnahme an der Verschwörung vom 20.7.1944 wurde er wieder verhaftet u. von e. SS-Kommando kurz vor Kriegsende ermordet. Im Gefängnis schrieb er *Moabiter Sonette* (hrsg. 1946).

Lit.: Ursula Laack-Michel, *A. H.* (1974).

Haushofer, Karl, Geopolitiker, *27.8.1869 München, †10.3.1946 Pähl (Oberbayern). Der Berufssoldat bereiste vor dem Ersten Weltkrieg im Heeresauftrag Ostasien. 1919 nahm er als Generalmajor seinen Abschied. Nach der Habilitation 1919 in München wurde er dort 1921 Honorarprof. u. 1933 Prof. der Geographie. Begründer der Geopolitik in Dtld. (Hrsg. der *Zeitschrift für Geopolitik*, 1924–44), beeinflußte er mit seiner Vorstellung von Lebensraum führende Nationalsozialisten, v. a. R. ↑Heß. 1944 wurde er nach der Verhaftung seines Sohnes A. ↑H. im KZ Dachau inhaftiert. Er nahm sich das Leben.

Lit.: Frank Ebeling, *K. H.* (1992).

Haußmann, Conrad, Politiker, *8.2.1857 Stuttgart, †11.2.1922 ebd. Der liberal gesinnte Rechtsanwalt saß 1889–1922 im württ. Landtag u. 1890–1922 im Reichstag (DVP bzw. DDP). In der Regierung des Prinzen ↑Max von Baden war er Staatssekretär. Als Vizepräs. der Nationalversammlung u. Vors. des Verfassungsausschusses war er führend an der Ausarbeitung der Weimarer Reichsverfassung beteiligt.

Lit.: Karin Rabenstein-Kiermaier, *C. H.* (1993).

Haussmann, Helmut, Politiker, *18.5.1943 Tübingen. Der Diplomkaufmann arbeitete 1968–71 im elterl. Unternehmen in Bad Urach. 1969 trat er der FDP bei. Nach der Promotion 1975 saß er ab 1976 im Bundestag. 1984–88 war er Generalsekretär der FDP, 1988–91 Bundeswirtschaftsminister.

Havemann, Robert, Chemiker, *11.3.1910 München, †9.4.1982 Grünheide (bei Berlin). Seit 1932 KPD-Mitglied, wurde er 1943 kurz nach seiner Habilitation (Berlin) wegen Hochverrats zum Tod verurteilt, aber wegen seiner Beteiligung an Forschungsprojekten nicht hingerichtet. Ab 1947 war er Prof. an der Humboldt-Universität u. ab 1949 Mitglied der Volkskammer. 1950 trat er der SED bei, doch entwickelte er sich nach 1956 zu e. der bedeutendsten Systemkritiker der DDR. 1964 wurde er deshalb aus der SED u. der Universität ausgeschlossen. 1989 wurde er postum von der SED rehabilitiert.

Heck, Bruno, Politiker, *20.1.1917 Aalen, †16.9.1989 Blaubeuren. Der promovierte Altphilologe trat 1946 der CDU bei u. war 1952–58 ihr Bundesgeschäftsführer, 1957–72 auch Mitglied des Bundestags u. 1962–68 Bundesminister für Familie u. Jugend. 1966–71 war er Generalsekretär der CDU, 1968–89 auch Vors. der Konrad-Adenauer-Stiftung.

Hecker, Friedrich, Revolutionär, *28.9.1811 Eichtersheim (Baden), †24.3.1881 St. Louis (USA). Der Jurist wurde 1838 Rechtsanwalt in Mannheim. 1842 in die bad. 2. Kammer gewählt u. zuerst liberal gesinnt, entwickelte er sich unter dem Einfluß ↑Struves zum radikalen Demokraten u. Republikaner. Als Mitglied des Frankfurter Vorparlaments 1848 konnte er dort seine polit. Vorstellungen nicht durchsetzen u. erließ daher im April zus. mit Struve den Aufruf zum bewaffneten Aufstand in Baden. Nach der Niederlage seiner Freischar am 20.4. bei Kandern im Südschwarzwald floh er in die Schweiz u. wanderte 1849 in die USA aus. Dort kämpfte er während des Bürgerkriegs als Oberst auf seiten der Union.

Lit.: Andreas Lück, *F. H.* (1979).

Hedwig, Hg.in von Schlesien, *um 1176 Andechs, †14.10.1243 Trebnitz (bei Breslau). Sie wurde 12jährig mit Hg. ↑Heinrich I. dem Bärtigen von Schlesien vermählt. Zus. mit ihm richtete sie zahlreiche religiöse Stiftungen ein. Die Berufung von Deutschen in das Hg.tum stärkte dessen Bindung an den Westen. Sie wurde 1267 hl.gesprochen u. gilt als Schutzpatronin Schlesiens (Tag: 16.10.).

Lit.: Maria (Thurmair-)Mumelter, *Die hl. H.* (1954).

Heim, Georg, Politiker, *24.4.1865 Aschaffenburg, †17.8.1938 Würzburg. Der Neuphilologe unterrichtete an Realschulen in Freising (1890–92), Wunsiedel (1892–96) u. Ansbach (1896–1907). 1893 promovierte er in München in Nationalökonomie u. gründete danach Darlehenskassenvereine im Fichtelgebirge. 1897–1912 saß er im bayer. Landtag (Zentrum), 1898–1912 im Reichstag u. wurde zum Wortführer des bäuerl. Flügels seiner Partei. 1918 war er Mitbegründer der BVP, 1919 Mitglied der Nationalversammlung u. 1920-24 wieder des Reichstags. Überzeugter Föderalist, stimmte er gegen die Weimarer Reichsverfassung u. setzte 1920 die Auflösung der Arbeitsgemeinschaft der BVP mit dem Zentrum im Reichstag durch. Erklärter Gegner ↑Hitlers, wurde er 1933 aller Posten enthoben.

Lit.: Hermann Renner, *G. H.* (²1961).

Heimburg, Gregor (von), Diplomat, *um 1400 Schweinfurt, †Aug. 1472 Wehlen (bei Dresden). Nach dem Studium der Rechte in Padua trat er in den Dienst des Erzbf.s von Mainz. 1432-34 war er auf dem Konzil von Basel Sekretär des späteren Papstes Pius II., danach e. gesuchter Rechtsberater, so des Ks. ↑Sigismund u. der Stadt Nürnberg. Der Vertreter der konziliaren Idee wurde 1460 exkommuniziert, versöhnte sich jedoch vor seinem Tod mit der Kirche.

Lit.: Paul Joachimsen, *G. H.* (1891).

Heinemann, Gustav, Politiker, *23.7.1899 Schwelm, †7.7.1976 Essen. Der Volkswirtschaftler u. Jurist wurde 1928 Prokurist der Rhein. Stahlwerke u. wirkte dort 1936-49 als Mitglied des Vorstands. Er trat 1930 dem Christl.-soz. Volksdienst bei u. war während der nat.soz. Herrschaft führend in der Bekennenden Kirche tätig. 1945-67 war er Mitglied des Rats, 1949-55 Präses der Synode der EKD. 1945 der CDU beigetreten, war er 1946-49 Oberbürgermeister von Essen. 1947-50 war er Mitglied des Landtags, 1947-48 Justizminister von Nordrhein-Westfalen. 1949-50 Bundesinnenminister, trat er aus Protest gegen die Wiederbewaffnung von seinem Amt zurück. 1952 verließ er die CDU u. gründete zus. mit Helene ↑Wessel u. ↑Eppler die GVP. 1957 trat er der SPD bei u. saß dann 1957-69 im Bundestag. 1966-69 war er Bundesjustizminister, 1969-74 Bundespräs.

Lit.: Diether Posser, «G. H.», in Klaus Scholder u. Dieter Kleinmann, Hrsgg., *Prot. Profile* (1983); Jörg Thierfelder, Hrsg., *G. H.* (1999).

Heinrich
HEILIGES RÖMISCHES REICH:
Heinrich I., Kg., *um 875, †2.7.936 Memleben/Unstrut. Der Liudolfinger löste e. erste Ehe mit kirchl. Sanktion auf u. heiratete dann 909 ↑Mathilde, e. Nachfahrin ↑Widukinds. Als er seinem Vater Otto 912 als Hg. von Sachsen nachfolgte, geriet er in Gegensatz zu Kg. ↑Konrad I. u. Erzbf. ↑Hatto I. von Mainz. Aufgrund von H.s militär. Erfolgen designierte ihn jedoch Konrad als seinen Nachfolger, u. er wurde 919 von den Sachsen u. Franken in Fritzlar zum Kg. gewählt. Da er seine Herrschaft auf e. «Bund der Stämme» stützen wollte, lehnte er Krönung u. Salbung ab, fand aber durch Drohung u. Kompromiß 919 die Anerkennung des schwäb. Hg.s Burchard I. (†926) u. 921 diejenige des bayer. Gegenkg.s ↑Arnulf des Bösen. Den Anschluß Lothringens an das Reich konnte er 925 sichern. 926 bannte er die Ungarngefahr durch e. 9jährigen Waffenstillstand u. kämpf-

te dann 927–29 erfolgreich gegen die Elbslawen u. Böhmen. 933 kündigte er den Tribut an die Ungarn auf u. besiegte sie mit e. Heer aus allen Stämmen seines Herrschaftsgebiets 934 bei Riade (wohl in Thüringen), wodurch seine Oberhoheit wesentl. gefestigt wurde. Nach e. Sieg über die Dänen 934 konnte er die alte Mark zwischen Eider u. Schlei erneuern. Schwer erkrankt, bestimmte er 936 in Erfurt seinen Sohn ↑Otto (I.) als Nachfolger. Dessen einmütige Wahl durch alle dt. Stämme erwies dann die Bedeutung von H.s Herrschaft für die Entstehung des dt. Reiches.

Lit.: Walter Mohr, *H. I.* (1950); Gerd Althoff u. Hagen Keller, *H. I. u. Otto d. Gr.* (2 Bde., ²1994); Helmut Beumann, *Die Ottonen* (⁵2000).

Heinrich II. der Hl., Kg., Ks., *6.5.973 Bad Abbach (Bayern), †13.7.1024 Grone (bei Göttingen). Den Liudolfinger, Sohn von H. II. dem Zänker von Bayern (951–95), wählte 955 der bayer. Adel als H. IV. zum Hg. Nach dem Tod Ks. ↑Ottos III. 1002 bemächtigte H. sich der Reichsinsignien u. wurde gegen zwei Mitbewerber als letzter männl. Nachkomme des sächs. Herrscherhauses in Mainz zum Kg. gewählt u. von Erzbf. ↑Willigis gekrönt. Der poln. Hg. Boleslaw I. Chrobry, der die Vorherrschaft in den slaw. Ländern erstrebte, verweigerte die Anerkennung. Bis zum Frieden von Bautzen 1018 unternahm H. deshalb gegen ihn mit wechselndem Erfolg e. Reihe von Feldzügen, wofür er sich auch gelegentl. mit den heidn. Liutizen verbündete. Bereits 1004 zog er nach Italien, wo er den zum Kg. ausgerufenen Markgrafen Arduin von Ivrea verdrängte u. sich selbst in Pavia krönen ließ. Auf e. 2. Italienzug wurde er 1014 von Papst Benedikt VIII. zum Ks. gekrönt. Der Stärkung der kgl. Gewalt im Reich diente der Ausbau des otton. Reichskirchensystems. Er erneuerte 1004 das Bistum Merseburg, gründete mehrere Reichsklöster sowie 1007 das Bistum Bamberg u. unterstützte die von der lothring. Benediktinerabtei Gorze ausgehende Klosterreform. Von seinem kinderlosen Oheim Kg. Rudolf III. von Burgund ließ er sich die Anwartschaft auf Nachfolge zusichern, die dann Ks. ↑Konrad II. antreten konnte. Er wurde zus. mit seiner Gemahlin ↑Kunigunde im Bamberger Dom beigesetzt. Seine Auffassung von der sakralen Fundierung der Herrschergewalt, seine positive Einstellung zur Kirchen- u. Mönchsreform u. seine persönl. Frömmigkeit bildeten die Grundlage für e. schon sehr bald einsetzende verklärende Legendenbildung. 1146 wurde er von Papst Eugen III. hl.gesprochen (Tag: 13./17.7.).

Lit.: Klaus Guth, *Die Hl.en H. u. Kunigunde* (1986); Hartmut Hoffmann, *Mönchskg. u. «rex idiota»* (1993); Helmut Beumann, *Die Ottonen* (⁵2000); Stefan Weinfurter, *H. II.* (²2000).

Heinrich III., Kg., Ks., *28.10.1017, †5.10.1056 Bodfeld (Harz). Der Sohn des Salierkg.s ↑Konrad II. u. ↑Giselas wurde 1026 mit Zustimmung der Fürsten zum Thronfolger designiert u. 1028 in Aachen zum Kg. gekrönt. Mit den Hg.tümern Bayern (1027) u. Schwaben (1038) belehnt u. 1038 zum Kg. von Burgund erhoben, übernahm er 1039 die Herrschaft im Reich. Trotz seiner gefestigten Machtstellung hatte er Auseinandersetzungen mit aufständ. Herzögen (Lothringen, Bayern, Sachsen) zu bestehen, konnte aber andererseits durch die Unterwerfung des böhm. Hg.s Břetislaw I. (1041) u. die Unterordnung Ungarns unter seine Lehnshoheit e. erfolgreiche Politik im Osten betreiben. Stark von cluniazens. Reformideen beeinflußt, verstand er sich nicht nur als weltl. Herrscher, sondern auch als *vicarius Christi*, nahm die Investitur der Bischöfe u. Reichsäbte mit Ring u. Stab vor, erließ kgl. Friedensgebote u. griff in die Auseinandersetzungen um den päpstl. Stuhl ein. Auf den Synoden von Sutri u. Rom 1046 setzte er die drei rivalisierenden Päpste (Gregor VI., Benedikt IX. u. Silvester III.) ab u. ließ den dt.bürtigen Clemens II. zum Papst bestellen. Dieser krönte ihn dann umgehend zum Ks. u. seine Gemahlin ↑Agnes zur Ks.in. Auch in den folgenden Jahren wirkte er bei der Bestellung von Reichsbischöfen zu Päpsten mit (Damasus II. 1047; Leo IX. 1048; Viktor II. 1055) u. suchte durch entsprechende Besetzung von Bistümern u. Abteien im Reich der Reformidee Geltung zu verschaffen.

Lit.: Rudolf Schieffer, «H. III.», in Helmut Beumann, Hrsg., *Ks.gestalten des MA* (³1991); Karl Rudolf Schnith, «Ks. H. III.», in Gerhard Hartmann u. Karl Rudolf Schnith, Hrsgg., *Die Ks.* (1996); Egon Boshof, *Die Salier* (⁴2000).

Heinrich IV., Kg., Ks., *11.11.1050 Goslar (?), †7.8.1106 Lüttich. Der Sohn von Ks. ↑H. III. wurde 1053 zum Kg. gewählt u. 1054 in Aachen gekrönt. Nach dem Tod seines Vaters 1056 übte zunächst seine Mutter ↑Agnes die Regentschaft aus, dann die Erzbischöfe ↑Anno II. von Köln (ab 1062) u. ↑Adalbert I. von Hamburg-Bremen (ab 1063). Nach seiner Schwertleite (1065) entließ er 1066 den letzteren als Ratgeber. Er war bestrebt, die territorialen Machtgrundlagen des Kg.tums wiederherzustellen u. das zum großen Teil verlorengegangene Reichsgut zurückzugewinnen. Hierbei kam es zu e. Aufstand des von ↑Otto von Northeim geführten sächs. Adels, der ihn zwang, 1073 aus Goslar zu fliehen u. der Schleifung seiner sächs. Burgen zuzustimmen. Er konnte aber mit Hilfe süddt. Fürsten 1075 seine Gegner besiegen u. seine Machtposition sichern. Zur selben Zeit geriet er mit dem reformgestärkten Papsttum über die Bf.sinvestitur in Konflikt. Als er 1075 den Mailänder Erzstuhl eigenmächtig mit seinem Hofkapellan besetzte, wurde er von Papst Gregor VII. scharf gerügt. Reichstag u. Synode erklärten 1076 in Worms Gregor für abgesetzt, woraufhin dieser H. mit dem Kirchenbann belegte. Da nun zahlreiche Getreue von H. abfielen, sah dieser sich gezwungen, Gregor durch e. Bußgang nach Canossa (in Oberitalien) 1077 zur Lösung des Banns zu veranlassen. Zwar vermochte er hierdurch die Wahl des Gegenkg.s ↑Rudolf von Rheinfelden nicht zu verhindern, doch konnte er danach diesen wie auch dessen Nachfolger ↑Hermann von Salm erfolgreich bekämpfen. Von Gregor 1080 erneut gebannt, ließ er e. Parteigänger als Clemens III. zum Gegenpapst erheben u. sich von diesem 1084 zum Ks. krönen. Die letzten eineinhalb Jahrzehnte seiner Herrschaft waren überschattet vom Streit mit seinen Söhnen. Der erstgeborene, ↑Konrad (III.), trat 1093 zur Fürstenopposition über u. versperrte ihm den Rückweg vom zweiten Italienzug (1093-97). Dessen Bruder, ↑Heinrich (V.), empörte sich 1104 gegen den Vater u. zwang ihn 1105 zur Abdankung. H. konnte noch einmal seine Anhänger sammeln u. seinen Sohn H. bei Visé (nahe Lüttich) militär. schlagen, starb jedoch einige Monate später. 1111 vom Bann gelöst, wurde er danach im Dom zu Speyer beigesetzt.

Lit.: Egon Boshof, *H. IV.* (²1990); Hagen Keller, *Zwischen regionaler Begrenzung u. universalem Horizont* (1990); Karl Rudolf Schnith, «Ks. H. IV.», in Gerhard Hartmann u. Karl Rudolf Schnith, Hrsgg., *Die Ks.* (1996); Ernst W. Wies, *Ks. H. IV.* (1996).

Heinrich V., Kg., Ks., *wohl 11.8. 1086, †23.5.1125 Utrecht. Der Sohn von Kg. ↑H. IV. wurde 1098 auf Wunsch seines Vaters anstelle seines zur päpstl. Partei übergegangenen Bruders ↑Konrad (III.) zum Nachfolger gewählt u. 1099 in Aachen zum Kg. gekrönt. 1101 für mündig erklärt, empörte er sich 1104 gegen seinen Vater u. konnte sich nach dessen erzwungener Abdankung 1106 in Mainz von den Fürsten als Kg. bestätigen lassen. Kurz darauf erledigte der Tod seines Vaters die Thronfrage vollends. Zwar hatte ihm der Anschluß an die päpstl. gesinnte Partei zur Anerkennung verholfen, doch lehnte er dann wie sein Vater den Verzicht auf die Investitur der Bischöfe u. Äbte ab, weshalb kein Ausgleich mit Papst Paschalis II. zustande kam. Bei seinem Romzug entstand in Sutri (nördl. von Rom) 1111 e. Verfassungsentwurf, wonach der Kg. auf die Investitur verzichten u. die Kirche dafür alle Regalien u. Besitzungen der Bischöfe an das Kg.tum zurückgeben sollte. Als das Projekt am Protest der Reichsbischöfe u. Fürsten scheiterte, setzte H. den Papst gefangen, erzwang die Zusicherung des Rechts der Investitur u. seine Krönung zum Ks. Im Reich erhoben sich die sächs. u. thüring. Fürsten, u. H. unterlag ihnen 1115 am Welfesholz (bei Mansfeld). Der Konflikt mit der Kurie verschärfte sich nochmals, als er sich 1116 in Oberitalien das Erbe der Mathilde von Tuszien gegen päpstl. Ansprüche sicherte. Er besetzte 1117 erneut Rom u. stellte 1118 e. Gegenpapst (Gregor VIII.) auf. In Verhandlungen mit dem 1119 gewählten Papst Calixtus I. kam es schließl. 1122 im Wormser Konkordat zur Beendigung des Investiturstreits, wobei der Ks. auf die Investitur der geistl. Fürsten mit Ring u. Stab verzichtete, aber seinen Einfluß bei der Bf.swahl behielt u. die Belehnung mit den Regalien vor der Bf.sweihe vornehmen durfte. Kinderlos u. damit letzter der sal. Ks., hinterließ er seine Güter seinem stauf. Neffen Friedrich II. (1090–1147), dem Vater des späteren Ks.s ↑Friedrich I.

Lit.: Adolf Waas, *H. V.* (1967); Karl Rudolf Schnith, «Ks. H. V.», in Gerhard Hartmann u. Karl Rudolf Schnith, Hrsgg., *Die Ks.* (1996); Egon Boshof, *Die Salier* (⁴2000).

Heinrich VI., Kg., Ks., *1165 Nimwegen, †28.9.1197 Messina. Der Sohn von Ks. ↑Friedrich I. Barbarossa u. ↑Beatrix von Burgund wurde 1169 in Bamberg zum dt. Kg. gewählt u. in Aachen gekrönt. Seit 1186 mit der elf Jahre älteren ↑Konstanze, Tochter Rogers II. von Sizilien, verheiratet u. zum Kg. von Italien gekrönt, vertrat er als förml. Mitregent das Reich in Italien. Nachdem sein Vater 1189 zum 3. Kreuzzug aufgebrochen war, regierte er das Reich in väterl. Auftrag. Nach Friedrichs Tod wurde er von Papst Coelestin III. 1191 in Rom zum Ks. gekrönt. Sein Versuch, durch e. Zug ins Normannenreich Erbansprüche geltend zu machen, endete noch im gleichen Jahr vor Neapel, als sein Heer von der Malaria befallen wurde. Mittlerweile hatte sich in Dtld. e. Fürstenopposition gebildet, doch zerfiel diese, als der mit dieser verbündete engl. Kg. Richard I. Löwenherz in H.s Hände geriet u. nur gegen e. hohes Lösegeld u. Lehnshuldigung freikam. Bei seinem 2. Italienzug gelang H. 1194 die Eroberung Siziliens, u. er wurde am Weihnachtstag in Palermo zum Kg. von Sizilien gekrönt. Am nächsten Tag gebar seine Gemahlin den späteren Ks. ↑Friedrich II. Angesichts der Schwierigkeit, das Erbreich Sizilien mit dem dt. Wahlreich staatsrechtl. zu verbinden, schlug H. 1196 auf dem Reichstag in Mainz vor, Dtld. in e. Erbmonarchie zu verwandeln. Er scheiterte damit aber am Widerstand der Fürsten u. des Papstes. So mußte er sich mit der Wahl seines zweijährigen Sohnes zum röm. Kg. begnügen. Im Begriff, e. 1195 gelobten Kreuzzug anzutreten, starb er in Messina an der Malaria u. wurde in Palermo beigesetzt.

Lit.: Ingeborg Seltmann, *H. VI.* (1983); Peter Csendes, *H. VI.* (²1997); Gerhard Baaken, *Ks. H. VI.* (1998).

Heinrich (VII.), Kg., *1211 Sizilien, †12.2.1242 Martirano (bei Catanzaro). Der Sohn von Ks. ↑Friedrich II. wurde 1212 Kg. von Sizilien, 1217 Hg. von Schwaben. 1220 zum dt. Kg. gewählt, wurde er 1222 in Aachen gekrönt. Er blieb in Dtld. vorerst unter der Obhut des Reichsverwesers Erzbf. ↑Engelbert I. u. nach dessen Ermordung unter derjenigen Hg. Ludwigs I. von Bayern (†1231). Ende 1228 übernahm er selbst die Herrschaft u. regierte mit Hilfe bes. der Reichs- u. Bf.sstädte. 1231 zwang ihn aber e. Zus.schluß der Reichsfürsten, das städtefeindl. *Statutum in favorem principum* zu erlassen, das letzteren wichtige Hoheitsrechte zusprach. 1232 bestätigte sein Vater, der die Fürsten zur Unterstützung seiner Italienpolitik brauchte, das *Statutum*. H. empörte sich 1234 gegen ihn, mußte sich jedoch 1235 unterwerfen. Entthront u. seit 1236 inhaftiert, starb er an den Folgen e. Versuchs, sich das Leben zu nehmen.

Lit.: Odilo Engels, *Die Staufer* (⁷1998); Peter Thorau, *Kg. H. (VII.) 1220–28* (1998); Christian Hillen, *Curia regis* (1999).

Heinrich VII., Kg., Ks., *1274 (1275?) Valenciennes, †24.8.1313 Buonconvento (bei Siena). Der Sohn des Grafen Heinrich III. von Luxemburg (†1288) u. Bruder von Erzbf. ↑Balduin wurde nach der Ermordung Kg. ↑Albrechts I. 1308 von e. Mehrheit der Kf.en zum röm. Kg. gewählt. Das Ks.tum anstrebend, erhielt er 1309 von Papst Clemens V. e. entsprechende Zusage. Nach Ausgleichsbemühungen mit den Habsburgern u. der Belehnung seines Sohnes ↑Johann von Luxemburg mit Böhmen, womit er dem Hause Luxemburg e. eigene Hausmacht im Osten verschaffte, brach er 1310 zu dem von Dante u. den Ghibellinen enthusiast. begrüßten Romzug auf. 1311 wurde er in Mailand zum langobard. Kg. gekrönt, doch vermochte er erst nach schweren Kämpfen gegen florentin., neapolitan. u. stadtröm. Gegner in Rom einzuziehen. Da er die Peterskirche nicht einnehmen konnte, wurde er 1312 im Lateran zum Ks. gekrönt. Auf e. Feldzug gegen Robert I. von Neapel starb er an der Malaria.

Lit.: William M. Bowsky, *Henry VII in Italy* (Lincoln, 1960); Friedrich Schneider, *Ks. H. VII.* (²1973); Franz-Josef Heyen, *Ks. H.s Romfahrt* (1985); Roland Pauler, *Die dt. Kg.e u. Italien im 14. Jh.* (1997).

Heinrich Raspe, Landgraf von Thüringen, Gegenkg., *um 1204, †16.2.1247 Wartburg. Nach dem Tod seines Bruders, des Landgrafen Ludwig IV. des Hl. (1220–27), übernahm er die Vormundschaft für seinen Neffen Hermann II. (†1241), den er ebenso wie dessen Mutter ↑Elisabeth verdrängte. Er scheint 1231 von Ks. ↑Friedrich II. die Gesamtbelehnung des ludowing. Hauses mit der Landgrafschaft Thüringen empfangen zu haben. 1242 wurde er zus. mit dem böhm Kg. Wenzel I. (1205–53) zum Reichsprokurator für ↑Konrad IV. bestellt. Nach der Absetzung des Ks.s 1245 durch Papst Innozenz IV. sagte er sich von Friedrich los u. ließ sich auf päpstl. Drängen 1246 in Veithöchstheim zum Gegenkg. wählen. Im gleichen Jahr besiegte er Konrad IV. an der Nidda, starb aber bald darauf ungekrönt u. kinderlos.

Lit.: Rudolf Malsch, *H. R.* (1911).

BAYERN:

Heinrich I., Hg., *um 920 Nordhausen, †1.11.955 Regensburg. Der Sohn von Kg. ↑Heinrich I. schloß sich 938 den aufständ. Herzögen ↑Eberhard von Franken u. Giselbert von Lothringen (um 890–939) gegen seinen Bruder Kg. ↑Otto I. an. Diesem mußte er sich aber 939 unterwerfen. Er war seit 936 oder 937 mit Judith († nach 985), der Tochter des bayer. Hg.s ↑Arnulf des Bösen, vermählt u. wurde 948 mit Bayern belehnt. 952 erhielt er auch das östl. Oberitalien (Friaul). Beim Aufstand des Kg.ssohns ↑Liudolf von Schwaben gegen seinen Vater stand H. auf seiten Ottos.

Heinrich X. der Stolze, Hg. von Bayern u. Sachsen, *um 1100 (1108?), †20.10.1139 Quedlinburg. Der Welfe übernahm 1126 die Regierung. Durch seine Heirat 1127 mit Gertrud (1115–43), Tochter Kg. ↑Lothars III. von Supplinburg, stellte er sich gegen die Staufer. Er blieb dem Kg. zeitlebens ergeben. Auf e. Italienzug 1136–37 wurde er mit der Markgrafschaft Tuszien belehnt. 1137 verlieh ihm Lothar auch noch das Hg.tum Sachsen, wodurch er zum mächtigsten Reichsfürsten wurde. 1138 unterlag er jedoch bei der Kg.swahl ↑Konrad III. Letzterer ächtete ihn u. erkannte ihm 1139 seine Reichslehen ab.

BRAUNSCHWEIG:
Heinrich der Lange (d. Ä.) von Braunschweig, Pfalzgraf bei Rhein, *1173 oder 1174, †28.4.1227 Braunschweig. Der älteste Sohn von Hg. ↑Heinrich dem Löwen vermählte sich 1193 oder 1194 gegen den Willen Ks. ↑Heinrichs VI. u. ihres Vaters mit Agnes (1173/74–1204), der Tochter des rhein. Pfalzgrafen ↑Konrad von Staufen. Nach des letzteren Tod 1195 fiel daher die Pfalzgrafschaft an ihn. Nach seiner Rückkehr vom Kreuzzug, an dem er 1197–98 teilgenommen hatte, unterstützte er zunächst seinen Bruder Kg. ↑Otto IV., ging aber wegen Erbstreitigkeiten 1204 zu Kg. ↑Philipp von Schwaben über. 1213 übergab er seinem Sohn Heinrich d. J. (um 1195–1214) die Pfalzgrafschaft. Im gleichen Jahr erbte er umfangreichen Besitz zwischen Elbe u. Weser. 1223 ernannte er seinen Neffen ↑Otto I. das Kind zu seinem Nachfolger.

Lit.: Lotte Hüttebräuker, *Das Erbe Heinrichs des Löwen* (1927); Jürgen Denicke, *H. der Lange* (1985).

BRAUNSCHWEIG-WOLFENBÜTTEL:
Heinrich d. J., Hg., *10.11.1489 Wolfenbüttel, †11.6.1568 ebd. Er trat 1514 die Regierung an. In der Hildesheimer Stiftsfehde (1519–23) gewann er den größten Teil des Stiftsgebiets für sein Territorium. Im Bauernkrieg 1525 unterstützte er die Wettiner u. war am Sieg bei Frankenhausen über die Bauern führend beteiligt. 1535 setzte er die Primogenitur in seinem Hg.tum durch. Der Anhänger Ks. ↑Karls V. wurde vom Schmalkald. Bund 1542 aus seinem Land vertrieben, u. dort wurde die Reformation eingeführt. Nach seiner Rückkehr 1547 rekatholisierte er das Land mit Ausnahme der Stadt Braunschweig. Auch bemühte er sich um den Wiederaufbau u. errichtete e. modernen Beamtenstaat. Nach seinem Tod führte sein zum Protestantismus neigender Sohn ↑Julius erneut die Reformation ein.

Lit.: Rainer Täubrich, *Hg. H. d. J. von B.-W.* (1991).

Heinrich Julius, Hg., *15.10.1564 Hessen (bei Wolfenbüttel), †30.7. 1613 Prag. Er trat 1578 die Regierung als Bf./Administrator von Halberstadt an, wo er die Reformation einführte. 1589 übernahm er außerdem in der Nachfolge seines Vaters ↑Julius die Herrschaft in Wolfenbüttel. Ein großer Freund von Wiss. u. Kunst, entfaltete er in seinem Residenzschloß Gröningen barocke Pracht. 1592 rief er engl. Komödianten nach Wolfenbüttel u. schrieb auch selbst zahlreiche Stücke. Allerdings verschuldeten seine üppige Hofhaltung u. großen Bauten das Land. 1593 erwarb er die Grafschaft Hohnstein, 1596 das Fürstentum Grubenhagen. 1607 wurde er Mitglied des ksl. Rats u. vermittelte in den Streitigkeiten mit den böhm. Protestanten. Er starb nach e. Zechgelage am ksl. Hof.

Lit.: Hilda Lietzmann, *Hg. H. J.* (1993).

Mainz:

Heinrich I., Erzbf., †2.9.1153 Einbeck. Aus thüring. Grafengeschlecht stammend, wurde er 1128 Dompropst in Mainz. 1142 von Kg. ↑Konrad III. mit dem Erzbistum Mainz investiert, bemühte er sich seit der Mainzer Synode (1143), die bischöfl. Gewalt über die Klöster zu stärken. Während des 2. Kreuzzugs war er 1147–48 Reichsverweser. Als Freund der Welfen u. Gegner Ks. ↑Friedrichs I. Barbarossa wurde er auf dessen Veranlassung auf der Wormser Synode 1153 abgesetzt. Er zog sich daraufhin in den Schutz Hg. ↑Heinrichs des Löwen zurück.

Lit.: Friedhelm Jürgensmeier, *Das Bistum Mainz* (²1989).

Meissen:

Heinrich III. der Erlauchte, Markgraf, *um 1216, †vor 8.2.1288. Nach dem frühen Tod seines Vaters regierte er ab 1230 selbständig. Anhänger Ks. ↑Friedrichs II., erhielt er von diesem das Pleißner Reichsland, Thüringen u. die Pfalzgrafschaft Sachsen zugesichert, konnte aber seine Ansprüche endgültig erst 1264 nach erbitterten Kämpfen v. a. gegen Sophie von Brabant (1224–84) durchsetzen. 1265 teilte er seine Landesherrschaft mit seinen Söhnen u. machte so die Ansätze zu e. geschlossenen wettin. Territorialstaat zunichte.

Lit.: Wolf Rudolf Lutz, *H. der Erlauchte* (1977).

Österreich:

Heinrich II. Jasomirgott, Hg., †13.1. 1177 Wien. Der Babenberger wurde 1139 Pfalzgraf bei Rhein u. übernahm 1141 nach dem Tod seines Bruders Leopold IV. (†1141) auch die Markgrafschaft Österreich sowie, nach seiner Heirat 1142 mit ↑Gertrud, der Witwe ↑Heinrichs X. Stolzen, 1143 das Hg.tum Bayern. Aufgrund der Aussöhnung von Staufern u. Welfen zu Beginn der Regierungszeit von Ks. ↑Friedrich I. Barbarossa mußte er 1156 zugunsten Hg. ↑Heinrichs des Löwen auf Bayern verzichten. Die Mark Österreich wurde dafür in e. Hg.tum umgewandelt u. mit weitgehenden Vorrechten begünstigt (*Privilegium mi-*

nus). Er verlegte seine Residenz nach Wien, das e. kulturellen Aufschwung nahm.

Lit.: Michael Lindner, «H. II. J.», in Eberhard Holtz u. Wolfgang Huschner, Hrsgg., *Dt. Fürsten des MA* (1995).

PREUSSEN:

Heinrich, Prinz, Feldherr, *18.1. 1726 Berlin, †5.8.1802 Rheinsberg. Der jüngere Bruder ↑Friedrichs II. d. Gr. trug als brillanter Heerführer vor allem mit seinem Sieg über das Reichsheer bei Freiberg 1762 zum preuß. Erfolg im 7jährigen Krieg entscheidend bei. Die erste Teilung Polens 1772 war Ergebnis der von ihm mit Rußland geführten Verhandlungen. An seinem Hof in Rheinsberg bemühte er sich um Pflege der Kultur in aufgeklärtem Sinne.

Lit.: Christian Graf von Krockow, *Die preuß. Brüder* (1996).

Heinrich, Prinz, Großadmiral, *14.8.1862 Potsdam, †20.4.1929 Hemmelmark (bei Eckernförde). Seit 1878 bei der Kriegsmarine, übernahm der Bruder Ks. ↑Wilhelms II. 1898 den Befehl über das Kreuzergeschwader in Ostasien. 1901 wurde er Admiral, 1909 Großadmiral u. Generalinspekteur der Marine. 1914-18 befehligte er die Ostseestreitkräfte.

SACHSEN:

Heinrich der Löwe, Hg., *um 1129, †6.8.1195 Braunschweig. Der Welfe, Sohn von ↑Heinrich X. dem Stolzen, wurde 1142 als Hg. von Sachsen installiert. Er festigte seine Herrschaft im nördl. Sachsen, wo er 1147 am Wendenkreuzzug teilnahm u. sich seit 1149 erfolgreich für die Wiedererrichtung der Bistümer Oldenburg, Ratzeburg u. Mecklenburg einsetzte, deren Christianisierung u. dt. Besiedlung er förderte. Sein Vetter Kg. ↑Friedrich I. Barbarossa sprach ihm 1154 auch Bayern zu; außerdem erhielt er das Recht der Bf.sinvestitur in Nordelbingen. Er unterstützte den Ostseehandel durch Städtegründungen (1159 Neugründung Lübecks) u. erweiterte seinen Machtbereich bis zur Peene. Braunschweig baute er zu seiner Residenz aus u. machte es zum Zentrum seiner Regierung. Auf dem Höhepunkt seiner Macht unternahm er 1172 e. Pilgerfahrt nach Jerusalem, doch überwarf er sich mit dem Ks., dem er 1176 bei dessen 5. Italienzug die erbetene Hilfe vorenthielt. Daraufhin lud ihn dieser wegen seiner Expansionspolitik nach Landrecht vor Gericht, wo 1179 die Acht über ihn verhängt wurde. 1180 folgte die Aberacht u. die Aberkennung der Reichslehen. H. leistete bewaffneten Widerstand, mußte sich aber 1181 unterwerfen, verzichtete auf seine Hg.tümer u. erhielt ledigl. seinen Allodialbesitz um Braunschweig u. Lüneburg zurück. Die Jahre 1182-85 verbrachte er in der Verbannung am Hof seines Schwiegervaters Heinrich II. von England. Nach seiner Rückkehr weigerte er sich, am 3. Kreuzzug teilzunehmen, u. ging abermals in die Verbannung. Er kam jedoch 1189 nach Dtld. zurück u. kämpfte um die Rückgewinnung seines sächs. Hg.tums. Erst 1194 schloß er mit Ks. ↑Heinrich VI. Frieden. Er ist bis heute e. der umstrittensten Gestalten der mittelalterl. dt. Gesch., wobei bes. die Bedeutung seiner Machtpolitik kontrovers diskutiert wird.

Lit.: Karl Jordan, *H. der Löwe* (³1995); Gerd Biegel, *H. der Löwe* (³1996); Joachim Ehlers, *H. der Löwe* (1997).

SCHLESIEN:
Heinrich I. der Bärtige, Hg., †19.3. 1238 Krossen/Oder. Er erbte Niederschlesien von seinem Vater, dem Piastenhg. Boleslaw I. (†1201). 1222–23 nahm er teil am Kampf gegen die heidn. Preußen u. erlangte bis 1235 die Herrschaft über drei Viertel von Großpolen. Zus. mit seiner Gemahlin ↑Hedwig errichtete er zahlreiche religiöse Stiftungen u. brachte dt. Siedler ins Land.

Heinrich von Plauen, Hochmeister des Dt. Ordens, *vor 1370 im Vogtland, †9.11.1429 Burg Lochstädt (Samland). Seit 1391 im Ordensland bezeugt, war er 1399–1402 Hauskomtur von Danzig, danach Komtur von Nessau, Morin u. Schwetz (ab 1407). Nach der Schlacht von Tannenberg 1410 verteidigte er den Hochmeistersitz Marienburg neun Wochen lang gegen die Polen u. Litauer, wodurch er den Ordensstaat rettete. Im Okt. 1410 wurde er selbst zum Hochmeister gewählt u. konnte 1411 mit Polen den freil. sehr harten Frieden von Thorn schließen. Die hierdurch notwendigen Steuererhebungen u. Verwaltungsreformen führten zu wachsendem Widerstand v. a. der großen Handelsstädte (Danzig, Thorn). Als er versuchte, den Krieg gegen Polen 1413 wieder aufzunehmen, wurde er abgesetzt u. resignierte im nächsten Jahr selbst. Wegen angebl. Landesverrats wurde er danach 10 Jahre lang gefangengehalten.

Lit.: Erich Maschke, *Der dt. Ordensstaat* (1942).

Held, Heinrich, Politiker, *6.6.1868 Erbach (Taunus), †4.8.1938 Regensburg. Der Journalist war Mitglied des Zentrums bzw. ab 1918 der BVP u. saß 1907–33 im bayer. Landtag. 1914–24 war er Vors. des Zentrums in Bayern bzw. ab 1918 der BVP. 1924–33 war er bayer. Ministerpräs. Monarch. u. föderalist. gesinnt, wurde der strikte Gegner des Nationalsozialismus nach ↑Hitlers Machtübernahme zum Rücktritt gezwungen.

Lit.: Barbara Pöhlmann, *H. H. als bayer. Ministerpräs.* (1995).

Held, Matthias, Reichsvizekanzler, *um 1490 Arlon (Ardennen), †1563 Köln. Der Jurist wurde 1530 an den Hof Ks. ↑Karls V. berufen u. 1531 zum Vizekanzler ernannt. Er befürwortete e. harte Linie gegenüber den Protestanten u. suchte den endgültigen Bruch zwischen ihnen u. dem Ks. herbeizuführen. Als die außenpolit. Umstände den Ks. zu e. entgegenkommenderen Haltung veranlaßten, zog er sich 1541 aus der Politik zurück.

Helfferich, Karl, Politiker, *22.7. 1872 Neustadt a.d. Weinstraße, †23.4.1924 bei Bellinzona. Der Währungsfachmann (Habilitation 1899 Berlin) war 1908–15 im Direktorium der Dt. Bank tätig u. ab 1910 Mitglied des Zentralausschusses der Reichsbank. 1915–16 leitete er als Staatssekretär des Reichsschatzamtes die Reichsfinanzpolitik. Im Mai 1916 übernahm er die Führung des Reichsamts des Inneren u. wurde zugleich Vizekanzler. Unter dem Druck der Linken trat er beim Sturz des Reichskanzlers ↑Michaelis im Nov. 1917 zurück u. fungierte dann im Juli/August 1918 kurzfristig als dt. Geschäftsträger in Moskau. Urspr. eher liberal eingestellt, wurde er durch die dt. Niederlage im Weltkrieg zum militanten Nationalisten. Er schloß sich 1919 der DNVP an u. saß 1920–24 im Reichstag, wo er als Wortführer der Rechtsopposition durch sein enragiertes Eintreten gegen die «Erfüllungspolitik» der Weimarer Koalition zur Verschärfung der polit. Gegensätze wesentl. beitrug. Während der Inflation 1923 schlug er die Einführung e. «Roggenwährung» vor. Der diesem Projekt zugrundeliegende Gedanke e. Deckung durch Sachwerte wurde dann durch die Schaffung der Rentenmark verwirklicht. Er starb bei e. Eisenbahnunglück.

Lit.: John G. Williamson, *K. H.* (Princeton, 1971).

Helldorff, *Otto* Heinrich von, Politiker, *16.4.(8.?)1833 Schloß Bedra (bei Querfurt), †10.3.1908 ebd. Der Jurist war 1867–74 Landrat in Wetzlar. 1871–93 saß er mit Unterbrechungen im Reichstag (dt.konserv.; 1879–81 u. 1884–92 Fraktionsvors.). Er bemühte sich um die Aussöhnung der preuß. Konserv. mit O. von ↑Bismarck u. trat für die Handelsverträge ↑Caprivis ein. Nach 1892 verlor er an Einfluß.

Lit.: Hans Booms, *Die dt.konserv. Partei* (1954).

Hellwege, Heinrich, Politiker, *18.8.1908 Neuenkirchen (bei Stade), †4.10.1991 ebd. Der Exportkaufmann schloß sich nach 1933 der Bekennenden Kirche an. 1945 war er Mitbegründer der Niedersächs. Landespartei, die er 1947 zur DP erweiterte u. bis 1961 leitete. 1947–49 u. 1955–63 saß er im niedersächs. Landtag. 1949–55 war er Mitglied des Bundestages u. Bundesminister für Angelegenheiten des Bundesrats, 1955–59 Ministerpräs. von Niedersachsen. 1961–79 war er CDU-Mitglied.

Helmold von Bosau, Geschichtsschreiber, *um 1120, †nach 1177. Er wurde um 1156 Pfarrer in Bosau (Ostholstein). Dort schrieb er die zweibändige *Chronica Slavorum* (1167–72), welche die Christianisierung der Westslawen von der Zeit ↑Karls I. d.Gr. bis um 1170 schildert.

Lit.: Heinz Stoob, Hrsg., *Slawenchronik* (²1973).

Helphand, Alexander [eigtl. Israel *Lazarevitsch* H.], Politiker, *27.8.

1867 Beresina (bei Minsk, Rußland), †12.12.1924 Berlin. Der in der Schweiz promovierte Nationalökonom trat 1891 in Berlin der SPD bei. 1896–98 Chefredakteur der *Sächs. Arbeiterzeitung*, ging er 1899 nach München, wo er als Verleger tätig wurde. Er beteiligte sich an der Seite ↑Kautskys u. R.↑Luxemburgs publizist. am Kampf gegen den Revisionismus in der SPD. 1905 war er e. der revolutionären Führer in St. Petersburg. Ab 1910 in der Türkei, erwarb er durch zwielichtige Kriegsgeschäfte e. beträchtl. Vermögen. Er schleuste Hilfsgelder an die russ. Revolutionäre u. war daran beteiligt, Lenin 1917 die Rückreise nach Rußland zu ermöglichen. Ab 1920 lebte er in Berlin. Zwar beriet er dort ↑Ebert, ↑Scheidemann u. ↑Wels, doch galt er der antirepublikanischen Rechten als e. Symbol für Korruption u. Schiebertum.

Lit.: Winfried B. Scharlau u. Zbynek A. Zeman, *Freibeuter der Revolution* (1964).

Henckel von Donnersmarck, Guido Fürst (1901), Unternehmer, *10.8. 1830 Breslau, †19.12.1916 Berlin. Er gründete 1853 die schles. AG für Bergbau u. Zinkhüttenbetrieb. Aufgrund seiner Verdienste um die Förderung von Kohle u. Eisenerz wurde er in den Fürstenstand erhoben. Nach dem Ersten Weltkrieg fielen große Teile seines Unternehmens an Polen.

Henkel, Fritz, Unternehmer, *20.3. 1848 Vöhl (bei Kassel), †1.3.1930 Rengsdorf (bei Neuwied). Er gründete 1876 in Aachen die Waschmittelfabrik Henkel & Co. Die Firma, seit 1878 mit Sitz in Düsseldorf, brachte 1878 «Henkel's Bleich-Soda» u. 1907 «Persil», das erste selbsttätige Waschpulver, auf den Markt. Es folgten die Scheuermittel «Ata» (1920) u. «Imi» (1929). Sein Erfolg ermöglichte ihm die Durchführung vorbildl. sozialer Fürsorgemaßnahmen.

Henlein, Konrad, Politiker, *6.5. 1898 Maffersdorf (Böhmen), †10.5. 1945 Pilsen. Der Bankbeamte wurde 1931 Vors. des Dt. Turnverbandes in der ČSR. Im Okt. 1933 gründete er in Eger die Sudetendt. Heimatfront. Umbenannt in Sudetendt. Partei, erhielt sie 1935 zwei Drittel der dt. Mandate im tschechoslowak. Parlament u. wurde dort zweitstärkste Partei. Ab 1937 bekannte er sich offen zum Nationalsozialismus. Im Zus.spiel mit der dt. Regierung, die ihn auch finanziell unterstützte, forderte er den Anschluß der sudetendt. Gebiete an Dtld. Nach dem Münchner Abkommen (Ende Sept. 1938) wurde er ab 1. Okt. Reichskommissar, ab 1.5.1939 Gauleiter u. Reichsstatthalter im Reichsgau Sudetenland. 1943 wurde er SS-Obergruppenführer. In e. amerikan. Kriegsgefangenenlager nahm er sich das Leben.

Lit.: Johann W. Brügel, *Tschechen u. Deutsche* (2 Bde., 1967–74).

Henriette Karoline Christiane, Landgräfin von Hessen-Darmstadt, *9.3.1721 Straßburg, †30.3.1774

Darmstadt. Sie heiratete 1741 den hess. Erbprinzen Ludwig IX. (1719–90). Dieser übernahm 1768 die Regierung, überließ aber ab 1772 seiner Gemahlin die Regierungsgeschäfte. Sie führte e. Finanz- u. Justizreform durch u. sorgte für e. reiches Kulturleben in Darmstadt. Ihre Tochter Luise (1757–1830), Gemahlin ↑Karl Augusts, tat ihr letzteres in Weimar nach.

Lit.: Walter Gunzert, *H. Caroline* (1971).

Heribert, Erzbf. von Köln, *um 970, †16.3.1021 Köln. Der Sproß e. bei Worms begüterten Adelsfamilie trat in das Kloster Gorze (bei Metz) ein, wurde aber vom Vater zurückgerufen u. zum Dompropst von Worms bestellt. Vertrauter Kg. ↑Ottos III., ernannte ihn dieser 994 zum Kanzler für Italien, 998 für das ganze Reich. 999 wurde er zum Erzbf. von Köln geweiht. Als er 1002 die sterbl. Überreste Ottos aus Italien nach Aachen brachte, wurde er von Hg. Heinrich von Bayern, dem späteren Ks. ↑Heinrich II., zur Herausgabe der Reichsinsignien gezwungen. Danach scheint er für die Kg.swahl des Konradiners Hg. Hermann II. von Schwaben (†1003) eingetreten zu sein. Er gründete das Benediktinerkloster in Deutz. Schon bald nach seinem Tod wurde er als Hl. verehrt (Tag: 16.3.).

Lit.: Heribert Müller, *H.* (1977).

Hermann

HEILIGES RÖMISCHES REICH:

Hermann von Salm, Gegenkg., †28.9.1088 Limburg/Lahn (?). Aus dem Hause Luxemburg stammend, wurde er 1081 in Ochsenfurt von e. Gruppe sächs. u. schwäb. Gegner Kg. ↑Heinrichs IV. zum Nachfolger des 1080 gefallenen Gegenkg.s ↑Rudolf von Rheinfelden ausgerufen. Er besiegte 1081 bei Höchstädt/Donau Hg. Friedrich I. von Schwaben (um 1050–1105). In Sachsen wurde er danach, wohl in e. formellen Nachwahl, als Kg. bestätigt u. in Goslar von Erzbf. ↑Siegfried I. von Mainz gekrönt. Er vermochte sich aber nur in Sachsen zu halten, u. seine Anhängerschaft fiel auseinander. 1086 unternahm er noch e. Zug nach Franken u. Schwaben, wo er Heinrich bei Bleichfeld (nahe Würzburg) besiegen konnte. Doch zog er sich rasch wieder nach Sachsen u. dann nach Lothringen zurück. Bei der Belagerung e. Burg fand er durch e. Steinwurf den Tod.

Lit.: Ulrich Schmidt, «Die Wahl H.s von S. zum Gegenkg. 1081», in Klaus Herbers u.a., Hrsgg., *Ex Ipsis Rerum Documentis* (1991).

KÖLN:

Hermann V., Graf von Wied, Erzbf., *14.1.1477 Wied (Westerwald), †15.8.1552 ebd. Er studierte Jura u. wurde 1515 zum Erzbf. von Köln gewählt. Auf dem Reichstag zu Worms 1521 setzte er sich für die Ächtung M. ↑Luthers ein. 1532 auch zum Bf. von Paderborn gewählt, bemühte er sich um die kath. Reform seiner Territorien. 1542 berief er deswegen ↑Bucer, 1543 ↑Melanchthon nach Köln, doch schlugen entsprechende Reformansätze fehl. Seine

Gegner verklagten ihn bei der Kurie, u. er wurde 1546 von Papst Paul III. seines Amts enthoben. Er legte dieses 1547 nieder u. starb als Protestant.

Lit.: Hans-Georg Link, Hrsg., *450 Jahre Kölner Reformationsversuch* (1993).

Sachsen:

Hermann Billung, Markgraf, †27.3. 973 Quedlinburg. Seine Herkunft ist unbekannt. 936 wurde er von Kg. ↑Otto I. zum Anführer e. Feldzugs gegen die Redarier bestellt, e. Liutizenstamm. Anscheinend wurde er danach ständig damit betraut, den Grenzschutz an der unteren Elbe zu besorgen, ist hier als Markgraf allerdings erst 953 bezeugt. Insgesamt dreimal beauftragte Otto ihn, während seiner Abwesenheit die Aufgaben des Hg.s in Sachsen wahrzunehmen (*procuratio*): nach Ausbruch des Liudolfing. Aufstandes 953, bei Antritt seines 2. Romzugs 961 u. schließl. 966, in den ersten beiden Fällen für Teile, im letzteren Fall für das ganze Hg.tum. Die kgl. Kanzlei nannte ihn nie Hg. (*dux*), doch hinterließ er bei seinem Tod e. machtvolles Herrschaftsgebilde, in dem sein Sohn Bernhard I. (†1011) unbestritten nachfolgte.

Lit.: Hans-Joachim Freytag, *Die Herrschaft der Billunger* (1951); Alfred Keseberg, *Sachsenhg. H. B. u. die Grafen Wichmann* (1973); Wolfgang Giese, *Der Stamm der Sachsen u. das Reich* (1979).

Thüringen:

Hermann I., Landgraf, *um 1155, †25.4.1217 Gotha. Der Neffe von Ks. ↑Friedrich I. Barbarossa wurde nach erduldeter Gefangenschaft bei Hg. ↑Heinrich dem Löwen 1181 Pfalzgraf von Sachsen u. 1190 Landgraf von Thüringen. Er lavierte skrupellos, aber schließl. ohne Gewinn zwischen ↑Otto IV. u. ↑Philipp von Schwaben. Die Wartburg wurde unter ihm e. Zentrum des Minnesangs.

Lit.: Peter Neumeister, «H. I.», in Eberhard Holtz u. Wolfgang Huschner, Hrsgg., *Dt. Fürsten des MA* (1995).

Hermann von Salza, Hochmeister des Dt. Ordens, *um 1170, †20.3. 1239 Salerno. Einem alten thüring. Ministerialengeschlecht entstammend, wurde er 1209 zum Hochmeister gewählt. Unter seiner Führung folgte der Dt. Orden 1225–26 e. Ruf Konrads von Masowien (um 1190–1247), sich an der Bekehrung der heidn. Pruzzen zu beteiligen. Der Orden etablierte sich daraufhin östl. der Weichsel. Ks. ↑Friedrich II. bestätigte ihm diesen Besitz durch die Goldene Bulle von Rimini (1226) u. öffnete dadurch den Weg zu weiterer Expansion nach Osten. Lange in Italien sich aufhaltend, spielte H. im Streit zwischen dem Ks. u. Papst Gregor IX. e. vermittelnde Rolle.

Lit.: Helmuth Kluger, *Hochmeister H. von S. u. Ks. Friedrich II.* (1987).

Hermes, Andreas, Politiker, *16.7. 1878 Köln, †4.1.1964 Krälingen (Eifel). Der Zentrumspolitiker war 1920–22 Reichsminister für Ernährung u. Landwirtschaft u. 1922–23 Reichsfinanzminister. 1928–33 saß er im Reichstag. 1939 stieß er zu dem Kreis um ↑Goerdeler u. wurde nach dem 20.7.1944 verhaftet u. zum Tod verurteilt, jedoch nicht hingerichtet. Er war Mitbegründer der CDU 1945 u. deren Vors. in der SBZ. 1948–54 war er Präs. des Dt. Bauernverbands.

Lit.: Heide Barmeyer, *A. H.* (1971).

Herrhausen, Alfred, Bankfachmann, *30.1.1930 Essen, †30.11.1989 Bad Homburg. Er war 1952–55 Direktionsassistent bei der Ruhrgas AG. 1955 ging er zu den Vereinigten Elektrizitätswerken Westfalen (1967–68 Vorstandsmitglied). Nach seinem Wechsel 1969 zur Dt. Bank wurde er 1971 dort Vorstandsmitglied u. 1988 Vorstandssprecher. Er fiel e. Bombenattentat der Terrororganisation Rote-Armee-Fraktion zum Opfer.

Herrnstadt, Rudolf, Politiker, *18.3.1903 Gleiwitz, †28.8.1966 Halle/Saale. KPD-Mitglied seit 1929, arbeitete er 1930–36 als Auslandskorrespondent des *Berliner Tageblatts*. 1943–45 war er Chefredakteur von *Freies Dtld.* in Moskau, dann der *Berliner Zeitung* (1945–49) u. der Zeitung *Neues Dtld.* (1949–53). Ab 1946 Mitglied der SED u. ab 1950 des ZK, wurde er 1953 als Gegner ↑Ulbrichts aus dem ZK u. 1954 aus der SED ausgeschlossen. Danach arbeitete er im Dt. Zentralarchiv (Merseburg). 1989 wurde er von der SED rehabilitiert.

Hertling, Georg Frhr. (1914 Graf) von, Politiker, *31.8.1843 Darmstadt, †4.1.1919 Ruhpolding. Für Philosophie habilitiert (Bonn 1867), wurde er 1880 Prof. in Bonn, 1882 in München. 1876 Mitbegründer der Görres-Gesellschaft, war er bis zu seinem Tod ihr Präs. 1875–90 u. 1896–1912 saß er im Reichstag (Zentrum; 1909–12 Fraktionsvors.). Ab 1912 bayer. Ministerpräs., setzte er 1913 die Erhebung des Prinzregenten zum bayer. Kg. ↑Ludwig III. durch. Er stützte die Flotten-, Kolonial- u. Weltpolitik des wilhelmin. Reiches. Konserv. eingestellt, suchte er die überkommene Sozialordnung zu bewahren u. stand innerhalb seiner Partei im Gegensatz zu ↑Erzberger. Als Nachfolger von ↑Michaelis übernahm er am 1.11.1917 die Ämter des Reichskanzlers u. des preuß. Ministerpräs.en, womit e. Anerkennung der polit. Gleichberechtigung des dt. Katholizismus einherging. Altersgeschwächt, scheiterte er jedoch an der Aufgabe, sich gegen die divergierenden Interessen der Reichstagsmehrheit u. der Obersten Heeresleitung durchzusetzen. Die Friedensschlüsse von Brest-Litowsk u. Bukarest 1918 vermochte er kaum zu beeinflussen. Der Zwang zur Parlamentarisierung veranlaßte ihn zum Rücktritt am 30.9.1918.

Lit.: Winfried Becker, *Christl. Westorientierung* (1993); ders., Hrsg., *G. von H.* (1993).

Hertzberg, *Ewald* Friedrich Graf von, Politiker, *2.9.1725 Lottin (Hinterpommern), †27.5.1795 Berlin. Er trat 1745 in den preuß. Staatsdienst ein. In seinem «Mémoire raisonné» (1758) rechtfertigte er den preuß. Einmarsch in Sachsen, der den 7jährigen Krieg auslöste. 1763 verhandelte er den Frieden von Hubertusburg. Danach war der streng antiöstr. Gesinnte bis 1791 Leiter der preuß. Außenpolitik.

Herwegh, Georg, Revolutionär, *31.5.1817 Stuttgart, †7.4.1875 Baden-Baden. Er studierte ohne Abschluß Theologie u. Jura. 1839 desertierte er in die Schweiz, um der Einberufung zum Militär zu entgehen. Dort veröffentlichte er die *Gedichte e. Lebendigen* (2 Bde., 1841–43), deren erster Band durch sein revolutionäres Pathos großes Aufsehen erregte. Nach e. Dtld.reise mit Audienz beim preuß. Kg. ↑Friedrich Wilhelm IV. wurde er wegen e. offenen Briefes an diesen aus Preußen ausgewiesen u. ging über die Schweiz (1843) nach Paris (1844–48). 1848 beteiligte er sich aktiv am bad. Aufstand u. lebte danach wieder in der Schweiz. 1866 ließ er sich in Baden-Baden nieder.

Lit.: Michail Krausnick, *Die eiserne Lerche* (1998).

Herzl, Theodor, Publizist, *2.5.1860 Budapest, †3.7.1904 Edlach (Niederösterreich). Der Sohn e. jüd. Kaufmanns, promovierter Jurist, arbeitete 1891–95 als Korrespondent der Wiener *Neuen Freien Presse* in Paris. Beeindruckt von den Auswüchsen der Dreyfus-Affäre, gelangte er zu der Überzeugung, daß die Probleme des Judentums nur durch die Wiedergründung e. eigenständigen Judenstaates zu lösen seien. Er berief 1897 den ersten Zionist. Weltkongreß nach Basel, wo er zum Präs.en der Zionist. Weltorganisation gewählt wurde. Gestützt auf große Zustimmung bei den jüd. Volksmassen Osteuropas, suchte er in den folgenden Jahren in Verhandlungen u. a. mit Sultan Abd Al-Hamid II., Papst Pius X., Ks. ↑Wilhelm II. u. dem russ. Innenminister W. K. von Plehwe vorerst erfolglos, die Errichtung e. jüd. Nationalstaats in Palästina zu ermöglichen. Er erlag e. Herzleiden. Hauptschriften: *Der Judenstaat* (1896); *Altneuland* (1902).

Lit.: Julius Hans Schoeps, *T. H.* (1975); Steven Beller, *H.* (1996).

Herzog, Roman, Politiker, *5.4.1934 Landshut (Bayern). Der Jurist war nach seiner Habilitation (München 1964) ab 1965 Prof. für Staatsrecht in Berlin u. ab 1969 in Speyer. Seit 1970 CDU-Mitglied, war er 1978–80 Kultus- u. 1980–83 Innenminister von Baden-Württ. 1983–87 war er Vizepräs., 1987–94 Präs. des Bundesverfassungsgerichts; 1994–99 war er Bundespräs.

Hess, Moses, Schriftsteller u. Journalist, *21.1.1812 Bonn, †6.4.1875 Paris. Der Sohn e. jüd. Kaufmanns betätigte sich nach dem Studium der Philosophie (1837–39) als Journalist u. arbeitete u. a. für die *Rhein. Zeitung,* die er 1841 in Köln mitbegründete. 1845–48 war er in kommunist. Gruppierungen in Brüssel u. Paris aktiv u. schloß sich K. ↑Marx u. ↑Engels an, brach jedoch 1848 mit den letzteren. In der Folgezeit lebte er zumeist in Paris. In seiner Frühzeit unter junghegelian. Einfluß, vertrat H. auf die Dauer e. eth.-sozialist. Grundsätzen folgende Gesellschaftsphilosophie, welche die Nächstenliebe als ihre Basis postulierte. Sein Werk *Rom u. Jerusalem* (1862) weist ihn als Vorläufer der zionist. Bewegung aus.

Lit.: Horst Lademacher, *M. H. in seiner Zeit* (1977).

Heß, Rudolf, Politiker, *26.4.1894 Alexandria (Ägypten), †17.8.1987 Berlin-Spandau. Nach e. kaufmänn. Lehre u. Kriegsdienst studierte er Geopolitik u. Gesch. in München, wo er von K. ↑Haushofer beeinflußt wurde. 1919 schloß er sich der nationalist. Thule-Gesellschaft u. dem Freikorps ↑Epp an u. wurde 1920 Mitglied der NSDAP. Teilnehmer am Putschversuch ↑Hitlers 1923, wirkte er während der sich anschließenden Festungshaft bei der Abfassung von dessen Buch *Mein Kampf* mit. Ab 1925 Hitlers Privatsekretär, war er ab 1931 dessen «persönl. Adjutant», ab Dez. 1932 als Nachfolger G. ↑Strassers Vors. der Polit. Zentralkommission der Partei u. ab 21.4.1933 «Stellv. des Führers» (bei der Leitung der Partei). Im Dez. erhielt er den Rang e. Reichsministers ohne Geschäftsbereich. Ab Febr. 1938 war er Mitglied des Geheimen Kabinettsrats, ab Aug. 1939 des Ministerrats für Reichsverteidigung. Im Zweiten Weltkrieg beabsichtigte er, Großbritannien zu Friedensverhandlungen mit dem Ziel e. gemeinsamen antisowjet. Politik zu bewegen. Hierzu flog er am 10.5.1941 allein nach Schottland, wo er interniert wurde. 1946 wurde er in Nürnberg zu lebenslängl. Gefängnis verurteilt u. in Berlin-Spandau inhaftiert. Er starb vermutl. durch eigene Hand.

Lit.: Peter Longerich, *Hitlers Stellv.* (1992); Kurt Pätzold u. a., *R. H.* (1999).

Heusinger, Adolf, General, *4.8.1897 Holzminden, †30.11.1982 Köln. Der Berufssoldat war ab 1929 im Reichswehrministerium u. 1931–44 im Generalstab tätig, dabei ab 1940 als Chef der Operationsabteilung im OKH. Nach dem 20.7.1944 wurde er verhaftet, jedoch freigesprochen. Als Leiter der militär. Abteilung in der Dienststelle ↑Blank ab 1952 hatte er wesentl. Anteil am Aufbau der Bundeswehr; 1957–61 war er deren Generalinspekteur, danach wirkte er bis 1964 führend in der NATO.

Lit.: Georg Meyer, *A. H.* (1997).

Heuss, Theodor, Politiker, *31.1.1884 Brackenheim, †12.12.1963 Stuttgart. Der promovierte Staatswiss.ler schloß sich dem Kreis um ↑Naumann an. 1905–12 war er Schriftleiter von dessen Zeitschrift *Die Hilfe.* Ab 1903 Mitglied der Freisinnigen Vereinigung (ab 1910 der Fortschrittl. Volkspartei), war er 1912–18 Chefredakteur der demokrat. *Neckarzeitung* in Heilbronn. 1920–33 lehrte er an der Hochschule für Politik in Berlin. Ab 1918 Mitglied der DDP, saß er 1924–28 u.

1930–33 (Dt. Staatspartei) im Reichstag. Während der Weimarer Republik war er polit. u. publizist. aktiv, u. a. als Stadtverordneter in Berlin, mußte aber ab 1933 diese Tätigkeit einschränken u. wurde 1936 zur Aufgabe der Chefredaktion der *Hilfe* gezwungen, die er seit 1933 herausgab. Durch die Berufstätigkeit seiner Frau Elly ↑H.-Knapp materiell abgestützt, schrieb er in den nächsten Jahren v. a. biograph. Werke. 1945–46 war er Kultusminister in der ersten Regierung von Württ.-Baden. 1946 Mitbegründer der DemVP, wurde er 1948 der erste Vors. der FDP. 1946–49 saß er im württ.-bad. Landtag. 1948–49 war er e. der prominentesten Mitglieder des Parlamentar. Rats u. übte großen Einfluß auf die Gestaltung des Grundgesetzes aus. 1949 wurde er zum ersten Bundespräs.en gewählt u. 1954 ohne Gegenkandidaten wiedergewählt. Der richtungweisenden Bedeutung seiner Amtszeit bewußt, bemühte er sich erfolgreich um integrationsbestimmte, landesväterl. Würde ausstrahlende Erledigung seiner Aufgabe. Werke u. a.: *Friedrich Naumann* (1937); *Robert Bosch* (1946).

Lit.: Horst Möller, *T.H.* (1990); Ingelore M. Winter, *Unsere Bundespräs.en* (⁴1999).

Heuss-Knapp, Elly [geb. Knapp], Politikerin, *25.1.1881 Straßburg, †19.7.1952 Bonn. Sie legte 1899 das Lehrerinnenexamen ab u. heiratete 1908 ↑Heuss. 1945–49 gehörte sie dem württ.-bad. Landtag an (DemVP/FDP). 1950 gründete sie das Müttergenesungswerk.

Lit.: Margarethe Vater, Hrsg., *Bürgerin zweier Welten* (³1963).

Heydrich, Reinhard, Politiker, *7.3.1904 Halle, †4.6.1942 Prag. Die Reichsmarine, in die er 1922 eingetreten war, entließ ihn 1931 wegen e. Mädchengesch. Im gleichen Jahr wurde er Mitglied der NSDAP u. der SS u. baute den SD zum polit. Nachrichtendienst aus. In enger Verbindung mit ↑Himmler wurde er 1933 Leiter der polit. Abteilung der bayer. Polizei, 1934 der Gestapo in Berlin. Er war maßgebl. an den dem sog. Röhm-Putsch (↑Röhm) folgenden Morden beteiligt. 1936 Chef der Sicherheitspolizei u. des SD u. 1939 Leiter des Reichssicherheitshauptamtes, errichtete er aus Gestapo, Kriminalpolizei u. SD e. alles kontrollierenden Polizeiapparat. 1941 zum SS-Obergruppenführer u. General der Polizei ernannt, wurde er mit der sog. Endlösung der Judenfrage beauftragt. Im Juli wurde er auch zum stellv. Reichsprotektor von Böhmen u. Mähren eingesetzt. Durch skrupellose Terrormaßnahmen, aber auch Konzessionen an die Arbeiter u. Bauern, bemühte er sich dort nicht völlig erfolglos um polit. Ruhe. Er fiel e. von Exiltschechen organisierten Attentat zum Opfer. Hochintelligent u. zyn., war er e. der gefürchtetsten nat.soz. Führer.

Lit.: Edouard Calic, *R.H.* (1982); Günther Deschner, *R.H.* (⁴1999).

Heydt, August Frhr. von der (1863), Politiker, *15.2.1801 Elberfeld (heute Wuppertal), †13.6.1874 Berlin.

Urspr. Bankier, saß er ab 1841 im Provinziallandtag, 1847 im Vereinigten Landtag u. 1848 in der Nationalversammlung Preußens. 1848–62 Minister für Handel u. Gewerbe u. 1862 sowie 1866–69 Finanzminister, setzte er sich vor allem nachhaltig für die Entwicklung des Verkehrswesens ein.

Lit.: Alexander Bergengrün, *Staatsminister A. Frhr. von der H.* (1908).

Heye, Hellmuth, Militär u. Politiker, *9.8.1895 Beckingen (Saar), †10.11.1970 Mittelheim (Rheingau). Der Sohn W. ↑Heyes war im Ersten Weltkrieg Kommandeur e. Schulschiffs. Danach beim Admiralstab u. im Reichswehrministerium tätig, stieg er im Zweiten Weltkrieg zum Admiral auf. 1953–61 saß er im Bundestag (CDU) u. war 1961–64 dessen Wehrbeauftragter. Wegen Kritik an der Bundeswehr mußte er zurücktreten.

Heye, Wilhelm, Generaloberst, *31.1.1869 Fulda, †11.3.1946 Braunlage. 1918 Chef der Operationsabteilung in der Obersten Heeresleitung, war er in der neugegründeten Reichswehr Chef des Truppenamts (1920–23) u. wurde dann nach dem Rücktritt ↑Seeckts Chef der Heeresleitung (1926–30).

Heymann, *Lida* Gustava, Frauenrechtlerin, *15.3.1868 Hamburg, †31.7.1943 Zürich. Die Tochter e. Großkaufmanns schloß sich dem radikalen Flügel der bürgerl. Frauenbewegung an. Ab 1896 war sie Vorstandsmitglied des Allg. Dt. Frauenvereins, ab 1901 auch zus. mit A. ↑Augspurg Vors. des Dt. Verbands für Frauenstimmrecht. Im Ersten Weltkrieg u. danach engagierte sie sich in der Friedensbewegung. 1933 emigrierte sie in die Schweiz.

Lit.: Christiane Himmelsbach, *«Verlaß ist nur auf unsere eigne Kraft!»* (1996).

Hierl, Konstantin, Politiker, *24.2.1875 Parsberg (Oberpfalz), †23.9.1955 Heidelberg. Seit 1892 Berufssoldat, diente er im Ersten Weltkrieg als Generalstabsoffizier. Als Freikorpsführer schlug er 1919 den Spartakistenaufstand in Augsburg nieder. Ab 1920 im Reichswehrministerium, wurde er 1924 wegen Teilnahme am Putsch ↑Hitlers verabschiedet. Ab 1925 organisierte er den Tannenbergbund ↑Ludendorffs in Süddtld. u. trat 1927 der NSDAP bei. 1930–45 saß er im Reichstag. Ab 1932 baute er in Hitlers Auftrag den Arbeitsdienst auf. 1933 zum Parteiamtl. Beauftragten für den Freiwilligen Arbeitsdienst ernannt, leitete er denselben ab 1934 als Reichskommissar, ab 1935 den Reichsarbeitsdienst als Reichsarbeitsführer, 1943 im Rang e. Reichsministers. 1949 wurde er als Hauptschuldiger zu fünf Jahren Arbeitslager verurteilt.

Lit.: Wolfram Mallebrein, *K. H.* (1971).

Hildebrandt, Regine [geb. Radischewski], Politikerin, *26.4.1941 Berlin, †26.11.2001 Potsdam. Die promovierte Biologin trat 1989 in die SPD ein u. war 1990 Mitglied der Volkskammer. Ab 1990 saß sie im Landtag u. war Ministerin für Arbeit, Soziales, Gesundheit u. Frauen von Brandenburg. 1999 legte sie Mandat u. Regierungsamt nieder, da sie e. Koalition mit der CDU nicht mittragen wollte.

Hilferding, Rudolf, Politiker, *10. 8. 1877 Wien, †Febr. 1941 Paris. Der promovierte Mediziner arbeitete einige Jahre in Wien als Kinderarzt. 1906–07 war er Lehrer an der Parteischule der SPD in Berlin, 1907–16 Redakteur beim *Vorwärts*. 1917 wurde er Mitglied der USPD, deren Tageszeitung *Die Freiheit* er 1918–22 leitete. 1919 wurde er dt. Staatsbürger. 1922 kam er zurück in die SPD u. war 1923 (Kabinett ↑Stresemann) u. 1928–29 Reichsfinanzminister. 1924–33 saß er im Reichstag. 1933 als Jude ausgebürgert, emigrierte er nach Zürich u. ging 1938 nach Frankreich. 1940 von der franz. Polizei festgenommen, wurde er zus. mit ↑Breitscheid an die Gestapo ausgeliefert u. starb in deren Haft. Ein eifriger Publizist, gab er 1904–22 zus. mit Max Adler (1873–1937) *Marxstudien* heraus, verfaßte zus. mit ↑Kautsky das Heidelberger Programm der SPD (1925) u. schrieb im Exil über 300 Artikel für den *Neuen Vorwärts*. Sein Hauptwerk *Das Finanzkapital* (1910) beeinflußte maßgebl. Lenins Imperialismustheorie.

Lit.: Wilfried Gottschalch, *Strukturveränderungen der Gesellschaft* (1962); William Smaldone, *R. H.* (2000).

Himmler, Heinrich, Politiker, *7. 10. 1900 München, †23. 5. 1945 bei Lüneburg. Der Sohn e. Gymnasialprof.s meldete sich nach humanist. Schulerziehung 1917 freiwillig zum Heeresdienst u. erhielt nach der Entlassung das Abiturzeugnis. 1919–22 studierte er an der TH München Landwirtschaft u. bestand das Diplomexamen. Nach kurzer Zeit als Laborassistent betätigte er sich mehr oder weniger ausschließl. polit. Unter dem Einfluß ↑Röhms trat er dem Wehrverband Reichsflagge (später Reichskriegsflagge) bei, wurde im Aug. 1923 Mitglied der NSDAP u. nahm im Nov. am Putschversuch ↑Hitlers teil. In den folgenden Jahren arbeitete er mit G. ↑Strasser zus. u. schloß sich dem völk.-rechtsradikalen Bund der Artamanen an. 1926–30 war er stellv. Reichspropagandaleiter der NSDAP. 1925 in die neugegründete Schutzstaffel (SS) eingetreten, wurde er 1929 von Hitler zum «Reichsführer SS» ernannt u. baute fortan diese parteiinterne Organisation zielstrebig als Grundlage seiner späteren Machtposition aus. Im Jan. 1933 kommissar. Polizeipräs. von München u. im April Polit. Polizeikommandeur für Bayern, übernahm er 1936 als Staatssekretär im Reichsinnenministerium die Kontrolle über die gesamte dt. Polizei. Nach dem sog. Röhm-Putsch (↑Röhm) 1934 wurde die SS aus der SA herausgelöst u. Hitler direkt nachgeordnet. H., der sich vom gläubigen Katholiken zum hemmungslosen Antisemiten entwickelt hatte, errichtete das nat.soz. System der KZ u. baute nach Beginn des Zweiten Weltkriegs aus der sog. SS-

Verfügungstruppe die Waffen-SS als selbständige Truppe neben der Wehrmacht auf. Als «Reichskommissar für die Festigung des dt. Volkstums» war er ab Okt. 1939 zuständig für die brutale Umsiedlungs- u. Germanisierungspolitik in Ost- u. Südosteuropa wie auch für die millionenfachen Massenmorde an den Juden. Ab 1943 Reichsinnenminister, übernahm er nach dem 20.7.1944 den Oberbefehl über das Ersatzheer u. die Leitung der Heeresrüstung. Gegen Kriegsende nahm er über den schwed. Grafen Bernadotte Verbindung mit den Westmächten auf, woraufhin ihn Hitler am 28.4.1945 aller Ämter enthob. In brit. Kriegsgefangenschaft geraten, nahm er Gift.

Lit.: Josef Ackermann, *H.H. als Ideologe* (1970); Bradley F. Smith, *H.H. 1900–1926* (1979); Heinrich Fraenkel u. Roger Manvell, *H.* (1981); Richard Breitman, *H.H.: Der Architekt der «Endlösung»* (³2000); Peter Padfield, *H.* (London, 2001).

Hindenburg, Paul von Beneckendorff u. von, Generalfeldmarschall u. Politiker, *2.10.1847 Posen, †2.8.1934 Neudeck (Westpreußen). Der Berufsoffizier war nach Teilnahme an den Kriegen 1866 u. 1870–71 ab 1878 im Generalstab tätig u. wurde 1903 Kommandierender General des IV. Armeekorps. 1911 nahm er seinen Abschied, wurde aber bei Ausbruch des Ersten Weltkriegs reaktiviert u. mit der Verteidigung Ostpreußens beauftragt. Mit der 8. Armee (Generalstabschef ↑Ludendorff) schlug er die Russen im Aug./Sept. 1914 entscheidend bei Tannenberg u. an den Masur. Seen. Anfang Nov. erhielt er den Oberbefehl über alle dt. Truppen an der Ostfront u. wurde zum Generalfeldmarschall befördert. Im Aug. 1916 folgte nach der Abberufung ↑Falkenhayns die Ernennung zum Chef des Generalstabs des Feldheeres. Zus. mit dem ihm beigegebenen Ludendorff oblag ihm nun nicht nur die militär. Kriegführung, sondern diese 3. Oberste Heeresleitung betrieb auch im Inneren die Mobilisierung aller Kräfte («H.programm») u. trug u.a. im Juli 1917 entscheidend zum Sturz von ↑Bethmann Hollweg bei. Um die Monarchie zu retten, riet H. im Nov. 1918 Ks. ↑Wilhelm II. zum Thronverzicht. Danach leitete er mit ↑Groener den Rückmarsch des Heeres u. nahm nach Abschluß des Friedens von Versailles seinen Abschied. Seine Popularität bewog die Rechtsparteien, ihn 1925 im zweiten Wahlgang als Kandidaten für die Reichspräs.schaft aufzustellen, woraufhin er mit relativer Mehrheit als Nachfolger ↑Eberts vor W. ↑Marx u. ↑Thälmann zum Reichspräs.en gewählt wurde. Trotz seiner monarch. Gesinnung bemühte er sich, loyal zur Republik zu stehen. Nach dem Scheitern der Regierung ↑Müller (-Franken) 1930 berief er allerdings ↑Brüning zum Reichskanzler, den er fortan mit Hilfe des Art. 48 der Reichsverfassung stützte. Im April 1932 gegen ↑Hitler u. Thälmann als Reichspräs. bestätigt, ließ er Brüning fallen u. ersetzte ihn als Reichskanzler durch ↑Papen u. diesen im Nov. durch den ihm nahestehenden

↑Schleicher. Nach dessen Mißerfolg beauftragte er schließl. am 30.1.1933 Hitler mit der Regierungsbildung. Durch die Unterzeichnung der «Verordnung zum Schutz von Volk u. Staat» (Febr.) u. des Ermächtigungsgesetzes (März) trug er zur Festigung der nat.soz. Diktatur bei.

Lit.: Wolfgang Ruge, *H.* (1981); Wolf J. Bütow, *H.* (1984); Werner Maser, *H.* (²1990); Walter Rauscher, *H.* (1997).

Hipler, Wendel, Bauernführer, *um 1465 Neuenstein (Hohenlohe), †1526 Heidelberg. Der wohlhabende H. studierte in Leipzig u. war ab 1485 in der Kanzlei der Grafen von Hohenlohe u. ab 1515 im Dienst der Grafen von Löwenstein tätig. Er legte eine Rodung an, verlor sie aber im Prozeß gegen die Grafen von Hohenlohe. Daraufhin schloß er sich im Bauernkrieg 1525 dem Odenwalder Haufen an u. berief das Bauernparlament in Heilbronn. Nach der Schlacht bei Königshofen (1525) wurde er gefangen; er starb in kurpfälz. Haft.

Hippel, Theodor Gottlieb von, Beamter, *13.12.1775 Gerdauen (Ostpreußen), †10.6.1843 Bromberg. Reformgesinnt, wurde er 1811 als Nachfolger ↑Raumers Vortragender Rat im preuß. Staatsministerium u. verfaßte 1813 den Aufruf Kg. ↑Friedrich Wilhelms III. «An mein Volk». Danach arbeitete er noch bis 1837 als Beamter in verschiedenen Positionen.

Hipper, Franz Ritter von, Admiral, *13.9.1863 Weilheim (Oberbayern), †25.5.1932 Altona. Der Marineoffizier wurde 1912 Admiral. Im Ersten Weltkrieg zeichnete er sich in den Schlachten an der Doggerbank 1915 u. im Skagerrak 1916 aus. Im Aug. 1918 wurde er als Nachfolger ↑Scheers Chef der Hochseeflotte.

Lit.: Tobias R. Philbin, *Admiral von H.* (Amsterdam, 1982).

Hirsch, Burkhard, Politiker, *29.5.1930 Magdeburg. Der promovierte Jurist war ab 1949 Mitglied, 1979–83 Vors. der FDP in Nordrhein-Westfalen. 1972–75 u. 1980–98 saß er im Bundestag, 1994–98 als Vizepräs. 1975–80 war er Innenminister von Nordrhein-Westfalen.

Hirsch, Max, Politiker, *30.12.1832 Halberstadt, †26.6.1905 Homburg v.d.H. Nach dem Vorbild der engl. Trade Unions gründete der Verlagsbuchhändler ab 1868 zus. mit ↑Duncker die Hirsch-Duncker'schen Gewerkvereine. 1869–93 (mit Unterbrechungen) saß er im Reichstag (Fortschrittspartei bzw. Dt. freisinnige Partei). Regierungsinterventionen in der Wirtschaft ablehnend, stand er der Sozialpolitik skept. gegenüber.

Lit.: Hedwig Wachenheim, *Die dt. Arbeiterbewegung* (²1971).

Hirsch, Paul, Politiker, *17.11.1868 Prenzlau, †1.8.1940 Berlin. Der Journalist war 1900–21 Stadtverordneter in Charlottenburg u. saß als erster Sozialdemokrat im preuß.

Abg.haus bzw. Landtag (1908–24). 1919–20 war er erster SPD-Ministerpräs. in Preußen. Nach dem Kapp-Putsch (↑Kapp) gab er sein Amt an O. ↑Braun ab. 1925–33 war er Bürgermeister von Dortmund.

Hitler, Adolf, Politiker, *20.4. 1889 Braunau/Inn (Oberösterreich), †30.4.1945 Berlin. Der Sohn e. östr. Zollbeamten lebte nach seines Vaters Tod (1903) in Linz bei seiner Mutter u. ab 1907 nach Ablehnung seiner Bewerbung durch die Wiener Akademie der Bildenden Künste e. bohemienhaftes Leben in Wien, wo er antisemit. Gedankengut aufnahm. Um dem Wehrdienst in der k.u.k. Armee zu entgehen, siedelte er 1913 nach München über. Bei Ausbruch des Ersten Weltkriegs trat er freiwillig in das bayer. Heer ein u. kämpfte dann u.a. als Meldegänger an der Westfront, wo er mehrmals verwundet u. 1918 mit dem Eisernen Kreuz 1. Klasse ausgezeichnet wurde. Seine polit. Laufbahn begann er, als er nach Kriegsende 1919 der Dt. Arbeiterpartei (ab 1920 NSDAP) beitrat. Er wurde ihr Werbeobmann u. verkündete im Febr. 1920 das von ihm mitverfaßte 25-Punkte-Parteiprogramm. 1921 übernahm er den Parteivorsitz. Obwohl seine redegewaltige Agitation gegen «Novemberverbrecher» u. das «jüd. Großkapital» enormen Zulauf brachte, schlug e. Putschversuch in München fehl, den er am 9.11.1923 in Verbindung mit ↑Ludendorff u. anderen rechtsgerichteten Kreisen bzw. Kräften unternahm. Er wurde zu fünf Jahren Haft verurteilt. Die neun Monate bis zu seiner vorzeitigen Entlassung nutzte er zur Abfassung seiner Bekenntnis- u. Programmschrift *Mein Kampf*. Im Februar 1925 begann er mit dem Wiederaufbau seiner Partei, die er zur «Führerpartei» umformte u. die dann in der 1929 beginnenden wirtschaftl. Depression zur Massenbewegung wurde. Nachdem er 1932 vergebl. gegen ↑Hindenburg für das Reichspräs.enamt kandidiert hatte, wurde er am 30.1.1933 von diesem zum Reichskanzler berufen. Innerhalb weniger Monate sicherte er sich durch gesetzl. u. verfassungsändernde Maßnahmen («Verordnung zum Schutz von Volk u. Staat», Febr.; Ermächtigungsgesetz, März) diktator. Macht u. übernahm nach Hindenburgs Tod am 2.8.1934 als «Führer u. Reichskanzler» auch dessen Amt. Die Aufrüstung der Wehrmacht ab 1935 verminderte die Arbeitslosigkeit u. erleichterte e. Reihe von außenpolit. Erfolgen, darunter die straflose Wiederbesetzung des Rheinlands 1936 sowie den Anschluß Österreichs u. die Zerschlagung der ČSR 1938. Ermutigt, griff er am 1.9.1939 Polen an in der Absicht, dem dt. Volk im Osten «Lebensraum» zu verschaffen. Im hierdurch ausgelösten Zweiten Weltkrieg trugen ihm militär. Siege bis Mitte 1942 die Herrschaft über e. Großteil Europas ein, die er u.a. zur umfassend angelegten Vernichtung des Judentums nutzte. Von da an mehrten sich freil. die Rückschläge. Auch im Inneren des Reiches organisierte sich nun der Widerstand, der im von ↑Stauffenberg am 20.7.1944 ausgeführten, freil. erfolglosen Attentat auf ihn seinen Ausdruck fand. Als sowjet. Truppen im Begriff waren, Berlin einzunehmen, nahm er sich zus. mit seiner am Vortag geehelichten Frau E. ↑Braun das Leben. Ihre Leichen wurden verbrannt. In seinem Testament hatte er zuvor ↑Dönitz zu seinem Nachfolger als Reichspräs. u. ↑Goebbels zum Reichskanzler bestimmt.

Lit.: Werner Maser, *A. H.* (¹⁶1997); Rainer Zitelmann, *H.* (⁴1998); Joachim Fest, *H.* (²1999); Ian Kershaw, *H.* (2 Bde., 1999/2000).

Hitze, Franz, Sozialpolitiker, *16.3.1851 Hanemicke (Sauerland), †20.7.1921 Bad Nauheim. 1878 zum kath. Priester geweiht, trat er in einigen Schriften für e. «ständ.» Sozialismus ein, wandte sich aber bald der prakt. Politik zu. 1882–93 u. 1898–1912 saß er im preuß. Abg.haus, 1884–1921 auch im Reichstag (Zentrum). 1890 war er e. der Mitbegründer des Volksvereins für das kath. Dtld., 1897 auch des Caritasverbandes. Ab 1893 lehrte er als Prof. in Münster.

Hocher von Hohenburg u. Hohenkräen, Johann Paul Frhr. von, Staatsmann, *12.8.1616 Freiburg i.B., †1.3.1683 Wien. Der Jurist arbeitete in verschiedenen Stellungen u. als Rechtsanwalt, bevor er 1660 Hofkanzler des Bf.s von Brixen wurde. 1662 zum Kanzler der Tiroler Regierung ernannt, präsidierte er 1662–65 dem Fürstenrat im Regensburger Reichstag. Nach dem Rückfall Tirols an das ksl. Haus 1665 wurde er östr. Hofvizekanzler u. 1667 Hofkanzler. Der überzeugte Katholik verfolgte e. kompromißlos absolutist. Politik, die Aufstände in Ungarn u. schließl. den Krieg mit der Türkei auslöste.

Höcherl, Hermann, Politiker, *31.3.1912 Brennberg (bei Regensburg), †18.5.1989 Regensburg. Er war 1931–32 u. 1935–45 Mitglied der NSDAP. Nach Jurastudium u. Kriegsteilnahme trat er 1949 der CSU bei. 1951–53 war er Amtsgerichtsrat in Regensburg. 1953–76 saß er im Bundestag. 1961–65 war er Bundesinnenminister, 1965–69 Bundesminister für Ernährung, Landwirtschaft u. Forsten.

Hoegner, Wilhelm, Politiker, *23.9.1887 München, †5.3.1980 ebd. Der Jurist saß 1924–32 u. erneut 1946–70 im bayer. Landtag (SPD; 1957–62 Fraktionsvors.). 1930–33 war er Mitglied des Reichstags. 1933–45 lebte er in Österreich u. der Schweiz. Nach seiner Rückkehr war er als bayer. Ministerpräs. (1945–46) am Entwurf der bayer. Verfassung beteiligt. 1946–47 Justizminister, war er 1948–50 Generalstaatsanwalt, 1950–54 Innenminister, 1954–57 wiederum Ministerpräs.

Lit.: Peter Kritzer, *W. H.* (1979).

Hoepner, Erich, Generaloberst, *14.9.1886 Frankfurt/Oder, †8.8.1944 Berlin-Plötzensee. Der Berufssoldat wurde 1940 Generaloberst. Als Oberbefehlshaber der 4. Panzerarmee in Rußland befahl er Ende 1941 gegen ↑Hitlers Weisung vor Moskau den Rückzug, woraufhin er 1942 abgesetzt u. aus der Wehrmacht ausgestoßen wurde. Er schloß sich dem Widerstandskreis um ↑Goerdeler an u. wurde nach dem 20.7. 1944 zum Tod verurteilt u. gehängt.

Lit.: Heinrich Bücheler, *Generaloberst E. H.* (²1985).

Hofer, Andreas, Tiroler Freiheitskämpfer, *22.11.1767 St. Leonhard (Passeiertal), †20.2.1810 Mantua. Der «Sandwirt» übernahm 1809 die Führung des Tiroler Volksaufstands gegen die Franzosen u. Bayern. Er siegte mehrmals am Bergisel u. kämpfte auch nach dem Frieden von Schönbrunn (1809) noch weiter. Durch Verrat in franz. Gewalt gelangt, wurde er auf Befehl Napoleons I. standrechtl. erschossen.

Lit.: Karl Paulin, *A. H.* (²1996).

Hoffman(n), Melchior, Schwärmer, *vor 1500 Schwäb. Hall, †1543 Straßburg. Der Kürschner predigte seit 1523 die Reformation im Gebiet des Dt. Ordens. M. ↑Luther mißbilligte seine apokalypt. Schriftauslegung wie auch seine Abendmahlslehre. Der unstet Wandernde praktizierte die Wiedertaufe. Mehrfach vertrieben, wurde er schließl. 1533 in Straßburg festgenommen, wo e. Jahrzehnt später starb. Seine Anhänger nannten sich Melchioriten.

Lit.: Klaus Deppermann, *M. H.* (1979).

Hoffmann, [Karl-] Heinz, Politiker, *28.11.1910 Mannheim, †2.12.1985 Berlin (Ost). Der gelernte Maschinenschlosser trat 1930 der KPD bei u. emigrierte 1935 in die Sowjetunion. 1937–39 nahm er als Politkommissar u. Bataillonskommandeur in den Internat. Brigaden am Span. Bürgerkrieg teil. Ab 1939 wieder in der Sowjetunion, kehrte er 1946 nach Dtld. zurück u. war 1950–55 Chef der Kasernierten Volkspolizei in der DDR. 1959 Generaloberst, war er 1960–85 Minister für Nationale Verteidigung.

Hoffmann, Johannes, Politiker, *3.7. 1867 Ilbesheim (bei Landau), †15.12. 1930 Berlin. Nach langjähriger Tätigkeit als Lehrer war der Sozialdemokrat 1912–30 Mitglied des Reichstags. Im Kabinett ↑Eisner schaffte er als bayer. Kultusminister (1918–19) die geistl. Schulaufsicht ab. Nach Eisners Ermordung 1919 Ministerpräs., verlegte er während der Münchner Räterepublik die Regierung nach Bamberg. Während des Kapp-Putschs (↑Kapp) trat er zurück.

Lit.: Diethard Hennig, *J. H.* (1990).

Hoffmann, Johannes, Politiker, *23.12.1890 Landsweiler-Reden (Saarland), †21.9.1967 Völklingen. Journalist u. Zentrums-Mitglied, lebte er 1935–45 in der Emigration in Frankreich u. Brasilien. 1945 Gründer u. bis 1956 Vors. der Christl. Volkspartei, strebte er als Ministerpräs. des Saargebiets (1947–55) dessen Europäisierung unter wirtschaftl. Anschluß an Frankreich an. Weil die

Bevölkerung diesen Plan ablehnte, trat er zurück.

Hoffmann, Max, General, *25.1. 1869 Homberg (bei Kassel), †8.7. 1927 Bad Reichenhall. Seit 1899 im preuß. Großen Generalstab, hatte er entscheidenden Anteil am Sieg der 8. Armee unter ↑Hindenburg u. ↑Ludendorff bei Tannenberg 1914. Gegen den letzteren vertrat er als Chef des Generalstabs beim Oberbefehlshaber Ost (ab 1916) während der Friedensverhandlungen in Brest-Litowsk den Standpunkt ↑Kühlmanns.

Hoffmann, Theodor, Politiker, *27.2.1935 Gustävel (bei Sternberg). Der Marineoffizier trat 1956 der SED bei. Ab 1985 Stellv. des Chefs der Volksmarine, wurde er 1987 deren Chef. Zum Admiral befördert, war er 1989–90 Minister für Nationale Verteidigung der DDR.

Hohenheim, Franziska von [geb. von Bernerdin zum Pernthurn], Reichsgräfin, *10.1.1748 Adelmannsfelden, †1.1.1811 Kirchheim u.T. Sie wurde nach Auflösung ihrer Ehe 1772 die Geliebte von Hg. ↑Karl Eugen von Württ. Er ließ sie 1774 zur Reichsgräfin von Hohenheim erheben u. heiratete sie 1785 nach dem Tod seiner Gattin. Sie übte erhebl., mäßigenden Einfluß auf seine Regierung aus.

Hohenlohe-Langenburg, Hermann Fürst zu, Politiker, *31.8.1832 Langenburg, †9.3.1913 ebd. Er saß 1871–81 im Reichstag (Dt. Reichspartei). 1882 war er Mitbegründer u. dann bis 1894 Präs. des Dt. Kolonialvereins (ab 1887 Dt. Kolonialgesellschaft). 1890–95 war er auch Mitglied des Kolonialrats. Als Statthalter von Elsaß-Lothringen (1894–1907) bemühte er sich ohne großen Erfolg, die mehrheitl. frankophile Bevölkerung für das Dt. Reich zu gewinnen.

Hohenlohe-Schillingsfürst, Chlodwig Fürst zu, Politiker, *31.3.1819 Rotenburg/Fulda, †6.7.1901 Bad Ragaz. Der Jurist trat 1842 in den preuß. Staatsdienst ein. 1846 übernahm er die Herrschaft Schillingsfürst in Bayern; durch seine Heirat 1847 mit Marie von Sayn-Wittgenstein (1829–97) erwarb er weiteren umfangreichen Grundbesitz in Rußland. Gemäßigt liberal gesinnt u. e. entschiedener Verfechter der nationalstaatl. Einigung Dtld.s, erfüllte er 1848 im Auftrag der provisor. Zentralregierung in Frankfurt einige diplomat. Missionen. Später gehörte er zu den süddt. Verfechtern der preuß.-kleindt. Lösung der dt. Frage. Ende 1866 zum bayer. Ministerpräs. u. Außenminister berufen, befürwortete er entsprechend, im Gegensatz zu den Triasbestrebungen der klerikal-partikularist. Patriotenpartei, die Schutz- u. Trutzbündnisse der süddt. Staaten mit dem Norddt. Bund u. sicherte die Einbeziehung Süddtld.s in das Zollparlament. Seine Gegnerschaft zum Unfehlbarkeitsdogma u. seine liberale Schulpolitik führten schließl. zu seinem Sturz im März 1870. 1871–81 saß er im Reichstag (Dt. Reichspartei; ab 1874 fraktionslos). Der überzeugte Anhänger O. von ↑Bismarcks war 1874-80 dt. Botschafter in Paris u. 1880 kurzfristig Leiter u. Staatssekretär des Auswärtigen Amts. Seine Bemühungen, als Statthalter von Elsaß-Lothringen (1885-94), die dortige Bevölkerung näher an das Reich heranzuführen, zeigten nur geringe Erfolge. 1894 wurde er als Nachfolger ↑Caprivis zum Reichskanzler u. preuß. Ministerpräs.en berufen. Er mißbilligte das «persönl. Regiment» Ks. ↑Wilhelms II., ohne dagegen wirksam einzuschreiten. Auch die Außenpolitik ↑Holsteins u. B. von ↑Bülows, die Flottenpolitik ↑Tirpitz' u. die Sammlungspolitik ↑Miquels entglitten weitgehend seiner Kontrolle. Im Okt. 1900 trat er aus Altersgründen zurück.

Lit.: Gunther Blieffert, *Die Innenpolitik des Reichskanzlers Fürst C. zu H.-S.* (1949); Helmuth Rogge, *Holstein u. H.* (1957); Winfried Baumgart, «C. zu H.-S.», in Wilhelm von Sternburg, Hrsg., *Die dt. Kanzler* (²1998).

Holstein, Friedrich von, Diplomat, *24.4.1837 Schwedt/Oder, †8.5.1909 Berlin. Der Jurist, mit Unterbrechungen seit 1860 im preuß. bzw. dt. auswärtigen Dienst, war 1871-76 Botschaftssekretär in Paris. Ab 1876 im Auswärtigen Amt, wurde er 1878 Vortragender Rat, 1880 Geheimrat u. erhielt 1899 den Titel «Exzellenz». Jahrzehntelang e. Protégé u. Vertrauter O. von ↑Bismarcks, unterstützte er diesen mit Hilfe e. sorgfältig aufgebauten internen Informations- u. Beziehungssystems u. enormer Aktenkenntnis. Ab Mitte der 1880er Jahre trat er jedoch in Distanz zu ihm u. betrieb e. Politik der Abwendung von Rußland. Nach Bismarcks Sturz 1890 war er die Zentralfigur der dt. Außenpolitik. Seine Diplomatie der «freien Hand» überschätzte freil. die Annäherungsmöglichkeiten an Großbritannien, u. seine aggressive, auf Sprengung der Entente cordiale gerichtete Vorgehensweise scheiterte schließl. auf der Konferenz von Algeciras 1906. Schon damals zur «Grauen Eminenz» hochstilisiert, wurde er im gleichen Jahr von Reichskanzler B. von ↑Bülow entlassen.

Lit.: Norman Rich, *F. von H.* (2 Bde., Cambridge, 1965); Günter Richter, *F. von H.* (1966; 1969); Karl Nolden, *F. von H.* (1983).

Holtzendorff, Henning von, Großadmiral, *9.1.1853 Prenzlau, †7.6.1919 Jagow (Uckermark). Nach Teilnahme am Dt.-franz. Krieg 1870-71 u. an der Niederschlagung des Boxeraufstands 1900 wurde er 1910 Chef der Hochseeflotte. Wegen Differenzen mit ↑Tirpitz nahm er 1913 seinen Abschied. 1915 reaktiviert, diente er als Chef des Admiralstabs (1915-18) u. befürwortete den U-Bootkrieg.

Homburg, Prinz von ↑Friedrich II., Landgraf von Hessen-Homburg.

Honecker, Erich, Politiker, *25.8.1912 Neunkirchen, †29.5.1994 Santiago de Chile. Er trat 1926 dem

Kommunist. Jugendverband Dtld.s (KJVD) bei u. war 1928–29 Dachdeckerlehrling. 1929 Mitglied der KPD, war er ab 1930 hauptamtl. Funktionär des Kommunist. Jugendverbands u. fungierte 1931–33 als dessen Sekretär. Nachdem er sich illegal betätigt hatte, wurde er 1935 verhaftet u. 1937 zu zehn Jahren Zuchthaus verurteilt. 1945 Jugendsekretär beim ZK der KPD, war er 1946–55 Vors. der FDJ, ab 1958 Mitglied des Politbüros der SED. 1961 organisierte er den Mauerbau in Berlin im Auftrag ↑Ulbrichts, den er 1971 als 1. Sekretär (ab 1976 Generalsekretär) der SED ablöste. Im gleichen Jahr wurde er Vors. des Nationalen Verteidigungsrats u. Mitglied des Staatsrats der DDR; 1976 übernahm er den Vorsitz auch des letzteren. Auf Druck des Politbüros mußte er im Okt. 1989 von allen Ämtern zurücktreten. Im Dez. aus der Partei ausgeschlossen, floh er vor der drohenden gerichtl. Verfolgung wegen Amtsmißbrauchs u. Korruption nach Moskau. Nach Dtld. zurückgeführt, war er hier 1991–93 inhaftiert, bis das Verfahren aus Gesundheitsgründen eingestellt wurde. Er konnte nach Chile zu seiner Frau M. ↑H. ausreisen.

Lit.: Dieter Borkowski, *E. H.* (1987).

Honecker, Margot [geb. Feist], Politikerin, *17.4.1927 Halle/Saale. Die kaufmänn. Angestellte trat 1945 der KPD u. 1946 der SED bei. 1949–53 war sie Sekretärin für Kultur u. Erziehung der FDJ u. Vors. der Pionierorganisation Ernst Thälmann. 1953 heiratete sie E. ↑Honecker. 1963–89 war sie Ministerin für Volksbildung der DDR u. Mitglied des ZK der SED. 1993 reiste sie nach Chile aus.

Hontheim, Johann Nikolaus von, Theologe, *27.1.1701 Trier, †2.9.1790 Montquentin (Luxemburg). Er wurde 1733 Prof. des röm. Rechts in Trier u. 1748 dort Weihbf. In seiner unter dem Pseudonym Justinus Febronius veröffentlichten kirchenpolit. Schrift *De statu ecclesiae* (1763) plädierte er für e. radikale Einschränkung der päpstl. Gewalt u. löste damit e. lebhafte Diskussion vor allem mit den Jesuiten aus.

Höppner, Reinhard, Politiker, *2.12.1948 Haldensleben. Der promovierte Mathematiker war 1971–90 Lektor im Akademie-Verlag (Berlin Ost). 1989 trat er der SPD bei u. wurde Vizepräs. der Volkskammer der DDR. 1990–94 war er Vors. der SPD-Fraktion im Landtag, 1994–2002 Ministerpräs. von Sachsen-Anhalt.

Horch, August, Unternehmer, *12.10.1868 Winningen/Mosel, †3.2.1951 Münchberg (Oberfranken). Nach Schmiedlehre u. Motorenbaustudium gründete er 1899 in Köln-Ehrenfeld die Firma August H. & Cie. 1909 schied er aus der Firma aus, die seinen Namen beibehielt, u. gründete 1910 in Zwickau das Audi-Werk (horch = lat. audi). Die beiden Werke gingen 1932 in der Auto-Union GmbH auf, in deren Aufsichtsrat er 1933 eintrat.

Hörnigk, Philipp Wilhelm von, Diplomat, *23.1.1640 Frankfurt/Main, †23.10.1714 Passau. Der Jurist diente ab 1667 verschiedenen ksl. Diplomaten als Sekretär. 1684 veröffentlichte er in Dresden *Österreich über alles, wann es nur will,* e. merkantilist. Programmschrift für das Habsburgerreich, die als Hauptwerk des östr. Kameralismus viele Auflagen erreichte. Ab 1705 vertrat er Passau als Gesandter beim Reichstag in Regensburg.

Horten, Helmut, Unternehmer, *8.1.1909 Bonn, †30.11.1987 Madonna del Piano (Tessin). Der Textilkaufmann erwarb 1936 e. Kaufhaus in Duisburg u. gründete danach weitere Kaufhausfilialen. Seit 1948 baute er sein Unternehmen durch zahlreiche Zukäufe zu e. der größten Warenhauskonzerne Dtld.s aus. 1968/69 erfolgte dessen Umwandlung in e. AG. 1969 in die Schweiz übergesiedelt, zog er sich 1971 aus dem Unternehmen zurück.

Höß, Rudolf, KZ-Kommandant, *25.11.1900 Baden-Baden, †16.4.1947 Auschwitz. Mit 17 Jahren der jüngste Unteroffizier des Heeres, wurde er Freikorpskämpfer im Baltikum u. 1922 NSDAP-Mitglied. 1923 wurde er in e. Fememordprozeß zu zehn Jahren Zuchthaus verurteilt, jedoch 1928 begnadigt. 1934 ging er zur SS, die ihn in den KZ Dachau u. Sachsenhausen einsetzte. Als Kommandant des KZ Auschwitz 1940–43 organisierte er die Tötung der Häftlinge. 1946 an Polen ausgeliefert, wurde er dort verurteilt u. gehängt.

Hoßbach, Friedrich, General, *21.11.1894 Unna, †10.9.1980 Göttingen. 1920 in die Reichswehr übernommen, war er 1934–38 Abteilungschef im Generalstab des Heeres sowie als Oberst Adjutant der Wehrmacht beim Reichskanzler. Er verfertigte aus dem Gedächtnis e. Niederschrift über e. Besprechung ↑Hitlers am 5.11.1937 in der Reichskanzlei mit den Oberbefehlshabern der Wehrmacht u. dem Außenminister, in der Hitler seine aggressiven Pläne offenlegte («Hoßbach-Protokoll»). Im Zweiten Weltkrieg war er Truppenkommandeur, zuletzt als General.

Hötzendorf ↑Conrad von Hötzendorf.

Howaldt, Georg, Unternehmer, *24.3.1841 Hamburg, †10.5.1909 Wildbad (Schwarzwald). Der Ingenieur gründete bzw. erwarb ab 1865 mehrere Schiffswerften u. Metallverarbeitungsbetriebe. 1885 fügte er e. Dampfschiffreederei hinzu. 1889 wurden diese Besitzungen zu e. AG zus.geschlossen, die 1901 ihr erstes Kriegsschiff für die Ksl. Marine baute.

Huber, Antje [geb. Pust], Politikerin, *23.5.1924 Stettin. Die Sportjournalistin trat 1948 der SPD bei u. war 1962–69 Tutorin an der Sozialakademie Dortmund. 1969–87 saß sie im Bundestag. 1976–82 war sie

Bundesministerin für Jugend, Familie u. Gesundheit.

Huber, Victor Aimé, Sozialpolitiker, *10.3.1800 Stuttgart, †19.7.1869 Nöschenrode (bei Wernigerode). 1832–51 Prof. der Literaturgesch. in Rostock, Marburg u. Berlin, widmete er sich danach sozialpolit. Studien. Zum Konservativismus neigend, forderte er die Bildung von Konsum- u. Produktivgenossenschaften der Arbeiter, wofür er wie ↑Lassalle staatl. Hilfe erhoffte.

Lit.: Helmut Faust, *Viktor A. H.* (1952).

Hubmaier, Balthasar, Wiedertäufer, *um 1480 Friedberg (bei Augsburg), †10.3.1528 Wien. Der Theologe wurde 1512 Prof. in Ingolstadt u. 1516 Dompfarrer in Regensburg. Reformator. gesinnt, übernahm er 1520 e. Pfarrei in Waldshut. Unter dem Einfluß ↑Müntzers wandte er sich dem Täufertum zu. 1525 in Zürich verhaftet, schwor er dort 1526 öffentl. der Tauflehre ab, verkündete diese aber noch im gleichen Jahr erneut in Mähren. Er wurde 1527 verhaftet, zum Tod verurteilt u. verbrannt.

Lit.: Torsten Bergsten, *B. H.* (1961).

Hugenberg, Alfred, Politiker, *19.6.1865 Hannover, †12.3.1951 Kükenbruch (bei Rinteln). Promoviert nach jurist. u. volkswirtschaftl. Studium, war er ab 1889 als Regierungsassessor in Kassel tätig. 1891 beteiligte er sich an der Gründung des Alldt. Verbandes. 1894–99 arbeitete er bei der preuß. Ansiedlungskommission in Posen, 1900–03 war er dort Verbandsdirektor der Raiffeisengenossenschaften, 1903–07 Vortragender Rat im preuß. Finanzministerium. Aus Unmut über die ihm unzureichend erscheinende Germanisierungspolitik in den preuß.-poln. Provinzen nahm er seinen Abschied u. war 1907–08 Bankdirektor in Frankfurt/Main. Als Vors. des Direktoriums der Firma Krupp (1909–18) baute er im Interesse der Montanindustrie u. dt.nationaler Politik ab 1914 e. Medienkonglomerat auf, den sog. Hugenberg-Konzern. 1919–45 saß er in der Weimarer Nationalversammlung bzw. im Reichstag (bis 1933 DNVP; ab 1933 als Gast der NSDAP). 1928 wurde er Parteivors. der DNVP. Entschiedener Gegner des Weimarer polit. Systems, trug er 1929 durch sein Zus.gehen mit ↑Hitler beim Volksbegehren gegen den Youngplan dazu bei, Hitler polit. aufzuwerten. In der sog. Harzburger Front 1931 führte er seine Partei vollends in engen Kontakt zur NSDAP. 1933 wurde er im Kabinett Hitler Reichswirtschafts- u. Reichsernährungsminister, trat jedoch Ende Juni wegen der Auflösung seiner Partei zurück. Danach blieb er ohne polit. Einfluß; große Teile seines Medienkonzerns mußte er verkaufen (Ufa 1937; Scherl-Verlag 1944).

Lit.: John A. Leopold, *A. H.* (New Haven, 1977); Heidrun Holzbach, *Das «System H.»* (1981); Klaus Wernecke u. Peter Heller, *Der vergessene Führer* (1982).

Humboldt, Wilhelm Frhr. von, Gelehrter u. Politiker, *22.6.1767 Potsdam, †8.4.1835 Tegel (heute Berlin). Der ältere Bruder des Naturforschers Alexander von H. (1769–1859) studierte nach der Ausbildung durch Hauslehrer 1787–89 Jura in Frankfurt/Oder u. Göttingen. Nach mehreren Reisen, u.a. in das revolutionäre Frankreich, war er 1790–91 Referendar u. Legationsrat in Berlin, schied aber dann aus dem Staatsdienst aus. Danach widmete er sich seinen philosoph.-ästhet. u. sprachwiss. Interessen. 1794–97 lebte er als Privatgelehrter in Jena u. war mit Schiller, Goethe u. den Brüdern Schlegel befreundet. Ab 1797 in Paris, unternahm er auch zwei Reisen nach Spanien. 1802–08 war er preuß. Ministerresident beim Vatikan. Auf Vorschlag ↑Steins wurde er 1809 zum Geheimen Staatsrat u. Leiter der Sektion für Kultus u. Unterricht im preuß. Innenministerium ernannt. Er reformierte das Unterrichtswesen durch die Gründung des neuhumanist. Gymnasiums u. der Universität Berlin (1810). Ab 1810 preuß. Gesandter in Wien, bewog er 1813 ↑Metternich, sich der preuß.-russ. Koalition gegen Napoleon I. anzuschließen. Neben u. mit ↑Hardenberg war er dann auch Vertreter Preußens auf verschiedenen Kongressen u. Konferenzen. 1817 ging er als Gesandter nach London u. wurde nach seiner Rückkehr 1819 Minister für ständ. u. kommunale Angelegenheiten. Seine schon länger dauernde Entzweiung mit Hardenberg u. seine Ablehnung der von diesem mitgetragenen Karlsbader Beschlüsse führten im gleichen Jahr zu seiner Entlassung. Danach setzte er auf dem väterl. Schloß Tegel seine Sprachstudien fort. Erst 1851 wurde seine wohl wichtigste, schon 1792 abgefaßte staatspolit. Schrift *Ideen zu e. Versuch, die Grenzen der Wirksamkeit des Staats zu bestimmen* vollständig veröffentlicht.

Lit.: Paul Robinson Sweet, *W. von H.* (2 Bde., Columbus, Ohio, 1978–80); Herbert Scurla, *W. von H.* (³1985); Tilman Borsche, *W. von H.* (1990); Peter Berglar, *W. von H.* (⁷1996).

Hus, Johannes [*Jan*], tschech. Reformator, *um 1370 Husinec (Südböhmen), †6.7.1415 Konstanz. Er lehrte seit 1398 an der Universität Prag u. wurde 1400 zum Priester geweiht. Von dem engl. Reformator John Wyclif beeinflußt, forderte er die Rückkehr zur apostol. Armut der Urkirche. Sein Nationalgefühl ließ ihn e. führende Position bei der Tschechisierung seiner Universität einnehmen (1409 Auszug der dt. Nation, Gründung der Universität Leipzig). 1411 von der Kirche gebannt, entwickelte er 1413 in seiner Schrift *De ecclesia* e. eigenen, auf den Prädestinationsgedanken gestützten Kirchenbegriff. Auf die von Kg. ↑Sigismund gegebene Zusage freien Geleits hin erschien er 1414 vor dem Konstanzer Konzil, das ihn in 39 Anklagepunkten schuldig sprach. Als er seine Häresie nicht widerrief, fühlte sich Sigismund nicht mehr durch sein Geleitversprechen gebunden, u. H. wurde auf dem Scheiterhaufen verbrannt.

Lit.: Peter Hilsch, *J. H.* (1999).

Hutten, Urich von, Humanist, *21.4.1488 Steckelberg (Hessen), †29.8.1523 Insel Ufenau (Zürichsee). Der aus e. fränk. Rittergeschlecht Stammende floh 1505 aus der Klosterschule Fulda u. führte bis 1511 e. unstetes Vagantenleben. Durch e. Aufenthalt in Rom 1515 wurde er zum Gegner des Papsttums, u. er verfaßte 1516 den zweiten Teil der ↑Reuchlin unterstützenden *Epistolae obscurorum virorum.* 1517 wurde er von Ks. ↑Maximilian I. in Augsburg zum poeta laureatus gekrönt u. trat danach in Mainzer Dienste. Aus familiären Gründen nahm er 1519 neben ↑Sickingen an der Vertreibung Hg. ↑Ulrichs von Württ. teil. Seit der Leipziger Disputation 1519 trat er für M. ↑Luther ein, ohne jedoch dessen Lehre anzunehmen. Seine vielen latein. oder dt. verfaßten Streitschriften richteten sich gegen das Papsttum u. plädierten für e. auf die Reichsritterschaft gestütztes Ks.tum. Von der Kurie bedrängt, fand er 1520–21 Schutz bei Sickingen u. danach, durch Vermittlung ↑Zwinglis, auf der Insel Ufenau, wo er an Syphilis starb.

Lit.: Franz Rueb, *U. von H.* (1981); Eckhard Bernstein, *U. von H.* (1988).

I

Ihrer, Emma, Gewerkschafterin, *3.1.1857 Glatz, †8.1.1911 Berlin. Sie war 1885 Mitbegründerin des Vereins zur Vertretung von Interessen der Arbeiterinnen u. wurde 1891 Mitglied der Generalkommission der Gewerkschaften Dtld.s. Seit 1890 leitete sie auch die von ihr gegründete Zeitschrift *Die Arbeiterin* (ab 1891: *Die Gleichheit*).

Irene (Maria), Kg.in, *um 1180, †27.8.1208 Burg Hohenstaufen. Ks. ↑Heinrich VI. verlobte die verwitwete Tochter des oström. Ks.s Isaac II. Angelos 1194 in Palermo mit seinem Bruder ↑Philipp von Schwaben, um e. verwandtschaftl. Beziehung der Staufer mit dem byzantin. Herrscherhaus herzustellen. Die Hochzeit fand 1197 vermutl. bei Augsburg statt. Die 1198 in Mainz durchgeführte Kg.skrönung der Ehegatten wurde 1205 in Aachen wiederholt. Die aus dieser Ehe hervorgegangenen vier Töchter wurden früh in die stauf. Heiratspolitik einbezogen.

Itzstein, Johann Adam von, Politiker, *29.9.1775 Mainz, †14.9.1855 Hallgarten (Rheingau). Er wurde 1809 bad. Oberamtmann in Schwetzingen, 1819 Hofgerichtsrat in Mannheim u. saß ab 1822 im bad. Landtag. Liberal gesinnt, setzte er sich für Sparsamkeit u. Pressefreiheit ein. 1848 war er Mitglied des Vorparlaments u. dann der Nationalversammlung. Wegen seiner Beteiligung am Rumpfparlament angeklagt, flüchtete er in die Schweiz, kehrte aber 1850 zurück.

J

Jacoby, Johann, Politiker, *1.5.1805 Königsberg, †6.3.1877 ebd. Der Sohn e. jüd. Kaufmanns engagierte sich früh für die Judenemanzipation. 1848 wurde er Mitglied der Nationalversammlung, 1849 des Rumpfparlaments u. 1863 des preuß. Abg.-hauses (Fortschrittspartei). Gegner der Einigungspolitik O. von ↑Bismarcks u. der Annexion Elsaß-Lothringens, trat er 1872 der Soz.dem. Arbeiterpartei bei.

Lit.: Edmund Silberner, *J. J.* (1976).

Jaeger, Richard, Politiker, *16.2.1913 Berlin, †15.5.1998 München. Nach Jurastudium, Kriegsteilnahme u. Promotion (1948) war er 1948–49 Oberbürgermeister von Eichstätt. 1949–80 saß er im Bundestag, 1967–76 als Vizepräs. 1965–66 war er Bundesjustizminister.

Jagow, Gottlieb von, Diplomat, *22.6.1863 Berlin, †11.1.1935 Potsdam. Er trat 1895 in den diplomat. Dienst u. war 1909–12 Botschafter in Rom. Als Staatssekretär des Äußeren (1913–16; Nachfolger von ↑Kiderlen-Waechter) verhielt er sich in der Julikrise 1914 zögernd. 1914 wurde er auch preuß. Staatsminister, 1916 Mitglied des Herrenhauses.

Jahn, Friedrich Ludwig [«Turnvater J.»], Pädagoge, *11.8.1778 Lanz (bei Wittenberge), †15.10.1852 Freyburg/Unstrut. Nach e. Studium ohne Abschluß erhielt er 1809 e. Anstellung als Lehrer in Berlin u. richtete dort 1811 auf der Hasenheide e. Turnplatz ein («Turnen» abgeleitet von Turnier). Während der napoleon. Herrschaft verstand er das Turnen als vormilitär. Jugenderziehung. Seine 1810 erschienene Schrift *Dt. Volkstum* übte auf die spätere Gründung der Burschenschaft starken Einfluß aus. In den Befreiungskriegen diente er kurzfristig im Freikorps ↑Lützow. Nach 1815 geriet er in Gegensatz zur Restauration u. in den Strudel der Demagogenverfolgung. 1820 wurde in Preußen die gesamte Turnbewegung verboten. 1824 wurde er zu zwei Jahren Festungshaft verurteilt u. blieb nach Aufhebung des Urteils 1825–40 unter Polizeiaufsicht. Als Mitglied der Frankfurter Nationalversammlung 1848 trat er für e. preuß.-dt. Erbks.-tum ein.

Lit.: Günther Jahn, *F. L. J.* (1992).

Jahn, Gerhard, Politiker, *10.9.1927 Kassel, †20.10.1998 Müllheim. Der Jurist trat 1949 in die SPD ein. 1957–90 saß er im Bundestag. 1967–69 war er Parlamentar. Staatssekretär im Bundesaußenministerium u. 1969–74 Bundesjustizminister.

Janka, Walter, Verleger, *29.4.1914 Chemnitz, †17.3.1994 Kleinmachnow. Der gelernte Schriftsetzer trat 1932 der KPD bei, war 1933–35 inhaftiert u. kämpfte 1935–39 im Span. Bürgerkrieg. Nach dem Exil in Mexiko (1941–47) war er 1948–50 Generaldirektor der DEFA u. leitete 1950–56 den Aufbau-Verlag. 1956 wurde er verhaftet u. 1957 wegen konterrevolutionärer Tätigkeit zu fünf Jahren Zuchthaus verurteilt. Er wurde 1960 entlassen. 1990 wurde das Urteil aufgehoben.

Jarres, Karl, Politiker, *21.9.1874 Remscheid, †20.10.1951 Duisburg. Der promovierte Jurist war 1914–23 u. 1925–33 Oberbürgermeister von Duisburg. Während des Ruhrkampfes von den Franzosen abgesetzt u. ausgewiesen, war er 1923–24 Reichsinnenminister (DVP). Als Kandidat der DVP u. der DNVP bei der Reichspräs.enwahl 1925 erhielt er im 1. Wahlgang die meisten Stimmen, überließ jedoch im zweiten Wahlgang die Kandidatur ↑Hindenburg.

Lit.: Wolfgang Hofmann, *Zwischen Rathaus u. Reichskanzlei* (1974).

Jeckeln, Friedrich, SS-Obergruppenführer, *2.12.1895 Hornberg (Schwarzwald), †3.2.1946 Riga. Er trat 1929 der NSDAP bei u. 1930 der SS. 1932 wurde er Mitglied des Reichstags. Als Höherer SS- u. Polizeiführer in Riga ab 1942 war er für Massaker an der Zivilbevölkerung verantwortl. Er wurde von e. sowjet. Gericht zum Tod verurteilt u. hingerichtet.

Jellačić von Bužim, Joseph Graf (1854), östr. General, *16.10.1801 Peterwardein, †19.5.1859 Zagreb. Einer kroat. Familie entstammend, wurde er 1848 zum ˚östr. Feldmarschalleutnant u. zum Banus (Vizekg.) von Kroatien, Slawonien u. Dalmatien ernannt. Mit ks.treuen kroat. Truppen bekämpfte er die ungar. Revolution u. beteiligte sich dann im Okt. 1848 an der Belagerung u. Einnahme des revolutionären Wien.

Lit.: Ernest Bauer, *J. Graf J.* (1975).

Jenatsch, Georg [*Jürg*], schweiz. Staatsmann, *1596 Samaden (Engadin), †24.1.1639 Chur. Der reformierte Theologe war ab 1617 als Pfarrer tätig. Als span. Truppen im 30jährigen Krieg große Teile Graubündens besetzten, war er führend an der Ermordung des Katholikenführers Pompejus Planta (1570–1621) beteiligt. Danach führte er e. jahrelangen Kleinkrieg gegen die Habsburger. Nach der prot. Niederlage bei Nördlingen 1634 wandte er sich, franz. Annexionsabsichten fürchtend, 1637 der span. Partei zu u. konvertierte zum Katholizismus. Er erreichte in e. Aufstand den Abzug der Franzosen u. die Abtretung des Veltlins durch Spanien an Graubünden. Persönl. Gegner ermordeten ihn unter Beteiligung des Sohnes von Planta.

Lit.: Alexander Pfister, *Jörg J.* (⁴1984).

Jenninger, Philipp, Politiker, *10.6.1932 Rindelbach (Württ.). Der promovierte Jurist saß 1969–90 im Bundestag (CDU). Ab 1984 Bundestagspräs., trat er 1988 zurück, als er wegen mißverständl. Formulierungen in e. Rede anläßl. des 50. Jahrestags der Novemberpogrome in der Öffentlichkeit kritisiert wurde. 1991–95 war er Botschafter in Wien, 1995–97 beim Hl. Stuhl.

Jérôme Bonaparte, Kg. von Westphalen, *15.11.1784 Ajaccio (Korsika), †24.6.1860 Schloß Villegenis (bei Paris). Der jüngste Bruder Napoleons I. wurde 1807 als Kg. des neugeschaffenen Kg.reichs Westphalen eingesetzt. Prachtliebend u. leichtlebig, residierte er in Kassel («Kg. Lustig»). Mit der Völkerschlacht von Leipzig 1813 endete seine Herrschaft.

Lit.: Friedrich Max Kircheisen, *Kg. Lustig* (1928).

Joachim I. Nestor, Kf. von Brandenburg, *21.2.1484, †11.7.1535 Cölln/Spree. Er trat 1499 die Regierung an. Einer der gebildetsten Fürsten seiner Zeit, gründete er 1506 die Universität Frankfurt/Oder. 1510 vertrieb er freil. die Juden aufgrund e. Hostienschändungsprozesses aus der Mark. 1516 schuf er das Kammergericht in Berlin als obersten Gerichtshof. Entschiedener Gegner der Reformation, wirkte er maßgebl. am Edikt gegen M. ↑Luther auf dem Wormser Reichstag 1521 u. am Augsburger Reichstagsabschied 1530 mit. 1527 erließ er auf röm.-rechtl. Basis e. neues Landesrecht v. a. für Erbfälle (*Constitutio Joachimica*). Seine sich zum Protestantismus bekennende Frau Elisabeth (1485–1555) floh, um e. Strafe zu entgehen, 1528 nach Sachsen. In seinem Testament teilte er das Land unter seinen beiden Söhnen auf.

Joachim II. Hektor, Kf. von Brandenburg, *9.1.1505 Cölln/Spree, †3.1.1571 Köpenick. Der Sohn von Kf. ↑Joachim I. Nestor übernahm 1535 die Regierung. Er führte 1539 die Reformation ein, stand aber im Schmalkald. Krieg auf der Seite des Ks. s. 1569 erreichte er die Mitbelehnung mit Preußen durch den poln. Kg. Seine Verschwendungssucht brachte das Kf.entum an den Rand des Bankrotts.

Joachim Friedrich, Kf. von Brandenburg, *27.1.1546 Cölln/Spree, †28.7.1608 Storkow. Der Sohn Johann Georgs (1525–98) u. Enkel von ↑Joachim II. Hektor wurde 1560 prot. Bf. von Brandenburg u. 1567 Administrator von Magdeburg. Nach dem Tod seines Vaters übernahm er die Regierung der Mark. Er führte endgültig die Reformation durch. Zur Straffung der Verwaltung seiner Besitztümer setzte er 1604 e. «Geheimen Rat» als oberste Regierungsbehörde ein. Zu seinen Bemühungen um Wirtschaftsförderung gehörte u. a. der Bau e. Kanals zwischen Elbe u. Oder.

Jodl, Alfred, Generaloberst, *10.5.1890 Würzburg, †16.10.1946 Nürnberg. Der Berufsoffizier diente während des Ersten Weltkriegs im Generalstab u. dann in der Reichswehr. 1939 wurde er Chef des Wehrmachtsführungsamts (ab 1940 -stabs) im OKW. Überzeugter Nationalsozialist u. engster Berater ↑Hitlers in operativen Fragen, widersetzte er sich trotz militär. Bedenken dessen fragwürdigen strateg. Entscheidungen nicht. Für die kriegsrechtswidrigen Weisungen des OKW (Kommissarbefehl) ist er mitverantwortl. Am 7.5.1945 unterzeichnete er im Auftrag der Regierung ↑Dönitz in Reims die Gesamtkapitulation der dt. Wehrmacht. Als Kriegsverbrecher wurde er in Nürnberg zum Tod verurteilt u. hingerichtet.

Lit.: Bodo Scheurig, *A. J.* (1991).

Jogiches, Leo, Politiker, *17.6.(7.?)1867 Wilna (Litauen), †10.3.1919 Berlin. Der Revolutionär floh 1890 in die Schweiz, wo er mit R. ↑Luxemburg in Verbindung kam. Ab 1897 in Dtld., gehörte er zum linken SPD-Flügel. Ab 1916 war er fakt. Leiter des Spartakusbundes. Während des Januarstreiks 1918 verhaftet, wurde er im Nov. befreit u. gehörte zu den Mitbegründern der KPD. Im März 1919 erneut verhaftet, wurde er im Gefängnis Moabit ermordet.

Lit.: Maria Seidemann, *Rosa Luxemburg u. L. J.* (1998).

Johann

BÖHMEN:

Johann von Luxemburg, Kg., *10.8.1296, †26.8.1346 bei Crécy (Nordfrankreich). Der Sohn des späteren Ks.s ↑Heinrich VII. wurde 1310 mit dem Kg.reich Böhmen belehnt. Nach der Kg.sdoppelwahl 1314 unterstützte er ↑Ludwig IV. den Bayern, zerstritt sich aber später mit ihm. 1327–29 gelang ihm die Unterwerfung Schlesiens, doch versuchte er 1330–33 vergebl., Kg. von Italien zu werden. Erblindet, fiel er in der Schlacht bei Crécy gegen die Engländer.

Lit.: Jörg K. Hoensch, *Gesch. Böhmens* (³1997).

MAINZ:

Johann Philipp von Schönborn, Kf. u. Erzbf., *6.8.1605 Eschbach, †12.2.1673 Würzburg. 1642 Bf. in Würzburg, wurde er 1647 mit franz. Unterstützung auch Erzbf. u. Kf. von Mainz u. 1663 Bf. von Worms. Er war maßgebl. an den Verhandlungen zum Westfäl. Frieden wie auch am Zustandekommen des Rheinbunds 1658 beteiligt. Später wandte er sich gegen Frankreich.

ÖSTERREICH:

Johann, Erzhg., *20.1.1782 Florenz, †11.5.1859 Graz. Er war das 13. Kind Ks. ↑Leopolds II. 1800 führte er erfolglos das östr. Heer in der Schlacht bei Hohenlinden. Nach dem Frieden von Lunéville 1801 baute er in Tirol, später auch in anderen Donau- u. Alpenländern, die Landesverteidigung aus. Im Krieg von 1809 rief er die Tiroler zum Aufstand auf; nach der östr. Niederlage bei Wagram, zu der er seine Truppen nicht rechtzeitig heranführen konnte, wurde er jedoch als Heerführer kaltgestellt. Liberal gesinnt, wurde er volkstüml. durch seine Heirat (1827) mit der Postmeisterstochter Anna Plochl (1804–81).

Er förderte Wirtschaft, Kultur u. Wiss. in seiner Wahlheimat Steiermark. 1836 zum Feldmarschall erhoben, aber dem «System ↑Metternich» ablehnend gegenüberstehend, wurde er im Frühjahr 1848 vorübergehend mit den Regierungsgeschäften in Wien betraut. Im Juni von der Frankfurter Nationalversammlung zum Reichsverweser gewählt, begab er sich nach Dtld. Er zeigte sich freil. der schwierigen Aufgabe kaum gewachsen. Im Dez. 1849 trat er auf Wunsch Ks. ↑Franz Josephs zurück.

Lit.: Grete Klingenstein, *Erzhg. J. von Österreich* (1982); Othmar Pickl, Hrsg., *Erzhg. J. von Österreich* (1982); Viktor Theiß, *Erzhg. J.* (³1982).

Sachsen:

Johann Friedrich I. der Großmütige, Kf., *30.6.1503 Torgau, †3.3.1554 Weimar. Seit etwa 1520 e. entschiedener Anhänger M. ↑Luthers, trat der Ernestiner 1532 die Herrschaft an. Er ließ sofort e. umfassende Kirchenvisitation durchführen, baute die luther. Landeskirche aus u. förderte die Universität Wittenberg. Aktives Mitglied des Schmalkald. Bundes, verlor er als dessen Heerführer 1547 die Schlacht bei Mühlberg, wurde gefangen, von e. ksl. Gericht zum Tod verurteilt u. dann begnadigt. Noch im gleichen Jahr verlor er in der Wittenberger Kapitulation die Kurwürde u. e. Großteil seiner Ländereien zugunsten des albertin. Hg.s ↑Moritz. Er blieb bis zum Passauer Vertrag 1552 in Haft.

Lit.: Walther Bankwitz, *J. F. der Großmütige* (1903).

Johann Georg I., Kf., *15.3.1585 Dresden, †18.10.1656 ebd. Er trat 1611 die Herrschaft an. Im 30-jährigen Krieg stellte er sich auf die Seite des Ks.s, sah sich aber durch das Restitutionsedikt 1629 in seinem Besitz gefährdet u. suchte daher 1631 auf dem Leipziger Konvent durch die Zus.fassung der prot. Reichsstände e. neutrale Kraft zwischen Schweden u. dem Ks. zu organisieren. Nach dem Einmarsch ↑Tillys in Sachsen schloß er sich freil. ↑Gustav II. Adolf an, trennte sich aber nach dessen Tod wieder von der schwed. Politik u. erhielt im Frieden von Prag 1635 die Lausitz als böhm. Erblehen. 1653 übernahm der den Calvinismus hassende Lutheraner widerstrebend das Direktorium des Corpus Evangelicorum auf dem Reichstag. Der unmäßige Esser, Trinker («Bierjörge») u. Jäger war mus. Kultur nicht unzugängl., wie die Bestallung 1617 von Heinrich Schütz (1585–1672) zum Hofkapellmeister zeigte.

Jolly, Julius, Politiker, *21.2.1823 Mannheim, †14.10.1891 Karlsruhe. Der Jurist wurde 1857 Prof. in Heidelberg, 1866 bad. Innenminister u. 1868–76 Leiter der Regierung. Überzeugter Kleindt., war er maßgebl. an der Errichtung des Ks.reichs 1871 beteiligt. Seine radikal-liberale Kirchen- u. Schulpolitik wurde beispielhaft für das preuß. Vorgehen im Kulturkampf. 1876 wurde er Präs. der Oberrechnungskammer.

Lit.: Josef Becker, *Liberaler Staat u. Kirche* (1973).

Josel von Rosheim, jüd. Führungspersönlichkeit, *um 1478 Mittelbergheim (Elsaß), †März 1554 Rosheim (Elsaß). Über seine Jugend ist nichts bekannt. Bevor er nach Rosheim übersiedelte, war er bei Straßburg als Geldhändler tätig. 1510 wurde er von der elsäss. Landjudenschaft zu ihrem Vorsteher gewählt. In der Folge vertrat er im Reich vor Ks. u. Landesfürsten die Anliegen der Juden (Abwendung von Ausweisungen, Erlangung von Schutzbriefen u.ä.m.). Von Ks. ↑Karl V. erhielt er 1520 e. Schutzbrief für die Juden in Dtld. u. 1544 in Speyer die Bestätigung der früheren ksl. Freiheiten u. Privilegien. Seit 1529 unterstellten sich ihm die Juden des ganzen Reichs.

Lit.: Selma Stern, *J. von R.* (1973).

Joseph I., Kg., Ks., *26.7.1678 Wien, †17.4.1711 ebd. Der älteste Sohn Ks. ↑Leopolds I. wurde bereits 1690 zum röm. Kg. gekrönt. Als Thronfolger Mittelpunkt der sog. Kriegspartei, die bei Ausbruch des Span. Erbfolgekriegs 1701 auf energ. Vorgehen gegen Frankreich drängte, setzte er 1703 die Ernennung des Prinzen ↑Eugen zum Präs.en des Hofkriegsrats durch. Nachdem er nach dem Tod seines Vaters 1705 die Herrschaft übernommen hatte, verhängte er die Reichsacht über die dt. Verbündeten Frankreichs, den Kf. ↑Maximilian II. Emanuel von Bayern u. dessen Bruder Erzbf. ↑Joseph Clemens von Köln. Um den Kriegseintritt Schwedens zu verhindern, sah er sich allerdings gezwungen, diesem 1707 in der Konvention von Altranstädt (bei Leipzig) Konzessionen hauptsächl. religionspolit. Natur zu machen. Zur Stärkung der ksl. Autorität griff er auch in Italien militär. ein. Durch den Sieg bei Turin 1706 wurde Oberitalien den Franzosen u. Spaniern weggenommen; Mailand, Teile des Kirchenstaats u. Neapel wurden besetzt. 1708 wurde der Aufstand des siebenbürg. Fürsten Franz II. Rákóczi niedergeschlagen. Als J. unerwartet an den Blattern starb u. damit der Wiener Thron seinem Bruder ↑Karl VI. zufiel, nahm der Span. Erbfolgekrieg hierdurch e. entscheidende Wende.

Lit.: Charles W. Ingrao, *J. I.* (1982); Hans Schmidt, «J. I.», in Anton Schindling u. Walter Ziegler, Hrsgg., *Die Ks. der Neuzeit 1519–1918* (1990); Richard Reifenscheid, «Ks. J. I.», in Gerhard Hartmann u. Karl Rudolf Schnith, Hrsgg., *Die Ks.* (1996).

Joseph II., Kg., Ks., *13.3.1741 Wien, †20.2.1790 ebd. Der älteste Sohn von Ks. ↑Franz I. Stephan u. ↑Maria Theresia wurde 1764 zum röm. Kg. erhoben u. folgte 1765 seinem Vater als Ks. nach. Im Geist der Aufklärung erzogen, versuchte er bis etwa 1770 mit geringem Erfolg, verschiedene Reichsinstanzen zu reformieren. Das Verhältnis zu seiner Mutter, deren Mitregent er in den habsburg. Erblanden ab 1765 war, blieb nicht von Spannungen frei. So setzte er im Zus.wirken mit Staatskanzler ↑Kaunitz gegen ihren Willen die Teilnahme an der 1. Poln. Teilung 1772 durch, wodurch Österreich Galizien gewann, u. erreichte 1775 von der Türkei die Abtretung der Bukowina. Sein Versuch, Teile Bayerns zu gewinnen, mißlang im Konflikt mit Preußen im Bayer. Erbfolgekrieg (1778–79). Auch sein Versuch 1781–85, Bayern u. Salzburg im Tausch gegen die östr. Niederlande zu erwerben, scheiterte, als sich der unter preuß. Führung 1785 gebildete dt. Fürstenbund widersetzte. Im Inneren versuchte J., seit 1780 nach dem Tod seiner Mutter Alleinherrscher, gestützt auf Heer u. Beamtentum e. aufgeklärten Absolutismus zu praktizieren. Er erstrebte e. zentralist. östr. Gesamtstaat mit dt. Staatssprache, u. a. durch Weiterführung der kameralist. Bevölkerungspolitik (dt. Ansiedlungen in Galizien, der Bukowina, Ungarn u. Siebenbürgen). 1781 bzw. 1785 hob er in Böhmen u. Ungarn die Leibeigenschaft auf, die Erbuntertänigkeit in den östr. Ländern wurde reduziert. Schulen u. Krankenhäuser wurden gebaut, die Folter u. die Todesstrafe abgeschafft; 1781 wurde das Buch- u. Zeitungswesen liberalisiert. Der Erlaß des Nichtkatholiken betreffenden Toleranzpatents von 1781, die Aufhebung von beschaul. kirchl. Orden u. von Hunderten von Klöstern, das Verbot kirchl. Brauchtums u. die staatl. Reglementierung der Priesterausbildung belasteten das Verhältnis zur kath. Kirche schwer. Der Reformeifer weckte vielfach wachsenden Unmut, u. in den Niederlanden kam es 1787, in Ungarn 1788–90 zu Aufständen. Tuberkulosekrank, widerrief J. auf seinem Sterbelager viele seiner Reformen, weitere wurden von seinem Nachfolger Ks. ↑Leopold II. zurückgezogen.

Lit.: Karl Gutkas, *Ks. J. II.* (1989); Lorenz Mikoletzky, *Ks. J. II.* (²1990); Humbert Fink, *J. II.* (1993).

Joseph Clemens, Hg. von Bayern, Erzbf. von Köln, *5.12.1671 München, †12.11.1723 Bonn. Seit 1684 Bf. von Freising, 1685 von Regensburg, erlangte der Wittelsbacher u. a. mit ksl. Unterstützung 1688 gegen den von Frankreich geförderten Mitbewerber Wilhelm Egon Graf von Fürstenberg (1629–1704) die Wahl zum Erzbf. von Köln. Nach dem Verzicht auf Freising wurde er 1694 auch Bf. von Lüttich u. 1714 von Hildesheim. Im Span. Erbfolgekrieg 1701–14 schloß er sich dem franz. Kg. Ludwig XIV. an, weshalb er 1706 aus seinem Erzbistum vertrieben u. von Ks. ↑Joseph I. geächtet wurde. Er floh nach Frankreich, doch wurde er 1714 rehabilitiert u. kehrte 1715 nach Bonn zurück, wo er um 1700 mit dem Neubau des zerstörten Schlosses begonnen hatte.

Lit.: Aloys Winterling, *Der Hof der Kf.en von Köln* (1986).

Juchacz, Marie [geb. Gohlke], Sozialpolitikerin, *15.3.1879 Landsberg/Warthe, †28.1.1956 Düsseldorf. Seit 1908 in der SPD, saß sie 1919 in der Nationalversammlung u. 1920–33 im Reichstag. Sie gründete 1919 die Arbeiterwohlfahrt u. war bis 1933 deren Vors. 1933–45 lebte sie im Exil in Frankreich u. den USA.

Lit.: Fritzmichael Roehl, *M.J. u. die Arbeiterwohlfahrt* (1961).

Julius, Hg. von Braunschweig-Wolfenbüttel, *29.6.1528 Wolfenbüttel, †3.5.1589 ebd. Der Sohn von Hg. ↑Heinrich d.J. trat 1568 die Regierung an, führte sofort die Reformation ein u. unterstellte die Güter der aufgehobenen Klöster e. bes. Verwaltung. Er unterstützte aktiv die Bemühungen um die Ausarbeitung der Konkordienformel (1577), weigerte sich jedoch, gegen den Ks. gerichtete Bündnisse einzugehen. Ein früher Vertreter des staatswirtschaftl. Merkantilismus, förderte er Bergbau- u. Hüttenwesen. 1576 gründete er die Universität Helmstedt. Der Anfall des Fürstentums Calenberg 1584 erfolgte ohne sein Zutun.

Lit.: Hans-Joachim Kraschewski, *Wirtschaftspolitik im dt. Territorialstaat* (1978).

Julius, Echter von Mespelbrunn, Bf. von Würzburg, *18.3.1545 Mespelbrunn, †13.9.1617 Würzburg. Er wurde 1570 Domdekan in Würzburg. 1573 zum Bf. gewählt, wirkte er im Sinn der Gegenreformation in seinem Bistum, sorgte für e. Kirchenordnung (1589), ließ zahlreiche Kirchen erbauen oder renovieren u. reorganisierte auch die weltl. Verwaltung. 1576 stiftete er das Juliusspital in Würzburg, 1582 gründete er die Universität Würzburg.

Lit.: Gottfried Mälzer, *J. E.* (1989).

Jung, *Edgar* Julius, Publizist, *6.3.1894 Ludwigshafen, †1.7.1934 Oranienburg. Rechtsanwalt u. Mitglied der DVP, vertrat er in den 1920er Jahren publizist. e. streng konserv., antiparlamentar. Standpunkt. Seit 1932 Redenschreiber ↑Papens, war er auch Autor der Marburger Rede vom 17.6.1934. Er wurde deshalb im Zus.hang mit dem sog. Röhm-Putsch (↑Röhm) erschossen.

Lit.: Edmund Forschbach, *E.J.J.* (1984).

Junius ↑Fröbel, Julius.

Justi, Johann Heinrich Gottlob von, Volkswirt, *25.12.1720 Brücken (bei Sangershausen), †21.7.1771 Küstrin. Er war 1751–54 Prof. der Kameralistik in Wien. Seine fortschrittl. Theorien beeinflußten die Reformen des Josephinismus. 1765 wurde er zum preuß. Berghauptmann ernannt. Wegen angebl. Unterschlagung 1768 inhaftiert, starb der bedeutende Kameralist als Häftling.

Lit.: Marcus Obert, *Die naturrechtl. «polit. Metaphysik» des J. H. G. von J.* (1991).

K

Kaas, Ludwig, Politiker, *23.5.1881 Trier, †25.4.1952 Rom. Der mehrfach (Dr. phil., Dr. theol., Dr. iur. can.) promovierte Theologe wurde 1909 zum Priester geweiht u. war 1918–24 Prof. am Priesterseminar in Trier. 1919–20 Mitglied der Nationalversammlung u. 1920–33 des Reichstags (Zentrum), saß er außerdem ab 1921 im preuß. Staatsrat. Ende 1928 zum Fraktionsvors. u. 1929 zum Vors. seiner Partei gewählt, unterstützte er ↑Brüning u. bekämpfte die Regierung ↑Papen. An den Überlebensmöglichkeiten der Weimarer Republik zweifelnd u. in Fehleinschätzung der Absichten ↑Hitlers, mit dem e. Koalition einzugehen er wohl schon zuvor erwogen hatte, setzte er 1933 die Zustimmung seiner Fraktion zum Ermächtigungsgesetz durch. Er arbeitete danach in Rom, wohin er sich auf Dauer zurückzog, an der Abfassung des Reichskonkordats. Ab 1939 war der Freund u. Berater Papst Pius' XII. mit der Auffindung des Petrusgrabs beauftragt.

Lit.: Rudolf Morsey, «L. K.», in ders., Hrsg., *Zeitgesch. in Lebensbildern* (1973); Georg May, *L. K.* (3 Bde., 1981–82).

Kahr, Gustav Ritter von (1911), Politiker, *29.11.1862 Weißenburg (Bayern), †30.6.1934 Dachau. Der Jurist im bayer. Verwaltungsdienst wurde 1917 Regierungspräs. von Oberbayern. Nach dem Kapp-Putsch (↑Kapp) von März 1920 bis Sept. 1921 bayer. Ministerpräs., löste er die Arbeiter- u. Soldatenräte auf u. stützte sich auf die Einwohnerwehren. Wieder Regierungspräs., wurde er im Sept. 1923 von der bayer. Regierung unter Verhängung des Ausnahmezustandes zum Generalstaatskommissar u. Inhaber der Exekutivgewalt bestellt. Zu Beginn des Umsturzversuchs ↑Hitlers am 8.11.1923 im Münchner Bürgerbräukeller als vermeintl. Verbündeter anwesend, schlug er nächsten Tags mittels Reichswehr u. Polizei den Putsch nieder. 1924–27 war er Präs. des bayer. Verwaltungsgerichtshofs. Beim sog. Röhm-Putsch (↑Röhm) wurde er von den Nationalsozialisten ermordet.

Lit.: Harold J. Gordon, *Hitlerputsch 1923* (1978); John Dornberg, *Der Hitlerputsch* (²1998).

Kaisen, Wilhelm, Politiker, *22.5.1887 Hamburg, †19.12.1979 Bremen. Der Stukkateur bildete sich im Abendstudium weiter, schloß sich 1905 der SPD an u. arbeitete 1919–26 als Parteijournalist bei der *Bremer Volkszeitung*. 1921–33 war er Mitglied der Bremer Bürgerschaft, 1927–33 auch Senator für Wohlfahrt. 1933–45 wurde er mehrfach verhaftet u. lebte danach zurückgezogen als Landwirt. 1945 war er zuerst wieder Senator für Wohlfahrt u. erwarb sich dann 1945–65 als Senats-

präs. u. Bürgermeister von Bremen großes Ansehen.
Lit.: Karl-Ludwig Sommer, *W. K.* (²2000).

Kaiser, Jakob, Politiker, *8.2.1888 Hammelburg, †7.5.1961 Berlin (West). Der gelernte Buchbinder war seit 1912 führend in Köln in der christl. Gewerkschaftsbewegung tätig. 1933 saß er kurzfristig im Reichstag (Zentrum). 1938 monatelang inhaftiert, nahm er 1941 Verbindung zu ↑Goerdeler auf u. konnte sich nach dem 20.7.1944 bis Kriegsende versteckt halten. 1945 war er in der SBZ e. der Mitbegründer des FDGB sowie der CDU u. erster Vors. der letzteren. Mit seiner Konzeption, Dtld. e. Rolle als Brücke zwischen Ost u. West zuzuweisen, geriet er in Gegensatz zu ↑Adenauer u. ebenso zu ↑Schumacher. Im Dez. 1947 wurde er als CDU-Vors. in der SBZ abgesetzt u. war dann Mitglied des Parlamentar. Rats (1948–49) sowie des Bundestags u. Minister für gesamtdt. Fragen (1949–57). Als Vors. der Sozialausschüsse war er wichtigster Repräsentant des linken Flügels der CDU.
Lit.: Erich Kosthorst, «J. K.», in Rudolf Morsey, Hrsg., *Zeitgesch. in Lebensbildern*. Bd. 2 (1975); Werner Conze u.a., *J. K.* (1985).

Kaiserin Friedrich ↑Viktoria.

Kaisersberg ↑Geiler von Kaysersberg, Johannes.

Kaltenbrunner, Ernst, SS-Obergruppenführer, *4.10.1903 Ried/Inn, †16.10.1946 Nürnberg. Der promovierte Jurist wurde 1932 Mitglied der NSDAP u. der SS u. leitete die letztere in Österreich 1937–38. Ab 1938 Staatssekretär für Sicherheit in Wien, wurde er 1943 als Nachfolger ↑Heydrichs SS-Obergruppenführer u. Chef des Reichssicherheitshauptamtes, der Sicherheitspolizei u. des SD. Er beteiligte sich führend an der «Endlösung» der Judenfrage. Der Internat. Militärgerichtshof in Nürnberg verurteilte ihn zum Tod durch den Strang.
Lit.: Peter Black, *E. K.* (1991).

Kanther, Manfred, Politiker, *26.5. 1939 Schweidnitz (Schlesien). Der Jurist floh 1957 aus der DDR u. trat 1958 der CDU bei. 1980–87 war er Generalsekretär, 1991–97 Vors. der CDU in Hessen. 1974–93 saß er im Landtag, 1987–91 war er Finanzminister von Hessen u. 1993–98 Bundesinnenminister. Das 1994 gewonnene Bundestagsmandat gab er im Jan. 2000 wegen Verwicklung in e. Spendenskandal zurück.

Kapp, Wolfgang, Politiker, *24.7. 1858 New York, †12.6.1922 Leipzig. Der promovierte Jurist war 1906–16 Generaldirektor der Ostpreuß. Landschaft (e. Selbstverwaltungsorganisation). 1917 gründete er mit ↑Tirpitz die Dt. Vaterlandspartei. Im März 1920 unternahm er zus. mit General ↑Lüttwitz e. vergebl. Putschversuch gegen die Reichsregierung. Er floh nach Schweden, stellte sich aber 1922 u. starb in Untersuchungshaft.

Kardorff, Siegfried von, Politiker, *4.2.1873 Berlin, †12.10.1945 Ahrendsdorf. Der Sohn W. von ↑Kardorffs war 1909–18 freikonserv. Mitglied des preuß. Abg.hauses, wo er für Abschaffung des Dreiklassenwahlrechts eintrat. 1919 Mitglied der DNVP, wechselte er 1920 zur DVP, für die er bis 1933 im Reichstag (1928–33 Vizepräs.) saß.

Kardorff, Wilhelm von, Politiker, *8.1.1828 Neustrelitz, †21.7.1907 Wabnitz (Schlesien). Der Jurist bewirtschaftete ab 1853 sein Gut in Wabnitz u. saß 1866–76 u. 1888–1907 als Freikonserv. im preuß. Abg.haus. Mitbegründer des Centralverbands dt. Industrieller 1875, hatte er maßgebl. Anteil an der Einführung des Schutzzolls 1879.
Lit.: Siegfried von Kardorff, *W. von K.* (1936).

Karl
FRANKENREICH/HEILIGES
RÖMISCHES REICH:
Karl Martell [altfranz. martell = Hammer; so gen. seit dem 9. Jh.], fränk. Hausmeier, *um 688/89, †22.10.741 Quierzy (Picardie). Der Friedelsohn von ↑Pippin II. dem Mittleren mußte sich die Herrschaft als Hausmeier im fränk. Reich in der Nachfolge seines Vaters erst in Kämpfen 717–24 gegen Neustrien u. die damit verbündeten Sachsen u. Friesen sichern. Mit Hilfe der Langobarden schlug er die Araber 732 bei Tours u. Poitiers u. drängte sie dann aus fast ganz Südfrankreich. Auch im Osten u. Norden zwang er die dortigen Stämme zur Anerkennung der fränk. Oberhoheit, so u. a. die Alemannen (um 740 Ende des elsäss. Hg.tums). Seine Regierung bereitete den Aufstieg der karoling. Dynastie u. des fränk. Reiches vor. Trotz Alleinherrschaft ab 737 nahm er jedoch den Kg.stitel nicht an. Sein Verhältnis zur Kirche war zwiespältig. Einerseits förderte er die Mission (Pirmin, †um 755; ↑Bonifatius), andererseits griff er aber auf Kirchengut zurück, um seine ihn militär. unterstützenden Vasallen damit auszustatten. Vor seinem Tod setzte er keinen merowing. Schattenkg. mehr ein, sondern teilte das Reich auf unter seine Söhne ↑Pippin III. d. J., Karlmann (vor 714–54) u. Grifo (726?–53).
Lit.: Jörg Jarnut, Hrsg., *K. M. in seiner Zeit* (1994).

Karl I. d. Gr., fränk. Kg., Ks., *2.4.747, †28.1.814 Aachen. Dem Geschlecht der Karolinger entstammend, übernahm er 768 nach dem Tod seines Vaters ↑Pippin III. d.J. zus. mit seinem Bruder Karlmann (751–71) die Herrschaft im Fränk. Reich. Seine Heirat mit e. Tochter des Langobardenkg.s Desiderius (†nach 774) isolierte Karlmann, doch verhinderte dessen unerwarteter Tod e. Bruderkrieg, u. K. regierte von da an allein. Er verstieß 771 seine Gemahlin u. zog 773 auf Bitten Papst Hadrians I. nach Italien. Dort besiegte er Desiderius, empfing 774 den langobard. Kg.stitel, erneuerte die Pippinsche Schenkung u. übernahm die Schutzherrschaft über den Kirchenstaat. Unermüdl. in der Sicherung u. Erweiterung des Reiches, schlug er in Aquitanien Aufstände nieder (769) u. errichtete nach Zurückdrängung der Araber bis über den Ebro die Span. Mark (801). Die Sachsen, bis zu dessen Unterwerfung 785 von ↑Widukind geführt, wurden in zahlreichen blutigen Feldzügen (772–804) bezwungen; im sog. Verdener Blutgericht 782 soll K. 4500 von ihnen haben enthaupten lassen. Mit der Absetzung Hg. ↑Tassilos III. von Bayern im Jahre 788 wurde das letzte ältere Stammeshg.tum beseitigt u. ebenfalls dem Frankenreich eingegliedert. Hierauf folgte die dann 803 abgeschlossene Unterwerfung des weiter östl. gelegenen Awarengebiets. Dem Schutz des fränk. Herrschaftsbereichs diente auch die Einrichtung weiterer Marken, so der breton., der dän. u. der Nordmark. Eine Reihe slaw. Tributstaaten vor der Grenze des Reiches zeugten von der nunmehr errungenen fränk. Machtstellung. Insgesamt verschob sich so im Lauf der Jahrzehnte der Schwerpunkt des Reiches merkl. nach Osten an den Rhein. Die fränk. Machtstellung u. die von Pippin begründete enge Verbindung des fränk. Kg.tums mit dem Papsttum waren die Voraussetzung dafür, daß K. an Weihnachten 800 durch Papst Leo III. in Rom zum Ks. erhoben wurde. Das neu erstandene Ks.tum des Westens wurde dann nach langen Verhandlungen 812 auch von Byzanz anerkannt. An seinem christl. Auftrag hat K. nie gezweifelt. Er förderte nach Kräften nicht nur die Mission in den eroberten Gebieten, sondern auch kirchl. Reformen überhaupt. Überdies bemühte er sich um Vereinheitlichung u. Erneuerung der Reichsverwaltung, der Rechtspflege u. des Heerwesens. Sein Hof wurde durch die Anwesenheit angesehener Gelehrter (↑Alkuin; ↑Einhard) zum kulturellen Zentrum seiner Zeit. Schon seine Zeitgenossen gaben ihm den Beinamen «der Große». Er hat das bedeutendste Großreich des abendländ. MA geschaffen, das auch nach seinem Tod trotz polit. Zerfalls noch jahrhundertelang seine geistige Einheit bewahrte.

Lit.: Josef Fleckenstein, *K. d. Gr.* (³1990); Gerhard Herm, *K. d. Gr.* (⁵1995); Matthias Becher, *K. d. Gr.* (²2000); Dieter Hägermann, *K. d. Gr.* (2000).

Karl II. der Kahle, westfränk. Kg., Ks., *13.6.823 Frankfurt/Main, †6.10.877 Avrieux (Savoyen). Der Sohn Ks. ↑Ludwigs des Frommen erhielt 829 entgegen der Erbfolgeordnung (Ordinatio imperii) von 817 Alemannien, was mehrjährige Machtkämpfe mit den Söhnen Ludwigs aus erster Ehe auslöste. Im Vertrag von Verdun 843 konnte er sich Westfranken sichern, d. h. das Reichsdrittel von der Schelde bis zu den Pyrenäen. 869 wurde er zum ostfränk. Kg. gekrönt u. besetzte ganz Lothringen, mußte aber im Vertrag von Meerssen 870 dessen östl. Hälfte an Kg. ↑Ludwig II. den Deutschen abtreten. 875 ließ er sich in Rom zum Ks. krönen.

Lit.: Margaret T. Gibson, *Charles the Bald* (Hampshire, ²1990).

Karl III. der Dicke, ostfränk. Kg., Ks., *839, †13.11.888 Neudingen (bei Donaueschingen). Der jüngste Sohn von Kg. ↑Ludwig II. dem Deutschen trat beim Tod seines Vaters 876 die Herrschaft in Alemannien an u. erhielt 879 von seinem schwer kranken Bruder ↑Karlmann Italien. 881 wurde er in Rom zum Ks. gekrönt, u. 882 beerbte er seinen Bruder Kg. ↑Ludwig III. d.J. u. wurde 885 auch im westfränk. Reich zum Kg. gewählt. So vereinigte er auf kurze Zeit nochmals das Reich Ks. ↑Karls I. d. Gr. Durch Krankheit fast regierungsunfähig, konnte er die Einfälle der Normannen u. Sarazenen nicht abwehren, sondern mußte deren Abzug erkaufen. 887 zwangen ihn die Großen zur Abdankung zugunsten seines Neffen ↑Arnulf von Kärnten.

Lit.: Gerd Wunder, «Ks. K. III. ‹der Dicke› 839–888», in Robert Uhland, Hrsg., *Lebensbilder in Schwaben u. Franken.* Bd. 16 (1986); Wilfried Hartmann, «Die Söhne Ludwigs des Deutschen», in Gerhard Hartmann u. Karl Rudolf Schnith, Hrsgg., *Die Ks.* (1996).

Karl IV., Kg., Ks., *14.5.1316 Prag, †29.11.1378 ebd. Der Sohn Kg. Johanns von Böhmen aus dem Haus Luxemburg (1296–1346) hieß eigtl. Wenzel. Er wurde 1323–30 am franz. Kg.shof erzogen u. dort auf den Namen K. gefirmt. 1331–33 bemühte er sich im Auftrag seines Vaters um den Aufbau e. luxemburg. Herrschaft in Oberitalien, anschließend verwaltete er als Markgraf von Mähren die böhm. Länder. 1346 wurde er mit Unterstützung von Papst Clemens VI. in Rhens von fünf Kf.en gegen den päpstl. gebannten ↑Ludwig IV. den Bayern zum röm. Kg. gewählt u. in Bonn gekrönt. Nach Ludwigs Tod 1347 gelang es ihm, den gegen ihn gewählten ↑Günther zu überwinden, so daß er 1349 nach Verständigung mit den Wittelsbachern (Verzicht auf Tirol) allg. Anerkennung fand. 1347 trat er auch die Nachfolge seines bei Crécy gefallenen Vaters als Kg. von Böhmen an. Dies war die Zeit der großen Pest, spektakulärer Geißlerzüge u. starker Judenverfolgungen. K. erwarb zur Erweiterung seiner Hausmacht Schlesien (1353), die Niederlausitz (1367) u. Brandenburg (1373). Prag ließ er 1344 zum Erzbistum erheben u. gründete dort 1348 die erste dt. Universität. Auf e. Zug nach Italien 1354–55, wo er von Petrarca u. Cola di Rienzo begrüßt wurde, ließ er sich 1355 in Mailand zum Kg. von Italien u. in Rom zum Ks. krönen. 1365 wurde er in Arles auch zum Kg. von Burgund gekrönt. Auf seine Initiative hin wurde 1356 auf den Reichstagen in Nürnberg u. Metz die Goldene Bulle verkündet, welche die dt. Kg.swahl dann bis zum Ende des Reiches 1806 regelte. 1376 erreichte er die Krönung seines Sohnes ↑Wenzel zum dt. Kg. Er unterhielt gute Beziehungen zum Papsttum in Avignon u. wäre vielleicht der einzige in Europa gewesen, der das abendländ. Schisma hätte verhindern können. Er zögerte allerdings u. bewirkte nichts, doch hinterließ er seinen Söhnen immerhin die größte Ländermasse, die e. dt. Herrscher bis dahin je vererbte.

Lit.: Heinz Stoob, *Ks. K. IV. u. seine Zeit* (1990); Ellen Widder, *Itinerar u. Politik* (1993); Ferdinand Seibt, *K. IV.* (2000).

Karl V., Kg., Ks., *24.2.1500 Gent, †21.9.1558 San Gerónimo de Yuste. Der Enkel Ks. ↑Maximilians I. u. Sohn ↑Philipps des Schönen sowie Johannas der Wahnsinnigen (1479–1555), der Erbtochter Ferdinands von Aragon, wurde in Flandern erzogen. Durch den Tod Ferdinands 1516 Herrscher in Spanien (1519 durch die Cortes bestätigt), erbte er 1519 nach dem Tod Maximilians die habsburg. Erblande u. wurde im gleichen Jahr in Frankfurt gegen den franz. Kg. Franz I. zum röm. Kg. gewählt. Um seine Wahl durchsetzen zu können, hatte er nicht nur durch das Haus Fugger bereitgestellte Wahlgelder eingesetzt, sondern auch e. seine Befugnisse einschränkenden Wahlkapitulation zugestimmt. Seine Gebiete, zu denen außer Spanien u. dem von der Reformation geschüttelten Dtld. auch die Niederlande, Neapel, die span. Besitzungen in Amerika u. die Philippinen gehörten, erwiesen sich als nicht leicht regierbar. Überzeugt von seinem Auftrag, den er im Sinne der universalen Ks.idee ↑Karls I. d. Gr. verstand, sah er es als seine Aufgabe an, den Glauben auszubreiten u. die Glaubenseinheit wiederherzustellen. So förderte er die Eroberung Mexikos u. Perus wie auch die erste Weltumsegelung durch Magalhães. 1520 traf er im Reich ein u. wurde in Aachen zum Kg. gekrönt. Er eröffnete 1521 den Wormser Reichstag, auf dem M. ↑Luther geächtet wurde, überließ aber dann bis 1530 die Regierung im Reich e. Reichsregiment unter dem Vorsitz seines Bruders ↑Ferdinand (I.), der nach seiner Krönung 1531 zum röm. Kg. auch sein offizieller Vertreter im Reich wurde. K. selbst wurde 1530 in Bologna als letzter dt. Ks. vom Papst gekrönt u. nahm danach am Reichstag in Augsburg teil, wo er der Augsburg. Konfession gegenüber ablehnend blieb. Höhepunkt seines Bemühens um Zurückdrängung des Protestantismus wurde sein Sieg 1547 bei Mühlberg in Thüringen über den Schmalkald. Bund, doch mußte er nach dem Seitenwechsel des Kf. ↑Moritz von Sachsen den Lutheranern im Augsburger Religionsfrieden 1555 die freie Ausübung ihres Bekenntnisses zugestehen. Zwar konnte er sich in vier Kriegen zwischen 1521 u. 1544 gegen Franz I. die Herrschaft in Italien u. den Niederlanden sichern, aber da es ihm nicht gelang, die religiöse Einheit in Mitteleuropa wiederherzustellen, trat er müde u. enttäuscht 1555/56 die Regierung im Reich an seinen Bruder Ferdinand ab. Den übrigen, als wertvoller erachteten Besitz übergab er seinem Sohn Philipp II. Zwei Jahre später starb er zurückgezogen nahe e. Kloster in Spanien.

Lit.: Manuel Fernández Alvarez, *Karl V.* (²2000); Alfred Kohler, *Karl V.* (²2000); Herbert Nette, *Karl V.* (⁵2000); Luise Schorn-Schütte, *Karl V.* (2000).

Karl VI., Ks., *1.10.1685 Wien, †20.10.1740 ebd. Der zweite Sohn Ks. ↑Leopolds I. wurde 1703 zum Kg. von Spanien (als Karl III.) ausgerufen u. von den Verbündeten Österreichs anerkannt. Er konnte sich jedoch im Span. Erbfolgekrieg nur in Katalonien u. zeitweilig in Aragon behaupten. Als er durch den Tod seines Bruders, Ks. ↑Josephs I., 1711 die Ks.würde u. die östr. Erblande erhielt, kehrte er nach Wien zurück. Er mußte auf die span. Krone verzichten, erwarb jedoch im Frieden von Rastatt 1714 die span. Niederlande sowie Neapel, Mailand u. Sardinien. (Das letztere wurde 1720 gegen Sizilien eingetauscht.) Durch die Erfolge des östr. Feldherrn ↑Eugen von Savoyen im Türkenkrieg kamen im Frieden von Passarowitz 1718 noch die Walachei, das Banat u. Teile Serbiens hinzu. Das Hauptanliegen seiner Politik war, da er keine Söhne hatte, die Bewahrung der territorialen Unversehrtheit seiner Länder. In der Pragmat. Sanktion von 1713 verfügte er die Unteilbarkeit der Erblande u. die Thronfolge seiner weibl. Nachkommen beim Aussterben des Mannesstammes. In den folgenden Jahren erstrebte er die Anerkennung dieser Regelung durch die europ. Mächte. Nach großer Mühe gelang ihm dies auch im Poln. Thronfolgekrieg abschließenden Frieden von Wien 1738, wofür er freil. Neapel u. Sizilien an Spanien abgeben mußte. Im Frieden von Belgrad 1739 gingen dann auch die 1718 gewonnenen Gebiete außer dem Banat wieder verloren. Musik- u. kunstbegeistert, förderte er Musikleben u. Architektur, so daß seine Regierungszeit als der Höhepunkt des östr. Barock zu betrachten ist. Auf den Thron folgte ihm seine Tochter ↑Maria Theresia nach.

Lit.: Oswald Redlich, *Das Werden e. Großmacht* (⁴1962); Bernd Rill, *K. VI.* (1992).

Karl VII., Ks., *6.8.1697 Brüssel, †20.1.1745 München. Der Wittelsbacher trat 1726 als Karl Albrecht die kfl. Herrschaft in Bayern an. Da er 1722 Maria Amalia (1701–56), die jüngste Tochter Ks. ↑Josephs I., geheiratet hatte, erhob er nach dessen Tod Erbansprüche an Österreich. Mit franz. Unterstützung erreichte er 1741 die Krönung zum Kg. von Böhmen u. 1742 die Wahl zum Ks. Im Östr. Erbfolgekrieg wurde er allerdings 1742 aus Bayern vertrieben u. konnte erst 1743 und, nach erneuter Flucht, 1744 mit preuß. Hilfe wieder zurückkehren. Sein früher Tod bewahrte ihn vor weiterer Vertreibung. Im Frieden von Füssen 1745 wurden sein Ks.tum nachträgl. anerkannt u. die Erbfolge seines Sohnes Maximilian III. Joseph (1727–77) in Bayern bestätigt.

Lit.: Peter Claus Hartmann, *K. A., K. VII.* (1985).

BADEN:
Karl Friedrich, Großhg., *22.11.1728 Karlsruhe, †10.6.1811 ebd. In

der Nachfolge seines Vaters, des Markgrafen Karl III. Wilhelm (1679–1738), übernahm er nach vormundschaftl. Wirken seiner Großmutter Magdalene Wilhelmine (1677–1742) im Jahre 1746 die Regierung. Anhänger der Aufklärung u. insbes. aufgeschlossen für die wirtschaftl. Ideen der Physiokraten, bemühte er sich erfolgreich um Verbesserungen in der Verwaltung, der Lehrerbildung u. der Rechtspflege (Abschaffung der Folter 1767). 1783 hob er die Leibeigenschaft auf. 1771 konnte er (aufgrund e. 1765 abgeschlossenen Erbvertrags) die seit 1535 getrennten Gebiete Baden-Baden u. Baden-Durlach wieder vereinigen. In den von der Franz. Revolution ausgelösten Wirren gelang es ihm, nicht zuletzt durch seine Familienbeziehungen zum Zarenhaus, den Bestand seines Landes zu wahren u. noch beträchtl. Zugewinn zu erzielen. Im Reichsdeputationshauptschluß 1803 u. im Frieden von Preßburg 1805 vervierfachte sich sein Territorium. 1803 wurde er zum Kf.en, 1806 (für seinen Beitritt zum Rheinbund) zum Großhg. erhoben. So wuchs während seiner Herrschaft Baden vom unbedeutenden Kleinstaat zum respektierten Mittelstaat.

Lit.: Helen P. Liebel, *Enlightened Bureaucracy versus Enlightened Despotism in Baden* (Philadelphia, 1965).

BRAUNSCHWEIG:
Karl II., Hg., *30.10.1804 Braunschweig, †18.8.1873 Genf. Der Sohn Hg. ↑Friedrich Wilhelms stand als Vollwaise mit elf Jahren unter der Vormundschaft seines Onkels, des späteren Kg.s Georg IV. von England. Diese endete 1823, u. 1826 übernahm er die Herrschaft selbst. 1827 hob er durch e. Patent alle nach seinem 18. Geburtstag erlassenen Verordnungen (darunter die 1819 erlassene, aber 1823 nochmals sanktionierte Verfassung) auf. 1830 zwang ihn der Bundestag auf hannov. Veranlassung hin zum Widerruf des Patents. Ein Volksaufstand vertrieb ihn. Danach lebte dieser einzige im 19. Jh. durch Revolution abgesetzte dt. Souverän vorzugsweise in Paris u. ab 1870 in Genf. Die Herrschaft übernahm sein Bruder Wilhelm August (1806–84).

Lit.: Otto Böse, *K. II.* (1956).

ÖSTERREICH:
Karl II., Erzhg. von («Inner»-)Ö., *3.6.1540 Wien, †10.7.1590 Graz. Der jüngste Sohn Ks. ↑Ferdinands I. wurde durch die Erbteilung von 1564 Landesfürst von Innerösterreich (v. a. Steiermark, Kärnten, Krain). 1571 heiratete er seine Nichte, die streng kath. bayer. Prinzessin Maria (1551–1608), die ihn in seinen gegenreformator. Bestrebungen bestärkte. Eines der 15 aus dieser Ehe stammenden Kinder war der spätere Ks. ↑Ferdinand II. K. holte die Jesuiten nach Graz u. gründete dort 1585 die Universität. Aus Geldbedürfnis für die Landesverteidigung gegen die Türken mußte er den prot. Landständen religiöse Zugeständnisse machen, die jedoch seine Nachfolger nicht banden.

Karl Ludwig Johann, Erzhg., *5.9. 1771 Florenz, †30.4.1847 Wien. Der Sohn von Ks. ↑Leopold II. u. jüngere Bruder von Ks. ↑Franz II. war 1793–94 Generalgouverneur der östr. Niederlande. Als Reichsfeldmarschall u. Oberbefehlshaber der östr. Rheinarmee drängte er 1796 die Franzosen über den Rhein zurück u. war auch im 2. Koalitionskrieg 1799 gegen dieselben erfolgreich. 1801–05 war er Hofkriegsratspräs., dazu 1801–04 Hoch- u. Dt.meister. Nach dem Preßburger Frieden 1805 leitete er als Kriegsminister e. grundlegende Heeresreform ein. Im Krieg von 1809 fügte er Napoleon I. bei Aspern die erste Niederlage zu. Nach dessen Sieg bei Wagram legte er den Oberbefehl nieder u. widmete sich danach militärwiss. Arbeiten.

Lit.: Helmut Hertenberger u. Franz Wiltschek, *Erzhg. K.* (1983).

Karl I., Ks., *17.8.1887 Persenbeug (Niederösterreich), †1.4.1922 Quinta do Monte (Madeira). Durch den Freitod Kronprinz ↑Rudolfs u. die Ermordung ↑Franz Ferdinands wurde der Großneffe von Ks. ↑Franz Joseph zu des letzteren Nachfolger. Seine militär. Ausbildung hatte ihn hierzu nicht genügend vorbereitet. Bei seinem Regierungsantritt am 2.12.1916 übernahm er den Oberbefehl über die Streitkräfte u. enthob kurz danach den Generalstabschef ↑Conrad von Hötzendorf seines Postens. Unter dem Einfluß seiner Gemahlin Zita von Bourbon-Parma (1892–1989) nahm er im Frühjahr 1917 ohne Rücksprache mit der dt. Führung Kontakte mit der Entente zur Friedensvorbereitung auf («Sixtusaffäre»), die aber an den Gegenforderungen scheiterten u. nach Bekanntgabe durch die franz. Regierung im April 1918 das Verhältnis zum Dt. Reich schwer belasteten. Sein in seinem Völkermanifest vom 16.10.1918 unternommener Versuch, die östr. Reichshälfte in e. Bundesstaat umzuwandeln, kam wegen des militär. Zus.-bruchs zu spät. Am 11.11.1918 verzichtete er auf die Ausübung der Regierung für Österreich, am 13.11. auch für Ungarn, ohne formell abzudanken. Im März 1919 ging er unter brit. Schutz ins Exil in die Schweiz u. nach zwei vergebl. Restaurationsversuchen 1921 in Ungarn nach Madeira.

Lit.: Reinhold Lorenz, *Ks. K. u. der Untergang der Donaumonarchie* (1959); Helmut Hoyer, *Ks. K. I. u. Feldmarschall Conrad von Hötzendorf* (1972); Erich Feigl, *Ks. K. I.* (1990).

PFALZ:
Karl Theodor, Kf., *11.12.1724 Droogenbosch (bei Brüssel), †16.2.1799 München. Er wurde 1742 Hg. in Jülich u. Berg sowie Kf. von der Pfalz. Während Maßnahmen zur Förderung der Wirtschaft keine großen Erfolge brachten, machten seine kulturellen Bestrebungen Mannheim, wohin er 1720 seine Residenz verlegte, zu e. der führenden Höfe Europas. 1757 gründete er die Akademie der Bildenden Künste, 1763 die Kurpfälz. Akademie der Wiss.en u. 1775 die Dt. Gesellschaft zur

Pflege der dt. Sprache. Nach dem Tod von Maximilian III. Joseph (1727–77) wurde er 1778 Kf. von Bayern u. verlegte seinen Regierungssitz nach München. Von ihm geplante Gebietsabtretungen an Österreich lösten noch im gleichen Jahr den Bayer. Erbfolgekrieg aus, der zum östr. Gewinn des Innviertels im Frieden von Teschen 1779 führte. Sein 1778 sowie 1784–85 gehegter Plan, Bayern gegen die Niederlande einzutauschen, scheiterte am Widerstand der europ. Mächte u. führte zur Bildung des Dt. Fürstenbunds 1785.
Lit.: Hans Rall, *Kf. K. T.* (1994).

SACHSEN-WEIMAR:
Karl August, Großhg., *3.9.1757 Weimar, †14.6.1828 Graditz (bei Torgau). Nach dem Tod seines Vaters Ernst August II. (1737–58) v.a. von Wieland erzogen, trat er 1775 die Herrschaft an u. berief Goethe in seine Regierung. Unter dessen Einfluß wurden Weimar u. Jena zu Zentren des dt. Geisteslebens. Schiller war ab 1789 Prof. für Gesch. in Jena; Herder, ab 1776 Generalsuperintendent u. ab 1801 Präs. des Oberkonsistoriums in Weimar, reformierte das Kirchen- u. Schulwesen. K. A., der sich außenpolit. Preußen angeschlossen hatte, mußte sich 1806 Napoleon I. unterwerfen u. dem Rheinbund beitreten. Er erlangte aber auf dem Wiener Kongreß 1814–15 e. Vergrößerung seines Territoriums u. dessen Erhebung zum Großhg.tum. 1816 erließ er e. landständ. Verfassung. Seine Unterstützung der Burschenschaft u. die Förderung des Wartburgfests 1817 trugen ihm die Mißbilligung der Großmächte ein.
Lit.: Hans Tümmler, *C. A. von Weimar* (1978).

WÜRTTEMBERG:
Karl Eugen, Hg., *11.2.1728 Brüssel, †24.10.1793 Hohenheim. 1744 für volljährig erklärt, übte er nach der Entlassung des Kammerpräs.en Friedrich August von Hardenberg (1700–68) die Herrschaft allein aus. Prachtliebend u. verschwender., verschaffte er sich die Mittel für e. glänzende Hofhaltung (u. a. Bau der Lustschlösser Solitude u. Hohenheim) u. e. stehendes Heer durch verfassungswidrige Steuererhebungen, Ämterhandel u. e. Subsidienvertrag mit Frankreich (1752). Eine nach Abschluß des 7jährigen Kriegs, an dem er auf Seiten der antipreuß. Koalition teilgenommen hatte, von den Landständen beim Reichshofrat erhobene Klage wurde 1770 in e. Erbvergleich beigelegt. Unter dem Einfluß seiner Geliebten u. späteren Gattin F. von ↑Hohenheim mäßigte sich sein Regierungsstil in Richtung e. aufgeklärten Absolutismus. Eine 1770 gegründete Militärakademie erhob er 1781 zur Hohen Karlsschule mit Universitätsrang.
Lit.: Gerhard Storz, *K. E.* (1981).

Karlmann, ostfränk. Kg., *um 829, †22.9. (od. 22.3.) 880 Altötting(?). Der Sohn Kg. ↑Ludwigs II. des Deutschen erhielt beim Tod des letzteren 876 Bayern, Kärnten u. Pannonien. 879 mußte er auf seine Ansprüche auf Italien zugunsten seines Bruders Ks. ↑Karl III. des Dicken verzichten. Seinem unehel. Sohn ↑Arnulf konnte er dann nur Kärnten u. Pannonien zukommen lassen.

Karlstadt, *Andreas* Rudolf [eigtl. A.R. Bodenstein], Reformator, *um 1480 Karlstadt/Main, †24.12.1541 Basel. Er wurde 1510 in Theologie promoviert u. Dozent in Wittenberg. 1512 promovierte er als Dekan M. ↑Luther. Nach kanonist. Studien in Rom erwarb er 1516 in Siena den Titel e. Dr.jur. Er schloß sich 1517 Luther an u. stritt an dessen Seite 1519 in der Leipziger Disputation gegen ↑Eck. Seine die unbedingte Autorität der Bibel betonende Agitation löste 1522 den Bildersturm der sog. Wittenberger Wirren aus. Wegen seiner Radikalität 1524 aus Sachsen verwiesen u. mit Luther bes. auch bezügl. des Abendmahlverständnisses differierend, erhielt er 1530 durch ↑Zwingli in Zürich e. Anstellung. 1534 ging er als Prediger u. Prof. nach Basel, wo er an der Pest starb.

Lit.: Ronald J. Sider, *A. B. von K.* (engl.; Leiden, 1974).

Karoline Henriette Christiane ↑Henriette Karoline Christiane.

Karstadt, Rudolph, Unternehmer, *16.2.1856 Grevesmühlen (bei Wismar), †19.12.1944 Schwerin. Er eröffnete 1881 in Wismar e. Warengeschäft u. wurde 1884 Alleininhaber. Barverkauf zu niedrigen Preisen, Filialgründungen in anderen Städten, Zentraleinkauf u. eigene Textilfertigung ließen das Unternehmen (1920 R.K. AG) zu e. der größten dt. Warenhausketten anwachsen. K. schied 1932 aus dem Unternehmen aus, das von e. Bankenkonsortium übernommen wurde.

Katte, Hans Hermann von, Offizier, *28.2.1704 Berlin, †6.11.1730 Küstrin. Der Sohn e. preuß. Feldmarschalls freundete sich im Militärdienst mit dem späteren Kg. ↑Friedrich II. d.Gr. an. Er wußte von der geplanten Flucht des letzteren 1730 u. wurde nach deren Mißlingen festgenommen. Ein Militärgericht verurteilte K. zu lebensläng. Haft, doch Kg. ↑Friedrich Wilhelm I. ließ ihn vor den Augen Friedrichs enthaupten.

Lit.: Rainer Ahnert, *Friedrich u. K.* (1982).

Katzer, Hans, Politiker, *31.1.1919 Köln, †18.7.1996 ebd. Er trat 1945 der CDU bei u. saß 1957–80 im Bundestag. 1963–77 war er Vors. der CDU-Sozialausschüsse. Als Bundesminister für Arbeit u. Sozialordnung (1965–69) setzte er das Lohnfortzahlungsgesetz durch. 1979–89 war er Mitglied des Europ. Parlaments, 1979–82 dessen Vizepräs.

Kaunitz, Wenzel Anton Graf (1764 Fürst von K.-Rietberg), östr. Staatsmann, *2.2.1711 Wien, †27.6.1794 ebd. Der Jurist wurde 1735 Reichshofrat, war 1742-44 Gesandter in Turin u. 1774-76 östr. Minister beim Generalgouverneur der östr. Niederlande in Brüssel. 1748 ksl. Unterhändler auf dem Friedenskongreß zu Aachen, setzte er sich als Gesandter in Paris 1750-53 für e. Bündnis mit Frankreich mit dem Ziel der Rückgewinnung Schlesiens ein. 1753 zum Staatskanzler ernannt, erreichte er 1756 mit dem Vertrag von Versailles das Abkommen, das die «Umkehrung der Allianzen» in Europa bedeutete. Zus. mit dem Mitregenten Ks. ↑Joseph II. (ab 1765) gelang es ihm gegen den Willen ↑Maria Theresias, in der 1. Poln. Teilung 1772 das Gebiet Österreichs zu vergrößern. Aufgeklärter Gesinnung, hatte er maßgebl. Anteil an Reformen in Verwaltung, Schule u. Wohlfahrtswesen. Das Schwinden seines Einflusses veranlaßte ihn, 1792 seinen Abschied zu nehmen.

Lit.: Franz A.J. Szabo, *K. and Enlightened Absolutism* (Cambridge, 1994); Grete Klingenstein u.a., Hrsgg., *Staatskanzler W.A. von K.* (1996).

Kautsky, Karl, östr. Sozialist, *16.10. 1854 Prag, †17.10.1938 Amsterdam. Als Student schloß er sich 1875 in Wien der östr. Sozialdemokratie an. Ohne formalen Studienabschluß, lernte er 1881 ↑Engels kennen, als dessen Freund u. enger Mitarbeiter er 1885-90 in London lebte. 1883 gründete er das theoret. SPD-Organ *Die neue Zeit*, das er bis 1917 leitete. Nachdem er, ab 1890 in Dtld. wohnend, 1891 maßgebl. das Erfurter Programm der SPD bestimmte, war er, stark vom Sozialdarwinismus geprägt, nach Engels' Tod 1895 der führende Vertreter des orthodoxen Marxismus gegenüber dem Revisionismus («Roter Papst»). Er wandte sich jedoch ab 1905 zunehmend gegen den radikalen Flügel der Marxisten, v.a. R. ↑Luxemburg u. Lenin. Im Ersten Weltkrieg stimmte er zwar 1914 der Bewilligung der Kriegskredite zu, vertrat aber bald e. pazifist. Position u. schloß sich 1917 der USPD an. 1918-19 war er Unterstaatssekretär im Auswärtigen Amt. 1922 kehrte er in die SPD zurück, an deren Heidelberger Programm (1925) er mitarbeitete. Seit 1924 in Wien lebend, floh er 1938 in die Niederlande. Hauptwerke: *Karl Marx's ökonom. Lehren* (1887); *Bernstein u. das soz.dem. Programm* (1899); *Der Weg zur Macht* (1909); *Die materialist. Geschichtsauffassung* (2 Bde., 1927).

Lit.: Hans-Jürgen Mende, *K.K.* (1985); Gary P. Steenson, *K.K.* (Pittsburgh, ²1991); Harald Koth, *«Meine Zeit wird wieder kommen...»* (1993).

Keil, Wilhelm, Politiker, *24.7.1870 Helsa (bei Kassel), †5.4.1968 Ludwigsburg. Der gelernte Drechsler trat 1890 der SPD bei. Ab 1890 Journalist in Stuttgart, saß er 1900-33 im württ. Landtag, 1910-32 auch im Reichstag. 1919 war er Präs. der verfassunggebenden württ. Landesversammlung, 1921-23 württ. Arbeitsminister. 1946-52 war er Präs. des württ.-bad. Landtags.

Lit.: Jürgen Mittag, *W.K.* (2001).

Keitel, Wilhelm, Generalfeldmarschall, *22.9.1882 Helmscherode (Harz), †16.10.1946 Nürnberg. Er trat 1901 in das preuß. Heer ein u. wurde 1915 in den Großen Generalstab versetzt. In die Reichswehr übernommen, war er 1925–27 u. ab 1929 im Reichswehrministerium tätig. 1929–33 leitete er dort die Heeres-Organisationsabteilung; ab Okt. 1935 war er Chef des Wehrmachtsamts im Reichskriegsministerium. 1938 wurde er zum – keine Befehlsgewalt besitzenden – Chef des OKW ernannt u. 1940, nach der von ihm entgegengenommenen Kapitulation Frankreichs, zum Generalfeldmarschall befördert. Während des Zweiten Weltkriegs gab er, der 1939 das Goldene Parteiabzeichen erhalten hatte, kritiklos gegenüber ↑Hitler dessen Befehle u. Erlasse weiter. Am 9.5.1945 unterzeichnete er die Kapitulation der Wehrmacht in Berlin-Karlshorst. Das Internat. Militärtribunal in Nürnberg verurteilte ihn als Kriegsverbrecher zum Tod durch den Strang.

Lit.: Gene Mueller, «W. K.», in Ronald Smelser u. Enrico Syring, Hrsgg., *Die Militärelite des Dritten Reichs* (²1998).

Keith, George, Diplomat, *2.4.1693 Schloß Inverugie (Schottland), †25.5.1778 Sanssouci (bei Potsdam). Wegen jakobit. Betätigung geächtet, floh er auf den Kontinent u. wurde 1747 von seinem Bruder J. ↑K. an den Hof Kg. ↑Friedrichs II. d. Gr. geholt. 1751–54 war er preuß. Gesandter in Paris, 1754–59 u. 1762–63 Gouverneur von Neuenburg.

Keith, Jakob [James], *11.6.1696 Schloß Inverugie (Schottland), †14.10.1758 bei Hochkirch (Sachsen). Nach jakobit. Niederlagen 1715 ins Exil gezwungen, stand der Bruder von G. ↑K. in span. u. dann in russ. Diensten, bevor er 1747 als Feldmarschall ins preuß. Heer eintrat. Er erwarb bald das persönl. Vertrauen Kg. ↑Friedrichs II. d. Gr. Während des 7jährigen Kriegs Oberbefehlshaber in Böhmen, fiel er bei e. Rückzugsgefecht.

Kelly, Petra, Politikerin, *29.11.1947 Günzburg, †1.10.1992 Bonn. Bei ihrem Stiefvater in den USA aufgewachsen, arbeitete sie 1971–82 im Verwaltungsdienst der Europ. Gemeinschaft. 1980 Gründungsmitglied der Partei Die Grünen, war sie 1980–82 deren Vors. u. Sprecherin u. 1983–90 Mitglied des Bundestags. Sie wurde vermutl. von ihrem Lebensgefährten ↑Bastian erschossen.

Kerrl, Hanns, Politiker, *11.12.1887 Fallersleben, †14.12.1941 Paris. Er saß 1928–33 im preuß. Landtag (NSDAP) u. war 1932–33 dessen Präs. 1933–34 war er preuß. Justizminister. Ab 1935 Reichsminister für kirchl. Angelegenheiten, bemühte er sich, im Sinne der Gleichschaltung e. staatl. Leitung der Dt. Ev. Kirche durchzusetzen.

Kesselring, Albert, Generalfeldmarschall, *30.11.1885 Marktsteft (bei Kitzingen), †16.7.1960 Bad Nauheim. Der Berufsoffizier wurde 1922 ins Reichswehrministerium versetzt. Nach Organisationstätigkeit dort u. einigen Truppenkommandos schied er 1933 zum Schein aus dem Heer aus, um sich am (vorerst noch getarnten) Aufbau der Luftwaffe zu beteiligen. 1935 Generalmajor, wurde er 1936 Chef des Generalstabs der Luftwaffe u. 1938 General der Flieger. Im Zweiten Weltkrieg kommandierte er die Luftflotten 1 (Polenfeldzug) u. 2 (West- u. Ostfeldzug). Seit 1940 Generalfeldmarschall, war er 1941–43 Oberbefehlshaber Süd, 1943–45 Südwest, ab März 1945 West. Nach amerikan. Kriegsgefangenschaft wurde er 1947 von e. brit. Militärgericht wegen der Erschießung italien. Geiseln zum Tod verurteilt. Zu lebenslängl. Haft begnadigt, wurde er 1952 entlassen.

Lit.: Franz Kurowski, *Generalfeldmarschall A. K.* (1985).

Keßler, Heinz, Politiker, *20.1.1920 Lauban (Schlesien). Der gelernte Maschinenschlosser desertierte als Soldat 1941 zur Roten Armee u. war Mitbegründer des Nationalkomitees Freies Dtld. 1945 zurück in Dtld., war er 1946 Mitbegründer der FDJ u. ab 1946 Mitglied im Vorstand bzw. ZK der SED, 1986–89 im Politbüro. 1957–67 war er Leiter der Luftstreitkräfte der Nationalen Volksarmee (NVA), 1967–78 Chef des Hauptstabs der NVA. 1985–89 war er Verteidigungsminister der DDR. 1993 wurde er in e. Schießbefehl-Prozeß zu siebeneinhalb Jahren Haft verurteilt u. 1998 vorzeitig freigelassen.

Ketteler, Wilhelm Emmanuel Frhr. von, Bf. von Mainz, *25.12.1811 Münster, †13.7.1877 Burghausen (Oberbayern). Der Jurist schied 1838 wegen des Kölner Kirchenstreits aus dem preuß. Staatsdienst aus, studierte Theologie u. wurde 1844 Priester. 1848–49 war er Mitglied der Frankfurter Nationalversammlung. 1849 wurde er Propst in Berlin. Ab 1850 Bf. von Mainz, wandte er sich gegen das Staatskirchentum in Hessen, war führend im bad. Kirchenstreit u. gewann seit Beginn der 1860er Jahre maßgebl. Einfluß im dt. Katholizismus. Er erkannte früh die Bedeutung der sozialen Probleme u. trat, Gedanken ↑Kolpings u. ↑Lassalles aufnehmend, für e. staatl. Sozialpolitik ein. Auf dem 1. Vatikan. Konzil 1870 widersetzte er sich vergebl. der Verkündigung des Unfehlbarkeitsdogmas. 1871–72 Mitglied des Reichstags (Zentrum), war er danach e. der kirchl. Vorkämpfer im Kulturkampf.

Lit.: Adolf M. Birke, *Bf. K. u. der dt. Liberalismus* (1971).

Kiderlen-Waechter, Alfred von, Diplomat, *10.7.1852 Stuttgart, †30.12.1912 ebd. Er trat 1879 in den diplomat. Dienst ein u. wurde 1894 preuß. Gesandter in Hamburg, 1895 dt. Gesandter in Kopenhagen, 1900 in Bukarest. Als Staatssekretär des Äußeren ab 1910 trat er für e. Verständigung mit Großbritannien u. Rußland ein, löste aber freil. durch den «*Panther*sprung» die 2. Marokkokrise aus.

Lit.: Ralf Forsbach, *A. von K.-W.* (1997).

Kiechle, Ignaz, Politiker, *23.2.1930 Reinharts (bei Kempten). Nach e. landwirtschaftl. Ausbildung trat er 1953 in die CSU ein. 1958–69 führte er den elterl. Hof. 1969–94 saß er im Bundestag. 1983–93 war er Bundesminister für Ernährung, Landwirtschaft u. Forsten.

Kienbaum, Gerhard, Unternehmer, *12.10.1919 Wuppertal, †24.2.1998 Köln. Nach dem Studium des Maschinenbaus u. der Betriebswirtschaft baute er nach dem Zweiten Weltkrieg e. der bedeutendsten Unternehmensberatungsfirmen in Dtld. auf. Seit 1948 Mitglied der FDP, war er 1954–69 im Landtag u. 1962–66 Wirtschaftsminister von Nordrhein-Westfalen. 1969–72 saß er im Bundestag. 1972 trat er aus der FDP aus u. 1975 der CDU bei.

Kiesinger, Kurt Georg, Politiker, *6.4.1904 Ebingen, †9.3.1988 Tübingen. Der Jurist war 1935–39 Rechtsanwalt in Berlin u. arbeitete 1940–45 in der Rundfunkabteilung des Auswärtigen Amts. Nach seiner Internierung 1945–47 in Ludwigsburg trat er 1948 der CDU bei u. wurde im gleichen Jahr deren Landesgeschäftsführer in Württ.-Hohenzollern. 1949–58 u. 1969–80 war er Mitglied des Bundestags (1954–58 Vors. des Ausschusses für Auswärtige Angelegenheiten). Als Ministerpräs. von Baden-Württ. (1958–66) widmete er sich bes. der Kulturpolitik. Zum Bundeskanzler gewählt (1.12.1966), bildete er e. Regierung der Großen Koalition aus CDU/CSU u. SPD. Vorwürfe wegen seiner Mitgliedschaft in der NSDAP (1933–45) u. seiner Tätigkeit im Dritten Reich beeinträchtigten seine Regierungsführung, doch förderte er e. behutsame Neuorientierung der Ostpolitik bei Wahrung des Alleinvertretungsanspruchs. In der Innenpolitik stand die Verabschiedung der Notstandsgesetze im Vordergrund. 1967–71 war er Bundesvors. der CDU.

Lit.: Gerhard Ziegler, «K. G. K.», in Wilhelm von Sternburg, *Die dt. Kanzler* (²1998).

Kießling, Günter, General, *25.10.1925 Frankfurt/Main. Der promovierte Politologe ging 1956 zur Bundeswehr. Nach der Generalstabsausbildung u. Truppenkommandos (1979 Generalleutnant) wurde er 1982 Stellv. des Obersten Alliierten Befehlshabers in Europa. 1983 wegen angebl. homosexueller Verfehlungen in den Ruhestand versetzt, wurde er rehabilitiert u. 1984 ehrenvoll verabschiedet.

Kinkel, Gottfried, Politiker u. Schriftsteller, *11.8.1815 Oberkassel (bei Bonn), †13.11.1882 Zürich. Er habilitierte sich 1837 in Bonn für Kirchengesch. u. wurde Dozent, verlor aber seine Stelle, als er 1843 die geschiedene Johanna Matthieux [geb. Mockel] (1810–58) heiratete. 1846 wurde er in Bonn Prof. für Kunst- u. Kulturgesch. Während der Revolution 1848 übernahm er die Redaktion der demokrat. *Bonner Zeitung* u. wurde Mitglied der preuß. 2. Kammer, wo er der äußersten Linken angehörte. Zus. mit seinem Schüler u. Freund ↑Schurz beteiligte er sich 1849 am bad.-pfälz. Aufstand, wurde gefangen u. zu lebenslängl. Haft verurteilt. 1850 durch Schurz aus dem Zuchthaus Spandau befreit, ging er nach London u. 1851 in die USA. 1853 wieder in London, arbeitete er dort als Dozent u. Journalist, bis er 1866 e. Ruf als Prof. für Archäologie u. Kunstgesch. nach Zürich folgte.

Lit.: Hermann Rösch-Sondermann, *G. K.* (1982).

Kinkel, Klaus, Politiker, *17.12.1936 Metzingen. Nach Tätigkeit im Verwaltungsdienst (1965–70) war der promovierte Jurist 1970–74 persönl. Referent bzw. Leiter des Ministerbüros von ↑Genscher. 1974–79 führte er den Leitungs- bzw. Planungsstab im Auswärtigen Amt. 1979–82 war er Präs. des Bundesnachrichtendienstes, 1982–91 Staatssekretär im Bundesjustizministerium, 1991–92 Bundesjustizminister, 1992–98 -außenminister. 1991 trat er der FDP bei (1993–95 Bundesvors.). Ab 1994 saß er im Bundestag.

Kirch, Leo, Medienunternehmer, *21.10.1926 Würzburg. Der promovierte Betriebswirtschaftler erwarb seit den 1950er Jahren europ. u. amerikan. Kinofilme, die sich als Fernsehsendungen eigneten. Seine Konzerngruppe verwertete Rechte im Film- u. Fernsehbereich u. produzierte Filme u. Fernsehserien, arbeitete aber auch im Printmedienbereich. 2002 geriet sie in finanzielle Schwierigkeiten, die zu einem Insolvenzverfahren führten.

Kirchbach, Hans–Peter von, General, *3.8.1941 Weimar. Seit 1945 in Westdtld., war der Berufsoffizier 1992–94 im Bundesverteidigungsministerium tätig. Als Befehlshaber im Wehrbereichskommando VIII (Neubrandenburg; 1994–98) bewährte er sich 1997 bei der Eindämmung des Oder-Hochwassers. 1998–99 als Generalleutnant Kommandeur des IV. Korps (Potsdam). 1999–2000 war er Generalinspekteur der Bundeswehr.

Kirdorf, Emil, Unternehmer, *8.4.1847 Mettmann, †13.7.1938 Mülheim/Ruhr. Er war 1873 Mitbegründer der Gelsenkirchener Bergwerks-AG u. baute sie als deren Generaldirektor (1892–1926) zum Großkonzern aus. Als führendes Mitglied des Centralverbandes dt. Industrieller lehnte er Sozialpolitik ab. Zeitweiliges Mitglied der DNVP u. 1927–28 sowie ab 1934 der NSDAP, trug er dazu bei, ↑Hitler in Industriellenkreisen zu etablieren.

Lit.: Walter Bacmeister, *E. K.* (1936).

Klausener, Erich, Politiker, *25.1.1885 Düsseldorf, †30.6.1934 Berlin. Der promovierte Jurist wurde 1924 Ministerialdirektor im preuß. Wohlfahrtsministerium, arbeitete 1926–33 im preuß. Innenministerium u. ab 1933 im Reichsverkehrsministerium. Der engagierte Katholik wandte sich öffentl. gegen die Kirchen- u. Rassenpolitik der nat.soz. Regierung u.

wurde während des sog. Röhm-Putschs (↑Röhm) erschossen.
Lit.: Walter Adolph, *E. K.* (1955).

Klein, Hans, Politiker, *11.7.1931 Mähr.-Schönberg, †26.11.1996 Bonn. Der Journalist war 1959–64 im auswärtigen Dienst als Presseattaché tätig u. wechselte 1965 ins Bundeskanzleramt. 1968–72 war er Pressechef der Olymp. Spiele 1972 in München. 1972 trat er der CSU bei u. saß 1976–96 im Bundestag, 1990–96 als Vizepräs. 1987–89 war er Bundesminister für wirtschaftl. Zus.arbeit, 1989–90 als Bundesminister Chef des Presse- u. Informationsamts.

Kleist-Schmenzin, Ewald von, Widerstandskämpfer, *22.3.1890 Groß Dubberow (Pommern), †9.4.1945 Berlin-Plötzensee. Christl. u. streng konserv. gesinnt, lehnte er, obwohl Mitglied der DNVP, die Annäherung ↑Hugenbergs an ↑Hitler ab. Später dem Kreis um L. ↑Beck nahestehend, versuchte er 1938 in England, die brit. Regierung für e. unnachgiebige Haltung in der Sudetenfrage zu gewinnen. Nach dem 20.7.1944 wurde er verhaftet, zum Tod verurteilt u. gehängt.
Lit.: Bodo Scheurig, *E. von K.-S.* (1994).

Kleist von Nollendorf, Friedrich Graf (1814), Generalfeldmarschall, *9.4.1762 Berlin, †17.2.1823 ebd. Er wurde 1808 preuß. Generalmajor. 1813 befehligte er das II. Korps u. sicherte durch sein Eingreifen in die Schlacht von Kulm u. Nollendorf gegen die Franzosen den preuß. Sieg. 1821 wurde er zum Generalfeldmarschall ernannt.

Klemens August ↑Clemens August.

Klemens Wenzeslaus ↑Clemens Wenzeslaus.

Klesl, Melchior, Kardinal, *19.2.1552 Wien, †18.9.1630 Wiener Neustadt. Der Konvertit, 1598 Bf. von Wien u. 1615 Kardinal, trat energ. für die Gegenreformation ein. Als Vertrauter von Erzhg. ↑Matthias förderte er dessen Wahl zum Ks. 1612. Wegen e. Vermittlungsversuchs beim Böhm. Aufstand 1618 von Ks. ↑Ferdinand II. verhaftet, wurde er 1622 an die Kurie entlassen u. kehrte 1627 in sein Wiener Bf.samt zurück.

Klimmt, Reinhard, Politiker, *16.8.1942 Berlin. Er trat 1964 der SPD bei. Nach einigen Semestern Geschichtsstudium war er ab 1975 Mitglied des Landtags (1985–98 Fraktionsvors.), 1998–99 Ministerpräs. des Saarlandes. Dort abgewählt, wurde er 1999 Bundesverkehrsminister, doch mußte er 2000 zurücktreten, nachdem er wegen Beihilfe zur Untreue zu e. Geldstrafe verurteilt worden war.

Klose, Hans-Ulrich, Politiker, *14.6.1937 Breslau. Der Jurist trat 1964 der SPD bei u. war 1973–74 Innensenator, 1974–81 Erster Bürgermeister von Hamburg. Seit 1983 Mitglied des Bundestags, war er dort 1994–98 Vizepräs. u. 1991–94 Vors. seiner Fraktion.

Kluck, Alexander von (1909), Generaloberst, *20.5.1846 Münster, †19.10.1934 Berlin. Er wurde 1906 Kommandierender General des V. Armeekorps in Posen, 1907 des I. in Königsberg. Zu Beginn des Ersten Weltkriegs befehligte er die 1. Armee, welche gemäß dem Schlieffenplan auf dem rechten Flügel in Belgien u. Frankreich vorstieß, dann aber in der Marneschlacht den Rückzug antrat. 1916 wurde er in den Ruhestand versetzt.

Kluge, Hans Günther von, Generalfeldmarschall, *30.10.1882 Posen, †19.8.1944 bei Metz. Der Berufssoldat wurde 1936 General der Artillerie. Nach den Feldzügen in Polen u. im Westen wurde er 1940 zum Generalfeldmarschall befördert. Er befehligte im Rußlandfeldzug 1941–43 die Heeresgruppe Mitte u. war ab Juli 1944 Oberbefehlshaber West. Obwohl an der Verschwörung des 20.7.1944 nicht direkt beteiligt, nahm er sich nach deren Fehlschlag das Leben.

Lit.: Peter Steinbach, «H. G. von K.», in Ronald Smelser u. Enrico Syring, Hrsgg., *Die Militärelite des Dritten Reiches* (²1998).

Kniprode, Winrich von, Hochmeister des Dt. Ordens, *um 1310, †24.6.1382 Marienburg. Einem berg. Rittergeschlecht entstammend, wurde er 1338 Komtur von Danzig, 1342 von Balga, 1346 Großkomtur der Marienburg u. schließl. 1351 Hochmeister. Als Feldherr, Diplomat u. Verwaltungsfachmann machte er sich verdient um den Ausbau des Ordensstaats. Er förderte die Entwicklung der Städte in Preußen u. die Ausweitung des Handels bes. mit England u. Flandern. Unter ihm wurden die heidn. Litauer 1370 entscheidend geschlagen. Seine Regierung gilt als die Zeit der höchsten Blüte des Dt. Ordens.

Lit.: Wolfgang Kessler, *W. von K.* (1982).

Knöchel, Wilhelm, Politiker, *8.11.1899 Offenbach, †24.7.1944 Brandenburg-Görden. Der gelernte Dreher schloß sich 1920 der KPD an. 1932 absolvierte er e. Kurs an der Moskauer Lenin-Schule. 1935 zurück in Dtld. u. dann in Holland, versuchte er 1942, die illegale Parteiorganisation der KPD neu aufzubauen. Anfang 1943 wurde seine Organisation von der Gestapo zerschlagen. Er wurde zum Tod verurteilt u. hingerichtet.

Koch, Erich, Politiker, *19.6.1896 Elberfeld (heute Wuppertal), †12.11.1986 Barczewo (Polen). Der gelernte Kaufmann war seit 1922 NSDAP-Mitglied u. wurde 1928 Gauleiter sowie 1933 Oberpräs. in Ostpreußen. Als Reichskommissar der Ukraine (1941–44) führte er e. selbstherrl. u. brutales Regiment. Er wurde 1949 bei Hamburg verhaftet u. 1950 an Polen ausgeliefert. 1959 zum Tod verurteilt, wurde er wegen Unzurechnungsfähigkeit nicht hingerichtet u. starb in der Haft.

Koch, Roland, Politiker, *24.3.1958 Frankfurt/Main. Der Jurist arbeitete ab 1985 als selbständiger Rechtsanwalt in Eschborn. Er trat schon 1972 der Jungen Union bei, wurde 1987 Mitglied des Landtags (1990–91 u. 1993–99 Fraktionsvors.) u. 1999 Ministerpräs. von Hessen.

Koch-Weser, Erich [bis 1927 E. Koch], Politiker, *26.2.1875 Bremerhaven, †19.10.1944 Fazenda Janeta (Paraná, Brasilien). Der Jurist war 1913–19 Oberbürgermeister von Kassel u. saß 1913–18 im preuß. Herrenhaus. Danach arbeitete er als Rechtsanwalt in Berlin. 1918 war er e. der Gründer der DDP, für die er 1919–30 in der Weimarer Nationalversammlung bzw. im Reichstag saß. 1924–30 war er Vors. seiner Partei. Als Reichsinnenminister 1919–21 strebte er die Überwindung des Dualismus Preußen-Reich u. die Verwirklichung e. «dezentralisierten Einheitsstaats» an. 1928–29 war er Reichsjustizminister. Der Niedergang seiner Partei führte 1930 zu seinem Ausscheiden aus der Politik. 1933 emigrierte er nach Brasilien, wo er sich als Landwirt e. neue Existenz aufbaute.

Lit.: Gerhard Papke, *Der liberale Politiker E. K.-W.* (1989).

Koerber, Ernest von, östr. Politiker, *6.9.1850 Trient, †5.3.1919 Baden (bei Wien). Der Jurist wurde 1895 Generaldirektor der östr. Staatseisenbahnen, war 1897–98 Handelsminister u. 1899 Innenminister. 1900–04 bemühte er sich als Ministerpräs. ohne viel Erfolg um e. Ausgleich der nationalen Interessengegensätze. 1915–16 war er gemeinsamer östr.-ungar. Finanzminister u. Okt.–Dez. 1916 nochmals Ministerpräs.

Lit.: Alfred Ableitinger, *E. von K. u. das Verfassungsproblem* (1973).

Kohl, Helmut, Politiker, *3.4.1930 Ludwigshafen. Der Sohn e. Finanzbeamten studierte ab 1950 in Frankfurt/Main u. Heidelberg Gesch. u. Staatswiss.en. Nach der Promotion 1958 arbeitete er 1959–69 als Referent des Industrieverbandes Chemie. 1947 in die CDU eingetreten, amtierte er 1966–73 als deren Landesvors. in Rheinland-Pfalz. 1971 kandidierte er erfolglos gegen ↑Barzel für das Amt des CDU-Bundesvors., wurde dann aber nach dessen Rücktritt 1973 in dieses Amt gewählt u. hatte es bis 1998 inne. 1959–76 saß er im Landtag, 1969–76 war er Ministerpräs. von Rheinland-Pfalz. 1976 stellten ihn CDU u. CSU als ihren Kanzlerkandidaten auf. Die Union erzielte mit fast 49% der Stimmen das bis dahin zweitbeste Ergebnis ihrer Gesch., doch blieb die seit 1969 regierende SPD-FDP-Koalition erhalten. K. amtierte daraufhin 1976–82 als Vors. der CDU/CSU-Fraktion im Bundestag. Als die sozialliberale Regierung 1982 zerbrach, wurde er durch e. konstruktives Mißtrauensvotum zum Bundeskanzler e. CDU/CSU-FDP-Koalition gewählt (1.10.) u. in den Bundestagswahlen von 1983 u. 1987 in diesem Amt bestätigt. Herausragende Ereignisse dieser ersten Phase seiner Regierung waren die Durchsetzung der im NATO-Doppelbeschluß von 1979 vorgesehenen Nachrüstung gegen großen innenpolit. Widerstand u. der Beginn e. umfassenden Steuerreform 1986. Die zweite Phase wurde durch den polit. Umsturz in der DDR 1989 eingeleitet. K.s Initiativen («10-Punkte-Plan zur Überwindung der Teilung Dtld.s»; bilaterale Gespräche mit der Sowjetunion; Zwei-plus-Vier-Vertrag) führten am 1.7.1990 zur Währungs-, Wirtschafts- u. Sozialunion zwischen der Bundesrepublik Dtld. u. der DDR u. schließl. am 3.10. 1990 zur dt. Wiedervereinigung. Vor allem aufgrund dieses Erfolgs wurde seine Regierung in den gesamtdt. Bundestagswahlen von 1990 u. 1994 wiedergewählt. 1998 war er wieder Spitzenkandidat der Unionsparteien, doch beendete deren Wahlniederlage seine 16jährige Kanzlerschaft, die ab 1999 infolge e. Parteispendenskandals teilweise ins Zwielicht geriet.

Lit.: Werner Maser, *H.K.* (1993); Karl Hugo Pruys, *H.K.* (1995); Patricia Clough, *H.K.* (1998); Klaus Dreher, *H.K.* (2000).

Kohl, Michael, Politiker, *28.9.1929 Sondershausen, †4.7.1981 Berlin (Ost). Er trat 1948 der SED bei u. studierte Jura. 1961-65 war er im Außenministerium der DDR tätig. 1965-73 Staatssekretär beim Ministerrat, verhandelte er mit der Bundesrepublik u. dem Senat von Berlin (West) über Passierscheinfragen, Transit- u. Verkehrsabkommen u. den Grundlagenvertrag. 1974-78 leitete er die Ständige Vertretung der DDR in Bonn.

Kohlhase, Hans, Kaufmann, *um 1500 bei Fürstenwalde, †22.3.1540 Berlin. Der Produktenhändler geriet 1532 mit dem sächs. Adligen Günter von Zaschwitz wegen zweier von letzterem beschlagnahmter Pferde in Streit. Vor Gericht u. vom sächs. Landesherrn abgewiesen, eröffnete er 1534 die Fehde, wobei er mit Unterstützung vieler Anhänger Kursachsens mit Überfällen u. Brandstiftungen überzog. Schließl. wurde er in Brandenburg trotz Zusage freien Geleits festgenommen, verurteilt u. gerädert.

Lit.: Christoph Müller-Tragin, *Die Fehde des H.K.* (1997).

Kolping, Adolf, Theologe [«Gesellenvater»], *8.12.1813 Kerpen (bei Köln), †4.12.1865 Köln. Der Schuhmachergeselle studierte kath. Theologie u. wurde 1845 zum Priester geweiht. Als Kaplan in Elberfeld (heute Wuppertal) mit der Not der Handwerksgesellen konfrontiert, gründete er 1849 als Domvikar in Köln den ersten Gesellenverein außerhalb Elberfelds. Dieser wurde Ausgangspunkt für e. sich rasch über Dtld. hinaus ausbreitende Bewegung (Kolping-Werk), welche bes. den ledigen, wandernden Gesellen e. prakt. Lebenshilfe bot. K. wirkte durch seine Schriften (u.a. *Der Gesellenverein,* 1849) für die sittl. Erneuerung der Jugend, für e. christl. Familienideal u. für soziale Gerechtigkeit. Bei seinem Tod bestanden 418 Vereine mit

24000 Mitgliedern in Dtld., Österreich-Ungarn, der Schweiz u. den USA. Er wurde 1991 seliggesprochen.

Lit.: Sebastian G. Schäffer, *A. K.* (⁸1961).

Königsmarck, Philipp Christoph Graf von, Offizier, *24.3.1665 Stade, †12.7.1694 Hannover. Er kämpfte 1684–87 in Ungarn gegen die Türken u. trat 1689 in hannov. Dienste. Ab 1690 hatte er e. Verhältnis u. e. Briefwechsel mit ↑Sophie Dorothea, Gemahlin Kf. ↑Georg Ludwigs von Hannover. Nach der Aufdeckung wurde K. von Höflingen ermordet u. sein Leichnam in der Leine versenkt.

Lit.: Georg Schnath, *Sophie Dorothea u. K.* (1976).

Konrad

HEILIGES RÖMISCHES REICH:

Konrad I., Kg., †23.12.918. Er stammte aus dem rhein-fränk. Grafengeschlecht der Konradiner, die Anfang des 10. Jh.s die fränk. Hg.s-würde errungen hatten. Nach dem Aussterben der ostfränk. Karolinger mit dem Tod ↑Ludwigs IV. des Kindes wählten ihn Franken u. Sachsen 911 in Forchheim zum Kg. Im Verbund mit dem hohen Klerus, u. a. Erzbf. ↑Hatto I. von Mainz, bemühte er sich, die karoling. Politik wieder aufnehmend, die Stammeshg.-tümer der Krone unterzuordnen. Er scheiterte jedoch an deren Opposition, bes. Sachsens, Schwabens u. Bayerns. So war seine Regierung, nach außen hin machtlos, e. Zeit fast ununterbrochener Kämpfe um den Zus.halt des Reiches. Im Bewußtsein der aufkommenden Zerreißprobe nach seinem Tod soll er auf seinem Sterbelager, staatsmänn. handelnd, seinen mächtigsten Gegner, Hg. Heinrich von Sachsen (↑Heinrich I.), zum Nachfolger designiert haben.

Lit.: Johannes Fried, *Der Weg in die Gesch.* (1994); Eduard Hlawitschka, «Kg. K. I.», in Gerhard Hartmann u. Karl Rudolf Schnith, Hrsgg., *Die Ks.* (1996); Joachim Ehlers, *Die Entstehung des Dt. Reiches* (²1998).

Konrad II., Kg., Ks., *um 990, †4.6.1039 Utrecht. Nach dem Aussterben der Liudolfinger begründete er, aus dem Geschlecht der um Worms u. Speyer begüterten Salier stammend, deren Kg.tum. Auf Betreiben von Erzbf. ↑Aribo von Mainz wurde er 1024 zum Kg. gewählt. Von den dt. Fürsten wurde er bald anerkannt, wobei er die Gegnerschaft der Anhänger seines Vetters Konrad II. d. J., Hg.s von Kärnten (†1039), zu denen auch sein Stiefsohn Hg. ↑Ernst II. von Schwaben gehörte, ohne Schwierigkeiten überwand. 1026 wurde er auch, vermutl. in Mailand, zum Kg. der Langobarden u. jedenfalls 1027 in Rom zum Ks. gekrönt. Seine Nachfolge konnte er sichern, indem er seinen Sohn Heinrich (↑Heinrich III.) zum Kg. wählen u. 1028 krönen ließ. Seine Politik im Osten des Reiches war nur teilweise erfolgreich (Rückgewinn der Lausitzen 1031–33 von Polen). Hingegen konnte er die Bindung Italiens an das Reich festigen durch Einsetzen dt. Bischöfe, durch die Verleihung der Erblichkeit ihrer

Lehen an die oberital. kleinen Vasallen (*Constitutio de feudis*), bes. aber durch den Erwerb Burgunds. Das letztere fiel gemäß e. Erbvertrag aufgrund dynast. Verbindungen seiner Gemahlin ↑Gisela nach dem Tod Kg. Rudolfs III. 1032 an ihn, u. er konnte sich 1033 in Peterlingen (Payerne, Kanton Waadt) zum burgund. Kg. wählen u. krönen lassen. Um 1030 stiftete er auf seinem Familienbesitz das Kloster Limburg an der Haardt u. legte in Speyer den Grundstein zum Dom.

Lit.: Theodor Schieffer, *Heinrich II. u. K. II.* (1969); Werner Goez, *Lebensbilder aus dem MA* (1998); Karl Rudolf Schnith, «K. II.», in Gerhard Hartmann u. Karl Rudolf Schnith, Hrsgg., *Die Ks.* (1996).

Konrad (III.), Kg., *12.2.1074 Hersfeld, †27.7.1101 Florenz. Ältester Sohn Kg. ↑Heinrichs IV., wurde er 1087 in Aachen zum dt. u. 1093 in Mailand zum lombard. Kg. gekrönt. Sein Vater ließ ihm jedoch 1098 in Mainz die Thronrechte absprechen, die seinem Bruder ↑Heinrich V. zuerteilt wurden. Er starb ohne Aussöhnung mit dem Vater.

Konrad III., Kg., *1093 oder 1094, †15.2.1152 Bamberg. Der zweite Sohn des stauf. Hg.s Friedrich I. von Schwaben (um 1050–1105) wurde um die Jahreswende 1115/16 zus. mit seinem älteren Bruder Hg. Friedrich II. von Schwaben (1090–1147) von seinem Onkel Ks. ↑Heinrich V. zum Reichsverweser während des letzteren Abwesenheit in Italien (1116–18) eingesetzt u. mit der Hg.sgewalt in Ostfranken betraut. 1127 wurde er gegen Kg. ↑Lothar III. zum Gegenkg. erhoben, konnte aber keine entscheidenden Erfolge erzielen u. unterwarf sich Lothar 1135. Nach dessen Tod wurde er 1138 in Koblenz unter Übergehung seines welf. Rivalen ↑Heinrichs X. des Stolzen zum Kg. gewählt u. in Aachen gekrönt. Der stauf.-welf. Gegensatz dauerte danach trotz des Todes Heinrichs 1139 u. einiger Versöhnungsversuche während K.s gesamter Regierungszeit an. Auf Anregung Bernhards von Clairvaux nahm er 1147–49 am 2. Kreuzzug teil, kehrte jedoch ergebnislos u. malariakrank zurück. Ein für 1152 vorgesehener Romzug, der die Ks.krönung hätte bringen sollen, kam nicht mehr zustande. Auf dem Sterbebett designierte er seinen Neffen ↑Friedrich (I. Barbarossa) zu seinem Nachfolger.

Lit.: Odilo Engels, *Stauferstudien* (²1996); Klaus Höflinger, «Kg. Konrad III.», in Gerhard Hartmann u. Karl Rudolf Schnith, Hrsgg., *Die Ks.* (1996).

Konrad IV., Kg., *25.4.1228 Andria (Apulien), †21.5.1254 Lavello (bei Melfi, Apulien). Der Sohn Ks. ↑Friedrichs II. begleitete diesen 1235 nach Dtld. u. wurde dort mit dem Hg.tum Schwaben belehnt. 1237 wurde er in Wien zum röm. Kg. gewählt, aber nicht gekrönt. 1246 heiratete er die Wittelsbacherin Elisabeth (†1273). Im gleichen Jahr unterlag er bei Frankfurt dem Gegenkg. ↑Heinrich Raspe, konnte jedoch die stauf. Besitzungen in Schwaben halten u. sich gegen den anderen Gegenkg. ↑Wilhelm von Holland behaupten. Nach seines Vaters Tod 1250 versuchte er, dessen Nachfolge auch in Italien anzutreten, geriet aber in Konflikt mit seinem Halbbruder ↑Manfred u. mit Papst Innozenz IV. Er starb am Fieber in e. Heerlager in Italien. Bei seinem Tod war sein Sohn ↑Konradin erst zwei Jahre alt.

Lit.: Guenter Schubert, *K. IV. u. die dt. Städte* (1949).

KÖLN:
Konrad von Hochstaden, Erzbf., *um 1205, †18.9.1261. Er wurde um 1235 Dompropst in Köln u. 1238 dort Erzbf. 1239 wechselte er zur päpstl. Partei über u. gewann auch die Erzbischöfe von Mainz u. Trier, ↑Siegfried III. von Eppstein u. Arnold II. (†1259), zur Abkehr von den Staufern. Nach der Absetzung Ks. ↑Friedrichs II. 1245 durch Papst Innozenz IV. erhoben sie 1246 ↑Heinrich Raspe u. 1247 ↑Wilhelm von Holland zu Gegenkg.en. Nach Wilhelms Tod trug K. 1257 entscheidend zur Wahl ↑Richards von Cornwall bei u. krönte ihn 1257 in Aachen, während Arnold II. sich für ↑Alfons von Kastilien entschied. In der Nachfolge von Erzbf. ↑Engelbert I. suchte er die Territorialherrschaft Kölns zu festigen, sei es durch kämpfer. Einsatz, so gegen Jülich u. Paderborn, sei es durch Bündnisse u. Verträge mit verschiedenen Nachbarn. In Köln selbst stützte er sich auf die Zünfte gegen das Patriziat.

1248 legte er den Grundstein für den Kölner Dom.

Lit.: Evamaria Engel, «K. von H.», in Eberhard Holtz u. Wolfgang Huschner, Hrsgg., *Dt. Fürsten des MA* (1995); Robert Prößler, *Das Erzstift Köln in der Zeit des Erzbf.s K. von H.* (1997).

LOTHRINGEN:
Konrad der Rote, Hg., †10.8.955 Lechfeld (bei Augsburg). Dem Geschlecht der Salier entstammend, empfing er 944 als Vertrauter Kg. ↑Ottos I. das Hg.tum Lothringen. 947 vermählte er sich mit dessen Tochter Liutgard (†953). Mit Otto 951 nach Italien gezogen, wurde er 952 in Pavia zurückgelassen, um den Markgrafen Berengar II. von Ivrea zu unterwerfen. Er machte diesem jedoch Zugeständnisse, die Otto nicht anerkennen wollte, worauf sich K. 953–54 der Rebellion Hg. ↑Liudolfs von Schwaben anschloß. Nach deren Scheitern unterwarf er sich 954 u. mußte sein Hg.tum an Erzbf. ↑Brun(o) von Köln abtreten. Er fiel als Anführer des fränk. Aufgebots gegen die Ungarn auf dem Lechfeld.

Lit.: Helmut Beumann, *Die Ottonen* (⁵2000); Egon Boshof, *Die Salier* (⁴2000).

MAINZ:
Konrad I. von Wittelsbach, Erzbf., *um 1130, †25.10.1200 Riedfeld (bei Neustadt/Aisch). Als Domherr in Salzburg empfing er 1161 von Ks. ↑Friedrich I. Barbarossa das Erzbistum Mainz. Er schloß sich jedoch 1164 Papst Alexander III. an, dem Gegner Friedrichs im Schisma, wo-

durch er 1165 die päpstl. Bestätigung im Amt erhielt u. zum Kardinal erhoben wurde. Im Frieden von Venedig 1177 zwischen Ks. u. Papst mußte er auf das Erzbistum Mainz verzichten, mit dem der Ks. schon in den 1160er Jahren den Erzbf. ↑Christian I. (C. von Buch) betraut hatte, u. erhielt dafür das Erzbistum Salzburg. 1183 kehrte er jedoch unter Verzicht auf Salzburg in das inzwischen frei gewordene Mainzer Erzbistum zurück, wo er sich als Seelsorger, Förderer der Orden u. Bauherr bewährte. Er betrieb den Kreuzzug Ks. ↑Heinrichs VI. u. nahm dann 1197–99 selbst teil.

Lit.: Siglinde Oehring, *Erzbf. K. I. von Mainz* (1973); Werner Goez, *Lebensbilder aus dem MA* (1998).

MEISSEN:

Konrad I., Markgraf, *um 1098, †5.2.1157 Petersberg (bei Halle/Saale). Als Parteigänger der sächs. Opposition gegen Ks. ↑Heinrich V. erhielt er 1123 von dem späteren Ks. ↑Lothar III. die Markgrafschaft Meißen. Zwischen 1136 u. 1144 fielen ihm noch die Lausitz u. die Grafschaft Rochlitz zu. Damit legte er den Grund für den Aufstieg des Hauses Wettin. 1156 trat er als Laienbruder in das Kloster auf dem Petersberg ein.

PFALZ:

Konrad von Staufen, Pfalzgraf bei Rhein, *um 1134/36, †8.11.1195. Der Halbbruder Ks. ↑Friedrichs I. Barbarossa nahm 1154–55 an dessen Romzug teil u. erhielt 1156 die rhein. Pfalzgrafschaft, die er zu e. gefestigten Kerngebiet pfälz. Macht ausbaute. Darüber geriet er freil. in Konflikt mit den Erzbischöfen von Köln, Mainz u. Trier sowie zeitweilig mit seinem Halbbruder. Mit letzterem versöhnte er sich wieder Ende der 1160er Jahre u. war ihm von da an e. treuer Gefolgsmann. Seine Tochter Agnes (um 1176–1204) heiratete 1193/94 ↑Heinrich den Langen d. Ä. von Braunschweig, weshalb 1196 die Welfen sein Erbe antraten.

Lit.: Bernd Brinken, *Die Politik K.s von Staufen* (1974); Helmut Maurer, *Der Hg. von Schwaben* (1978).

SPEYER:

Konrad III. (von Scharfenberg), Bf., *um 1165, †24.3.1224 Speyer. Aus e. Ministerialenfamilie stammend, war er 1186–96 Propst des Stiftes St. German vor Speyer. 1200 zum Bf. von Speyer gewählt, stand er in den stauf.-welf. Auseinandersetzungen auf der Seite ↑Philipps von Schwaben. Nach dessen Ermordung 1208 bemühte er sich um e. Beilegung der stauf.-welf. Streitigkeiten u. setzte sich für die Anerkennung Kg. ↑Ottos IV. durch die Staufer ein. Zum Reichshofkanzler bestellt, begleitete er Otto 1209 nach Rom zur Ks.krönung. Nach dessen Bannung durch Papst Innozenz III. schloß er sich 1212 jedoch dem Staufer Ks. ↑Friedrich II. an, der ihn als Kanzler bestätigte. Im gleichen Jahr zum Bf. von Metz gewählt, war er danach e. der polit. einflußreichsten Persönlichkeiten am Hof Friedrichs, dessen

Ks.krönung 1220 er als Reichslegat für Italien in die Wege leitete.

Lit.: Friedrich Bienemann, *Conrad von Scharfenberg* (1886).

Konrad von Jungingen, Hochmeister des Dt. Ordens, *um 1355/60 Jungingen (bei Hechingen?), †30.3. 1407 Marienburg. 1387 als Hauskomtur des Dt. Ordens in Osterode (Ostpreußen) erstmals bezeugt, wurde er 1393 Hochmeister u. sah sich sofort mit äußeren Problemen konfrontiert. Mit e. Überraschungsschlag vertrieb er 1398 die seeräuber. Vitalienbrüder von der Insel Gotland. 1402 konnte er den Luxemburgern die Neumark abkaufen. Gegenüber Litauen u. Polen betrieb er e. auf den Erhalt von Frieden u. Besitzstand bedachte Politik. Ein Krieg gegen Litauen 1401–04 endete unter päpstl. Vermittlung für den Orden mit Gebietsverlust, aber dem Gewinn e. Pfandsumme. Unter K. machte der innere Ausbau Preußens bedeutende Fortschritte, u.a. durch die Anlegung zahlreicher Verschreibungs- u. Amtsbücher.

Lit.: Casimir Bumiller u. Magdalene Wulfmeier, *K. u. Ulrich von J.* (1995).

Konrad, Hg. von Zähringen, *um 1090, †8.1.1152 Konstanz. Er erbte 1122 Titel u. Besitz der Zähringer. Nach der Wahl ↑Lothars III. zum Kg. schloß er sich diesem im Kampf gegen die Staufer an u. erhielt von ihm dafür 1127 die Verwaltung Burgunds übertragen. Später geriet er in Streit mit dem jungen ↑Friedrich (I.) Barbarossa, dem er Zürich abgeben mußte.

Lit.: Peter Neumeister, «K.», in Eberhard Holtz u. Wolfgang Huschner, Hrsgg., *Dt. Fürsten des MA* (1995).

Konradin, Hg. von Schwaben, *25.3.1252 Wolfstein (bei Landshut), †29.10.1268 Neapel. Der Sohn Kg. ↑Konrads IV. war der letzte legitime männl. Staufererbe. Er wurde auf den Einspruch Papst Alexanders IV. hin nicht zum röm. Kg. gewählt. Nach dem Tod seines Onkels ↑Manfred 1266, der für ihn in Italien die Regentschaft wahrgenommen hatte, zog er 1267 nach dort, um sein südital. Erbe in Besitz zu nehmen. Gestützt auf die ghibellin. Städte durchquerte er das guelf. beherrschte Oberitalien u. erreichte, von Papst Clemens IV. inzwischen exkommuniziert, 1268 Rom. Bei Tagliacozzo nordöstl. von Rom wurde er jedoch von dem durch Clemens IV. mit Neapel-Sizilien belehnten Karl von Anjou vernichtend geschlagen. Auf der Flucht festgenommen, wurde er an Karl ausgeliefert, der ihn in Neapel enthaupten ließ.

Lit.: Ferdinand Geldner, *K.* (1970); Andreas Müller, *Das K.-Bild im Wandel der Zeit* (1972); Josef Mühlberger, *K. von Hohenstaufen* (1982).

Konstanze, Kg.in, Ks.in, *1154, †27.11.1198 Palermo. Die Tochter Kg. Rogers II. von Sizilien wurde 1186 mit Kg. ↑Heinrich VI. vermählt u. zur röm. Kg.in, 1191 an dessen Seite bei seiner Ks.krönung zur Ks. in gekrönt. Ab 1189 machte sie gemeinsam mit ihrem Gemahl Thronansprüche auf das sizil. Reich geltend. 1194 gebar sie den späteren Ks. ↑Friedrich II., den sie nach Heinrichs Tod (1197) 1198 in Palermo zum Kg. von Sizilien krönen u. von Papst Innozenz III., den sie auch zum Vormund bestimmte, mit dem normann. Kg.reich belehnen ließ.

Kopf, *Hinrich* Wilhelm, *6.5.1893 Neuenkirchen (bei Cuxhaven), †21.12.1961 Göttingen. Der Jurist trat 1919 der SPD bei u. arbeitete im Verwaltungsdienst. 1934 entlassen, wurde er nach Kriegsende 1945 Oberpräs. der Provinz Hannover u. war 1946–55 sowie 1959–61 Ministerpräs. des Landes Niedersachsen, 1957–59 dessen Innenminister.

Lit.: Thilo Vogelsang, *H.W.K. u. Niedersachsen* (1963).

Korsch, Karl, Politiker u. marxist. Theoretiker, *15.8.1886 Tostedt, †21.10.1961 in Belmont MA (USA). Der promovierte Jurist wurde 1920 Mitglied der KPD. 1923 war er Justizminister in Thüringen, 1924–28 saß er im Reichstag. Wegen seiner Kritik an der Komintern wurde er 1926 aus der Partei ausgeschlossen. Ein Kritiker des Stalinschen Herrschaftssystems, emigrierte er 1933 nach Dänemark u. 1936 in die USA.

Lit.: Christoph Behrend u.a., *K.K.* (1976).

Koschnick, Hans, Politiker, *2.4.1929 Bremen. Der Verwaltungsbeamte trat 1950 der SPD bei u. war 1955–63 Mitglied der Bürgerschaft, 1963–67 Innensenator, 1967–85 Senatspräs. u. Bürgermeister von Bremen. 1987–94 saß er im Bundestag. 1998–99 war er Beauftragter der Bundesregierung in Bosnien u. Herzegowina.

Kotzebue, August von (1785), Dramatiker, *3.5.1761 Weimar, †23.3.1819 Mannheim. Er lebte seit 1781 in Rußland u. war 1785–95 Gerichtspräs. in Reval. 1797–99 Hoftheaterdichter in Wien, lebte er ab 1803 in Berlin. 1813 wurde er russ. Generalkonsul in Königsberg. 1817 übersiedelte er nach Weimar, von wo er über die dt. Verhältnisse an den Zaren berichtete. Gegner dt.nationaler Ideale, wurde er von ↑Sand erstochen, was zu den Karlsbader Beschlüssen führte.

Lit.: Peter Kaeding, *A. von K.* (1988).

Kraft, *Waldemar* Erich, Politiker, *19.2.1898 Brustow (Provinz Posen), †12.7.1977 Bonn. 1921–39 u. 1940–45 war er als Agrarfunktionär in Posen tätig. Nach seiner Internierung 1945–47 war er 1950–51 Vors. des BHE in Schleswig-Holstein, 1950–53 Mitglied des Landtags u. Finanzminister, 1951–53 auch geschäftsführender Justizminister von Schleswig-Holstein. 1951–54 war er Bundesvors. des BHE bzw., ab 1952, des Gesamtdt. Blocks/BHE. 1953–61 saß er im Bundestag (ab 1956 CDU). 1953–56 war er Bundesminister für bes. Aufgaben.

Krause, Günther, Politiker, *13.9. 1953 Halle/Saale. Der Architekt war 1982–90 Assistent u. dann Dozent an der TH Wismar (Habilitation 1987). 1975 trat er in die (Ost-)CDU ein, wurde 1990 Mitglied der Volkskammer u. Parlamentar. Staatssekretär beim Ministerpräs. der DDR. 1990–94 saß er im Bundestag u. war 1990–91 Bundesminister für bes. Aufgaben, 1991–93 für Verkehr. Danach war er unternehmer. tätig.

Krenz, Egon, Politiker, *19.3.1937 Kolberg (Pommern). Er wurde 1953–57 zum Lehrer ausgebildet. 1953 trat er der FDJ bei, 1955 der SED. 1971–74 war er Vors. der Pionierorganisation Ernst Thälmann, 1974–83 Erster Sekretär des Zentralrats der FDJ. 1973–89 war er Mitglied des ZK, 1983–89 auch des Politbüros der SED. 1981–89 war er Mitglied des Staatsrats der DDR, 24.10.–6.12. 1989 dessen Vors. Anfang 1990 wurde er aus der SED-PDS ausgeschlossen. 1997 wurde er wegen des Schießbefehls zu sechseinhalb Jahren Haft verurteilt.

Krone, Heinrich, Politiker, *1.12. 1895 Hess. Oldendorf, †15.8.1989 Bonn. Der promovierte Philologe war 1925–33 Mitglied des Reichstags (Zentrum) u. wurde 1933 aus dem Schuldienst entlassen. 1945 Mitbegründer der CDU, gehörte er 1949–69 dem Bundestag an, 1955–61 als Vors. der CDU/CSU-Fraktion. 1961–66 war er Bundesminister für bes. Aufgaben, 1964–66 auch Vors. des Bundesverteidigungsrates. Er gilt als e. der Wegbereiter der Großen Koalition von 1966.

Lit.: Klaus Gotto, «H.K.», in Jürgen Aretz u.a., Hrsgg., *Zeitgesch. in Lebensbildern.* Bd. 7 (1994).

Krüdener, Barbara *Juliane* Freifrau von [geb. von Vietinghoff], pietist. Schwärmerin, *23.11.1764 Riga, †25.12.1824 Karassubasar (Krim). Sie heiratete 1782 den russ. Diplomaten Burchard von K. (1746–1802). 1804 erlebte sie e. religiöse Erweckung u. trat in Riga der Herrnhuter Brüdergemeinde bei. Nach Preußens Niederlage 1806 trat sie mit Kg.in ↑Luise in Verbindung. Nach Besuchen bei Jung-Stilling (1813) traf sie 1815 in Heilbronn mit Zar Alexander I. zus., den sie in seinem myst. Glauben an seine europ. Sendung bestärkte u. zum Abschluß der Hl. Allianz bewegte. In Baden u. der Schweiz beteiligte sie sich danach an der Gründung schwärmer.-religiöser Gemeinschaften, bis sie 1818 als Unruhestifterin ausgewiesen wurde u. nach Rußland ging.

Lit.: Francis Ley, *Madame de K.* (Paris, 1994).

Krüger, Hans, Politiker, *6.7.1902 Neustettin (Hinterpommern), †3.11. 1971 Bonn. Der Jurist war ab 1931 Richter. Mitglied in mehreren NS-Organisationen, nahm er 1943–45 am Zweiten Weltkrieg teil. 1948 war er Mitbegründer des Bundes der vertriebenen Deutschen. Ab 1957 arbeitete er als Rechtsanwalt in Olpe. 1957–65 saß er im Bundestag

u. war 1963-64 Bundesvertriebenenminister. 1958-64 war er Präs. des neugegründeten Bundes der Vertriebenen.

Krüger, Paul, Politiker, *7.3.1950 Güstrow (Mecklenburg). Der promovierte Maschinenbauingenieur trat 1989 in die CDU ein u. war 1990 Mitglied der Volkskammer, danach des Bundestags. 1993-94 war er Bundesminister für Forschung u. Technologie.

Krupp, Alfred, Unternehmer, *26.4.1812 Essen, †14.7.1887 ebd. Wegen des frühen Tods seines Vaters Friedrich K. (1787-1826) mußte er die von diesem 1810 in Essen gegründete kleine Gußstahlfabrik ohne abgeschlossene Ausbildung übernehmen. Bis etwa zur Mitte des 19. Jh.s waren große finanzielle u. techn. Probleme zu überwinden, doch expandierte die Firma danach sehr stark. In den 1860er Jahren entwikkelte sich das Unternehmen zum vertikal gegliederten Konzern mit Kohlen- u. Erzgruben, Hütten- u. Fertigungsbetrieben. 1847 wurde die erste Gußstahlkanone hergestellt, jedoch profitierte man v.a. von der großen Eisen- u. Stahlnachfrage im Eisenbahnbau. Schon früh wurden soziale Maßnahmen für die Belegschaft getroffen (u.a. 1855 Pensionskasse, ab 1861 Bau von Wohnsiedlungen). Bei seinem Tod zählte das Unternehmen über 20000 Mitarbeiter u. war die größte Gußstahlfabrik der Welt.

Lit.: Ernst Schröder, *K.* (⁴1991).

Krupp, *Friedrich* Alfred, Industrieller, *17.2.1854 Essen, †22.11.1902 Hügel (bei Essen). 1875 in das Unternehmen seines Vaters A. ↑K. eingetreten, erfuhr dieses unter seiner Leitung (ab 1887) e. starke Expansion (1895-97 K.sches Hüttenwerk in Rheinhausen bei Duisburg; 1889 u. 1899 lothring. Minettegruben; 1902 Germaniawerft in Kiel). Ein Großteil der Umsätze wurde mit der Produktion von Kriegsschiffen erwirtschaftet. Er war mit Ks. ↑Wilhelm II. befreundet.

Krupp von Bohlen u. Halbach, Alfried, Unternehmer, *13.8.1907 Essen, †30.7.1967 ebd. Der Diplomingenieur, Sohn von G. ↑K. von B.u.H., arbeitete seit 1936 als Prokurist im Krupp-Konzern. 1937 zum Wehrwirtschaftsführer ernannt, trat er 1938 der NSDAP bei. 1943 wurde er, nach der Umwandlung der AG in e. Privatunternehmen, Alleininhaber der Firma. 1945 von den Alliierten verhaftet, wurde er 1948 stellv. für seinen nicht haftfähigen Vater wegen «Plünderung» u. Ausrichtung von «Sklavenarbeit» zu zwölf Jahren Haft verurteilt u. sein Vermögen eingezogen. 1951 freigelassen, übernahm er 1953 wieder die Leitung des Familienunternehmens, das er völlig umstrukturierte. In den 1960er Jahren kam dasselbe in Liquiditätsschwierigkeiten, denen er 1967 mittels e. durch Erbverzicht seines Sohnes Arndt von B.u.H. (1938-86) mögl. gewordenen Umwandlung der Firma in e. GmbH zu begegnen suchte.

Lit.: Bernt Engelmann, *K.* (⁴1986); Lothar Gall, *K.* (2000).

Krupp von Bohlen u. Halbach, Gustav, Unternehmer, *7.8.1870 Den Haag, †16.1.1950 Blühnbach (bei Salzburg). Der promovierte Jurist, Sohn des bad. Legationsrats Gustav von B. u. H. (1831–90), trat 1898 in den diplomat. Dienst u. war 1904–06 Legationsrat beim Vatikan. 1906 heiratete er Bertha K. (1886–1957), die Alleinerbin des Kruppunternehmens. 1909–43 war er dort Vors. des Aufsichtsrats. Ab 1910 Mitglied des preuß. Herrenhauses u. 1921–33 des preuß. Staatsrats, war er 1931–34 Vors. des Reichsverbandes der Dt. Industrie, ab 1937 Wehrwirtschaftsführer. 1940 erhielt er, bisher nicht Parteimitglied, das Goldene Parteiabzeichen der NSDAP. Die Bertha K. gehörende Firma war sowohl im Ersten als auch im Zweiten Weltkrieg e. der größten dt. Rüstungsunternehmen. Er wurde 1945 wegen der Beschäftigung von Kriegsgefangenen u. Zwangsarbeitern in Nürnberg angeklagt, jedoch wegen Haftunfähigkeit freigelassen. Statt seiner wurde sein Sohn A. ↑K. verurteilt.

Lit.: Bernt Engelmann, *K.* (⁴1986); Lothar Gall, *K.* (2000).

Kubel, Alfred, Politiker, *25.5.1909 Braunschweig, †22.5.1999 Bad Pyrmont. Der gelernte Drogist arbeitete nach Kriegsende in der Wirtschaft. 1945 SPD-Mitglied, war er 1946 kurzfristig Ministerpräs. von Braunschweig. 1946–55 u. 1957–70 war er Minister verschiedener Geschäftsbereiche in Niedersachsen, 1970–76 Ministerpräs.

Kudlich, Hans, östr. Politiker, *25.10.1823 Lobenstein (östr. Schlesien), †11.11.1917 Hoboken (USA). Er war jüngstes Mitglied des konstituierenden östr. Reichstags von 1848, wo er den Antrag auf Abschaffung der bäuerl. Untertänigkeitsverhältnisse stellte. Nach der Auflösung des Reichstags zu Kremsier floh er nach Dtld. u. dann in die USA.

Lit.: Friedrich Prinz, *H. K.* (1962).

Kühlmann, Richard von, Diplomat, *3.5.1873 Konstantinopel, †6.2.1948 Ohlstadt (Oberbayern). Der Jurist trat 1900 in den diplomat. Dienst ein. Als Geschäftsträger in Tanger bereitete er 1904–05 den Besuch Ks. ↑Wilhelms II. vor. Als Botschaftsrat in London 1909–14 war er um dt.-brit. Ausgleich bemüht. Kurzfristig Gesandter in Den Haag (ab 1915), war er 1916–17 Botschafter in Konstantinopel. Ab Aug. 1917 leitete er als Staatssekretär im Auswärtigen Amt die dt. Außenpolitik. Seine Bemühungen um e. Verständigungsfrieden mit Großbritannien blieben vergebl. Er schloß die Friedensverträge mit Rußland (3.3.1918, Brest-Litowsk) u. Rumänien (7.5., Bukarest) ab. Als er sich für e. Beendigung des Kriegs aussprach, mußte er unter dem Druck der Obersten Heeresleitung zurücktreten (9.7.).

Lit.: Wolfgang Steglich, *Die Friedenspolitik der Mittelmächte* (1964).

Kühn, Heinz, Politiker, *18.2.1912 Köln, †12.3.1992 ebd. Er trat 1930 der SPD bei u. ging 1933 in die Emigration (Prag, Brüssel, Genf). Nach dem Krieg arbeitete er als Journalist in Köln. 1948–54 u. 1962–78 saß er im Landtag, 1966–78 war er Ministerpräs. von Nordrhein-Westfalen. 1953–63 saß er im Bundestag, 1979–84 im Europaparlament. 1983–87 war er Vors. der Friedrich-Ebert-Stiftung.

Kujat, Harald, General, *1.3.1942 Mielke (Westpreußen). Der Berufsoffizier diente bis Mitte der 1980er Jahre in der Luftwaffe der Bundeswehr. Nach Verwendung in verschiedenen Leitungsstellen des Bundesverteidigungsministeriums u. in internat. Stäben wurde er 1998 zum Leiter des Planungsstabs in ersterem u. 2000 zum Generalinspekteur der Bundeswehr ernannt.

Künast, Renate, Politikerin, *15.12.1955 Recklinghausen. Nach Tätigkeit als Sozialarbeiterin studierte sie Jura u. arbeitete dann als Rechtsanwältin. 1979 trat sie der Alternativen Liste in Berlin (West) bei. Als Abg. im Berliner Abg.haus (Bündnis 90/ Die Grünen) war sie zeitweilig Fraktionsvors. Ab 2000 e. der Bundesvors.en von Bündnis 90/Die Grünen, ist sie seit 2001 Bundesministerin für Verbraucherschutz, Ernährung u. Landwirtschaft.

Kunigunde, Ks.in, *um 980, †3.3.1033 Kloster Kaufungen. Sie wurde um 998 mit dem späteren Kg. ↑Heinrich II. vermählt. 1002 wurde sie zur Kg.in, 1014 zur Ks.in gekrönt. Sie hatte Anteil an den Regierungsgeschäften ihres Mannes u. überließ der Kirche reiche Güter. 1025 zog sie sich in das von ihr gegründete Kloster Kaufungen zurück u. wurde 1200 hl.gesprochen (Tag: 13.7.; in Bamberg: 3.3.).
Lit.: Ingrid Baumgärtner, *K.* (1997).

Kunschak, Leopold, östr. Politiker, *11.11.1871 Wien, †14.3.1953 ebd. Der Sattlergehilfe gründete 1892 den Christl.-soz. Arbeiterverein u. 1895 die *Freiheit* (ab 1900 *Christl.-soz. Arbeiterzeitung*). Ab 1907 saß er im Reichsrat, ab 1908 auch im Niederöstr. Landtag, 1920–33 im Nationalrat. Später kritisierte er das Regime ↑Dollfuß. 1945 war er Mitbegründer der Östr. Volkspartei.
Lit.: Alfred Schlegel, *K. u. Schlegel* (1986).

L

Laermann, Karl-Hans, Politiker, *26.12.1929 Kaulhausen (Rheinland). Der promovierte Diplomingenieur (Habilitation Aachen 1966) trat 1968 in die FDP ein u. wurde 1971 Prof. in Aachen, 1974 in Wuppertal. 1974–98 saß er im Bundestag. 1994 war er Bundesbildungsminister.

Lafontaine, Oskar, Politiker, *16.9.1943 Saarbrücken. Der Diplom-Physiker trat 1966 der SPD bei u. saß 1970–75 u. ab 1985 im Landtag des Saarlandes. 1976–85 war er Oberbürgermeister von Saarbrükken, 1985–98 Ministerpräs. des Saarlandes. Als Kanzlerkandidat der SPD 1990 betonte er im Wahlkampf die finanziellen u. sozialen Risiken des Einigungsprozesses u. unterlag ↑Kohl. Ab 1995 Bundesvors. der SPD u. ab 1998 Finanzminister im Kabinett ↑Schröder, trat er, vielfach wegen seines ausgeprägten Machtwillens angefeindet, im März 1999 von Ministeramt u. Parteivorsitz ohne Angabe von Gründen zurück.
Lit.: Werner Filmer, *O. L.* (1996).

Lahnstein, Manfred, Politiker, *20.12.1937 Erkrath (bei Düsseldorf). Der Wirtschaftswiss.ler trat 1959 in die SPD ein u. arbeitete 1962–67 bei Gewerkschaftsorganisationen, 1967–73 bei der EG-Kommission in Brüssel. 1973–74 war er im Bundeskanzleramt, 1974–80 im Bundesfinanzministerium (1977–80 Staatssekretär) tätig. 1980–82 war er Chef des Bundeskanzleramts, 1982 Bundesfinanzminister. 1983 kurzfristig Mitglied des Bundestags, war er 1983–94 Mitglied des Vorstands, 1994–98 des Aufsichtsrats der Bertelsmann AG.

Lambsdorff, Otto Graf, Politiker, *20.12.1926 Aachen. Der promovierte Jurist trat 1951 der FDP bei u. war 1955–71 im Kreditgewerbe tätig. 1972–98 saß er im Bundestag. 1977–84 war er Bundeswirtschaftsminister, 1988–93 Bundesvors. der FDP. Ab 1995 war er Vors. der Friedrich-Naumann-Stiftung. 2000–01 trat er nochmals an die Öffentlichkeit durch seine Vermittlung in der Frage der aus dem Zweiten Weltkrieg resultierenden Zwangsarbeiterentschädigung.

Lammasch, Heinrich, östr. Völkerrechtler, *21.5.1853 Seitenstetten (Niederösterreich), †6.1.1920 Salzburg. Der Jurist war nach Habilitation (Wien 1879) ab 1882 Prof. in Wien, ab 1885 in Innsbruck u. danach 1889–1914 wieder in Wien. 1899–1917 war er Mitglied des Herrenhauses. Der östr.-ungar. Delegation stand er bei der 1. (1899) u. 2. (1907) Haager Friedenskonferenz als Rechtsexperte bei u. war ab 1900 Mitglied des Ständigen Schiedsgerichtshofs in Den Haag. Im Ersten Weltkrieg bemühte er sich erfolglos um e. Verständigungsfrieden mit dem Westen. Als letzter östr. Ministerpräs. (27.10.-11.11.1918) hatte er die Aufgabe, den Vielvölkerstaat zu liquidieren. Bei der Friedenskonferenz in Saint-Germain 1919 diente er der östr. Delegation als Berater.

Lit.: Gerhard Oberkofler, *H. L.* (1993).

Lampert von Hersfeld, Geschichtsschreiber, *vor 1028, †vermutl. 1081/82 Hasungen (Nordhessen). Er war ab 1058 Mönch in Hersfeld, wo er wohl einige Zeit lang die Klosterschule leitete. Um 1081 wirkte er bei der Umwandlung des Kanonikerstifts Hasungen bei Kassel in e. Benediktinerkloster mit, dessen erster Abt er wurde. Neben seiner nur fragmentar. erhaltenen Gesch. des Klosters Hersfeld steht sein Hauptwerk, die *Annales*, in denen er ausführl. die Zeit von 1069/73 bis 1077 darstellt. Trotz ihrer kg.sfeindl., gegen Ks. ↑Heinrich IV. gerichteten Tendenz sind sie e. reichhaltige, für den Beginn des Investiturstreits unentbehrl. Quelle.

Lit.: August Eigenbrodt, *L. von H.* (1896).

Lamprecht, Karl, Historiker, *25.2.1856 Jessen (bei Wittenberg), †10.5.1915 Leipzig. Nach dem Studium der Gesch. (Habilitation Bonn 1880) begründete sein Werk *Dt. Wirtschaftsleben im MA* (4 Bde., 1885-86) seinen Ruf als Wirtschaftshistoriker. Prof. 1890 in Marburg u. ab 1891 in Leipzig, war es sein Bestreben, Sozialgesch. im Gewand der Kulturgesch. zu schreiben. Seine *Dt. Gesch.* (12 Bde. in 16 Teilen, dazu Ergänzungsbde., 1891-1909) verursachte ab 1893 e. heftigen Methodenstreit durch seinen Versuch, e. Totalität der Gesch. zu erkennen in e. gesetzmäßigen Abfolge materieller Zustände in Wirtschaft, Recht u. Verfassung u. in der parallel verlaufenden Entwicklung geistig-kultureller Zustände, hinter denen die Darstellung polit. Geschehnisse zurücktreten mußte. Die entfachte Diskussion wirkte dann eher hemmend als fördernd auf die Rezeption der Sozialgesch. in Dtld.

Lit.: Karl Heinz Metz, *Grundformen historiograph. Denkens* (1979); Luise Schorn-Schütte, *K. L.* (1984); Roger Chickering, *K. L.* (o.O. NJ, 1993).

Landauer, Gustav, Sozialphilosoph, *7.4.1870 Karlsruhe, †2.5.1919 München. Nach Studium der Philosophie u. Germanistik ohne Abschluß arbeitete der Sohn e. jüd. Kaufmanns als Journalist u. bekannte sich schon früh unter dem Einfluß Kropotkins zu e. undoktrinären, radikalen Sozialismus u. gewaltlosen Anarchismus. Nach seiner Gründung des Sozialist. Bundes vertrat er in der 1909-15 von ihm herausgegebenen Zeitschrift *Der Sozialist* utop.-anarchist. Gedanken. Nach der Novemberrevolution wurde er 1918 in München Mitglied des Zentralarbeiterrats. 1919 war er dort Anfang April Volksbeauftragter für Volksaufklärung der Räteregierung, ehe er von Freikorpssoldaten ermordet wurde.

Lit.: Wolf Kalz, *G. L.* (1967).

Landsberg, Otto, Politiker, *4.12. 1869 Rybnik (Oberschlesien), †9.12. 1957 Baarn (Holland). Der Rechtsanwalt, Sohn e. jüd. Tierarzts, war 1903–09 Stadtverordneter (SPD) in Magdeburg u. saß 1912–18 im Reichstag. Einer der führenden Mehrheitssozialisten, war er Mitglied des Rates der Volksbeauftragten u. der Nationalversammlung. 1919 war er Reichsjustizminister, 1920–23 Gesandter in Brüssel, danach bis 1933 wieder im Reichstag. 1933 emigrierte er nach Holland u. kehrte nicht mehr zurück.

Lange, Helene, Frauenrechtlerin, *9.4.1848 Oldenburg, †13.5.1930 Berlin. Seit 1872 Lehrerin, gründete sie 1890 den Allg. Dt. Lehrerinnenverein u. war ab 1892 Vors. des Allg. Dt. Frauenvereins. In vielen Schriften, u. a. in der von ihr 1893 gegründeten Zeitschrift *Die Frau*, setzte sie sich für die Verbesserung der weibl. Ausbildungsmöglichkeiten ein. Ab 1898 arbeitete sie eng mit G. ↑Bäumer zusammen. Ihre polit. Heimat war die Freisinnige Vereinigung bzw. die Fortschrittl. Volkspartei.

Lit.: Barbara Greven-Aschoff, *Die bürgerl. Frauenbewegung* (1981); Dorothea Frandsen, *H. L.* (1999).

Lasker, Eduard, Politiker, *14.10. 1829 Jaroczyn (bei Posen), †5.1. 1884 New York. Der Sohn e. jüd. Kaufmanns beteiligte sich an der Revolution 1848 in Wien u. studierte anschließend Jura. 1853–56 lebte er in England. Zurück in Berlin, arbeitete er nach 1857 bestandenem Assessorexamen zuerst als Journalist, ab 1870 als Rechtsanwalt u. ab 1873 als Syndikus des Berliner Pfandbriefinstituts. 1862–79 saß er im preuß. Abg.haus, 1867–84 im Reichstag. Anfängl. Mitglied der Fortschrittspartei, wurde er 1866 Mitbegründer u. e. der Führer der Nationalliberalen Partei. Ein typ. Repräsentant des Liberalismus der Reichsgründungszeit, war er maßgebl. beteiligt an der Wirtschaftsgesetzgebung u. den Reichsjustizgesetzen. Seine Kritik an Kulturkampf, Sozialistengesetz u. Schutzzoll brachten ihn jedoch in Gegensatz zu O. von ↑Bismarck, u. er trat 1880 zus. mit ↑Bamberger aus seiner Partei aus. Er starb während e. Amerikaaufenthalts.

Lit.: Adolf Laufs, *E. L.* (1984).

Lassalle, Ferdinand, Politiker, *11.4. 1825 Breslau, †31.8.1864 Genf. Der Sohn des wohlhabenden jüd. Tuchhändlers Heyman Lassal (1791–1862) studierte 1842–45 Philosophie u. Gesch. in Breslau u. Berlin. 1846 änderte er seinen Namen in L. um. Unter dem Einfluß des Junghegelianismus dem polit. Radikalismus zuneigend, agitierte er während der Revolution 1848/49 als Redner u. Journalist u. wurde 1849 zu sechs Monaten Gefängnis verurteilt. Während der 1850er Jahre verfaßte er philosoph. Schriften u. engagierte sich im Ehescheidungsprozeß der Gräfin von ↑Hatzfeld-Trachenberg, mit der er zeitweilig zus.lebte u. von der er dann e. Jahresrente von 7000 Talern erhielt. In seinem theoret. Hauptwerk *Das System der erworbenen Rechte*

(2 Bde., 1860–61) unternahm er es, e. wiss. Rechtssystem für Revolution u. Sozialismus zu entwickeln. Polit. bekannte er sich zu e. demokrat., kleindt. Lösung der dt. Frage (*Der ital. Krieg u. die Aufgabe Preußens*, 1859). Kontakte zu Berliner Arbeitervereinen führten 1862 zur Bitte des Leipziger Zentralkomitees der Arbeiterbewegung um Unterstützung u. 1863 zur Aufforderung, seine Vorstellungen über Ziele u. Aufgaben der Bewegung zu präzisieren. Sein «offenes Antwortschreiben», auf den Lohntheorien Ricardos basierend, verlangte die Bildung von staatl. geförderten Produktivassoziationen u. die Abschaffung des Dreiklassenwahlrechts zugunsten des allg. u. gleichen Wahlrechts. Auf der Grundlage dieses Programms wurde im Mai in Leipzig der Allg. Dt. Arbeiterverein gegründet, dessen 1. Präs. L. wurde. Im gleichen Jahr begegnete er mehrmals O. von ↑Bismarck, dem er e. Bündnis gegen das liberale Bürgertum anbot, doch blieb es beim Gedankenaustausch. Er starb in der Schweiz an e. in e. Eifersuchtsduell erlittenen Verletzung.

Lit.: Shlomo Na'aman, *L.* (²1971); Fritz Nova, *L. als sozialist. Theoretiker* (1980); Gösta von Uexküll, *F. L.* (1983); Hans J. Friederici, *F. L.* (1985).

Laudon (Loudon), Ernst *Gideon* Frhr. von (1759), östr. Feldmarschall, *2. bzw. 13.2.1717 Tootzen (Livland), †14.7.1790 Neutitschein (Mähren). Er trat 1732 in russ. Dienste u. 1742 zur östr. Armee über. Im 7 jährigen Krieg stieg er zum General auf u. war maßgebl. an den Siegen bei Kunersdorf 1759 u. Landeshut (Schlesien) 1760 beteiligt, wurde jedoch bei Liegnitz 1760 geschlagen. 1778 zum Feldmarschall ernannt, manövrierte er im Bayer. Erbfolgekrieg einigermaßen glücklos. Im Türkenkrieg (1787–92) konnte er hingegen als Oberbefehlshaber der östr. Truppen 1789 Belgrad erobern.

Lauritzen, Lauritz, Politiker, *20.1.1910 Plön, †5.6.1980 Bad Honnef. Er trat 1929 der SPD bei u. war nach Jurastudium u. Promotion 1937–54 in verschiedenen Verwaltungspositionen tätig. 1954–63 war er Oberbürgermeister von Kassel, 1963–66 Justizminister, 1966–67 Mitglied des Landtags von Hessen. 1966–72 war er Bundeswohnungs-, 1972–74 Bundesverkehrsminister. 1969–80 saß er im Bundestag.

Leber, Georg, Politiker, *7.10.1920 Obertiefenbach (bei Limburg/Lahn). Der kaufmänn. Angestellte u. Maurer trat 1951 der SPD bei. Seit 1949 Funktionär der IG Bau, Steine, Erden, war er 1957–66 deren Vors. 1957–82 saß er im Bundestag (1979–82 Vizepräs.). 1966–72 war er Bundesminister für Verkehr, 1969–72 auch für das Post- u. Fernmeldewesen, 1972–78 Bundesverteidigungsminister. 1968–94 war er Mitglied des ZK der Dt. Katholiken.

Leber, Julius, Widerstandskämpfer, *16.11.1891 Biesheim (Elsaß), †5.1.1945 Berlin-Plötzensee. Er studierte Volkswirtschaft (Promotion 1920).

1913 trat er in die SPD ein. Offizier im Ersten Weltkrieg, nahm er 1920 an der Niederschlagung des Kapp-Putsches (↑Kapp) teil. 1921–33 war er Chefredakteur des *Lübecker Volksboten*, 1924–33 saß er im Reichstag. 1933–37 wurde er in Gefängnis- bzw. KZ-Haft gehalten. Danach arbeitete er in e. Kohlenhandlung in Berlin. Im Krieg war er in engem Kontakt zum Kreisauer Kreis an den Planungen für das Attentat vom 20.7.1944 beteiligt u. wurde von ↑Goerdeler als Innenminister vorgesehen. Von e. Gestapo-Spitzel denunziert, wurde er schon am 4.7. verhaftet, nach Folterung zum Tod verurteilt u. gehängt.

Lit.: Dorothea Beck, *J. L.* (²1994).

Ledebour, Georg, Politiker, *7.3.1850 Hannover, †31.3.1947 Bern. Der Journalist trat 1891 der SPD bei u. saß 1900–18 u. 1920–24 im Reichstag. Er verweigerte seine Zustimmung zu den Kriegskrediten u. wurde Mitbegründer der USPD. 1919 nahm er am Spartakusaufstand teil. Nach Auflösung der USPD zog er sich von der Politik zurück u. emigrierte 1933 in die Schweiz.

Lit.: Ursula Ratz, *G. L.* (1969).

Leeb, Wilhelm Ritter (1915) von, Generalfeldmarschall, *5.9.1876 Landsberg/Lech, †29.4.1956 Füssen. Der Berufsoffizier war im Ersten Weltkrieg im Generalstab tätig. Nach Dienst in der Reichswehr wurde er 1934 General der Artillerie. Im Westfeldzug befehligte er die Heeresgruppe C. Ab 1940 Generalfeldmarschall, führte er im Rußlandfeldzug die Heeresgruppe Nord. Anfang 1942 wurde er von ↑Hitler wegen Strategiedifferenzen seines Postens enthoben.

Legien, Carl, Gewerkschafter, *1.12.1861 Marienburg, †26.12.1920 Berlin. Der gelernte Drechsler, seit 1885 Sozialdemokrat, schloß sich 1886 in Hamburg der Gewerkschaftsbewegung an u. wurde 1890 Vors. der Generalkommission der Gewerkschaften Dtld. s. 1913 war er e. der Gründer des Internat. Gewerkschaftsbundes u. wurde dessen Präs. (1913–19). 1919 war er Mitgründer des ADGB. 1893–98 u. 1903–20 saß er im Reichstag. Er setzte sich für e. reformist., v. a. die Verbesserung der sozialen Sicherheit der Arbeiter anstrebenden Gewerkschaftskurs ein. 1920 lenkte er den erfolgreichen Generalstreik gegen den Kapp-Putsch (↑Kapp).

Lit.: Theodor Leipart, *C. L.* (²1981).

Lehmann, Karl, Bf. von Mainz, *16.5.1936 Sigmaringen. Nach Promotion in Philosophie (1962) u. Theologie (1967) sowie Priesterweihe (1963) war er Prof. der Theologie in Mainz (1968–71) u. in Freiburg i. B. (1971–83). Seit 1983 ist er Bf. von Mainz, seit 1987 Vors. der Dt. Bf.skonferenz, seit 2001 Kardinal.

Lehr, Robert, Politiker, *20.8.1883 Celle, †13.10.1956 Düsseldorf. Der promovierte Jurist war 1924–33 Oberbürgermeister von Düsseldorf. 1933 aus dem Amt entlassen, war er

1945 Mitbegründer der CDU Rheinland, 1945-46 Oberpräs. der Provinz Nordrhein, 1946-47 Vors. des Zonenbeirats u. Präs. des Landtags von Nordrhein-Westfalen, 1947-50 dessen Mitglied. 1948-49 saß er im Parlamentar. Rat, 1949-53 im Bundestag. 1950-53 war er Bundesinnenminister.

Lehr, Ursula [geb. Leipold], Politikerin, *5.6.1930 Frankfurt/Main. Die Psychologin wurde nach Habilitation (1968) 1972 Prof.in für Pädagogik in Köln, 1976 für Psychologie in Bonn, 1986 für Gerontologie in Heidelberg. 1986 trat sie der CDU bei u. war 1988-91 Bundesministerin für Jugend, Familie, Frauen u. Gesundheit. 1990-94 saß sie im Bundestag.

Leipart, Theodor, Gewerkschafter, *17.5.1867 Neubrandenburg, †23.3.1947 Berlin (Ost). Der gelernte Drechsler trat früh der SPD bei. 1890 wurde er Redakteur der *Fachzeitung für Drechsler* u. 1901 Vors. des Drechslerverbandes. 1919-20 war er württ. Arbeitsminister. 1921-33 leitete er den ADGB. Nach dem Zweiten Weltkrieg war er SED-Mitglied.

Lemke, Helmut, Politiker, *29.9.1907 Kiel, †15.4.1990 Lübeck. Der promovierte Jurist war 1954-55 Kultus-, 1955-63 Innenminister, 1963-71 Ministerpräs. von Schleswig-Holstein. 1955-83 gehörte er dem dortigen Landtag an (CDU).

Lemmer, Ernst, Politiker, *28.4.1898 Remscheid, †18.8.1970 Berlin (West). Der Volkswirt schloß sich 1918 der DDP an. 1922-33 war er Generalsekretär der Hirsch-Dunckerschen Gewerkschaften, 1924-33 auch Mitglied des Reichstags. 1945 war er Mitbegründer der CDU in der SBZ, 1948-56 Mitglied des Abg.-hauses von Berlin. 1950 siedelte er nach Westberlin über. 1952-70 saß er für Berlin im Bundestag. 1956-57 war er Bundespostminister, 1957-62 Bundesminister für gesamtdt. Fragen, 1964-65 für Vertriebene, 1965-69 Sonderbeauftragter für Berlin.

Lenz, Hans, Politiker, *12.7.1907 Trossingen (Württ.), †28.8.1968 Rottweil. Der gelernte Verlagskaufmann trat nach Kriegsteilnahme 1948 der DemVP (später FDP) bei u. saß 1953-67 im Bundestag. 1961-62 war er Bundesschatzminister, 1962-65 Bundesforschungsminister.

Leonhardt, Gerhard *Adolf* Wilhelm, Jurist, *6.6.1815 Hannover, †7.5.1880 ebd. Er trat 1848 in den hannov. Staatsdienst u. war 1865-66 hannov., 1867-79 preuß. Justizminister. Er leitete die Ausarbeitung des dt. Strafgesetzbuches u. der Straf- wie auch der Zivilprozeßordnung.

Leopold
HEILIGES RÖMISCHES REICH:
Leopold I., Ks., *9.6.1640 Wien, †5.5.1705 ebd. Der zweite Sohn Ks. ↑Ferdinands III. wurde nach dem frühen Tod seines Bruders ↑Ferdinand IV. 1655 Kg. von Ungarn, 1656

von Böhmen u. 1658, nach dem Tod seines Vaters, Ks. Die Hauptprobleme seiner Regierungszeit waren die Verbindung des franz. mit dem osman. Expansionsstreben u. die Nachfolgefrage in Spanien. Der aggressiven Politik des franz. Kg.s Ludwig XIV. begegnete er durch Beteiligung am niederländ.-franz. Krieg, am Pfälz. Erbfolgekrieg u. an der Augsburger Allianz. Zwar mußte er im Frieden von Nimwegen 1679 Frankreich die Freigrafschaft Burgund u. im Frieden von Rijswijk 1697 Straßburg überlassen, doch begann nach dem siegreichen Abschluß der Türkenkriege (1683 Belagerung Wiens; 1699 Friede von Karlowitz) der Aufstieg Österreichs zur europ. Großmacht. In Verfolg dieser Tendenz zögerte er nicht, in der strittigen Frage der span. Thronnachfolge 1701 den Kampf mit Frankreich erneut aufzunehmen.

Lit.: John P. Spielman, *L. I.* (1981); Anton Schindling, «L. I. (1658–1705)», in ders. u. Walter Ziegler, Hrsgg., *Die Ks. der Neuzeit* (1990).

Leopold II., Ks., *5.5.1747 Wien, †1.3.1792 ebd. Der dritte Sohn von Ks. ↑Franz I. Stephan u. ↑Maria Theresia wurde nach dem Tod seines Vaters 1765 Großhg. von Toscana, wo er im Sinn der Aufklärung umfassende Wirtschafts- u. Verwaltungsreformen veranlaßte. Nach dem Tod seines älteren Bruders Ks. ↑Joseph I. wurde er 1790 Ks. Während seiner Regierung hob er die josephin. Reformen zum Teil wieder auf u. war bestrebt, den kirchl., ständ. u. nationalen Interessen entgegenzukommen. 1790 versöhnte er sich in der Reichenbacher Konvention mit Preußen, im Frieden von Sistowa 1791 auch mit der Türkei. Die Franz. Revolution betrachtete er anfangs zurückhaltend, doch bewegte ihn die Bedrohung seiner Schwester ↑Marie Antoinette 1791 zum Abschluß der Pillnitzer Konvention mit Preußen, welche die Grundlage für die erste Koalition gegen das revolutionäre Frankreich schuf.

Lit.: Helga Peham, *L. II.* (1987).

ANHALT-DESSAU:

Leopold I., Fürst, Feldmarschall, *3.7.1676 Dessau, †9.4.1747 ebd. Er trat 1698 die Regierung an, war aber schon seit 1693 in brandenburg. Militärdienst u. hatte 1695–97 am niederländ. Krieg teilgenommen. Seit 1704 General, hatte er im Span. Erbfolgekrieg maßgebl. Anteil an den Siegen bei Höchstädt (1704) u. Malplaquet (1709). 1712 zum Feldmarschall ernannt, eroberte er im Nord. Krieg als Oberbefehlshaber des preuß.-sächs.-dän. Heeres 1715 Rügen u. Stralsund. Schon 1698 hatte er in seinem Regiment den Gleichschritt u. den eisernen Ladestock eingeführt. Während der Friedensjahre bemühte sich der persönl. Freund Kg. ↑Friedrich Wilhelms I. um die weitere Verbesserung des preuß. Heeres durch intensiven neuartigen Drill mit dem Ziel der Steigerung der Feuergeschwindigkeit u. der Verbindung von Salvenfeuer u. geordneter Bewegung. Im 2. Schles.

Krieg schlug er die Österreicher 1745 bei Kesselsdorf. Danach zog sich der «Alte Dessauer» in sein Fürstentum zurück.

Lit.: Olaf Groehler u. Helmut Erfurth, *Der Alte Dessauer* (1991).

BADEN:
Leopold, Großhg., *29.8.1790 Karlsruhe, †24.4.1852 ebd. Er trat 1830 die Regierung an, berief e. liberales Ministerium u. stellte die Verfassung von 1818 wieder her. Maßnahmen zur Förderung der Wirtschaft wie der Beitritt zum Zollverein 1835 u. der Eisenbahnbau Mannheim-Basel brachten ihm genügend Popularität, so daß er sich in der Revolution 1848 halten konnte. 1849 mußte er freil. kurzfristig preuß. Militärhilfe annehmen.

Lit.: Klaus Häfner, *Großhg. L. von B.* (1990).

ÖSTERREICH:
Leopold I., Hg., *1290 Wien(?), †28.2.1326 Straßburg. Der Sohn Kg. ↑Albrechts I. war seit 1308 Herr über die östr. Vorlande. Nach dem Tod Kg. ↑Heinrichs VII. unterstützte er die Wahl seines Bruders ↑Friedrich des Schönen zum Kg. (1314). In der Schlacht bei Morgarten 1315 verlor das von ihm geführte Ritterheer gegen die Eidgenossen.

Leopold III., Hg., *1351, †9.7.1386 Sempach. Er wurde bei Volljährigkeit Regent in den Vorlanden u. in Tirol u. errang bei der Teilung der habsburg. Herrschaft 1379 alle Länder außer Österreich. Er fiel im Kampf gegen die Eidgenossen bei Sempach.

Leopold VI. der Glorreiche, Hg. von Ö. u. Steiermark, *1176(?), †28.7. 1230 San Germano (heute Cassino, Italien). Er trat 1194 die Regierung in der Steiermark und, nach dem Tod seines Bruders Friedrich I. (um 1175–1198), 1198 auch in Österreich an. 1212 unternahm er e. Zug gegen die Mauren in Spanien, 1217–19 e. Kreuzfahrt nach Ägypten. Zielbewußt in seiner Städtepolitik, kaufte er u. a. Lambach, Wels u. Linz. An Enns (1212) u. Wien (1221) verlieh er Stadtrechte. Parteigänger der Staufer, hielt er auch gute Verbindung zur Kurie u. konnte so den Frieden von San Germano 1230 zwischen Ks. ↑Friedrich II. u. Papst Gregor IX. vermitteln. Sein seit dem 16. Jh. gebrauchter Beiname «der Glorreiche» bezieht sich auf seine glanzvollen Feiern wie auch auf seine aufwendige Bautätigkeit (Hof in Wien; «Pfalz» in Klosterneuburg).

Lit.: Fritz Eheim, «L. VI.», in Hugo Hantsch, Hrsg., *Gestalter der Geschicke Österreichs* (1962).

Leopold Wilhelm, Erzhg., *6.1. 1614 Graz, †20.11.1662 Wien. Er war der zweite Sohn Ks. ↑Ferdinands II. u. wurde bereits 1625 Bf. von Passau u. Straßburg, dann auch von Halberstadt (1627), Olmütz (1636) u. Breslau (1655). Trotz dieser Ämter führte er 1639–42 u. 1645–46 den Oberbefehl über die ksl. Armee. 1646–56 war er Statthalter der Span. Niederlande. Seine bedeutende Gemälde- u. Gobelinsammlung kam 1656 nach Wien.

Lettow-Vorbeck, Paul von, Generalmajor, *20.3.1870 Saarlouis, †9.3.1964 Hamburg. Nach dem Einsatz 1900–01 beim Boxeraufstand in China u. 1904–07 gegen die Hereros in Dt.-Südwestafrika wurde er 1913 Kommandeur der Schutztruppe in Kamerun u. 1914 in Dt.-Ostafrika. Dort vermochte er sich während des Ersten Weltkriegs trotz gegner. Übermacht zu behaupten. Er beteiligte sich am Kapp-Putsch (↑Kapp) u. wurde 1920 verabschiedet. 1928–30 saß er im Reichstag (DNVP).

Lit.: Edwin P(almer) Hoyt, *Guerilla: Colonel von L.-V.* (New York, 1981).

Leuschner, Wilhelm, Gewerkschafter, *15.6.1890 Bayreuth, †29.9.1944 Berlin-Plötzensee. Der Holzbildhauer war seit 1909 in der Gewerkschaftsbewegung. 1926–28 Bezirkssekretär des ADGB in Hessen, saß er 1924–33 im hess. Landtag (SPD). 1928–1933 war er hess. Innenminister. 1933–34 im KZ Lichtenburg inhaftiert, arbeitete er danach als Leiter e. kleinen Metallwarenfabrik u. pflegte als Führer gewerkschaftl. Widerstandsgruppen Kontakte zu J. ↑Leber, J. ↑Kaiser, L. ↑Beck u. dem Kreisauer Kreis. Als Vizekanzler in e. Übergangsregierung vorgesehen, wurde er nach dem 20.7.1944 verhaftet, zum Tod verurteilt u. nach Folterungen gehängt.

Lit.: Joachim G. Leithäuser, *W. L.* (1962).

Leussink, Hans, Politiker, *2.2.1912 Schüttorf (Grafschaft Bentheim). Der promovierte Bauingenieur wurde 1954 Prof. in Karlsruhe u. war 1958–61 Rektor der TH, 1960–62 Präs. der Westdt. Rektorenkonferenz. 1962–69 war er Mitglied des Wiss.rats (1965–69 Vors.). 1969–72 war er, parteilos, Bundesbildungsminister.

Leutheusser-Schnarrenberger, Sabine, Politikerin, *26.7.1951 Minden. Die Juristin trat 1978 in die FDP ein u. saß ab 1990 im Bundestag. 1992–95 war sie Bundesjustizministerin. Meinungsverschiedenheiten über den Regierungskurs führten zu ihrem Ausscheiden aus dem Kabinett.

Levi, Paul, Politiker, *11.3.1883 Hechingen, †9.2.1930 Berlin. Als SPD-Mitglied schloß sich der promovierte Jurist der Spartakusgruppe an. Im März 1919 übernahm er die Führung der KPD, legte diese aber 1921 wegen Differenzen mit der Komintern nieder. Er ging zur USPD u. trat 1922 wieder der SPD bei. Ab 1924 war er Mitglied des Reichstags. Er starb, nachdem er sich im Fieberwahn aus dem Fenster gestürzt hatte.

Lit.: Charlotte Beradt, *P. L.* (1969).

Ley, Robert, Politiker, *15.2.1890 Niederbreidenbach (bei Gummersbach), †25.10.1945 Nürnberg. Der promovierte Nahrungsmittelchemiker trat 1925 der NSDAP bei u. wurde Gauleiter im Rheinland. Ab

1928 saß er im preuß. Landtag, ab 1930 im Reichstag. Ab Nov. 1932 Stellv. G. ↑Strassers, wurde er nach dessen Ausscheiden im Dez. Stabsleiter der «Polit. Organisation» der Partei u. nach dem sog. Röhm-Putsch (↑Röhm) deren Reichsorganisationsleiter. Am 2.5.1933 vollzog er die Gleichschaltung der Gewerkschaften u. gründete danach die Dt. Arbeitsfront, die er bis 1945 leitete u. zu e. zentral gelenkten Organismus ausbaute. Obwohl alkoholkrank («Reichstrunkenbold») u. ideolog. beschränkt, gelang es ihm, e. bedeutende Stellung innerhalb des Nationalsozialismus zu erwerben, nicht zuletzt auch durch den Aufbau der sich der Freizeitgestaltung der Berufstätigen widmenden NS-Gemeinschaft «Kraft durch Freude». Er erhängte sich im Gerichtsgefängnis.

Lit.: Ronald M. Smelser, *R. L.* (1989).

Lichnowsky, Felix Fürst, Politiker, *5.4.1814 Grätz (Schlesien), †18.9.1848 Frankfurt/Main. Nach Militärdienst in Preußen (1834-38) ging er nach Spanien, saß dann aber wieder 1847 im preuß. Vereinigten Landtag u. 1848 in der Frankfurter Nationalversammlung, wo er sich als brillanter Redner der äußersten Rechten profilierte. Nach seiner Zustimmung zum Waffenstillstand von Malmö wurde er vom Pöbel erschlagen.

Lieber, *Ernst* Maria, Politiker, *16.11.1838 Camberg, †31.3.1902 ebd. Der promovierte Jurist saß ab 1870 im preuß. Abg.haus u. ab 1871 im Reichstag (Zentrum). Der Gegner O. von ↑Bismarcks war ab 1891 Vors. des Zentrums u. bestimmte ab 1893 die Politik seiner Partei auch im Reichstag. Seine Hauptanliegen waren Arbeiterschutzgesetzgebung u. die Reichsfinanzreform.

Liebknecht, Karl, Politiker, *13.8.1871 Leipzig, †15.1.1919 Berlin. Der Sohn von W. ↑L., promovierter Jurist, begann nach dem Referendariat in Berlin 1899 e. Rechtsanwaltspraxis u. erzielte bald Erfolge in polit. motivierten Prozessen. 1900 trat er der SPD bei u. gehörte danach stets deren äußerstem linken Flügel zu. 1901-13 saß er in der Berliner Stadtverordnetenversammlung, 1909-16 im preuß. Abg.haus u. 1912-17 im Reichstag. 1907 war er Mitbegründer der Sozialist. Jugendinternationale u. bis 1910 deren Präs. Radikal antimilitarist. gesinnt, lehnte er im Reichstag im Dez. 1914 als einziger Abg. die Kriegskredite ab. Im Febr. 1915 zum Militärdienst eingezogen u. im Jan. 1916 aus seiner Reichstagsfraktion ausgeschlossen, wurde er im Mai nach e. Antikriegsdemonstration verhaftet u. wegen Hochverrats zu vier Jahren Zuchthaus verurteilt. Am 23.10.1918 vorzeitig entlassen, führte er in der Nov.revolution gemeinsam mit R. ↑Luxemburg den linksradikalen Spartakusbund u. lehnte jede Zus.-arbeit mit SPD u. USPD ab. Am 9.11. rief er vielmehr vom Balkon des Berliner Schlosses die «freie sozialist. Republik» aus. Am 30.12.

beteiligte er sich an der Gründung der KPD u. danach am Jan.aufstand der Spartakisten. Zus. mit Luxemburg wurde er nach den Unruhen von regierungstreuen Truppen festgenommen u. ermordet.

Lit.: Heinz Wohlgemuth, *K. L.* (1973); Helmut Trotnow, *K. L.* (1984); Annelies Laschitza, *K. L.: Eine Biographie in Dokumenten* (²1987).

Liebknecht, Wilhelm, Politiker, *29.3.1826 Gießen, †7.8.1900 Berlin. Ohne Studienabschluß siedelte er aus polit. Gründen 1847 nach Zürich über. Wegen seiner Teilnahme an den Revolutionskämpfen in Baden wurde er 1848 inhaftiert u. ging anschließend nach London, wo er sich ab 1850 K. ↑Marx anschloß. Amnestiert, kehrte er 1862 nach Dtld. zurück. Ab 1863 Mitglied in ↑Lassalles Allg. Dt. Arbeiterverein, wurde er dort 1865 ausgeschlossen u. gleichzeitig aus Preußen ausgewiesen. In Leipzig gesellte er sich ↑Bebel zu, mit dem zus. er 1869 in Eisenach die Soz.dem. Arbeiterpartei gründete. 1867–71 saß er im Norddt., 1874–1900 im Dt. Reichstag, 1879–86 auch im sächs. Landtag. 1872 wurde er mit Bebel wegen Hochverrats zu zwei Jahren Festungshaft verurteilt. Der langjährige Journalist übernahm 1890 die Leitung des *Vorwärts* in Berlin. Vertreter der marxist. Orthodoxie, war er e. der bedeutendsten Persönlichkeiten der dt. Sozialdemokratie.

Lit.: Wadim Tschubinski, *W. L.* (1973); Raymond H. Dominick, *W. L.* (Chapel Hill, 1982).

Liechtenstein, Aloys Prinz von u. zu, östr. Politiker, *18.11.1846 Wien, †25.3.1920 ebd. Der Jurist stand 1869–73 im östr. diplomat. Dienst. Vom dt. Kulturkampf beeinflußt, ging der überzeugte Katholik 1874 in die Politik. Ab 1878 konserv. Abg. im Reichsrat, gab er 1880 den Anstoß zum Zus.schluß der dortigen Rechtsparteien zum sog. Eisernen Ring u. gründete 1881 zus. mit seinem Bruder Alfred von L. (1842–1907) den christl.-sozialreformer. orientierten Liechtensteinklub. 1906 wurde er Landmarschall von Niederösterreich. 1907 gelang ihm der Zus.schluß der Kath. Konserv. mit den Christl.-soz. Nach dem Tod ↑Luegers 1910 christl.-soz. Parteiführer (bis 1916), wurde er 1911 in das Herrenhaus berufen. Nach dem Zus.bruch der östr. Monarchie legte er sämtl. Ämter nieder.

Liman von Sanders, Otto, General, *18.2.1855 Stolp (Pommern), †22.8.1929 München. Der Berufssoldat wurde 1911 Generalleutnant u. Kommandeur e. Infanteriedivision in Kassel. 1913 ging er als Chef der dt. Militärmission nach Konstantinopel mit dem Ziel der Reorganisation der türk. Armee, was den Protest Großbritanniens, Frankreichs u. Rußlands auslöste. 1914 zum General befördert u. zum osman. Marschall ernannt, wurde er Generalinspekteur des türk. Heeres. Nach dem Eintritt der Türkei in den Ersten Weltkrieg übernahm er den Oberbefehl über die 1. u. dann ab 1915 die 5. Armee, welche 1915–16 die alliierten Angriffe auf die Dardanellen abwehrte. 1918 wurde er Oberbefehlshaber e. türk. Heeresgruppe in Syrien, konnte aber die Front in Palästina nicht halten. Nach Kriegsende organisierte der «Löwe von Gallipoli» die Rückkehr der dt. Truppen.

Linde, *Carl* Paul Gottfried von (1897), Industrieller, *11.6.1842 Berndorf (bei Kulmbach), †16.11.1934 München. Er war 1868–78 u. 1892–1910 Prof. für Maschinenlehre am Polytechnikum (später TH) München. Von ihm entwickelte Kältemaschinen wurden in der 1879 von ihm gegr. Gesellschaft für Linde's Eismaschinen (1965 Linde AG) gebaut u. weiterentwickelt.

Lindenau, Bernhard August von, Politiker, *11.6.1779 Altenburg, †12.5.1854 ebd. Der promovierte Jurist wurde 1816 Vizepräs. der Kammer in Altenburg u. 1820 Ministerpräs. in Gotha. 1827 trat er in sächs. Dienste u. wurde 1830 leitender Staatsminister (bis 1843). Unter ihm führte Sachsen 1831 e. Verfassung ein u. trat 1833 dem Dt. Zollverein bei. 1848 saß er in der Frankfurter Nationalversammlung.

Lindrath, Hermann, Politiker, *29.6.1896 Eisleben, †27.2.1960 Mannheim. Der promovierte Jurist war 1927–45 bei der Stadt Halle beschäftigt. 1945 trat er in die CDU ein. Nach der Übersiedlung in die Bundesrepublik 1951 war er Prokurist bei den Portland-Zementwerken Heidelberg AG u. saß 1953–60 im Bundestag. 1957–60 war er Bundesminister für den wirtschaftl. Besitz des Bundes.

Liselotte von der Pfalz ↑Elisabeth Charlotte von der Pfalz.

Lisola, Franz Paul de, östr. Diplomat, *22.8.1613 Salins (Franche-Comté), †19.12.1674 Wien. Der Sohn e. franz. Kaufmanns trat 1638 in ksl. Dienste u. war u. a. Gesandter in England (1640; 1641–45; 1666–68), Brandenburg, Polen, Spanien (1664–66) u. den Generalstaaten (1672–73). Er erreichte nicht nur im Frieden von Oliva 1660 für Österreich günstige Bedingungen, sondern hatte vor allem maßgebl. Anteil an der Wahrung östr. Interessen gegenüber dem franz. Hegemoniestreben seiner Zeit.

Lit.: Alfred Francis Pribram, *F. P. Frhr. von L.* (1894).

List, Friedrich, Volkswirtschaftler, *6.8.1789 Reutlingen, †30.11.1846 Kufstein. Der Sohn e. wohlhabenden Weißgerbers arbeitete ab 1805 im württ. Verwaltungsdienst u. wurde ohne akadem. Examen 1817 Prof. der Staatsverwaltungspraxis in Tübingen. Sein Eintreten für die zollpolit. Einigung Dtld.s brachte ihn in Gegensatz zur württ. Regierung, die ihn 1819 entließ. Als Reutlinger Abg. im württ. Landtag (seit 1819) trat er für e. demokrat. Verwaltungsreform ein, woraufhin er 1820 sein Mandat verlor. 1822 zu zehn Monaten Festungshaft verurteilt, mußte er sich

1824 zur Auswanderung verpflichten u. segelte 1825 in die USA. Dort arbeitete er als Farmer u. als Redakteur, gründete u. a. e. Eisenbahngesellschaft u. trat für Schutzzölle ein. Nach seiner Rückkunft wirkte er als amerikan. Konsul in Baden (1831–34), Sachsen (1834–37) u. Württ. (1843–45). Er kämpfte hier publizist. für den Eisenbahnbau u. den Zollverein u. befand sich schließl. in den 1840er Jahren in ärml. Verhältnissen. In seinem Hauptwerk *Das nationale System der polit. Ökonomie* (1841) zeigte er sich, gegen die klass. Freihandelsgedanken Front machend, als Vorläufer der histor. Schule. Enttäuscht über mangelnde Erfolge, erschöpft u. leidend, erschoß er sich auf e. Reise in den Süden.

Lit.: Friedrich Bülow, *F. L.* (²1975); Eugen Wendler, *F. L.* (1989); William Henderson, *F. L.* (1989).

Liudolf, sächs. Stammesführer, *844, †866. Er war im östl. Sachsen begütert u. kämpfte für die ostfränk. Kg.e gegen Normannen u. Slawen. Er wurde der Stammvater der Liudolfinger (Ottonen); seine Söhne Brun u. Otto erreichten bereits die Hg.swürde.

Liudolf, Hg. von Schwaben, *930 Magdeburg(?), †6.9.957 Piomba (bei Novara, Oberitalien). Der Sohn Kg. ↑Ottos I. wurde 949 mit dem Hg.tum Schwaben belehnt. Er empörte sich im Verfolg e. eigenmächtigen Italienpolitik 953 zus. mit seinem Schwager Hg. ↑Konrad dem Roten u. Erzbf. Friedrich von Mainz (†954) gegen seinen Vater u. nahm 954 Kontakt mit den einfallenden Ungarn auf. Militär. bedrängt, unterwarf er sich seinem Vater, verlor aber sein Hg.tum. 956–57 zog er im Auftrag Ottos zur Sicherung der Reichsrechte nach Italien u. besiegte Berengar II. von Ivrea, starb aber am Fieber. Er lebt weiter in der Sage, die seine Gestalt mit derjenigen von Hg. ↑Ernst II. vereint.

Lit.: Helmut Maurer, *Der Hg. von Schwaben* (1978).

Löbe, Paul, Politiker, *14.12.1875 Liegnitz, †3.8.1967 Bonn. Der Journalist war 1919 Mitglied der Nationalversammlung (SPD), 1920–33 des Reichstags u. 1920–24 u. 1925–33 dessen Präs. 1933 u. 1944 wurde er inhaftiert. 1948–49 saß er im Parlamentar. Rat, 1949–53 auch im Bundestag. 1954–67 war er Vors. des Kuratoriums Unteilbares Dtld.

Lit.: Helmut Neubach, *P. L.* (1985).

Lobkowitz, *Wenzel* Franz Eusebius Fürst, Hg. von Sagan, östr. Staatsmann, *20.1.1609 Raudnitz (Böhmen), †22.4.1677 ebd. Er kämpfte während der 1630er Jahre auf ksl. Seite im 30jährigen Krieg. Danach war er, 1647 zum Generalfeldmarschall ernannt, nur noch in Diplomatie u. Verwaltung tätig. Für seine Verdienste erhielt er 1646 das Hg.tum Sagan in Schlesien. 1647–65 Präs. des Hofkriegsrats, dem er seit 1637 angehörte, war er 1658 maßgebl. an der Ks.wahl ↑Leopolds I. beteiligt. Als Oberhofmeister 1665–74 war er leitender Minister. Er befürwortete in der span. Erbfolgefrage e. Annäherung an Frankreich, um in Polen u. Ungarn, vor allem aber gegen die Türken freie Hand zu haben. Als Anfang der 1670er Jahre die franz. Expansionspolitik zu e. Revision der östr. Außenpolitik führte, verlor er seine Ämter u. wurde auf sein Schloß Raudnitz verbannt.

Lit.: Oswald Redlich, *Weltmacht des Barock* (⁴1961).

Lola Montez ↑Montez, Lola.

Lornsen, Uwe Jens, Politiker, *18.11.1793 Keitum (Sylt), †11./12.2.1838 Pressy (am Genfer See). Der Jurist trat 1820 in dän. Staatsdienst. Er wurde 1830 Landvogt auf Sylt, 1831 aber bereits dieses Amts enthoben u. zu einjähr. Festungshaft verurteilt, weil er sich für die völlige verwaltungsmäß. Trennung der Hg.-tümer Schleswig u. Holstein von Kopenhagen einsetzte. Danach lebte er im Exil u. erschoß sich schließl. aus Schwermut.

Lothar Franz ↑Schönborn, Lothar Franz.

Lothar I., Kg., Ks., *795, †29.9.855 Prüm. Der älteste Sohn Ks. ↑Ludwigs I. des Frommen wurde 814 (Unter-)Kg. in Bayern. 817 wurde er durch die *Ordinatio imperii* seines Vaters seinen Brüdern bzw. Halbbrüdern Pippin I., Kg. von Aquitanien (um 797–838), ↑Ludwig II. dem Deutschen u. ↑Karl II. dem Kahlen als Mitks. übergeordnet. 822 ging er nach Italien, wo er die Regierung übernahm u. 824 durch die *Constitutio Romana* die ksl. Herrschaft in Rom sicherte. Neue Reichsteilungspläne seines Vaters brachten ihn ab 830 in Gegensatz zu diesem u. seinen Brüdern. 834 mußte er sich unterwerfen, u. seine Herrschaft wurde auf Italien beschränkt. Nach seines Vaters Tod 840 kehrte er aus Italien zurück, doch konnte er sich in der Schlacht von Fontenoy (bei Auxerre) 841 nicht gegen seine Brüder behaupten u. mußte im Vertrag von Verdun 843 in die Teilung des fränk. Reichs einwilligen. Das ihm hierbei zugeteilte Mittelreich, das von Italien bis Friesland reichte, teilte er kurz vor seinem Tod 855 unter seine Söhne ↑Ludwig II., ↑Lothar II. u. Karl (845–63) auf.

Lit.: Theodor Schieffer, «L. I.», in *NDB*. Bd. 15 (1987).

Lothar II., fränk. Kg., *um 835, †8.8.869 Piacenza. Der zweite Sohn Ks. ↑Lothars I. erhielt 855 mit Lotharingien (Lothringen) e. eigenen Reichsteil, den er 863 nach dem Tod seines Bruders Karl um e. Teil Burgunds erweitern konnte. Seine zur Erbsicherung unternommenen Versuche, Scheidung u. Neuheirat durchzusetzen, scheiterten am kirchl. Widerstand. Sein Land wurde 870 im Vertrag von Meerssen aufgeteilt.

Lothar III. von Supplinburg, Kg., Ks., *1075(?), †4.12.1137 Breitenwang (bei Reutte, Tirol). Einer nicht näher bekannten Grafenfamilie im heutigen Süpplingenburg (bei Braunschweig) entstammend, wurde er 1106 als Nachfolger der Billunger Hg. von Sachsen. Zus. mit Erzbf. ↑Adalbert von Mainz führend in der Fürstenopposition gegen Ks. ↑Heinrich V., brachte er diesem 1115 bei Eisleben e. schwere militär. Niederlage bei. Als mit dessen Tod 1125 das sal. Kg.shaus ausstarb, wurde er gegen den Staufer Friedrich II. von Schwaben (1090–1147) in Mainz zum Kg. gewählt u. danach in Aachen gekrönt. Den Ausschlag zu seinen Gunsten gab wohl seine Verbindung mit den Welfen, die 1127 durch die Vermählung seiner Tochter Gertrud (1115–43) mit Hg. ↑Heinrich X. dem Stolzen von Bayern förml. etabliert wurde u. den stauf.-welf. Gegensatz begründete. Im Kampf gegen die Staufer um die höchste Würde im Reich (↑Konrad III. 1127 Gegenkg.) gelang es ihm, von Papst Innozenz II., den er im 1130 ausgebrochenen Schisma gegen Anaklet II. unterstützte, 1133 im Lateran zum Ks. gekrönt zu werden. 1135 unterwarf sich auch Friedrich II. L. festigte im Norden u. Osten die Oberhoheit des Reiches, indem er die dortigen Grenzräume befriedete u. e. Reihe von bedeutenden Kolonisatoren berief, so ↑Albrecht den Bären, ↑Norbert von Xanten u. Konrad I. von Wettin (1098?–1157). Der Absicht, dem Kg.tum e. solide Machtbasis zu verschaffen, diente wohl die Verleihung des Hg.tums Sachsen an Heinrich X. den Stolzen 1137. Freil. fiel die Nachfolge dann statt dem Welfen dem Staufer Konrad III. zu, wodurch dieser Ansatz scheiterte.

Lit.: Elmar Wadle, *Reichsgut u. Kg.sherrschaft unter L. III.* (1969); Klaus Höflinger, «Ks. L. III.», in Gerhard Hartmann u. Karl Rudolf Schnith, Hrsgg., *Die Ks.* (1996); Oliver Hermann, *L. III. u. sein Wirkungsbereich* (2000).

Loudon ↑Laudon, Ernst Gideon Frhr. von.

Louis Ferdinand, Prinz von Preußen, *18.11.1772 Friedrichsfelde (heute zu Berlin), †10.10.1806 bei Saalfeld/Saale. Der Neffe Kg. ↑Friedrichs II. d. Gr. trat 1789 in den preuß. Militärdienst ein u. zeichnete sich während des 1. Koalitionskriegs 1792 bei Mainz u. 1794 in der Pfalz als Heerführer aus. 1793 Generalmajor, kam der künstler. begabte, aber exzentr. u. unstete Regimentschef mehrfach in Konflikt mit Kg. ↑Friedrich Wilhelm III., der ihm die Ehe mit der Schwester der Kg.in ↑Luise untersagte. 1804 erkundete er auf eigene Initiative hin in Wien e. Bündnismöglichkeit gegen Napoleon I. Als Kommandeur e. preuß. Vorhut fiel er 1806 noch vor der Schlacht bei Jena u. Auerstedt.

Lit.: Burkhard Nadolny, *L. F.* (1993); Eckart Kleßmann, *Prinz L. F. von P.* (1995).

Lubbe, Marinus van der, Maurer, *13.1.1909 Leiden (Niederlande), †10.1.1934 Leipzig. Er lebte arbeitslos mit kommunist. Neigungen in Berlin. Am 27.2.1933 wurde er im brennenden Reichstagsgebäude verhaftet u. gestand, das Feuer allein gelegt zu haben. Er wurde im Dez. 1933 zum Tod verurteilt u. hingerichtet. Bis heute bestehen Fragen hinsichtl. seiner Motivation u. Alleintäterschaft.

Lit.: Martin Schouten, *M. van der L.* (1999).

Lübke, Friedrich-Wilhelm, Politiker, *25.8.1887 Enkhausen (Westfalen), †16.10.1954 Augaard (bei Flensburg). Urspr. Seemann (Kapitänspatent), bewirtschaftete er ab 1920 e. Bauernhof. 1947–54 war er Mitglied des Landtags (CDU), 1951–54 Ministerpräs. von Schleswig-Holstein.

Lübke, Heinrich, Politiker, *14.10.1894 Enkhausen (Westfalen), †6.4.1972 Bonn. Der Vermessungs- u. Kulturingenieur, Bruder von F.-W. ↑L., arbeitete ab 1923 im kleinbäuerl. Organisations- u. Siedlungswesen. 1927–33 Direktor der Dt. Bauernschaft, war er 1932–33 Mitglied des preuß. Landtags (Zentrum). 1934–35 wurde er ohne Anklage in 20monatiger Haft gehalten u. war danach u. a. in e. Architektur- u. Ingenieurbüro beschäftigt. 1945 trat er der CDU bei u. war 1946–49 Mitglied des Landtags, 1947–52 Ernährungs- u. Landwirtschaftsminister von Nordrhein-Westfalen. 1949–50 u. 1953–59 Mitglied des Bundestags, schuf er als Bundesminister für Ernährung, Landwirtschaft u. Forsten (1953–59) den sog. Grünen Plan zur Modernisierung der Landwirtschaft. Als Bundespräs. (1959–69) setzte er sich bes. für die Entwicklungshilfe ein u. befürwortete e. große Koalition. Während seiner zweiten Amtsperiode wurde er wegen seiner Beteiligung an KZ-Bauten im Zweiten Weltkrieg angefeindet.

Lit.: Rudolf Morsey, *H. L.* (1996).

Lücke, Paul, Politiker, *13.11.1914 Schöneborn (bei Gummersbach), †10.8.1976 Erlangen. Der Maschineningenieur engagierte sich nach 1945 in der CDU. 1949–72 saß er im Bundestag. Als Bundesminister für Wohnungs- u. Städtebau (1957–65) betrieb er erfolgreich den Abbau der Wohnraumzwangsbewirtschaftung u. die Einführung des Wohngelds. Bundesinnenminister 1965–68, trat er nach dem Scheitern seiner Pläne zur Wahlrechtsreform zurück.

Lit.: Werner Ernst, *P. L.* (1977).

Luckner, Felix Graf von, Korvettenkapitän, *9.6.1881 Dresden, †13.4.1966 Malmö (Schweden). Ab 1911 dt. Seeoffizier, befehligte er im Ersten Weltkrieg den Hilfskreuzer *Seeadler* u. kaperte ab Dez. 1916 im Atlantik u. Pazifik 14 feindl. Schiffe mit zus. über 40000 BRT, ehe er im Aug. 1917 gefangengenommen wurde. 1920–23 war er Ausbilder in der Reichsmarine. Seine Volkstümlichkeit («Seeteufel») nutzte er danach zu vielen öffentl. Auftritten.

Lit.: Norbert von Frankenstein, *«Seeteufel» F. Graf L.* (1997).

Lüdemann, Hermann, Politiker, *5.8.1880 Lübeck, †27.5.1959 ebd. Der Ingenieur u. Gewerkschafter (1905) trat 1912 der SPD bei u. war 1920–29 Mitglied der Landtags, 1920–21 Finanzminister von Preußen. 1946–47 war er Innenminister,

1947–49 Ministerpräs. von Schleswig-Holstein. 1947–58 saß er im dortigen Landtag.

Ludendorff, Erich, General, *9.4.1865 Kruszczewnia (bei Posen), †20.12.1937 Tutzing. Der Sohn e. Rittergutsbesitzers wurde nach Kadettenerziehung 1890–93 für den Generalstab ausgebildet. Ab 1894 im Großen Generalstab, war er 1908–12 dort Chef der Aufmarschabteilung. Bei Ausbruch des Ersten Weltkriegs Generalmajor, gelang ihm die handstreichartige Einnahme von Lüttich, woraufhin er am 22.8.1914 zum Chef des Generalstabs der 8. Armee unter ↑Hindenburg ernannt wurde u. entscheidenden Anteil an den den «Hindenburg-Mythos» begründenden Siegen bei Tannenberg u. in Masuren hatte. Als Hindenburg zum Chef des Generalstabs des Feldheeres berufen wurde, wurde L. am 29.8.1916 Erster Generalquartiermeister u. fakt. Leiter der dt. Kriegsführung. Gleichzeitig wuchs sein Einfluß auf die dt. Politik. Er leitete die volle wirtschaftl. Mobilmachung durch das Hindenburgprogramm u. das Hilfsdienstgesetz ein, vertrat expansionist. Kriegszielprogramme u. setzte 1917 den uneingeschränkten U-Boot-Krieg durch. Im Juli trug er maßgebl. zum Sturz Kanzler ↑Bethmann Hollwegs bei. Im Frieden von Brest-Litowsk 1918 setzte er seine annexionist. Forderungen teilweise in die Tat um. Nach dem Scheitern der Westoffensive forderte er Ende Sept. überstürzt e. sofortigen Waffenstillstand. Am 26.10. wurde er auf Drängen des Reichskanzlers Prinz ↑Max von Baden entlassen. Nach Aufenthalt in Schweden 1919 u. Teilnahme am Putschversuch ↑Hitlers 1923 war er kurze Zeit Führer der Dt.völk. Freiheitspartei. 1924–28 saß er für die NSDAP im Reichstag, hielt später aber Distanz zu ihr. 1926 gründete er den Tannenbergbund, e. Kampfbund mit dem Ziel der Errichtung e. militär. ausgerichteten großdt. Machtstaates, in dem seine sektierer. zweite Frau Mathilde [geb. Spieß] (1882–1966) mit rassist. u. antichristl. Ideen Einfluß gewann.

Lit.: Donald J. Goodspeed, *L.* (1968); Roger Parkinson, *Tormented Warrior* (London, 1978); Wolfgang Venohr, *L.* (1993).

Lüderitz, Adolf, Kolonialpionier, *16.7.1834 Bremen, †24.10.1886 an der Oranjemündung (Südwestafrika). Er übernahm 1878 die Leitung der väterl. Tabakgroßhandlung u. kaufte zur Gründung e. Faktorei u. e. dt. Siedlungskolonie in Südwestafrika 1883 von den dort ansässigen Nama den Hafen Angra Pequeña (später Lüderitzbucht, heute Lüderitz) samt Hinterland. 1884 gelang es ihm, den Schutz des Reiches für seine Erwerbung zu erhalten, was den Beginn der dt. Kolonialpolitik bedeutete. Versuche, sein Gebiet durch weitere Käufe bis zur afrikan. Ostküste auszudehnen, scheiterten an der Ablehnung O. von ↑Bismarcks sowie an brit. Widerstand. Insgesamt erwarb er e. Gebiet von 580000 qkm mit etwa 200000 Einwohnern. Auf der Suche nach Erzlagern ertrank er im Oranjefluß.

Lit.: Wilhelm Schüßler, *A. L.* (1936); Horst Gründer, *Gesch. der dt. Kolonien* (⁴2000).

Lüders, Marie-Elisabeth, Politikerin, *25.6.1878 Berlin, †23.3.1966 ebd. Die promovierte Staatswiss.lerin war ab 1912 in verschiedenen sozialpfleger. Positionen leitend tätig. 1919–20 war sie Mitglied der Nationalversammlung u. 1920–21 sowie 1924–30 des Reichstags (DDP). Sie setzte sich vor allem für die Verbesserung der rechtl. Stellung der Frauen u. Jugendl. ein. 1953–61 war sie Mitglied des Bundestags (FDP).

Lit.: Doris Kull, *M. E. L.* (1988).

Ludolf, Erzbf. von Magdeburg, *um 1125(?) Kroppenstedt (bei Aschersleben), †16.8.1205 Magdeburg. 1168 als Domherr in Magdeburg bezeugt, war er danach Propst in Nienburg u. ab 1184 Domdekan in Magdeburg. 1192 zum Bf. von Magdeburg gewählt u. 1193 geweiht, stand er wie seine Vorgänger auf der Seite der Staufer u. gab bei der Kg.swahl 1198 ↑Philipp von Schwaben als erster seine Stimme. Er suchte jedoch auch den Ausgleich mit Papst Innozenz III. u. erhielt von diesem noch vor seinem Tod die Absolution.

Lit.: Dietrich Claude, *Gesch. des Erzbistums Magdeburg* (2 Bde., 1972–75).

Ludwig
Frankenreich/Heiliges
Römisches Reich:
Ludwig I. der Fromme, fränk. Kg., Ks., *778 Chasseneuil (bei Poitiers), †20.6.840 Ingelheim. Der dritte Sohn ↑Karls I. d. Gr. wurde 781 (Unter-)Kg. von Aquitanien, 813 Mitks. und, da seine Brüder zuvor verstorben waren, nach dem Tod seines Vaters 814 Alleinherrscher des fränk. Reiches. 816 wurde er von Papst Stephan IV. in Reims zum Ks. gekrönt. Seine Regierung litt unter internen Auseinandersetzungen. Die von ihm zur Regelung der Erbfolge erlassene *Ordinatio imperii* von 817 führte zur freil. rasch niedergeschlagenen Erhebung seines Neffen Kg. Bernhards von Italien (um 797–818). Da er auf Betreiben seiner zweiten Gemahlin Judith (um 800–843) die Nachfolgeregelung zugunsten seines Sohnes mit ihr, ↑Karls des Kahlen, abzuändern suchte, wandten sich 830 seine Söhne aus erster Ehe ↑Lothar I., Pippin (um 797–838) u. ↑Ludwig II. der Deutsche gegen ihn. Nach seiner Niederlage auf dem Lügenfeld bei Colmar 833 abgesetzt, wurde er 834 aufgrund von Widerständen im Klerus u. Streitigkeiten zwischen seinen Söhnen wieder in die Herrschaft eingesetzt. Wenn die Machtkämpfe auch die Auflösung des Karolingerreiches vorbereiteten, so erreichte unter seiner Regierung doch die karoling. Renaissance ihren Höhepunkt.

Lit.: Josef Semmler, «L. der Fromme», in Helmut Beumann, Hrsg., *Ks.gestalten des MA* (³1991); Egon Boshof, *L. der Fromme* (1996).

Ludwig II. der Deutsche, fränk. Kg., *um 805, †28.8.876 Frankfurt/Main. Der dritte Sohn Ks. ↑Ludwigs I. des Frommen wurde 817 mit der *Ordinatio imperii* seines Vaters als (Unter-)Kg. in Bayern eingesetzt. In den frühen 830er Jahren beteiligte er sich an dem Aufstand seiner Brüder bzw. Halbbrüder gegen seinen Vater. Andererseits widersetzte er sich auch dem Machtanspruch seines ältesten Bruders, Ks. ↑Lothars I., den er 841 zus. mit seinem Halbbruder ↑Karl II. dem Kahlen in der Schlacht bei Fontenoy (bei Auxerre) besiegte. Er u. Karl beschworen im nächsten Jahr in Straßburg ihr Bündnis gegen Lothar u. zwar, um sich ihren gemeinsam versammelten Heeren jeweils verständl. zu machen, in altfranz. (Ludwig) u. althochdt. (Karl) Sprache («Straßburger Eide»). Mit den Erwerbungen in den Verträgen von Verdun (843; Gebiete zumeist östl. des Rheins) u. Meersen (870; Gebiete östl. von Maas u. Mosel) bahnte er die eigenständige Entwicklung des ostfränk. Reiches an. In sein Reich teilten sich 876 seine Söhne, die Kg.e ↑Karlmann, ↑Ludwig III. d. J. u. ↑Karl III. der Dicke.

Lit.: Wilfried Hartmann, «Kg. L. der Deutsche», in Gerhard Hartmann u. Karl Rudolf Schnith, Hrsgg., *Die Ks.* (1996).

Ludwig II., Ks., *822 oder 825, †12.8.875 bei Brescia. Der älteste Sohn Ks. ↑Lothars I. wurde von diesem 844 zum Kg. von Italien u. 850 zum Mitks. bestellt (Ks.krönung durch Papst Leo IV. in Rom). Nach dem Tod seines Vaters 855 alleiniger Ks., konnte er seine Oberhoheit nur in Italien, nicht aber in den anderen fränk. Teilreichen geltend machen. In mehreren Feldzügen zwischen 847 u. 872 bekämpfte er erfolgreich die Sarazenen. Nach seinem erbenlosen Tod ging das Ks.tum an ↑Karl II. den Kahlen über.

Ludwig III. d. J., ostfränk. Kg., *um 835, †20.1.882 Frankfurt/Main. Der zweite Sohn von Kg. ↑Ludwig II. dem Deutschen erhielt unter dessen Oberhoheit 865 Sachsen, Thüringen u. Franken. Er besiegte 876 seinen Onkel ↑Karl II. den Kahlen bei Andernach u. gewann 879 im Vertrag von Ribemont Bayern. Da er keine Erben hatte, folgte ihm sein Bruder ↑Karl III. der Dicke.

Ludwig IV. das Kind, ostfränk. Kg., *893 Altötting, †24.9.911 Frankfurt/Main(?). Der Sohn Ks. ↑Arnulfs von Kärnten wurde 900 vermutl. unter dem Einfluß Erzbf.s ↑Hatto I. von Mainz von den ostfränk. Großen zum Kg. ausgerufen u. gekrönt. Seine Unmündigkeit begünstigte das Erlahmen der Zentralgewalt. Das Hauptproblem seiner Regierungszeit stellte die Abwehr der Ungarn dar, die seit 900 in Dtld. eindrangen. Auf dem Lechfeld erlitt er gegen sie 910 e. schwere Niederlage, was die Ausbildung der Stammeshg.tümer begünstigte. Mit ihm erlosch die ostfränk. Linie der Karolinger.

Ludwig IV. der Bayer, Kg., Ks., *um 1282/83, †11.10.1347 bei Fürstenfeldbruck. Der Wittelsbacher wurde, von der luxemburg. Partei begünstigt, bei unklaren Wahlrechtsverhältnissen statt des unsteten Sohnes von Ks. ↑Heinrich VII., ↑Johann von Luxemburg, 1314 zum Kg. gewählt. Ein Teil der Kf.en hatte jedoch am Tag zuvor den Habsburger ↑Friedrich den Schönen zum Kg. erhoben. Nach langem Thronstreit besiegte L. seinen Vetter 1322 bei Mühldorf/Inn. 1325 erkannte er den Besiegten als Mitregenten an, doch erhielt dies keine prakt. Bedeutung. Das Zugeständnis erfolgte wegen der Schwierigkeiten, die L. inzwischen im Verhältnis zum Papsttum entstanden waren. Die Entsendung e. Reichsvikars nach Italien beantwortete der in Avignon residierende Papst Johannes XXII. 1324 mit dem Bann. Zur Aberkennung der Kg.swürde kam 1327 die Aberkennung der bayer. Hg.swürde u. aller Reichslehen. L. zog daraufhin nach Italien, wo er sich 1328 in Mailand zum langobard. Kg. u. in Rom von Vertretern des röm. Volkes zum Ks. krönen ließ. Er verkündete die Absetzung Johannes' XXII. u. die Einsetzung e. Gegenpapstes (Nikolaus [V.]). Der Konflikt mit der Kurie setzte sich auch nach dem Tod Johannes' fort, doch konnte L. in Dtld. im Kurverein von Rhens 1338 immerhin zeitweilig die Unterstützung der Reichsstände gewinnen. Freil. zerfiel diese bald wieder infolge seiner rigorosen Hausmachtpolitik (Tirol; Holland, Seeland, Friesland, Hennegau); 1340 fiel ihm Niederbayern zu. 1346 kam es sogar zur Wahl e. Gegenkg.s, des Luxemburgers Karl (später Ks. ↑Karl IV.), dem der Tod L.s dann den Weg zur Herrschaft u. zur Aussöhnung mit der Kurie öffnete.

Lit.: Heinz Thomas, *L. der Bayer* (1993); Barbara Hundt, *L. der Bayer* (1995); Gertrud Benker, *L. der Bayer* (1997).

BADEN:
Ludwig Wilhelm, Markgraf, Feldherr, *8.4.1655 Paris, †4.1.1707 Rastatt. Er trat 1674 in ksl. militär. Dienste. Ab 1683 gegen die Türken kämpfend, war er 1689–92 als ksl. Oberbefehlshaber («Türkenlouis») u. a. vor Wien entscheidend an deren Vertreibung u. der Rückeroberung Ungarns beteiligt. Im Pfälz. Erbfolgekrieg konnte er als Oberbefehlshaber der Reichsarmee ab 1693 die Oberrheinlinie gegen die Franzosen bis zum Frieden von Rijswijk 1697 halten. 1696 bewarb er sich vergebl. um die Thronfolge in Polen. Im Span. Erbfolgekrieg ab 1701 erhielt er als Reichsfeldmarschall wiederum das Kommando am Oberrhein. Als Regent seines Landes verlegte er die Residenz von Baden-Baden nach Rastatt, wo er 1697 mit dem Schloßbau begann.

Lit.: Otto Flake, *Türkenlouis* (1988); Christian Greiner, *Der «Türkenlouis»* (1989).

BAYERN:
Ludwig I., Kg., *25.8.1786 Straßburg, †29.2.1868 Nizza. Ältester Sohn von Kg. ↑Maximilian I. Joseph, war der dt.-national denkende Prinz 1817 am Sturz des bayer. Ministers ↑Montgelas beteiligt. Anfängl. liberal gesinnt, trat er für die Verfassung von 1818 ein u. unter-

stützte den griech. Freiheitskampf. Sein Sohn Otto (1815–67) wurde 1832 Kg. von Griechenland. Er selbst trat 1825 die Herrschaft in Bayern an. Der Abschluß der Zollvereinigung mit Württ. 1828 bereitete den Dt. Zollverein vor, dem Bayern 1833 beitrat. Nach der Revolution von 1830 zeigte seine Politik zunehmend reaktionäre Tendenzen. Wachsende Opposition gegen ihn, die durch die Affäre um L. ↑Montez verstärkt wurde, zwang ihn während der Märzrevolution 1848 zum Rücktritt zugunsten seines Sohnes Maximilian II. Joseph (1811–64). Sein ausgeprägtes kulturelles Interesse ließ ihn nicht nur 1826 die Universität von Landshut nach München verlegen, sondern auch den Ausbau Münchens zur Kunststadt (Glyptothek, Alte und Neue Pinakothek, Propyläen) nach Kräften fördern.

Lit.: Heinz Gollwitzer, *L. I. von Bayern* (1997).

Ludwig II., Kg., *25.8.1845 München (Schloß Nymphenburg), †13.6.1886 Berg am Starnberger See. Phantasievoll u. realitätsfern, zeigte der Sohn Kg. Maximilians II. Joseph (1811–64) bei seiner Thronbesteigung 1864 wenig Verständnis für die in ihr entscheidendes Stadium eintretende dt. Frage. Seine Zustimmung zur Ks.proklamation 1871, die nach außen hin auf seine Initiative zurückging, wurde gefördert durch O. von ↑Bismarcks Versprechen großzügiger finanzieller Unterstützung. Die letztere gestattete es ihm, weiterhin seiner Bauleidenschaft (Schlösser Linderhof, Neuschwanstein, Herrenchiemsee) zu frönen. In der Musik ist er zum entscheidenden Förderer Richard Wagners geworden, dessen Werk seine Architektur inspirierte. 1886 bescheinigte e. ärztl. Gutachten seine fortschreitende Umnachtung. Nach seiner Entmündigung übernahm sein Onkel ↑Luitpold die Regierung. Er selbst fand kurz darauf im Starnberger See den Tod.

Lit.: Ludwig Hüttl, *L. II.* (1986); Friedrich Prinz, *L. II.* (1993); Werner Richter, *L. II.* (¹³1996).

Ludwig III., Kg., *7.1.1845 München, †18.10.1921 Sárvár (Ungarn). Er übernahm 1912 die Regentschaft für seinen geistesgestörten Vetter Kg. ↑Otto I. Nach e. Verfassungsänderung wurde er 1913 zum Kg. erklärt u. regierte streng verfassungsgetreu. Infolge der Novemberrevolution 1918 ging er ohne abzudanken ins Exil.

BRANDENBURG:

Ludwig d. Ä., Markgraf, als Ludwig V. Hg. von Bayern, *1315, †18.9.1361 Zorneding (bei München). Der älteste Sohn Ks. ↑Ludwigs IV. des Bayern wurde nach dem Aussterben der brandenburg. Askanier 1323 mit der Mark belehnt u. trat 1333 nach Erreichung der Volljährigkeit die Regierung an. 1324 wurde er in den über seinen Vater verhängten päpstl. Bann mit einbezogen, der erst 1359 aufgehoben wurde. Durch seine Heirat mit ↑Margarete Maultasch erwarb er

1342 Tirol u. Kärnten. Nach dem Tod seines Vaters 1347 regierte er Bayern zus. mit seinen fünf Brüdern bzw. Halbbrüdern. Er befand sich e. Zeitlang in Gegensatz zu Ks. ↑Karl IV., der 1348 den falschen ↑Woldemar mit der Mark belehnte, unterwarf sich aber 1349 im Vertrag von Eltville. 1351 trat er die Mark an seine Halbbrüder Ludwig VI. den Römer (1330–65) u. Otto V. den Faulen (um 1341–79) ab u. beschränkte sich danach auf die Regierung Oberbayerns u. Tirols.

Lit.: Friedrich Wilhelm Taube, *L. d. Ä.* (1965).

HESSEN:
Ludwig I., Landgraf, *6.2.1402 Spangenberg, †17.1.1458 ebd. 1413 zur Herrschaft gelangt, mußte er seinen Besitz gegen das Kf.tum Mainz verteidigen, ehe der Friede von Frankfurt 1427 ihn als mächtigsten Herrn in Hessen bestätigte. Vielerlei Lehnsauftragungen u. Schutzherrschaften in den nächsten Jahren sowie der Erwerb der Grafschaft Ziegenhain 1450 waren das Ergebnis geschickten polit. Vorgehens.

PFALZ:
Ludwig V. der Friedfertige, Kf., *2.7.1478, †16.3.1544. Er trat 1508 die Herrschaft an. Nach dem Tod Ks. ↑Maximilians I. 1519 entschied er sich bei der Ks.wahl, obwohl er zwei Jahre (1502–04) am franz. Hof verbracht hatte, für ↑Karl V. u. gegen Kg. Franz I. von Frankreich. 1523 schlug er zus. mit Hessen u. Kurtrier den Aufstand ↑Sickingens nieder u. war 1525 auch maßgebl. an der Niederwerfung des Bauernaufstandes in Franken u. der Pfalz beteiligt. Um e. friedl. Lösung der Religionsfrage bemüht, blieb er selbst kath., duldete aber die Ausbreitung der Reformation u. führte durch das Religionsedikt von 1538 fakt. die prot. Lehre in der Pfalz ein.

Lit.: Max Steinmetz, *Die Politik der Kurpfalz unter L. V.* (1942).

Lueger, Karl, östr. Politiker, *24.10.1844 Wien, †10.3.1910 ebd. Der promovierte Jurist wurde 1885 in den Reichsrat u. 1890 in den niederöstr. Landtag gewählt. Extrem populär u. antisemit. Töne nicht vermeidend, gelang es ihm, verschiedene Gruppierungen 1891 zur Christl.-soz. Partei zus.zufassen. Ab 1897 Bürgermeister von Wien, erwarb er sich durch die Kommunalisierung vieler Versorgungsbetriebe große Verdienste.

Lit.: Ludwig Reichhold, *K. L.* (1989).

Luise, Kg.in von Preußen, *10.3.1776 Hannover, †19.7.1810 Schloß Hohenzieritz (Mecklenburg). Aus dem Haus Mecklenburg-Strelitz stammend, heiratete sie 1793 den späteren Kg. ↑Friedrich Wilhelm III. von Preußen, mit dem sie 10 Kinder hatte, darunter die späteren Kg.e ↑Friedrich Wilhelm IV. u. ↑Wilhelm I. Nach der Niederlage von Jena u. Auerstedt 1806 mußte sie nach Königsberg u. Memel fliehen. 1807 versuchte sie auf Anregung des russ. Zaren Alexander I. in Tilsit vergebl., Napoleon I. zu milden Friedensbestimmungen zu bewegen. In den Jahren danach unterstützte sie die Reformen ↑Steins u. ↑Hardenbergs. Ihre Vaterlandsliebe u. ihre schlichte Lebensweise machten sie volkstüml. Ihr früher Tod trug zu ihrer verklärenden Mystifizierung in der nationalen Legende bei.

Lit.: Merete van Taack, *Kg.in L.* (⁷1992); Heinrich Hartmann, *L.* (1988); Dagmar von Gersdorff, *Kg.in L. von Preußen u. Friedrich Wilhelm III.* (2000).

Luitpold, Prinzregent von Bayern, *12.3.1821 Würzburg, †12.12.1912 München. Der dritte Sohn Kg. ↑Ludwigs I. von Bayern wurde 1886 Regent für seinen geistesgestörten Neffen Kg. ↑Ludwig II. u. dessen Nachfolger Kg. ↑Otto I. Streng verfassungsgemäß regierend, war er 1890 am Ausgleich zwischen der kath. Kirche u. der liberalen Regierung beteiligt. Während seiner Regentschaft erlebte München e. große kulturelle Blüte.

Lit.: Karl Möckl, *Die Prinzregentenzeit* (1972).

Lukaschek, Hans, Politiker, *22.5. 1885 Breslau, †26.1.1960 Freiburg i.B. Der promovierte Jurist war 1929–33 Oberpräs. von Oberschlesien u. arbeitete 1933–44 als Rechtsanwalt. 1945 war er Mitbegründer der CDU in Thüringen. Nach seiner Übersiedlung nach Hessen amtierte er 1949–53 als Bundesvertriebenenminister.

Lupold von Bebenburg, Bf. von Bamberg, *um 1300 Bebenburg (bei Schwäb. Hall), †28.10.1363 Bamberg. Nach dem Studium des kanon. Rechts in Bologna wurde er 1325 Domherr in Mainz, 1326 Propst in Erfurt, 1339 Domherr u. 1353 Bf. in Bamberg. In seinem Traktat *De iuribus regni et imperii* (1340) rechtfertigte er den Beschluß des Kurvereins von Rhens, daß der von den Kf.en gewählte Kg. zur Herrschaft nicht der päpstl. Approbation bedürfe.

Luther, Hans, Politiker, *10.3.1879 Berlin, †11.5.1962 Düsseldorf. Der promovierte Jurist war 1913–18 Geschäftsführer des Dt. Städtetags, danach Oberbürgermeister von Essen (1918–22). Vorerst parteilos, aber der DVP nahestehend (Beitritt 1926), war er 1922–23 als Reichsernährungsminister u. 1923–25 als Reichsfinanzminister an der Bewältigung der Inflation u. dem Abschluß des Dawesplans beteiligt. Als Reichskanzler (Jan. 1925–Mai 1926) zwei bürgerl. Koalitionen leitend, schloß er zus. mit ↑Stresemann die Verträge von Locarno (1925) u. den Neutralitätsvertrag mit der Sowjetunion (1926) ab. Im Laufe der Auseinandersetzungen wegen der von Reichspräs. ↑Hindenburg erlassenen Flaggenverordnung mußte er zurücktreten. In den folgenden Jahren widmete er sich den Aktivitäten des Bundes zur Erneuerung des Reiches («Lutherbund»). Als Präs. der Reichsbank (1930–33) verfolgte er, nicht immer im Einklang mit ↑Brüning, e. deflationäre Geldpolitik. 1933–37 war er Botschafter in Washington DC. Nach dem Zweiten Weltkrieg war er 1948–

49 Treuhänder e. Münchner Privatbank. Ab 1952 Honorarprof. an der Hochschule für Polit. Wiss. in München, war er ab 1953 Vors. e. Sachverständigenausschusses für die Neugliederung des Bundesgebiets («L.-Ausschuß») u. ab 1958 Präs. des Vereins für das Dt.tum im Ausland.

Lit.: Wolfgang Hofmann, *Zwischen Rathaus u. Reichskanzlei* (1974); Karl Georg Zinn, «H.L.», in Wilhelm von Sternburg, Hrsg., *Die dt. Kanzler* (1987); Walter Baum, *H. L. in der Politik der Weimarer Republik, 1922–1926* ([1990]).

Luther, Martin, Reformator, *10.11. 1483 Eisleben, †18.2.1546 ebd. Der Sohn e. Bergmanns bezog 1501 die Universität Erfurt. Während e. heftigen Gewitters gelobte er, Mönch zu werden. Gegen den väterl. Willen trat er 1505 in das Augustiner-Eremiten-Kloster in Erfurt ein u. wurde 1507 zum Priester geweiht. 1508 an die unlängst gegründete Universität Wittenberg versetzt u. 1512 zum Doktor der Theologie promoviert, lehrte er dort ab 1513 Bibelexegese. Als ihn die Ablaßpredigten des Dominikaners ↑Tetzel empörten, veröffentlichte er vermutl. am 31.10. 1517 diesbezügl. 95 Thesen zum Zweck gelehrter Diskussion. Aus dem Latein. ins Deutsche übersetzt, fanden die Thesen rasche Verbreitung auch im Volk. Bei e. Verhör durch den päpstl. Kardinallegaten Thomas Cajetan in Augsburg 1518 lehnte er e. Widerruf ab, u. in e. Disputation mit dem Dominikanermönch ↑Eck 1519 in Leipzig stellte er Papsttum u. Kirche in Frage. Die Androhung des Banns durch die Bulle *Exsurge Domine* beantwortete L. mit seinen drei reformator. Hauptschriften *An den christl. Adel dt. Nation, Von der babylon. Gefangenschaft der Kirche* u. *Von der Freiheit e. Christenmenschen.* Auf die Verhängung des Kirchenbanns reagierte er mit der Verbrennung der Bannbulle u. der Verweigerung des Widerrufs seiner Lehre auf dem Reichstag zu Worms 1521. Ks. ↑Karl V. verhängte daraufhin über ihn die Reichsacht. L. ließ sich von Kf. ↑Friedrich III. dem Weisen auf die Wartburg in Sicherheit bringen. Dort begann er mit der Übersetzung der Bibel ins Dt., die dann 1534 abgeschlossen wurde. Er kehrte 1522 nach Wittenberg zurück, wo er fortan zumeist verblieb. Er befaßte sich mit den sich ausbreitenden Differenzen in der reformierten Lehre u. widmete sich organisator. Fragen bezügl. des Ausbaus der ihm folgenden Gemeinden. Im Bauernkrieg 1524–25 stellte er sich auf die Seite der Fürsten. 1525 heiratete er die ehemalige Nonne K. von ↑Bora. Er starb in seiner Vaterstadt, wurde aber in Wittenberg beigesetzt.

Lit.: Albrecht Beutel, *M. L.* (1991); Martin Brecht, *M. L.* (3 Bde., ²1994); Hans Jochen Genthe, *M. L.* (1996); Bernhard Lohse, *M. L.* (³1997); Ernstpeter Maurer, *L.* (1999).

Lüttwitz, Walther Frhr. von, General, *2.2.1859 Bodland (Schlesien), †20.9.1942 Breslau. Der General der Infanterie (1918) war ab Dez. 1918 Oberbefehlshaber der Truppen in u. um Berlin u. schlug den Spartakusaufstand nieder. Als Befehlshaber des Reichswehrgruppenkommandos I (Berlin) unternahm er im März 1920 zus. mit ↑Kapp den ersten Umsturzversuch gegen die Weimarer Republik. Steckbriefl. gesucht, fiel er schließl. unter e. 1925 verfügte Amnestie.

Lit.: Johannes Erger, *Der Kapp-L.-Putsch* (1967).

Lutz, Johann Frhr. von (1884), Politiker, *4.12.1826 Münnerstadt (Unterfranken), †3.9.1890 Niederpökking/Starnberger See. Der Jurist trat 1854 in den bayer. Justizdienst ein u. ging 1861 ins Justizministerium. 1863 wurde er zum Kabinettssekretär Kg. ↑Maximilians II. Joseph (1811–64) u. 1867 zum Justizminister ernannt. 1869 erhielt er zusätzl. noch das Kultusressort. 1871 gab er das Justizministerium ab, blieb aber Staatsminister für Kirchen- u. Schulangelegenheiten. 1880–90 war er auch Ministerpräs. Ein überzeugter Vertreter des Staatskirchentums, engagierte er sich im Kulturkampf für das Supremat des Staates über die Kirche. Auf seine Anregung hin wurde 1871 der Kanzelparagraph (§ 130a des Strafgesetzbuches) als Reichsgesetz eingeführt.

Lit.: Walter Grasser, *J. Frhr. von L.* (1967).

Lützow, Adolf Frhr. von, Offizier, *18.5.1782 Berlin, †6.12.1834 ebd. Der preuß. Berufsoffizier, 1809 am Unternehmen ↑Schills beteiligt, erhielt im Febr. 1813 die Erlaubnis zur Bildung e. nichtpreuß. Freiwilligenkorps. Diese vorwiegend aus Studenten bestehende «Schwarze Schar» erlitt am 17.6.1813 bei Kitzen unweit Leipzig durch die Franzosen e. vernichtende Niederlage. Neu formiert, kam sie gelegentl. noch zum Einsatz, bevor sie im März 1814 aufgelöst wurde. L. wurde 1822 Generalmajor u. 1830 verabschiedet.

Luxemburg, Rosa, Politikerin, *5.3.1870 Zamość (bei Lublin, Russ.-Polen), †15.1.1919 Berlin. Die Tochter e. wohlhabenden jüd. Kaufmannsfamilie kam 1873 mit den Eltern nach Warschau. Als Gymnasiastin schloß sie sich revolutionär. Zirkeln an u. mußte 1889 nach Zürich emigrieren, wo sie Kontakt zu poln. u. russ. Sozialisten fand. 1897 in Nationalökonomie promoviert, siedelte sie 1898 nach Erwerb der dt. Staatsangehörigkeit durch e. Scheinehe nach Berlin über u. trat der SPD bei. Als Journalistin für SPD-Zeitungen wandte sie sich kompromißlos u. vehement gegen den u. a. von ↑Bernstein vertretenen Revisionismus u. profilierte sich rasch als Führerin des linken Parteiflügels. 1905–06 beteiligte sie sich an der Revolution in Warschau, wo sie zeitweilig inhaftiert wurde. Ab 1907 unterrichtete sie Nationalökonomie an der Parteischule der SPD in Berlin, agitierte auf Massenversammlungen u. schrieb einige theoret. Werke, darunter *Die Akkumulation des Kapitals* (1913). Bei Ausbruch des Ersten Weltkriegs organisierte sie zus. mit K. ↑Liebknecht die linke Opposition gegen Krieg u. «Burgfrieden» u. gründete zus. mit ihm

Anfang 1915 die Gruppe Internationale (ab 1916 Spartakusbund). Febr. 1915–Febr. 1916 u. Juli 1916–Nov. 1918 war sie inhaftiert. Nach der Nov.revolution 1918 lehnte sie jede Zus.arbeit mit der SPD ab u. trat für das Rätesystem ein. Am 30.12. Mitbegründerin der KPD, beteiligte sie sich am Spartakusaufstand im Jan. 1919, obwohl sie ihn für e. takt. Fehler hielt. Anschließend festgenommen, wurde sie zus. mit Liebknecht von regierungstreuen Truppen ermordet.

Lit.: Peter Nettl, *R. L.* (^{2}1970); Elzbieta Ettinger, *R. L.* (1990); Max Gallo, *R. L.* (1993); Helmut Hirsch, *R. L.* (^{18}1995); Annelies Laschitza, *Im Lebensrausch* (2000).

M

Maaß, Hermann, Politiker, *23. 10. 1897 Bromberg, †20. 10. 1944 Berlin-Plötzensee. Das SPD-Mitglied war 1924–33 Geschäftsführer des Reichsausschusses der dt. Jugendverbände u. Chefredakteur der Zeitschrift *Das junge Dtld.* Er war enger Mitarbeiter ↑Leuschners. Wegen Beteiligung an den Vorbereitungen für e. Attentat auf ↑Hitler wurde er verhaftet, zum Tod verurteilt u. hingerichtet.

Maaßen, Karl Georg, Finanzpolitiker, *23. 8. 1769 Kleve, †2. 11. 1834 Berlin. Der Jurist trat 1791 in den klev. Staatsdienst ein u. kam 1803 in preuß. Dienst, verlor aber nach dem Frieden von Tilsit 1807 seine Stelle. Ab 1808 in der Verwaltung des Großhg.tums Berg in Düsseldorf tätig, wurde er 1809 in Potsdam preuß. Regierungsdirektor, 1816 Direktor der Generalverwaltung für Gewerbe u. Handel im Innenministerium u. 1817 Mitglied des Staatsrats. 1818–23 war er Generalsteuerdirektor. Er reformierte das preuß. Finanzwesen, erarbeitete das liberale Zollgesetz von 1818 u. das Gesetz über die Grund- u. Gewerbesteuer 1820. Ab 1830 Finanzminister, förderte er den Anschluß Kurhessens 1831 u. anderer dt. Staaten an den Zollverein.

Lit.: Irmgard Kamlah, *K. G. M.* (1934).

Mackensen, August von (1899), Generalfeldmarschall, *6. 12. 1849 Haus Leipnitz (bei Wittenberg), †8. 11. 1945 Burghorn (bei Celle). Er kam 1882 in den preuß. Großen Generalstab u. wurde 1908 Kommandierender General des XVII. Armeekorps, das er 1914 bei Tannenberg u. den Masur. Seen befehligte. Ab Sept. 1915 Befehlshaber der Heeresgruppe M. in Serbien, wurde er 1916 nach der Eroberung Rumäniens dort Oberbefehlshaber. Nach Kriegsende wurde er bis 1919 interniert.

Lit.: Theo Schwarzmüller, *Zwischen Ks. u. «Führer»* (³1997).

Maier, Reinhold, Politiker, *16. 10. 1889 Schorndorf, †19. 8. 1971 Stuttgart. Der promovierte Jurist praktizierte als Rechtsanwalt 1920–30 in Stuttgart. Seit 1918 Mitglied der DDP, war er 1930–33 württ. Wirtschaftsminister. 1932–33 saß er auch im württ. Landtag u. im Reichstag (Dt. Staatspartei). Während der nat.-soz. Herrschaft wieder Rechtsanwalt, war er 1945 maßgebl. an der Gründung der DemVP beteiligt. Als Ministerpräs. von Württ.-Baden 1945–52 setzte er sich entschieden für die Bildung des Landes Baden-Württ. ein, dessen Ministerpräs. er dann 1952–53 war. 1953–56 u. 1957–59 saß er für die FDP im Bundestag. 1957–60 war er deren Bundesvors.

Lit.: Klaus-Jürgen Matz, *R. M.* (1989).

Maihofer, Werner, Politiker, *20.10. 1918 Konstanz. Nach der Habilitation (Freiburg 1953) war der Jurist 1955-69 Prof. in Saarbrücken (1967-69 Rektor), 1970-82 in Bielefeld. 1969 trat er der FDP bei u. saß 1972-80 im Bundestag (FDP). 1972-74 war er Bundesminister für bes. Aufgaben, 1974-78 des Inneren. 1982-88 war er Präs. des Europ. Hochschulinstituts Florenz, ab 1982 auch Präs. der Studienstiftung des Dt. Volkes.

Maizière, Lothar de, Politiker, *2.3. 1940 Nordhausen. Seit 1956 Mitglied der Ost-CDU, war der Jurist 1989-90 deren Vors. u. Minister für Kirchenfragen der DDR. Durch die ersten freien Volkskammerwahlen 1990 Ministerpräs., unterzeichnete er den Zwei-plus-Vier-Vertrag, welcher die Wiedervereinigung außenpolit. absicherte. 1990 stellv. Vors. der gesamtdt. CDU u. Mitglied des Bundestags, trat er 1991 zurück nach Vorwürfen, Kontakte zum MfS der DDR unterhalten zu haben, behielt aber vorerst sein Abg.mandat bei. Ab 1991 arbeitete er als Rechtsanwalt in Berlin.

Maleuda, Günther, Politiker, *20.1. 1931 Altbeelitz (Pommern). Er trat 1950 in die Demokrat. Bauernpartei Dtld.s ein, deren Vors. er 1987 wurde. 1981-90 war er Mitglied der Volkskammer u. 1989-90 deren Präs. Er beteiligte sich nicht an der Fusion seiner Partei mit der CDU, sondern kam 1994 als parteiloser Kandidat der PDS in den Bundestag, dem er bis 1998 angehörte.

Mallinckrodt, Hermann von, Politiker, *5.2.1821 Minden, †26.5.1874 Berlin. Der Jurist saß 1852-63 u. 1868-74 im preuß. Abg.haus u. 1867-74 im Reichstag (Kath. Fraktion bzw. Zentrum). Ein Mitbegründer des Zentrums, war er e. beredter Gegner der zentralist. Züge der Reichsverfassung von 1871 wie auch der Kulturkampfmaßnahmen O. von ↑Bismarcks.

Manegold von Lautenbach, polit. Publizist, *um 1045, †nach 1103. Der Augustinerchorherr verteidigte in seiner Schrift *Liber ad Gebehardum* (um 1085) die Maßnahmen Papst Gregors VII. gegen Ks. ↑Heinrich IV. im Investiturstreit. Seine Betonung des Rechts der Absetzung e. unwürdigen Kg.s wird von manchen als frühe Manifestation des Gedankens der Volkssouveränität gedeutet.

Manfred, Kg. von Sizilien, *1232, †26.2.1266 Benevent. Der unehel. Sohn Ks. ↑Friedrichs II. erhielt 1250 von seinem Vater das Fürstentum Tarent u. die Statthalterschaft in Italien u. übernahm dort 1254 nach dem Tod seines Halbbruders ↑Konrad IV. die Regentschaft für dessen Sohn ↑Konradin. Er wurde 1258 zum Kg. von Sizilien gekrönt u. fiel im Kampf gegen Karl I. von Anjou, den Papst Clemens IV. 1265 ebenfalls mit Sizilien belehnt hatte.

Mann, Golo [eigtl. Gottfried Angelus M.], Historiker, *27.3.1909

München, †7.4.1994 Leverkusen. Der Sohn von Thomas M. (1875–1955) promovierte 1932 bei Karl Jaspers (1883–1969) in Heidelberg. Er lehrte ab 1942 an verschiedenen Universitäten der USA. 1960–64 war er Prof. für Politikwiss. in Stuttgart. Hauptwerke: *Friedrich von Gentz* (1947); *Dt. Gesch. des 19. u. 20. Jh.s* (1959); *Wallenstein* (1971). Er war Hrsg. der *Propyläen-Weltgesch.* (10 Bde., 1960–65).

Lit.: Jeroen Koch, *G. M. u. die dt. Gesch.* (1998).

Mannesmann, Reinhard, Industrieller, *13.5.1856 Remscheid, †20.2.1922 ebd. Zus. mit seinem Bruder Max M. (1857–1915) entwickelte er ab 1884 neue Walzprozesse zur Herstellung nahtloser Röhren. 1890 gründete er zus. mit seinen vier Brüdern die Dt.-Östr. M.röhrenwerke AG. Ab 1893 mit Sitz in Düsseldorf, entwickelte sich die Firma zu e. der größten dt. Metallverarbeitungsunternehmen.

Mansfeld, Ernst II. Graf von, Heerführer, *um 1580 Luxemburg, †29.11.1626 Rakovica (südöstl. von Belgrad). Für den Soldatenberuf bestimmt, kam er schon ab 1593 zum Einsatz gegen die Türken; 1603 erhielt er hierbei e. erstes Kommando über e. Reiterkorps. Kathol. erzogen, trat er 1610 in den Dienst der prot. Union u. kämpfte ab 1618 als General der Artillerie auf seiten der Aufständ. in Böhmen. Nach der Niederlage am Weißen Berg bei Prag 1620 verfiel er der Reichsacht, behauptete sich aber 1621 in der Oberpfalz u. errang Erfolge gegen die Spanier in der Pfalz. Wiederholte Versuche, in ksl. oder span. Dienste überzutreten, blieben fruchtlos. 1622 schlug er ↑Tilly bei Wiesloch. Danach trat er mit Hg. ↑Christian d.J. von Braunschweig in holländ. Dienste. Nach e. Niederlage gegen die Spanier entlassen, ließ er eigenmächtig Ostfriesland plündern u. schloß 1623 e. Dienstvertrag u. 1624 e. Subsidienvertrag mit Frankreich. Nach dem Versuch, den dän. Kg. ↑Christian IV. zu unterstützen, marschierte er 1626 nach Böhmen, wurde aber an der Dessauer Brücke von ↑Wallenstein vernichtend geschlagen. Mit franz. finanzieller Hilfe stellte er e. neues Heer auf, mit dem er verwüstend in Böhmen u. Schlesien einfiel. Danach schloß er sich dem siebenbürg. Fürsten Bethlen Gábor an, starb aber auf dem Balkan. Einer der skrupellosesten Heerführer des 30jährigen Kriegs, hat er viel zu dessen Verrohung beigetragen.

Lit.: Wolfgang Brünink, *Der Graf von M. in Ostfriesland* (1957); Cicely V. Wedgwood, *Der Dreißigjährige Krieg* (^{10}1998).

Manstein, Erich von [eigtl. E. von Lewinski], Generalfeldmarschall, *24.11.1887 Berlin, †10.6.1973 Irschenhausen/Isar. Aus e. preuß. Offiziersfamilie stammend u. 1900 durch Georg von M. (1844–1913) adoptiert, wurde er 1906 Fähnrich, 1917 Leutnant u. 1938 Generalleutnant. Zu Beginn des Zweiten Weltkriegs Stabschef der Heeresgruppe

A, entwarf er e. «Sichelschnitt» gen. Operationsplan für die Westoffensive, der von ↑Hitler gutgeheißen u. dann erfolgreich durchgeführt wurde. Im Rußlandfeldzug eroberte er als Oberbefehlshaber der 11. Armee die Krim mit der Festung Sewastopol, wofür er 1942 zum Generalfeldmarschall ernannt wurde. Seine Bemühung, Stalingrad zu entsetzen, scheiterte. Im März 1944 entließ ihn Hitler wegen Kritik an seiner Führung. Ein brit. Militärgericht verurteilte ihn 1949 wegen unmenschl. Behandlung russ. Kriegsgefangener zu 18 Jahren Gefängnis, doch wurde er 1953 entlassen.

Lit.: Enrico Syring, «E. von M.», in Ronald Smelser u. Enrico Syring, Hrsgg., *Die Militärelite des Dritten Reiches* (²1998); Hans Breithaupt, *Zwischen Front u. Widerstand* (1994).

Manteuffel, Edwin Frhr. von, Generalfeldmarschall, *24.2.1809 Dresden, †17.6.1885 Karlsbad. Er wurde 1848 Flügeladjutant Kg. ↑Friedrich Wilhelms IV. Ab 1857 war er Chef des preuß. Militärkabinetts u. hatte bedeutenden Anteil an der Heeresreform. Ab 1865 Gouverneur von Schleswig, besetzte er 1866 Holstein. Im Dt.-franz. Krieg von 1870–71 befehligte er verschiedene Armeen u. danach 1871–73 die dt. Okkupationsarmee in Frankreich. 1873 Generalfeldmarschall, wurde er 1879 erster Statthalter in Elsaß-Lothringen.

Manteuffel, *Otto* Theodor Frhr. von, Politiker, *3.2.1805 Lübben (Niederlausitz), †26.11.1882 Krossen (Niederlausitz). Der Jurist wurde 1833 Landrat des Kreises Luckau (Brandenburg), 1841 Oberregierungsrat in Königsberg u. 1844 Vortragender Rat beim Prinzen von Preußen, dem Vors.en des Staatsrats. Im Vereinigten Landtag 1847 profilierte er sich als Hochkonserv. Als Innenminister 1848–50 setzte er sich für die Einführung des Dreiklassenwahlrechts (1849) u. die Oktroyierung der Verfassung (1850) ein. Ab Nov. 1850 zugleich Ministerpräs. u. Außenminister, gab er in der Olmützer Punktation mit Österreich 1850 die preuß. Unionspolitik in Dtld. auf. Vertreter des bürokrat. Absolutismus, suchte er sich in der Folge gegen den Einfluß der reaktionären Kamarilla zu behaupten, so auch, als er während des Krimkriegs für Neutralität eintrat. Der spätere Kg. ↑Wilhelm I. entließ ihn 1858 nach Antritt seiner Regentschaft.

Lit.: Paul Geißen, *Die preuß. Handwerkerpolitik* (1935); Günther Grünthal, «Im Schatten Bismarcks», in Hans-Christof Kraus, Hrsg., *Konserv. Politiker in Dtld.* (1995).

Margarete, Erzhg.in von Österreich, Generalstatthalterin, *10.1.1480 Brüssel, †30.11.1530 Mecheln. Die Tochter Ks. ↑Maximilians I. wurde 1482 mit dem Dauphin von Frankreich verlobt, jedoch von diesem 1493 zurückgesandt, was zum Krieg gegen Frankreich führte. 1497 heiratete sie Johann von Kastilien (1478–97). Von ihrem Vater 1507 zur Generalstatthalterin der Niederlande ernannt, erwies sie sich als geschickte u. volkstüml. Regentin u. Diplomatin.

Lit.: Ursula Tamussino, *M. von Ö.* (1995).

Margarete Maultasch, Gräfin von Tirol, *1318, †3.10.1369 Wien. Die Erbtochter Heinrichs VI. von Kärnten, Grafen von Tirol (um 1270–1335), wurde schon 1330 mit Johann Heinrich von Luxemburg (†1375) vermählt; sie trennte sich jedoch von ihrem geistig zurückgebliebenen Gatten u. heiratete 1342 Markgraf ↑Ludwig d. Ä. von Brandenburg, den späteren Hg. von Bayern. 1363 trat sie, da regierungsunfähig, Tirol an die Habsburger ab.

Lit.: Wilhelm Baum, *M. M.* (1994).

Maria Theresia, Erzhg.in von Österreich, Kg.in von Böhmen u. Ungarn, *13.5.1717 Wien, †29.11.1780 ebd. 1736 mit Hg. Franz Stephan von Lothringen vermählt, trat sie gemäß der von ihrem Vater, Ks. ↑Karl VI., 1713 erlassenen «Pragmat. Sanktion», welche die weibl. Erbfolge legitimierte, 1740 die Regierung an. Hiergegen erhob sich der Widerstand Bayerns, Frankreichs u. Spaniens. Gleichzeitig fiel der preuß. Kg. ↑Friedrich II. d. Gr. in Schlesien ein. Mit ungar. u. brit. Hilfe konnte sie sich halten. Im Frieden von Aachen 1748 verlor sie zwar Schlesien an Preußen, erhielt aber andererseits ihr Herrschaftsrecht bestätigt; ihr Gemahl war schon 1745 als ↑Franz I. Stephan zum Ks. gewählt u. gekrönt worden. Auf die schweren Bedrohungen reagierte sie mit e. Reform des Heeres (↑Daun) sowie der Verwaltung (↑Haugwitz). Gegen den Willen der Stände setzte sie den landesfürstl.-bürokrat. u. zentralist. organisierten, absolutist. Staat durch. Handel, Gewerbe u. bes. das Schulwesen wurden gefördert. Trotz der gewonnenen erhöhten Leistungsfähigkeit u. des von ihrem Staatskanzler ↑Kaunitz in die Wege geleiteten Bündniswechsels (Vertrag von Versailles 1756 mit Frankreich) mißlang jedoch ihr Versuch der Wiedereroberung Schlesiens im 7jährigen Krieg (1756–63). Nach dem Tod ihres Gemahls 1765 wurde ihr Sohn, Ks. ↑Joseph II., Mitregent. Dieser u. Kaunitz bestimmten sie zur Teilnahme, zus. mit Rußland u. Preußen, an der 1. Teilung Polens (1772), die ihr Galizien einbrachte. Von der Pforte erhielt sie 1775 die Bukowina u. nach dem Bayer. Erbfolgekrieg 1779 von Bayern das Innviertel. Tief religiös u. kirchentreu, begab sie sich doch durch die Reduzierung kirchl. Feiertage u. die Besteuerung des Kirchenguts auf den Weg zum Josephinismus. Unerschrocken u. von majestät. Gestalt, Mutter von 16 Kindern, von denen 10 überlebten, gewann sie nicht nur die Zuneigung u. Bewunderung ihrer Untertanen, sondern führte auch das zuvor desolate Österreich zu e. Position gesicherter Macht.

Lit.: Walter Koschatzky, Hrsg., *M. T. u. ihre Zeit* (1979); Adam Wandruszka, *M. T.* (1980); Henry Vallotton, *M. T.* (1991); Gertrud Fussenegger, *M. T.* (1994); Franz Herre, *M. T.* (1994); Edward Crankshaw, *M. T.* ([12]1994); Heinz Rieder, *M. T.* (1999); Edwin Dillmann, *M. T.* (2000).

Marie Antoinette, Kg.in von Frankreich, *2.11.1755 Wien, †16.10.1793 Paris. Die Tochter von Ks. ↑Franz I. Stephan u. ↑Maria Theresia war seit 1770 mit dem späteren franz. Kg. Ludwig XVI. vermählt. Die habsburg. Erzhg.in war bei den Franzosen wenig beliebt, wozu ihre Verschwendungssucht u. Skandalverwicklungen (Halsbandaffäre) beitrugen. Nach dem Ausbruch der Franz. Revolution wurde sie 1791 zus. mit ihrem Mann inhaftiert u. neun Monate nach diesem wegen Verbindungen zum Ausland hingerichtet.

Marie Louise, Erzhg.in von Österreich, Ks.in der Franzosen, *12.12.1791 Wien, †17.12.1847 Parma. Die älteste Tochter von Ks. ↑Franz II. wurde 1810 auf Betreiben ↑Metternichs die zweite Gattin Napoleons I. Sie führte mit ihm e. einigermaßen glückl. Ehe u. gebar 1811 Napoleon (II.), den späteren Hg. von ↑Reichstadt. Nach dem Sturz ihres Gemahls übernahm sie die Regierung der ihr 1815 übertragenen Hg.-tümer Parma, Piacenza u. Guastalla. 1822 schloß sie e. morganat. Ehe mit Adam Adalbert Graf von Neipperg (1775–1829), 1834 heiratete sie Charles-René Graf Bombelles (1784–1856).
Lit.: Franz Herre, *M. L.* (1996); André Castelot, *M.-L.* (Paris, 1998).

Markwart (Marquard) von Annweiler, Reichstruchseß, †Sept. 1202 Patti (Sizilien). Er wurde nach 1184 Truchseß am Hof Kg. ↑Heinrichs VI. u. begleitete Ks. ↑Friedrich I. Barbarossa 1189–90 auf dem Dritten Kreuzzug. 1194 eroberte er Sizilien. 1195 wurde er mit dem Hg.tum Ravenna einschließl. der Romagna belehnt. Er war 1196 das letzte Mal in Dtld. u. wirkte von da an vor allem militär. in Italien.

Maron, Karl, Politiker, *27.4.1903 Berlin, †2.2.1975 Berlin (Ost). Der gelernte Schlosser trat 1926 der KPD bei. 1934 emigrierte er über Skandinavien in die Sowjetunion. Nach der Rückkehr nach Dtld. 1945 mit der Gruppe um ↑Ulbricht war er Redakteur des *Neuen Dtld.* u. 1950–55 Chef der Dt. Volkspolizei. Ab 1954 Mitglied des ZK der SED, war er 1955–63 Innenminister der DDR. 1964–74 leitete er das Institut für Meinungsforschung beim ZK der SED.

Marschall von Bieberstein, Adolf Frhr., Diplomat, *12.10.1842 Karlsruhe, †24.9.1912 Badenweiler. Er saß 1875–83 in der bad. 1. Kammer u. 1878–81 im Reichstag (dt. konserv.). 1883–90 war er bad. Gesandter in Berlin. Nach O. von ↑Bismarcks Sturz war er 1890–97 Staatssekretär im Auswärtigen Amt. Er bemühte sich um e. Verständigung mit Großbritannien, auch durch Druck (Krügerdepesche). Als Botschafter in Konstantinopel (1897–1912) konnte er den dt. Einfluß dort stark vergrößern.

Marwitz, Friedrich August *Ludwig* von der, General u. Politiker, *29.5.

1777 Berlin, †6.12.1837 Friedersdorf (bei Küstrin). Er stand 1791–1802 u. 1805–07 im preuß. Militärdienst. Als Vertreter der altständ. Ordnung war er e. Gegner der preuß. Reformen u. wurde 1811 wegen seines Widerstandes gegen ↑Hardenbergs Finanzedikt fünf Wochen lang auf der Festung Spandau inhaftiert. 1813 trat er wieder in die Armee ein u. befehligte e. kurmärk. Landwehrbrigade, mit der er 1814 Wesel einnahm. Nach dem Krieg war er Kommandeur e. Kavalleriebrigade. 1827 nahm er als Generalleutnant seinen Abschied, wurde in den Staatsrat berufen, zum brandenburg. Landtagsmarschall gewählt u. führte seinen Kampf gegen die Reformen fort.

Lit.: Madelaine von Buttlar, *Die polit. Vorstellungen des F. A. L. von der M.* (1980).

Marx, *Karl* Heinrich, Philosoph u. Historiker, *5.5.1818 Trier, †14.3.1883 London. Beide Eltern stammten aus alten Rabbinerfamilien, doch trat die Familie 1824 zum Protestantismus über. Er studierte ab 1835 in Bonn u. Berlin Jura u. Philosophie u. promovierte 1841 in Jena zum Dr. phil. In Berlin unter den Einfluß der junghegelian. Linken geraten, war er 1842–43 Redakteur der linksliberalen *Rhein. Zeitung* in Köln. Nach deren Verbot ging er 1843 nach Paris, wo er zus. mit Arnold Ruge (1803–80) die *Dt.-franz. Jahrbücher* herausgab u. seine ersten sozialist. Schriften veröffentlichte. Auf preuß. Verlangen hin ausgewiesen, zog er 1845 nach Brüssel, wo er, inzwischen mit ↑Engels befreundet, mehrere Arbeiten (u.a. *Die hl. Familie*; *Die dt. Ideologie*; *Das Elend der Philosophie*) verfaßte. Zus. mit Engels schrieb er dort im Auftrag des von ihm beeinflußten Londoner Bunds der Kommunisten das *Manifest der Kommunist. Partei*, das zwar im Febr. 1848 erschien, aber kaum Wirkung auf die ausbrechende Revolution hatte. Im April zurück in Köln, gab er dort ab Juni die radikal-demokrat. *Neue Rhein. Zeitung* heraus, bis er im Mai 1849 ausgewiesen wurde u. über Paris nach London emigrierte. Während seines Aufenthalts dort wiederholt in materieller Not, war er auf Unterstützung durch Engels angewiesen. In den nächsten Jahren publizist. sehr aktiv, v.a. für die *New York Tribune*, widmete er seine Hauptarbeitskraft der Darstellung der kapitalist. Produktionsweise. 1859 erschien *Zur Kritik der polit. Ökonomie*, 1867 der erste Band von *Das Kapital* (Bd. II u. III erschienen 1885 u. 1894, hrsg. von Engels). 1864 war er maßgebl. an der Gründung der Internat. Arbeiter-Assoziation («Internationale») beteiligt. 1872 veranlaßte er prakt. deren Auflösung, als es zum Streit mit den anarchist. Anhängern Michail Bakunins gekommen war. Die von ↑Lassalle ausgehenden Organisationsbestrebungen der Arbeiter in Dtld. beurteilte er ablehnend, doch nahm er auf die Sozialdemokratie in den 1870er Jahren, etwa durch seine *Kritik des Gothaer Programms* (1875), deutl. Einfluß. Die von ihm formulierte, in seinen Werken greifbare Geschichts- u. Gesellschaftstheorie erzielte erst nach seinem Tod ihre große Breitenwirkung. Der von anderen (Engels, ↑Kautsky, Lenin) weiterentwickelte Marxismus wurde zur Grundlage vieler sozialist. u. kommunist. Parteiprogramme, bestimmte die polit. Praxis kommunist. regierter Länder u. beeinflußte große Bereiche des sozialwiss. Denkens.

Lit.: Iring Fetscher, *K. M. u. der Marxismus* (⁴1985); ders., *M.* (1999); Walter Euchner, *K. M.* (1983); Wolfgang Schieder, *K. M. als Politiker* (1991); Werner Blumenberg, *K. M.* (²⁷1998); Francis Wheen, *K. M.* (2001).

Marx, Wilhelm, Politiker, *15.1.1863 Köln, †5.8.1946 Bonn. Nach dem Jurastudium wurde er 1894 Landrichter in Elberfeld (heute Wuppertal), 1904 Landgerichtsrat in Köln, 1907 Oberlandesgerichtsrat in Düsseldorf u. 1921 Landgerichtspräs. in Limburg/Lahn. Schon in Elberfeld dem Zentrum beigetreten, saß er 1899–1922 im preuß. Abg.haus bzw. Landtag u. 1910–33 im Reichstag bzw. der Nationalversammlung (1921–23 Fraktionsvors.). 1922–28 war er auch Parteivors. Ende Nov. 1923 wurde er als Nachfolger ↑Stresemanns Reichskanzler u. hatte sich zus. mit den von ihm geführten zwei Minderheitskabinetten der bürgerl. Mitte bis Ende 1924 mit den Folgen der Inflation, mit der Sanierung des Reichshaushalts u. der Durchführung des Dawesplans zu befassen. Im Febr./März 1925 war er preuß. Ministerpräs. Als Kandidat des «Volksblocks» (Zentrum, DDP, SPD) für das Amt des Reichspräs.en erhielt er im zweiten Wahlgang im April 1925 45 % der Stimmen u. unterlag damit ↑Hindenburg nur knapp. Von Jan. bis Mai 1926 Reichsjustizminister, war er vom Mai bis Dez. u. dann von Jan. 1927 bis Mai 1928 erneut Reichskanzler, diesmal mit zwei Kabinetten der bürgerl. Rechten. Danach widmete er sich der von ihm schon zuvor betriebenen Verbandsarbeit, trat aber polit. nicht mehr hervor.

Lit.: Ulrich von Hehl, *W. M.* (1987).

Mata Hari [eigtl. Margaretha Geertruida MacLeod, geb. Zelle], Spionin, *7.8.1876 Leeuwarden (Niederlande), †15.10.1917 Vincennes (Frankreich). Nach der Trennung von ihrem Ehemann lebte sie u.a. in Paris u. Berlin. Im Ersten Weltkrieg wurde die vielreisende Tänzerin von Spionagediensten beider Seiten umworben. In Frankreich der Spionage für Dtld. beschuldigt, wurde sie verurteilt u. erschossen.

Lit.: Julia Keay, *M. H.* (²1992); Fred Kupferman, *M. H.* (²1999).

Matern, Hermann, Politiker, *17.6.1893 Burg (bei Magdeburg), †24.1.1971 Berlin (Ost). Der gelernte Gerber trat 1918 der USPD, 1919 der KPD bei. 1932–33 saß er im preuß. Landtag. Nach e. Verhaftung 1933 floh er u. übersiedelte 1941 nach Moskau, wo er 1943 das Nationalkomitee Freies Dtld. mitbegründete. 1945 zurück in Dtld., war er 1946 Gründungsmitglied der SED, ab 1950 Mitglied des Politbüros. 1949–71 war er Vors. der Zentralen Parteikontrollkommission.

Mathilde, Kg.in, *um 895, †14.3. 968 Quedlinburg. Die westfäl. Adlige wurde 909 mit dem späteren dt. Kg. ↑Heinrich I. vermählt. Aus dieser Ehe gingen u.a. Ks. ↑Otto I., Hg. ↑Heinrich I. von Bayern u. Erzbf. ↑Brun(o) von Köln hervor. Sie förderte mehrere Stifte, darunter Quedlinburg, u. erwarb sich den Ruf e. Hl.n.

Lit.: Bernd Schütte, *Die Lebensbeschreibungen der Kg.in M.* (1994).

Mathilde, Äbtissin von Quedlinburg, *955, †8.2.999 Quedlinburg. Die Tochter Ks. ↑Ottos I. wurde 966 die erste Äbtissin im Servatiusstift in Quedlinburg. Ihr unmündiger Neffe Ks. ↑Otto III. berief sie 997 zu seiner Stellv.in, e. Aufgabe, die sie wirkungsvoll zum Wohl des liudolfing. Herrscherhauses ausfüllte.

Mathy, Karl, Politiker, *17.3.1807 Mannheim, †3.2.1868 Karlsruhe. Der Jurist trat 1829 in den bad. Staatsdienst ein, verlor aber 1834 nach Teilnahme am Hambacher Fest (1832) seine Stelle. Nach zeitweiliger Emigration in die Schweiz wurde er als Liberaler in die bad. 2. Kammer gewählt (1842–52). 1848–49 trat er im Vorparlament, in der Frankfurter Nationalversammlung, als Unterstaatssekretär im Finanzministerium der provisor. Reichsregierung u. 1850 im Erfurter Unionsparlament für die Einigung Dtld.s unter der Führung Preußens ein. In den 1850er Jahren als Bankier tätig, übernahm er 1864 das bad. Handelsministerium. Als Leitender Minister (1866–68) betrieb er den Anschluß Badens an den Norddt. Bund.

Lit.: Hildegard Müller, *Liberale Presse im bad. Vormärz* (1986).

Matthias, Kg., Ks., *24.2.1557 Wien, †20.3.1619 ebd. Der dritte Sohn Ks. ↑Maximilians II. wurde am span. Hof erzogen u. 1578 zum Generalstatthalter der Niederlande ernannt. Nach dem Scheitern der Ausgleichsverhandlungen mit den dortigen rebell. Ständen legte er 1581 noch vor deren Unabhängigkeitserklärung sein Amt nieder u. kehrte nach Österreich zurück, wo er 1593 zum Statthalter seines Bruders, Ks. ↑Rudolfs II., in Ober- u. Niederösterreich bestellt wurde. Als die Geisteskrankheit des letzteren deutl. hervortrat, drängte M. ab 1599 auf e. Regelung der Nachfolgefrage, wodurch er in Konflikt mit Rudolf geriet. Schließl. wurde er 1606 von den Erzherzögen in e. Geheimvertrag zum Haupt des Hauses Österreich erklärt. Im gleichen Jahr schloß er in Wien Frieden mit den aufständ. Ungarn u. in Zsitva-Torok mit den Türken, wofür er die Zustimmung Rudolfs ertrotzte, der ihm dann 1608 auch die Herrschaft über Österreich, Ungarn u. Mähren zugestand. 1611 wurde er, von den böhm. Ständen gegen Rudolf zu Hilfe gerufen, zum böhm. Kg. gekrönt. Nach Rudolfs Tod folgte 1612 die Wahl zum röm. Kg. u. zum Ks. Unterstützt von seinem wichtigsten Ratgeber, Melchior Kardinal Khlesl (1553–1630), versuchte er ohne großen Erfolg zwischen Protestanten u. Katholiken im Reich u. in den Erblanden zu vermitteln. 1617 stimmte er der Nachfolge seines Vetters Ferdinand von Steiermark (Ks. ↑Ferdinand II.) als Kg. von Böhmen u. Ungarn zu. Depressiv u. von der Gicht gezeichnet, starb er einige Monate nach dem zweiten Prager Fenstersturz, der den 30jährigen Krieg auslöste.

Lit.: Volker Press, «M.», in Anton Schindling u. Walter Ziegler, Hrsgg., *Die Ks. der Neuzeit* (1990); Bernd Rill, *Ks. M.* (1999).

Matthöfer, Hans, Politiker, *25.9. 1925 Bochum. Der Diplomvolkswirt trat 1950 der SPD bei. Angestellter bei der IG Metall, saß er 1961–87 im Bundestag. 1972–74 war er Parlamentar. Staatssekretär im Bundesministerium für wirtschaftl. Zus.arbeit, 1974–78 Bundesforschungs-, 1978–82 Bundesfinanz- u. 1982 Bundespostminister. 1985–86 war er Bundesschatzmeister der SPD.

Max, Prinz von Baden [eigtl. Maximilian Alexander Friedrich Wilhelm], Politiker, *10.7.1867 Baden-Baden, †6.11.1929 Salem (bei Konstanz). Der promovierte Jurist u. Kavallerieoffizier war seit 1907 bad. Thronfolger u. Präs. der bad. 1. Kammer. 1911 nahm er als Generalmajor seinen Abschied. Im Ersten Weltkrieg betätigte er sich in der Kriegsgefangenenfürsorge. Schon früh von den brit. Staatstheorien beeinflußt, war er in der durch ↑Ludendorffs Waffenstillstandsverlangen Ende Sept. 1918 ausgelösten Krise Kandidat der süddt. Liberalen für die Kanzlernachfolge. Am 3.10. von Ks. ↑Wilhelm II. zum Reichskanzler ernannt, setzte er, gestützt auf e. Kabinett aus Mitgliedern des Zentrums, der SPD u. Liberalen den Rücktritt Ludendorffs, die Verantwortlichkeit der Regierung gegenüber dem Reichstag sowie die Abschaffung des preuß. Dreiklassenwahlrechts durch. Während der Novemberrevolution verkündete er eigenmächtig am 9.11. die Abdankung des Ks.s u. übergab das Reichskanzleramt an ↑Ebert.

Lit.: Erich Matthias u. Rudolf Morsey, *Die Regierung des Prinzen M. von Baden* (1962); Lothar Gall, «M. von Baden», in Wilhelm von Sternburg, Hrsg., *Die dt. Kanzler* (1987).

Maximilian
HEILIGES RÖMISCHES REICH:
Maximilian I., Kg., Ks., *22.3.1459 Wiener Neustadt, †12.1.1519 Wels (Oberösterreich). Der Sohn Ks. ↑Friedrichs III. erwarb durch seine Heirat mit Maria von Burgund (1457–82), der Tochter Hg. Karls des Kühnen, die Anwartschaft auf das Hg.tum Burgund, das er allerdings in e. 15jährigen Erbfolgekrieg gegen Frankreich u. die Generalstaaten nur mit Schmälerungen behaupten konnte. 1486 in Frankfurt zum röm. Kg. gewählt, bestimmte er 1490 seinen kinderlosen Vetter Sigismund von Tirol (1427–96) dazu, ihm Tirol u. die Vorlande zu überlassen. Nach dem Tod des ungar. Kg.s Matthias Corvinus (1443–90) sicherte er sich im Frieden von Preßburg 1491 auch

die habsburg. Anwartschaft auf die böhm. u. die ungar. Krone. 1493 folgte er seinem Vater als Ks. nach u. vermählte sich in zweiter Ehe mit Bianca Maria Sforza von Mailand (1472–1510), die e. Mitgift von 300000 Dukaten mitbrachte. Auf dem Reichstag in Worms 1495 verkündete er unter dem Einfluß des Mainzer Erzbf.s ↑Berthold von Henneberg e. Ewigen Landfrieden, dessen wichtigste Bestimmung das generelle Verbot des feudalen Fehderechts war, was allerdings ebenso wie andere gleichzeitig oder etwas später in Angriff genommene Reichsreformen (Reichskammergericht; Gemeiner Pfennig; Reichskreise) zunächst ohne nachhaltige Wirkung blieb. Durch die Ehe zwischen seinem Sohn ↑Philipp dem Schönen u. Johanna der Wahnsinnigen von Kastilien (1479–1555) 1496 sicherte er für sein Haus die span. Erbschaft, verlor jedoch durch den Frieden von Basel 1499 fakt. den Hoheitsanspruch auf die Schweiz. Als erster dt. Kg. nahm er 1508 ohne päpstl. Krönung den Titel «Erwählter röm. Ks.» an. Ein Förderer der Künste u. Wiss., war er auch selbst literar. tätig (*Weißkunig*, 1516; *Theuerdank*, 1517). Die histor. Bedeutung des «letzten Ritters» liegt wohl weniger auf militär. Gebiet als vielmehr im Erfolg seiner Heirats- u. Vertragspolitik, durch die er die Macht seines Hauses u. damit auch des Reiches wesentl. stärkte.

Lit.: Rudolf Buchner, *M. I.* (²1970); Hermann Wiesflecker, *M. I.* (1991); Manfred Hollegger, *M. I.* (2000).

Maximilian II., Kg., Ks., *31.7.1527 Wien, †12.10.1576 Regensburg. Der Sohn Ks. ↑Ferdinands I. neigte früh zum Protestantismus. Er blieb jedoch schließl. zumindest äußerl. der kath. Kirche treu, nicht zuletzt unter dem Einfluß seiner streng kath. Gemahlin (seit 1548) Maria (1528–1603), der Tochter Ks. ↑Karls V., d.h. seiner Cousine. 1548–50 war er in Abwesenheit des Ks.s Regent in Spanien. Bestimmend für sein Verbleiben in der Kirche war wohl auch der Mangel an Unterstützung durch die dt. prot. Fürsten hinsichtl. der Nachfolge im Reich. So wurde er 1562 zum röm. Kg. gewählt, im gleichen Jahr auch zum Kg. von Böhmen, 1563 zum Kg. von Ungarn u. nach dem Tod seines Vaters 1564 zum Ks. In den habsburg. Erblanden regierte er freil. nur in Ober- u. Niederösterreich, Böhmen u. Restungarn, während er Tirol u. Vorderösterreich seinem Bruder Ferdinand II. (1529–95), Steiermark, Kärnten u. Krain seinem Bruder Karl II. (1540–90) überlassen mußte. Mit der «Religionskonzession» von 1568 gestattete er dem prot. Adel in den Erblanden, auf seinen Gütern die Augsburger Konfession zu praktizieren, e. Regelung, die er 1571 bestätigte u. 1575 noch auf den böhm. Adel ausweitete. Sein Ziel e. konfessionellen Ausgleichs erreichte er dadurch allerdings nicht u. auch nicht die Verwirklichung von Plänen zu e. Reichsreform, die ↑Schwendi in seinem Auftrag 1570 konzipierte. Ebenso mißlangen 1573 u. 1575 Versuche, die poln. Kg.skrone für sein Haus zu erwerben. Immerhin konnte er aber noch kurz vor seinem Tod die Wahl seines Sohnes Rudolf (Ks. ↑Rudolf II.) zum röm. Kg. durchsetzen.

Lit.: Viktor Bibl, *M. II., der rätselhafte Ks.* (1929); Maximilian Lanzinner, *Friedenssicherung u. polit. Einheit* (1993); Paula Sutter Fichtner, *Emperor M. II.* (New Haven, 2001).

BAYERN:

Maximilian I., Kf., *17.4.1573 München, †27.9.1651 Ingolstadt. Er übernahm 1598 die Herrschaft u. schuf mit der Ordnung der Finanzen u. der Bestellung e. fähigen Beamtenschaft den Grund für die künftige Bedeutung Bayerns. 1607 vollstreckte er die Reichsacht gegen Donauwörth, das er dann 1609 zum Pfand erhielt. Unter seiner Führung wurde im gleichen Jahr die kath. Liga als Gegenpakt gegen die prot. Union gegründet. Für die Unterstützung Ks. ↑Ferdinands II. im böhm. Aufstand erhielt er 1623 die pfälz. Kurwürde sowie 1628 die Oberpfalz. Er hatte maßgebl. Einfluß auf den Erlaß des Restitutionsedikts 1629 u. die Entlassung ↑Wallensteins 1630. Im Westfäl. Frieden 1648 stand er auf seiten Frankreichs, was ihm den Besitz der Kurwürde u. der Oberpfalz sicherte.

Lit.: Andreas Kraus, *M. I.* (1990); Dieter Albrecht, *M. I. von Bayern* (1998).

Maximilian II. Emanuel, Kf., *11.7.1662 München, †26.2.1726 ebd. Er wandte sich nach Regierungsantritt 1680 sofort von der profranz. Politik seines Vaters Ferdinand Maria (1636–79) ab. 1683 schloß er e. Defensivbündnis mit Ks. ↑Leopold I. gegen Frankreich u. die Türken u. kämpfte bis zur Eroberung Belgrads 1688 gegen die letzteren. Im Pfälz. Erbfolgekrieg trat er 1689 der Großen Allianz gegen Frankreich bei u. wurde 1692 Statthalter der Span. Niederlande (bis 1714). Der aus seiner Ehe mit der Ks.tochter Maria Antonia (1669–92) hervorgegangene Sohn Joseph Ferdinand (1692–99) wurde durch Kg. Karl II. von Spanien 1698 zum Universalerben des span. Weltreichs bestimmt. Nach Joseph Ferdinands Tod kämpfte M. im Span. Erbfolgekrieg auf seiten Frankreichs, um die Kg.swürde zu erreichen, wurde aber bei Höchstädt 1704 geschlagen, 1706 geächtet u. vertrieben. 1706 auch in den Niederlanden ausgeschaltet, erhielt er Bayern erst 1714 in den Friedensschlüssen von Rastatt u. Baden zurück.

Lit.: Hubert Glaser, Hrsg., *Kf. Max E.* (1976); Ludwig Hüttl, *Max E.* (²1976).

Maximilian I. Joseph, Kg., *27.5.1756 Mannheim, †13.10.1825 Nymphenburg. Ohne klare Aussicht auf Thronfolge, trat er 1776 in den franz. Militärdienst. Nach dem Tod seines Bruders Karl II. August (1746–95) erlangte er die Herrschaft im Hg.tum Zweibrücken u. die Anwartschaft auf das Erbe des kinderlosen Kf.en Karl Theodor von Bayern (1724–99). Nach dessen Tod übernahm er die Regierung in Bayern (bis 1805 als Kf. M. IV. J., ab 1.1.1806 Kg.) u. ließ sich bis 1817 von ↑Montgelas leiten. Durch seinen Anschluß an Napoleon

Bonaparte (1801) erlangte er die Kg.swürde sowie erhebl. Landgewinne in Franken u. Schwaben, die er durch seinen Übertritt zu den Alliierten 1813 weitgehend bewahren konnte. Verwaltungsreformen u. der Erlaß e. frühliberalen Verfassung 1818 legten die Grundlagen für den Ausbau des modernen bayer. Staats.

Lit.: Adalbert von Bayern, *Max I. J. von Bayern* (1957).

MEXIKO:
Maximilian [eigtl. Ferdinand M.], Erzhg. von Österreich, Ks. von Mexiko, *6.7.1832 Wien, †19.6.1867 Querétaro (Mexiko). Der jüngere Bruder von Ks. ↑Franz Joseph wurde 1854 Kommandant der östr. Marine. 1857–59 war er zusätzl. Generalgouverneur des lombardo-venezian. Kg.-reichs. 1863 trug ihm e. klerikal-konserv. Gruppe Mexikaner die mexikan. Kg.skrone an. Als Napoleon III. ihm militär. Hilfe zusicherte, nahm er an u. begab sich 1864 nach Mexiko. Dort konnte er sich jedoch trotz franz. Unterstützung auf die Dauer nicht gegen die republikan. Regierung durchsetzen. Als die USA nach Ende ihres Sezessionskriegs 1866 den Abzug der franz. Truppen erzwangen, wurde seine Stellung unhaltbar. Er mußte kapitulieren, wurde von e. Kriegsgericht verurteilt u. erschossen.

Lit.: Joan Haslip, *M., Ks. von Mexiko* (1983).

Maybach, Albert von (1888), Politiker, *29.11.1822 Werne/Lippe, †21.1.1904 Berlin. Nach e. Karriere in verschiedenen Verwaltungs- u. Eisenbahnstellungen leitete er 1874–76 das neue Reichseisenbahnamt. Da er bei den Mittelstaaten die Überlassung der Haupteisenbahnlinien an das Dt. Reich nicht durchsetzen konnte, trat er zurück. Als preuß. Minister 1878–91 verstaatlichte er die privaten Eisenbahnen in Preußen u. organisierte die dt. Eisenbahnverwaltung.

Lit.: Friedrich Jungnickel, *Staatsminister A. von M.* (1910).

Meckel, Markus, *18.8.1952 Müncheberg (bei Strausberg). Der ev. Theologe war 1980–82 Vikar, 1982–88 Pfarrer in Vipperow (Mecklenburg). Im Okt. 1989 war er Mitbegründer der Soz.dem. Partei (DDR) u. April–Juni 1990 deren Vors. Er führte als Außenminister (April–Aug. 1990) die Verhandlungen zum Abschluß des Zwei-plus-Vier-Vertrags, der die Wiedervereinigung außenpolit. absicherte. Seit 1990 war er Mitglied des Bundestags.

Mehring, Franz, Schriftsteller u. Politiker, *27.2.1846 Schlawe (Pommern), †28.1.1919 Berlin. Der Altphilologe arbeitete seit 1868 als Journalist u. trat 1891 der SPD bei. 1902–07 war er Chefredakteur der *Leipziger Volkszeitung*. In der SPD bekämpfte er, dem äußersten linken Flügel angehörend, den Revisionismus ↑Bernsteins. 1916 gründete er zus. mit R. ↑Luxemburg u. K. ↑Liebknecht den Spartakusbund. Ab 1917 saß er im preuß. Landtag. Er veröffentlichte scharfsichtige, aber einseitige Studien zur Gesch. Preußens u. der Arbeiterbewegung, darunter sein Hauptwerk *Gesch. der dt. Sozialdemokratie* (2 Bde., 1897-98).

Lit.: Walter Kumpmann, *F. M.* (1966); Helga Grebing u. Monika Kramme, «F.M.», in Hans-Ulrich Wehler, *Dt. Historiker* (1973).

Meinecke, Friedrich, Historiker, *30.10.1862 Salzwedel, †6.2.1954 Berlin. Nach der Habilitation in Berlin wurde er Prof. für Gesch. in Straßburg (1901), dann in Freiburg i.B. (1906) u. in Berlin (1914), wo er 1929 emeritiert wurde. 1948 wurde er der erste (Ehren-)Rektor der FU Berlin. 1896-1934 war er Hrsg. der *Histor. Zeitschrift.* Polit. urspr. monarchist.-konserv. gesinnt, bekannte er sich später zur Weimarer Republik u. lehnte den Nationalsozialismus ab. Nach Arbeiten zur preuß.-dt. Gesch. veröffentlichte er u.a. *Weltbürgertum u. Nationalstaat* (1908), *Die Idee der Staatsräson in der neueren Gesch.* (1924) u. *Die Entstehung des Historismus* (1936). In *Die dt. Katastrophe* (1946) versuchte er, die histor. Entwicklung Dtld.s seit der wilhelmin. Zeit zu deuten. Er hat die dt. Geschichtsschreibung im 20. Jh. maßgebl. mitgeprägt.

Lit.: Ernst Schulin, «F.M.», in Hans-Ulrich Wehler, Hrsg., *Dt. Historiker* (1973); Stefan Meineke, *F. M.* (1995).

Meinhard II., Graf von Tirol-Görz, Hg. von Kärnten, *um 1238, †1.11.1295 Greifenburg. Er übernahm 1259 die Herrschaft in Görz u. Tirol. 1271 teilte er sein Erbe mit seinem Bruder Albert (um 1240-1304), wobei letzterer Görz, er aber das größere Tirol erhielt. Er gilt als Schöpfer des Landes Tirol, das ihm e. straffe Verwaltungsorganisation verdankte. Kg. ↑Rudolf I. von Habsburg belehnte ihn 1286 mit dem Hg.tum Kärnten.

Meinhof, Ulrike, Terroristin, *7.10.1934 Oldenburg, †9.5.1976 Stuttgart-Stammheim. 1959-64 war sie Redakteurin der Zeitschrift *Konkret.* Danach lebte sie als freie Journalistin. Zus. mit A. ↑Baader baute sie 1968-70 e. terrorist. Gruppe auf (Rote-Armee-Fraktion). 1972 verhaftet u. 1974 angeklagt, starb sie vor der Urteilsverkündung, vermutl. durch Selbstmord.

Lit.: Mario Krebs, *U. M.* (1995).

Meinwerk, Bf. von Paderborn, *um 975, †5.6.1036 Paderborn. Der Sproß e. sächs. Adelsfamilie war Domherr in Halberstadt u. wurde 997 von Ks. ↑Otto III. in die Hofkapelle berufen. Kg. ↑Heinrich II. setzte ihn 1009 als Bf. in Paderborn ein. Durch zahlreiche Bauten (Dom, Bartholomäuskapelle, Bf.s- u. Kg.spfalz), Ansiedlung der Benediktiner aus Cluny in Paderborn (1015), Einrichtung neuer Pfarreien, straffe Führung der Domschule u. intensive Anstrengungen im Kg.sdienst mehrte er das Ansehen des Bistums. Er wird als Hl. verehrt (Tag: 5.6.).

Lit.: Gerald Beyreuther, «M.», in Eberhard Holtz u. Wolfgang Huschner, Hrsgg., *Dt. Fürsten des MA* (1995).

Meißner, Otto, Beamter, *13.3.1880 Bischweiler (Elsaß), †27.5.1953 München. Der promovierte Jurist war 1920–45 Chef des Büros des Reichspräs.en bzw. der Präsidialkanzlei. Bes. während ↑Brünings Kanzlerschaft hatte er auf Reichspräs. ↑Hindenburg, gemeinsam mit dessen Sohn Oskar (1883–1960) u. anderen Beratern, e. nicht kontrollierbaren, aber bedeutenden Einfluß. 1945 verhaftet, wurde er 1949 im sog. Wilhelmstraßenprozeß freigesprochen.

Melanchthon [eigtl. Schwartzerd(t)], Philipp, Reformator, *16.2.1497 Bretten, †19.4.1560 Wittenberg. Der Sohn e. Waffenschmieds u. Großneffe des Humanisten Johannes Reuchlin (1455–1523) studierte ab 1509 in Heidelberg u. ab 1512 in Tübingen, wo er den Magistergrad erwarb. 1518 erhielt er e. Dozentenstelle für Griech. in Wittenberg, 1519 auch für Theologie. Mit M. ↑Luther befreundet, veröffentlichte er die erste prot. Dogmatik (*Loci communes*, 1521). Während des Bauernkriegs stellte er sich gegen die Sache der Bauern. Seit 1526 Inhaber e. theolog. Professur, beteiligte er sich maßgebl. an den Kirchen- u. Schulvisitationen in Sachsen u. wirkte im Reformsinne auch auswärts, so 1525/26 in Nürnberg, 1536 in Tübingen, 1547 in Jena, 1557 in Heidelberg. Der Versuch 1543, zus. mit ↑Bucer das Erzbistum Köln zu reformieren, wurde von Ks. ↑Karl V. vereitelt. Er nahm an den Religionsgesprächen in Marburg (1529), Worms (1540) u. Regensburg (1541) teil. Mit der Augsburger Konfession (1530) u. der Apologie der Augustana (1531) verfaßte er die grundlegenden luther. Bekenntnisschriften. Die Doppelehe des Landgrafen ↑Philipp I. des Großmütigen billigte er. Nach Luthers Tod übernahm er die Vormundschaft über dessen Kinder. Das Augsburger Interim 1548 lehnte er ab. In seinen letzten Lebensjahren wurde er stark in theolog. Streitigkeiten hineingezogen, ohne daß er selbst e. geschlossenes Lehrsystem entwickelt hätte. Gleichwohl blieb er nach Luther e. der bedeutendsten Gestalten des Protestantismus. Schöpfer der ev. Schule, verdiente er sich den nach seinem Tod aufkommenden Beinamen «praeceptor Germaniae».

Lit.: Robert Stupperich, *P. M.* (1996); Heinz Scheible, *P. M.* (1997); Georg Urban, *P. M.* (⁵1997).

Mende, Erich, Politiker, *28.10.1916 Groß Strehlitz (Oberschlesien), †6.5.1998 Bonn. Nach Militärdienst im Zweiten Weltkrieg studierte er Jura (Promotion 1949). 1946 trat er der FDP bei, deren Bundesvors. er 1960–68 war. 1949–80 saß er im Bundestag (1957–63 Fraktionsvors.). 1963–66 war er Vizekanzler u. Bundesminister für gesamtdt. Fragen. Aus Protest gegen die sozialliberale Koalition trat er 1970 zur CDU über.

Mengele, Josef, SS-Hauptsturmführer, *16.3.1911 Günzburg/Donau, †(vermutl.) 7.2.1979 Bertigoa (bei São Paulo, Brasilien). Der promovierte Anthropologe u. Mediziner meldete sich 1940 zur Waffen-SS. 1943 wurde er nach Auschwitz abgeordnet, wo er für die Selektion der Arbeitsunfähigen, d. h. zu Tötenden zuständig war. An vielen Lagerinsassen nahm er medizin. Experimente mit oft tödl. Ausgang vor. Nach Kriegsende verbarg er sich erst in Süddtld. u. gelangte dann 1949 nach Buenos Aires. Internat. gesucht, begab er sich 1960 in die Nähe von Saõ Paulo. Er ertrank vermutl. bei e. Badeunfall.

Lit.: Ulrich Völklein, *J. M.* (2000).

Menno Simons ↑Simons, Menno.

Merkatz, Hans-Joachim von, Politiker, *7.7.1905 Stargard (Pommern), †25.2.1982 Bonn. Der promovierte Jurist war 1948–49 Mitglied des Parlamentar. Rats als Vertreter der DP u. saß 1949–69 im Bundestag (1953–55 Fraktionsvors. der DP). 1955–62 war er Bundesminister für Angelegenheiten des Bundesrats, 1956–57 zugleich Bundesjustizminister, 1960–61 zugleich Bundesvertriebenenminister.

Lit.: Heinz-Siegfried Strelow, «Konserv. Politik in der frühen Bundesrepublik», in Hans-Christof Kraus, Hrsg., *Konserv. Politiker in Dtld.* (1995).

Merkel, Angela, Politikerin, *17.7.1954 Hamburg. Sie wuchs in der Mark Brandenburg (DDR) auf u. arbeitete 1978–90 als Diplomphysikerin (1986 Promotion). Im Herbst 1989 war sie Mitbegründerin des Demokrat. Aufbruchs. Seit 1990 Mitglied der CDU u. Abg. im Bundestag, war sie 1991–94 Bundesministerin für Frauen u. Jugend, 1994–98 für Umwelt. Nach der Wahlniederlage der Regierung ↑Kohl 1998 war sie bis 2000 CDU-Generalsekretärin. Nach dem Rücktritt von ↑Schäuble als Bundesvors. der CDU wurde sie im April 2000 in diese Position gewählt.

Merton, Richard, Industrieller, *1.12.1881 Frankfurt/Main, †6.1.1960 ebd. Der Sohn W. ↑M.s leitete nach dem Tod seines Vaters die Metallgesellschaft AG zus. mit seinem Bruder Alfred. Im Ersten Weltkrieg war er Mitarbeiter ↑Groeners u. Mitglied der Waffenstillstandskommission sowie der Delegation bei den Versailler Verhandlungen. 1932–33 saß er im Reichstag (DVP). Wegen seiner jüd. Abstammung bedrängt, emigrierte er 1939 nach England. 1947 zurück in Dtld., war er 1948–58 Aufsichtsratsvors. der Metallgesellschaft AG.

Merton, Wilhelm, Unternehmer, *14.5.1848 Frankfurt/Main, †15.12.1916 Berlin. Er gründete 1881 in Frankfurt die Metallgesellschaft AG. Sein Vermögen verwandte er zum großen Teil für gemeinnützige Zwecke, wozu er e. Reihe von Institutionen u. Gesellschaften gründete, darunter das Institut für Gemeinwohl in Frankfurt. Dort war er auch Mitbegründer der Handelshochschule (später Universität).

Lit.: Hans Achinger, *W. M. in seiner Zeit* (1965).

Metternich, *Clemens* Wenzel Fürst (von M.-Winneburg, 1813), östr. Staatsmann, *15.5.1773 Koblenz, †11.6.1859 Wien. Nach dem Jurastudium in Straßburg u. Mainz heiratete er 1795 in Wien Gräfin Eleonore Kaunitz (1775–1825), e. Enkelin des Staatskanzlers ↑Kaunitz. 1797–99 nahm er als Gesandter des westfäl. Reichsgrafenkollegiums am Kongreß von Rastatt teil. 1801–03 war er ksl. Gesandter in Dresden, 1803–06 in Berlin. Östr. Botschafter in Paris 1806–09, trug er mit seinen Berichten zum Ausbruch des Kriegs von 1809 bei. Im Okt. wurde er als Nachfolger ↑Stadions Außenminister. Er leitete e. Politik der Anpassung an Frankreich ein, vermittelte in diesem Sinn die Heirat der Ks.tochter ↑Marie Louise mit Napoleon I. (1810) u. beteiligte e. östr. Hilfskorps am Rußlandfeldzug 1812. Nach geheimen Verhandlungen mit dem russ. Zaren Alexander I. trat er jedoch im Juni 1813 der Koalition gegen Napoleon bei. Im Interesse des europ. Gleichgewichts wirkte er dann beim ersten Pariser Frieden 1814 auf e. Schonung Frankreichs hin. Auf dem unter seinem Vorsitz tagenden Wiener Kongreß 1814–15 betrieb er die Wiederherstellung der polit. u. sozialen Ordnung in Europa unter Wiedereingliederung Frankreichs sowie die Gründung des Dt. Bundes. Zwar erst ab 1821 Hof- u. Staatskanzler, war er schon zuvor maßgebl. an der Durchführung der Restaurations- u. Legitimitätspolitik in Europa beteiligt. Die Hl. Allianz von 1815, urspr. von Alexander I. als Instrument zur Völkerverbrüderung konzipiert, wurde von ihm zum Bund der Fürsten gegen Nationalismus u. Liberalismus umgeformt. Die interventionist. Kongresse von Aachen, Troppau, Laibach u. Verona (1818–22) markierten den Höhepunkt des sog. M.schen Systems. Die dt. Fürsten konnte er durch den von ihm beherrschten Dt. Bund auf repressive Methoden der Öffentlichkeitskontrolle festlegen. Obwohl er ab 1835 die Regierungsgeschäfte zus. mit Franz Graf Kolowrat-Liebsteinsky (1778–1861) führte, richtete sich die Wut der Revolutionäre 1848 vor allem gegen ihn. Er mußte am 13.3. zurücktreten u. floh über London nach Brüssel; erst 1851 kehrte er wieder nach Wien zurück.

Lit.: Heinrich Ritter von Srbik, *M.* (3 Bde., 1925–54); Peter Berglar, *M.* (1973); Alan Palmer, *M.* (1980); Robert D. Billinger, *M. and the German Question* (Newark, 1991); Desmond Seward, *M., der erste Europäer* (1993); Guillaume-André de Bertier de Sauvigny, *M.* (1996).

Mevissen, Gustav von (1884), Unternehmer u. Politiker, *20.5.1815 Dülken (bei Krefeld), †13.8.1899 Godesberg. Der Sohn e. Zwirnfabrikanten u. Garngroßhändlers übernahm 1839 zus. mit seiner Schwester u. 1842 allein die Leitung des väterl. Geschäfts. Ab 1841 in Köln, gründete er mehrere Textil- u. Versicherungsunternehmen u. wurde 1844 Präs. der Rhein. Eisenbahngesellschaft (bis 1880). 1853 gründete er die Bank für Handel u. Industrie (später Darmstädter u. Nationalbank). Liberal gesinnt, war er 1842 Mitbegründer der *Rhein. Zeitung*, 1847-48 Mitglied des preuß. Vereinigten Landtags, 1848-49 der Frankfurter Nationalversammlung, 1866-91 des preuß. Herrenhauses. Er finanzierte die Gründung der Kölner Handelshochschule (später Universität zu Köln).

Lit.: Joseph Hansen, *G. von M.* (1906).

Meyers, Franz, Politiker, *31.7. 1908 Mönchengladbach, †28.1.2002 ebd. Der promovierte Jurist saß 1950-70 im nordrhein-westfäl. Landtag (CDU). 1952 war er Oberbürgermeister von Mönchengladbach, 1952-56 Innenminister, 1958-66 Ministerpräs. von Nordrhein-Westfalen. 1957-58 war er Mitglied des Bundestags.

Michaelis, Georg, Politiker, *8.9. 1857 Haynau (Schlesien), †24.7. 1936 Bad Saarow (bei Fürstenwalde). Der promovierte Jurist lehrte 1885-89 in Tokio. Danach machte er rasch Karriere, wurde 1902 Oberpräs. in Breslau u. 1909 Unterstaatssekretär im preuß. Finanzministerium. 1915 wurde er Leiter der Reichsgetreidestelle, im Febr. 1917 preuß. Staatskommissar für Volksernährung u. am 14.7. als Nachfolger von ↑Bethmann Hollweg Reichskanzler u. preuß. Ministerpräs. Polit. unerfahren, erreichte er bezügl. der Friedensresolution vom 19.7. e. praktikables Verhältnis weder zur Reichstagsmehrheit noch zur Obersten Heeresleitung. Wegen fehlender parlamentar. Basis trat er am 31.10. zurück.

1918-19 war er Oberpräs. von Pommern.

Lit.: Dieter Hein, «G. M.», in Wilhelm von Sternburg, Hrsg., *Die dt. Kanzler* (²1998).

Mielke, Erich, Politiker, *28.12. 1907 Berlin, †21.5.2000 Berlin. Der Speditionskaufmann trat 1925 in die KPD ein. Der Anklage wegen Mordes an zwei Polizisten 1931 entzog er sich durch Flucht in die Sowjetunion. 1936-39 nahm er bei den Internat. Brigaden am Span. Bürgerkrieg teil. 1939-40 lebte er in Belgien, 1940-43 in Frankreich, danach arbeitete er unter e. Decknamen bei der Organisation ↑Todt. 1945 zurück in Dtld., trat er 1946 in Berlin der SED bei. Nach steiler Karriere im MfS der DDR wurde er 1957 dessen Minister (bis 1989). 1950-89 war er Mitglied des ZK, 1976-89 des Politbüros der SED. 1980 wurde er zum Armeegeneral ernannt. 1989 inhaftiert, wurde er 1993 wegen der Polizistenmorde zu sechs Jahren Haft verurteilt, aber 1995 wegen Krankheit entlassen.

Lit.: Heribert Schwan, *E. M.* (1997).

Miklas, Wilhelm, östr. Politiker, *15.10.1872 Krems, †20.3.1956 Wien. Er saß als Mitglied der Christl.-soz. Partei 1907-18 im östr. Reichsrat, ab 1908 auch im niederöstr. Landtag. 1918-28 war er Mitglied der Konstituierenden Nationalversammlung bzw. des Nationalrats (1923-28 Präs. des letzteren). Als Bundespräs. (1928-38) verhielt er sich den autoritären Bestrebungen ↑Dollfuß' u. ↑Schuschniggs gegenüber distanziert. 1938 unterzeichnete er das Anschlußgesetz nicht, sondern trat zurück.

Milbradt, Georg, Politiker, *23.2. 1945 Eslohe (Westfalen). Der habilitierte Volkswirt trat 1973 der CDU bei u. arbeitete zunächst im universitären Bereich. 1983–90 war er Stadtkämmerer in Münster. 1990–2001 war er Finanzminister, ab 1994 auch Abg. im Landtag von Sachsen. Im April 2002 löste er ↑Biedenkopf als Ministerpräs. ab.

Milch, Erhard, Generalfeldmarschall, *30.3.1892 Wilhelmshaven, †25.1.1972 Wuppertal. Er wurde 1926 Vorstandsmitglied der Lufthansa (1942 Präs.). Der treue Gefolgsmann ↑Hitlers wurde Staatssekretär im Reichsluftfahrtministerium (1933–44), Generalinspekteur der Luftwaffe (1938–45) u. 1940 Generalfeldmarschall. Maßgebl. an der Aufrüstung der Luftwaffe beteiligt, wurde er vor Ende des Kriegs wegen deren Mißerfolgen seiner Ämter enthoben. 1947 verurteilte ihn das Militärtribunal in Nürnberg zu lebenslängl. Haft, doch wurde er 1954 freigelassen.

Lit.: Horst Boog, *Die dt. Luftwaffenführung* (1982).

Minutoli, Julius Frhr. von, Beamter, *30.8.1805 Berlin, †5.11.1860 bei Schiras (Persien). Der promovierte Jurist bemühte sich als Polizeipräs. von Berlin (seit 1847) im März 1848 unter Überschreitung seiner Kompetenzen um Vermittlung zwischen Kg. u. Revolutionären. Am 25.3. zum Befehlshaber der Bürgerwehr gewählt, trat er bereits am 4.4. wieder zurück u. wurde im Juni als Polizeipräs. entlassen. 1853–59 war er Generalkonsul in Spanien u. Portugal. Er starb auf e. diplomat. Mission in e. pers. Karawanserei.

Miquel, Johannes von (1897), Politiker, *19.2.1828 Neuenhaus (bei Bentheim), †8.9.1901 Frankfurt/Main. Der Jurist schloß sich 1848 der republikan.-radikalen Bewegung an. 1854 wurde er Rechtsanwalt in Göttingen. Sich dem Liberalismus zuwendend, beteiligte er sich 1859 zus. mit R. von ↑Bennigsen führend an der Gründung des Dt. Nationalvereins. In die hannov. 2. Kammer gewählt (1863–67), wirkte er 1866 bei der Gründung der Nationalliberalen Partei mit. 1867–82 war er Mitglied des preuß. Abg.hauses, 1867–77 u. 1887–90 des Reichstags. Ab 1873 war er Vors. des Verwaltungsrats der Disconto Gesellschaft, der damals größten dt. Bank. 1865–69 u. ab 1876 Oberbürgermeister von Osnabrück, ab 1880 von Frankfurt, wurde er nach O. von ↑Bismarcks Sturz 1890 preuß. Finanzminister. Er reformierte die Einkommen-, Grund- u. Gewerbesteuer u. brachte die «Sammlung» von Landwirtschaft u. Schwerindustrie für die Reichstagswahlen 1897 zuwege. Da er den Bau des Mittellandkanals mißbilligte, trat er 1901 zurück.

Lit.: Alfons Pausch, *J. von M.* (1964); Thorsten Kassner, *Der Steuerreformer J. von M.* (2001).

Mischnick, Wolfgang, Politiker, *29.9.1921 Dresden. Mitbegründer 1945 der LDPD in Dresden, floh er 1948 nach Westdtld. Er war 1954–57 Mitglied des hess. Landtags, 1957–94 des Bundestags (FDP). 1961–63 war er Bundesvertriebenenminister. Als Vors. der FDP-Bundestagsfraktion (1968–91) beeinflußte er stark die Politik seiner Partei. 1987–95 war er Vors. der Friedrich-Naumann-Stiftung.

Mittag, Günter, Politiker, *8.10.1926 Stettin, †18.3.1994 Berlin. Er wurde bei der Reichsbahn ausgebildet u. trat 1945 in die KPD, 1946 in die SED ein. 1962–89 gehörte er dem ZK der letzteren, 1966–89 auch dem Politbüro an. Als ZK-Sekretär für Wirtschaftsfragen (1962–73; 1976–89) suchte er zus. mit E. ↑Apel das Wirtschaftssystem der DDR zu reformieren. 1979–89 war er Mitglied des Staatsrats der DDR. Gegen ihn nach der Wende angestrengte Verfahren wegen Veruntreuung von Staatsgeldern wurden aus gesundheitl. Gründen eingestellt.

Model, Walter, Generalfeldmarschall, *24.1.1891 Genthin (bei Magdeburg), †21.4.1945 bei Duisburg. Der Berufssoldat war ab Jan. 1942 Oberbefehlshaber der 9. Armee in Rußland, kommandierte ab Jan. 1944 die Heeresgruppe Nord u. ab Juli die Heeresgruppe Mitte. Im März 1944 wurde er zum Generalfeldmarschall befördert. An die Westfront versetzt, war er maßgebl. an der Leitung der Ardennenoffensive beteiligt. Nach deren Scheitern nahm er sich im Ruhrkessel das Leben.

Lit.: Joachim Ludewig, «W.M.», in Ronald Smelser u. Enrico Syring, Hrsgg., *Die Militärelite des Dritten Reiches* (²1998).

Modrow, Hans, Politiker, *27.1.1928 Jasenitz (Pommern). Der gelernte Maschinenschlosser trat 1949 der SED bei u. gehörte 1967–89 deren ZK, 1957–90 auch der Volkskammer an. Nach dem Rücktritt E. ↑Honeckers wurde er Mitglied des Politbüros sowie (Nov. 1989–April 1990) Vors. des Ministerrats der DDR. 1990–94 saß er im Bundestag (PDS). 1995 verurteilte ihn das Landgericht Dresden wegen 1989 begangener Wahlfälschung zu e. Gefängnisstrafe auf Bewährung.

Moeller van den Bruck, Arthur, Schriftsteller, *23.4.1876 Solingen, †30.5.1925 Berlin. Er studierte Gesch. u. Kunst. Nach Ende des Ersten Weltkriegs gab er die Zeitschrift *Das Gewissen* heraus u. war Mittelpunkt des zum Nationalbolschewismus tendierenden Juniklubs. Der Titel seines Hauptwerks *Das dritte Reich* (1923) wurde von den Nationalsozialisten zur Kennzeichnung ihres Herrschaftssystems aufgegriffen. In e. Anfall von Schwermut nahm er sich das Leben.

Lit.: Hans-Joachim Schwierskott, *A. M. van den B.* (1962); Stan Lauryssens, *The Man Who Invented the Third Reich* (Stroud, 1999).

Mohl, Robert von (1837 u. 1871), Politiker, *17.8.1799 Stuttgart, †4.11.1875 Berlin. Der promovierte Jurist war ab 1824 Prof. in Tübingen, 1847–61 in Heidelberg. Liberal gesinnt, war er 1848–49 Mitglied des Vorparlaments u. der Frankfurter Nationalversammlung sowie von Aug. 1848 bis Mai 1849 Reichsjustizminister. 1857–73 saß er in der bad. 1. Kammer. 1861–66 war er bad. Gesandter beim Dt. Bund, 1867–71 in München. 1874–75 hospitierte er als parteiloser Abg. im Reichstag bei der nationalliberalen Fraktion. 1844 begründete er die *Zeitschrift für die gesamte Staatswiss.* Hauptwerke: *Das Staatsrecht des Kg.reichs Württ.* (2 Bde., 1829–31); *Die Gesch. u. Literatur der Staatswiss.en* (3 Bde., 1855–58); *Staatsrecht, Völkerrecht u. Politik* (3 Bde., 1860–69).

Lit.: Erich Angermann, *R. von M.* (1962).

Mölders, Werner, Jagdflieger, *18.3.1913 Gelsenkirchen, †22.11.1941 bei Breslau. Er kommandierte im Span. Bürgerkrieg 1938 e. Jagdstaffel der Legion Condor. In der Luftschlacht über England führte er e. wirkungsvolle neue Taktik ein. Mit insges. 115 Abschüssen e. der erfolgreichsten dt. Jagdflieger, wurde er 1941 zum Inspekteur der Jagdflieger u. General befördert. Er kam bei e. Flugzeugabsturz ums Leben.

Lit.: Ernst Obermaier u. Werner Held, *Jagdflieger Oberst W. M.* (³1993).

Möllemann, *Jürgen* Wilhelm, Politiker, *15.7.1945 Augsburg. Er war ab 1969 Lehrer. CDU-Mitglied 1962–69, trat er 1970 der FDP bei u. war 1972–2000 Mitglied des Bundestags. 1982–87 war er Staatsminister im Auswärtigen Amt, 1987–91 Bundesminister für Bildung u. Wiss., 1991–93 für Wirtschaft. Von letzterem Posten trat er wegen des Vorwurfs des Amtsmißbrauchs zurück. 1983–94 u. seit 1996 war er Landesvors. der FDP in Nordrhein-Westfalen. Seit 2000 sitzt er im Landtag von Nordrhein-Westfalen.

Möller, Alex(ander), Politiker, *26.4.1903 Dortmund, †2.10.1985 Karlsruhe. Er trat 1922 der SPD bei u. war ab 1923 bei der Eisenbahnergewerkschaft tätig. 1928–33 saß er im preuß. Landtag. 1936–46 arbeitete er bei der Karlsruher Lebensversicherungs AG, nach Kriegsende als Vors. 1946–52 saß er im Landtag von Württ.-Baden, 1952–61 von Baden-Württ., 1961–76 im Bundestag. 1969–71 war er Bundesfinanzminister.

Möller van den Bruck ↑Moeller van den Bruck.

Moltke, Helmuth James Graf von, Widerstandskämpfer, *11.3.1907 Kreisau (Schlesien), †23.1.1945 Berlin-Plötzensee. Der Jurist (Großneffe von H.K.B. Graf von ↑M.) war 1939–44 Sachverständiger für Kriegs- u. Völkerrecht beim OKW. Überzeugter ev. Christ u. Gegner des Nationalsozialismus, hielt er Kontakt zu ↑Canaris u. versammelte zus. mit P. Graf ↑Yorck von Wartenburg den Kreisauer Kreis um sich. Die Attentatspläne auf ↑Hitler lehnte er ab. Im Jan. 1944 wurde er verhaftet, nach dem 20.7. ohne Nachweis strafbarer Handlungen zum Tod verurteilt u. gehängt.

Lit.: Ger van Roon, *Neuordnung im Widerstand* (1967); Freya von Moltke u. a., *H. J. Graf von M.* (1984).

Moltke, *Helmuth* Johannes Ludwig von, Generaloberst, *25. 5. 1848 Gut Gersdorf (Mecklenburg), †18.6.1916 Berlin. Der Neffe von H. K. B. Graf von ↑M. war Berufsoffizier u. diente 1882–91 seinem Onkel als Adjutant. 1906 wurde er gegen seinen Willen auf Wunsch Ks. ↑Wilhelms II. Chef des Generalstabs als Nachfolger ↑Schlieffens. Zu Beginn des Ersten Weltkriegs versuchte er den Feldzugsplan des letzteren im Prinzip umzusetzen, verstärkte aber den linken Flügel auf Kosten des rechten Umgehungsflügels. Nach weiteren Führungsfehlern trat er am 14.9.1914 zurück u. wurde durch ↑Falkenhayn ersetzt.

Lit.: Annika Mombauer, *H. von M. and the Origins of the First World War* (Cambridge, 2001).

Moltke, *Helmuth* Karl Bernhard Graf (1870) von, Generalfeldmarschall, *26.10.1800 Parchim, †24.4. 1891 Berlin. Er trat 1819 in den dän. u. 1822 in den preuß. Militärdienst ein. 1828 wurde er in das topograph. Büro des Großen Generalstabs u. 1832 in den letzteren selbst kommandiert. 1835–39 weilte er als militär. Berater in der Türkei. Zurück in Preußen, wurde er 1856 Generalmajor u. 1857 Chef des Großen Generalstabs. Unter seiner Leitung erlangte dieser während des Dt.-dän. Kriegs 1864 Einfluß auf die militär. Operationen, woraus schließl. die entscheidende Verantwortung für Strategie u. Verlauf der Kriege von 1866 (Sieg bei Königgrätz) u. 1870–71 erwuchs. 1870 wurde er in den Grafenstand erhoben, 1871 zum Generalfeldmarschall ernannt. 1867–91 saß er im Reichstag (dt. konserv.). 1888 trat er in den Ruhestand. Der «Große Schweiger» galt als der erfolgreichste Feldherr seiner Zeit. Eine ihm 1866 von Kg. ↑Wilhelm I. gewährte Dotation erlaubte es ihm, das Gut Kreisau in Schlesien zu erwerben.

Lit.: Franz Herre, *M.* (1988); Roland G. Foerster, Hrsg., *Generalfeldmarschall von M.* (1992).

Mommsen, Theodor, Historiker, *30.11.1817 Garding (bei Husum), †1.11.1903 Berlin. Der Sohn e. prot. Geistl. studierte Jura u. wurde, ohne habilitiert zu sein, 1848 Prof. für röm. Recht in Leipzig, verlor aber seine Stelle 1851, als er den sächs. Verfassungsoktroi kritisierte. 1852 erhielt er e. Professur in Zürich, 1854 in Breslau. 1858 nach Berlin an die Preuß. Akademie der Wiss.en gerufen, um am *Corpus Inscriptionum Latinarum* zu arbeiten, wurde er 1861 dort zum Prof. für röm. Gesch. ernannt. Sein Leben lang polit. engagiert, saß der Gegner des polit. u. sozialen Systems O. von ↑Bismarcks 1863–66 (Fortschrittspartei) u. 1873–79 (Nationalliberaler) im preuß. Abg.haus u. 1881–84 im Reichstag

(Liberale Vereinigung/Dt. Freisinnige Partei). Für sein wiss. Werk, bes. seine Caesar u. die röm. Militärmonarchie verherrlichende *Röm. Gesch.* (Bde. I–III, 1854–56; V, 1885), erhielt er 1902 den Nobelpreis für Literatur. Insgesamt veröffentlichte er rd. 1500 Titel, darunter bes. noch *Röm. Staatsrecht* (3 Bde., 1871–88) u. *Röm. Strafrecht* (1899).

Lit.: Alfred Heuß, *M. u. das 19. Jh.* (1956); Albert Wucher, *T. M.* (²1968); Lothar Wickert, *T. M.* (4 Bde., 1959–80).

Momper, Walter, Politiker, *21.2.1945 Sulingen. Er trat 1967 der SPD bei u. war 1975–95 sowie ab 1999 Mitglied des Berliner Abg.hauses (SPD), 1985–89 als Fraktionsvors. 1989–91 war er Regierender Bürgermeister von Berlin; bei dem Versuch, in diese Position wiedergewählt zu werden, blieb er 1999 erfolglos.

Montecuccoli, Raimund Fürst (1651), Feldherr, *21.2.1609 Schloß Montecuccolo (bei Modena), †16.10.1680 Linz. Er trat 1625 in den ksl. Heeresdienst ein u. kämpfte u.a. bei Breitenfeld (1631), Lützen (1632) u. Nördlingen (1634). Ab 1648 häufig von Ks. ↑Ferdinand III. zu diplomat. Missionen verwandt u. 1658 zum Feldmarschall ernannt, vertrieb er im 1. Nord. Krieg (1655–60) im Bund mit Brandenburg die Schweden aus Jütland u. Pommern. Als Gouverneur der Festung Raab (ab 1660) schlug er 1664 die Türken entscheidend bei Sankt Gotthard an der Raab. 1668 wurde er Präs. des Hofkriegsrats. 1672–75 befehligte er das ksl. Heer im Devolutionskrieg gegen Frankreich u. drängte u.a. 1673 Turenne in brillanter Manier über den Rhein zurück. Er verfaßte bedeutende militärhistor. Werke, darunter *Del arte militare* (1653) u. *Della guerra col Turco in Ungheria* (1670).

Lit.: Harms Kaufmann, *R. Graf M.* (1974); Thomas M. Barker, *The Military Intellectual and Battle* (Albany, 1975); Georg Schreiber, *Raimondo M.* (2000).

Montez, Lola [eigtl. Maria Dolores Gilbert], Tänzerin, *25.8.1818 Limerick (Schottland), †17.1.1861 New York. Die illegitime Tochter e. schott. Offiziers u. e. Kreolin trat ab 1846 in München als Tänzerin auf. Sie gewann die Gunst des bayer. Kg.s ↑Ludwig I., der sie 1847 zur Gräfin von Landsfeld erhob. Öffentl. Empörung über die Verbindung führte zum Rücktritt des Ministers, zu Unruhen u. schließl. zur Abdankung des Kg.s. Sie lebte anschließend in England u. Spanien, ab 1852 in Nordamerika.

Lit.: Bruce Seymour, *L. M.* (2000).

Montgelas, *Maximilian* Joseph Graf von (1809), Staatsmann, *12.9.1759 München, †14.6.1838 ebd. Der Sproß e. väterlicherseits aus Savoyen stammenden adligen Familie studierte Jura u. trat 1777 in den bayer. Staatsdienst. Diesen verließ er, nachdem 1784 seine Zugehörigkeit zum aufklär. Illuminatenorden ans Licht kam. Er ging dann 1786 in den Dienst des Hg.tums Pfalz-Zweibrücken. Als die Franzosen 1793 das Land besetzten, blieb er zurück, was ihm den Ruf e. Jakobiners eintrug. 1796 von dem künftigen bayer. Kf.en/Kg. ↑Maximilian I. Joseph als polit. Berater angestellt, wurde er nach dessen Regierungsantritt 1799 mit dem Außenministerium betraut, von dem aus er bis 1817 die gesamte Regierungstätigkeit lenkte, zumal er 1806-17 auch Innenminister u. 1803-06 sowie 1809-17 auch Finanzminister war. In dieser Stellung arbeitete er zielstrebig auf die Erhaltung, Vergrößerung u. innere Modernisierung Bayerns hin. Klug taktierend, betrieb er hierzu e. sich an Frankreich anlehnende Politik, bis ihm mit dem Vertrag von Ried (Okt. 1813) noch rechtzeitig der Austritt aus dem Rheinbund u. der Wechsel auf die Seite Österreichs gelang. Die enorme territoriale Vergrößerung Bayerns u. a. durch den Erwerb von Schwaben, Franken u. der linksrhein. Pfalz, die durch den Münchener Vertrag mit Österreich 1816 ihren Abschluß fand, war nicht zuletzt Ergebnis seiner Bemühung. Innenpolit. arbeitete er erfolgreich auf die Integration der Neuerwerbungen in den bestehenden Staat hin, indem er die Verwaltung u. das Rechtswesen reorganisierte, u. a. durch Abschaffung der überkommenen Rechte der Kirche, des Adels, der Korporationen u. Gemeinden. Freil. rief er damit auch e. starke Opposition hervor, u. manche seiner Reformen, so vor allem die Abschaffung der gemeindl. Selbstverwaltung, wurden nach seiner Entlassung wieder rückgängig gemacht. Die letztere erfolgte 1817, als er bei der Vorbereitung e. neuen Verfassung in scharfen Gegensatz zum Kronprinzen Ludwig (↑Ludwig I.) geriet. Danach zog er sich aus der Politik zurück.

Lit.: Franz Herre, *M.* (1988); Eberhard Weis, *M.: 1759-1799* (²1988).

Moritz, Prinz von Oranien, *14.11.1567 Dillenburg, †23.4.1625 Den Haag. Er wurde 1584 Vors. im Staatsrat der Generalstaaten u. danach Statthalter von Holland u. Seeland (1585), Utrecht u. Overijssel (1590) u. Geldern (1591). 1590 zum Oberbefehlshaber der vereinigten niederländ. Provinzen gewählt, schlug er die Spanier 1600 entscheidend bei Nieuwport. Den 1609 abgeschlossenen zwölfjährigen Waffenstillstand billigte er nicht.

Moritz, Kf. von Sachsen, *21.3.1521 Freiberg, †11.7.1553 Sievershausen. Aus der albertin. Linie stammend u. prot. erzogen, trat er 1541 die Herrschaft an. Wegen der Stifte Meißen, Halberstadt u. Magdeburg mit seinem ernestin. Vetter Kf. ↑Johann Friedrich I. dem Großmütigen zerstritten, trat er 1546 auf Seiten Ks. ↑Karls V. in den Schmalkald. Krieg ein. Nach der Niederlage Johann Friedrichs bei Mühlberg 1547 erhielt er die diesem aberkannten Kurlande u. dessen Kurwürde. Obwohl der ksl. Interimspolitik ablehnend gegenüberstehend, belagerte der als «Judas von Meißen» Geschmähte in Vollzug der Reichsacht die Stadt Magdeburg. Gleichzeitig bereitete er aber in der sog. Fürstenverschwörung den Vertrag von Chambord (1552) vor, in welchem e. Reihe prot. Fürsten gegen Subsidiengelder die zum Reich gehörigen Städte Cambrai, Metz, Toul u. Verdun dem franz. Kg. Heinrich II. zusprachen. Der nun gegen den Ks. begonnene Krieg führte zum Passauer Vertrag (1552), in dem Karl V. entscheidende religionspolit. Zugeständnisse machen mußte. M. fiel im Kampf gegen seinen früheren Bundesgenossen Markgraf ↑Albrecht Alcibiades.

Lit.: Hildegard Jung, *Kf. M. von Sachsen* (1966); Karlheinz Blaschke, *M. von Sachsen* (1984).

Möser, Justus, Historiker u. Politiker, *14.12.1720 Osnabrück, †8.1.1794 ebd. Der Jurist war ab 1744 Sekretär der Osnabrücker Ritterschaft u. ab 1756 deren Syndikus. Von etwa 1765 bis 1783 war er de facto Leiter der Verwaltung des Fürstbistums. Neben schriftsteller. Tätigkeit widmete er sich der Publizistik u. der Geschichtsschreibung. 1766 gründete er die *Wöchentl. Osnabrück. Anzeigen*, die Herder «das vollkommenste Dt. Nationalblatt» nannte. 1768 veröffentlichte er e. *Osnabrück. Gesch.* (2 Bde.).

Lit.: Ludwig Bäte, *J. M.* (1961); Karl H. L. Welker, *Rechtsgesch. als Rechtspolitik* (2 Bde., 1996).

Motz, Friedrich von, Wirtschaftspolitiker, *18.11.1775 Kassel, †30.6.1830 Berlin. Der Jurist wurde 1824 Oberpräs. der preuß. Provinz Sachsen u. 1825 preuß. Finanzminister. Er erwarb sich Verdienste durch Beseitigung des Haushaltsdefizits, Industriefördermaßnahmen u. bes. durch den Abschluß des Zollvertrags mit Hessen-Darmstadt 1828, der die Gründung des Dt. Zollvereins 1833 vorbereitete.

Lit.: Herman von Petersdorff, *F. von M.* (1913).

Mückenberger, Erich, Politiker, *8.6.1910 Chemnitz, †10.2.1998 Berlin. Der gelernte Schlosser trat 1927 der SPD bei. 1935–36 war er im KZ Sachsenburg inhaftiert. Seit 1946 Mitglied der SED, gehörte er ab 1950 zum ZK u. ab 1958 zum Politbüro der Partei. 1971–89 war er Vors. der Zentralen Parteikontrollkommission, 1980–89 auch der SED-Fraktion in der Volkskammer. 1990 wurde er aus der SED-PDS ausgeschlossen.

Mueller-Otfried ↑Müller-Otfried.

Müller Ritter von Nitterdorf (1826), Adam Heinrich, Staatstheoretiker, *30.6.1779 Berlin, †17.1.1829 Wien. Der Jurist konvertierte 1805 zum Katholizismus. Er trat 1813 in den östr. Staatsdienst u. war 1815–27 Generalkonsul in Leipzig. 1826 geadelt, wurde er 1827 Hofrat in der Wiener Hof- u. Staatskanzlei. Er gilt als bedeutendster Vertreter der romant. Staats- u. Gesellschaftslehre. Hauptwerk: *Die Elemente der Staatskunst* (3 Bde., 1809).

Lit.: Albrecht Langner, Hrsg., *A. M.* (1988).

Müller, Gebhard, Jurist u. Politiker, *17.4.1900 Füramoos (bei Biberach/Riß), †7.8.1990 Stuttgart. Der promovierte Jurist war 1929-45 Richter an verschiedenen württ. Gerichten. Ab 1945 war er im Justizministerium von Württ.-Hohenzollern tätig. Mitbegründer der CDU 1946, wurde er deren erster Landesvors. 1948 wurde er zum Staatspräs.en des Landes gewählt. Ein maßgebl. Verfechter der Bildung des Südweststaats, gehörte er 1952 der verfassunggebenden Landesversammlung u. danach bis 1958 dem Landtag von Baden-Württ. an. 1953-58 war er Ministerpräs. des letzteren, 1958-71 Präs. des Bundesverfassungsgerichts.

Lit.: Gerhard Taddey, Hrsg., *G. M.* (2000).

Müller, Heinrich, SS-Offizier, *28.4. 1900 München, verschollen 29.4. 1945. Er war seit 1919 Kriminalbeamter in München u. seit 1933 als Kriminalinspektor im SD tätig. 1939 übernahm er im Reichssicherheitshauptamt die Leitung des Amtes IV (Gestapo). Seit 1941 SS-Gruppenführer, erwarb er sich den Ruf rücksichtslosen u. brutalen Vorgehens.

Lit.: Andreas Seeger, «*Gestapo-M.*» (1996).

Müller(-Franken), Hermann, Politiker, *18.5.1876 Mannheim, †20.3. 1931 Berlin. Er absolvierte e. kaufmänn. Lehre u. trat 1893 der SPD bei. 1899-1906 war er Redakteur e. soz.dem. Zeitung in Görlitz. Ab 1906 Mitglied des Vorstands seiner Partei, folgte er dort e. Mittellinie zwischen Revisionisten u. der radikalen Linken. 1916-18 Mitglied des Reichstags, 1919-20 der Nationalversammlung u. 1920-31 wieder des Reichstags (1920-28 Fraktionsvors.), war er e. der profiliertesten Politiker der Weimarer Republik. 1918 wurde er in den Zentralrat der Arbeiter- u. Soldatenräte gewählt. Als Reichsaußenminister (Juni 1919-März 1920) unterzeichnete er 1919 zus. mit ↑Bell den Versailler Friedensvertrag u. führte dann als Reichskanzler (März-Juni 1920) das letzte Kabinett der sog. Weimarer Koalition aus SPD, Zentrum u. DDP. Von Juni 1928 bis März 1930 war er erneut Reichskanzler, nunmehr auf Grundlage der Großen Koalition aus SPD, Zentrum/BVP, DDP u. DVP, welche damit die letzte von e. parlamentar. Mehrheit getragene Regierung der Weimarer Republik war. Er erreichte noch die Annahme des Youngplans, doch scheiterte das Kabinett an der Frage der Sanierung der Arbeitslosenversicherung. Sein Rücktritt leitete das Ende der Weimarer Demokratie ein.

Lit.: Ilse Maurer, *Reichsfinanzen u. Große Koalition* (1973); Martin Vogt, «H. M.», in Wilhelm von Sternburg, Hrsg., *Die dt. Kanzler* (1987).

Müller, Ludwig, Reichsbf., *23.6. 1883 Gütersloh, †31.7.1945 Berlin. Der Wehrkreispfarrer in Königsberg (seit 1926) trat 1931 der NSDAP bei. 1932 stieß er zu den Dt. Christen. Im Aug. 1933 wurde er Landesbf. in Preußen u. am 27.9.1933 von der neugebildeten Nationalsynode der

Dt. Ev. Kirche zum «Reichsbf.» gewählt. Seine sich am Programm der Dt. Christen orientierende Politik konnte sich jedoch nicht gegen die Landeskirchen bzw. die Bekennende Kirche durchsetzen. Der «Reibi» gab daher 1935 sein Amt auf u. dilettierte danach theolog. ohne Verantwortungsbereich. Er nahm sich selbst das Leben.

Lit.: Thomas Martin Schneider, *Reichsbf. L. M.* (1993).

Müller, Peter, Politiker, *25.9.1955 Illingen. Der Jurist war bis 1990 Richter am Landgericht. 1971 trat er der CDU bei u. war ab 1990 Mitglied des Landtags (1994–99 Fraktionsvors.), ab 1999 Ministerpräs. des Saarlandes.

Müller, Werner, Politiker, *1.6.1946 Essen. Der promovierte Volkswirtschaftler war 1970–72 Fachhochschullehrer in Ludwigshafen. 1973–80 war er bei den Rhein.-Westfäl. Elektrizitätswerken beschäftigt u. 1980–87 im Vorstand der VEBA Kraftwerke Ruhr AG. Ab 1998 ist er Bundeswirtschaftsminister.

Müller-Armack, Alfred, Volkswirtschaftler, *28.6.1901 Essen, †16.3.1978 Köln. Nach der Habilitation (Köln 1926) war er dort Prof. ab 1934, danach in Münster (1938–50), dann wieder in Köln. Zur Freiburger Schule gehörend, prägte er den Begriff der sozialen Marktwirtschaft. Er vertrat diese Wirtschaftsordnung auch nach seinem Eintritt 1952 in das von ↑Erhard geführte Bundeswirtschaftsministerium, wo er 1958 zum beamteten Staatssekretär ernannt wurde. 1960 wurde er Vors. des Konjunkturpolit. Ausschusses der EWG.

Lit.: Rolf Kowitz, *A. M.-A.* (1998).

Müller-Otfried, Paula, Politikerin, *7.6.1865 Hoya/Weser, †8.1.1946 Einbeck. Die Kunsthistorikerin engagierte sich ab 1899 im Dt.-Ev. Frauenbund u. wurde 1901 dessen Vors. Sie setzte sich für e. verantwortl. Stellung der Frauen innerhalb der ev. Kirche ein. 1919 wurde sie Mitglied des Dt. Ev. Kirchentags, 1921 der hannov. Landessynode. 1920–32 saß sie im Reichstag (DNVP).

Münch, Werner, Politiker, *25.9.1940 Kirchhellen (Westfalen). Der promovierte Politikwiss.ler war ab 1972 an Fachhochschulen tätig u. saß 1984–89 im Europ. Parlament. 1990–91 war er Finanzminister u. 1991–93 Ministerpräs. von Sachsen-Anhalt.

Münster, *Ernst* Friedrich Herbert Reichsgraf zu (1792), Diplomat u. Politiker, *1.3.1766 Osnabrück, †20.5.1839 Hannover. Der Jurist trat 1788 in den hannov. Staatsdienst. 1801–05 Gesandter in St. Petersburg, ging er nach der Besetzung Hannovers durch die Franzosen 1806 nach London. Zum Minister für hannov. Angelegenheiten ernannt, wurde er dort zur treibenden Kraft gegen die napoleon. Herrschaft in Dtld. 1814 wurde er hannov. Erblandmarschall u. war dann beim Wiener Kongreß 1814-15 als Bevollmächtigter des brit. Kg.s wesentl. an der Erhebung Hannovers zum Kg.reich sowie an dessen Arrondierung beteiligt. Auf sein Betreiben wurde 1819 mit einigen Modifikationen die altständ. Verfassung wiederhergestellt. Über Hg. ↑Karl II. übte er de facto die Vormundschaft aus, wofür er von diesem angefeindet wurde. Die Unruhen 1830-31 führten zu seiner Entlassung.

Lit.: Josef Nolte, *E. F. H. Graf zu M.* (1991).

Müntefering, Franz, Politiker, *16.1.1940 Neheim. Der gelernte Kaufmann trat 1966 in die SPD ein u. saß 1975-92 im Bundestag. 1992-95 war er Arbeitsminister von Nordrhein-Westfalen, 1995-98 Bundesgeschäftsführer der SPD, 1998-99 Bundesverkehrsminister, ab 1999 Generalsekretär der SPD.

Müntzer, Thomas, Theologe u. Revolutionär, *um 1490 Stolberg (Harz), †27.5.1525 bei Mühlhausen (Thüringen). Nach dem Theologiestudium (Leipzig; Frankfurt/Oder) u. Priesterweihe war er 1515-20 an verschiedenen Stellen als Geistl. u. Lehrer tätig. Als Prediger in Zwickau ab 1520 geriet er unter den Einfluß radikaler taborit. Schwärmer. Wegen Volksaufwiegelung 1521 vertrieben, wandte er sich nach Prag, wo er in seinem «Prager Manifest» erstmals die Grundlagen seiner Theologie darlegte. Er strebte e. Reform der gesamten Christenheit an, die im Unterschied zum von M. ↑Luther vertretenen Schriftprinzip darauf abzielte, die unmittelbare Wirkung des göttl. Wortes durch den Hl. Geist («inneres Wort») zur Geltung zu bringen. 1523-24 führte er als Pfarrer in Allstedt unter großem Zulauf e. neue Gottesdienstordnung ein. Seine reformator. Schriften, darunter *Dt. Kirchenamt* (1523) u. *Dt.-Evangel. Messe* (1524) fanden weite Verbreitung u. wirkten auch auf Luther (Liturgie, Kirchenlied). Wegen Unruhestiftung 1524 ausgewiesen, begab er sich nach Mühlhausen, dann nach Nürnberg u. schließl. nach Basel. Er fand Kontakt zu ↑Ökolampadius u. im Klettgau zu den aufständ. Bauern. 1525 kehrte er nach Mühlhausen zurück, wo er die thüring. Bauern zur Rebellion aufrief. Er zog selbst mit e. Mühlhäuser Haufen nach Frankenhausen. Nach der Niederlage dort wurde er gefangen, widerrief unter Folter seine Lehre u. wurde enthauptet. Die marxist. Geschichtsschreibung hat ihn als Sozialrevolutionär gedeutet, die kirchengeschichtl. Forschung hebt bes. seine Bedeutung für die Entwicklung des Täufertums hervor.

Lit.: Walter Elliger, *T. M.* (³1976); Günter Vogler, *T. M.* (1989); Abraham Friesen, *T. M.* (Berkeley CA, 1990); Bernhard Lohse, *T. M. in neuer Sicht* (1991); Gerhard Wehr, *T. M.* (1991).

Münzenberg, Willi, Politiker, *14.8.1889 Erfurt, †Juni 1940 bei Saint-Marcellin (Isère, Frankreich). Als Arbeiter in e. Schuhfabrik fand er früh Kontakt zu sozialist. Kreisen.

1919 im Spartakusbund, saß er 1924–33 im Reichstag (KPD). Er leitete verschiedene kommunist. Verlage u. Zeitungen («Roter Pressezar») u. emigrierte 1933 nach Paris. 1937 wurde er aus der KPD ausgeschlossen. Bei Kriegsausbruch interniert, kam er auf ungeklärte Weise ums Leben.

Lit.: Babette Gross, W. M. (1991).

Münzer ↑Müntzer.

N

Nachtigal, Gustav, Kolonialpionier, *23.2.1834 Eichstedt (Altmark), †20.4.1885 auf See vor Las Palmas. Seit 1858 Militärarzt, ging er 1861 aus Krankheitsgründen nach Nordafrika. 1869–75 machte er Forschungsreisen in die östl. Sahara u. den Sudan. Ab 1882 war er dt. Konsul in Tunis. Er erwarb 1884 durch Schutzverträge Togo u. Kamerun für das Dt. Reich.

Lit.: Herbert Ganslmayr, *Gedenkschrift G. N.* (1977).

Napoleon II. ↑Reichstadt, Hg. von.

Naumann, Friedrich, Politiker, *25.3.1860 Störmthal (bei Leipzig), †24.8.1919 Travemünde. Nach dem Studium der ev. Theologie war er bei der Inneren Mission u. als Pfarrer (1886–95) tätig. In seiner Jugend stark beeindruckt von der christl.-soz. Bewegung A. ↑Stoeckers, wandte er sich allmähl. von diesem ab u. gründete 1896 den Nationalsozialen Verein mit dem Ziel e. aus christl. Geist kommenden Demokratisierung u. sozialen Umgestaltung von Staat u. Wirtschaft. Nach der Auflösung des Vereins 1903 schloß er sich der Freisinnigen Vereinigung an, für die er 1907–12 u. 1913–18 (ab 1910 Fortschrittl. Volkspartei) im Reichstag saß. Ein eifriger Publizist, setzte er sich für e. nationale Machtpolitik, aber auch die freie Entfaltung der Gewerkschaften u. die Parlamentarisierung der Reichsverfassung ein. Während des Ersten Weltkriegs legte er e. Plan für e. mitteleurop. föderalist. Wirtschaftsunion (*Mitteleuropa*, 1915) vor, der weite Resonanz fand. Er wurde 1919 in die Weimarer Nationalversammlung gewählt u. Vors. der neugebildeten DDP.

Lit.: Theodor Heuss, *F. N.* (³1968); Peter Theiner, *Sozialer Liberalismus u. dt. Weltpolitik* (1983); Rüdiger vom Bruch, Hrsg., *F. N.* (2000).

Nebe, Arthur, SS-Gruppenführer, *13.11.1894 Berlin, †3.3.1945 Berlin-Plötzensee. Der Kriminalkommissar trat 1931 in die NSDAP u. 1936 in die SS ein. Ab 1933 war er im preuß. Gestapo-Amt tätig. 1937 wurde er als Reichskriminaldirektor Leiter der gesamten Kriminalpolizei. Während des Rußlandfeldzugs führte er 1941 die Einsatzgruppe B, die Zehntausende von Menschen, zumeist Juden, ermordete. Danach arbeitete er wieder im Reichssicherheitshauptamt. Seit 1935 pflegte er Kontakte mit Personen des Widerstands gegen ↑Hitler. Nach dem 20.7.1944 tauchte er unter, wurde aber im Januar 1945 verhaftet, zum Tod verurteilt u. gehängt.

Lit.: Hans B. Gisevius, *Wo ist N.?* (1966); Peter Black, «A. N.», in Ronald Smelser u. Enrico Syring, Hrsgg., *Die SS* (2000).

Nebenius, Carl Friedrich, Politiker, *29.9.1784 Rhodt (bei Landau), †8.6.1857 Karlsruhe. Seit 1807 im bad. Staatsdienst u. seit 1811 im Finanzministerium, entwarf der Jurist die bad. Verfassung von 1818. Er setzte sich für die erste staatl. Eisenbahn (Mannheim-Basel) ein u. veranlaßte den Bau des Mannheimer Rheinhafens. Auch bemühte er sich um den Ausbau des Bildungswesens. 1838–39 u. 1845–46 war er bad. Innenminister, danach Präs. des Staatsrats bis 1849.

Neckermann, Josef, Unternehmer, *5.6.1912 Würzburg, †13.1.1992 Dreieich (bei Frankfurt/Main). Der Sohn e. Kohlengroßhändlers erwarb nach e. Banklehre in den 1930er Jahren verschiedene Textilfirmen. 1948 gründete er in Frankfurt/Main e. Versandunternehmen, das die Karstadt AG 1977 übernahm. 1963 stieg er auch in das Massentourismusgeschäft ein. Als Dressurreiter wurde er 1964 u. 1968 Olympiasieger. 1967–89 war er Vors. der Stiftung Dt. Sporthilfe.

Nettelbeck, Joachim, preuß. Patriot, *20.9.1738 Kolberg, †29.1.1824 ebd. Ab 1770 stand er als Kapitän kurzfristig in preuß. Diensten. 1783 ließ er sich in Kolberg als Branntweinbrenner nieder u. bekleidete bald mehrere kommunale Ämter. 1806–07 hatte er als Bürgeradjutant neben ↑Gneisenau maßgebl. Anteil an der erfolgreichen Verteidigung Kolbergs gegen die Franzosen.

Lit.: Hans Caspar Starken, *N.* (1913).

Neubauer, Theodor, Politiker, *12.12.1890 Ermschwerd (Hessen), †5.2.1945 Brandenburg-Görden. Der promovierte Historiker trat 1919 in die USPD u. 1920 in die KPD ein. 1924–33 saß er im Reichstag. 1934–39 in verschiedenen KZ interniert, leitete er während des Zweiten Weltkriegs illegale KPD-Gruppen in Mitteldtld. Er wurde 1944 verhaftet, verurteilt u. hingerichtet.

Neumayer, Fritz, Politiker, *29.7.1884 Kaiserslautern, †12.4.1973 München. Der Rechtsanwalt trat nach dem Zweiten Weltkrieg in die FDP ein u. war 1946 Mitglied der verfassunggebenden Landesversammlung, 1947–51 des Landtags, 1947–48 Minister für Wirtschaft u. Verkehr von Rheinland-Pfalz. 1949–57 saß er im Bundestag. 1952–53 war er Bundesminister für Wohnungsbau, 1953–56 der Justiz. 1956 trat er aus der FDP aus u. schloß sich der kurzlebigen FVP an.

Neurath, Konstantin Frhr. von, Politiker, *2.2.1873 Klein-Glattbach (Württ.), †14.8.1956 Enzweihingen (Württ.). Der Jurist, ab 1901 im auswärtigen Dienst, war Botschafter in Rom (1922–30) u. London (1930–32). 1932–38 war er Reichsaußenminister in den Kabinetten ↑Papen, ↑Schleicher u. ↑Hitler. Da er Hitlers Expansionspläne ablehnte, wurde er im Zus.hang mit der Krise um ↑Fritsch durch ↑Ribbentrop ersetzt, blieb aber Reichsminister ohne Geschäftsbereich. Ab 1939 war er Reichsprotektor in Böhmen u. Mähren (1941 beurlaubt; 1943 zurückgetreten). 1937 trat er der NSDAP bei u. erhielt den Ehrenrang e. Gruppenführers, 1943 e. Obergruppenführers der SS. 1946 wurde er in Nürnberg zu 15 Jahren Haft verurteilt, aber 1954 krankheitshalber entlassen.

Lit.: John L. Heineman, *Hitler's First Foreign Minister* (Berkeley, 1979).

Nevermann, Paul, Politiker, *5.2. 1902 Hamburg, †22.3.1979 Puerto de la Cruz (Teneriffa). Der gelernte Maschinenbauer trat 1920 der SPD bei. Nach dem Jurastudium wurde er 1930 promoviert. 1945 wurde er Senator für die Sozialbehörde, 1946–53 u. 1957–60 war er Bausenator, 1961–65 Erster Bürgermeister u. Senatspräs. von Hamburg.

Ney, Hubert, Politiker, *12.10.1892 Saarlouis, †3.2.1984 ebd. Der promovierte Jurist war Mitbegründer der CDU-Saar u. wurde 1952 deren Vors. 1955 gründete er zus. mit der SPD u. der Demokrat. Partei Saar den Heimatbund, der die Rückkehr des Saarlandes nach Dtld. betrieb. 1956–57 war er saarländ. Ministerpräs. u. bis 1959 Justizminister. 1959 verließ er die CDU u. trat 1969 der NPD bei.

Niebuhr, *Barthold* Georg, Historiker u. Diplomat, *27.8.1776 Kopenhagen, †2.1.1831 Bonn. Der Jurist war ab 1800 im dän. u. ab 1806 im preuß. Staatsdienst tätig. 1810–12 hielt er als Mitglied der Berliner Akademie der Wiss.en grundlegende Vorlesungen an der neugegründeten Berliner Universität über röm. Gesch., aus denen die ersten Bde. seines Hauptwerks *Röm. Gesch.* (5 Bde., 1812–45) hervorgingen. 1816–23 war er preuß. Gesandter beim Hl. Stuhl, ab 1823 lehrte er an der Universität Bonn. In seinen histor. Arbeiten begründete er die philolog.-krit. Methode, durch die e. neues Bild der frühen röm. Republik erschloß u. mit der er maßgebl. zum Aufstieg der dt. Geschichtswiss. im 19. Jh. beitrug.

Lit.: Seppo Rytkönen, *B. G. N.* (1968).

Niederalt, Alois, Politiker, *10.4. 1911 Niedermurach (Bayer. Wald). Der Jurist arbeitete im bayer. Verwaltungsdienst u. trat 1953 der CSU bei. 1953–69 saß er im Bundestag. 1962–66 war er Bundesminister für Angelegenheiten des Bundesrats.

Niekisch, Ernst, Politiker u. Publizist, *23.5.1889 Trebnitz (Schlesien), †23.5.1967 Berlin (West). Urspr. Volksschullehrer, trat er 1917 in die SPD ein u. war im Winter 1918–19 Vors. des Zentralrats der Arbeiter-, Bauern- u. Soldatenräte Bayerns. 1919–22 bei der USPD, war er 1921–23 Mitglied des bayer. Landtags (1921 Fraktionsvors.). 1926–34 gab er die Zeitschrift *Der Widerstand* heraus, in der er die Ziele des Nationalbolschewismus vertrat. 1937 wurde er verhaftet u. 1939 wegen Hochverrats zu lebenslangem Zuchthaus verurteilt. 1945 trat er der KPD, 1946 der SED bei u. war 1948–54 Prof. an der Humboldt-Universität in Berlin. Er kritisierte die Mißstände, die zum

Aufstand am 17.6.1953 führten, legte seine Ämter nieder, schied aus der SED aus u. siedelte nach Westberlin über.

Lit.: Uwe Sauermann, *E. N.* (1985); Birgit Rätsch-Langejürgen, *Das Prinzip Widerstand* (1997).

Niemöller, Martin, Theologe, *14.1. 1892 Lippstadt (Westfalen), †6.3. 1984 Wiesbaden. Im Ersten Weltkrieg U-Boot-Kommandant, studierte er danach ev. Theologie u. war 1924–30 Geschäftsführer der Inneren Mission in Westfalen. Ab 1931 Pfarrer in Berlin-Dahlem, gründete er 1933 zus. mit ↑Bonhoeffer den Pfarrernotbund zur Wahrung des bedrohten Bekenntnisstandes. Ab 1934 gehörte er der Bekennenden Kirche an, zu deren Dahlemer Flügel er ab 1936 zählte. 1937 wurde er verhaftet u. 1938 in das KZ Sachsenhausen, 1941 nach Dachau u. bei Kriegsende nach Südtirol gebracht. Als Mitglied des Rates der EKD u. Leiter des Kirchl. Außenamts (1945–56) u. Kirchenpräs. der Ev. Kirche in Hessen u. Nassau (1947–64) geriet er aufgrund seiner radikal-pazifist. Haltung vielfach in Gegensatz sowohl zum polit. wie zu weiten Kreisen des kirchl. Establishments. 1961–68 war er Präsidiumsmitglied des Weltkirchenrats.

Lit.: James Bentley, *M. N.* (1985); Matthias Schreiber, *M. N.* (1997).

Niklas, Wilhelm, Politiker, *24.9. 1887 Traunstein (Oberbayern), †12.4.1957 München. Der Tierarzt arbeitete in verschiedenen Ministerien u. wurde 1935 in den Ruhestand versetzt. Nach e. Tätigkeit als Landwirt war er 1945 Gründungsmitglied der CSU u. 1947–55 Prof. in München. 1949–53 war er Bundesernährungsminister, 1951–53 saß er im Bundestag.

Nikolaus von Kues, Kirchenpolitiker u. Philosoph, *1401 Kues/Mosel, †11.8.1464 Todi (Umbrien). Von einfacher Herkunft, studierte er in Heidelberg, Padua (1423 Doctor decretorum) u. Köln. Ab 1432 war er Bevollmächtigter des Trierer Erzbf.s auf dem Basler Konzil. Er lehnte dort die radikalen Beschlüsse ab u. ging 1437 über Konstantinopel nach Ferrara zum päpstl. Unionskonzil. Seine Bemühungen um die Versöhnung Papst Eugens IV. mit Ks. ↑Friedrich III. endeten 1448 mit dem Wiener Konkordat u. seiner Ernennung zum Kardinal. 1450 wurde er zum Fürstbf. von Brixen ernannt. Auf Reisen im dt.sprachigen Raum Anfang der 1450er Jahre wie auch in seinem Bistum u. ab 1460 in Rom mühte er sich, im Sinne kirchl. Reform zu wirken. Seine Lehre von der *Coincidentia oppositorum* hatte e. nachhaltigen Einfluß auf die Entwicklung der Philosophie.

Lit.: Erich Meuthen, *N. von K.* (⁷1992).

Nixdorf, Heinz, Unternehmer, *9.4. 1925 Paderborn, †17.3.1986 Hannover. 1952 gründete er in Essen e. Computer-Konstruktionsbüro. Die Firma prosperierte durch die Herstellung kleiner Kompakt-Computer (ab 1965). 1968 nach Paderborn verlegt, hatte sie bei seinem Tod 23000 Mitarbeiter weltweit. 1990 wurde sie von der Siemens AG übernommen.

Nolte, Claudia [geb. Wiesemüller], Politikerin, *7.2.1966 Rostock. Die Diplomingenieurin trat 1990 der CDU bei u. saß 1990 in der Volkskammer, danach im Bundestag. 1994-98 war sie Bundesfamilienministerin.

Norbert von Xanten, Ordensstifter, *um 1082 Xanten, †6.6.1134 Magdeburg. 1115 zum Priester geweiht, gründete er 1120 im Tal von Prémontré (bei Laon) den Prämonstratenserorden. 1126 zum Erzbf. von Magdeburg ernannt, bereiteten ihm seine Reformbestrebungen anfangs Schwierigkeiten, doch fand sein Orden in den Wendenländern e. Hauptarbeitsfeld. Seit 1131 zumeist in der Umgebung Kg. ↑Lothars III. von Supplinburg weilend, begleitete er diesen in der Funktion des Erzkanzlers 1133 zur Ks.krönung nach Italien. Dort vereitelte er Lothars Versuch, Papst Innozenz II. zu Zugeständnissen in der Investiturfrage zu bewegen. Er wurde 1582 hl.-gesprochen (Tag: 6.6.).

Lit.: Kaspar Elm, Hrsg., *N. von Xanten* (1984).

Norden, Albert, Journalist, *4.12. 1904 Myslowitz (Oberschlesien), †30.5.1982 Berlin (Ost). Der Sohn e. Rabbiners trat 1920 der KPD bei u. war nach e. Schreinerlehre ab 1923 Redakteur verschiedener kommunist. Zeitungen. 1935 emigrierte er nach Prag, ging 1937 nach Paris u. 1941 in die USA. 1946 zurück in Dtld., trat er in die SED ein. Der Chefagitator der SED war 1955-81 Mitglied u. Sekretär des ZK, 1958-81 Mitglied des Politbüros der SED sowie 1976-81 des Staatsrats der DDR.

Lit.: Norbert Podewin, *Der Rabbinersohn im SED-Politbüro* (2001).

Noske, Gustav, Politiker, *9.7.1868 Brandenburg, †30.11.1946 Hannover. Urspr. Holzarbeiter, war er ab 1893 Journalist bei soz.dem. Zeitungen. 1906-18 saß er im Reichstag (SPD). Im Auftrag der Reichsregierung unterdrückte er als Gouverneur von Kiel im Nov. 1918 den dortigen Matrosenaufstand. Ab 29.12. leitete er im Rat der Volksbeauftragten das Heeres- u. Marineressort u. schlug als Oberbefehlshaber der Regierungstruppen im Jan. 1919 den Spartakusaufstand in Berlin nieder. Als Reichswehrminister (ab Febr.) setzte er den Kampf gegen linksradikale Erhebungen im Reich fort u. legte den Grundstein für e. neue Heeresorganisation. Es gelang ihm freil. nicht, die bewaffnete Macht in den republikan. Staat zu integrieren. Nach dem Kapp-Putsch 1920 (↑Kapp) mußte er unter dem Druck der Linken («Bluthund») zurücktreten. 1920-33 war er Oberpräs. von Hannover. 1939 u. 1944 wurde er inhaftiert.

Lit.: Ulrich Czisnik, *G. N.* (1969); Wolfram Wette, *G. N.* (²1988).

Nuschke, Otto, Politiker, *23.2. 1883 Frohburg (bei Leipzig), †27.12. 1957 Nieder-Neuendorf (bei Berlin, Ost). 1904–30 Redakteur verschiedener Zeitungen, war er 1918 Mitbegründer der DDP. Er saß 1919 in der Nationalversammlung, 1921–33 im preuß. Landtag u. war 1931–33 Generalsekretär der Dt. Staatspartei. 1945 war er Mitbegründer u. 1948–57 Vors. der CDU in der SBZ/DDR. 1949–57 war er stellv. Ministerpräs. der DDR.

Lit.: Gerhard Fischer, *O. N.* (1983).

O

Oberländer, Theodor, Politiker, *1.5.1905 Meiningen, †4.5.1998 Bonn. Der promovierte Agrarwirt trat 1933 der NSDAP bei u. war 1938–40 Prof. in Greifswald, 1940–45 in Prag. 1934–37 Leiter des Bundes Dt. Osten, kritisierte er im Zweiten Weltkrieg die nat.soz. Besatzungspolitik in Osteuropa. 1948 trat er der FDP, 1950 dem BHE bei. 1950–53 saß er im bayer. Landtag. 1954–55 war er Bundesvors. des Gesamtdt. Blocks/BHE u. trat 1956 in die CDU ein. 1953–61 u. 1963–65 saß er im Bundestag, 1953–60 war er Bundesvertriebenenminister. Ende der 1950er Jahre wurde er bes. aus der DDR wegen seiner Tätigkeit im Dritten Reich angegriffen.

Oelßner, Fred, Politiker, *27.2.1903 Weißenfels, †7.11.1977 Berlin (Ost). Er trat 1920 der KPD bei u. arbeitete 1921–26 als Redakteur kommunist. Zeitungen. 1926–32 u. 1935–45 lebte er in der Sowjetunion. Zurück in Dtld., war er Gründungsmitglied der SED, deren ZK er ab 1947, deren Politbüro ab 1950 angehörte. 1955 zum stellv. Ministerpräs.en der DDR ernannt, wurde er 1958 wegen Kritik an der Wirtschaftspolitik ↑Ulbrichts aus allen Führungsämtern entlassen.

Oestreich, Gerhard, Historiker, *2.5.1910 Zehden/Oder, †5.2.1978 Kochel am See. Nach der Habilitation (FU Berlin, 1954) war er Prof. für Mittlere u. Neuere Gesch. in Berlin (1958–62), Hamburg (1962–66) u. Marburg (1966–75). Er trat vor allem mit Arbeiten zur Verfassungsgesch. hervor. Hauptwerke: *Die Entwicklung der Menschenrechte u. Grundfreiheiten* (1968); *Geist u. Gestalt des frühmodernen Staates* (1969).

Oetker, Rudolf August, Unternehmer, *20.9.1916 Bielefeld. Er übernahm 1944 die Leitung des im Nahrungsmittelbereich tätigen Familienunternehmens u. erweiterte dessen Interessen durch Einstieg in die Reedereibranche (1951), das Hotel-, Bank- u. Versicherungsgewerbe.

Offergeld, Rainer, Politiker, *26.12.1937 Genua. Der Jurist trat 1963 in die SPD ein, arbeitete 1965–67 im Verwaltungsdienst u. saß 1969–84 im Bundestag. 1972 war er Parlamentar. Staatssekretär im Bundeswirtschafts- u. Finanzministerium, 1975–78 im Bundesfinanzministerium. 1978–82 war er Bundesminister für wirtschaftl. Zus.arbeit. 1984–95 Oberbürgermeister von Lörrach, arbeitete er ab 1997 als Rechtsanwalt.

Ohlendorf, Otto, SS-Gruppenführer, *4.2.1907 Hoheneggelsen (bei Hildesheim), †7.6.1951 Landsberg/Lech. Er trat 1925 in die NSDAP u. 1927 in die SS ein. Ab 1939 war er im Reichssicherheitshauptamt Leiter des Nachrichtendienstes Inland. Als Befehlshaber der Einsatzgruppe D im Rußlandfeldzug war er 1941–42 für die Ermordung von über 90 000 Personen verantwortl. 1942–45 stand er in Berlin dem SD-Inland vor. 1948 wurde er in Nürnberg zum Tod verurteilt u. drei Jahre später hingerichtet.

Lit.: Hanno Sowade, «O.O.», in Ronald Smelser u. a., Hrsgg., *Die braune Elite 1* (⁴1999).

Ohnesorg, Benno, Student, *1941, †2.6.1967 Berlin (West). Er wurde bei e. Demonstration gegen den Besuch des iran. Schahs von der Polizei erschossen. Sein Tod gab Anlaß zu e. Radikalisierung der student. Proteste u. zur Bildung der terrorist. Gruppe Bewegung 2. Juni.

Ökolampadius, Johannes [eigtl. J. Heußgen u. a. m.], Reformator, *1482 Weinsberg (bei Heilbronn), †24.11.1531 Basel. Er studierte Jura u. Theologie u. pflegte enge Kontakte zu Humanisten, u. a. zu Erasmus. Nach der Priesterweihe wirkte er ab 1510 als Prediger in Weinsberg, ab 1515 am Münster in Basel, ab 1518, nach dem Erwerb des Doktorgrads, in Augsburg. Obwohl er sich früh zu M. ↑Luther bekannte, verbrachte er 1520–22 im Kloster Altomünster. Ab 1523 war er Prof. u. Prediger in Basel u. schloß sich eng an ↑Zwingli an. Er setzte die Reformation in Basel durch u. förderte sie in Ulm, Memmingen u. Biberach. Beim Marburger Religionsgespräch 1529 war er neben Zwingli Luthers wichtigster Opponent.

Olbricht, Friedrich, General, *4.10.1888 Leisnig (Sachsen), †20.7.1944 Berlin. Den Berufssoldaten führten nach seiner Übernahme in die Reichswehr zahlreiche Dienstreisen ins Ausland, u. a. in die Sowjetunion. Während e. Truppenkommandos in Dresden ab 1931 freundete er sich mit ↑Goerdeler an. 1938–40 war er Divisionskommandeur, ab 1940 als General Chef des Allg. Heeresamts im OKH u. ab 1943 Chef des Wehrersatzamts beim OKW. Überzeugter Gegner ↑Hitlers, stand er seit 1938 in Kontakt zu ↑Oster, ↑Popitz u. ↑Hassell. Er arbeitete Pläne zur Mobilisierung des Ersatzheeres für den Fall der Beseitigung Hitlers aus. Nach dem Scheitern des Attentats am 20.7.1944 wurde er noch abends zus. mit ↑Stauffenberg erschossen.

Lit.: Helena P. Page, *General F. O.* (²1994).

Oldenburg-Januschau, Elard von, Politiker, *20.3.1855 Beisleiden (Ostpreußen), †16.8.1937 Marienwerder. Er war 1874–83 preuß. Offizier. Danach bewirtschaftete er sein Rittergut u. war polit. als Interessenvertreter der Agrarier tätig, wobei er den Prototyp des erzkonserv. ostelb. Junkers verkörperte. Er saß im preuß. Abg.haus (1901–10), im Reichstag (1902–12, Konserv. Partei; 1930–32, DNVP) u. im preuß. Herrenhaus (1916–18).

Ollenhauer, Erich, Politiker, *27.3.1901 Magdeburg, †14.12.1963 Bonn.

Während seiner kaufmänn. Lehre trat er 1916 in die Sozialist. Arbeiterjugend (SAJ) ein. Seit 1918 Mitglied der SPD, arbeitete er als Journalist u. wurde bald Berufspolitiker in SAJ u. SPD. 1933 emigrierte er als Mitglied des Exilvorstands der SPD nach Prag, ging 1938 nach Paris u. 1940 nach London. 1946 zurück in Dtld., wurde er stellv. Vors. der Partei in den Westzonen. Nach dem Tod ↑Schumachers 1952–63 Vors., setzte er dessen Politik der Ablehnung der Wiederbewaffnung fort u. trat für die Umwandlung der SPD in e. Volkspartei durch die Annahme des Godesberger Programms 1959 ein. 1949–63 war er Mitglied des Bundestags, 1963 Präs. der Sozialist. Internationale.

Lit.: Brigitte Seebacher-Brandt, *O.* (1984).

Oncken, Hermann, Historiker, *16.11.1869 Oldenburg, †28.12. 1945 Göttingen. Nach der Habilitation (Berlin, 1898) war er 1905–06 Gastprof. in Chicago, 1906–07 Prof. in Gießen, 1907–23 in Heidelberg, 1923–28 in München u. ab 1928 in Berlin. Engagierter Liberaler, wurde er 1935 zwangsemeritiert. In der Tradition ↑Rankes strebte er e. Objektivierung der Geschichtsschreibung an. Hauptwerke: *Lassalle* (1904; ⁵1966); *Rudolf von Bennigsen* (2 Bde., 1910); *Die Rheinpolitik Ks. Napoleons III. von 1863 bis 1870* (3 Bde., 1926); *Das Dt. Reich u. die Vorgesch. des Weltkrieges* (2 Bde., 1933).

Lit.: Klaus Schwabe, «H.O.», in Hans-Ulrich Wehler, Hrsg., *Dt. Historiker* (1973).

Opel, Adam, Unternehmer, *9.5. 1837 Rüsselsheim, †8.9.1895 ebd. Der gelernte Schlosser gründete 1863 in Rüsselsheim e. Werkstatt zur Herstellung von Nähmaschinen u. nahm 1886 die Produktion von Fahrrädern auf. 1898 begann die Firma mit dem Bau von Kraftfahrzeugen.

Lit.: Hans Pohl, *A. O.* (1995).

Oppenheim, Abraham Frhr. von (1868), Bankier, *24.5.1804 Köln, †9.10.1878 ebd. 1828 übernahm er das 1789 von seinem Vater Salomon Oppenheim (1772–1828) gegr. Wechselhaus u. baute es zu e. bedeutenden Privatbank aus. Er förderte die Entwicklung der Eisenbahnen u. anderer Wirtschaftszweige (Bergbau, Versicherungswesen, Maschinenbau, Banken).

Oppenheimer, Joseph [gen. Jud Süß], Finanzier, *1692 od. um 1698 Heidelberg, †4.2.1738 Stuttgart. Der Sohn e. jüd. Händlers betrieb früh in Frankfurt/Main u. Mannheim e. umfangreiches Waren- u. Wechselgeschäft. Hg. Karl Alexander von Württ. (1684–1737), für den er seit 1732 tätig war, holte ihn 1736 nach Stuttgart. Dort bemühte er sich durch Ämterverkauf u. Münzverschlechterung, die Regierung von der Steuerbewilligung durch die Landstände unabhängig zu machen. Nach dem Tod des Hg.s wurde er verurteilt u. gehängt.

Lit.: Barbara Gerber, *Jud Süß* (1990).

Ortleb, Rainer, Politiker, *5.6.1944 Gera. Der Mathematiker trat 1964 in die LDPD ein. Nach der Habilitation 1983 lehrte er als Dozent, ab 1989 als Prof. für Informatik in Rostock. 1990 wurde er Vors. der LDPD u. Mitglied der Volkskammer. 1990–98 saß er im Bundestag. 1990–91 war er Bundesminister für bes. Aufgaben, 1991–94 Bundesbildungsminister. 1991–94 war er Vors. der FDP in Mecklenburg-Vorpommern, 1997–99 in Sachsen.

Ossietzky, Carl von, Publizist, *3.10.1889 Hamburg, †4.5.1938 Berlin. Der Journalist gab zus. mit Kurt Tucholsky (1890–1935) 1927–33 die Zeitschrift *Die Weltbühne* heraus. 1931 wurde er wegen Landesverrats (er hatte 1929 über die geheime Rüstung der Reichswehr berichtet) zu 18 Monaten Gefängnis verurteilt. 1933–36 wurde er in verschiedenen KZ festgehalten; den ihm für 1935 verliehenen Friedensnobelpreis anzunehmen verbot ihm die dt. Regierung. Er starb an den Folgen der Haft.

Lit.: Elke Suhr, *C. von O.* (1989).

Osswald, Albert, Politiker, *16.5.1919 Wieseck (heute zu Gießen), †15.8.1996 Schwangau. Seit 1945 SPD-Mitglied, wurde er 1957 Oberbürgermeister von Gießen. Er saß 1954–78 im hess. Landtag u. war 1962–64 hess. Wirtschafts-, 1964–69 Finanzminister u. 1969–76 Ministerpräs. Die letzten Jahre seiner Amtszeit wurden durch e. Skandal der Hess. Landesbank, deren Verwaltungsratsvors. er bis 1984 war, überschattet.

Oster, Hans, Generalmajor, *9.8.1888 Dresden, †9.4.1945 KZ Flossenbürg. Der Berufsoffizier wurde in die Reichswehr übernommen, schied aber 1932 als Major wegen e. außerehel. Affäre aus. 1935 als Oberstleutnant wieder eingestellt, arbeitete er in der Abwehr unter ↑Canaris u. stand in Verbindung mit ↑Gisevius. Seit der Krise um ↑Fritsch 1938 organisierte er zus. mit Canaris u. L.↑Beck den militär. Widerstand gegen ↑Hitler. 1939/40 informierte er die niederländ. u. die norweg. Regierung über den Zeitpunkt der dt. Invasion. 1941 zum Generalmajor u. zum Chef des Stabs im Amt Ausland/Abwehr befördert, wurde er 1943 vom Dienst suspendiert u. nach dem 20.7.1944 verhaftet, durch e. SS-Standgericht verurteilt u. vor dem amerikan. Einmarsch gehängt.

Lit.: Romedio Galeazzo Graf von Thun-Hohenstein, *Der Verschwörer* (³1994).

Oswald, Eduard, Politiker, *6.7.1947 Augsburg. Der Einzelhandelskaufmann trat 1966 der CSU bei. Nach e. Lehramtsstudium war er 1974–78 Hauptschullehrer u. saß 1978–87 im bayer. Landtag, ab 1987 im Bundestag. 1998 war er Bundesminister für Raumordnung, Bauwesen u. Städtebau.

Otakar II. ↑Ottokar II.

Ottheinrich ↑Otto Heinrich, Kf. von der Pfalz.

Otto
HEILIGES RÖMISCHES REICH:
Otto I. d. Gr., Kg., Ks., *23.11.912, †7.5.973 Memleben/Unstrut. Durch seinen Vater Kg. ↑Heinrich I. designiert, wurde er 936 in Aachen zum Kg. erhoben. In den folgenden Jahren mußte er mehrere Rebellionsversuche von Vasallen, darunter seines jüngeren Bruders, des bayer. Hg.s ↑Heinrich I., niederschlagen. Daraufhin eingezogene Stammeshg.-tümer vergab er an Verwandte u. Gefolgsleute. Allerdings erwiesen sich auch diese teilweise unzuverlässig, so sein Sohn ↑Liudolf u. sein Schwiegersohn ↑Konrad der Rote von Lothringen. Deshalb baute er die Reichskirche als Stütze der Kg.sgewalt zum sog. otton.-sal. Reichskirchensystem aus, indem er Bistümer wie Reichsabteien u. ihre Vorsteher konsequent in den Dienst der Reichsverwaltung stellte u. sie bevorzugt mit Grundbesitz u. nutzbaren Hoheitsrechten ausstattete. Die Ostgrenze des Reiches wurde abgesichert durch die Errichtung von Marken, wobei sich ↑Hermann Billung u. ↑Gero bes. verdient machten, u. durch den entscheidenden Sieg gegen die Ungarn auf dem Lechfeld 955, der diese dann für immer vom Reichsgebiet fernhielt. O. förderte energ. die Slawenmission u. errichtete mehrere neue Bistümer im Norden u. Osten des Reiches, so v. a. das Erzbistum Magdeburg (968), das zum Zentrum seiner Slawenpolitik wurde. 940 u. 946 unternahm er Feldzüge nach Westfranken u. vermochte dort e. schiedsrichterl. Funktion auszuüben. 951 zog er nach Italien, wo er dem Usurpator Berengar II. die Langobardenkrone abnahm u. sich mit der Kg.switwe ↑Adelheid vermählte. Auf e. zweiten Italienzug, gegen Berengar von Papst Johannes XII. zu Hilfe gerufen, wurde er von letzterem 962 in Rom zum Ks. gekrönt. An die Politik ↑Karls I. d. Gr. anknüpfend, erneuerte er die Schutzherrschaft über das Papsttum u. dehnte seine Macht nach Unteritalien aus. Er ließ seinen Sohn ↑Otto (II.) zum (Mit-)Ks. krönen u. gewann durch dessen Vermählung mit der byzantin. Prinzessin ↑Theophanu 972 die Anerkennung seines Ks.tums durch Byzanz. Er hat das Reich zur Hegemonialstellung in Europa geführt u. wurde schon von den Zeitgenossen «der Große» genannt.

Lit.: Harald Zimmermann, Hrsg., *O. d. Gr.* (1976); Helmut Hiller, *O. d. Gr. u. seine Zeit* (1980); Ernst Wilhelm Wies, *O. d. Gr.* (²1991); Johannes Laudage, *O. d. Gr.* (2001).

Otto II., Kg., Ks., *955, †7.12.983 Rom. Der Sohn von Ks. ↑Otto I. u. ↑Adelheid wurde 961 in Aachen zum Kg. u. 967 in Rom zum (Mit-)Ks. gekrönt. 972 heiratete er in Rom die byzantin. Prinzessin ↑Theophanu. Während seiner ersten Regierungsjahre mußte er sich im Kampf gegen seinen mit Böhmen verbündeten Vetter Heinrich II. den Zänker von Bayern (951–95), den Sohn Hg. ↑Heinrichs I., u. gegen Dänemark durchsetzen. Auf den Versuch des westfränk. Kg.s Lothar, sich Niederlothringen anzueignen, antwortete er 978 mit e. Feldzug bis vor Paris u. konnte so im 980 geschlossenen Frieden Lothringen behaupten. Auf e. im Anschluß begonnenen Italienzug sicherte er 981 die Stellung Papst Benedikts VII. gegenüber dem stadtröm. Adel. 982 nahm er den röm. Ks.titel «Imperator Romanorum augustus» an u. zog nach Süden weiter gegen die Sarazenen, erlitt jedoch bei Cotrone (Crotone) in Kalabrien e. vernichtende Niederlage. Nach e. kurzen Aufenthalt in Dtld. ließ er auf dem Reichstag von Verona 983 seinen Sohn ↑Otto (III.) zum Kg. wählen. Im gleichzeitig ausbrechenden Aufstand der Slawen u. Dänen wurde das Aufbauwerk seines Vaters östl. von Saale u. Elbe zerstört. Er erlag der Malaria u. wurde als einziger dt. Herrscher in Rom bestattet.

Lit.: Robert Holtzmann, *Gesch. der sächs. Ks.zeit* (⁶1979); Eduard Hlawitschka, «Ks. O. II.», in Gerhard Hartmann u. Karl Rudolf Schnith, Hrsgg., *Die Ks.* (1996); Helmut Beumann, *Die Ottonen* (⁵2000).

Otto III., Kg., Ks., *980 bei Kleve, †24.1.1002 Paternò (bei Viterbo). Der Sohn von Ks. ↑Otto II. u. ↑Theophanu wurde im Mai 983 in Verona zum röm. Kg. gewählt u. im Dez. in Aachen gekrönt. Während seiner Minderjährigkeit übten erst seine Mutter, nach deren Tod seine Großmutter ↑Adelheid die Vormundschaft aus. Der Vormundschaftsanspruch des bayer. Hg.s Heinrich II. des Zänkers (951–95), der O. 984 kurzfristig wohl wegen eigener Thronambitionen in Gewahrsam nahm, konnte durch die Intervention von Erzbf. ↑Willigis von Mainz abgewehrt werden. O. wurde 994 mündig u. zog 996 nach Rom, wo er seinen Vetter Brun von Kärnten (972–99) als Gregor V. zum Papst erhob u. sich von ihm zum Ks. krönen ließ. Als der röm. Stadtadel Gregor aus Rom vertrieb, zog O. 998 erneut nach Italien u. erhob nach dem Tod Gregors seinen Lehrer Gerbert von Aurillac (um 940/50–1003) zum Papst als Silvester II. Im Einvernehmen mit ihm unternahm er es, seine Idee der *Renovatio imperii*, d.h. der Erneuerung des Röm. Reiches durch Zus.fassung altröm., karoling. u. otton. Tradition bei christl. Überhöhung, zu verwirklichen. Das Reich sollte gemeinsam von Papst u. Ks. von Rom aus regiert werden. Im Jahre 1000 pilgerte er nach Gnesen, das zum Erzbistum erhoben wurde, an das Grab Bf. ↑Adalberts von Prag. Als er zurück in Rom war, wurde er von dort durch e. Aufstand vertrieben. Beim Versuch der Rückeroberung starb er an der Malaria. Sein Leichnam wurde nach Aachen überführt.

Lit.: Knut Görich, *O. III.* (²1995); Gerd Althoff, *O. III.* (1996); Bernd Schneidmüller u. Stefan Weinfurter, Hrsgg., *O. III. – Heinrich II.* (1996).

Otto IV., Kg., Ks., *um 1176, †19.5.1218 Harzburg (bei Goslar). Der Sohn Hg. ↑Heinrichs des Löwen wurde von seinem Oheim, dem engl. Kg. Richard I. Löwenherz, 1196 mit der Grafschaft Poitou belehnt mit dem Titel e. Hg.s von Aquitanien.

Nach dem Tod Ks. ↑Heinrichs VI. wurde er 1198, obwohl ↑Philipp von Schwaben bereits zum Nachfolger gewählt war, von e. antistauf. eingestellten Gruppe dt. Fürsten unter Führung des Kölner Erzbf.s ↑Adolf I. zum (Gegen-)Kg. gewählt u. in Aachen gekrönt. Durch den Tod Richards verlor er seine wichtigste Stütze, aber Papst Innozenz III. erkannte ihn um die Jahresende 1200/01 an u. bannte die Anhänger der Staufer. Er konnte sich freil., beschränkt auf den Raum um Köln u. die welf. Erblande, in den nächsten Jahren kaum halten, zumal der Papst Verhandlungen mit Philipp aufnahm. Nachdem letzterer jedoch ohne Ottos Zutun 1208 ermordet wurde, wurde er in Frankfurt/Main mit den Stimmen aller Fürsten erneut gewählt u. 1209 in Rom zum Ks. gekrönt. Außerdem verlobte er sich mit Philipps ältester Tochter Beatrix (†1212), mit der er sich 1212 dann vermählte. Sein Vorstoß in das unter päpstl. Lehnshoheit stehende stauf. Sizilien führte jedoch zum Bruch mit der Kurie. Innozenz III. bannte ihn 1210 u. nochmals öffentl. 1211 u. betrieb daraufhin die Erhebung des Staufers ↑Friedrich (II.) zum röm. Kg. Zum Rückzug aus Italien gezwungen, versuchte O. mit engl. Hilfe gegen den sich franz. Unterstützung erfreuenden Friedrich vorzugehen, unterlag aber entscheidend in der Schlacht bei Bouvines 1214. Er starb kinderlos. Nach seinem Tod übergab sein Bruder ↑Heinrich der Lange (d.Ä.) die Reichsinsignien an Friedrich.

Lit.: Bernd Ulrich Hucker, *Ks. O. IV.* (1990); Klaus Höflinger, «Kg. Philipp von Schwaben u. Ks. O. IV.», in Gerhard Hartmann u. Karl Rudolf Schnith, Hrsgg., *Die Ks.* (1996).

Bamberg:

Otto, Bf., *um 1060/65, †30.6.1139 Bamberg. Wahrscheinl. schwäb. Adel entstammend, war er 1102 kurzzeitig Vorsteher der ksl. Kanzlei u. wurde noch im gleichen Jahr von Ks. ↑Heinrich IV. zum Bf. von Bamberg investiert. Im Streit Ks. ↑Heinrichs V. mit Papst Kalixt II. blieb er neutral u. konnte dann bei der sich im Wormser Konkordat 1122 manifestierenden Versöhnung mitwirken. Im Auftrag Hg. Boleslaws III. von Polen organisierte er die pommersche Kirche («Apostel der Pommern»). Zahlreiche Klöster u. Stifte verdanken ihm Gründung oder Wiederaufbau, darunter Banz u. Sankt Michael in Bamberg. Er wird als Hl. verehrt (Tag: 30.6.; in Bamberg 30.9.).

Lit.: Lothar Bauer, Hrsg., *Bf. O. I. von Bamberg* (1989).

Bayern:

Otto von Northeim, Hg., †11.1.1083. Aus sächs. Adel stammend, wurde er 1061 von Ks.in ↑Agnes mit dem Hg.tum Bayern belehnt u. spielte von da an in der Reichspolitik e. bestimmende Rolle, u.a. bei der Entlassung von Erzbf. ↑Adalbert I. von Hamburg-Bremen 1066 als kgl. Ratgeber. Von Kg. ↑Heinrich IV. wurde er 1070 unter der Anklage des Hochverrats abgesetzt u. geächtet, nachdem er sich unterworfen hatte, aber 1072 wieder begnadigt. Vorkämpfer der sächs. Adels- u. Stammesinteressen, zählte er zu den Führern des Sachsenaufstandes von 1073 u. wirkte maßgebl. an der Erhebung ↑Rudolfs von Rheinfelden zum Gegenkg. (1077) mit.

Lit.: Olaf B. Rader, «O. von N.», in Eberhard Holtz u. Wolfgang Huschner, Hrsgg. *Dt. Fürsten des MA* (1995).

Otto I. von Wittelsbach, Hg., *um 1120, †11.7.1183 Pfullendorf. Er begleitete Ks. ↑Friedrich I. Barbarossa mehrmals nach Italien u. unterstützte ihn in seinen Auseinandersetzungen mit Papst Alexander III. Nach der Absetzung Hg. ↑Heinrichs des Löwen wurde er 1180 mit dem Hg.tum Bayern belehnt, wodurch dort die bis 1918 dauernde Herrschaft der Wittelsbacher begründet wurde.

Otto II. der Erlauchte, Hg., *7.4.1206 Kelheim, †29.11.1253 Landshut. Er wurde 1214 mit der Rheinpfalz belehnt, wo er ab 1228 regierte. 1231 wurde er nach dem Tod seines Vaters Ludwig I. von Bayern (um 1173–1231) Hg. von Bayern. Da er sich von Ks. ↑Friedrich II. ungerecht behandelt fühlte, verbündete er sich mit dem Kg. von Böhmen u. dem Hg. von Österreich zum Sturz des Ks.s. Der drohende Einfall der Mongolen 1241 bestimmte ihn jedoch zu e. Kurswechsel u. führte 1246 zur Vermählung seiner Tochter Elisabeth (†1273) mit dem Ks.sohn ↑Konrad (IV.). Er wurde daraufhin mit dem Kirchenbann belegt. 1248–51 verwaltete er im Auftrag des Ks.s Österreich. Während des Italienzugs Kg. Konrads IV. 1251 war er Reichsverweser in Dtld.

Lit.: Hubert Glaser, Hrsg., *Die Zeit der frühen Herzöge* (1980).

Otto I., Kg., *27.4.1848 München, †11.10.1916 Fürstenried (heute zu München). Er bestieg 1886 den Thron nach dem Tod seines Bruders ↑Ludwig II., doch mußte wegen seiner Geisteskrankheit sein Onkel ↑Luitpold die Regentschaft übernehmen. Nach dessen Tod 1912 wurde dessen Sohn Ludwig Regent, bis er 1913 als ↑Ludwig III. zum Kg. proklamiert wurde.

BRANDENBURG:

Otto III., Markgraf, *um 1215, †9.10.1267 Brandenburg/Havel. Er regierte ab etwa 1225 zus. mit seinem Bruder Johann I. (um 1213–1266) die Mark Brandenburg, die sie gegen verschiedene Ansprüche verteidigen mußten, aber durch eifrige Kolonisation u. Städtegründung förderten. Es gelang ihnen darüber hinaus, z.T. in krieger. Auseinandersetzungen, ihr Territorium beträchtl. zu erweitern (Uckermark, Neumark, Oberlausitz u.a). 1258 teilten sie die Herrschaft.

Lit.: Johannes Schultze, *Die Mark Brandenburg* (²1989).

BRAUNSCHWEIG:

Otto I. das Kind, Hg., *1204, †9.6.1252 Harzburg. Wegen des frühen Tods seines Vaters Wilhelm von Lüneburg (1184–1213) «das Kind» genannt, erbte er 1227 Braunschweig.

1235 erhielt er von Ks. ↑Friedrich II. seine Stammlande als Hg.tum Braunschweig zu Lehen. Er wurde damit Stammvater der Herzöge von Braunschweig-Lüneburg.

Pfalz:

Otto Heinrich (Ottheinrich), Kf., *10.4.1502 Amberg, †12.2.1559 Heidelberg. Nach dem frühen Tod seines Vaters, des Pfalzgrafen ↑Ruprecht, beerbte er diesen zus. mit seinem Bruder Philipp (1503–48), u. beide regierten gemeinsam ab 1522 Pfalz-Neuburg. 1542 trat er zum Luthertum über. Nachdem Ks. ↑Karl V. das Hg.tum im Schmalkald. Krieg 1546 eingezogen hatte, lebte er bis 1552 in der Kurpfalz im Exil. Durch den Tod seines Onkels Friedrich II. (1482–1556) Kf. von der Pfalz geworden, führte er dort die Reformation strikt durch u. reformierte auch die Universität Heidelberg, deren Bibliothek er durch Schenkungen u. Einverleibungen der Büchereien aufgelöster Klöster zu e. der bedeutendsten Europas machte. Das Heidelberger Schloß erweiterte er um den Ottheinrichsbau (1556–59). Da er kinderlos geblieben war, ordnete er 1557 die Nachfolge zugunsten der Linie Pfalz-Simmern.

Lit.: Meinrad Schaab, *Gesch. der Kurpfalz.* Bd. II (1992).

Otto von Freising, Bf. u. Geschichtsschreiber, *um 1112 Neuburg (heute Klosterneuburg), †22.9.1158 Kloster Morimond (Burgund). Der Enkel Ks. ↑Heinrichs IV. studierte seit etwa 1227 in Paris. 1132 trat er in das Zisterzienserkloster Morimond ein u. wurde dort 1138 Abt. Im selben Jahr wurde er zum Bf. von Freising erhoben. 1143–46 schrieb er seine *Chronica sive historia de duabus civitatibus* (Chronik oder Gesch. der zwei Reiche, 8 Bücher), in der er in augustin. Sicht die Weltgesch. als das Ringen zwischen dem Gottesstaat u. dem durch Gewalt u. Unglauben geprägten Weltstaat deutete. 1157–58 verfaßte er auch *Gesta Friderici imperatoris,* die Gesch. seines Neffen Ks. ↑Friedrichs I. Barbarossa bis 1156. Sein Vertrauter Rahewin (†um 1170/77) schrieb e. Fortsetzung bis 1160. O. gilt als e. der bedeutendsten Geschichtsschreiber des MA.

Lit.: Joseph A. Fischer, Hrsg., *O. von F.* (1958); Cornelia Kirchner-Feyerabend, *O. von F. als Diözesan- u. Reichsbf.* (1990); Werner Goez, *Lebensbilder aus dem MA* (1998).

Ottokar II., Kg. von Böhmen, *um 1230, †26.8.1278 Dürnkrut (Niederösterreich). Aus dem Haus der Přemysliden u. durch seine Mutter e. Enkel Kg. ↑Philipps von Schwaben, trat er 1253 die Regierung an. 1251 ergriff er noch vor seiner 1252 erfolgenden Heirat mit Margarete (um 1204–67), e. Schwester des letzten Babenbergers ↑Friedrich II. des Streitbaren, Besitz von Österreich. Nach e. Sieg über die Ungarn 1260 auch im Besitz der Steiermark, ließ er sich 1262 von Kg. ↑Richard von Cornwall beide zu Lehen geben. 1269 gewann er noch Kärnten u. Krain hinzu. Obwohl 1272 sein Versuch scheiterte, sich auch Ungarn anzueignen, war er bei der Kg.swahl ↑Rudolfs von Habsburg dessen mächtigster Rivale. Er verweigerte Rudolf die Huldigung u. wurde von ihm gezwungen, Österreich, die Steiermark u. Kärnten abzutreten. Als er sich aufzulehnen versuchte, wurde er 1278 auf dem Marchfeld bei Dürnkrut (östl. Wien) geschlagen u. auf der Flucht von persönl. Feinden ermordet.

Lit.: Jörg Konrad Hoensch, *Premysl Otakar II. von Böhmen* (1989).

Otto-Peters, Luise [geb. Otto], Frauenrechtlerin, *26.3.1819 Meißen, †13.3.1895 Leipzig. Die Tochter e. Rechtsanwalts forderte in zahlreichen Schriften die Verbesserung der gesellschaftl. Lage der Frauen. 1865 gründete sie zus. mit A. ↑Schmidt den Allg. dt. Frauenverein u. gab mit ihr ab 1866 dessen Organ *Neue Bahnen* heraus. Sie gilt als e. der Begründerinnen der dt. Frauenbewegung.

Lit.: Johanna Ludwig u. Rita Jorek, *L. O.-P.* (1995).

P

Papen, Franz von, Politiker, *29.10. 1879 Werl (Westfalen), †2.5.1969 Obersasbach (Baden). Der Berufsoffizier war 1913–15 Militärattaché in Mexiko u. Washington u. wurde dann im Ersten Weltkrieg an der Westfront, in Mesopotamien u. Palästina eingesetzt. Ende 1918 trat er dem Zentrum bei, dessen rechtem Flügel er künftig angehörte. 1920–28 u. 1930–32 saß er im preuß. Landtag. Als Mitglied des 1924 gegründeten konservat.-elitären «Herrenklubs» u. Aufsichtsratsvors. (ab 1925) der Zentrumszeitung *Germania* baute der «Herrenreiter» seine polit. u. gesellschaftl. Beziehungen aus, u. a. zu Reichspräs. ↑Hindenburg u. zur Reichswehrführung. Nach dem Sturz ↑Brünings auf Initiative ↑Schleichers Anfang Juni 1932 zum Reichskanzler ernannt, bildete er e. zum Großteil aus Standesgenossen bestehendes «Kabinett der nationalen Konzentration» («Kabinett der Barone»). Auf das Notverordnungsrecht Hindenburgs gestützt, setzte er am 20.7. in Preußen die soz.dem. preuß. Regierung unter O. ↑Braun ab u. übernahm selbst als Reichskommissar die Macht. Der noch Brüning zuzuschreibende außenpolit. Erfolg der Beendigung des Reparationsproblems in Lausanne im Juni/Juli hatte kaum innenpolit. Wirkung, wie die Neuwahl des von ihm aufgelösten Reichstags Ende Juli zeigte, welche NSDAP u. KPD enormen Stimmenzuwachs brachte. Ein Mißtrauensvotum fürchtend, löste er den Reichstag am 12.9. erneut auf. Als ihm Hindenburg nach ungünstigem Wahlausgang Anfang Nov. diktator. Vollmachten verweigerte, trat er zurück. Er beteiligte sich am Sturz seines Nachfolgers Schleicher u. ebnete der Kanzlerschaft ↑Hitlers den Weg. In dessen Regierung amtierte er als Vizekanzler, bis er in Marburg vor den nat.soz. Machtambitionen (17.6. 1934) warnte. Danach war er Gesandter (1934–36) u. Botschafter (1936–38) in Wien u. Botschafter in Ankara (1939–44). In Nürnberg wurde er 1946 freigesprochen. Von e. Spruchkammer zu acht Jahren Arbeitslager verurteilt, wurde er bereits 1949 entlassen.

Lit.: Joachim Petzold, *F. von P.* (1995).

Paulus, Friedrich, Generalfeldmarschall, *23.9.1890 Breitenau (Hessen), †1.2.1957 Dresden. Berufssoldat seit 1910, wurde er 1940 Generalleutnant u. Oberquartiermeister I im Generalstab des Heeres. Im Jan. 1942 übernahm er den Oberbefehl über die 6. Armee u. stieß mit ihr nach Stalingrad vor, wo er im Nov. 1942 eingeschlossen wurde. Ende Nov. Generaloberst, verzichtete er auf Befehl ↑Hitlers trotz besserer militär. Einsicht auf Ausbruchsversuche. Ende Jan. 1943 noch zum Generalfeldmarschall befördert, ging er mit den Resten seiner Armee (90000

Mann von urspr. knapp 300000) auf eigene Verantwortung in Kriegsgefangenschaft. Dort wurde er Mitglied des Bundes Dt. Offiziere u. war im Nationalkomitee Freies Dtld. tätig. Nach der Rückkehr 1953 ließ er sich in der DDR nieder.

Lit.: Peter Steinkamp, *Generalfeldmarschall F.P.* (2001).

Payer, Friedrich von (1906), *12.6.1847 Tübingen, †14.7.1931 Stuttgart. Der Jurist saß 1877–87 u. 1890–1917 im Reichstag (DVP; ab 1910 Fortschrittl. Volkspartei) u. 1893–1912 im württ. Landtag (ab 1895 Präs. der 2. Kammer). Er war Vizekanzler in den Kabinetten ↑Hertling u. Prinz ↑Max von Baden. 1919 Mitglied der Weimarer Nationalversammlung (DDP), zog er sich 1920 aus der Politik zurück.

Peter von Aspelt, Erzbf. von Mainz, *um 1240, †5.6.1320 Mainz. 1296 Kanzler Kg. Wenzels II. von Böhmen, 1297 Bf. von Basel u. 1306 Erzbf. von Mainz, vertrat e. habsburgfeindl. Politik u. gehörte 1314 zu den Wählern ↑Ludwigs IV. des Bayern, den er auch in der Folge gegen ↑Friedrich (III.) den Schönen unterstützte.

Peters, Carl, Kolonialpolitiker, *27.9.1856 Neuhaus/Elbe, †10.9.1918 Woltorf (bei Peine). Nach e. Englandaufenthalt (1880–83) habilitierte er sich 1884 in Leipzig für Philosophie. Im gleichen Jahr gründete er mit anderen die Gesellschaft für dt. Kolonisation. Bei e. Expedition nach Ostafrika erwarb er von Stammesführern 1885–87 ausgedehnte Gebiete, für die seine 1885 aus der ersten Gesellschaft hervorgegangene Dt.-Ostafrikan. Gesellschaft trotz O. von ↑Bismarcks anfängl. Ablehnung schon 1885 e. ksl. Schutzbrief erhielt. Die Erfüllung e. Schutzvertrags mit Uganda 1889/90 scheiterte an den Bedingungen des 1891 zwischen dem Dt. Reich u. Großbritannien abgeschlossenen Helgoland-Sansibar-Vertrags. P. gründete daraufhin mit anderen 1891 den Alldt. Verband. 1891 übernahm das Dt. Reich die Verwaltung der erworbenen Gebiete, u. P. fungierte als Reichskommissar im Kilimandscharo-Gebiet. Er kehrte bereits 1892 nach Dtld. zurück, wo Vorwürfe gegen ihn wegen unwürdiger Behandlung der Eingeborenen 1897 zu seiner Entlassung führten.

Lit.: Hermann Krätschell, *C.P.* (1959); Hans-Ulrich Wehler, *Bismarck u. der Imperialismus* (1984); Uwe Wieben, *C.P.* (2000).

Pferdmenges, Robert, Bankier, *27.3.1880 Mönchengladbach, †28.9.1962 Köln. Seit 1904 im Bankgewerbe tätig, war er 1931–54 Teilhaber des Kölner Bankhauses Salomon Oppenheim. 1951–60 war er Vors. des Bundesverbands dt. Banken. Mitbegründer der CDU, saß er 1949–62 im Bundestag. Er war Vertrauter ↑Adenauers in Finanz- u. Wirtschaftsbelangen.

Pfizer, *Paul* Achatius, Politiker, *12.9.1801 Stuttgart, †30.7.1867

Tübingen. Ab 1823 im württ. Justizdienst, wurde er 1831 wegen der Veröffentlichung seines e. kleindt. Lösung der dt. Frage befürwortenden *Briefwechsels zweier Deutschen* (1831) entlassen. 1831–38 saß er im württ. Landtag. Im Märzministerium 1848 leitete er das Kirchen- u. Schulressort. Er war Abg. in der Nationalversammlung u. 1851–58 wieder im württ. Justizdienst.

Lit.: Christian Kennert, *Die Gedankenwelt des P. A. P.* (1986).

Pfordten, *Ludwig* Carl Heinrich Frhr. (1854) von der, Politiker, *11.9. 1811 Ried (Innkreis), †18.8.1880 München. Der Jurist wurde 1836 Prof. in Würzburg u. 1843 in Leipzig. 1848–49 war er in Sachsen Außen- u. Kultusminister, 1849–50 in Bayern Außen- u. Handelsminister u. 1849–59 Ministerpräs. Gegner der preuß. Hegemonie, strebte er die Wiederherstellung des Dt. Bundes u. die Aufnahme Österreichs in den Dt. Zollverein an. Zus. mit ↑Beust u. ↑Dalwigk war er der Hauptvertreter der Triasidee in Dtld. 1859–64 war er bayer. Bundstagsgesandter, 1864–66 erneut Ministerpräs. Er schloß 1866 e. Bündnisvertrag mit Österreich u. mußte nach dem Dt. Krieg 1866 zurücktreten.

Lit.: Eugen Franz, *L. Frhr. von der P.* (1938).

Pfuel, Ernst von, General, *3.11. 1779 Jahnsfelde (bei Frankfurt/Oder), †3.12.1866 Berlin. Ab 1797 u.a. in preuß., östr. u. russ. Heeresdiensten, trat er 1815 wieder in die preuß. Armee ein u. wurde 1825 Generalmajor. 1831 unterdrückte er die Rebellion in Neuenburg (Schweiz) u. wurde daselbst Gouverneur (1832–49), ohne dort ständig zu residieren. In der Revolution 1848 ließ er sowohl als Gouverneur von Berlin (11.–24.3.) als auch als Ministerpräs. (7.9.–Ende Oktober) die erwartete Härte vermissen. 1858–65 saß er als Liberaler im preuß. Abg.haus.

Lit.: Bernhard von Gersdorff, *E. von P.* (1981).

Philipp

HEILIGES RÖMISCHES REICH:

Philipp von Schwaben, Kg., *1177(?), †21.6.1208 Bamberg. Der jüngste Sohn von Ks. ↑Friedrich I. Barbarossa u. ↑Beatrix von Burgund war für e. geistl. Laufbahn bestimmt, wurde dann aber von seinem Bruder ↑Heinrich VI. 1195 mit dem Hg.tum Tuszien u. den Mathild. Gütern belehnt u. folgte 1196 seinem Bruder Konrad von Rothenburg (nach 1170–96) als Hg. von Schwaben nach. 1197 vermählte er sich mit der byzant. Prinzessin ↑Irene. Nach dem Tod Heinrichs 1198 bemühte er sich vergebl., seinem minderjährigen Neffen ↑Friedrich II. die Krone zu erhalten. Um der antistauf. Opposition um den Welfen ↑Otto (IV.) zuvorzukommen, ließ er sich zum Kg. wählen u. krönen. Otto wurde zwar zunächst von Papst Innozenz III. unterstützt, doch brachte P. die Mehrheit der Reichsfürsten hinter sich u. siegte militär. über Otto 1206 bei Wassenberg (nahe Köln). Verhandlungen mit der Kurie brachten

Aussicht auf den Thronverzicht Ottos, als P. von dem bayer. Pfalzgrafen Otto (VIII.) von Wittelsbach (†1209) ermordet wurde.

Lit.: Heinz Wolfhart, *P. von S.* (1962).

Hessen:
Philipp I. der Großmütige, Landgraf, *13.11.1504 Marburg, †31.3.1567 Kassel. 1518 von Ks. ↑Maximilian I. für volljährig erklärt, war er 1521 beim Wormser Reichtag zugegen u. beteiligte sich 1523 an der Niederwerfung ↑Sickingens sowie 1524–25 der aufständ. Bauern. Seit 1524 Anhänger M. ↑Luthers, führte er 1526 in Hessen die Reformation ein u. gründete 1527 in Marburg die erste neue prot. Universität. 1529 gehörte er zu den Unterzeichnern der Protestation von Speyer. Rührig die Durchsetzung der Reformation betreibend, lud er 1529 zum Marburger Religionsgespräch ein, war e. der Gründer des Schmalkald. Bunds 1531 u. bemühte sich um die Rückführung Hg. ↑Ulrichs von Württ. Seine 1540 geschlossene Doppelehe kompromittierte freil. die ev. Sache u. schwächte seine Position gegenüber dem Ks. Er wurde 1546 geächtet u. 1546/47 im Schmalkald. Krieg besiegt. Entgegen seiner Erwartung verhaftet, wurde er erst 1552 nach dem Passauer Vertrag wieder freigelassen u. widmete sich danach der Verwaltung seiner Territorien.

Lit.: Volker Press, «Landgraf P. von Hessen», in Klaus Scholder u. Dieter Kleinmann, Hrsgg., *Prot. Profile* (1983); Walter Heinemeyer, *P. der Großmütige* (1997).

Köln:
Philipp von Heinsberg, Erzbf., *um 1130, †13.8.1191 vor Neapel. Der Kleriker reiste 1164 mit ↑Rainald von Dassel nach Italien. Dort wurde er 1167 Reichskanzler u. im gleichen Jahr nach Rainalds Tod Erzbf. von Köln. Nach e. Konflikt mit Hg. ↑Heinrich dem Löwen erhielt er 1180 die Hg.sgewalt im Gebiet der Kölner u. Paderborner Diözesen. Er starb im ksl. Heerlager an der Pest.

Österreich:
Philipp der Schöne, Erzhg., Kg. von Kastilien, *22.7.1478 Brügge, †25.9.1506 Burgos. Der Sohn Ks. ↑Maximilians I. u. Marias von Burgund (1457–82) erbte 1482 die Länder der letzteren, die dann bis 1494 von seinem Vater als Vormund regiert wurden. 1496 vermählte er sich mit Johanna der Wahnsinnigen (1479–1555), der Tochter Kg. Ferdinands von Aragon u. Kg.in Isabellas von Kastilien. Er wurde 1506 als Kg. von Kastilien anerkannt. Die beiden Söhne des Paars, die späteren Ks. ↑Karl V. u. ↑Ferdinand I., wirkten prägend auf die Entwicklung der dt. Geschichte.

Pfalz:
Philipp Wilhelm, Kf., *25.11.1615 Neuburg, †2.9.1690 Wien. Der Sproß der Neuburger Seitenlinie der Wittelsbacher wurde kath. erzogen u. trat 1653 die Nachfolge seines Vaters in Pfalz-Neuburg u. den niederrhein. Besitzungen an. Die letzte-

ren Gebiete, in denen er bis 1666 heftige Auseinandersetzungen mit den Landständen zu bestehen hatte, übergab er 1679 seinem ältesten Sohn Johann Wilhelm (1658–1716) u. beschränkte sich auf Neuburg. Beim Aussterben der Linie Pfalz-Simmern 1685 erhielt er die Kurwürde übertragen. Im Pfälz. Krieg 1688–97 wurde er gegen den die Erbansprüche ↑Elisabeth Charlottes geltend machenden franz. Kg. Ludwig XIV. von seinem Schwiegervater, Ks. ↑Leopold I., unterstützt u. floh 1688 nach Wien.

Lit.: Hans Schmidt, *P. W. von Pfalz-Neuburg* (1973).

Piccolomini, Ottavio, Hg. von Amalfi (1639), Heerführer, *11.11. 1599 Florenz, †11.8.1656 Wien. Seit seinem 15. Lebensjahr in militär. Diensten, wurde er 1627 Kapitän der Leibgarde ↑Wallensteins. 1632 hatte er maßgebl. Anteil am unentschiedenen Ausgang der Schlacht bei Lützen. Die eigenwilligen Planungen Wallensteins meldete er dem Ks.hof, woraufhin er den Auftrag erhielt, den Generalissimus zu verhaften. Als Belohnung für die Beteiligung an dessen Ermordung wurde er 1634 zum Feldmarschall ernannt. Bis 1648 kämpfte er dann abwechselnd in span. u. ksl. Diensten. 1649 war er in Nürnberg ksl. Prinzipalgesandter bei den Verhandlungen mit Schweden zur Durchführung des Westfäl. Friedens. 1650 wurde er in den Reichsfürstenstand erhoben u. erhielt aus dem ehemaligen Besitz Wallensteins die mähr. Herrschaft Nachod.

Pieck, Wilhelm, Politiker, *3.1.1876 Guben (Niederlausitz), †7.9.1960 Berlin (Ost). Der gelernte Tischler trat 1895 in die SPD ein u. ging 1896 nach Bremen, wo er 1905–10 Abg. in der Bürgerschaft war. Dann siedelte er nach Berlin über u. war 1910–15 Sekretär des Bildungsausschusses der SPD. 1915 inhaftiert, wurde er danach zum Militärdienst eingezogen u. kam 1916 an die Front. Er desertierte 1917, lebte illegal in Dtld. u. ging im Febr. 1918 nach Holland. Im Okt. zurück in Berlin, beteiligte er sich Ende des Jahres an der Gründung der KPD, deren Führungsgremien (Zentrale, ZK) er bis 1946 angehörte. 1921–28 u. 1932–33 saß er im Preuß. Landtag, 1928–33 auch im Reichstag. 1930–32 vertrat er die KPD bei der Kominternführung in Moskau. Nach seiner Rückkehr nach Berlin emigrierte er 1933 nach Paris u. ging 1935 in die UdSSR, wo er anstelle des in Dtld. verhafteten ↑Thälmann den Vors. der Exil-KPD übernahm u. 1943 das Nationalkomitee Freies Dtld. mitbegründete. Anfang Juli 1945 kehrte er wiederum nach Berlin zurück, wurde Vors. der KPD u. betrieb deren dann 1946 erfolgenden Zus.schluß mit der SPD zur SED. Neben ↑Grotewohl wurde er Vors. der letzteren (1946–54). Jovialer Natur u. körperl. schwächer werdend, besaß er als Präs. der DDR 1949–60 nur mehr geringen polit. Einfluß.

Lit.: Heinz Voßke, *W. P.* (³1979).

Pippin II. der Mittlere, Hausmeier, *um 635, †16.12.714 Jupille (bei

Lüttich). Er schwang sich durch seinen Sieg bei Tertry 687 über die Truppen Neustriens zum Regenten des ganzen fränk. Reiches auf. In der Folge konnte er dessen Bestand noch durch Feldzüge gegen die Friesen u. die Alemannen vergrößern. Da seine direkten Erben vor ihm starben, folgte ihm sein Friedelsohn ↑Karl Martell.

Pippin III. d. J. [auch P. der Kurze], fränk. Kg., *um 714, †24.9.768 Saint-Denis. Beim Tod seines Vaters ↑Karl Martell 741 erhielt er als Hausmeier Neustrien, Burgund u. die Provence, nach dem Verzicht 747 seines ältesten Bruders Karlmann (vor 714–754) außerdem noch die übrigen fränk. Reichsteile (Austrien, Thüringen, Alemannien). Mit Zustimmung von Papst Zacharias setzte er 751 den merowing. Kg. Childerich III. (†754) ab u. ließ sich in Soissons zum Kg. erheben. Papst Stephan II. krönte ihn 754 bei e. Aufenthalt im Frankenreich u. erhielt dafür die sog. Pippinsche Schenkung, d. h. verschiedene von den Langobarden besetzte, vorher röm.-byzantin. Gebiete, die dann die Grundlage des Kirchenstaats bildeten. P. reformierte die fränk. Kirche, u. a. mit Hilfe von ↑Bonifatius. Vor seinem Tod teilte er das Reich unter seine Söhne ↑Karl I. d. Gr. u. Karlmann (751–71).

Lit.: Rudolf Schieffer, *Die Karolinger* (³2000).

Platzeck, Matthias, Politiker, *29.12.1953 Potsdam. Der Biomediziner, im Nov. 1989 Mitbegründer der Grünen Liga, war von Febr. bis April 1990 Minister ohne Geschäftsbereich im Kabinett ↑Modrow. Ab Okt. 1990 war er Mitglied des Landtags (Bündnis 90), ab Nov. auch Umweltminister von Brandenburg. 1995 trat er der SPD bei. 1998–2002 war er Oberbürgermeister von Potsdam, ab 2002 Ministerpräs. von Brandenburg.

Pohl, Oswald, SS-Obergruppenführer, *30.6.1892 Duisburg, †8.6.1951 Landsberg/Lech. Er diente seit 1912 in der Marine u. wurde dort schließl. Oberzahlmeister. 1926 trat er der NSDAP bei, 1929 der SA. 1934 wurde er unter Aufgabe seiner Marinekarriere Standartenführer der SS u. 1935 deren Reichskassenwart. 1937 zum SS-Gruppenführer befördert, wurde er 1942 von ↑Himmler zum Chef des SS-Wirtschaftsverwaltungshauptamts ernannt mit dem Rang e. SS-Obergruppenführers u. Generals der Waffen-SS. In dieser Funktion unterstand ihm die Inspektion der KZ u. die Vermittlung der Häftlinge an Wirtschafts- u. Rüstungsbetriebe. 1946 wurde er verhaftet, 1947 in Nürnberg zum Tod verurteilt u. 1951 gehängt.

Lit.: Michael Allen, «O. P.», in Ronald Smelser u. Enrico Syring, Hrsgg., *Die SS* (2000); Jan Erik Schulte, *Zwangsarbeit u. Vernichtung* (2001).

Pontanus ↑Brück.

Ponto, Jürgen, Bankfachmann, *17.12.1923 Bad Nauheim, †30.7.1977 Oberursel (Taunus). Der Jurist trat 1950 in die Dresdner Bank ein u. wurde dort 1959 Chefsyndikus, 1964 Vorstandsmitglied u. 1969 Vorstandssprecher. Er gehörte zahlreichen Aufsichtsräten u. dem Vorstand des Bundesverbands dt. Banken an. Ein Kommando der Terroristengruppe Rote-Armee-Fraktion erschoß ihn in seinem Haus.

Popitz, Johannes, Widerstandskämpfer, *2.12.1884 Leipzig, †2.2. 1945 Berlin-Plötzensee. Der promovierte Jurist arbeitete 1914–19 im preuß. Innenministerium u. ab 1919 im Reichsfinanzministerium, wo er 1925–29 als Staatssekretär mit Fragen des Finanzausgleichs zwischen Reich u. Ländern befaßt war. 1932–33 Reichsminister ohne Geschäftsbereich im Kabinett ↑Schleicher, war er 1933–44 preuß. Finanzminister. Er wurde zum Gegner des Nationalsozialismus, war Mitglied der regimekrit. Mittwochsgesellschaft u. hatte Kontakte zu ↑Oster, L. ↑Beck u. ↑Goerdeler. Im Kabinett des letzteren hätte er nach gelungenem Umsturz Kultusminister werden sollen. Er wurde nach dem 20.7.1944 verhaftet, zum Tod verurteilt u. gehängt.

Lit.: Hildemarie Dieckmann, *J. P.* (1960); Gerhard Schulz, «J.P.», in Rudolf Lill u. Heinrich Oberreuter, Hrsgg., *20. Juli: Portraits des Widerstands* (1994).

Popp, Adelheid [geb. Dwořak], östr. Politikerin, *11.2.1869 Inzersdorf (Niederösterreich), †7.3.1939 Wien. Früh Fabrikarbeit leistend, engagierte sie sich in der Arbeiterjugendbewegung u. wurde 1885 Sozialdemokratin. 1892 war sie Mitbegründerin u. bis 1934 verantwortl. Redakteurin der *Arbeiterinnen-Zeitung*. 1919 in die Konstituierende Nationalversammlung gewählt, war sie bis 1934 Mitglied des Nationalrats.

Porsche, Ferdinand, Automobilkonstrukteur, *3.9.1875 Maffersdorf (Böhmen), †30.1.1951 Stuttgart. Seit 1898 mit Automobilbau befaßt, gründete er 1931 in Stuttgart e. eigenes Ingenieurbüro. Er entwickelte 1934–37 den Volkswagen u. leitete 1938–45 das Volkswagenwerk in Wolfsburg. Nach dem Krieg entstand in seinem Werk in Stuttgart-Zuffenhausen der Porsche-Sportwagen (Typ 356). 1972 wurde die Firma in e. AG umgewandelt.

Lit.: Fabian Müller, *F. P.* (²1999).

Posadowsky-Wehner, Arthur Graf von, Frhr. von Postelwitz, Politiker, *3.6.1845 Glogau (Schlesien), †23.10.1932 Naumburg/Saale. Der promovierte Jurist war 1873–85 Landrat in der Provinz Posen. 1882–85 saß er im preuß. Abg.haus, 1885–93 war er Landeshauptmann in Posen, 1893–97 Staatssekretär des Reichsschatzamtes. Als Staatssekretär des Reichsamts des Inneren u. Stellv. des Reichskanzlers (1897–1907) führte er wichtige sozialpolit. Reformen durch, so die Einführung obligator. Gewerbegerichte u. die Erweiterung des gesetzl. Kinderschutzes u. der Kranken- u. Unfallversicherung. 1907–18 war er Mitglied des preuß. Herrenhauses, 1912–18 auch des Reichstags (fraktionslos). 1919–20 saß er in der Weimarer Nationalversammlung (DNVP; Fraktionsvors.), 1928–30 im preuß. Landtag (Volksrechtspartei).

Lit.: Martin Schmidt, *Graf P.* (1935); Karl Erich Born, *Staats- u. Sozialpolitik seit Bismarcks Sturz* (1957).

Preusker, Victor-Emanuel, Politiker, *25.2.1913 Berlin, †13.5.1991 ebd. Der promovierte Volkswirt wurde nach Kriegsteilnahme 1947 Generalsekretär der FDP in Hessen u. saß 1949–61 im Bundestag (1958–60 Vizepräs.). 1953–57 war er Bundeswohnungsbauminister. 1956 trat er aus der FDP aus u. der FVP bei u. wurde deren Vors. 1960 trat er zur CDU über, 1970 wieder zur FDP.

Preuß, Hugo, Politiker u. Staatsrechtler, *28.10.1860 Berlin, †9.10.1925 ebd. Der Sohn e. jüd. Kaufmanns wurde 1906 Prof. in Berlin. 1918 Mitbegründer der DDP, war er von Febr. bis Juni 1919 Reichsinnenminister. Er lieferte den Entwurf für die Weimarer Verfassung, der allerdings stark verändert wurde, da er u.a. die Aufteilung Preußens u. starke Zentralisierung vorsah.

Lit.: Siegfried Grassmann, *H. P.* (1965).

Preysing, Konrad Graf von Lichtenegg-Moos, Kardinal, *30.8.1880 Kronwinkl (bei Landshut), †21.12.1950 Berlin. Nach dem Jurastudium trat er in den bayer. Staatsdienst ein u. wurde 1907 Attaché bei der bayer. Gesandtschaft in Rom. Ab 1908 studierte er Theologie, wurde 1912 zum Priester geweiht u. 1913 in Innsbruck zum Dr. theol. promoviert. 1928 Domkapitular in Eichstätt, wurde er dort 1932 Bf. u. 1935 Bf. von Berlin. Ein strikter Gegner des Nationalsozialismus, rief er mit Hirtenbriefen zur Kirchentreue auf, predigte 1941 gegen das Euthanasieprogramm u. hatte Kontakte zum Kreisauer Kreis. Nach Kriegsende unternahm er zahlreiche Hilfsaktionen für die notleidende Bevölkerung. 1946 wurde er zum Kardinal ernannt.

Lit.: Wolfgang Knauft, *K. von P.* (1998).

Prien, Günther, U-Boot-Kommandant, *16.1.1908 Osterfeld (Thüringen), †7.3.1941 im Atlantik. Der Kapitänleutnant versenkte mit seinem U-Boot (U47) am 14.10.1939 in der als sicher geltenden Bucht von Scapa Flow (Orkney-Inseln) das brit. Schlachtschiff *Royal Oak* u. in der Folge noch weitere 200 000 BRT Handelsschifftonnage, ehe sein U-Boot durch brit. Wasserbomben vernichtet wurde.

Lit.: T. V. Tuleja, *«U47» G. P.* (1996).

Pufendorf, Samuel Frhr. von (1694), Jurist, *8.1.1632 Dorfchemnitz, †26.10.1694 Berlin. Nach dem Studium in Leipzig u. Jena u. Tätigkeit als Hauslehrer war er 1661–68 Prof. für Naturrecht in Heidelberg, ab 1668 in Lund, ab 1677 in Stockholm, wo er auch als Reichshistoriograph u. Staatssekretär fungierte. 1688 kam er als Historiograph des Großen Kf.en ↑Friedrich Wilhelm nach Berlin. Dort schrieb er die Gesch. von dessen Regierungszeit. 1694 wurde er vom schwed. Kg. in den Frhr.nstand erhoben. Ihm wird die Systematisierung des Naturrechts u. des von Hugo Grotius begründeten Völkerrechts zugeschrieben. Seine bes. in seinem Hauptwerk *De jure naturae et gentium libri octo* (1672) erörterten, gegen willkürl. Absolutismus gerichteten Theorien beeinflußten das polit. Denken durch das ganze 18. Jh.

Lit.: Detlef Döring, *P.-Studien* (1992); Thomas Behme, *S. von P.* (1995); Bodo Geyer, *S. P.* (1996).

Pünder, Hermann, Politiker, *1.4.1888 Trier, †3.10.1976 Fulda. Der promovierte Jurist war 1926–32 Staatssekretär u. Chef der Reichskanzlei. Der Gegner ↑Papens wechselte 1932 in das Amt des Regierungspräs.en in Münster, wurde aber im Juli 1933 entlassen u. nach dem 20.7.1944 in KZ-Haft genommen. 1945 bestellten ihn die Alliierten als Nachfolger ↑Adenauers zum Oberbürgermeister von Köln. 1948–49 war er Vors. des Verwaltungsrats der Bizone, 1949–57 Mitglied des Bundestags (CDU) u. 1952–57 Vizepräs. der Montanunion.

Puttkamer, Robert von, Politiker, *5.5.1828 Frankfurt/Oder, †15.3.1900 Karzin (bei Stolp). Er trat 1860 in den preuß. Staatsdienst ein. Nach Tätigkeit als Landrat des Kreises Demmin (1860–66) u. im Bundeskanzleramt wurde er 1871 Regierungspräs. in Gumbinnen, 1875 Bezirkspräs. in Metz u. 1877 Oberpräs. von Schlesien. Als Kultusminister 1879–81 oblag ihm die Abminderung des Kulturkampfs u. die Rechtschreibreform. Als Innenminister 1881–88 verfolgte er e. streng konserv. Beamtenpolitik u. wandte das Sozialistengesetz scharf an. 1888 von Ks. ↑Friedrich (III.) demonstrativ entlassen, war er 1891–99 Oberpräs. von Pommern. 1874–76, 1878–84 u. 1890–91 saß er im Reichstag (Hospitant der Dt. konserv. Partei), 1882–85 im preuß. Abg.haus.

Lit.: Albert von Puttkamer, *Staatsminister von P.* (1928).

Q

Quandt, Günther, Industrieller, *28.7.1881 Pritzwalk (bei Potsdam), †20.12.1954 Kairo (Ägypten). Der Sohn e. Textilfabrikanten war seit 1909 Mitinhaber mehrerer Tuchfabriken. 1922 wechselte er in die Kaliindustrie, engagierte sich aber auch in der Berg- u. Hüttenindustrie u. im Versicherungswesen. Nach dem Zweiten Weltkrieg gelang es ihm, seine Beteiligungen weiter auszubauen.

Quidde, Ludwig, Politiker, *23.3.1858 Bremen, †5.3.1941 Genf. Der promovierte Historiker war 1889–96 Hrsg. der Alten Reihe der Dt. Reichstagsakten u. leitete 1890–92 das Preuß. Histor. Institut in Rom. 1889 gründete er u. leitete bis 1895 die *Dt. Zeitschrift für Geschichtswiss.* (ab 1898 *Histor. Vierteljahrschrift*). Die Veröffentlichung der Ks. ↑Wilhelm II. verdeckt kritisierenden Schrift *Caligula* (1894) brachte das Ende seiner wiss. Karriere. Er saß dann 1907–18 im bayer. Landtag (DVP) u. 1919–20 in der Weimarer Nationalversammlung (DDP). 1930 war er Mitbegründer der Vereinigung unabhängiger Demokraten. Seit 1894 Mitglied der Dt. Friedensgesellschaft, war er 1914–29 deren Vors. 1927 erhielt er zus. mit dem Franzosen Ferdinand Buisson den Friedensnobelpreis. 1933 emigrierte er nach Genf.

Lit.: Utz-Friedebert Taube, *L. Q.* (1963); Brigitte Maria Goldstein, *L. Q.* (1984).

R

Radbod, Hg. der Friesen, †719. Unter seiner Regierung erstreckte sich das fries. Gebiet von Brügge bis zur Weser. Zwar verlor er 689(?) Westfriesland an ↑Pippin II., doch gewann er es nach dessen Tod 714 wieder zurück. Zus. mit den Neustriern schlug er ↑Karl Martell 716 bei Köln. Erst sein Tod ermöglichte die Missionierung der Friesen.

Radbruch, Gustav, Politiker, *21.11. 1878 Lübeck, †23.11.1949 Heidelberg. Nach dem Jurastudium 1903 in Heidelberg habilitiert, war er dort Prof. (1910–14), danach in Königsberg (1914–18), Kiel (1919–26) u. wieder Heidelberg (1926–33). 1920–24 saß er im Reichstag (SPD). Als Reichsjustizminister (1921–22; 1923) erreichte er die Zulassung von Frauen zum Richterberuf. 1933 wurde er als erster dt. Prof. von den Nationalsozialisten amtsenthoben. In seinen Schriften bemühte er sich um e. Weiterentwicklung der sozialist. Ideen unter Einbeziehung neukantian. Rechtsphilosophie. 1945–48 war er erneut Prof. in Heidelberg u. ab 1948 wieder Mitglied der SPD. Hauptwerk: *Grundzüge der Rechtsphilosophie* (1914).

Lit.: Arthur Kaufmann, *G. R.* (1987).

Radek, Karl [eigtl. K. Sobelsohn], Politiker, *1885 Lemberg, †um 1939 UdSSR. Nach dem Jurastudium schloß sich der östr. Staatsangehörige der poln. Sozialdemokratie an u. lernte 1904 in der Schweiz Lenin kennen. Nach e. Aufenthalt während der Revolution 1905 in Warschau siedelte er 1907 nach Dtld. über. Hier arbeitete er als Journalist für die SPD, die ihn aber 1913 ausschloß. Während des Ersten Weltkriegs in der Schweiz, begleitete er Lenin 1917 nach Rußland. Ende 1918 wurde er nach Dtld. entsandt, wo er sich am Aufbau der KPD beteiligte, aber 1919 verhaftet u. ausgewiesen wurde. Schon in Abwesenheit zum Mitglied des ZK der KPdSU gewählt, war er e. der wichtigsten Kominternmitarbeiter. 1923 suchte er in Dtld. e. kommunist. Aufstand zu organisieren, wurde aber 1924 als Trotzkist seiner Posten enthoben u. 1927 aus der KPdSU ausgeschlossen. Nach Unterwerfung 1930 wieder aufgenommen, arbeitete er als Journalist, wurde 1936 erneut verhaftet u. 1937 zu 10 Jahren Gefängnis verurteilt.

Lit.: Dietrich Möller, *K. R. in Dtld.* (1976).

Radetzky, Johann *Joseph* Wenzel Graf, östr. Feldmarschall, *2.11. 1766 Trebnitz (Böhmen), †5.1.1858 Mailand. Seit 1784 im östr. Militärdienst, nahm er am Türkenkrieg (1787–92) sowie den Koalitionskriegen teil. Als Stabschef K. P. Fürst zu ↑Schwarzenbergs entwarf er den Feldzugsplan von 1813. 1829 General der Kavallerie, befehligte er ab

1831 die östr. Truppen in Oberitalien, wo er sich um e. Reform des Ausbildungswesens bemühte. 1836 wurde er zum Feldmarschall ernannt. 1848 mußte er Mailand räumen, konnte aber nach seinen Siegen über die sardin.-piemontes. Truppen bei Custoza (1848) u. Novara (1849) wieder in die Stadt einziehen. 1850–57 war er Generalgouverneur von Lombardo-Venetien. Er galt als der volkstümlichste östr. Heerführer des Jh.s.

Lit.: Franz Herre, *R.* (1981).

Radowitz, Joseph Maria von, General u. Politiker, *6.2.1797 Blankenburg (Harz), †25.12.1853 Berlin. Der Sohn e. ungar. Offiziers u. e. dt. Mutter kämpfte nach militär. Ausbildung in den Befreiungskriegen 1813–14 als westfäl. Offizier auf franz. Seite. 1814–20 Lehrer an der Kadettenschule in Kassel u. danach Erzieher des späteren hess. Kronprinzen, trat er 1823 in preuß. Dienste. Dort schloß er sich der konserv. Gruppe um das *Polit. Wochenblatt* an. 1830 Generalstabschef der Artillerie, wurde er als Vertrauter des späteren Kg.s ↑Friedrich Wilhelm IV. 1836 preuß. Militärbevollmächtigter beim Dt. Bund u. 1842 preuß. Gesandter in Baden, Hessen-Darmstadt u. Nassau. In die Frankfurter Nationalversammlung gewählt, schloß er sich der äußersten Rechten an, hielt aber an seinem Ziel nationaler Einigung u. sozialer Reformen fest. Mitte 1849 wurde er zum Zentrum der von Preußen betriebenen Unionspolitik mit dem Ziel e. kleindt. Fürstenbundes unter preuß. Führung. Ab Sept. 1850 preuß. Außenminister, scheiterte er mit diesem Anliegen jedoch am Widerstreben der süddt. Staaten u. bes. am Widerstand Österreichs. Er nahm im Nov. seinen Abschied, kurz bevor die auf östr. u. russ. Drängen hin geschlossene Olmützer Punktation den Weg zur Wiederherstellung des Dt. Bundes öffnete. Ab 1852 leitete er dann das militär. Bildungswesen in Preußen, starb aber wenig später.

Lit.: Friedrich Meinecke, *R. u. die dt. Revolution* (1913); Walter Früh, *R. als Sozialpolitiker* (1937); Emil Ritter, *R.* (1948); David E. Barclay, «Ein dt. ‹Tory democrat›? J. M. von R.», in Hans-Christof Kraus, Hrsg., *Konserv. Politiker in Dtld.* (1995).

Raeder, Erich, Großadmiral, *24.4.1876 Wandsbek (heute zu Hamburg), †6.11.1960 Kiel. Er trat 1894 als Offiziersanwärter in die Ksl. Marine ein u. besuchte 1903–05 die Marineakademie. Im Ersten Weltkrieg Stabschef Admiral ↑Hippers, war er anschließend im Reichsmarineamt tätig. Als Befehlshaber der Leichten Seestreitkräfte der Nordsee (1924–25) u. Chef der Marinestation der Ostsee (1925–28) erwarb er e. profunde Kenntnis der Reichsmarine. Zum Admiral befördert, war er 1928–35 Chef der Marineleitung, von da an Oberbefehlshaber der Kriegsmarine, ab 1939 als Großadmiral. Er hatte maßgebl. Anteil am Aufbau der dt. Flotte. ↑Hitler bedingungslos folgend, verstand er dessen Gewaltpolitik lediglich. als Neuauflage der wilhelmin. Weltpolitik, wenn auch mit schärferen Mitteln. Während des Zweiten Weltkriegs regte er im Okt. 1939 die Invasion Norwegens an u. leitete dann 1940 die Besetzung der Häfen an der norweg. Küste. Seine Strategie, sich unter Berücksichtigung des Mittelmeerraumes zunächst gegen Großbritannien als Hauptgegner zu richten, brachte ihn in Gegensatz zu Hitler. Er schied deshalb Ende Jan. 1943 aus seinem Amt, in das auf seine Empfehlung hin ↑Dönitz eingesetzt wurde. In Nürnberg wurde er 1946 wegen Planung u. Führung e. Angriffskriegs zu lebenslängl. Haft verurteilt, 1955 jedoch aus gesundheitl. Gründen entlassen.

Lit.: Jost Dülffer, *Weimar, Hitler u. die Marine* (1972); Michael Salewski, *Die dt. Seekriegsleitung 1935–1945* (3 Bde., 1970–75); ders., «E. R.», in Ronald Smelser u. Enrico Syring, Hrsgg., *Die Militärelite des Dritten Reiches* (²1998).

Raiffeisen, Friedrich *Wilhelm*, Sozialreformer, *30.3.1818 Hamm/Sieg, †11.3.1888 Neuwied. Er mußte mit 24 Jahren wegen e. Augenleidens den Militärdienst verlassen u. trat in den Verwaltungsdienst ein. Ab 1845 war er Bürgermeister in verschiedenen Gemeinden. Vom Wohltätigkeitsideal der ev. Erweckungsbewegung geprägt, gründete er, veranlaßt durch die Hungersnot 1847, ländl. Hilfsvereine zunächst rein karitativen Charakters. Aus diesen entwickelte er ab 1862 Darlehenskassenvereine als Selbsthilfeorganisationen. Im Gegensatz zu ↑Schulze-Delitzsch, der ihn anfangs beeinflußte, wollte er die Selbsthilfe der Landwirte durch staatl. Hilfen ergänzt wissen. Nach seiner Pensionierung 1866 widmete er sich ausschließl. dem Aufbau der Vereine u. gründete 1877 e. Anwaltsverband, aus dem später der Generalverband der dt. R.-Genossenschaften hervorging.

Lit.: Ludwig Hüttl, *F. W. R.* (1988); Walter Koch, *F. W. R.* (1988); Michael Klein, *Leben, Werk u. Nachwirkung* (²1999).

Rainald von Dassel, Erzb. von Köln, *um 1120, †14.8.1167 bei Rom. Aus e. bei Einbeck begüterten gräfl. Familie stammend, studierte er in Hildesheim u. Paris u. war seit 1146 Kanoniker, spätestens ab 1149 Dompropst in Hildesheim. In den folgenden Jahren übernahm er die Propstwürde auch noch in mehreren anderen Stiften, darunter Goslar u. Xanten. Unter Ks. ↑Friedrich I. Barbarossa diente er als Reichskanzler (1156–59) u. war auch noch danach dessen einflußreichster Berater. 1159 zum Erzb. von Köln u. zum Erzkanzler für Italien ernannt, betrieb er unermüdl. e. auf die Stärkung der ksl. Gewalt zielende Politik. Von ihm u. Erzb. Arnold von Mainz (um 1100–60) bestimmt, bannte das 1160 vom Ks. eröffnete Konzil von Pavia Papst Alexander III. Auf Betreiben R.s wurde danach 1164 Paschalis III. zum Papst gewählt u. 1165 von den dt. Fürsten anerkannt. Er selbst empfing 1165 die Priester- u. die Bf.sweihe. Der Festigung des Ks.tums diente auch die von ihm veranlaßte Heiligsprechung Ks. ↑Karls I. d. Gr. in Aachen (29.12.1165). Schon 1164 hatte er die Gebeine der hl. Drei Kg.e von Mailand nach Köln überführen lassen. Während des 4. Italienzugs Friedrichs besiegte 1167 e. von ihm geführtes Heer die Römer bei Tuskulum. Kurz nach der Einnahme Roms erlag er der Malaria.

Lit.: Julius Ficker, *R. von D.* (1850); Friedrich Wilhelm Oediger, *Das Bistum Köln* (³1991).

Ranke, Leopold von (1865), Historiker, *21.12.1795 Wiehe/Unstrut, †23.5.1886 Berlin. Er besuchte ab 1809 die Fürstenschule Schulpforta u. studierte ab 1814 Theologie u. Philosophie in Leipzig. 1818–25 war er Gymnasiallehrer in Frankfurt/Oder. 1825–71 lehrte er als Prof. der Gesch. an der Universität Berlin. 1832 wurde er in die preuß. Akademie der Wiss.en aufgenommen, 1841 zum Historiographen des preuß. Staates ernannt, 1859 zum ersten Vors. der Histor. Kommission bei der Bayer. Akademie der Wiss.en berufen. Seine Bedeutung als Historiker ist zwiefach. Zum einen gilt er als der Begründer der systemat. Quellenkritik u. -erschließung. Zum anderen formte er mit seiner Lehre von den realgeistigen Individualitäten maßgebl. den Historismus, wobei sein Anliegen ledigl. war zu zeigen, «wie es eigtl. gewesen», u. wobei er jede Epoche als «unmittelbar zu Gott» verstehen wollte. Seine Überzeugung, daß die Staaten nach ihren eigenen Interessen u. nicht nach Ideologien u. Grundsätzen handeln, war das historiograph. Gegenstück zu O. von ↑Bismarcks «Realpolitik». Er gilt bis heute als e. der großen dt. Historiker. Hauptwerke: *Gesch.n der roman. u. german. Völker von 1494 bis 1535* (1824); *Die röm. Päpste ... im 16. u. 17. Jh.* (3 Bde., 1834–36); *Dt. Gesch. im Zeitalter der Reformation* (6 Bde., 1839–47); *Neun Bücher preuß. Gesch.* (3 Bde., 1847–48; u. d. T. *Zwölf Bücher usw.,* 5 Bde., 1874); *Franz. Gesch., vornehml. im 16. u. 17. Jh.* (5 Bde., 1852–61); *Engl. Gesch., vornehml. im 17. Jh.* (7 Bde., 1859–69); *Weltgesch.* (unvollendet; 16 Bde., 1881–88).

Lit.: Helmut Berding, «L. von R.», in Hans-Ulrich Wehler, *Dt. Historiker* (1973); Wolfgang J. Mommsen, *L. von R. u. die moderne Geschichtswiss.* (1988); Georg G. Iggers u. James M. Powell, Hrsgg., *L. von R. and the Shaping of the Historical Discipline* (Syracuse NY, 1990).

Raspe, Jan-Carl, Terrorist, *1944, †18.10.1977 Stuttgart-Stammheim. Er war zus. mit A. ↑Baader u. ↑Meinhof e. der frühen Angehörigen der Terrororganisation Rote-Armee-Fraktion. Am 1.6.1972 zus. mit Baader verhaftet, wurde er zu lebenslanger Haft verurteilt u. nahm sich im Gefängnis das Leben.

Raspe, Heinrich ↑Heinrich Raspe.

Rath, Ernst vom, Diplomat, *3.6.1909 Frankfurt/Main, †9.11.1938 Paris. Der Jurist, seit 1934 im diplomat. Dienst, war Legationssekretär an der dt. Botschaft in Paris, als er am 7.11.1938 von ↑Grynszpan angeschossen wurde. Er starb zwei Tage später an den Folgen des Attentats. Sein Tod gab den nat.soz. Machthabern den Anlaß, die sog. Reichskristallnacht u. sich anschließende antijüd. Maßnahmen auszulösen.

Rathenau, Walther, Industrieller u. Politiker, *29.9.1867 Berlin, †24.6.1922 ebd. Der Elektroingenieur wurde 1899 Vorstandsmitglied der von seinem Vater gegründeten Allg. Electricitäts-Gesellschaft (AEG) u. 1915 deren Aufsichtsratsvors. Im Ersten Weltkrieg regte er 1914 die Gründung der Rohstoffabteilung im preuß. Kriegsministerium an u. leitete sie bis 1915. Nach Kriegsende erstrebte er vergebl. die Schaffung e. bürgerl. Sammlungspartei u. trat dann der DDP bei. Als wirtschaftspolit. Sachverständiger wirkte er bei der Vorbereitung des Friedensvertrags von Versailles 1919 u. bei der Konferenz in Spa 1920 mit. Minister für Wiederaufbau im ersten Kabinett Joseph ↑Wirth (Mai–Okt. 1921), trat er aus Protest gegen die Teilung Oberschlesiens zurück. Er war dt. Sonderbotschafter auf der Reparationenkonferenz von Cannes (Jan. 1922). Als Außenminister (Febr.–Juni 1922) schloß er widerstrebend den Rapallo-Vertrag mit Rußland ab. Wegen der von ihm vertretenen «Erfüllungspolitik» u. seiner jüd. Herkunft wurde er von zwei Mitgliedern der rechtsradikalen Organisation Consul auf offener Straße ermordet. Ein sozialpol. Schriftsteller von hohem Rang, schrieb er u.a. das viele Auflagen erlebende Werk *Von kommenden Dingen* (1917).
Lit.: Harry Kessler, *W. R.* (1988); Ernst Schulin, *W. R.* (²1992); Hans F. Loeffler, *W. R.* (1997).

Rau, Johannes, Politiker, *16.1.1931 Wuppertal. Der gelernte Buchhändler war 1952–57 Mitglied der GVP u. trat 1957 der SPD bei. Seit 1958 saß er im Landtag, 1970–78 war er Wiss.sminister, 1978–98 Ministerpräs. von Nordrhein-Westfalen. 1969–70 war er Oberbürgermeister von Wuppertal. Nach vergebl. Kandidatur 1994 wurde er 1999 zum Bundespräs.en gewählt.

Raumer, Friedrich von, Historiker, *14.5.1781 Wörlitz (bei Dessau), †14.6.1873 Berlin. Er war ab 1811 Prof. der Staatswiss. in Breslau u. 1819–59 der Staatswiss. u. Gesch. in Berlin. Mit seinem romant.-verklärten Hauptwerk *Gesch. der Hohenstaufen* (6 Bde., 1823–25) beeinflußte er bes. die zeitgenöss. Dichtung. 1848–49 saß er in der Frankfurter Nationalversammlung, ab 1849 in der preuß. 1. Kammer.
Lit.: Werner Friedrich, *F. von R.* (1929).

Rauschning, Hermann, Politiker, *7.8.1887 Thorn, †8.2.1982 Portland OR (USA). Der promovierte Geisteswiss.ler leitete nach 1918 die Kulturarbeit der dt. Volksgruppe in Posen. 1926 trat er der NSDAP in Danzig bei. 1932 übernahm er den Vorsitz des Danziger Landbunds u. wurde 1933 Präs. des Danziger Senats. Ein Konflikt mit dem Danziger Gauleiter Albert Forster (1902–48) bewog ihn 1934 zum Rücktritt. Er emigrierte 1936 in die Schweiz, 1938 nach Frankreich u. dann über London 1941 in die USA, wo er ab 1948 als Farmer in Oregon tätig war. Er schrieb internat. beachtete, krit. Bücher über den Nationalsozialismus, darunter *Die Revolution des Nihilismus* (1938), *Gespräche mit Hitler* (1939; aus Gedächtnisprotokollen der Jahre 1932–34 schöpfend) u. *Die Konserv. Revolution* (1941).

Lit.: Theodor Schieder, *H. R.s «Gespräche mit Hitler» als Geschichtsquelle* (1972); Eckhard Jesse, «H. R.», in Ronald Smelser u. a., Hrsgg., *Die braune Elite 2* (1993).

Ravens, Karl, Politiker, *29.6.1927 Achim (bei Bremen). Der Kraftfahrzeugschlosser trat 1950 der SPD bei. 1961–78 saß er im Bundestag, 1969–72 war er Parlamentar. Staatssekretär im Bundesministerium für Städtebau u. Wohnungswesen, 1972–74 im Bundeskanzleramt. 1974–78 war er Bundesminister für Raumordnung, Bauwesen u. Städtebau. 1978–90 saß er im niedersächs. Landtag. 1979–91 war er Mitglied der Synode der EKD.

Rechberg u. Rothenlöwen, Johann Bernhard Graf von, östr. Politiker, *17.7.1806 Regensburg, †26.2.1899 Schloß Kettenhof (bei Wien). Er trat 1829 in den östr. auswärtigen Dienst u. wurde 1855 Präsidialgesandter beim Dt. Bundestag in Frankfurt/Main. 1859–64 war er Außenminister, 1859–60 gleichzeitig Ministerpräs. Er trat ohne Erfolg für e. Zus.arbeit mit Preußen u. Rußland ein. Nach dem Scheitern der Zollvereinsverhandlungen trat er zurück.

Reemtsma, *Philipp* Fürchtegott, Industrieller, *22.12.1893 Osterholz-Scharmbeck, †1.(11.?)12.1959 Hamburg. Der Sohn e. Zigarrenmachers trat 1917 in die väterl. Firma ein. 1923 wurde diese in e. AG umgewandelt u. nach Hamburg verlegt. Durch Übernahmen u. Fusionen entstand die bedeutendste dt. Zigarettenfabrik, die vor u. dann auch wieder nach dem Zweiten Weltkrieg den Hauptanteil an der dt. Fabrikation besaß.

Reichenau, Walter von, Generalfeldmarschall, *8.10.1884 Karlsruhe, †17.1.1942 bei Poltawa (Ukraine). Er trat 1903 in den preuß. Militärdienst ein, war im Ersten Weltkrieg Generalstabsoffizier u. wurde in die Reichswehr übernommen. 1933–35 Chef des Minister- bzw. Wehrmachtsamts im Reichswehr- bzw. Reichskriegsministerium, war er entscheidend an der Niederschlagung des sog. Röhm-Putschs (↑Röhm) beteiligt u. hatte maßgebl. Anteil an der Unterordnung der Streitkräfte unter die nat.soz. Führung. Seit 1935 Truppenkommandeur, war er im Polenfeldzug 1939 Oberbefehlshaber der 10. Armee, im Westfeldzug der 6. Armee. Im Juli 1940 wurde er zum Generalfeldmarschall befördert. Im Rußlandfeldzug befehligte er erst die 6. Armee u. ab Dez. 1941 die Heeresgruppe Süd. Er erlag e. Schlaganfall.

Lit.: Klaus-Jürgen Müller, *Das Heer u. Hitler* (²1988); Brendan Simms, «W. von R.», in Ronald Smelser u. Enrico Syring, Hrsgg., *Die Militärelite des Dritten Reiches* (²1998).

Reichensperger, August, Politiker, *22.3.1808 Koblenz, †16.7.1895 Köln. Der promovierte Jurist trat 1831 in den preuß. Justizdienst ein. 1848 war er Mitglied der Frankfurter Nationalversammlung, 1850 des Erfurter Unionsparlaments, 1850–63, 1870–73 u. 1879–86 des preuß. Abg.-hauses sowie 1867–84 des Reichstags. Als Gegner der Politik O. von ↑Manteuffels gründete er zus. mit seinem Bruder P. ↑R. 1852 die Kath. Fraktion, aus der sich das Zentrum entwickelte.

Lit.: Ludwig von Pastor, *A. R.* (1899).

Reichensperger, *Peter* Franz, Politiker, *28.5.1810 Koblenz, †31.12.1892 Berlin. Der Bruder von A. ↑R. trat nach Jurastudium in den preuß. Justizdienst ein. Er war 1848 Mitglied des Frankfurter Vorparlaments u. der preuß. Nationalversammlung sowie 1850 des Erfurter Unionsparlaments. 1858–92 saß er im preuß. Abg.haus, 1867–92 im Reichstag. 1852 war er Mitbegründer der Kath. Fraktion u. 1870 des Zentrums, zu dessen führenden Politikern er während des Kulturkampfs gehörte.

Lit.: Ulrich von Hehl, *P. R.* (2000).

Reichstadt, Napoléon Hg. von (als Ks. der Franzosen Napoleon II.), *20.3.1811 Paris, †22.7.1832 Schloß Schönbrunn (bei Wien). Der Sohn Napoleons I. aus dessen Ehe mit ↑Marie Louise wurde bei seiner Geburt zum Kg. von Rom proklamiert u. nach der Übersiedlung seiner Mutter nach Parma in Schönbrunn erzogen. 1815 wurden ihm seine Erbansprüche abgesprochen, doch erhielt er 1818 die böhm. Herrschaft R., die zum Hg.tum erhoben wurde. Er starb an Tuberkulose.

Lit.: Gerd Holler, *Napoleons Sohn* (1987); Jean Tulard, *Napoléon II.* (Paris, 1992).

Reichwein, Adolf, Pädagoge, *3.10.1898 Bad Ems, †20.10.1944 Berlin-Plötzensee. Nach dem Studium der Philosophie u. Gesch. wurde das SPD-Mitglied 1930 Prof. an der Pädagog. Akademie Halle/Saale. 1933 entlassen, war er bis 1939 Dorfschullehrer u. ab 1939 am Volkskundemuseum in Berlin tätig. Er gehörte zum Kreisauer Kreis u. hatte Kontakte zum kommunist. Widerstand. Am 4.7.1944 verhaftet, wurde er zum Tod verurteilt u. gehängt.

Lit.: Ullrich Amlung, *A. R.* (1999).

Reimann, Max, Politiker, *31.10.1898 Elbing (heute Elbląg), †18.1.1977 Düsseldorf. Der Bergarbeiter trat 1919 der KPD bei. 1934 emigriert, wurde er nach seiner Rückkehr 1939 verhaftet u. während des Zweiten Weltkriegs inhaftiert. Er war ab 1945 am Wiederaufbau der KPD beteiligt u. wurde 1948 ihr Vors. für die drei westl. Besatzungszonen. 1949–53 saß er im Bundestag als Vors. der KPD-Fraktion. 1954–68 lebte er in der DDR. Ab 1969 engagierte er sich in der DKP.

Reinert, Hans *Egon*, Politiker, *24.9.1908 Saarbrücken, †23.4.1959 ebd. Der Jurist war Gründungsmitglied der CDU u. setzte sich 1955 für die Eingliederung des Saarlandes in die Bundesrepublik ein. Ab 1955 war er Mitglied des Landtags, 1956–57 Kultus- u. Justizminister, 1957–59 Ministerpräs. des Saarlandes.

Reinhardt, Walther, General, *24.3.1872 Stuttgart, †8.8.1930 Berlin. Er gehörte seit 1904 dem Großen Generalstab an. 1919 war er der letzte preuß. Kriegsminister. Ab Okt. 1919 Chef der Heeresleitung, befürwortete er im März 1920 vergebl. den Einsatz der Reichswehr gegen den Kapp-Putsch (↑Kapp) u. trat daraufhin zus. mit ↑Noske zurück. 1925–27 kommandierte er das Gruppenkommando 2 in Kassel.

Reitzenstein, Sigismund Frhr. von, Politiker, *3.2.1766 Nemmersdorf (bei Bayreuth), †5.3.1847 Karlsruhe. Der Jurist trat 1788 in bad. Dienste. 1796 schloß er in Basel den Separatfrieden mit Frankreich ab u. wirkte danach bis 1803 als Gesandter in Paris erfolgreich für die Gebietserweiterungen Badens. Nach ihrer Neugründung 1803 reorganisierte er bis 1807 die Heidelberger Universität. Als Staatsminister (1809–10; 1813–18 u. 1832–42) führte er e. straffe Verwaltungsorganisation nach franz. Vorbild ein. Als Initiator der liberalen Verfassung von 1818 sorgte er für die innere Konsolidierung des bad. Staats, doch wirkte die von ihm ab 1832 betriebene reaktionäre Politik dann eher hemmend auf dessen freiheitl. Entwicklung.

Lit.: Franz Schnabel, *S. von R.* (1927).

Remer, Otto Ernst, Generalmajor, *18.8.1912 Neubrandenburg, †4.10.1997 Marbella (Spanien). Der Major war am 20.7.1944 als Kommandeur des Wachbataillons «Großdtld.» entscheidend an der Niederschlagung des Putsches gegen ↑Hitler beteiligt. Er wurde zum Oberst u. später zum Generalmajor befördert. 1950 gründete er die Sozialist. Reichspartei, die 1952 für verfassungswidrig erklärt u. aufgelöst wurde.

Renger, Annemarie [geb. Wildung], Politikerin, *7.10.1919 Leipzig. Nach e. Verlagstätigkeit war sie ab 1945 in der Zentrale der SPD tätig. 1953–90 saß sie im Bundestag, 1972–76 als Präs.in., 1976–90 als Vizepräs.in. 1979 kandidierte sie vergebl. für das Amt des Bundespräs.en.

Renner, Karl, östr. Politiker, *14.12.1870 Untertannowitz (Mähren), †31.12.1950 Wien. Der promovierte Jurist arbeitete 1896–1907 als Bibliothekar in der Reichsratsbibliothek. 1907 wurde er als Sozialdemokrat in den Reichsrat, 1909 auch in den niederöstr. Landtag gewählt. 1909 gründete er mit O. ↑Bauer u. a. die Zeitschrift *Der Kampf.* Ende Okt. 1918 wurde er von der dt.-sprachigen provisor. Nationalversammlung zum Staatskanzler bestellt. Mit kurzer Unterbrechung

(März 1919) bis Juli 1920 im Amt, führte er die Überleitung Dt.-Österreichs in e. Republik durch. Außerdem war er von Juli 1919 bis Okt. 1920 Staatssekretär für Äußeres, dabei auch Leiter der östr. Friedensdelegation in St. Germain 1919. 1920-34 war er Abg. des Nationalrats u. 1931-33 dessen Präs. 1934 vom Dollfuß-Regime (↑Dollfuß) vorübergehend inhaftiert, sprach er sich 1938 für den Anschluß an das Dt. Reich aus. Als Staatskanzler e. provisor. Regierung (April-Dez. 1945) veranlaßte er die Wiederherstellung der Republik Österreich. Einer der Wiedergründer der SPÖ, amtierte er von Dez. 1945 bis zu seinem Tod als Bundespräs. In vielen Schriften hat er seine staatstheoret. Ansichten dargelegt.

Lit.: Walter Rauscher, *K. R.* (1995); Siegfried Nasko, *K. R.* (2000).

Repkow ↑Eike von Repkow.

Reuter, Ernst, Politiker, *29.7.1889 Apenrade (Nordschleswig), †29.9.1953 Berlin (West). Seit 1912 Mitglied der SPD, geriet er 1916 in russ. Gefangenschaft u. wurde Volkskommissar in der wolgadt. Republik. Nach seiner Rückkehr 1918 trat er der KPD bei u. wurde 1921 deren Generalsekretär. Als ihn die Partei 1922 ausschloß, kehrte er zur SPD zurück. 1931-33 war er Oberbürgermeister von Magdeburg, 1932-33 auch Mitglied des Reichstags. 1933-35 zweimal im KZ, lebte er 1935-46 in der Türkei. Nach Rückkehr 1946 trat er bald für die Westausrichtung der Bundesrepublik u. die Integration Berlins in dieselbe ein. 1947 zum Oberbürgermeister gewählt, aber von der sowjet. Besatzungsmacht am Amtsantritt gehindert, war er 1948-51 Oberbürgermeister, 1951-53 Regierender Bürgermeister von Berlin.

Lit.: Hannes Schwenger, *E. R.* (1987).

Rexrodt, Günter, Politiker, *12.9.1941 Berlin. Der promovierte Betriebswirt trat 1980 der FDP bei u. war 1985-89 Senator für Finanzen in Berlin. 1991-93 war er Vorstandsmitglied der Treuhandanstalt, 1993-98 Bundeswirtschaftsminister. Seit 1994 saß er im Bundestag.

Ribbentrop, Joachim von (1925), Politiker, *30.4.1893 Wesel, †16.10.1946 Nürnberg. Nach e. Banklehre in Montreal (Kanada) u. Teilnahme am Ersten Weltkrieg war er als Spirituosengroßhändler erfolgreich. Er heiratete 1920 die Tochter des Sektfabrikanten Otto Henkell (1869-1929). Die Adoption durch e. nobilitierte Tante brachte ihm 1925 das Adelsprädikat. Er trat 1932 in die NSDAP ein, 1933 in die SS u. war ab 1933 Mitglied des Reichstags. In den Wochen vor ↑Hitlers Regierungsantritt fungierte er als Vermittler zwischen ↑Papen u. Hitlers Umgebung. 1934 zum Beauftragten für Abrüstungsfragen ernannt, wurde er bald als Leiter der Dienststelle R. von Hitler mit zahlreichen diplomat. Missionen betraut. Er unterzeichnete 1935 das dt.-brit. Flottenabkommen u. war 1936–38 Botschafter in London. Im Febr. 1938 wurde er Nachfolger ↑Neuraths als Außenminister. Arrogant u. dilettant., verfocht er nun e. antibrit. Politik, deren Höhepunkt der dt.-sowjet. Nichtangriffspakt 1939 u. die Verbindung mit Japan waren. 1940 wurde er zum SS-Obergruppenführer ernannt, verlor aber zunehmend an polit. Einfluß. In Nürnberg wurde er als Hauptkriegsverbrecher zum Tod verurteilt u. gehängt.

Lit.: Wolfgang Michalka, *R. u. die dt. Weltpolitik 1933–40* (1980); John Weitz, *Hitler's Diplomat* (New York, 1992); Michael Bloch, *R.* (London, 1994); Stefan Kley, *Hitler, R. u. die Entfesselung des Zweiten Weltkriegs* (1996).

Richard von Cornwall, Kg., *5.1.1209 Winchester (England), †2.4.1272 Berkhampstead Castle (Herfordshire, England). Der zweite Sohn des engl. Kg.s Johann Ohneland war der Schwager Ks. ↑Friedrichs II. u. Vetter Ks. ↑Ottos IV. Seit 1227 Earl of Cornwall, war er durch die Ausbeutung der Erzgruben in Cornwall e. der reichsten Männer seiner Zeit. Nach dem Tod Kg. ↑Wilhelms von Holland 1256 trug ihm der Kölner Erzbf. ↑Konrad von Hochstaden die Kg.swürde an. Als Gegenkandidat ↑Alfons' X. des Weisen von Kastilien wurde er Anfang 1257 von Konrad sowie den Kf.en von Trier u. der Pfalz mit Zustimmung des Kf.en von Mainz bei Frankfurt/Main zum röm. Kg. gewählt u. in Aachen gekrönt. Er hielt sich in den folgenden Jahren nur gelegentl. in Dtld. auf. 1262 belehnte er Kg. ↑Ottokar II. von Böhmen mit Österreich u. der Steiermark, blieb aber ansonsten als röm. Kg. im Interregnum weitgehend bedeutungslos.

Lit.: N[oël] Denholm-Young, *R. of C.* (Oxford, 1947).

Richter, Eugen, Politiker, *30.7.1838 Düsseldorf, †10.3.1906 Berlin. Der Jurist war 1859–64 im preuß. Staatsdienst tätig u. arbeitete danach als Journalist. 1867, 1871–1906 saß er im Reichstag, 1869–1906 auch im preuß. Abg.haus (Fortschrittspartei, ab 1884 Dt. Freisinnige Partei, ab 1893 Freisinnige Volkspartei). Einer der führenden Liberalen seiner Zeit, scharfer Kritiker O. von ↑Bismarcks u. Kg. ↑Wilhelms II. wie auch der Sozialdemokratie, bekämpfte er die Verstaatlichung der Eisenbahnen, die Zollerhöhung u. die Sozialpolitik. Er gründete 1884 die *Freisinnige Zeitung* u. schrieb u. a. *Die Irrlehren der Sozialdemokratie* (1890) u. *Sozialdemokrat. Zukunftsbilder* (1893).

Lit.: Ina Susanne Lorenz, *E. R.* (1981).

Richthofen, Manfred Frhr. von, Jagdflieger, *2.5.1892 Breslau, †21.4.1918 Vaux-sur-Somme (Frankreich). Der Ulanenleutnant ging 1915 zur Fliegertruppe u. wurde 1917 Kommandeur e. Jagdgeschwaders. Wegen der Farbe seines Flugzeuges «Roter Baron» genannt, war er mit 80 Abschüssen erfolgreichster dt. Kampfflieger. Er wurde von e. Kanadier abgeschossen.

Lit.: Peter Kilduff, *R.* (London, 1995).

Riesenhuber, Heinz, Politiker, *1.12.1935 Frankfurt/Main. Der Chemiker trat 1961 in die CDU ein u. arbeitete ab 1966 bei der Erzgesellschaft mbH, 1971–82 bei der Synthomer Chemie GmbH. Seit 1976 saß er im Bundestag, 1982–93 war er Bundesforschungsminister.

Riester, Walter, Politiker, *27.9. 1943 Kaufbeuren. Der gelernte Fliesenleger trat 1966 der SPD bei. Seit 1977 Mitglied der IG Metall, war er 1993–98 deren 2. Vors. Seit 1998 ist er Bundesarbeitsminister.

Riezler, Kurt, Politiker, *12.2.1882 München, †6.9.1955 ebd. Seit 1906 im Auswärtigen Amt, wurde der promovierte Historiker als Vortragender Rat in der Reichskanzlei bald enger Vertrauter ↑Bethmann Hollwegs. 1919 war er Vertreter des Reichs bei der bayer. Regierung in Bamberg, dann bis April 1920 Leiter des Büros des Reichspräs.en. Danach Privatgelehrter, lebte er 1938–54 im Exil in den USA. Seine 1972 erschienenen Tagebücher sind e. wichtige histor. Quelle.
Lit.: Wayne C. Thompson, *In the Eye of the Storm* (Iowa City, 1980).

Ringstorff, Harald, Politiker, *25.9. 1939 Wittenberg. Der promovierte Chemiker war seit 1990 Mitglied des Landtags von Mecklenburg-Vorpommern (SPD) u. 1994–96 Wirtschaftsminister. Als Ministerpräs. (seit 1998) führte er erstmals in e. dt. Bundesland e. die PDS einschließende Koalition an.

Ritter, Gerhard, Historiker, *6.4. 1888 Bad Sooden, †1.7.1967 Freiburg i. B. Nach Habilitation (Heidelberg 1921) war er Prof. in Hamburg (1924–25) u. Freiburg i. B. (1925–56). Während der nat.soz. Herrschaft engagierte er sich in der Bekennenden Kirche, hatte Kontakte zu ↑Goerdeler u. war 1944–45 inhaftiert. Nach dem Zweiten Weltkrieg wirkte er maßgebl. an der Wiederbelebung der dt. Geschichtsschreibung mit. Seine Arbeiten zeigen ihn als e. der bedeutendsten Vertreter der klass. nationalstaatl., propreuß. historiograph. Tradition im 20. Jh. Hauptwerke: *Luther* (1925); *Stein* (2 Bde., 1931); *Friedrich d. Gr.* (1936); *Machtstaat u. Utopie* (1940); *Carl Goerdeler* (1954); *Staatskunst u. Kriegshandwerk* (4 Bde., 1954–68).
Lit.: Andreas Dorpalen, «G.R.», in Hans-Ulrich Wehler, Hrsg., *Dt. Historiker* (1973); Klaus Schwabe, *G.R.: Ein polit. Historiker in seinen Briefen* (1984).

Röchling, Karl, Unternehmer, *25.2. 1827 Saarbrücken, †26.5.1910 ebd. Der Sohn e. Arztes trat als Teilhaber in e. von seinem Onkel Friedrich R. (1774–1838) in Saarbrücken gegründetes Kohlenhandelsgeschäft ein. 1852 errichtete er e. Koksofenanlage in Altenwald u. 1860 e. Gasfabrik in Saargemünd. 1881 erwarb er die Völklinger Eisenhütte, die er zu e. Hochofen- u. Stahlwerk erweiterte, das zum Kern des R.-Konzerns wurde.

Rodbertus, Johann *Karl*, Nationalökonom u. Politiker, *12.8.1805 Greifswald, †6.12.1875 Jagetzow (Vorpommern). Er war nach Jurastudium 1826–36 im preuß. Staatsdienst tätig u. bewirtschaftete danach das von ihm gekaufte Gut Jagetzow. 1848 Mitglied der preuß. Nationalversammlung (linkes Zentrum), war er kurz Kultusminister (Juni–Juli). Nach der Oktroyierung des neuen Wahlgesetzes nahm er keine Wahl mehr an. Polit. dem bürgerl. Liberalismus zuzurechnen, gilt er aufgrund seiner Schriften als e. der Hauptvertreter des wiss. Sozialismus. Im Gegensatz zu K. ↑Marx vertrat er jedoch die organ. Staatsidee. Die Beseitigung der Mängel des Kapitalismus (Pauperismus) erwartete er nicht vom Klassenkampf, sondern durch die friedl. herbeizuführende Verstaatlichung von Boden u. Kapital. Seine Ideen wirkten über die Kathedersozialisten bis in die moderne Sozialpolitik. Hauptwerke: *Zur Erkenntnis unserer staatswirtschaftl. Zustände* (1842); *Soziale Briefe an von Kirchmann* (1850–51).
Lit.: Werner Halbach, *Carl R.* (1938); Udo Engbring-Romang, *K. R.* (1990).

Röder, Franz-Josef, Politiker, *22.7.1909 Merzig, †26.6.1979 Saarbrükken. Der promovierte Philologe war 1937–45 im Auslandsschuldienst, nach dem Zweiten Weltkrieg dann im höheren Schuldienst des Saarlandes. Ab 1955 saß er dort im Landtag (CDU), 1957 kurzfristig im Bundestag. 1957–65 war er Kultusminister u. 1959–79 Ministerpräs. des Saarlandes.

Roggenbach, Franz Frhr. von, Politiker, *23.3.1825 Mannheim, †24.5.1907 Freiburg i.B. Der Jurist wurde 1859 Ratgeber des bad. Großhg.s ↑Friedrich u. war 1861–65 bad. Außenminister. Ein Befürworter der kleindt. Lösung, trat er auf dem Frankfurter Fürstentag 1863 gegen Österreich auf. 1869 saß er im Zollparlament u. 1871–74 im Reichstag.
Lit.: Hermann Einhaus, *F. von R.* (1991).

Rohde, Helmut, Politiker, *9.11.1925 Hannover. Nach Kriegsteilnahme trat er 1945 in die SPD ein u. arbeitete als Redakteur. 1953–57 war er Pressereferent im niedersächs. Sozialministerium. 1957–87 saß er im Bundestag. 1969–74 war er Parlamentar. Staatssekretär beim Bundesarbeitsminister, 1974–78 war er Bundesbildungsminister.

Röhm, *Ernst* Julius, Politiker, *28.11.1887 München, †1.7.1934 Stadelheim (München). Der Berufsoffizier diente im Ersten Weltkrieg zuletzt als Hauptmann u. trat danach erst in das Freikorps ↑Epp u. dann in die Reichswehr ein, aus der er aber nach Beteiligung am Putschversuch ↑Hitlers ausschied. 1924 Reichstagsmitglied für die Nat.soz. Freiheitspartei, trennte er sich

1925 von Hitler u. war 1928–30 Militärberater in Bolivien. Von Hitler zurückgerufen, betrieb er ab 1931 als Stabschef der SA, die er schon ab 1923 geleitet hatte, deren Massenausbau u. organisator. Verselbständigung. 1933 wurde er zum Reichsminister ohne Geschäftsbereich ernannt. Sein Bestreben, die SA unter Einbeziehung der Reichswehr in e. Miliz umzuwandeln, brachte ihn in wachsenden Gegensatz zur Reichswehr u. zu Hitler. Auf Anordnung des letzteren wurde er unter dem Vorwurf der Konspiration («Röhm-Putsch») von e. SS-Kommando erschossen. Zur selben Zeit fielen auch zahlreiche weitere dem nat.soz. Regime mißliebige Personen verschiedenen Mordkommandos zum Opfer. Hitler rechtfertigte die Aktion gegen R. hinterher u. a. mit Hinweis auf dessen Homosexualität.

Lit.: Jean Mabire, *R.* (Paris, 1983); Immo von Fallois, *Kalkül u. Illusion* (1994); Conan Fischer, «E.J.R.», in Ronald Smelser u. a., Hrsgg., *Die braune Elite 1* (⁴1999).

Rohwedder, Detlev Carsten, Manager, *16.10.1932 Gotha, †1.4.1991 Düsseldorf. Der promovierte Jurist wurde 1965 Mitinhaber der Kontinentalen Treuhandgesellschaft Düsseldorf. 1969 trat er der SPD bei u. war 1969–78 Staatssekretär im Bundeswirtschaftsministerium, 1980–90 Vorstandsvors. der Hoesch Werke AG. Ab 1990 Vors. der Treuhandanstalt, wurde er in seinem Haus erschossen, vermutl. von der Roten-Armee-Fraktion.

Römer, Friedrich von, Politiker, *4.6.1794 Erkenbrechtsweiler, †11.3.1864 Stuttgart. Der Jurist saß 1833–38 u. 1845–48 im württ. Landtag. 1848 wurde er Justizminister im württ. Märzkabinett u. in die Frankfurter Nationalversammlung gewählt. Monarch.-konstitutionell eingestellt, veranlaßte er am 18.6. 1849 die Auflösung des Rumpfparlaments. 1851–63 war er Präs. der württ. Abg.kammer.

Rommel, Erwin, Generalfeldmarschall, *15.11.1891 Heidenheim/Brenz, †14.10.1944 nahe Herrlingen (bei Ulm). Er trat 1910 in das württ. Heer ein. Im Ersten Weltkrieg erhielt er an der Isonzo-Front 1917 den Orden Pour le mérite u. war zuletzt Hauptmann. In die Reichswehr übernommen, lehrte er 1929–33 Taktik an der Infanterieschule Dresden, danach war er Regimentskommandeur. 1935–37 Leiter der Kriegsschule in Potsdam, wurde er 1938 Kommandeur des Führerbegleitbataillons u. kurz danach zum Generalmajor befördert. Im Westfeldzug 1940 kommandierte er die 7. Panzerdivision, mit der er die verlängerte Maginotlinie in den Ardennen durchbrach. 1941 wurde er mit der Führung des dt. Afrikakorps betraut. Nach großen Anfangserfolgen, bei denen er über die strateg. Ziele der dt. Führung hinaus vorstieß («Wüstenfuchs»), scheiterte er 1942, inzwischen zum Generalfeldmarschall befördert, bei El Alamein. Im Frühjahr 1943 kurze Zeit Befehlshaber der Heeresgruppe Afrika in Tunesien, danach e. Heeresgruppe in Norditalien, befehligte er schließl. ab Dez. die Heeresgruppe B in Nordfrankreich, wo er mit der Sicherung der Atlantikküste gegen e. alliierte Landung beauftragt war. Er konnte diese nicht verhindern u. wurde nach der Invasion 1944 bei e. Tieffliegerangriff schwer verletzt. Urspr. e. kritikloser Bewunderer u. Gefolgsmann ↑Hitlers, war er inzwischen wegen dessen unverantwortl. Kriegsführung e. Gegner desselben geworden u. sympathisierte ab Frühjahr 1944 mit der Widerstandsbewegung. Nach dem Attentat am 20.7.1944 auf Hitler von diesem vor die Alternative Volksgerichtshofsverfahren oder Selbsttötung gestellt, nahm er das angebotene Zyankali u. erhielt e. Staatsbegräbnis.

Lit.: David Irving, *R.* (1978); Ralf Georg Reuth, *E. R.* (1987); David Fraser, *R.* (2000).

Rönsch, Hannelore [geb. Heinz], Politikerin, *12.12.1942 Wiesbaden. 1963 trat sie der CDU bei u. arbeitete sich in der Wiesbadener u. dann der hess. Parteihierarchie empor. Ab 1983 saß sie im Bundestag, 1991–94 war sie Bundesfamilienministerin.

Roon, Albrecht Graf (1871) von, Generalfeldmarschall u. Politiker, *30.4.1803 Pleushagen (bei Kolberg), †23.2.1879 Berlin. Er wurde 1818 Kadett, 1821 Leutnant u. nach Geographiestudien 1834 in den Generalstab versetzt. Ab 1846 Lehrer des Prinzen Friedrich Karl (1828–85), nahm er 1849 an der Niederschlagung des bad. Aufstands teil. 1856 wurde er Generalmajor. Aufgrund e. von ihm verfaßten Denkschrift zur «vaterländ. Heeresverfassung» (1858) wurde er zum Generalleutnant befördert u. zum Kriegsminister (1859–73), später auch zum Marineminister (1861–71) ernannt. Während des preuß. Verfassungskonflikts setzte er gegen den Widerstand des Abg.hauses die Heeresreform durch (Heeresvermehrung, Mobilmachungsreform). 1862 war er maßgebl. an der Berufung O. von ↑Bismarcks zum Ministerpräs. beteiligt. Er nahm an den Kriegen gegen Dänemark (1864), Österreich (1866) u. Frankreich (1870–71) teil u. wurde 1873 zum Generalfeldmarschall ernannt u. ins Herrenhaus berufen. Im gleichen Jahr war er an Bismarcks Stelle auch preuß. Ministerpräs. (Jan.-Nov.).

Lit.: Hanns M. Elster, *Kriegsminister ... A. von R.* (²1942); Gerhard Ritter, *Staatskunst u. Kriegshandwerk.* Bd. I (⁴1970).

Rosenberg, Alfred, Politiker, *12.1. 1893 Reval, †16.10.1946 Nürnberg. Der Architekt trat 1919 in München der Dt. Arbeiterpartei, der Vorläuferin der NSDAP, bei. 1921 wurde er Redakteur, 1923 Hauptschriftleiter bei deren Parteiorgan, dem *Völk. Beobachter*. In vielen Schriften agitierte er gegen Judentum, Marxismus u. Liberalismus u. vertrat e. antichristl. Blut- u. Bodenmystik. In seinem Hauptwerk *Der Mythus des 20. Jh.s* (1930) forderte er e. neuen, rassegemäßen Glauben. 1933 zum Leiter des Außenpolit. Amts der NSDAP u. 1934 zum Beauftragten des Führers für die Überwachung der gesamten geistigen u. weltanschaul. Schulung u. Erziehung der NSDAP ernannt, erlangte er doch nur selten maßgebl. Einfluß. 1941–45 Reichsminister für die besetzten Ostgebiete, wurde er 1946 in Nürnberg zum Tod verurteilt u. gehängt.

Lit.: Andreas Molau, *A. R.* (1993); Reinhard Bollmus, «A.R.», in Ronald Smelser u.a., Hrsgg., *Die braune Elite 1* (⁴1999).

Rosenberg, Arthur, Historiker u. Politiker, *19.12.1889 Berlin, †7.2.1943 New York. Der promovierte Althistoriker trat 1918 in die USPD u. 1920 in die KPD ein. Er war 1924–28 Mitglied des Reichstags u. ab 1924 des Präsidiums des Exekutivkomitees der Komintern. 1927 schloß ihn die KPD aus. 1930–33 war er Prof. in Berlin, 1934–37 Gastprof. in Liverpool, 1937–43 Prof. in Brooklyn. Hauptwerk: *Die Entstehung der dt. Republik 1871–1918* (1928).

Lit.: Rudolf Wolfgang Müller, *Klass. Antike u. moderne Demokratie* (1986).

Roßbach, Gerhard, Freikorpsführer, *28.2.1893 Kehrberg (Pommern), †30.8.1967 Hamburg. Der Berufsoffizier stellte im Nov. 1918 in Graudenz (Westpreußen) e. Freikorps auf, mit dem er u.a. im Baltikum u., trotz mehrmaliger offizieller Auflösung, nach dem Kapp-Putsch (↑Kapp) 1920 im Ruhrgebiet u. 1921 in Schlesien operierte. Nach Teilnahme am Putschversuch ↑Hitlers floh er nach Österreich. Amnestiert, gründete er 1924 die Schill-Jugend. Nach dem sog. Röhm-Putsch (↑Röhm) zeitweilig in Haft, arbeitete er danach als Versicherungskaufmann.

Rößler, Constantin, Publizist, *14.11.1820 Merseburg, †14.10.1896 Berlin. Nach der Habilitation (Jena 1847) wurde er 1857 Prof. der Philosophie in Jena, verließ aber 1860 die Universität u. wurde Publizist in Berlin für die preuß. Regierung. 1877–92 leitete er in Berlin deren Pressestelle. 1892–94 war er Legationsrat im Auswärtigen Amt. Seine zahllosen Artikel in vielerlei Publikationsorganen, in denen er v.a. O. von ↑Bismarck verteidigte, übten e. nachhaltigen Einfluß auf die dt. Politik aus. 1875 führte sein Artikel «Ist Krieg in Sicht?» in der freikonserv. Zeitung *Die Post* zu e. außenpolit. Krise.

Rothmann, Bernhard, Täuferführer, *um 1495 Stadtlohn, †1535(?) Münster. Der Kaplan in Münster beteiligte sich im Anschluß an e. Reise nach Wittenberg u. Straßburg an der Einführung der Reformation in Münster. Ab 1534 wurde er Anhänger des Täufer-«Kg.s» Jan Bockelson (1509–36) u. verfaßte die Lehrschriften, welche Gütergemeinschaft u. Vielehe begründeten. Sein Ende ist ungewiß.

Lit.: William John DeBakker, *Civic Reformer* (Chicago, 1987).

Rothschild, *Meyer* Amschel, Bankier, *23.2.1744 Frankfurt/Main, †19.9.1812 ebd. Der Familientradition folgend, betätigte er sich zuerst als Händler u. Geldwechsler, gründete dann aber nach e. Banklehre in Frankfurt e. Bank. Seit 1801 hess. Hofagent, rettete er 1806 das kfl. Vermögen nach London, wo er es beträchtl. vermehren konnte. Nach seinem Tod führten seine fünf Söhne die Ausweitung des Geschäftes erfolgreich fort.

Lit.: Georg Heuberger, Hrsg., *Die Rothschilds* (1994).

Rotteck, *Karl* Wenzeslaus von, Politiker, *18.7.1775 Freiburg i.B., †26.11.1840 ebd. Der Jurist war 1798–1818 Prof. für Gesch., danach für Staatswiss.en in Freiburg. 1832 wurde er wegen seines Eintretens für die Julirevolution entlassen. 1819–20 u. 1822–23 Mitglied der bad. 1., 1831–40 der 2. Kammer, war er e. der Führer der liberalen Opposition. Zus. mit ↑Welcker gab er ab 1834 das *Staats-Lexikon* (15 Bde., 1834–43; 4 Ergänzungs-Bde., 1846–49) heraus.

Lit.: Horst Ehmke, *K. von R.* (1964); Hermann Kopf, *K. von R.* (1980).

Rudel, Hans–Ulrich, Kampfflieger, *2.7.1916 Konradswaldau (Schlesien), †18.12.1982 Rosenheim. Er trat 1936 in die Luftwaffe ein. Während des Zweiten Weltkriegs flog er mehr als 2500 Feindeinsätze, überlebte mehrere Abschüsse u. wurde, zuletzt Oberst, zum höchstdekorierten Offizier der Wehrmacht. 1948–51 lebte er in Argentinien; nach der Rückkehr wurde er zu e. Idol der dt. Rechtsradikalen.

Rudhart, Ignaz von (1832), Politiker, *11.3.1790 Weismain (Oberfranken), †11.5.1838 Triest. Der promovierte Jurist arbeitete 1817–23 in der bayer. Finanzverwaltung u. wurde wegen seiner Opposition gegen die Karlsbader Beschlüsse 1823 nach Bayreuth, 1826 nach Regensburg versetzt. Ab 1825 saß er in der Ständeversammlung, ab 1831 war er niederbayer. Regierungspräs., ab 1836 Kanzler Kg. Ottos in Griechenland. Er starb auf der Heimreise von dort.

Lit.: Norbert Fiedler, *Dr. I. von R.* (1989).

Rudolf

HEILIGES RÖMISCHES REICH:

Rudolf von Rheinfelden, Gegenkg., *1030, †15.10.1080 Hohenmölsen (bei Halle). In der Südwestschweiz begütert, wurde er 1057 von Ks.in ↑Agnes mit dem Hg.tum Schwaben belehnt u. mit der Verwaltung Burgunds beauftragt. 1059 heiratete er Agnes' u. Ks. ↑Heinrichs III. Tochter Mathilde, die freil. bereits im darauffolgenden Jahr verstarb. Anfängl. auf Seiten Kg. ↑Heinrichs IV., ließ er sich 1077 in Forchheim von der Fürstenopposition zum Gegenkg. erheben. Dies war e. Markstein in der Gesch. der dt. Kg.swahl, da hierdurch die freie Kg.swahl mit Verzicht auf die Sohnesfolge anerkannt wurde. Er wurde noch 1077 von Heinrich als Hg. von Schwaben abgesetzt. In der Schlacht an der Elster 1080 gegen Heinrich, in der er tödl. verwundet wurde, verlor er die rechte Hand, mit der er einst Heinrich die Treue geschworen hatte. Viele sahen hierin e. Gottesurteil.

Rudolf I. von Habsburg, Kg., *1.5.1218 Schloß Limburg (Breisgau), †15.7.1291 Speyer. Der gräfl. Anhänger der Staufer vergrößerte durch Erbschaft, Heirat u. Fehden konsequent seinen Besitz u. war Anfang der 1270er Jahre der mächtigste Territorialherr im dt. Südwesten. Nach dem Tod Kg. ↑Richards von Cornwall u. angesichts der Machtlosigkeit von Kg. ↑Alfons X. wählten ihn die Kf.en im Aug. 1273 in Frankfurt/Main einstimmig zum Kg. Im Okt. folgte die Krönung in Aachen, womit das Interregnum endete. Während seiner ersten Regierungsjahre mußte er sich mit Kg. ↑Ottokar II. von Böhmen auseinandersetzen, der ihm die Lehnshuldigung verweigerte. Er besiegte ihn e. erstes Mal 1276 u. dann entscheidend 1278 in der Schlacht auf dem Marchfeld bei Dürnkrut (östl. Wien). Danach übernahm er die ehemaligen Länder Ottokars u. belehnte 1282 mit Zustimmung der Kf.en seine Söhne ↑Albrecht (I.) u. Rudolf II. (1271–90) gemeinsam mit Österreich, Steiermark, Kärnten u. Krain, doch regierte Albrecht ab 1283 allein. Kärnten ging 1286 an Tirol. Die Ks.krönung durch den Papst blieb R. versagt, doch bemühte er sich im Reich nicht ohne Erfolg um Wahrung des Landfriedens bes. gegen das Raubritterunwesen und, durch die Einsetzung von Reichslandvögten, um sorgsame Verwaltung des Reichsguts. Gegenüber Frankreich konnte er die Lehnsoberhoheit über die Franche-Comté behaupten. Mit ihm begann die Herrschaft der Habsburger im Reich bzw. in Österreich, die dann mit geringen Unterbrechungen bis 1918 währte.

Lit.: Oswald Redlich, *R. von H.* ([1903] 1965); Theo L. Goerlitz, *R. von H.* (1961); Egon Boshof u. Franz-Reiner Erkens, Hrsgg., *R. von H.* (1993).

Rudolf II., Kg., Ks., *18.7.1552 Wien, †20.1.1612 Prag. Der älteste Sohn Ks. ↑Maximilians II. wurde am span. Hof erzogen. 1572 wurde er Kg. von Ungarn, 1575 von Böhmen u. röm. Kg. Im Jahre 1576 zum Ks. gekrönt, übernahm er die Regierungsgeschäfte in Ober- u. Niederösterreich, Böhmen u. Ungarn. Der Eifer, mit dem er allenthalben die Gegenreformation unterstützte, trieb die Niederlande weiter vom Reich weg u. führte in Ungarn zum Aufstand. Im Reich bildeten sich die prot. Union u. die kath. Liga. Kinderlos, bemühte er sich, die Reichsnachfolge seinem Vetter ↑Ferdinand (II.) zu sichern, da seine zunehmende Inaktivität zu e. Verschwörung seiner Brüder führte («Bruderzwist im Hause Habsburg»). Sein Bruder ↑Matthias zwang ihn daraufhin 1608 mit Militärgewalt, ihm die Regierung in Ungarn, Mähren u. Österreich zu übertragen. 1611 mußte R. auch Böhmen an Matthias abtreten, obwohl er versucht hatte, die dortigen Stände durch die Gewährung von Religionsfreiheit im sog. Böhm. Majestätsbrief (1609) für sich zu gewinnen. Zuletzt blieb ihm nur die Ks.krone. Mus. begabt u. wiss. interessiert, aber zuletzt gemütskrank, hatte er seit 1582 in Prag residiert u. starb verbittert im Hradschin.

Lit.: Gertrude von Schwarzenfeld, *R. II.* (²1979); Robert John Weston Evans, *R. II.* (1980); Karl Vocelka, *R. II. u. seine Zeit* (1985); Jacqueline Dauxois, *Der Alchimist von Prag* (1999).

ÖSTERREICH:
Rudolf IV. der Stifter, Hg., *1.11.1339, †27.7.1365 Mailand. Nach dem Tod seines Vaters Albrecht II. (1298–1358) übernahm er die Herrschaft über ganz Österreich. Da er durch die Goldene Bulle 1356 von der Kurwürde ausgeschlossen worden war, suchte er durch Fälschungen (u.a. *Privilegium maius*, 1359) die Ranggleichheit mit den Kf.en zu erreichen. 1363 erwarb er Tirol, zu dessen Abtretung er ↑Margarete Maultasch bewegt hatte. 1364 schloß er e. Erbvertrag mit Ks. ↑Karl IV., dessen Nutznießer dann die Habsburger wurden. Durch die Gründung der Universität Wien (1365) u. den Ausbau des Stephansdoms suchte er das Ansehen seiner Residenzstadt zu erhöhen.

Lit.: Wilhelm Baum, *R. IV.* (1996).

Rudolf, Erzhg. u. Kronprinz, *21.8.1858 Laxenburg, †30.1.1889 Mayerling. Der einzige Sohn Ks. ↑Franz Josephs trat 1878 in den östr. Militärdienst ein. Zu Freidenkertum u. Liberalismus neigend, stand er e. Annäherung an das Dt. Reich ablehnend gegenüber, kritisierte den Zweibund u. sympathisierte mit der franz. Regierung. Seit 1881 unglückl. mit Stephanie von Belgien (1864–1945) verheiratet, erschoß er sich zus. mit seiner Geliebten, der Baronesse Mary Vetsera (*1871).

Lit.: Brigitte Hamann, *R.* (⁴1993).

Ruge, Arnold, Politiker u. Publizist, *13.9.1803 Bergen (Rügen), †31.12.1880 Brighton (England). 1825 wegen burschenschaftl. Tätigkeit zu 14 Jahren Festung verurteilt, aber 1830 entlassen, habilitierte er sich 1832 in Halle für Philosophie. 1832–41 war er Privatdozent in Halle, wo er 1837 zus. mit Ernst Theodor Echtermeyer (1805–44) die *Hall. Jahrbücher für dt. Wiss. u. Kunst* begründete. Nach dem Entzug der Konzession gab er zus. mit K. ↑Marx 1844 in Paris die *Dt.-franz. Jahrbücher* heraus. 1846 zurück in Dtld., gehörte er in der Frankfurter Nationalversammlung 1848 zur äußersten Linken. 1849 emigrierte er nach England. 1866 vollzog er mit dem Manifest «An die dt. Nation» seinen Anschluß an O. von ↑Bismarcks Reichseinigungspolitik. Als Nationalliberaler schaltete er sich 1876 mit der Schrift «Staat oder Papst» in den Kulturkampf ein. Obwohl in England verbleibend, erhielt er durch Bismarck ab 1877 für sein publizist. Wirken für die dt. Einheit e. Ehrensold.

Lit.: Dietmar Klee, *A. R.* (1981); Stephan Walther, *Demokrat. Denken zwischen Hegel u. Marx* (1995).

Rühe, Volker, Politiker, *25.9.1942 Hamburg. Er unterrichtete 1968–73 im höheren Schuldienst. Seit 1963 Mitglied der CDU, war er 1973–76

Mitglied des Bundesvorstands der Jungen Union u. 1989–92 Generalsekretär der Partei. Ab 1976 saß er im Bundestag u. war 1992–98 Bundesverteidigungsminister.

Runde, Ortwin, Politiker, *12.2.1944 Elbing (Ostpreußen). Der Diplomsoziologe trat 1968 in die SPD ein. 1974–80 war er Mitglied der Hamburger Bürgerschaft. 1988–93 Senator für Arbeit u. Soziales, 1993–97 Finanzsenator, war er 1997–2001 Erster Bürgermeister von Hamburg.

Rundstedt, Gerd von, Generalfeldmarschall, *12.12.1875 Aschersleben, †24.2.1953 Hannover. Der Berufssoldat wurde 1932 General der Infanterie. In der Krise um ↑Fritsch erreichte er für diesen e. Ehrenerklärung ↑Hitlers. Im Zweiten Weltkrieg befehligte er verschiedene Heeresgruppen in Polen, im Westen u. in der Sowjetunion. 1940 Generalfeldmarschall, wurde er im Nov. 1941 nach e. Kontroverse mit Hitler abgelöst. 1942 als Oberbefehlshaber West wieder eingesetzt, blieb er in dieser Funktion mit Ausnahme der Monate Juli–Sept. 1944 bis zum März 1945. Er lehnte den Nationalsozialismus ab, konnte sich aber nicht zum Widerstand entschließen. 1949 wurde er aus brit. Gefangenschaft wegen Krankheit entlassen.

Lit.: Charles Messenger, *The Last Prussian* (London, 1991); Earl F. Ziemke, «G. von R.», in Ronald Smelser u. Enrico Syring, Hrsgg., *Die Militärelite des Dritten Reiches* (²1998).

Rupprecht, Kronprinz von Bayern, *18.5.1869 München, †2.8.1955 Leutstetten. Der älteste Sohn Kg. ↑Ludwigs III. von Bayern war im Ersten Weltkrieg Oberbefehlshaber der 6. Armee in Lothringen u. Nordfrankreich. 1916 wurde er zum Generalfeldmarschall ernannt u. führte dann e. Heeresgruppe an der Somme u. in Flandern. Maßvoll u. geachtet, trat er für e. Frieden ohne Annexionen ein.

Lit.: Kurt Sendtner, *R. von Wittelsbach* (1954).

Ruprecht von der Pfalz, Kg., *5.5.1352 Amberg, †18.5.1410 Burg Landskron (bei Oppenheim). Der Großneffe des Kf.en ↑Ruprecht I. von der Pfalz übernahm nach dem Tod seines Vaters Ruprecht II. (1325–98) die Regierung als Kf. Ruprecht III. Nachdem sich die rhein. Kf.en im Kurverein von Boppard 1399 aufgrund der allg. Unzufriedenheit mit Kg. ↑Wenzel auf gemeinsames Vorgehen geeinigt hatten, setzten sie den letzteren 1400 ab u. wählten R. in Rhens zum Kg. Anfang 1401 folgte die Krönung in Köln. Sein anschließender Italienzug, von dem er sich die Ks.krönung erhoffte, schlug freil. vollkommen fehl. Zwar erlangte er immerhin 1403 die pästl. Approbation, doch seine Bemühungen, das Kg.tum bzw. sein eigenes pfälz. Territorium zu stärken, riefen den Widerstand von Fürsten u. Reichsstädten hervor, der sich u. a. in der Bildung des Marbacher Bunds (1405) manifestierte. Daß er im Ringen um die Beendigung des großen Schismas am röm. Papst Gregor XII. festhielt, brachte ihn in weiteren Gegensatz zu vielen Reichsfürsten, die den vom Konzil von Pisa 1409 gewählten Alexander V. anerkannten. Er versuchte, seine Position durch den Marburger Bund (1410) mit gleichgesinnten Fürsten zu stärken, doch bewahrte ihn sein Tod vor krieger. Auseinandersetzungen.

Lit.: Hans Rall u. Marga Rall, *Die Wittelsbacher in Lebensbildern* (1986); Ernst Schubert, *Probleme der Landesherrschaft* (1987); Hans Rall u. Marga Rall, «Kg. R.v.d.P.», in Gerhard Hartmann u. Karl Rudolf Schnith, Hrsgg., *Die Ks.* (1996).

Ruprecht I., Kf. von der Pfalz, *9.6.1309 Wolfratshausen, †16.2.1390 Neustadt a.d. Weinstraße. Zus. mit seinem Bruder Rudolf II. (1306–53) erhielt er im Vertrag von Pavia 1329 von Ks. ↑Ludwig IV. dem Bayern die beschlagnahmte Rheinpfalz mit Teilen der Oberpfalz zurück. Rudolf wurde die Kurwürde zugesprochen mit der Maßgabe, daß diese künftig zwischen dem bayer. u. dem rheinpfälz. Zweig der Wittelsbacher alternieren sollte. Nach dessen Tod, als R. die Regierung allein ausübte, bestimmte Ks. ↑Karl IV. in der Goldenen Bulle 1356 jedoch, daß die Kurwürde künftig stets bei den Pfalzgrafen bei Rhein verbleiben solle. R. vergrößerte systemat. sein Territorium, so durch den Erwerb der Städte Ingelheim, Oppenheim, Kaiserslautern u. Bretten sowie des Rheinzolls zu Germersheim. 1386 gründete er auf Anregung Karls IV. die Universität Heidelberg. Ihm ist somit die machtpolit. Aufwertung der pfälz. Linie des Hauses Wittelsbach zu verdanken.

Lit.: Joachim Spiegel, *Urkundenwesen, Kanzlei, Rat u. Regierungssystem* (1996).

Ruprecht, Pfalzgraf, *14.5.1481 Heidelberg, †20.8.1504 Landshut. Er wurde von Hg. Georg dem Reichen von Bayern-Landshut (1455–1503) unter Umgehung der mit Bayern-München bestehenden Verträge zum Erben eingesetzt u. heiratete 1499 dessen Tochter Elisabeth (†1504). Nach ihres Vaters Tod besetzte sie 1504 Landshut, was den Landshuter Erbfolgekrieg auslöste.

Rust, Bernhard, Politiker, *30.9.1883 Hannover, †8.5.1945 Berne (Oldenburg). Der Gymnasiallehrer trat nach Kriegsdienst 1922 der NSDAP bei u. war 1925–28 Gauleiter von Hannover-Nord, 1928–40 von Südhannover-Braunschweig. 1930 wurde er aus dem Schuldienst entlassen u. saß 1930–45 im Reichstag. Ab 1933 war er preuß. Kultusminister. Als Reichsminister für Wiss., Erziehung u. Volksbildung (1934–45) betrieb der fachl. ungeeignete Alkoholiker die Ausrichtung des Erziehungssystems auf die nat.soz. Ideale, ohne sich voll durchsetzen zu können. Er erschoß sich in e. Heil- u. Pflegeanstalt.

Lit.: Ulf Pedersen, *B. R.* (1994).

Rüttgers, Jürgen, Politiker, *26.6.1951 Köln. Er trat 1970 in die CDU ein. Nach der Promotion zum

Dr. jur. 1979 arbeitete er in der Verwaltung der Stadt Pulheim. 1987–2000 saß er im Bundestag, 1994–98 war er Bundesbildungsminister. Seit 1999 ist er Vors. der CDU in Nordrhein-Westfalen, ab 2000 auch der CDU-Fraktion im dortigen Landtag.

S

Saefkow, Anton, Politiker, *22.7. 1903 Berlin, †18.9.1944 Brandenburg-Görden. Der gelernte Maschinenbauer trat 1924 der KPD bei u. war 1933–39 inhaftiert. Danach schloß er sich der Gruppe um ↑Uhrig an u. führte nach dessen Verhaftung zus. mit Franz Jacob (1906–44) die kommunist. Widerstandsorganisation in Berlin. 1944 wurde er erneut verhaftet, verurteilt u. hingerichtet.

Salomon, Alice, Frauenrechtlerin, *19.4.1872 Berlin, †30.8.1948 New York. Sie schloß sich 1893 der Frauengruppe für soziale Arbeit in Berlin an. Nach dem Studium der Nationalökonomie promovierte sie 1906. 1908 gründete sie u. leitete bis 1925 die Soziale Frauenschule in Berlin. Sie konvertierte 1916 vom Judentum zum Protestantismus. 1937 emigrierte sie in die USA.

Lit.: Manfred Berger, *A. S.* (1998).

Sand, *Karl* Ludwig, Theologiestudent, *5.10.1795 Wunsiedel, †20.5. 1820 Mannheim. Zuerst in Tübingen u. Erlangen studierend, ging er nach dem Wartburgfest 1817 nach Jena, wo er sich dem radikalen Flügel der Burschenschaft um ↑Follen anschloß. Am 23.3.1819 erstach er in Mannheim den als russ. Spion verhaßten ↑Kotzebue. Er wurde verurteilt u. hingerichtet. Seine Tat führte zu den Karlsbader Beschlüssen.

Lit.: Günther Heydemann, *Carl L. S.* (1985).

Sanders ↑Liman von Sanders.

Sauckel, Fritz, Politiker, *27.10. 1894 Haßfurt, †16.10.1946 Nürnberg. Erst Seemann, absolvierte er e. Schlosserlehre. 1922 trat er der SA u. 1923 der NSDAP bei. 1927 wurde er deren Gauleiter in Thüringen, wo er 1929–33 im Landtag (Fraktionsvors.) saß. 1932 wurde er Ministerpräs. u. Innenminister von Thüringen. 1933–45 war er dort Reichsstatthalter u. gleichzeitig Mitglied des Reichstags. Als Generalbevollmächtigter für den Arbeitseinsatz (1942–45) leitete er die Deportation u. Zwangsarbeit von über 5 Mio. Fremdarbeitern. In Nürnberg wurde er 1946 zum Tod verurteilt u. gehängt.

Lit.: Peter W. Becker, «F. S.», in Ronald Smelser u.a., Hrsgg., *Die braune Elite 1* (⁴1999).

Savigny, Friedrich Carl von, Jurist, *21.2.1779 Frankfurt/Main, †25.10. 1861 Berlin. Er war ab 1803 Prof. in Marburg, 1808 in Landshut, 1810 in Berlin. 1817 in den preuß. Staatsrat berufen, war er 1842–48 Minister für die Revision der Gesetzgebung. In seinen wiss. Arbeiten begründete er die sog. Histor. Rechtsschule, die im Gegensatz zur Naturrechtslehre das Recht nicht aus abstrakten

Prinzipien abgeleitet, sondern als Produkt histor. Entwicklung sah. Hauptwerk: *System des heutigen röm. Rechts* (8 Bde., 1840–49).
Lit.: Iris Denneler, *F. Karl von S.* (1985).

Schabowski, Günter, Politiker, *4.1.1929 Anklam (Vorpommern). Er trat 1952 der SED bei u. war 1948–67 Redakteur der Gewerkschaftszeitung *Tribüne*, 1968–78 stellv., 1978–85 Chefredakteur des *Neuen Dtld*. 1981–89 war er Mitglied des ZK, 1984–89 des Politbüros der SED. 1990 wurde er aus der SED-PDS ausgeschlossen. Er kritisierte danach die SED-Diktatur sehr deutl. 1997 wurde er wegen der Todesschüsse an der Berliner Mauer zu drei Jahren Haft verurteilt, die 1999 begann, aus der er aber 2000 entlassen wurde.

Schacht, Hjalmar, Finanzpolitiker, *22.1.1877 Tingleff (Nordschleswig), †3.6.1970 München. Der promovierte Wirtschaftswiss.ler trat 1903 in den Dienst der Dresdner Bank, wo er 1908 stellv. Direktor wurde. 1916 wurde er Direktor der Nationalbank u. nach deren Fusion 1922 mit der Darmstädter Bank zur sog. Danat-Bank Direktor der letzteren. Ab Nov. 1923 Reichswährungskommissar u. ab Dez. Präs. der Reichsbank, war er maßgebl. an der Stabilisierung der dt. Währung durch die Einführung der Rentenmark beteiligt. 1918 hatte er die linksliberale DDP mitbegründet, doch orientierte er sich allmähl. stärker nach rechts, verließ 1926 die DDP u. trat 1930 nach der Billigung des Youngplans, an dessen Vorbereitung er mitgewirkt hatte, als Reichsbankpräs. zurück. Er wandte sich offen gegen die Regierung ↑Brüning, stand der Harzburger Front nahe u. setzte sich für die Ernennung ↑Hitlers zum Reichskanzler ein. Dieser bestellte ihn im März 1933 erneut zum Reichsbankpräs.en. 1934 auch Reichswirtschaftsminister, förderte er durch die Ausgabe der sog. Mefowechsel Arbeitsbeschaffung u. Aufrüstung. Kompetenzstreitigkeiten mit dem für den Vierjahresplan verantwortl. ↑Göring u. Hitlers Weigerung, die Finanzen zu konsolidieren, führten zu seinem Rücktritt als Reichswirtschaftsminister 1937 u. seiner Entlassung als Reichsbankpräs. 1939. Bis 1943 noch Reichsminister ohne Geschäftsbereich, saß er ab Ende Juli 1944 wegen Kontakten zu Widerstandskreisen in KZ-Haft. Vom Internat. Militärgerichtshof in Nürnberg 1946 freigesprochen, wurde er 1947 in e. Entnazifizierungsverfahren zu acht Jahren Arbeitslager verurteilt, 1948 jedoch freigelassen. Danach betätigte er sich als Bankier u. Finanzberater.
Lit.: Amos E. Simpson, *H. S. in Perspective* (Den Haag, 1969); Helmut Müller, *Die Zentralbank – e. Nebenregierung?* (1973); Heinz Pentzlin, *H. S.* (1980); John Weitz, *Hitlers Bankier* (1998).

Schäfer, Hermann, Politiker, *6.4.1892 Remscheid, †26.5.1966 Bad Godesberg. Der promovierte Staatswiss.ler trat 1920 der DDP u. 1945 der FDP bei. Ab 1947 war er

Mitglied des Zonenbeirats für die brit. Zone, 1948–49 Vizepräs. des Parlamentar. Rates. 1949–57 saß er im Bundestag (1949–53 Vizepräs.). 1953–56 war er Bundesminister für bes. Aufgaben. 1956 trat er zur FVP über, 1961 wieder in die FDP ein.

Schäffer, Fritz, Politiker, *12.5.1888 München, †29.3.1967 Berchtesgaden. Der promovierte Jurist trat 1916 in den bayer. Verwaltungsdienst ein u. war ab 1920 im Unterrichtsministerium tätig. 1918 Mitbegründer der BVP (1929–33 Vors.), war er 1920–33 Mitglied des Landtags, 1931–33 geschäftsführender Finanzminister von Bayern. Danach arbeitete er als Rechtsanwalt. Nach dem 20.7.1944 wurde er in KZ-Haft gehalten. Im Mai 1945 von den Amerikanern als Ministerpräs. eingesetzt, wurde er im Sept. amtsenthoben. 1945 war er Mitbegründer der CSU u. saß für sie 1949–61 im Bundestag. Als Bundesfinanzminister 1949–57 verfolgte er e. sparsame Haushaltspolitik. 1957–61 war er Bundesjustizminister.
Lit.: Christoph Henzler, *F. S.* (1994).

Schappeler, Christoph, Theologe, *1472 St. Gallen, †25.8.1551 ebd. Er war ab 1513 Prediger in Memmingen. Da er sich ab 1520 zur Lehre ↑Zwinglis bekannte, wurde er 1524 exkommuniziert. 1525 verhalf er der Reformation in Memmingen zum Durchbruch u. wirkte mit bei der Abfassung der Zwölf Artikel, e. der Programmschriften des Bauernkriegs. Nach dessen Ende lebte er in der Schweiz.

Scharnhorst, *Gerhard* Johann von, General, *12.11.1755 Bordenau (bei Hannover), †28.6.1813 Prag. Militär. erzogen, trat er 1778 in die hannov. Armee ein u. diente als Offizier in der Artillerie. 1801 wechselte er als Oberstleutnant in den preuß. Dienst über, wurde 1802 geadelt u. 1804 Oberst. 1806 war er Generalquartiermeister (Stabschef) des Hg.s von Braunschweig bei der Niederlage in der Schlacht bei Auerstedt u. 1807 Generalquartiermeister von General Anton Wilhelm von L'Estocq (1738–1815) beim preuß. Sieg bei Preuß.-Eylau. Ab 1807 Generalmajor u. Vors. der Militär-Reorganisationskommission, erarbeitete er zus. mit ↑Gneisenau, ↑Boyen, ↑Grolman u. ↑Stein die Heeresreform (u. a. Aufhebung des Adelsprivilegs; Einführung des der Reservenbildung dienenden Krümpersystems; später allg. Wehrpflicht). Ab 1808 Leiter des neugeschaffenen Kriegsministeriums, mußte er 1810 auf franz. Veranlassung e. Teil seines Aufgabengebiets abgeben. 1813 als Generalleutnant Generalquartiermeister ↑Blüchers, wurde er in der Schlacht bei Großgörschen am 2.5. verwundet u. erlag in Prag, wo er über Österreichs Kriegseintritt verhandelte, seiner Verletzung.
Lit.: Hansjürgen Usczeck, *S.* (²1974); Heinz Stübig, *S.* (1988); Klaus Hornung, *S.* (1997).

Scharping, Rudolf, Politiker, *2.12.1947 Niederelbert (Westerwald). Er trat 1966 der SPD bei u. war 1975–94 Mitglied des Landtags, 1991–94 Ministerpräs. von Rheinland-Pfalz. 1993–95 war er Bundesvors. der SPD, 1994 Kanzlerkandidat, 1994–98 Vors. der SPD-Fraktion im Bundestag. In seine Amtszeit als Bundesverteidigungsminister 1998–2002 fielen der Einsatz der Bundeswehr im Kosovo u. in Afghanistan.

Schäuble, Wolfgang, Politiker, *18.9.1942 Freiburg i.B. Seit 1965 Mitglied der CDU, saß der promovierte Jurist ab 1972 im Bundestag. 1984–89 war er als Bundesminister Chef des Bundeskanzleramts. Als Bundesinnenminister 1989–91 war er verantwortl. für den Einigungsvertrag mit der DDR. Querschnittsgelähmt seit e. Attentat am 12.10.1990, war er 1991–2000 Vors. der CDU-Bundestagsfraktion, 1998–2000 auch Vors. der CDU.

Scheel, Walter, Politiker, *8.7.1919 Solingen. Der gelernte Bankkaufmann trat 1946 der FDP bei u. war 1950–53 Mitglied des Landtags von Nordrhein-Westfalen, 1953–74 des Bundestags. 1961–66 war er Bundesminister für wirtschaftl. Zus.-arbeit. 1968–74 Bundesvors. der FDP, setzte er nach Bildung der sozialliberalen Koalition als Bundesaußenminister u. Vizekanzler (1969–74) die Ostpolitik um. 1974–79 war er Bundespräs.

Scheer, Reinhard, Admiral, *30.9.1863 Obernkirchen (Bayern), †26.11.1928 Marktredwitz. Seit 1879 in der Marine, wurde er im Jan. 1916 Chef der Hochseeflotte. Unter seinem Oberbefehl wurde die Schlacht am Skagerrak (31.5.–1.6.1916) geschlagen. Er befürwortete den uneingeschränkten U-Bootkrieg. Seit Aug. 1918 Chef des Admiralstabs, befahl er im Oktober das Auslaufen der Hochseeflotte. Die hierdurch ausgelösten Meutereien in Wilhelmshaven u. Kiel führten zur Novemberrevolution.

Scheidemann, Philipp, Politiker, *26.7.1865 Kassel, †29.11.1939 Kopenhagen. Der gelernte Buchdrucker schloß sich 1883 den Sozialdemokraten an u. war 1895–1911 als Redakteur verschiedener SPD-Zeitungen tätig. 1903–33 saß er im Reichstag u. gehörte ab 1911 dem Parteivorstand an. Nach der Parteispaltung 1917 war er Fraktionsvors. der Mehrheitssozialisten. 1918 fungierte er in der Reichsregierung des Prinzen ↑Max von Baden als Staatssekretär (Minister) ohne Geschäftsbereich. Am 9.11. legte er sein Amt nieder u. rief ohne Wissen u. gegen den Willen ↑Eberts die dt. Republik aus in der Absicht, der Proklamation e. sozialist. Republik durch die Linksextremisten zuvorzukommen. Im Rat der Volksbeauftragten führend neben Ebert, war er nach der Wahl zur Nationalversammlung der erste Ministerpräs. der Weimarer Republik (Febr.–Juni 1919), trat aber aus Protest gegen den Vertrag von Versailles zurück. 1920–25 war er Oberbürgermeister von Kassel. Im Reichstag deckte er 1926 die Zus.-

arbeit der Reichswehr mit der Roten Armee auf, was den Rücktritt der Regierung W. ↑Marx zur Folge hatte. 1933 emigrierte er nach Prag u. lebte dann 1934–39 in Kopenhagen.

Lit.: Christian Gellinek, *P.S.* (1994); Helmut Schmersal, *P.S.* (1999).

Scherf, Henning, Politiker, *31.10. 1938 Bremen. Seit 1963 Mitglied der SPD, war der promovierte Jurist seit 1971 Staatsanwalt. 1971–78 Mitglied der Bremer Bürgerschaft, war er 1978–79 Finanz-, 1979–90 Sozial- u. 1990–95 Bildungssenator. Ab 1995 war er Bürgermeister von Bremen.

Schertlin von Burtenbach (1534), Sebastian, Landsknechtsführer, *12.2.1496 Schorndorf, †18.11.1577 Augsburg. Er erwarb 1516 den Magistergrad in Tübingen u. nahm 1518 Kriegsdienst im ksl. Heer. 1519 war er unter ↑Frundsberg an der Vertreibung Hg. ↑Ulrichs aus Württ. beteiligt, 1525 half er bei der Niederwerfung der Bauern. 1529 war er Mitverteidiger Wiens gegen die Osmanen. 1530 zum Feldhauptmann der Reichsstadt Augsburg ernannt, kaufte er sich 1532 Schloß Burtenbach bei Burgau. Nach e. Sieg im gleichen Jahr gegen die Türken schlug ihn 1534 Ks. ↑Karl V. zum Ritter. Im Schmalkald. Krieg wurde er Protestant u. führte 1546 die Truppen der oberdt. Städte gegen den Ks. 1548 nahm er franz. Dienste u. wurde geächtet, 1553 jedoch begnadigt u. 1559 zum ksl. Rat ernannt.

Lit.: Franz von Rexroth, *Der Landsknechtsführer S.S.* (1940).

Schickedanz, Grete [geb. Lachner], Unternehmerin, *20.10.1911 Fürth, †23.7.1994 ebd. Sie trat 1927 in die Großhandlung ein, aus der im gleichen Jahr das Versandhaus Quelle entstand. Bald engste Mitarbeiterin des Gründers Gustav S. (1895–1977), heiratete sie ihn 1942. Trotz Zerstörung des Gebäudes 1943 durch Bomben gelang e. erfolgreicher Neuanfang nach dem Zweiten Weltkrieg. Nach dem Tod ihres Mannes führte sie den Konzern weiter.

Schieder, Theodor, Historiker, *11.4.1908 Oettingen, †8.10.1984 Köln. In München 1933 promoviert, habilitierte er sich 1939 in Königsberg. Dort war er 1942–45 Prof., in Köln 1948–76. Er befaßte sich vor allem mit der vergleichenden Erforschung der europ. Nationalbewegungen u. der Geschichtstheorie. 1957–84 war er Mithrsg. der *Histor. Zeitschrift.* Sein ostpolit. Engagement im Dritten Reich wurde in den 1990er Jahren kontrovers diskutiert. Hauptwerke: *Staat u. Gesellschaft im Wandel unserer Zeit* (1958); *Das Dt. Ks.reich von 1871 als Nationalstaat* (1961); *Friedrich d. Gr.* (1983); Hrsg., *Handbuch der Europ. Gesch.* (7 Bde. 1968–87).

Schill, Ferdinand von, Offizier, *6.1.1776 Wilmsdorf (bei Dresden), †31.5.1809 Stralsund. Der Dragoneroffizier zeichnete sich in den Koalitionskriegen bes. bei der Verteidigung von Kolberg 1807 aus. Zum Major befördert, versuchte er 1809 vergebl., durch Losschlagen mit seinem Leibhusarenregiment Kg. ↑Friedrich Wilhelm III. mitzureißen u. e. allg. Erhebung gegen Napoleon I. auszulösen. Er fiel in Stralsund im Straßenkampf. Elf seiner Offiziere wurden in Wesel standrechtl. erschossen, über 500 Soldaten auf franz. Kriegsschiffe verbracht.

Lit.: Siegfried Fischer, *F. von S.* (1984); Helmut Bock, *F. von S.* (1998).

Schiller, Karl, Volkswirtschaftler u. Politiker, *24.4.1911 Breslau, †26.12.1994 Hamburg. Der promovierte Volkswirt war 1947–72 Prof. in Hamburg. 1946 in die SPD eingetreten, war er 1949–57 Mitglied der Bürgerschaft u. 1948–53 Wirtschafts- u. Verkehrssenator in Hamburg, 1961–65 Wirtschaftssenator in Berlin. 1965–72 saß er im Bundestag, 1966–72 war er Bundesminister für Wirtschaft, 1971–72 außerdem für Finanzen. Er war Initiator der sog. Konzertierten Aktion u. befürwortete die Globalsteuerung des Wirtschaftsprozesses. 1972 trat er aus der SPD aus, 1980 jedoch wieder ein.

Schily, Otto, Politiker, *20.7.1932 Bochum. Der Rechtsanwalt engagierte sich im Sozialist. Dt. Studentenbund u. vertrat 1975–77 ↑Ensslin im Terroristenprozeß in Stuttgart-Stammheim. 1980 Gründungsmitglied der Grünen, saß er 1983–86 u. 1987–89 für sie im Bundestag, ab 1990 für die SPD, der er 1989 beigetreten war. Seit 1998 ist er Bundesinnenminister.

Schinderhannes [eigtl. Johann Bückler), Räuberhauptmann, *25.5.1783 Miehlen (Taunus), †21.11.1803 Mainz. Er arbeitete für e. Abdecker (Schinder), bevor er ab 1800 Anführer e. Räuberbande im franz. besetzten Hunsrück wurde. Er erwarb sich bei der Bevölkerung den Ruf e. patriot. gesinnten Freunds der Armen. 1802 gefaßt, wurde er mit 19 seiner Bandenmitglieder verurteilt u. hingerichtet.

Lit.: Manfred Franke, *S.* (1993).

Schindler, Oskar, Industrieller, *28.4.1908 Zwittau (Mähren), †9.10.1974 Hildesheim. Seit 1939 Mitglied der NSDAP, gründete er im gleichen Jahr die Dt. Emailfabrik in Krakau, die später nach Brünnlitz (Mähren) verlegt wurde. Er beschäftigte rund 1000 jüd. Arbeiter, von denen er die meisten vor dem Vernichtungslager retten konnte. Er war Titelheld des Hollywood-Films *Schindlers Liste* (1993).

Schirach, Baldur von, Politiker, *9.5.1907 Berlin, †8.8.1974 Kröv/Mosel. Er trat als Schüler 1925 in die NSDAP ein u. studierte ab 1927 Germanistik u. Kunstgesch. (ohne Abschluß). ↑Hitler eng verbunden, führte er 1928–32 den nat.soz. Studentenbund. 1931–40 Reichsjugendführer der NSDAP u. ab 1933 Jugendführer des Dt. Reiches, baute er ab 1933 die Hitler-Jugend in großem Stil auf. 1932–45 saß er im Reichstag. 1936 wurde er zum Staatssekretär ernannt u. unterstand von da an Hitler unmittelbar. Nach Kriegsbeginn kurz im Wehrdienst, war er 1940–45 Gauleiter u. Reichsstatthalter in Wien, ab Sept. 1940 auch zuständig für die Kinderlandverschickung. Als er 1943 die nat.soz. Ausrottungspolitik in Osteuropa kritisierte, verlor er an Einfluß. In Nürnberg wurde er 1946 wegen Beteiligung an Judendeportationen zu 20 Jahren Haft verurteilt, die er in Berlin-Spandau verbüßte.

Lit.: Michael Wortmann, *B. von S.* (1982).

Schirdewan, Karl, Politiker, *14.5. 1907 Königsberg, †14.7.1998 Potsdam. Der Bürogehilfe trat 1925 der KPD bei u. war aktiv im Kommunist. Jugendverband. 1934–45 war er inhaftiert. 1945 beteiligte er sich am Wiederaufbau der KPD. 1946 der SED beigetreten, wurde er 1953 in deren ZK, 1953 ins Politbüro aufgenommen. 1958 wurde er wegen «Fraktionstätigkeit» aus dem ZK ausgeschlossen u. gerügt. 1990 rehabilitierte ihn die SED-PDS.

Schlabrendorff, Fabian von, Widerstandskämpfer, *1.7.1907 Halle/ Saale, †3.9.1980 Wiesbaden. Der Rechtsanwalt schloß sich 1938 dem Kreis um ↑Oster an. Ab 1941 Ordonnanzoffizier im Stab ↑Tresckows bei der Heeresgruppe Mitte, war er an der Vorbereitung e. mißglückten Attentats auf ↑Hitler im März 1943 beteiligt. Nach dem Attentat auf Hitler am 20.7.1944 wurde er verhaftet u. in verschiedenen KZ interniert. Nach Kriegsende arbeitete er wieder als Rechtsanwalt. 1967–75 war er Bundesverfassungsrichter. Er schrieb u.a. *Offiziere gegen Hitler* (1946).

Lit.: Peter Hoffmann, *Widerstand, Staatsstreich, Attentat* (⁴1985).

Schlageter, *Albert* Leo, Freikorpskämpfer, *12.8.1894 Schönau (Baden), †26.5.1923 bei Düsseldorf. Er kämpfte als Freikorpsmitglied im Baltikum, im Ruhrgebiet u. in Oberschlesien. Während des Ruhrkampfes 1923 beteiligte er sich an Sabotagesprengungen. Durch Verrat gefaßt, wurde er von e. franz. Militärgericht verurteilt u. erschossen. Die nationalist. Propaganda hat ihn in der Folge zum Märtyrer verklärt.

Schlange-Schöningen, Hans, Politiker, *17.11.1886 Schöningen (Pommern), †20.7.1960 Bad Godesberg. Er saß 1921–28 im preuß. Landtag u. 1924–32 im Reichstag. Urspr. in der DNVP, mißbilligte er ↑Hugenbergs Politik u. trat 1929 aus. 1931–32 Reichskommissar für die Osthilfe, bewirtschaftete er 1933–45 sein Rittergut. 1945 war er Mitbegründer der CDU. 1947–49 amtierte er als Verwaltungsdirektor für Ernährung u. Landwirtschaft in der Bizone, saß 1949–50 im Bundestag u. war 1950–55 dt. Vertreter (ab 1953 Botschafter) in London.

Schlei, Marie [geb. Stabenow], Politikerin, *26.11.1919 Reetz (Pommern), †21.5.1983 Berlin. Die Lehrerin trat 1949 in die SPD ein u. saß 1969–83 im Bundestag. 1974–76 war sie Parlamentar. Staatssekretärin im Bundeskanzleramt, 1976–78 Bundesministerin für wirtschaftl. Zus.-arbeit.

Schleicher, Kurt von, General u. Politiker, *7.4.1882 Brandenburg/Havel, †30.6.1934 Neubabelsberg (bei Potsdam). Der Berufssoldat war ab 1913 im Großen Generalstab u. ab 1914 in der Obersten Heeresleitung tätig. Schon damals in Kontakt mit ↑Groener, war er 1918–19 dessen polit. Referent. Ab 1920 leitete er das innenpolit. Referat im Reichswehrministerium u. wurde nach dem Ausscheiden ↑Seeckts 1926 als Oberst (1924) Leiter der dem Minister direkt unterstellten Wehrmachtsabteilung. Nach dem Amtsantritt Groeners als Reichswehrminister 1928 leitete S. das neuerrichtete Ministeramt für Politik u. Pressewesen, das alle dem Minister direkt unterstellten Abteilungen zus.faßte u. ihm (1929 Generalmajor) erlaubte, entscheidenden polit. Einfluß auszuüben. Gestützt auf Groener u. ↑Hindenburg, förderte er den Sturz von Reichskanzler ↑Müller(-Franken), die Ernennung ↑Brünings u. dessen Ablösung durch ↑Papen. Unter dem letzteren war er, nun als General der Infanterie aus der Reichswehr ausgeschieden, von Juni bis Dez. 1932 Reichswehrminister. Seinen schon länger betriebenen Versuch, die Unterstützung der Gewerkschaften u. des von G. ↑Strasser geführten Flügels der NSDAP für die Regierung zu gewinnen, führte er auch fort, nachdem er selbst am 3.12. das Amt des Reichskanzlers übernommen hatte. Als im Jan. 1933 seine polit. Isolierung offenkundig wurde, verlor er Hindenburgs Vertrauen u. trat am 28.1. zurück. Bei Gelegenheit des sog. Röhm-Putschs (↑Röhm) wurde er, als polit. Intrigant gefährl. erscheinend, zus. mit seiner Frau ermordet, vermutl. von der Gestapo.

Lit.: Thilo Vogelsang, *K. von S.* (1965); Johann Rudolf Nowak, *K. von S.* (1969); Axel Schildt, *Militärdiktatur mit Massenbasis?* (1981); Friedrich-Karl von Plehwe, *Reichskanzler K. von S.* (1989).

Schleyer, Hanns-Martin, Industriemanager, *1.5.1915 Offenburg, †18.10.1977. Der promovierte Jurist kam 1955 zur Daimler-Benz AG in Stuttgart u. wurde 1963 ordentl. Vorstandsmitglied. 1973 wurde er Präs. der Bundesvereinigung der Dt. Arbeitgeberverbände, 1977 des Bundesverbandes der Dt. Industrie. Terroristen der Rote-Armee-Fraktion entführten ihn am 5.9.1977. Am 19.10. wurde er in Mülhausen (Elsaß) ermordet aufgefunden.

Schlieffen, Alfred Graf von, Generalfeldmarschall, *28.2.1833 Berlin, †4.1.1913 ebd. Er trat 1853 in den preuß. Militärdienst ein. Ab 1863 im Generalstab tätig, nahm er an den Kriegen 1866 u. 1870–71 teil. 1889 zum Oberquartiermeister befördert, war er 1891–1905 Chef des Generalstabs der Armee (1903 Generaloberst, 1911 im Ruhestand Generalfeldmarschall). Er suchte den Erfordernissen des modernen Kriegs durch den Aufbau techn. Truppen zu genügen. Der unter ihm entwickelte

S.-Plan sah in der Fassung von 1905 vor, im Fall e. Zweifrontenkriegs nach Durchmarsch durch Belgien die franz. Streitkräfte mit e. raschen Schlag zu vernichten, um sich dann gegen Rußland zu wenden. In teilweise veränderter Form leitete der Plan im Ersten Weltkrieg den dt. Aufmarsch.

Lit.: Gerhard Ritter, *Der S.-Plan* (1956); Friedrich von Boetticher, *S.* (²1973); Rolf-Josef Eibicht, *S.: Strategie u. Politik* (1991).

Schlözer, August Ludwig von (1804), Historiker, *5.7.1735 Gaggstadt (Hohenlohe), †9.9.1809 Göttingen. Nach dem Theologiestudium war er 1755–57 Hauslehrer in Schweden. 1761–69 hielt er sich in Rußland auf, ab 1769–1805 lehrte er als Prof. für Gesch. bzw. Statistik (Staatskunde) in Göttingen, ab 1787 auch für Politik. Er befaßte sich in seiner Forschung mit den Ländern, in denen er gelebt hatte, so v. a. in seiner *Allg. Gesch. von dem Norden* (2 Bde., 1771). 1776–82 gab er den *Briefwechsel, meist histor. u. polit. Inhalts* heraus, den er 1782–93 u. d. T. *Staatsanzeigen* fortführte. Er gilt als e. der bedeutendsten Historiker der dt. Aufklärung.

Lit.: Bernd Warlich, *A. L. von S.* (1972); Ursula A. J. Becher, «A. L. von S.», in Hans-Ulrich Wehler, Hrsg., *Dt. Historiker VII* (1980).

Schmerling, Anton Ritter von, östr. Politiker, *23.8.1805 Wien, †23.5.1893 ebd. Der promovierte Jurist war als Mitglied der Frankfurter Nationalversammlung Juli–Dez. 1848 Reichsinnenminister, dann auch -ministerpräs. Als östr. Justizminister (1849–51) leitete er die Reform der Gerichtsverfassung. Als Staatsminister (1860–65) führte er Österreich durch das Februarpatent endgültig zum Konstitutionalismus. Danach war er bis 1891 Präs. des Obersten Gerichtshofs.

Lit.: Lothar Höbelt, Hrsg., *Österreichs Weg* (1994).

Schmid, Carlo, Politiker, *3.12.1896 Perpignan, †11.12.1979 Bonn. Der promovierte Jurist war nach Habilitation (Tübingen 1929) 1931–40 Landgerichtsrat in Tübingen. 1946–53 war er dort Prof. für Völkerrecht, 1953–68 in Frankfurt/Main für Politik. 1947–50 war er Justizminister von Württ.-Hohenzollern u. saß 1948–49 im Parlamentar. Rat, 1949–72 im Bundestag (SPD). 1966–69 war er Bundesminister für Angelegenheiten des Bundesrats. Einer der führenden Fürsprecher der dt.-franz. Versöhnung, war er 1963–66 Präs. der Versammlung der Westeurop. Union. Er übersetzte u. a. Werke Dantes, Machiavellis, Baudelaires u. Calderóns.

Lit.: Petra Weber, *C. S.* (1996).

Schmidt, Elli, Politikerin, *9.8.1908 Berlin, †30.7.1980 Berlin (Ost). Die gelernte Schneiderin trat 1927 der KPD bei u. besuchte 1932–34 die Lenin-Schule in Moskau. 1937 emigrierte sie nach Paris, 1940 in die Sowjetunion. 1945 zurück in Dtld., war sie seit 1946 Mitglied der SED u. des ZK. 1954 wurde sie aus letzterem wegen Unterstützung ↑Herrnstadts u. ↑Zaissers ausgestoßen u. gerügt, 1956 jedoch rehabilitiert.

Schmidt, Helmut, Politiker, *23.12.1918 Hamburg. Der Diplomvolkswirt trat 1946 der SPD bei u. saß 1953-61 u. 1965-87 im Bundestag. 1961-65 war er Innensenator in Hamburg, 1969-72 Bundesminister der Verteidigung, 1972 für Wirtschaft u. Finanzen, 1972-74 der Finanzen, 1974-82 Bundeskanzler. Seine Innenpolitik war gekennzeichnet von marktwirtschaftl. Bemühungen um Stabilisierung u. entschiedenem Vorgehen gegen den polit. Terrorismus; außenpolit. setzte er die Ostpolitik ↑Brandts fort. Seit 1983 ist er Mithrsg. der Wochenzeitung *Die Zeit.*

Schmidt-Jortzig, Edzard, Politiker, *8.10.1941 Berlin. Der Jurist war nach Habilitation (Göttingen 1976) ab 1977 Prof. in Münster, ab 1982 in Kiel. 1983-91 war er Richter am Oberverwaltungsgericht in Lüneburg. 1984 trat er in die FDP ein u. saß ab 1994 im Bundestag. 1996-98 war er Bundesjustizminister.

Schmitt, Carl, Staatsrechtler, *11.7.1888 Plettenberg (Westfalen), †7.4.1985 ebd. Er habilitierte sich 1916 in Straßburg für Staatsrecht u. -theorie u. war ab 1921 Prof. in Greifswald, 1922 in Bonn, 1928 in Berlin, 1933 in Köln u. 1933-45 wieder in Berlin. 1933 trat er der NSDAP bei, geriet aber 1936 in die Kritik der SS u. verlor alle Ämter außer seiner Professur. Nach dem Krieg wurde er, seiner Professur enthoben, längere Zeit inhaftiert u. lebte danach zurückgezogen in seinem Geburtsort. Einer der umstrittensten Staatsrechtler des 20. Jh.s, gewann er aus seiner Ablehnung der Parteienzersplitterung der Weimarer Republik e. Rechtfertigung des nat.soz. Herrschaftssystems; die Führung des starken Staats sollte nicht normativen Bindungen unterworfen sein, sondern fallweise frei entscheiden. Hauptwerke: *Polit. Theologie* (2 Bde., 1922/70); *Verfassungslehre* (1928); *Legalität u. Legitimität* (1932); *Der Nomos der Erde* (1950).

Lit.: Paul Noack, *C. S.* (1996); Andreas Koenen, *Der Fall C. S.* (1995); Dirk Blasius, *C. S.* (2001).

Schmoller, Gustav von (1908), Nationalökonom, *24.6.1838 Heilbronn, †27.6.1917 Bad Harzburg. Nach der Promotion 1861 in Kameralwiss.en wurde er Prof. in Halle (1864-72), Straßburg (1872-82) u. Berlin (1882-1913). 1884 wurde er Mitglied des preuß. Staatsrats, 1899 des preuß. Herrenhauses. Er war Hauptvertreter der jüngeren hist. Schule der Nationalökonomie, welche der geschichtl. Einzelforschung den Vorrang gab vor der abstrakten, individualist. Theorie der Klassik u. ihrer Konsequenz, dem Manchestertum. 1890-1917 war er Vors. des von ihm 1872 mitbegründeten Vereins für Socialpolitik. Er gewann publizist. u. polit. Einfluß als Hrsg. des *Jahrbuchs für Gesetzgebung,*

Verwaltung u. Volkswirtschaft (ab 1877; ab 1913 *Schmollers Jahrbuch*).

Lit.: Sven Thomas, G. S. u. die dt. Sozialpolitik (1995); Frank Reiniger, G. S. (1999).

Schmücker, Kurt, Politiker, *10.11.1919 Löningen (Münsterland), †6.1.1996 ebd. Der gelernte Buchdrucker trat 1946 in die CDU ein u. saß 1949–72 im Bundestag. 1963–66 war er Bundeswirtschaftsminister, 1966–69 Bundesschatzminister, 1968–71 Bundesschatzmeister seiner Partei.

Schmude, Jürgen, Politiker, *9.6.1936 Insterburg (Ostpreußen). Der promovierte Jurist trat 1957 in die SPD ein u. saß 1969–94 im Bundestag. 1974–76 war er Parlamentar. Staatssekretär im Bundesinnenministerium, 1978–81 Bundesbildungsminister, 1981–82 Bundesjustizminister. Seit 1985 war er Präses der Synode der EKD.

Schnabel, Franz, Historiker, *18.12.1887 Mannheim, †25.2.1966 München. Der Schüler ↑Onckens war nach der Habilitation 1920 ab 1922 Prof. an der TH Karlsruhe. Aus polit. Gründen 1936 entlassen, war er 1947–62 Prof. in München. 1951–59 war er Präs. der Histor. Kommission bei der Bayer. Akademie der Wiss.en. Hauptwerk: *Dt. Gesch. im 19. Jh.* (4 Bde., 1929–37).

Lit.: Thomas Hertfelder, F. S. u. die dt. Geschichtswiss. (1995).

Schneider, Oscar, Politiker, *3.6.1927 Altenheideck (Bayern). Der promovierte Jurist trat 1953 der CSU bei u. saß 1969–94 im Bundestag. 1982–89 war er Bundesminister für Raumordnung, Bauwesen u. Städtebau.

Schober, Johannes, östr. Politiker, *14.11.1874 Perg (Oberösterreich), †19.8.1932 Baden (bei Wien). Der promovierte Jurist trat 1898 in den Wiener Polizeidienst ein u. war 1918–21 u. 1922–29 Polizeipräs. der Stadt. Als Bundeskanzler 1921–22 vermochte er die Beziehungen zu Italien u. der ČSR zu verbessern sowie das Burgenland für Österreich zu sichern. 1927 unterdrückte er die blutigen Arbeiterunruhen in Wien. 1929–30 erneut Bundeskanzler, gelang ihm die Streichung der Reparationen u. durch die von der SPÖ unterstützte Verfassungsreform die Stärkung der Staatsautorität. Als Vizekanzler u. Außenminister (1930–32) bemühte er sich vergebl. um e. dt.-östr. Zollunion.

Lit.: Jacques Hannak, *J. S.* (1966).

Scholl, Hans, Medizinstudent, *22.9.1918 Ingersheim (Württ.), †22.2.1943 München. Aus der kath. Jugendbewegung kommend, bildeten er u. sein Mitstudent Alexander Schmorell (1917–43) seit Sommer 1942 den Kern des Widerstandskreises Weiße Rose. Nach e. mit seiner Schwester S. ↑S. am 18.2.1943 durchgeführten Flugblattaktion in der Münchner Universität wurde er verhaftet, verurteilt u. enthauptet.

Lit.: Harald Steffahn, *Die Weiße Rose* (^{3}1993).

Scholl, Sophie, Biologiestudentin, *9.5.1921 Forchtenberg (Württ.), †22.2.1943 München. Sie war seit Herbst 1942 Mitglied des Widerstandskreises Weiße Rose u. gewann auch ihren Lehrer Kurt Huber (1893-1943) zur Mitarbeit. Nach e. mit ihrem Bruder H. ↑Scholl durchgeführten Flugblattaktion wurde sie verhaftet, verurteilt u. enthauptet.
Lit.: Harald Steffahn, *Die Weiße Rose* (³1993).

Scholz, Rupert, Politiker, *23.5.1937 Berlin. Der Jurist war nach Habilitation (München 1970) 1971-78 Prof. an der FU Berlin, ab 1978 in München. 1981-83 war er Senator für Justiz, ab 1982 auch für Bundesangelegenheiten in Berlin. 1983 trat er der CDU bei u. saß 1985-88 im Abg.haus von Berlin. 1988-89 war er Bundesverteidigungsminister. Ab 1990 saß er im Bundestag.

Schön, Theodor Heinrich von, Reformer, *20.1.1773 Schreitlaugken (bei Tilsit), †23.7.1856 Arnau (bei Königsberg). Seit 1793 im preuß. Staatsdienst u. ab 1802 in Kontakt mit ↑Stein, wirkte er als dessen wichtigster Mitarbeiter maßgebl. an den Gesetzen zur Bauernbefreiung u. an der Städteordnung mit. Ab 1816 war er Oberpräs. von Westpreußen, 1824-42 der Provinz Preußen. 1842 wurde er wegen der Abfassung e. verfassungsreformer. Schrift entlassen.
Lit.: Bernd Sösemann, Hrsg., *T. von S.* (1996).

Schönborn, Friedrich Carl, Graf von, Bf. von Bamberg u. Würzburg, *3.3.1674 Mainz, †26.7.1746 Würzburg. Weitgereist, übernahm er 1705 das Amt des Reichsvizekanzlers. 1708 wurde er Koadjutor in Bamberg, 1727 Dompropst in Würzburg u. 1729 Fürstbf. von Würzburg u. Bamberg. Er war bestrebt, die Verwaltung zu zentralisieren u. die Bildungseinrichtungen zu fördern. Die Vollendung der Würzburger Residenz u. zahlreiche Kirchenbauten sind ihm zu verdanken.
Lit.: Johann Looshorn, *Graf F. Karl von S.* (1980).

Schönborn, Lothar Franz, Reichsgraf von (1701), Erzbf. von Mainz, *4.10.1655 Aschaffenburg, †30.1.1729 Mainz. 1693 Bf. von Bamberg, wurde er 1694 Koadjutor u. 1695 Erzbf. in Mainz u. damit Erzkanzler des Reichs u. ließ sich zum Priester u. Bf. weihen. Er bemühte sich durch Verträge mit den Nachbarn um Sicherung der Grenzen seiner Sprengel, in denen er Handel u. Manufaktur sowie das Bildungswesen förderte. 1701 in den Reichsgrafenstand erhoben, setzte er 1704 die Berufung seines Neffen ↑F. C. von S. zum Vizekanzler durch. Bei der Ks.wahl 1711 verwendete er sich für ↑Karl VI. u. krönte diesen dann in Frankfurt. Kunstsinnig u. auf glänzende Repräsentation bedacht, ließ dieser «Vater des fränk. Barock» die neue Residenz in Bamberg, Schloß Pommersfelden u. andere Prachtbauten errichten.
Lit.: Alfred Schröcker, *Ein S. im Reich* (1978).

Schönerer, Georg Ritter von, östr. Politiker, *17.7.1842 Wien, †14.8.1921 Rosenau (Niederösterreich). Er kam als Liberaler 1873 in das Abg.-haus des Reichsrats, tendierte aber immer mehr zu extremem Dt.nationalismus u. Antiklerikalismus, zu dem sich noch starker Antisemitismus gesellte. Ein Skandal 1888 beeinträchtigte seine polit. Wirksamkeit, doch saß er 1897–1907 wieder im Reichsrat u. propagierte vor allem die Los-von-Rom-Bewegung.

Lit.: Andrew G.Whiteside, *G. Ritter von S.* (1981).

Schönhuber, Franz, Politiker, *10.1.1923 Trostberg/Alz. Er ging 1942 freiwillig von der Luftwaffe zur Waffen-SS. Ab 1953 als Journalist in München tätig, arbeitete er 1972–82 beim Bayer. Rundfunk. 1983 war er Mitbegründer, 1988–94 Vors. der Partei Die Republikaner.

Schörner, Ferdinand, Generalfeldmarschall, *12.6.1892 München, †2.7.1973 ebd. Der überzeugte Nationalsozialist wurde 1942 General der Gebirgstruppen u. befehligte 1944–45 an der Ostfront verschiedene Heeresgruppen. Im April 1945 zum Generalfeldmarschall befördert, war der für seine Brutalität bekannte S. für zahlreiche Hinrichtungen von dt. Soldaten verantwortl. Er wurde 1957 in München wegen Totschlags zu viereinhalb Jahren Haft verurteilt, jedoch 1960 freigelassen.

Lit.: Klaus Schönherr, «F.S.», in Ronald Smelser u. Enrico Syring, Hrsgg., *Die Militärelite des Dritten Reiches* (²1998).

Schreiber, Walther, Politiker, *10.6.1884 Pustleben (bei Nordhausen), †30.6.1958 Berlin (West). Der promovierte Jurist trat 1919 der DDP bei u. saß 1919–33 im preuß. Landtag. 1925–32 war er Minister für Handel u. Gewerbe. 1945 e. der Mitbegründer der CDU, war er 1951–53 Bürgermeister u. 1953–55 Regierender Bürgermeister von Berlin.

Schröder, Gerhard, Politiker, *11.9.1910 Saarbrücken, †31.12.1989 Kampen (Sylt). Der promovierte Jurist war ab 1939 Rechtsanwalt. 1933 der NSDAP beigetreten, arbeitete er bald in der Bekennenden Kirche mit. Nach Kriegsteilnahme war er 1945 Mitbegründer der CDU u. saß 1949–80 im Bundestag. Als Bundesinnenminister (1953–61) setzte er 1956 das Verbot der KPD durch. Als Bundesaußenminister (1961–66) strebte er e. Erweiterung der EWG u. e. Öffnung nach Osten an. 1966–69 war er Bundesverteidigungsminister.

Schröder, *Gerhard* Fritz Kurt, Politiker, *7.4.1944 Mossenberg/Lippe. Er studierte Jura u. trat 1963 der SPD bei. 1978–80 war er Bundesvors. der Jungsozialisten, 1980–86 saß er im Bundestag. 1990–98 war er Ministerpräs. von Niedersachsen. Seit 1998 ist er Bundeskanzler, ab 1999 auch Bundesvors. der SPD.

Schroeder, Kurt Frhr. von, Bankier, *24.11.1889 Hamburg, †4.11.1966 Hohenstein (bei Eckernförde). Der

Mitinhaber des Kölner Bankhauses J. H. Stein war am 4.1.1933 Gastgeber der Begegnung ↑Hitlers mit ↑Papen, auf der wichtige Absprachen hinsichtl. e. von Hitler zu führenden Regierung getroffen wurden. Er wurde am 1.2.1933 Mitglied der NSDAP sowie 1936 der SS u. gehörte dem Freundeskreis Reichsführer SS an. 1947 wurde er zu drei Monaten Gefängnis verurteilt.

Schroeder, *Louise* Dorothea, Politikerin, *2.4.1887 Altona, †4.6.1957 Berlin. Sie war 1919 Mitglied der Nationalversammlung u. dann bis 1933 des Reichstags (SPD). 1919 war sie maßgebl. beteiligt an der Gründung der Arbeiterwohlfahrt. 1947–48 anstelle ↑Reuters amtierende Oberbürgermeisterin von Berlin, saß sie 1949–57 als Berliner Abg. im Bundestag.

Schuberth, Hans, *5.4.1897 Schwabach (Mittelfranken), †2.9.1976 München. Der Maschinenbauingenieur trat 1926 in die Dienste der Reichspost u. wurde 1945 Präs. der Postdirektion Regensburg, 1947 München. 1949–53 war er Bundespostminister, 1953 Sonderbotschafter beim Vatikan. 1953–57 saß er im Bundestag (CSU).

Schulenburg, Friedrich Werner Graf von der, Diplomat, *20.11.1875 Kemberg (Sachsen), †10.11.1944 Berlin-Plötzensee (Onkel von F.-D. Graf von der ↑S.). Ab 1901 im auswärtigen Dienst, war er 1934–41 Botschafter in Moskau. Im Zweiten Weltkrieg hatte er Kontakt zum Kreis um ↑Goerdeler u. sollte nach dem Sturz ↑Hitlers Außenminister werden. Er wurde nach dem 20.7.1944 verhaftet, verurteilt u. hingerichtet.

Schulenburg, Fritz-Dietlof Graf von der, Widerstandskämpfer, *5.9.1902 London, †10.8.1944 Berlin-Plötzensee. Der Jurist trat 1932 in die NSDAP ein u. wurde 1937 stellv. Polizeipräs. von Berlin, 1939 stellv. Oberpräs. von Schlesien. 1940 trat er aus der NSDAP aus. Als Offizier beteiligte er sich an den Vorbereitungen des Attentats vom 20.7.1944. Er wurde verhaftet, zum Tod verurteilt u. gehängt.
Lit.: Ulrich Heinemann, *Ein konserv. Rebell* (1994).

Schulz, Peter, Politiker, *25.4.1930 Rostock. Der Rechtsanwalt, ab 1961 Mitglied der Bürgerschaft, war 1966–70 Senator für Justiz, 1970–71 für das Schulwesen u. 1971–74 Senatspräs. von Hamburg. 1978–86 war er Präs. der Bürgerschaft.

Schulze-Boysen, Harro, Offizier, *2.9.1909 Kiel, †22.12.1942 Berlin-Plötzensee. Der Jurist arbeitete 1934–41 in der Nachrichtenabteilung des Reichsluftfahrtministeriums, dann im Generalstab der Luftwaffe. Schon seit Mitte der 1930er Jahre mit kommunist. Hitlergegnern in Verbindung, leitete er ab 1941 zus. mit Arvid von ↑Harnack den Rote

Kapelle gen. Spionagering. Am 31.8. 1942 verhaftet, wurde er verurteilt u. gehängt.

Lit.: Hans Coppi, *H. S.-B.* (²1995).

Schulze-Delitzsch, Hermann, Sozialpolitiker, *29.8.1808 Delitzsch (Sachsen), †29.4.1883 Potsdam. Der Jurist wurde 1838 Gerichtsassessor in Berlin, 1841 Richter in Delitzsch. 1848 saß er in der preuß. Nationalversammlung (linkes Zentrum um ↑Rodbertus) u. 1849 in der 2. Kammer. In die Provinz Posen strafversetzt, nahm er 1851 seinen Abschied. Nachdem er bereits 1849 die erste Genossenschaft in Delitzsch gegründet hatte, organisierten sich in der Folge auf seine Initiative hin in ganz Dtld. weitere Genossenschaften auf der Basis der Selbsthilfe. Im Gegensatz zu ↑Raiffeisen u. ↑Lassalle lehnte er staatl. Eingriffe ab. 1859 veranstaltete er in Weimar den ersten Genossenschaftstag u. gründete e. Zentralverband, 1865 die dt. Genossenschaftsbank. Mitbegründer des Dt. Nationalvereins (1859) u. der Fortschrittspartei (1861), saß er 1861–73 im preuß. Abg.haus u. 1867–74 im Reichstag. 1867 setzte er das preuß. Genossenschaftsgesetz durch.

Lit.: Werner Conze, *Möglichkeiten u. Grenzen* (1965); Rita Aldenhoff, *S.-D.* (1984).

Schumacher, Kurt, Politiker, *13.10.1895 Kulm (Westpreußen), †20.8.1952 Bonn. Der promovierte Jurist, der als Kriegsfreiwilliger 1914 e. Arm verloren hatte u. 1918 nach Beitritt zur SPD Mitglied des Berliner Arbeiter- u. Soldatenrats war, arbeitete 1920–24 als Redakteur bei der *Schwäb. Tagwacht* in Stuttgart. 1924–31 saß er im württ. Landtag, 1930–33 im Reichstag. Er bekämpfte sowohl die Tolerierungspolitik seiner Partei gegenüber ↑Brüning als auch das Machtstreben der NSDAP. 1933–43 u. 1944 inhaftiert, organisierte er nach Kriegsende den Wiederaufbau der SPD, deren Parteivors. er 1946–52 war. Als Mitglied des Parlamentar. Rats (1948–49) u. des Bundestags (1949–52; Fraktionsvors.) setzte er sich für die Wiedervereinigung Dtld.s ein u. lehnte die Westintegrationspolitik ↑Adenauers entschieden ab. In der Bundespräs.wahl 1949 unterlag er ↑Heuss.

Lit.: Willy Albrecht, *K. S.* (1985); Peter Merseburger, *K. S.* (³1997).

Schurz, Carl, Politiker, *2.3.1829 Liblar (bei Köln), †14.5.1906 New York. Als Student in Bonn beteiligte er sich an der Revolution 1848–49. 1849 entkam er aus bad. Gefangenschaft in die Schweiz. Nachdem er seinen Lehrer u. Freund G. ↑Kinkel befreit hatte, ging er über Paris u. London 1852 in die USA. Ab 1858 Rechtsanwalt in Milwaukee, wurde er 1861 amerikan. Gesandter in Spanien, kehrte jedoch 1862 zurück u. nahm, zuletzt als Generalmajor, am Bürgerkrieg teil. Danach arbeitete er als Journalist. 1869–75 saß er für die Republikan. Partei (Missouri) im Senat. Als Innenminister (1877–81) u. danach wieder als Journalist bemühte er sich um e. Reform des öffentl. Dienstes u. förderte die Integration der Indianer in die amerikan. Gesellschaft.

Lit.: Hans L.Trefousse, *C. S.* (Knoxville, 1982); Rüdiger Wersich, Hrsg., *C. S.* (³1999).

Schuschnigg, Kurt von, östr. Politiker, *14.12.1897 Riva (am Gardasee), †18.11.1977 Mutters (Tirol). Der promovierte Jurist arbeitete in Wien als Rechtsanwalt u. saß ab 1927 im Nationalrat (christl.-soz.). 1932 wurde er im 2. Kabinett von Karl Buresch (1878–1936) Bundesminister für Justiz, 1933 unter ↑Dollfuß zugleich für Unterricht. Nach des letzteren Ermordung (Juli 1934) wurde er Bundeskanzler u. führte zeitweilig auch die Ministerien für Äußeres, Unterricht, Verteidigung u. Landwirtschaft. Er bemühte sich, die Idee des autoritären christl. Ständestaats in Anlehnung an das faschist. Italien zu verwirklichen u. stellte sich gegen e. Rückkehr zur Parteiendemokratie. Im Grunde großdt. gesinnt, war er andererseits e. entschlossener Gegner völk. oder nat.soz. Gedankenguts. Anfangs gelang es ihm, die inneröstr. Szene zu befrieden, indem er E.R.Fürst von ↑Starhemberg zum Rücktritt als Vizekanzler zwang, selbst die Führung der Vaterländ. Front übernahm u. die Heimwehren auflöste. In der Außenpolitik freil. öffnete das Juliabkommen 1936 mit dem Dt. Reich den Weg für nat.soz. Infiltration, u. die Bildung der Achse Berlin-Rom isolierte Österreich. Infolgedessen mußte er in der Besprechung am 12.2.1938 in Berchtesgaden dem Druck ↑Hitlers nachgeben u. e. Einengung der östr. Außen- u. Verteidigungspolitik, der Aufnahme ↑Seyß-Inquarts in sein Kabinett u. e. Amnestie für die östr. Nationalsozialisten zustimmen. Sein desperater Versuch, durch e. für den 13.3. angekündigte Volksabstimmung die Unabhängigkeit Österreichs zu sichern, wurde durch den Einmarsch dt. Truppen am 12.3. vereitelt. Er selbst trat am 11.3. zurück, wurde inhaftiert u. 1941–45 in dt. KZ gefangengehalten. Nach der Befreiung ging er nach Italien u. 1947 in die USA, wo er 1948–67 Prof. in St.Louis MO war. Danach lebte er wieder in Österreich.

Lit.: Peter Streitle, *Die Rolle K. von S.s 1934–1936* (1988); Anton Hopfgartner, *K. S.* (1989).

Schütz, Klaus, Politiker, *17.9.1926 Heidelberg. Er war 1954–57 u. 1963–77 Mitglied des Berliner Abg.hauses u. 1957–61 des Bundestags (SPD). 1961–66 war er in Berlin Senator für Bundesangelegenheiten u. das Postwesen, 1967–77 Regierender Bürgermeister. 1977–81 war er Botschafter in Israel, 1981–87 Intendant der Dt. Welle.

Schwaetzer, Irmgard, Politikerin, *5.4.1942 Münster. Die promovierte Pharmakologin arbeitete 1971–80 in der pharmazeut. Industrie u. trat 1975 der FDP bei. Seit 1980 saß sie im Bundestag. 1982–84 war sie Generalsekretärin der FDP, 1984–87 deren Schatzmeisterin. 1987–91 war sie Staatsministerin im Auswärtigen Amt, 1991–94 Bundesministerin für Raumordnung, Bauwesen u. Städtebau.

Schwarz, Werner, Politiker, *21.1.1900 Hamburg, †2.9.1982 Gut Frauenholz (bei Bad Oldesloe). Der Landwirt trat 1952 in die CDU ein u. saß 1953–65 im Bundestag. 1959–65 war er Bundesernährungsminister.

Schwarzenberg, Felix Fürst zu, östr. Politiker, Staatsmann, *2.10.1800 Krumau (Böhmen), †5.4.1852 Wien. Der Neffe von K.P. Fürst zu ↑S. trat 1818 in den östr. Militärdienst ein u. war ab 1824 als Offizier im diplomat. Dienst tätig. 1848 diente er in der Armee ↑Radetzkys u. wurde als Feldmarschalleutnant Gouverneur von Mailand. Nachdem die Oktoberrevolution in Wien niedergeworfen war, wurde er Ministerpräs. (21.11.). Er erreichte die Abdankung Ks. ↑Ferdinands u. die Thronbesteigung ↑Franz Josephs (2.12.). Mit seiner Forderung, die gesamte Habsburgermonarchie an e. östr.-dt. Staatenbund zu beteiligen, blockierte er prakt. e. großdt. Lösung der dt. Einheitsfrage. Durch die Olmützer Punktation (1850) u. die Wiederherstellung des Bundestags (1851) konnte er auch den Einfluß Preußens zurückdrängen. Im Habsburgerreich selbst leitete der Anhänger e. autokrat. Zentralismus mit der Oktroyierung e. Verfassung (4.3.1849) u. der Auflösung des Reichstags von Kremsier (7.3.) die Phase des östr. Neoabsolutismus ein. Dieser zeigte vorerst noch einige liberale Züge, doch wurde mit der Aufhebung der Verfassung durch das Silvesterpatent (31.12.1851) die Rückkehr zum Absolutismus vollends vollzogen. Mit umfassenden Reformen in Verwaltung u. Rechtsprechung, der Grundentlastung zugunsten der Bauern u. wirtschaftl. Förderung des Großbürgertums setzte er andererseits e. noch länger nachwirkenden Modernisierungsschub in Bewegung. Er starb während e. Sitzung des Ministerrats.

Lit.: Rudolf Kiszling, *Fürst F. zu S.* (1952); Stefan Lippert, *F. Fürst zu S.* (1998).

Schwarzenberg, Karl Philipp Fürst zu, östr. Feldmarschall, *15.4.1771 Wien, †15.10.1820 Leipzig. Er trat 1788 in den östr. Militärdienst ein u. nahm an den drei ersten Koalitionskriegen teil. 1805, 1808 u. 1809 war er Botschafter in Rußland, 1809, 1810–12 u. 1813 auch in Frankreich. 1810 führte er die Verhandlungen über die Vermählung Napoleons I. mit der Ks.tochter ↑Marie Louise. Im Rußlandfeldzug Napoleons 1812 befehligte er das östr. Hilfskorps der Großen Armee. Nach deren Niederlage blieb er als Friedensvermittler zwischen Frankreich u. Rußland erfolglos. Ab Aug. 1813 führte er den Oberbefehl über die alliierten Truppen, mit denen er 1814 in Paris einzog. 1815 übernahm er den Vorsitz im Hofkriegsrat.

Lit.: Karl Fürst Schwarzenberg, *Feldmarschall Fürst S.* (1964).

Schwarzer, Alice, Publizistin, *3.12. 1942 Wuppertal. Sie war 1968 Reporterin bei der Zeitschrift *pardon*, 1969–74 freie Journalistin in Paris. 1976 gründete sie die feminist. Zeitschrift *Emma*, die sie seither leitete. 1983 war sie Mitbegründerin des Hamburger Instituts für Sozialforschung.

Schwarzhaupt, Elisabeth, Politikerin, *7.1.1901 Frankfurt/Main, †30.10.1986 ebd. Die promovierte Juristin arbeitete in der Verwaltung der Ev. Kirche. 1945 trat sie in die CDU ein u. saß 1953–69 im Bundestag. 1961–66 war sie Bundesgesundheitsministerin.

Schwarz-Schilling, Christian, Politiker, *19.11.1930 Innsbruck. Der promovierte Sinologe war 1957–82 Geschäftsführer e. elektrotechn. Unternehmens. 1960 trat er in die CDU ein u. saß 1966–76 im hess. Landtag. 1967–80 war er Generalsekretär der hess. CDU. Seit 1976 saß er im Bundestag u. war 1982–92 Bundespostminister.

Schweitzer, *Jean* Baptist von, Politiker, *12.7.1833 Frankfurt/Main, †28.7.1875 Villa Gießbach am Brienzer See (Schweiz). Der Rechtsanwalt war 1863 Mitbegründer von ↑Lassalles Allg. Dt. Arbeiterverein (ADAV) u. 1867–70 dessen Präs. sowie Mitglied des Reichstags. In seiner 1865 gegr. Zeitung *Socialdemokrat* unterstützte er O. von ↑Bismarcks Politik, was zur Spaltung des ADAV beitrug.

Schwen(c)kfeldt, Caspar von, Schwärmer, *1489 Ossig (bei Liegnitz), †10.12.1561 Ulm. Er trat 1511 in den Dienst des Hg.s Friedrich II. von Liegnitz (1480–1547), den er 1521 für die Reformation gewann. Wegen seiner spiritualist. Abendmahlsauffassung brach er 1525 mit M. ↑Luther. 1529 aus Schlesien vertrieben, konnte er wegen seiner Ablehnung e. organisierten Kirche u. christolog. Differenzen e. Halt weder in Straßburg noch bei ↑Zwingli oder ↑Karlstadt finden. Sein myst. u. gnost. geprägtes Denken hat den späteren Pietismus beeinflußt.
Lit.: Karl Ecke, *K.S.* (²1965); Paul Gerhard Eberlein, *Ketzer oder Hl.?* (1998).

Schwendi, Lazarus von, Politiker u. Feldherr, *1522 Mittelbiberach (Schwaben), †28.5.1584 Kirchhofen (Breisgau). Der luther. erzogene Sohn e. württ. Adligen trat 1546 in ksl. Dienste u. nahm am Schmalkald. Krieg teil. Nach seiner Konversion 1552 in den erbl. Ritterstand erhoben, kämpfte er auf seiten der Niederländer gegen Frankreich. 1564 wurde er ksl. Oberbefehlshaber in Ungarn. 1568 in den erbl. Frhr.n stand erhoben, aber unzufrieden mit der span. Politik in den Niederlanden, löste er sein Dienstverhältnis. Künftig trat er auf allen Reichstagen für religiöse Toleranz u. die Wahrung des Land- u. Religionsfriedens ein.
Lit.: Thomas Nicklas, *Um Macht u. Einheit des Reiches* (1995).

Schwerin, Kurd Christoph Graf (1741) von, Generalfeldmarschall,

*26.10.1684 Löwitz (Pommern), †6.5.1757 bei Prag. Er kämpfte in niederländ. u. mecklenburg. Diensten im Span. Erbfolgekrieg u. auf schwed. Seite im Nord. Krieg. Seit 1720 in der preuß. Armee, wurde er dort 1740 Generalfeldmarschall. Sieger der Schlacht bei Mollwitz (1741), fiel er in der Schlacht bei Prag.

Schwerin von Krosigk, Johann Ludwig (Lutz) Graf (1925 durch Adoption), Politiker, *22.8.1887 Rathmannsdorf (Anhalt), †4.3.1977 Essen. Der Jurist trat 1909 in den preuß. Justizdienst ein u. arbeitete nach Kriegsteilnahme ab 1920 im Reichsfinanzministerium. 1932–45 war er parteiloser Reichsfinanzminister in den Kabinetten ↑Papen, ↑Schleicher u. ↑Hitler u. 2.–23.5. 1945 Leiter der geschäftsführenden Reichsregierung unter ↑Dönitz. Im sog. Wilhelmstraßenprozeß 1949 zu zehn Jahren Gefängnis verurteilt, wurde er 1951 entlassen.

Lit.: Klaus Goehrke, *In den Fesseln der Pflicht* (1995).

Seckendorff, Friedrich Heinrich von, Feldmarschall, *16.7.1673 Königsberg (Franken), †23.11.1763 Meuselwitz (Sachsen). Der Neffe von V.L. von ↑S. studierte Jura u. diente dann in verschiedenen Heeren. Ab 1717 Generalfeldmarschallleutnant in ksl. Diensten, wurde er 1719 in den Reichsgrafenstand erhoben. Als Gesandter in Berlin schloß er 1726 den östr.-preuß. Vertrag von Wusterhausen. Im Poln. Erbfolgekrieg brachte er Frankreich 1735 bei Klausen e. schwere Niederlage bei. 1737–39 hatte er den Oberbefehl im Türkenkrieg. Zeitweilig wegen Mißerfolgen bei ↑Maria Theresia in Ungnade, wurde er 1745 von ihr rehabilitiert u. war von da an e. ihrer Berater.

Seckendorff, Veit Ludwig von, Politiker, *20.12.1626 Herzogenaurach, †18.12.1692 Halle/Saale. Er war ab 1663 Kanzler Hg. Ernsts I. von Sachsen-Gotha (1601–75) u. 1664–68 von Hg. Moritz von Sachsen-Zeitz (1619–81). In seinen Werken *Der Teutsche Fürsten-Staat* (1656) u. *Christen-Staat* (1685) gab er vielbeachtete Ratschläge für die Reorganisation der im 30jähr. Krieg verwüsteten Territorien.

Seebohm, Hans-Christoph, Politiker, *4.8.1903 Emanuelssegen (Oberschlesien), †17.9.1967 Bonn. Der promovierte Bergbauingenieur wurde 1946 stellv. Vors. der DP. 1946–48 war er Landtagsmitglied u. Arbeitsminister Niedersachsens. 1948–49 saß er im Parlamentar. Rat, 1949–67 im Bundestag. Als Bundesverkehrsminister (1949–66) betrieb er den Ausbau des Fernstraßennetzes u. den Wiederaufbau der Lufthansa. 1959–67 war er Sprecher der Sudetendt. Landsmannschaft. 1960 trat er in die CDU ein.

Seeckt, Hans von, Generaloberst, *22.4.1866 Schleswig, †27.12.1936 Berlin. Der Sohn e. Generals trat 1885 in die preuß. Armee ein u.

kam 1899 in den Generalstab. Im Ersten Weltkrieg wurde er als Generalstabsoffizier an der Ostfront, auf dem Balkan u. in der Türkei eingesetzt. 1919 war er Militärexperte der dt. Delegation in Versailles, danach Chef des neuerrichteten Truppenamts im Reichswehrministerium. 1920–26 Chef der Heeresleitung, wurde er der eigtl. Schöpfer der Reichswehr, die er als Kadertruppe organisierte, aber zu e. selbständigen, sich der Integration in die Weimarer Republik entziehenden Machtinstrument («Staat im Staate») entwickelte. Vorgebl. apolit., aber monarchist.-nationalist. Traditionen verpflichtet, verschloß er sich immerhin dem Gedanken e. Staatsstreichs. So verhielt er sich beim Kapp-Putsch (↑Kapp) abwartend u. gab auch die ihm 1923–24 von Reichspräs. ↑Ebert zur Abwehr links- u. rechtsradikaler Bestrebungen gemäß Art. 48 der Verfassung übertragene vollziehende Gewalt der Regierung zurück. Eine energ. Revisionspolitik gegenüber Polen befürwortend, trat er für e. enge polit. u. militär. Zus.arbeit mit der Sowjetunion ein. Als er 1926 e. Hohenzollernprinzen die Teilnahme an Manövern gestattete, mußte er zurücktreten. 1930–32 saß er im Reichstag (DVP), 1931 war er an der Bildung der Harzburger Front beteiligt. 1933 u. 1934–35 hielt er sich als Militärberater Chiang Kai-sheks in China auf.

Lit.: Hans Meier-Welcker, *S.* (1967); Claus Guske, *Das polit. Denken des Generals von S.* (1971).

Seehofer, Horst, Politiker, *4.7.1949 Ingolstadt. Der Verwaltungsfachmann trat 1971 der CSU bei u. saß seit 1980 im Bundestag. 1989–92 war er Parlamentar. Staatssekretär beim Bundesarbeitsminister. 1992–98 war er Bundesgesundheitsminister.

Seidel, Hanns, Politiker, *12.10.1901 Schweinheim (bei Aschaffenburg), †5.8.1961 München. Promoviert in Jura u. Volkswirtschaft, war das Gründungsmitglied der CSU 1947–54 bayer. Wirtschaftsminister u. 1957–60 Ministerpräs. 1955–61 war er Vors. der CSU. – Die der CSU nahestehende H.-S.-Stiftung betreibt polit. Bildungsarbeit.

Seipel, Ignaz, östr. Politiker, *19.7.1876 Wien, †2.8.1932 Pernitz (Niederösterreich). 1899 zum Priester geweiht, war er zunächst in der Seelsorge tätig u. wurde dann nach Promotion (1903) u. Habilitation (1908) Prof. für Moraltheologie in Salzburg (1909) u. Wien (1917). Okt.-Nov. 1918 war er im letzten ksl. Kabinett Minister für öffentl. Arbeiten u. soziale Fürsorge. 1919–20 war er als Mitglied der konstituierenden Nationalversammlung führend an der Ausarbeitung der östr. Verfassung beteiligt. 1920–32 saß er im Nationalrat. 1921 zum Prälaten ernannt, war er 1921–29 Obmann (Vors.) der Christl.-soz. Partei. Als Bundeskanzler e. bürgerl. Koalitionsregierung (1922–24) gelang es ihm, mit Hilfe e. Völkerbundsanleihe die östr. Währungskrise zu überwinden. Allerdings zwang ihn der von ihm verfolgte konserv. innenpolit. Kurs zum Rücktritt, doch führte er 1926-29 zum zweiten Mal e. Kabinett, wobei er sich bes. auf die Heimwehren zur Zurückdrängung der Sozialdemokraten stützte. 1930 kurz Außenminister, blieb er auf dem Höhepunkt der Wirtschaftskrise 1931 erfolglos bei dem Versuch, die Sozialdemokraten in e. Regierung einzubeziehen. Seine ständestaatl. Sympathien u. seine Vorstellungen von e. präsidial-demokrat. Verfassung machten ihn zu e. Wegbereiter der Regierung ↑Dollfuß.

Lit.: Klemens von Klemperer, *I. S.* (1976); Friedrich Rennhofer, *I. S.* (1978); Ludwig Reichhold, *I. S.* (1988).

Seite, Berndt, Politiker, *22.4.1940 Hahnswalde (Schlesien). Der Tierarzt war seit 1975 Mitglied der Synode der ev.-luther. Landeskirche Mecklenburgs, trat 1990 der CDU bei u. war 1992-98 Ministerpräs., ab 1994 auch Mitglied des Landtags von Mecklenburg-Vorpommern.

Seiters, Rudolf, Politiker, *13.10. 1937 Osnabrück. Er trat 1958 der CDU bei, studierte Jura u. saß seit 1969 im Bundestag (ab 1998 Vizepräs.). 1989-91 war er Bundesminister für bes. Aufgaben u. Chef des Bundeskanzleramts, 1991-93 Bundesinnenminister.

Seitz, Karl, östr. Politiker, *4.9. 1869 Wien, †3.2.1950 ebd. Der Lehrer schloß sich unter dem Einfluß V. ↑Adlers den Sozialdemokraten an. Er saß dann 1901-18 im Reichsrat, ab 1902 im niederöstr. Landtag. 1918-19 war er e. der drei Präs.en der Provisor. Nationalversammlung Dt.-Österreichs. 1919-20 Erster Präs. der Konstituierenden Nationalversammlung, war er damit auch das erste Staatsoberhaupt der Republik. 1920-34 war er Vors. der SPÖ u. gehörte gleichzeitig dem Nationalrat an. Als Bürgermeister u. Landeshauptmann von Wien (1923-34) förderte er Reformen im Wohnungsbau, in der Fürsorge u. im Schulwesen. Nach dem 20.7.1944 interniert, war er nach Kriegsende bis zu seinem Tod wieder Mitglied des Nationalrats.

Lit.: Rudolf Spitzer, *K. S.* (1994).

Selbert, Elisabeth [geb. Rohde], Politikerin, *22.9.1896 Kassel, †9.6. 1986 ebd. Sie trat 1918 der SPD bei u. wurde 1934 Rechtsanwältin. 1945 in den Parteivorstand gewählt, war sie 1946-58 Mitglied des hess. Landtags u. 1948-49 des Parlamentar. Rats. In letzterem engagierte sie sich erfolgreich für die Aufnahme des Gleichheitsgrundsatzes in das Grundgesetz.

Lit.: Antje Dertinger, Hrsg., *E. S.* (1986).

Selbmann, Fritz, Politiker, *29.9. 1899 Lauterbach (Hessen), †26.1. 1975 Berlin (Ost). Der Bergmann trat 1920 der USPD, 1922 der KPD bei. 1930-32 Mitglied des preuß. Landtags, 1932-33 des Reichstags, war er 1933-45 inhaftiert. Ab 1946 Mitglied der SED, war er 1954-58 Mitglied des ZK der SED. 1949-50 war er Minister für Industrie, 1950–51 u. 1953–55 für Schwerindustrie, 1951–53 für Hüttenwesen der DDR. 1955–58 amtierte er als stellv. Vors. des Ministerrats.

Seldte, Franz, Politiker, *29.6.1882 Magdeburg, †1.4.1947 Fürth. Der Mineralwasserfabrikant gründete nach Teilnahme am Ersten Weltkrieg (Verlust e. Arms) im Dez. 1918 den «Stahlhelm. Bund der Frontsoldaten», dessen 1. Bundesführer er ab 1924 war. Antirepublikan. gesinnt, arbeitete er mit anderen rechtsgerichteten Verbänden zus., so 1929 im Kampf gegen den Youngplan u. 1931 in der Harzburger Front. 1933–45 war er Reichsarbeitsminister u. 1933–34 Reichskommissar für den Freiwilligen Arbeitsdienst. Er befürwortete die ab 1933 durchgeführte Eingliederung der Mitglieder des Stahlhelm, der 1935 ganz aufgelöst wurde, in die SA. Nach Kriegsende unter Anklage gestellt, starb er in amerikan. Haft.
Lit.: Volker R. Berghahn, *Der Stahlhelm* (1966).

Severing, Carl, Politiker, *1.6.1875 Herford, †23.7.1952 Bielefeld. Der gelernte Schlosser trat 1893 der SPD bei u. wurde in der Gewerkschaftsbewegung tätig. 1907–12 u. 1919–33 saß er, dem revisionist. Flügel seiner Partei zugehörig, im Reichstag bzw. der Nationalversammlung, 1921–33 auch im preuß. Landtag. Als Reichs- u. Staatskommissar für Westfalen 1919–20 warf er nach dem Kapp-Putsch (↑Kapp) die kommunist. Aufstände nieder. Als preuß. Innenminister 1920–26 (mit kurzer Unterbrechung 1921) u. 1930–32 baute er die Schutzpolizei aus, förderte die republikan. Elemente in der Beamtenschaft u. verteidigte erfolgreich das Staatswesen gegen die Attacken der antiparlamentar. Linken u. Rechten. Als Reichsinnenminister 1928–30 bemühte er sich in der ausbrechenden wirtschaftl. Depression vergebl. um e. Ausgleich zwischen den Arbeitgeberverbänden u. den Gewerkschaften. Seiner Absetzung durch die Regierung ↑Papen im sog. Preußenputsch (20.7.1932) setzte er keinen entschlossenen Widerstand entgegen. Nach 1945 beteiligte er sich am Wiederaufbau der SPD u. saß 1947–49 im nordrhein-westfäl. Landtag.
Lit.: Thomas Alexander, *C. S.* (1992).

Seydlitz, Friedrich Wilhelm von, General, *3.2.1721 Kalkar, †8.11.1773 Ohlau. Er trat früh in preuß. Dienste u. zeichnete sich bereits als Major im 2. Schles. Krieg aus. Im 7jährigen Krieg deckte er bei Kolin den Rückzug u. entschied an der Spitze der Reiterei die Schlachten bei Roßbach 1757 u. Zorndorf 1758 für Preußen. 1767 wurde er zum General der Kavallerie ernannt.
Lit.: Klaus Christian Richter, *F. W. von S.* (1996).

Seydlitz(-Kurzbach), Walther von, General, *22.8.1888 Hamburg, †28.4.1976 Bremen. Der Berufsoffizier war zu Beginn des Zweiten Weltkriegs Generalmajor u. Divisionskommandeur. In der Schlacht um

Stalingrad führte er e. Armeekorps u. verlangte Ende Nov. 1942 von ↑Paulus den Ausbruch gegen den Befehl ↑Hitlers. Am 25.1.1943 kapitulierte er mit seinem Armeekorps. In sowjet. Gefangenschaft war er Präs. des Bundes Dt. Offiziere u. Vizepräs. des Nationalkomitees Freies Dtld. (1943–45). Er weigerte sich, Kommunist zu werden, u. wurde 1950 von e. sowjet. Gericht als Kriegsverbrecher zum Tod verurteilt. 1955 wurde er in die Bundesrepublik entlassen.

Lit.: Leonid Reschin, *General zwischen den Fronten* (1995).

Seyß-Inquart, Arthur, östr. Politiker, *22.7.1892 Stannern (Mähren), †16.10.1946 Nürnberg. Der promovierte Jurist hatte als Rechtsanwalt in Wien ab 1931 Verbindung zur östr. NSDAP, der er 1938 beitrat. 1937 zum Staatsrat ernannt, wurde er unter dt. Druck im Febr. 1938 östr. Innenminister u. im März Bundeskanzler u. ermöglichte den dt. Einmarsch u. den Anschluß Österreichs an das Dt. Reich. Von März 1938 bis April 1939 Reichsstatthalter in Österreich (Ostmark), verlor er rasch an Einfluß u. wurde danach Reichsminister ohne Geschäftsbereich (1939–45). 1939–40 war er Stellv. des Generalgouverneurs in Polen. Als Reichskommissar für die besetzten niederländ. Gebiete (1940–45) war er u. a. verantwortl. für Unterdrückungsmaßnahmen u. Judendeportationen. 1946 wurde er in Nürnberg zum Tod verurteilt u. gehängt.

Lit.: H(endricus) J(ohannes) Neuman, *A. S.-I.* (1970).

Sickingen, Franz von, Reichsritter, *2.3.1481 Ebernburg (bei Bad Kreuznach), †7.5.1523 Landstuhl (bei Kaiserslautern). Durch Fehden u. Kriegszüge gewann er e. bedeutende Machtstellung am Mittelrhein. 1515 geächtet, trat er in franz. u. 1518 in ksl. Dienste. 1519 beteiligte er sich an der Vertreibung Hg. ↑Ulrichs von Württ. ↑Hutten gewann ihn für die Reformation. Nach Teilnahme am Wormser Reichstag 1521 scheiterte er mit e. selbstgeworbenen Heer auf e. Feldzug gegen Frankreich. 1522 erklärte er dem Kf.tum Trier die Fehde, konnte aber die Stadt nicht erobern. Erneut geächtet, wurde er Hauptmann e. Bundes der sich bedrängt fühlenden schwäb. u. fränk. Reichsritterschaft. Bei der Belagerung seiner Burg durch die verbündeten Fürsten von Trier, Hessen u. der Pfalz wurde er tödl. verwundet.

Lit.: Reinhard Scholzen, *F. von S.* (1996).

Siebenpfeiffer, Philipp *Jakob*, Jurist, *12.11.1789 Lahr, †14.5.1845 Bern. Der promovierte Jurist wurde 1818 Landkommissar in Homburg (Pfalz). Neben weltanschaul. begründetem Haß auf die kath. Kirche entwickelte der gute Verwaltungsfachmann e. wachsende Abneigung gegen die konstitutionelle Monarchie. Ab 1830 gab er die Zeitschrift *Rheinbayern* (ab 1832 *Dtld.*) heraus. Dies führte zu seiner Ablösung, woraufhin er am 26.5.1832 das demokrat. Hambacher Fest veranstaltete u. dort zus. mit J.G.A. ↑Wirth auch als Hauptredner auftrat. 1833 verhaftet, aber freigesprochen, ging er in die Schweiz, wo er 1842 in geistige Umnachtung fiel.

Lit.: Ludwig A. Doll, *P.J. S.* (1957); Saarpfalz-Kreis, Hrsg., *Ein Leben für die Freiheit* (1989).

Siegfried

KÖLN:

Siegfried von Westerburg, Erzbf., †7.4.1297. Ab 1275 Erzbf. von Köln, bemühte er sich v. a. um den Ausbau seines Territoriums. Die Niederlage bei Worringen 1288 gegen den Grafen von Berg im Streit um die Erbfolge in Limburg schwächte seinen Ehrgeiz. Er war jedoch 1292 maßgebl. an der Wahl ↑Adolfs von Nassau zum Kg. beteiligt u. kam dadurch zeitweilig in den Besitz der Vogtei Essen u. der Reichsstädte Dortmund u. Duisburg.

Lit.: Franz-Reiner Erkens, *S. von W.* (1982).

LUXEMBURG:

Siegfried I., Graf, *spätestens 919, †28.10.998(?). Er erwarb 963 durch Tausch die Feste Luxemburg u. erweiterte danach zielstrebig seine Herrschaft zwischen Metz u. Trier. 950 wurde er von Kg. ↑Otto I. mit der Abtei Echternach belehnt. Bei allen drei Ottonen hatte er e. hohe Stellung inne u. eroberte 984 mit Hg. Dietrich von Oberlothringen (†zwischen 1027 u. 1032) Verdun zurück. Er ist der Stammvater des ersten Luxemburger Grafenhauses.

Lit.: Eduard Hlawitschka, *Die Anfänge des Hauses Habsburg-Lothringen* (1969).

MAINZ:

Siegfried I., Erzbf., †17.2.1084. Der Abt von Fulda (seit 1058) wurde 1060 zum Erzbf. von Mainz ernannt (1063 Pallium). 1076 kündigte er Papst Gregor VII. den Gehorsam auf u. krönte 1077 den Gegenkg. ↑Rudolf von Rheinfelden, 1081 den Gegenkg. ↑Hermann von Salm. Er betrieb e. aktive Klosterpolitik u. richtete u. a. 1069 das Chorherrenstift Mariengreden in Mainz ein.

Siegfried II. von Eppstein, Erzbf., *um 1165, †9.9.1230 Erfurt. Nach mehreren Stationen als Kleriker u. a. in Mainz, Worms u. Brünn war er Kanzler Kg. Ottokars I. von Böhmen. 1200 wurde er Erzbf. von Mainz. 1212 päpstl. Legat, erwirkte er den Verzicht ↑Friedrichs II. auf die Mainzer Kirchenlehen. Um diese Zeit ging der ehemalige Anhänger der Welfen auf die Seite Friedrichs über, den er 1212 in Mainz u. 1215 in Aachen zum Kg. krönte. 1228 krönte er auch den böhm. Thronfolger Wenzel in Prag. Während seiner Wirksamkeit begann sich das Mainzer Kf.enkollegium mit der Mainzer Erststimme zu formieren.

Lit.: Heinrich Lewin, *Der Mainzer Erzbf. S. II. von E.* (1895).

Siegfried III. von Eppstein, Erzbf., †9.3.1249 Bingen. Nachfolger seines Onkels ↑S. II. in Mainz, war er zunächst Parteigänger Ks. ↑Friedrichs II. u. Reichsverweser für dessen

Sohn ↑Konrad (IV.). 1241 trat er auf die Seite der Gegner der Staufer u. hatte maßgebl. Anteil an der Erhebung der Gegenkg.e ↑Heinrich Raspe u. ↑Wilhelm von Holland. Den Mainzer Bürgern gewährte er 1244 bedeutende Freiheiten.

Siegmund ↑Sigismund.

Siemens, Georg von (1899), Bankier, *21.10.1839 Torgau, †23.10. 1901 Berlin. Der Jurist (Vetter von W. von ↑S.) ging 1868 für die Firma Siemens & Halske nach Persien. 1870 war er Mitbegründer der Dt. Bank, die er zu e. internat. operierenden Unternehmen (u. a. Finanzierung der Anatol. u. der Bagdadbahn) ausbaute. Er war 1874-77 (Nationalliberaler), 1884-93 u. 1898-1901 (Freisinn) Mitglied des Reichstags.

Siemens, Werner von (1888), Erfinder u. Unternehmer, *13.12.1816 Lenthe (bei Hannover), †6.12.1892 Berlin. 1838-49 Artillerieoffizier in der preuß. Armee, machte er schon während dieser Zeit diverse techn. Erfindungen. 1847 gründete er mit ↑Halske die erste europ. Telegraphenbauanstalt u. legte mehrere unterird. Telegraphenlinien, u.a. von Berlin nach Frankfurt/Main u. Aachen. In Zus.arbeit mit seinen Brüdern baute er ab den 1850er Jahren seine Firma zu e. Weltkonzern aus (Tiefseekabel von Suez nach Indien, 1867-70; erste verwendbare elektr. Lokomotive, 1879; Aufzug, 1880; Straßenbahn, 1881). Er war 1861 Mitbegründer der Dt. Fortschrittspartei u. saß 1863-66 im preuß. Abg.haus.

Lit.: Sigfrid von Weiher, *W. von S.* (²1974).

Sieveking, Kurt, Politiker, *21.2. 1897 Hamburg, †16.3.1986 ebd. Der promovierte Jurist arbeitete zeitweilig als Rechtsanwalt sowie im auswärtigen Dienst. 1951-53 Generalkonsul in Stockholm, war er 1953-57 Erster Bürgermeister in Hamburg u. danach Mitglied der Bürgerschaft (bis 1962 Vors. der CDU-Fraktion).

Sigismund (Sigmund), Kg., Ks., *15.2.1368 Nürnberg, †9.12.1437 Znaim (Mähren). Dem Sohn Ks. ↑Karls IV. fiel 1378 aus dem Erbe seines Vaters die Markgrafschaft Brandenburg zu. Durch seine Vermählung 1385 mit Maria von Anjou (1370-95), der Erbtochter des ungar. u. poln. Kg.s Ludwig I., erlangte er 1387 die ungar., aber nicht die poln. Krone. Aufwendige Kämpfe um Ungarn zwangen ihn 1388 zur Verpfändung der Mark Brandenburg an seinen Vetter Markgraf Jobst von Mähren (1354-1411) u. 1402 zum Verkauf der Neumark an den Dt. Orden. 1387 in Stuhlweißenburg zum Kg. von Ungarn gekrönt, mußte er 1396 e. vernichtende Niederlage durch die Türken bei Nikopolis (Bulgarien) hinnehmen. Nach dem Tod Kg. ↑Ruprechts von der Pfalz 1410 wählte e. Minderheit der Kf.en ihn, die Mehrheit jedoch Jobst zum Kg., doch wurde er nach dem Tod Jobsts allg. anerkannt u. 1414 in Aachen gekrönt. Seinem diplomat. Geschick war die Überwindung des

Schismas u. die Wiederherstellung der kirchl. Einheit auf dem von ihm einberufenen Konstanzer Konzil 1414–18 zu verdanken. Ob er ↑Hus freie Rückkehr zusagte, ist strittig, doch waren S.s Kräfte in der Folgezeit durch die Hussitenkriege in Böhmen gebunden, dessen Krone er 1419 nach dem Tod seines Bruders Kg. ↑Wenzel erbte u. wo er 1420 zum Kg. gekrönt wurde. Seine Pläne e. Reichsreform u. e. großen europ. Koalition zum Kreuzzug gegen die Türken konnte er allerdings nicht verwirklichen. Ebenso mißlang sein Versuch, auf dem Basler Konzil (1431–49) die große Union der röm. u. der griech. Kirche zu erreichen, doch konnte immerhin der dann in den Prager (1433) u. Iglauer (1436) Kompakten vollends zustande kommende Ausgleich mit den Hussiten in die Wege geleitet werden. 1433 wurde er von Papst Eugen VI. zum Ks. gekrönt. Die histor. Bedeutung des persönl. liebenswürdigen u. gebildeten Herrschers liegt in seiner Rolle bei der Beendigung des Schismas u. seinem Beitrag zum Entstehen des Habsburgerreiches.

Lit.: Wilhelm Baum, *Ks. S.* (1993); Josef Macek, Hrsg., *S. von Luxemburg* (1994); Jörg K. Hoensch, *Ks. S.* (1997).

Silverberg, Paul, Industrieller, *6.5. 1876 Bedburg, †5.10.1959 Lugano. Der promovierte Jurist übernahm 1903 die Leitung des väterl. Braunkohleunternehmens Fortuna AG. Nach dem Ersten Weltkrieg trat er der DVP bei. In vielen Leitungsgremien der Wirtschaft tätig, darunter als stellv. Vors. des Reichsverbands der dt. Industrie, war er Berater ↑Brünings, verwandte sich dann für die Berufung ↑Schleichers zum Reichskanzler u. begrüßte die Machtübernahme ↑Hitlers. Trotzdem emigrierte er 1933 wegen seiner jüd. Herkunft in die Schweiz

Lit.: Reinhard Neebe, *Großindustrie, Staat u. NSDAP* (1981).

Simonis, Heide [geb. Steinhardt], Politikerin, *4.7.1943 Bonn. Die Diplomvolkswirtin trat 1969 der SPD bei u. war nach Tätigkeit in der Kommunalpolitik 1976–88 Mitglied des Bundestags. 1988–93 war sie Finanzministerin u. seit 1993 Ministerpräs.in von Schleswig-Holstein.

Simons, Menno, Täuferführer, *1496 Witmarsum (Friesland), †31.1. 1561 Wüstenfelde (bei Bad Oldesloe). Der kath. Priester war 1531–36 Seelsorger in seinem Heimatort. Wegen Zweifeln hinsichtl. der Transsubstantiationslehre u. der Kindertaufe schloß er sich 1536 den Täufern an u. sammelte die nach dem Untergang des Täuferreiches in Münster Verunsicherten. Gemeindeältester in Groningen (1537–41) u. Emden (ab 1543), wurde er zum Lehrer der Mennoniten. Mehrmals vertrieben, fand er 1555 Aufnahme im Holstein. Hauptwerk: *Das Fundament der christl. Lehre* (1540).

Lit.: Christoph Bornhäuser, *Leben u. Lehre M. S.'* (1973).

Simson, Martin *Eduard* von (1888), Politiker, *10.11.1810 Königsberg,

†2.5.1899 Berlin. Der Jurist wurde 1833 Prof. in Königsberg. Mitglied der Frankfurter Nationalversammlung, wurde er im Dez. 1848 deren Präs. u. führte im April 1849 die erfolglose Ks.deputation nach Berlin. Ab 1859 saß er im preuß. Abg.haus. Er war Mitbegründer der Nationalliberalen Partei u. saß 1867–77 im Reichstag (1867–73 Präs.). 1879–91 war er erster Präs. des Reichsgerichts in Leipzig.

Lit.: Günther Meinhardt, *E. von S.* (1981).

Sindermann, Horst, Politiker, *5.9.1915 Dresden, †20.4.1990 Berlin. Seit 1929 im Kommunist. Jugendverband Dtld.s aktiv, war er während der nat.soz. Herrschaft zumeist inhaftiert. 1945 trat er der KPD, 1946 der SED bei. Im ZK der letzteren war er 1963–89, im Politbüro 1967–89 Mitglied. 1973–76 war er Vors. des Ministerrats der DDR, 1976–89 Präs. der Volkskammer.

Singer, Paul, Politiker, *16.1.1844 Berlin, †31.1.1911 ebd. Der gelernte Kaufmann trat 1869 der Sozialdemokrat. Arbeiterpartei bei. 1884 gründete er das *Berliner Volksblatt*, e. Vorläufer des *Vorwärts.* 1885 wurde er Mitglied des Parteivorstandes der SPD u. 1890 neben ↑Bebel Parteivors. 1884–1911 saß er im Reichstag.

Skorzeny, Otto, SS-Obersturmbannführer, *12.6.1908 Wien, †6.7.1975 Madrid. Der Ingenieur trat 1930 in die NSDAP u. 1940 in die SS-Leibstandarte Adolf Hitler ein. 1943 wurde er in das Reichssicherheitshauptamt versetzt. Nach Kampfeinsätzen in Holland, Frankreich u. Rußland befreite er am 12.9.1943 den auf dem Gran Sasso (Abruzzen) festgesetzten Benito Mussolini. Er lebte seit 1949 in Madrid.

Smidt, Johann, Politiker, *5.11.1773 Bremen, †7.5.1857 ebd. Nach dem Theologiestudium wurde er 1797 Gymnasialprof. in Bremen. Ab 1800 Ratsherr, war er 1821–49 u. 1852–57 Bürgermeister von Bremen. 1813/14 erreichte er die Anerkennung der Unabhängigkeit der Städte Bremen, Hamburg u. Lübeck innerhalb des Dt. Bundes durch die Großmächte. Er vertrat Bremen auf dem Wiener Kongreß u. wirkte an der Ausarbeitung der Bundesakte 1815 mit. Wegen der Behinderung des Bremer Seehandels durch Oldenburg gründete er 1827 Bremerhaven. Konserv. gesinnt, ließ er die liberale Verfassung Bremens von 1849 durch e. Bundesintervention 1852 abschaffen.

Lit.: Otto Gildemeister u. Wilhelm Kaisen, Hrsgg., *Der große Bürgermeister* (1957).

Solf, *Wilhelm* Heinrich, Politiker, *5.10.1862 Berlin, †6.2.1936 ebd. Er war ab 1894 in der Kolonialabteilung des Auswärtigen Amts tätig, ab 1898 in Dt.-Ostafrika u. auf Samoa. Als Leiter des Reichskolonialamts (1911–18) u. Staatssekretär des Auswärtigen Amts (1918) erstrebte er e. Verständigung mit Großbritannien. 1919 trat er der DDP bei. 1920–28 war er Botschafter in Tokio. Seine Frau Hanna (1887–1954) bildete, auch nach seinem Tod, den Mittelpunkt e. Widerstandskreises gegen ↑Hitler (S.-Kreis).

Lit.: Eberhard von Vietsch, *W. S.* (1961).

Sombart, Werner, Volkswirtschaftler, *19.1.1863 Ermsleben, †18.5.1941 Berlin. Er war Prof. für Staatswiss. in Breslau (1890–1906), an der Handelshochschule (1906–17) u. der Universität Berlin (1917–31). Zunächst dem Marxismus nahestehend, verfaßte er bedeutende Arbeiten über den Sozialismus sowie e. entwicklungsgeschichtl. Studie über den Kapitalismus (*Der moderne Kapitalismus*, 1902–27). Er war 1909 Mitbegründer der Dt. Gesellschaft für Soziologie.

Lit.: Friedrich Lenger, *W. S.* (²1995).

Sophie Charlotte, Kf.in von Brandenburg, Kg.in in Preußen, *30.10.1668 Iburg, †1.2.1705 Hannover. Die aus dem Haus Hannover stammende Prinzessin wurde 1684 mit dem späteren preuß. Kg. ↑Friedrich I. vermählt. Von hoher Bildung, förderte sie Kunst u. Wissenschaft; unter dem Einfluß Leibniz' regte sie die Gründung der Berliner Akademie der Wiss.en an.

Sophie Dorothea, Prinzessin von Hannover, *15.9.1666 Celle, †13.11.1726 Ahlden. Die Erbtochter des Fürstentums Celle wurde 1682 mit dem späteren Kf.en Georg Ludwig von Hannover (Kg. Georg I. von England) vermählt. Ab 1690 führte sie vier Jahre lang e. Briefwechsel mit ihrem Liebhaber ↑Königsmarck. Nach dessen Ermordung wurde ihre Ehe geschieden (1694), u. sie wurde in das einsame Amtshaus Ahlden/Aller verbannt.

Lit.: Georg Schnath, *S. D. u. Königsmarck* (1976).

Sophie Dorothea, Kg.in von Preußen, *27.3.1687 Hannover, †28.6.1757 Berlin. Die Tochter ↑S. D.s von Hannover heiratete 1706 den späteren Kg. ↑Friedrich Wilhelm I. von Preußen. Mutter des späteren Kg.s ↑Friedrich II. d. Gr., entfremdete sie sich allmähl. von ihrem Gemahl. Seit 1740 lebte sie auf Schloß Monbijou (Berlin).

Sorge, Richard, Spion, *4.10.1895 Adschibend (bei Baku, Aserbeidschan), †7.11.1944 Tokio. Der promovierte Volkswirtschaftler trat 1919 der KPD bei. 1924–29 in der Sowjetunion, arbeitete er ab 1929 als Reporter in Schanghai. Ab 1933 in Japan, hatte er bald freien Zutritt zur dt. Botschaft in Tokio. Er baute e. prosowjet. Nachrichtennetz auf u. warnte Moskau ergebnislos vor dem dt. Angriff 1941. Im Okt. 1941 von der japan. Polizei verhaftet, wurde er verurteilt u. gehängt.

Lit.: Frederick William Deakin, *R. S.* (1965).

Spalatin, Georg [eigtl. G. Burckhardt], Reformator, *17.1.1484 Spalt (bei Nürnberg), †16.1.1545 Altenburg. Er wurde 1508 zum Priester geweiht u. 1509 Prinzenerzieher am kursächs. Hof in Torgau. Gebildeter

Humanist, war er ab 1516 Beichtvater u. Berater Kf. ↑Friedrichs III. des Weisen u. begleitete seine Fürsten zu den Reichstagen nach Worms 1521, Speyer 1526 u. Augsburg 1530. Nach dem Tod Friedrichs war er ab 1525 Pfarrer in Altenburg. Ein Freund M. ↑Luthers, förderte er diesen ab 1517 u. versuchte zwischen ihm u. Erasmus zu vermitteln. Durch seine Stellung bei Hofe war er maßgebl. am Fortschritt der Reformation u. des landesherrl. Kirchenregiments beteiligt.

Lit.: Irmgard Höss, *G. S.* (²1989).

Spann, Othmar, östr. Nationalökonom, *1.10.1878 Altmannsdorf (bei Wien), †8.7.1950 Neustift (Burgenland). Nach der Habilitation (Brünn 1907) wurde der Staatswiss.ler 1909 dort u. 1919 in Wien Prof. 1931–38 war er Hrsg. der *Zeitschrift für Volkswirtschaft*. Nach dem Anschluß Österreichs 1938 wurde er amtsenthoben u. monatelang interniert. Seine in Lehre u. Veröffentlichungen vorgetragene Forderung nach Neuordnung von Staat u. Gesellschaft auf berufsständ. u. föderalist. Grundlage übte starken Einfluß auf den östr. Konservativismus u. bes. die Programmatik der Heimwehren aus. Hauptwerke: *Der wahre Staat* (1921); *Geschichtsphilosophie* (1932).

Lit.: Klaus-Jörg Siegfried, *Universalismus u. Faschismus* (1974); Walter Heinrich, *O. S.* (1979).

Späth, Lothar, Politiker, Wirtschaftsmanager, *16.11.1937 Sigmaringen. Im Verwaltungsdienst ausgebildet, war er 1967–70 Bürgermeister von Bietigheim u. 1970–77 in der Bauwirtschaft tätig. 1968–91 war er Mitglied des Landtags (CDU), 1978 Innenminister, 1978–91 Ministerpräs. von Baden-Württ. 1991 wegen Verdachts der Vorteilsnahme zurückgetreten, leitete er seither die Jenoptik GmbH (ab 1996 AG) in Jena.

Spee, Maximilian Graf von, Vizeadmiral, *22.6.1861 Kopenhagen, †8.12.1914 bei den Falklandinseln. Er befehligte seit 1912 das dt. Kreuzergeschwader in Ostasien. Dieses führte er nach Ausbruch des Ersten Weltkriegs vor die chilen. Küste, wo es in der Seeschlacht bei Coronel (1.11.1914) e. gleich starkes brit. Geschwader besiegte. Wenig später erlitt es im Südatlantik bei den Falklandinseln (8.12.1914) gegen überlegene Kräfte e. vernichtende Niederlage.

Speer, Albert, Architekt u. Politiker, *19.3.1905 Mannheim, †1.9.1981 London. Er schloß das Architekturstudium 1927 als Diplom-Ingenieur ab. 1931 trat er der SA, 1932 der NSDAP u. der SS bei. Als selbständiger Architekt (1932–42) arbeitete er vielfach für die NSDAP, für die er gigant. Repräsentationsbauten in Berlin, München u. Nürnberg errichtete. 1937 wurde er zum Generalbauinspektor für die Neugestaltung Berlins ernannt. Er gehörte zu ↑Hitlers engstem Kreis u. teilte mit ihm Mahlzeiten, Spaziergänge u. Ferientage. Im Febr. 1942 wurde er als Nachfolger ↑Todts Reichsminister für Bewaffnung u. Munition, im Sept. 1943 für Rüstung u. Kriegsproduktion. Es gelang ihm, trotz Bombenschäden u. Rohstoffknappheit die Rüstungsproduktion auf e. Höchststand zu steigern. Ab Herbst 1944 von der Unmöglichkeit e. dt. militär. Sieges überzeugt, sabotierte er im März 1945 Hitlers Zerstörungsbefehl. Der Regierung ↑Dönitz gehörte er als Wirtschaftsminister an. Im Nürnberger Kriegsverbrecherprozeß zu 20 Jahren Gefängnis verurteilt, wurde er nach Verbüßung der Strafe in Berlin-Spandau 1966 entlassen.

Lit.: Matthias Schmidt, *A. S.* (1983); Gitta Sereny, *A. S.: Das Ringen mit der Wahrheit* (1995); Dan van der Vat, *Der gute Nazi* (1997).

Spengler, Oswald, Geschichtsphilosoph, *29.5.1880 Blankenburg (Harz), †8.5.1936 München. Er war 1908–11 Gymnasiallehrer in Hamburg u. danach Privatgelehrter in München. In seinem Hauptwerk *Untergang des Abendlandes* (2 Bde., 1918–22) wandte er sich gegen die übl. Periodisierung Altertum, MA u. Neuzeit u. sah vielmehr e. Abfolge von bisher acht Hochkulturen mit zykl. ablaufenden Entwicklungsstadien von Aufstieg, Blüte u. Verfall. Seine eigene Zeit sah er in der Periode des Verfalls, e. pessimist. Sicht, die vom dt. Bürgertum nach dem verlorenen Ersten Weltkrieg weithin rezipiert wurde. Weitere Werke: *Preußentum u. Sozialismus* (1920); *Der Mensch u. die Technik* (1931).

Lit.: Detlef Felken, *O. S.* (1988).

Spranger, Carl-Dieter, Politiker, *28.3.1939 Leipzig. Der Jurist trat 1968 in die CSU ein u. saß ab 1972 im Bundestag. 1982–91 war er Parlamentar. Staatssekretär im Bundesinnenministerium. 1991–98 war er Bundesminister für wirtschaftl. Zus.-arbeit.

Springer, *Axel* Caesar, Verleger, *2.5.1912 Altona, †22.9.1985 Berlin. Aus e. Verlegerfamilie stammend, gründete er 1946 in Hamburg die Radioprogrammschrift *Hörzu*, 1948 das *Hamburger Abendblatt* u. 1952 die *Bild-Zeitung* (ab 1971 *Bild*). 1953 erwarb er die überregionale Tageszeitung *Die Welt*. 1967 verlegte er den Firmensitz nach Berlin. Durch Hinzufügen weiterer Publikationen, von Druckereien u. Verlagen (Ullstein) baute er sein Unternehmen zu e. der größten dt. Pressekonzerne aus. Seine konserv. Ausrichtung, welche u.a. die Wiedervereinigung Dtld.s, aber auch die Aussöhnung mit Israel zum Anliegen hatte, trug ihm nicht selten heftige Kritik ein.

Lit.: Michael Jürgs, *Der Fall A. S.* (1996).

Srbik, Heinrich Ritter von, östr. Historiker, *10.11.1878 Wien, †16.2.1951 Ehrwald (Tirol). Prof. in Graz (1912–22) u. Wien (1922–45), war er 1938–45 Präs. der Wiener Akademie der Wiss.en sowie Mitglied des Reichstags in Berlin. Er bemühte sich, das Verhältnis Österreichs zu

Dtld. durch e. gesamtdt. Geschichtsauffassung zu begreifen. Zwar begrüßte er den «Anschluß», stand aber dem Nationalsozialismus reserviert gegenüber. Hauptwerke: *Metternich* (3 Bde., 1925–54); *Dt. Einheit* (4 Bde., 1935–42).

Lit.: Arduino Agnelli, *H. Ritter von S.* (Napoli, 1975); Helmut Reinalter, «H. Ritter von S.», in Hans-Ulrich Wehler, Hrsg., *Dt. Historiker VIII* (1982).

Stadion, Johann Philipp Graf von, östr. Politiker, *18.6.1763 Mainz, †15.5.1824 Baden (bei Wien). Seit 1787 in östr. diplomat. Diensten, war er 1805–09 Außenminister. Er bemühte sich um innere Reformen, so vor allem im Heer (Landwehr 1808) u. im Bildungswesen. 1809 rief er zur Erhebung gegen Napoleon I. auf u. wurde nach deren Mißerfolg durch ↑Metternich abgelöst. Ab 1814 Finanzminister, gründete er 1816 die östr. Nationalbank.

Lit.: Hellmuth Rössler, *Graf J. P. S.* (2 Bde., 1966).

Stahl, Friedrich Julius [urspr. F. J. Jolson-Uhlfelder], Rechtsphilosoph, *16.1.1802 Würzburg, †10.8.1861 Bad Brückenau. Der Sohn e. jüd. Kaufmanns konvertierte 1819 zum Luthertum. Er habilitierte sich 1827 in München bei Schelling u. wurde 1832 Prof. in Würzburg, 1834 in Erlangen u. 1840 in Berlin, wo er als Theoretiker des preuß. Konservativismus rasch Einfluß gewann (Abhandlung «Das monarch. Prinzip», 1845). 1848 wirkte er an der Gründung der *Neuen Preuß. Zeitung* (Kreuzzeitung) mit. 1849 war er Mitglied der preuß. 1. Kammer, 1850 des Erfurter Unionsparlaments. Er lehnte die Unionspolitik ↑Radowitz' ab u. suchte im Ev. Oberkirchenrat (1852–58) das orthodoxe Luthertum zu fördern. Mit der Neuen Ära ab 1858 sank sein polit. Einfluß. Hauptwerk: *Die Philosophie des Rechts nach geschichtl. Ansicht* (3 Bde., 1830–37).

Lit.: Myoung-Jae Kim, *Staat u. Gesellschaft bei F. J. S.* (1993); Johann Baptist Müller, «Der polit. Prof. der Konserv.», in Hans-Christof Kraus, Hrsg., *Konserv. Politiker in Dtld.* (1995).

Stammberger, Wolfgang, Politiker, *14.7.1920 Coburg, †1.5.1982 ebd. Der promovierte Jurist trat 1948 in die FDP ein u. arbeitete danach als Rechtsanwalt in Coburg. 1953–69 saß er im Bundestag, 1961–62 war er Bundesjustizminister. 1964 trat er zur SPD über (Austritt 1978). 1970–78 war er Oberbürgermeister von Coburg.

Starhemberg, Ernst Rüdiger Graf von, östr. Feldmarschall, *12.1.1638 Graz, †4.1.1701 Vösendorf. Nach Teilnahme an den Feldzügen gegen die Türken u. die Franzosen wurde er 1680 Stadtkommandant von Wien. 1683 leitete er erfolgreich die Verteidigung der Stadt gegen das übermächtige türk. Heer. Ab 1691 war er Präs. des Hofkriegsrats.

Starhemberg, Ernst Rüdiger Fürst von, östr. Politiker, *10.5.1899 Eferding (Oberösterreich), †15.3.1956 Schruns (Vorarlberg). Nach freiwilligem Kriegsdienst studierte er Jura in Innsbruck, wo er sich rechtsgerichteten Kreisen anschloß. Er kämpfte mit dem Freikorps Oberland in Oberschlesien u. nahm 1923 am Putschversuch ↑Hitlers teil. 1928 schloß er sich dem Östr. Heimatschutz an, wurde 1929 dessen Landesführer von Oberösterreich u. war 1930–36 Bundesführer der östr. Heimwehren. 1930 kurzfristig Innenminister, war er 1934–36 nach der Ermordung von ↑Dollfuß dessen Nachfolger als Führer der Vaterländ. Front u. Vizekanzler. Er propagierte e. austrofaschist. System u. außenpolit. Anlehnung an Mussolini. Von ↑Schuschnigg 1936 entmachtet, lebte er 1937–55 im Exil.

Lit.: Werner Britz, *Die Rolle des Fürsten E. R. S.* (1993).

Starke, Heinz, Politiker, *2.2.1911 Schweidnitz (Schlesien), †31.1.2001 Bonn. Der promovierte Jurist trat 1953 in die FDP ein u. saß 1953–80 im Bundestag. 1961–62 war er Bundesfinanzminister. 1970 trat er zur CSU über.

Stauffenberg, Claus Graf Schenk von, Widerstandskämpfer, *15.11.1907 Jettingen (bei Günzburg), †20.7.1944 Berlin. Er trat 1926 in die Reichswehr ein. Nach Teilnahme an den Feldzügen in Polen u. Frankreich war er 1940–43 im Generalstab des Heeres tätig, wo er, urspr. für den Nationalsozialismus aufgeschlossen, verstärkt Kontakt zur Widerstandsbewegung fand. Nach schwerer Verwundung in Tunesien (Verlust e. Auges u. der rechten Hand) wurde er, ab Okt. 1943 Stabschef im Allg. Heeresamt, zur treibenden Kraft hinter dem Plan e. Attentats auf ↑Hitler. Seit Anfang Juli 1944 Stabschef beim Befehlshaber des Ersatzheeres mit Zutritt zu Hitlers Hauptquartier bei Rastenburg (Ostpreußen), führte er das Attentat durch Zünden e. Bombe am 20.7. selbst durch. Anschließend flog er nach Berlin, wo er für die Leitung des Staatsstreichs unentbehrl. war. Auf die Nachricht von Hitlers Überleben hin wurde er auf Befehl General ↑Fromms standrechtl. verurteilt u. erschossen.

Lit.: Peter Hoffmann, *C. S. Graf von S.* (²1992); Eberhard Zeller, *Oberst C. Graf S.* (1994); Harald Steffahn, *C. S. Graf von S.* (1994).

Staupitz, Johann von, Theologe, *um 1465 Motterwitz (bei Grimma), †28.12.1524 Salzburg. Seit 1490 Augustinereremit u. 1500 in Tübingen zum Dr. theol. promoviert, wurde er 1503 der erste Dekan der theolog. Fakultät in Wittenberg u. 1503 Generalvikar der dt. Augustinerprovinz. 1505 veranlaßte er die Berufung M. ↑Luthers nach Wittenberg. 1522 wurde er Abt des Benediktinerklosters St. Peter in Salzburg. Er unterstützte zuerst Luthers Reformbestrebungen, distanzierte sich aber bald von ihm.

Lit.: Adolar Zumkeller, *J. von S.* (1994).

Stegerwald, Adam, Gewerkschafter, *14.12.1874 Greußenheim (bei Würzburg), †3.12.1945 Würzburg.

Der gelernte Schreiner wurde 1902 Generalsekretär der Christl. Gewerkschaften u. war 1919 Mitglied der Weimarer Nationalversammlung, 1920–33 auch des Reichstags (Zentrum). Als Vors. des Gesamtverbandes der Christl. Gewerkschaften (1919–29) bemühte er sich um Stärkung des Einflusses der Arbeiterschaft innerhalb seiner Partei. 1929–30 war er Reichsverkehrsminister, 1930–32 Reichsarbeitsminister.

Lit.: Hans Neugebauer, A. S. (1995).

Stein, Heinrich Friedrich *Karl*, Reichsfrhr. vom u. zum, Staatsmann, *26. 10. 1757 Nassau/Lahn, †29. 6. 1831 Cappenberg (Westfalen). Aus reichsritterl. Geschlecht stammend, trat er nach Jurastudium in Göttingen 1780 in den preuß. Staatsdienst ein. 1784 wurde er Direktor der westfäl. Bergbauverwaltung, 1786 der kleveschen u. märk. Kriegs- u. Domänenkammern, 1796 Oberpräs. aller westfäl. Kammern. 1802 wurde er beauftragt, die Verwaltung in den neuen preuß. Gebieten zu organisieren. Nach der Ernennung zum Handels-, Wirtschafts- u. Finanzminister 1804 suchte er, u.a. durch Aufhebung der preuß. Binnenzölle, den Staat für die Auseinandersetzung mit Napoleon I. zu stärken. Als er nach der preuß. Niederlage 1806 die Übernahme des Außenministeriums ablehnte, wurde er Anfang 1807 entlassen. In seiner daraufhin verfaßten Nassauer Denkschrift entwickelte er Vorschläge zu e. Erneuerung des preuß. Staates durch Beteiligung von Bürgern an der Erledigung öffentl. Aufgaben. Nach dem Frieden von Tilsit auf Empfehlung ↑Hardenbergs u. Napoleons im Okt. als Leitender Minister an die Spitze des preuß. Staates berufen, begann er tatkräftig, seine Reformen in die Tat umzusetzen: Edikt zur Bauernbefreiung (Okt.); Städteordnung (Nov. 1808); Staatsministerium mit fünf Fachressorts (Nov.). Da S. die Erhebung Preußens vorbereitete, mußte Kg. ↑Friedrich Wilhelm III. ihn im Nov. auf Betreiben Napoleons erneut entlassen. Er lebte danach in Böhmen u. Mähren im Exil, bis ihn 1812 Zar Alexander I. als Berater nach St. Petersburg rief. 1813 kam er mit den Russen nach Dtld. zurück u. vermittelte das preuß.-russ. Bündnis (Vertrag von Kalisch). Auf dem Wiener Kongreß 1814–15 trat er als Mitglied der russ. Delegation gegen ↑Metternich für e. starken dt. Bundesstaat ein. Danach zog er sich aus dem polit. Leben zurück. 1819 gründete er die Gesellschaft für ältere dt. Geschichtskunde zur Herausgabe der *Monumenta Germaniae Historica*.

Lit.: Georg Holmsten, *Frhr. vom S.* (1975); Walther Hubatsch, *S.-Studien* (1975); Franz Herre, *Frhr. vom S.* (1979); Gerhard Ritter, *S.* (1983).

Steinhoff, Fritz, Politiker, *23. 11. 1897 Wickede (bei Dortmund), †22. 10. 1969 Hagen. Der Bergmann war früh in der SPD aktiv. Während der nat.soz. Herrschaft mehrmals inhaftiert, war er 1946–61 Mitglied des Landtags, 1950 Wiederaufbauminister u. 1956–58 Ministerpräs.

von Nordrhein-Westfalen. 1961–69 saß er im Bundestag.

Steinhoff, Karl, Politiker, *23.11. 1892 Herford, †19.7.1981 Berlin (Ost). Der promovierte Jurist trat 1923 der SPD bei. 1928 Regierungspräs. in Gumbinnen (Ostpreußen), wurde er 1933 aus dem Staatsdienst entlassen. 1945 wieder in der SPD, schloß er sich 1946 der SED an u. war 1950–54 Mitglied ihres ZK. 1946–49 war er Ministerpräs. von Brandenburg, 1949–52 Innenminister der DDR. Ab 1952 war er Prof. an der Humboldt-Universität in Berlin (Ost).

Steltzer, Theodor, Politiker, *17.12. 1885 Trittau (bei Hamburg), †27.10. 1967 München. Nach dem Studium der Staatswiss.en wurde er Berufssoldat. Ab 1920 Landrat in Rendsburg, wurde er 1934 amtsenthoben. Mitglied des Kreisauer Kreises, war er 1946 Mitbegründer der CDU. 1946–47 war er Mitglied des Landtags u. Ministerpräs. von Schleswig-Holstein.

Stephan, Heinrich von (1885), Postreformer, *7.1.1831 Stolp, †8.4.1897 Berlin. Seit 1848 im preuß. Postdienst, wurde er 1870 Generalpostdirektor des Norddt. Bundes u. 1876 Generalpostmeister des Dt. Reiches. Er vereinheitlichte das Post- u. Gebührenwesen des Reiches u. vereinigte 1875 Post u. Telegraphie. 1870 führte er die Postkarte u. 1877 den Fernsprecher ein. 1874 war er maßgebl. an der Gründung des Weltpostvereins beteiligt.
Lit.: Klaus Beyrer, Hrsg., *Kommunikation im Ks.reich* (1997).

Stieff, Hellmuth, Generalmajor, *6.6.1901 Dt.-Eylau, †8.8.1944 Berlin-Plötzensee. Der Berufsoffizier wurde 1942 Chef der Organisationsabteilung im Generalstab des Heeres. Durch von ↑Tresckow für das Attentat auf ↑Hitler gewonnen, hielt er den erforderl. Sprengstoff bereit. Noch am 20.7.1944 festgenommen, wurde er zum Tod verurteilt u. gehängt.

Stinnes, Hugo, Industrieller, *12.2. 1870 Mülheim/Ruhr, †10.4.1924 Berlin. Der Sproß e. alten Unternehmerfamilie gründete 1893 e. eigene im Bergwerksbereich tätige Firma u. wurde schon vor 1914 e. der großen dt. Montanindustriellen. Durch weitere Neugründungen, Aufkäufe u. Beteiligungen in der Schwerindustrie u. im Elektrobereich während des Ersten Weltkriegs u. später baute er seinen Konzern zum größten Unternehmen Dtld.s aus. Nach Kriegsende war er 1918 e. der Initiatoren der die Arbeitgeberverbände u. Gewerkschaften zus.führenden Zentralarbeitsgemeinschaft. Er lehnte die Weimarer Republik ab, saß aber 1920–24 im Reichstag (DVP).
Lit.: Gerald D. Feldman, *H.S.* (1998).

Stobbe, Dietrich, Politiker, *25.3. 1938 Weepers (Ostpreußen). Der Diplompolitologe saß 1967–81 im

Berliner Abg.haus (SPD) u. war 1973–77 Senator für Bundesangelegenheiten, 1977–81 Regierender Bürgermeister von Berlin. 1983–90 saß er als Berliner Abg. im Bundestag.

Stock, Christian, Politiker, *28.8. 1884 Darmstadt, †13.4.1967 Seeheim-Jugenheim. Der Zigarrenarbeiter trat 1902 der SPD bei. 1919–20 gehörte er der Nationalversammlung an. Ab 1922 war er in Ortskrankenkassen bzw. kaufmänn. tätig, zuletzt als Präs. der Hess. Landesversicherungsanstalt. 1947–51 war er Ministerpräs. von Hessen.

Stoecker, Adolf, Theologe u. Politiker, *11.12.1835 Halberstadt, †7.2.1909 Bozen. Nach Studium der ev. Theologie war er ab 1859 als Hauslehrer in Riga, ab 1863 auf verschiedenen Pfarrstellen tätig. 1874–89 wirkte er als Hof- u. Domprediger in Berlin. Konserv. in seinem Denken, gründete er 1878 die aus der von ihm getragenen sog. Berliner Bewegung hervorgehende, gegen liberales Judentum u. Sozialdemokratie gerichtete Christl.-soz. Arbeiterpartei (ab 1881 als Christl.-soz. Partei an die Dt. konserv. Partei angeschlossen). 1879–98 saß er im preuß. Abg.haus, 1881–93 u. 1898–1908 im Reichstag. Von Ks. ↑Wilhelm II. gefördert, verfocht er e. wirtschaftl.-sozialen Antisemitismus, doch verlor er gegen Ende der 1890er Jahre an polit. Einfluß.

Lit.: Günter Brakelmann u. a., *Protestantismus u. Politik* (1982); Grit Koch, *A. S.* (1993); Klaus Motschmann, «Ein aussichtsloser Kampf», in Hans-Christof Kraus, Hrsg., *Konserv. Politiker in Dtld.* (1995).

Stoecker, Helene, Frauenrechtlerin, *13.11.1869 Elberfeld (heute Wuppertal), †24.2.1943 New York. Die 1901 promovierte Germanistin war schon 1892 Mitbegründerin der Dt. Friedensgesellschaft. Ab 1903 gab sie die *Frauenrundschau* heraus. 1905 gründete sie zus. mit L. A. ↑Braun u. H. ↑Fürth den Bund für Mutterschutz u. Sexualreform. Sie befürwortete die freie Liebe u. e. Recht auf Abtreibung. 1933 emigrierte sie u. ging 1941 in die USA.

Lit.: Christl Wickert, *H. S.* (1991).

Stoiber, Edmund, Politiker, *28.9. 1941 Oberaudorf (Oberbayern). Der promovierte Jurist war seit 1974 Mitglied des bayer. Landtags (CSU). 1978–83 war er Generalsekretär der CSU, seit 1999 deren Vors. 1982–88 Leiter der Staatskanzlei, war er 1988–93 Innenminister, seit 1993 Ministerpräs. von Bayern u. 2002 Kanzlerkandidat der CDU/CSU.

Stolpe, Manfred, Politiker, *16.5. 1936 Stettin. Der Jurist war seit 1959 bei der Ev. Kirche Berlin-Brandenburg tätig, 1982–90 als Konsistorialpräs. 1990 trat er der SPD bei u. war 1990–2002 Ministerpräs. von Brandenburg. Wegen früherer Kontakte zum MfS der DDR war er ab 1992 kritisiert worden.

Stoltenberg, Gerhard, Politiker, *29.9.1928 Kiel, †23.11.2001 Bad Godesberg. Der habilitierte Historiker war 1955–61 Bundesvors. der Jungen Union. 1954–57 u. 1971–82 saß er im schleswig-holstein. Landtag, 1957–71 u. 1983–98 im Bundestag (CDU). 1965–69 war er Bundesforschungsminister, 1971–82 Ministerpräs. von Schleswig-Holstein, 1982–89 Bundesfinanzminister, 1989–92 Bundesverteidigungsminister.

Stoph, Willi, Politiker, *9.7.1914 Berlin, †13.4.1999 ebd. Nach e. Maurerlehre bildete er sich durch Fernstudium zum Bautechniker weiter. 1928 trat er dem Kommunist. Jugendverband Dtld.s, 1931 der KPD bei. 1935–37 u. im Zweiten Weltkrieg war er Soldat. Nach Kriegsende wieder in der KPD, leitete er 1945–47 die Abteilung Baustoffindustrie bei der Dt. Zentralverwaltung der Industrie in der SBZ, 1948–50 die Abteilung Wirtschaftspolitik beim Parteivorstand der SED. 1950–89 war er Mitglied, 1950–53 Sekretär des ZK, 1953–89 auch Mitglied des Politbüros. Als Innenminister der DDR (1952–55) baute er die Kasernierte Volkspolizei auf. 1956–60 war er Verteidigungsminister (1959 Armeegeneral), 1964–73 als Nachfolger von ↑Grotewohl Vors. des Ministerrats (Ministerpräs.), 1973–76 als Nachfolger ↑Ulbrichts Vors. des Staatsrats (Staatsoberhaupt), 1976–89 erneut Vors. des Ministerrats. Im Nov. 1989 trat er mit seiner Regierung zurück; kurz darauf wurde er aus der SED ausgeschlossen. Gerichtl. Verfahren wegen Amtsmißbrauchs, Korruption u. wegen der Schüsse an der Berliner Mauer wurden 1990 bzw. 1993 eingestellt.

Storch, *Anton* Valentin, Politiker, *1.4.1892 Fulda, †26.11.1975 ebd. Der gelernte Tischler war 1920–33 Gewerkschaftsfunktionär. 1945 war er Mitbegründer der CDU. 1949–65 saß er im Bundestag, 1949–57 war er Bundesarbeitsminister. 1958–65 war er Mitglied des Europ. Parlaments.

Störtebecker, Klaus, Seeräuber, *Wismar, †1401 Hamburg. Der Anführer der Vitalienbrüder, e. in Nord- u. Ostsee agierenden Piratenbande, faßte 1396 in Ostfriesland Fuß. Seine vor allem gegen den Handel der Hanse gerichteten Aktionen wurden durch den Seesieg e. von Hamburg u. Lübeck gemeinsam entsandten Flotte 1401 vor Helgoland beendet. Er u. rd. 70 seiner Kumpane wurden in Hamburg hingerichtet.

Stosch, Albrecht von, General, *20.4.1818 Koblenz, †29.2.1896 Oestrich (Rheingau). Er war nach dem Dt.-franz. Krieg 1870–71 Chef des Generalstabs der dt. Okkupationsarmee in Frankreich. Als Chef der Admiralität stand er 1872–83 an der Spitze der Marine des Dt. Reichs. O. von ↑Bismarck sah den liberalen S. als Rivalen um die Kanzlerschaft unter dem späteren Ks. ↑Friedrich (III.).

Strasser, Gregor, Politiker, *31.5.1892 Geisenfeld (Oberbayern),

†30.6.1934 Berlin. Der ausgebildete Apotheker schloß sich nach freiwilligem Kriegsdienst dem Freikorps ↑Epp an u. trat 1921 in die NSDAP ein. 1923 nahm er am Putschversuch ↑Hitlers teil. Einer der wichtigsten Funktionäre beim Aufbau der Partei, war er ab 1921 Gauleiter in Niederbayern, 1924–33 Mitglied des Reichstags, ab 1925 Organisator der Partei in Nord- u. Westdtld., 1926–27 Reichspropagandaleiter u. 1928–32 Reichsorganisationsleiter. Seine sozialrevolutionäre Disposition ließ ihn 1932 in Einklang mit ↑Schleichers Absichten e. Beteiligung der NSDAP an e. Rechtskoalition erwägen. Er konnte sich nicht gegen Hitler durchsetzen u. legte am 8.12. alle Parteiämter nieder. Beim sog. Röhm-Putsch (↑Röhm) wurde er ermordet.

Lit.: Udo Kissenkoetter, *G.S.* (1978); Peter D. Stachura, *G.S.* (London, 1983).

Strasser, Otto, Politiker, *10.9. 1897 Windsheim (Mittelfranken), †27.8.1974 München. Der Bruder G. ↑S.s, promovierter Volkswirt, war Mitglied des Freikorps ↑Epp u. 1920 kurzfristig der SPD. 1925 trat er der NSDAP bei. Ab 1926 Leiter des Berliner Kampf-Verlags, vertrat er publizist. e. eigene antikapitalist. Konzeption des Nationalsozialismus. 1930 brach er offen mit ↑Hitler u. gründete die Kampfgemeinschaft Revolutionärer Nationalsozialisten (Schwarze Front). Ab 1933 setzte er seine Agitation vom Ausland (Wien, Prag, Schweiz u. schließl. 1941 Kanada) aus fort. 1955 kehrte er nach Dtld. zurück u. gründete 1956 die bedeutungslos bleibende Dt.-Soziale Union.

Lit.: Patrick Moreau, *Nationalsozialismus von links* (1985); Günter Bartsch, *Zwischen drei Stühlen* (1990).

Strauß, Franz Josef, Politiker, *6.9. 1915 München, †3.10.1988 Regensburg. Nach dem Studium der Altphilologie u. Kriegsteilnahme war er 1945 Mitbegründer der CSU, deren Generalsekretär er 1949–52 u. Vors. 1961–88 war. 1946–49 war er Landrat in Schongau, 1948–49 Mitglied des Frankfurter Wirtschaftsrats, 1949–78 des Bundestags. Er war 1953–55 Bundesminister für bes. Aufgaben, 1955–56 für Atomfragen. Als Verteidigungsminister (1956–62) leitete er den Aufbau der Bundeswehr, mußte aber wegen der sog. *Spiegel*-Affäre zurücktreten. 1966–69 war er Bundesfinanzminister. Nach der Bildung der sozial-liberalen Koalition 1969 kritisierte er scharf die Ostpolitik der Regierung ↑Brandt. Sowohl als CSU-Vors. als auch als bayer. Ministerpräs. (1978–88) betonte er die bes. Rolle Bayerns. 1980 war er Kanzlerkandidat der CDU/CSU. 1983 wirkte er maßgebl. am Abschluß des dt.-dt. Kreditvertrags mit.

Lit.: Hans-Jürgen Heinrichs, Hrsg., *F.J.S.* (1989); Manfred Behrend, *F.J.S.* (1995); Wolfgang Krieger, *F.J.S.* (1995); Wolfram Bickerich, *F.J.S.* (1996).

Streibl, Max, Politiker, *6.1.1932 Oberammergau, †11.12.1998 München. Der Jurist trat 1957 der CSU bei. 1962–64 war er Mitglied des bayer. Landtags u. 1967–71 Generalsekretär seiner Partei. 1970–77 war er Umweltminister, 1977–88 Finanzminister, ab 1988 Ministerpräs. Er trat 1993 wegen Korruptionsvorwürfen («Amigo»-Affäre) zurück.

Streicher, Julius, Politiker, *12.2. 1885 Fleinhausen (bei Augsburg), †16.10.1946 Nürnberg. Der Volksschullehrer trat 1922 der NSDAP bei. 1923–45 gab er das antisemit. Wochenblatt *Der Stürmer* heraus. Nach Teilnahme am Putschversuch ↑Hitlers wurde er 1924 aus dem Schuldienst entlassen u. war dann 1924–32 Mitglied des bayer. Landtags, 1933–45 des Reichstags. 1925–40 war er Gauleiter in Franken. Wegen seines skandalösen Lebenswandels wurde er 1940 von allen Parteiämtern suspendiert. 1946 wurde er vom Internat. Gerichtshof in Nürnberg wegen Verbrechen gegen die Menschlichkeit – er hatte seit 1938 die Ausrottung der Juden gefordert – zum Tod verurteilt u. gehängt.
Lit.: Franz Pöggeler, *Der Lehrer J. S.* (1991); Jay W. Baird, «J. S.», in Ronald Smelser u. a., Hrsgg., *Die braune Elite 2* (²1999).

Stresemann, Gustav, Politiker, *10.5.1878 Berlin, †3.10.1929 ebd. Aus kleinbürgerl. Verhältnissen stammend, studierte er Volkswirtschaft. 1902–18 war er als Syndikus des Verbandes sächs. Industrieller u. führend im Bund der Industriellen tätig. 1903 trat er der Nationalliberalen Partei bei u. saß 1907–12 u. 1914–18 im Reichstag, ab 1917 als Nachfolger E. ↑Bassermanns Fraktionsvors. Mitglied des expansionist. Alldt. Verbandes u. mit ↑Ludendorff befreundet, trat er für den «Siegfrieden» ein u. war am Sturz ↑Bethmann Hollwegs beteiligt. 1918 gründete er die rechtsliberale DVP, deren Vors. er bis zu seinem Tode blieb. 1919 Mitglied der Nationalversammlung u. dann des Reichstags (dort Fraktionsvors.) bis 1929, hielt er seine Partei, obwohl eigtl. Monarchist, auf dem Boden der Weimarer Verfassung. Als Reichskanzler u. Außenminister (Aug.-Nov. 1923) sicherte er die Republik während der Staatsstreichbestrebungen in Bayern sowie des kommunist. Umsturzversuchs in Sachsen u. schuf zus. mit H. ↑Luther die Voraussetzung für die Sanierung der Währung. Danach Außenminister bis 1929, verfolgte er e. auf Revision des Versailler Vertrags gerichtete Außenpolitik. Er strebte e. Wiederherstellung der Machtstellung des Dt. Reiches an, schloß jedoch e. militär. Revanche aus u. setzte vielmehr auf e. versöhnl. Erfüllungspolitik. Er bemühte sich daher um Anlehnung an die USA u. Annäherung an Frankreich (Dawesplan 1924; Locarnoverträge 1925; Aufnahme in den Völkerbund 1926; Vorbereitung des Youngplans 1929), erhoffte jedoch e. Revision der dt. Ostgrenze. 1926 erhielt er zus. mit dem franz. Außenminister Aristide Briand den Friedensnobelpreis. Er starb nach längerer Krankheit.

Lit.: Kurt Koszyk, *G. S.* (1989); Manfred Berg, *G. S.* (1992); Christian Baechler, *Gustave S.* (Strasbourg, 1996).

Strobel, Käte [geb. Müller], Politikerin, *23.7.1907 Nürnberg, †26.3.1996 ebd. Sie trat 1925 der SPD bei. Nach dem Zweiten Weltkrieg war sie in deren Frauenarbeit in Franken tätig. 1949–72 saß sie im Bundestag, 1958–66 im Europ. Parlament, wo sie 1964–66 Vors. der sozialist. Fraktion war. 1966–69 war sie Bundesgesundheitsministerin, 1969–72 Bundesministerin für Jugend, Familie u. Gesundheit.

Struck, Peter, Politiker, *24.1.1943 Göttingen. Der promovierte Jurist trat 1964 in die SPD ein. Er arbeitete ab 1971 im staatl. Verwaltungsdienst. Seit 1980 saß er im Bundestag und war 1998–2002 Vors. seiner Fraktion. Seit 2002 ist er Bundesverteidigungsminister.

Struve, Gustav von, Politiker, *11.10.1805 München, †21.8.1870 Wien. Der als Journalist hervorgetretene Jurist scheiterte im Vorparlament 1848 mit e. radikalen Verfassungsentwurf; er unternahm dann zus. mit ↑Hecker noch im April in Südbaden e. Putschversuch u. beteiligte sich auch an den weiteren revolutionären Kämpfen in Baden. Er emigrierte 1849 in die Schweiz, 1851 in die USA u. kämpfte dort 1861–62 im Bürgerkrieg für die Nordstaaten. Nach seiner Amnestierung kehrte er 1863 zurück.

Lit.: Jürgen Peiser, *G. S.* (1973).

Stücklen, Richard, Politiker, *20.8.1916 Heideck (Mittelfranken). Der Elektroingenieur arbeitete ab 1944 im elterl. Betrieb u. war 1945 Mitbegründer der CSU. Er war 1949–90 Mitglied des Bundestags u. dort 1967–76 Vors. der CSU-Landesgruppe. 1957–66 war er Bundesminister für das Post- u. Fernmeldewesen, 1979–83 Präs. des Bundestags.

Stülpnagel, Carl-Heinrich von, General, *2.1.1886 Darmstadt, †30.8.1944 Berlin-Plötzensee. Der Berufsoffizier war 1938–40 Oberquartiermeister I im Generalstab des Heeres u. führte im Ostfeldzug 1941 die 17. Armee. Ab 1942 war er Militärbefehlshaber in Frankreich. Seit 1938 gehörte er dem Widerstandskreis um L. ↑Beck an. Aktiv an der Verschwörung für das Attentat auf ↑Hitler am 20.7.1944 beteiligt, ließ er in Paris SS-, SD- u. Gestapopersonal verhaften (insgesamt ca. 1200 Personen). Nach Berlin beordert, versuchte er unterwegs, sich das Leben zu nehmen u. erblindete dabei. Der Volksgerichtshof verurteilte ihn zum Tod durch Erhängen.

Lit.: Heinrich Bücheler, *C.-H. von S.* (1989).

Stumm, *Carl* Ferdinand Frhr. von (1888) **S.-Halberg,** Unternehmer, *30.3.1836 Saarbrücken, †8.3.1901 Schloß Halberg (bei Saarbrücken). Er entwickelte seit 1858 e. ererbtes Eisenhüttenwerk in Neunkirchen zum führenden Schwerindustrieunternehmen im Saarland. 1867–70 saß er im preuß. Abg.haus, 1867–81 u. 1889–1901 im Reichstag (Freikonserv. Partei). Er unterstützte die Schutzzollpolitik O. von ↑Bismarcks, aber nur zurückhaltend dessen u. Ks. ↑Wilhelms II. Sozialpolitik.

Suhr, Otto, Politiker, *17.8.1894 Oldenburg, †30.8.1957 Berlin (West). Der promovierte Politikwiss.ler war 1921–33 Sekretär des ADGB u. leitete seit 1925 dessen wirtschaftspolit. Abteilung. 1945 war er Mitbegründer des DGB in Berlin. 1948–49 Mitglied des Parlamentar. Rats, saß er 1949–52 im Bundestag (SPD). 1951–55 war er Präs. des Berliner Abg.hauses, 1955–57 Regierender Bürgermeister. 1949–55 war er Direktor der Dt. Hochschule für Politik.

Lit.: Gunter Lange, O. S. (1994).

Süßmuth, Rita [geb. Kickuth], Politikerin, *17.2.1937 Wuppertal. Die promovierte Pädagogin war ab 1971 Prof.in für Erziehungswiss. an der Pädagog. Hochschule Ruhr, ab 1980 in Dortmund. 1981 trat sie der CDU bei u. war 1985–88 Bundesfamilienministerin. Seit 1987 war sie Mitglied des Bundestags, 1988–98 Bundestagspräs.in. Wegen frauenpolit. u. Einwanderungsfragen geriet sie danach in Gegensatz zur CDU/CSU-Fraktion.

Suttner, Bertha Freifrau von [geb. Gräfin Kinsky], Pazifistin, *9.6.1843 Prag, †21.6.1914 Wien. Ihr Roman *Die Waffen nieder!* (2 Bde., 1889), der in fast 30 Sprachen übersetzt wurde, gab den Anstoß für die moderne Friedensbewegung. Sie gründete die Östr. Gesellschaft der Friedensfreunde (1891) u. beeinflußte die Gründung der Dt. Friedensgesellschaft (1892). 1905 erhielt sie den Friedensnobelpreis.

Lit.: Harald Steffahn, *B. von S.* (1998).

Svarez [eigtl. Schwartz], Carl Gottlieb, Jurist, *27.2.1746 Schweidnitz, †14.5.1798 Berlin. Er war ab 1768 an der Reorganisation der schles. Justiz u. Verwaltung beteiligt. Ab 1780 in Berlin, fiel ihm unter Großkanzler ↑Carmer die Hauptarbeit an der großen Justizreform zu (Allg. Gerichtsordnung, 1781/95; Allg. Landrecht für die preuß. Staaten, 1794).

Sybel, Heinrich von, Historiker, *2.12.1817 Düsseldorf, †1.8.1895 Marburg. Er studierte ab 1834 Gesch. in Berlin bei ↑Ranke u. habilitierte sich 1840 in Bonn. Ab 1844 war er dort Prof., ab 1846 in Marburg, ab 1856 in München u. ab 1861 erneut in Bonn. 1875–95 war er Direktor der preuß. Staatsarchive in Berlin. Eine gemäßigt liberale Position vertretend, saß er 1848 im Vorparlament, 1848–49 in der hess. Ständeversammlung u. 1850 im Ständehaus des Erfurter Unionsparlaments. 1862–64 u. 1874–80 Mitglied des preuß. Abg.-hauses, zählte er im preuß. Verfassungskonflikt zu den Gegnern O. von ↑Bismarcks, bewunderte diesen aber nach 1866 u. unterstützte ihn aktiv als Nationalliberaler im Kulturkampf. Sein Geschichtsbild wurde bestimmt vom preuß.-kleindt. Gedanken, als dessen bedeutendster Vertreter er im Streit mit ↑Ficker die universalist. Politik der mittelalterl. Ks. negativ bewertete. Durch seine Gründung der *Histor. Zeitschrift* (1859), die er bis zu seinem Tod herausgab, seine Förderung der Quellenpublikationen der *Monumenta Germaniae Historica* u. der *Acta Borussica*, die Gründung des preuß. (später dt.) Histor. Instituts in Rom, die Betreuung der Herausgabe der päpstl. Nuntiaturberichte u. bes. auch durch seine Geschichtsschreibung wurde er zu e. der einflußreichsten Historiker des 19. Jh.s. Hauptwerke: *Gesch. des ersten Kreuzzuges* (1841); *Entstehung des dt. Kg.thums* (1844); *Gesch. der Revolutionszeit: von 1789 bis 1800* (5 Bde., 1853–79); *Die Begründung des Dt. Reiches durch Wilhelm I.* (7 Bde., 1889–94).

Lit.: Hellmut Seier, «H. von S.», in Hans-Ulrich Wehler, Hrsg., *Dt. Historiker* (1973); Volker Dotterweich, *H. von S.* (1978).

T

Taaffe, Eduard Graf von, östr. Politiker, *24.2.1833 Wien, †29.11.1895 Ellischau (Böhmen). Er trat 1852 in den östr. Staatsdienst u. war 1867, 1870–71 u. 1879 Innenminister sowie 1868–70 Kriegsminister u. Ministerpräs. 1871–79 war er Statthalter von Tirol, 1879–93 wieder östr. Ministerpräs. Seine antiliberale Politik konserv. Sozialreform besaß die Unterstützung des sog. Eisernen Rings (Kath.-Konserv., Tschechen u. Polen).

Tandler, Gerold, Politiker, *12.8.1936 Reichenberg (Sudetenland). Der Hotelier trat 1956 der CSU bei u. saß seit 1970 im bayer. Landtag (CSU; 1982–88 Fraktionsvors.). 1971–78 u. 1983–88 Generalsekretär der CSU, war er 1978–82 Innen-, 1988 Wirtschafts- u. 1988–90 Finanzminister von Bayern.

Tassilo III., Hg. von Bayern, *um 741, †11.12. nach 794, Lorsch. Der Agilolfinger war ab 757 Vasall des fränk. Kg.s ↑Pippin III. d.J., konnte jedoch in Anlehnung an die Langobarden in Bayern e. fakt. unabhängige Herrschaft errichten, die er bis in die heutige Steiermark ausdehnte. Nach dem Scheitern e. Aufstands 787 mußte er ↑Karl I. d.Gr. den Treueid erneuern. Wegen seines Versuchs, mit den Awaren e. Bündnis einzugehen, wurde er von Karl in Ingelheim 788 abgesetzt u. zu lebenslanger Klosterhaft verurteilt. Das Hg.tum Bayern wurde in das Frankenreich einbezogen.
Lit.: Rudolf Reiser, *T. III.* (1988).

Terboven, Josef, Politiker, *23.5.1898 Essen, †11.5.1945 Oslo. Der Bankbeamte trat 1923 in die NSDAP ein u. nahm am Hitler-Putsch (↑Hitler) teil. 1928–40 Gauleiter von Essen u. ab 1930 im Reichstag, wurde er außerdem 1935 Oberpräs. der Rheinprovinz. Als Reichskommissar in Norwegen (1940–45) war er nicht ohne Härte bestrebt, das dortige Wirtschaftspotential der dt. Kriegsanstrengung nutzbar zu machen. Nach Kriegsende nahm er sich das Leben.
Lit.: Hans-Dietrich Loock, *Quisling, Rosenberg u. T.* (1970).

Tetzel, Johannes, Theologe, *um 1465 Pirna, †11.8.1519 Leipzig. Ab 1489 Dominikaner, wirkte er ab 1504 als Ablaßprediger u. wurde 1509 Inquisitor für Polen. Er wurde 1517 mit dem Vertrieb des Ablasses für den Bau der Peterskirche in Rom innerhalb des Erzbistums Magdeburg beauftragt. Seine Ablaßpredigten veranlaßten M. ↑Luther zu seinen Ablaßthesen.

Teufel, Erwin, Politiker, *4.9.1939 Rottweil. Mitglied der CDU seit 1956, war der Diplomverwaltungswirt 1964–72 Bürgermeister von

Spaichingen. 1972–78 war er Staatssekretär in verschiedenen Ministerien Baden-Württ. s. Mitglied des Landtags seit 1972, war er 1978–91 Fraktionsvors. Ab 1991 war er Ministerpräs.

Teusch, Christine, Politikerin, *11.10.1888 Köln, †24.10.1968 ebd. Die Lehrerin war 1915–20 führend in der Gewerkschaftsbewegung tätig u. saß 1919–33 in der Nationalversammlung bzw. im Reichstag (Zentrum). 1947–66 war sie Mitglied des Landtags (CDU) u. 1947–54 Kultusministerin von Nordrhein-Westfalen.

Thälmann, Ernst, Politiker, *16.4.1886 Hamburg, †18.8.1944 KZ Buchenwald. Er arbeitete als Hafen- u. Transportarbeiter u. trat 1903 in die SPD ein. Dort gehörte er zum linken Parteiflügel, schloß sich 1917 der USPD an u. ging 1920 zur KPD über. 1919–33 war er Mitglied der Hamburger Bürgerschaft. Ab 1921 arbeitete er in der Parteizentrale der KPD u. half u. a., den dann mißlingenden Hamburger Aufstand 1923 vorzubereiten. Ab 1924 leitete er den Roten Frontkämpferbund. 1924–33 saß er im Reichstag. 1925 u. 1932 kandidierte er erfolglos bei den Reichspräs.enwahlen. Aus parteiinternen Auseinandersetzungen ging er 1925 nach der Ausschaltung des Flügels um R. ↑Fischer als Vors. hervor. 1928 nach weiteren Querelen kurz entmachtet, wurde er auf Druck Stalins u. der Komintern wieder eingesetzt u. verfolgte von da an e. streng moskautreuen Kurs, wobei er, scharf gegen die als «Sozialfaschisten» abqualifizierten Sozialdemokraten agierend, auf den Sturz der Weimarer Republik hinarbeitete. Anfang März 1933 verhaftet, verbrachte er die folgenden elf Jahre in e. Reihe von Gefängnissen, bis er 1944 in das KZ Buchenwald verlegt u. dort erschossen wurde.

Lit.: Günter Hortzschansky u. a., Hrsgg., *E. T.* (^{6}1986); Thilo Gabelmann, *T. ist niemals gefallen?* (1996).

Theophanu (Theophano), Ks.in, *um 955, †15.6.991 Nimwegen. Die Nichte des byzantin. Ks.s Johannes I. Tsimiskes wurde von diesem zur Braut Ks. ↑Ottos II. bestimmt. 972 wurde sie letzterem in Rom angetraut u. zur Ks.in gekrönt. Dies bedeutete die Anerkennung des Ks.tums der Ottonen durch Byzanz. Wohl die gebildetste unter den dt. Herrscherinnen, nahm sie am polit. Geschehen großen Anteil u. übte bedeutenden Einfluß auf ihren Gemahl aus. Nach dessen Tod 983 bereitete sie als Regentin, unterstützt durch Erzbf. ↑Willigis von Mainz, ihren minderjährigen Sohn, den späteren Ks. ↑Otto III., auf seine Regierung vor. 987 konnte sie Lothringen für das Reich sichern u. auch 989–90 in Italien die ksl. Ansprüche geltend machen.

Lit.: Ekkehard Eickhoff, *T. u. der Kg.* (^{2}1997).

Thierack, Otto Georg, Politiker, *19.4.1889 Wurzen (Sachsen),

†26.10.1946 Sennelager (bei Paderborn). Der promovierte Jurist trat 1932 der NSDAP bei u. war 1935–36 Vizepräs. des Reichsgerichts, 1936–42 Präs. des Volksgerichtshofs u. 1942–45 Reichsjustizminister. In letzterer Eigenschaft war er bestrebt, das Rechtswesen dem nat.soz. System zu unterwerfen u. dienstbar zu machen. In amerikan. Haft nahm er sich das Leben.

Thierse, Wolfgang, Politiker, *22.10.1943 Breslau. Er studierte nach Schriftsetzerlehre Germanistik. Im Okt. 1989 schloß er sich dem Neuen Forum, im Jan. 1990 der SPD an. Seit 1990 ist er Mitglied des Bundestags, seit 1998 dessen Präs.

Thietmar, Bf. von Merseburg, Chronist, *25.7.975, †1.12.1018. Aus dem Haus der Grafen von Walbeck stammend, wurde er nach dem Besuch der Domschule (ab 990) im Jahre 1000 Domherr in Magdeburg. 1004 zum Priester geweiht, wurde er 1009 von Kg. ↑Heinrich II. mit dem Bistum Merseburg belehnt. Zum Zweck der Restaurierung seines Bistums verfaßte er nach Nov. 1012 e. *Chronik*, in der er neben eigenen Beobachtungen Unterlagen über Gesch., Rechte u. Besitztümer sowie die polit. Lage eintrug. Sie behandelt die Zeit von Kg. ↑Heinrich I. bis 1018 u. stellt e. unersetzl. Quelle v. a. für die Ostpolitik der Ottonen dar.

Lit.: Helmut Lippelt, *T. von M.* (1973); Werner Goez, *Lebensbilder aus dem MA* (1998).

Thomasius, Christian, Jurist, *1.1.1655 Leipzig, †23.9.1728 Halle/Saale. Er lehrte 1681–90 in Leipzig u. ab 1694 in Halle. Ab 1682 war er Mithrsg. der ersten dt. wiss. Zeitschrift (*Acta eruditorum*), ab 1688 Hrsg. der *Monats-Gespräche*. In seinen Schriften löste er das Naturrecht vom Primat der Theologie, bekämpfte Folter u. Hexenprozesse. Er gilt als e. der bedeutendsten dt. Vertreter der Aufklärung.

Lit.: Werner Schneiders, *C. T.* (1989).

Thugut, Franz Frhr. von (1772), östr. Staatsmann, *31.1.1736 Linz, †28.5.1818 Wien. Nach diplomat. Tätigkeit (1783–87 Botschafter in Paris) übernahm er 1793 die Leitung der östr. Außenpolitik u. wurde 1794 Staatskanzler. Seine zugleich gegen Preußen u. Frankreich gerichtete Politik überschätzte die östr. Kräfte. Nach den Niederlagen im 2. Koalitionskrieg gegen Frankreich trat er im Dez. 1800 zurück.

Lit.: Karl A. Roider, *Baron T. and the French Revolution* (Princeton, 1987).

Thüngen, Hans Karl Graf (1708) von, Generalfeldmarschall, *15.2.1648 Gersfeld (Rhön), †8.10.1709 Speyer. Er nahm 1683 mit den Truppen des fränk. Reichskreises am Entsatz von Wien teil u. kämpfte dann 1686 vor Ofen u. beim Vorstoß 1688 nach Bosnien gegen die Türken. 1696 wurde er zum Generalfeldmarschall der Reichsarmee erhoben.

Thurn von Valsassina, Heinrich Matthias Graf von, böhm. Adelsführer, *24.2.1567 Schloß Lipnitz (Böhmen), †28.1.1640 Pernau (Estland). Er war maßgebl. an der Gewährung des Böhm. Majestätsbriefs 1609 durch Ks. ↑Rudolf II. beteiligt u. wirkte persönl. am Prager Fenstersturz 1618 mit. Nach der Niederlage der Aufständ. am Weißen Berg 1620 floh er nach Siebenbürgen u. schloß sich danach der Armee von ↑Gustav II. Adolf an.

Thyssen, August, Industrieller, *17.5.1842 Eschweiler, †4.4.1926 Schloß Landsberg (bei Essen). Der Sohn e. Unternehmerfamilie war 1867 Mitbegründer e. Eisenwalzwerks in Duisburg, trat jedoch 1871 aus, um sich mit e. Band- u. Stabeisenwalzwerk in Styrum bei Mülheim/Ruhr selbständig zu machen. Durch den Erwerb von Bergwerken, Maschinenfabriken u. Eisenhüttenwerken, d.h. durch sowohl horizontale als auch vertikale Expansion, wurde sein Konzern neben demjenigen von ↑Krupp zum größten dt. Montanunternehmen um die Jh.wende.

Lit.: Wilhelm Treue u. Helmut Uebbing, *Die Feuer verlöschen nie* (2 Bde., 1966–69).

Thyssen, Fritz, Unternehmer, *9.11.1873 Mülheim-Styrum, †8.2. 1951 Buenos Aires. Ab 1898 in der Firma seines Vaters A. ↑T. tätig, leitete er sie 1926–39 u. saß in vielen Gremien der Wirtschaft. Er förderte die NSDAP ab 1923 (Beitritt 1931) u. verlangte 1932 von ↑Hindenburg die Ernennung ↑Hitlers zum Reichskanzler. Wegen dessen Kriegspolitik emigrierte er jedoch 1939 in die Schweiz. Nach seiner Verhaftung in Frankreich war er 1941–45 in verschiedenen KZ inhaftiert.

Tillmanns, Robert, Politiker, *5.4. 1896 Barmen, †12.11.1955 Berlin. Der promovierte Staatswiss.ler trat 1945 der CDU bei u. saß 1946–47 im sächs. Landtag. 1949–55 war er als Berliner Abg. Mitglied des Bundestags. Ab 1952 CDU-Landesvors. in Berlin, war er 1953–55 Bundesminister für bes. Aufgaben.

Tilly, Johann Tserclaes Graf von, Feldherr, *1559 Schloß Tilly (Brabant), †30.4.1632 Ingolstadt. Der von Jesuiten erzogene brabant. Adlige kämpfte in verschiedenen Heeren u. trat dann 1600 in habsburg. u. 1610 in bayer. Dienste. Als Oberbefehlshaber der kath. Liga schlug er 1620 die aufständ. Böhmen unter Kg. ↑Friedrich V. von der Pfalz am Weißen Berg bei Prag u. 1626 die Dänen unter Kg. ↑Christian IV. bei Lutter am Barenberge. 1630 wurde er als Nachfolger ↑Wallensteins auch Befehlshaber der ksl. Truppen. Er eroberte 1631 Magdeburg u. Leipzig, wurde aber von den Schweden u. Sachsen unter Kg. ↑Gustav II. Adolf bei Breitenfeld (nahe Leipzig) vernichtend geschlagen. Er wandte sich nach Süden u. erlitt bei dem Versuch, die Schweden bei Rain am Lechübertritt zu hindern, e. schwere Verwundung, der er kurz darauf erlag.

Lit.: Georg Gilardone, *T.* (1932); Bernd Rill, *T.* (1984).

Tirpitz, Alfred von (1900), Großadmiral, *19.3.1849 Küstrin, †6.3.1930 Ebenhausen (bei München). Er trat 1865 in preuß. Marinedienste u. leitete 1877–88 die Entwicklung der Torpedowaffe. Ab 1892 war er Stabschef der Marine, 1897–1916 Staatssekretär des Reichsmarineamts, ab 1897 zugleich auch preuß. Marineminister. Imperialist. gesinnt u. polit. versiert, von großem Einfluß auf Ks. ↑Wilhelm II. wie auch die Öffentlichkeit, baute er aufgrund der großen Flottengesetze 1898–1912 die dt. Flotte zur zweitgrößten nach der brit. aus. Im Ersten Weltkrieg befürwortete er den sofortigen Einsatz der Flotte u. den uneingeschränkten U-Bootkrieg, konnte sich jedoch nicht durchsetzen u. trat 1916 zurück. 1908–18 war er Mitglied des preuß. Herrenhauses, 1917 gründete er zus. mit ↑Kapp die Dt. Vaterlandspartei, 1924–28 saß er im Reichstag (DNVP).
Lit.: Franz Uhle-Wettler, *A. von T.* (1998); Michael Salewski, *A. von T.* (1999).

Tisch, Harry, Politiker, *18.3.1927 Heinrichswalde (bei Ueckermünde), †18.6.1995 Berlin. Der gelernte Schlosser trat 1945 der KPD u. 1946 der SED bei. Ab 1963 saß er in der Volkskammer. 1975–89 war er Mitglied des Politbüros der SED u. Vors. des FDGB. 1991 wurde er wegen Untreue zu 18 Monaten Haft verurteilt.

Todt, Fritz, Politiker, *4.9.1891 Pforzheim, †8.2.1942 bei Rastenburg (Ostpreußen). Der Ingenieur trat 1922 der NSDAP bei u. wurde 1933 mit der Leitung des Baus der Reichsautobahnen betraut. Ab 1938 Generalbevollmächtigter für das Bauwesen, schuf er die private Bauunternehmen unter staatl. Leitung koordinierende Organisation T., welche dann an der Errichtung des Westwalls beteiligt war u. den Atlantikwall erstellte. 1940 ernannte ihn ↑Hitler zum Reichsminister für Bewaffnung u. Munition. Er starb bei e. Flugzeugabsturz.
Lit.: Franz W. Seidler, *F. T.* (²1988).

Töpfer, Klaus, Politiker, *29.7.1938 Waldenburg (Schlesien). Der promovierte Volkswirt trat 1972 der CDU bei. 1978–79 Prof. in Hannover, war er danach bis 1985 Staatssekretär im Sozialministerium, dann 1985–87 Minister für Umwelt u. Gesundheit in Rheinland-Pfalz. 1987–94 war er Bundesumweltminister. 1990–98 saß er im Bundestag. Ab 1998 war er Exekutiv-Direktor des Umweltprogramms der Vereinten Nationen.

Treitschke, Heinrich von, Historiker, *15.9.1834 Dresden, †28.4.1896 Berlin. Nach der Habilitation (Leipzig 1858) wurde er 1863 Prof. in Freiburg i. B., 1866 in Kiel, 1867 in Heidelberg u. 1874 in Berlin. 1886 wurde er als Nachfolger ↑Rankes zum Historiographen des preuß. Staates ernannt u. 1895 in die Preuß. Akademie der Wiss.en gewählt. 1866–89 war er Redakteur der *Preuß. Jahrbücher.* Seine wiss. Arbeiten wurden geprägt von seinem polit. Engagement. 1871–84 saß er im Reichstag (bis 1879 nationalliberal, danach parteilos). Befürworter des preuß.-dt. Machtstaats u. nicht frei von antisemit. Gefühlen, forderte er die Stärkung der obrigkeitl. Regierung gegenüber dem Parlament u. e. aggressive Weltpolitik. Sein nationales Pathos hat die öffentl. Meinung u. die spätere Geschichtsschreibung nicht unwesentl. beeinflußt. Hauptwerk: *Dt. Gesch. im 19. Jh.* (5 Bde., 1879–94).

Lit.: Karl Heinz Metz, *Grundformen historiograph. Denkens* (1979); Ulrich Langer, *H. von T.* (1998).

Tresckow, Henning von, Generalmajor, *10.1.1901 Magdeburg, †21.7.1944 (bei Bialystok, Weißrußland). Der Berufsoffizier war ab 1936 im Generalstab tätig. Wegen des sog. Röhm-Putschs (↑Röhm) u. der Reichskristallnacht zum Gegner des nat.soz. Regimes geworden, unternahm er zus. mit ↑Schlabrendorff am 13.3.1943 an der Ostfront e. erfolglosen Anschlag auf ↑Hitlers Leben. Das Scheitern des Attentats vom 20.7.1944 bewog ihn dazu, sich das Leben zu nehmen.

Lit.: Bodo Scheurig, *H. von T.* (1997).

Treviranus, Gottfried Reinhold, Politiker, *20.3.1891 Schieder/Lippe, †7.6.1971 bei Florenz. Ab 1921 Direktor der Landwirtschaftskammer Lippe, saß er 1924–32 im Reichstag (bis 1930 DNVP). Die Kampagne gegen den Youngplan bewog ihn zum Austritt aus der DNVP u. zur Gründung der Volkskonserv. Vereinigung. 1930 war er Reichsminister für die besetzten Gebiete, 1931–32 Reichsverkehrsminister. 1934–49 lebte er im Exil in England, Kanada u. den USA.

Trittin, Jürgen, Politiker, *25.7.1954 Bremen. Der Sozialwissenschaftler war 1980 Gründungsmitglied der Grünen. 1985–90 u. 1994–95 saß er im Landtag von Niedersachsen, 1985–86 u. 1988–90 als Fraktionsvors. 1990–94 war er niedersächs. Minister für Bundes- u. Europaangelegenheiten. 1994–98 war er Bundesvorstandssprecher von Bündnis 90/Die Grünen. Seit 1998 ist er Mitglied des Bundestags u. Bundesminister für Umwelt.

Trott zu Solz, Adam von, Diplomat, *9.8.1909 Potsdam, †26.8.1944 Berlin-Plötzensee. Der promovierte Jurist arbeitete nach längerem Auslandsaufenthalt ab 1940 in der Informationsabteilung des Auswärtigen Amts. Als Mitglied des Kreisauer Kreises ab 1941 suchte er durch z.T. schon früher etablierte Verbindungen v.a. in England u. Schweden Unterstützung für den dt. Widerstand. Nach dem 20.7.1944 wurde er verhaftet, verurteilt u. gehängt.

Lit.: Christopher Sykes, *A. von T.* (1969).

Tschudi, Aegidius, schweiz. Politiker, *5.2.1505 Glarus, †28.2.1572 ebd. 1533–35 u. 1549–51 Landvogt von Baden, versuchte er vergebl. ab den 1550er Jahren, den ganzen Kanton Glarus zum kath. Glauben zurückzuführen. Er galt darüber hinaus aufgrund seiner umfassenden Quellenkenntnis als Autorität in rechtshistor. Fragen. Sein Hauptwerk, e. von 1000 bis 1470 reichende Schweizerchronik, wurde allerdings erst 1734–36 veröffentlicht.

U

Udet, Ernst, Generaloberst, *26.4. 1896 Frankfurt/Main, †17.11.1941 Berlin. Der Jagdflieger (62 Abschüsse) erhielt im Ersten Weltkrieg den Orden Pour le mérite. 1938 wurde er zum Generalluftzeugmeister (1940 Generaloberst) ernannt. 1941 mit Vorwürfen ↑Hitlers, ↑Görings u. ↑Milchs konfrontiert, die ihm Fehlplanungen im Luftkrieg gegen England u. beim Angriff auf die Sowjetunion vorwarfen, erschoß er sich.

Lit.: Armand van Ishoven, *E. U.* (1986).

Uhland, Ludwig, Dichter, *26.4. 1787 Tübingen, †13.11.1862 ebd. Promovierter Jurist u. Rechtsanwalt, war er als Vertreter der schwäb. Romantik 1830–33 Prof. für dt. Sprache u. Literatur in Tübingen. Liberal gesinnt, saß er 1819–26 u. 1833–38 im württ. Landtag, 1848 im Vorparlament u. dann in der Nationalversammlung. In letzterer sprach er sich für die großdt. Lösung u. gegen e. Erbks.tum aus.

Lit.: Walter Scheffler, *L. U.* (1987).

Uhrig, Robert, KPD-Funktionär, *8.3.1903 Berlin, †21.8.1944 Brandenburg-Görden. Der Werkzeugmacher trat 1920 der KPD bei. 1934–36 inhaftiert, setzte er die schon zuvor begonnene illegale Organisationstätigkeit fort u. leitete ab 1940 den kommunist. Widerstand in Berlin. Er wurde 1942 verhaftet, 1944 verurteilt u. hingerichtet.

Ulbricht, Walter, Politiker, *30.6. 1893 Leipzig, †1.8.1973 Berlin (Ost). Der gelernte Möbelschreiner trat 1912 der SPD bei, war 1918 Mitglied des Spartakusbundes u. ab 1919 der KPD. Ab 1921 hauptamtl. Parteifunktionär, war er 1924–25 in Moskau für die Komintern tätig. 1926–29 saß er im sächs. Landtag, 1928–33 im Reichstag. 1927 wurde er Mitglied des ZK der KPD, 1932 des Sekretariats des ZK. 1933 emigrierte er zunächst nach Paris, dann nach Prag u. 1938 nach Moskau. Führend in der Exil-KPD, war er 1943 e. der Mitbegründer des Nationalkomitees Freies Dtld. Im April 1945 kehrte er mit der «Gruppe U.» nach Dtld. zurück u. war in der SBZ maßgebl. an der Bildung der SED beteiligt. Eng mit der sowjet. Besatzungsmacht zus.arbeitend, wurde er zum einflußreichsten dt. Politiker in ihrer Zone. 1946–51 war er Mitglied des Landtags von Sachsen-Anhalt. 1949 wurde er Mitglied des Politbüros u. war 1950–53 Generalsekretär, 1953–71 Erster Sekretär, ab 1971 Ehren-Vors. der SED. Der Volkskammer gehörte er seit 1949 an. 1949–60 war er Stellv. bzw. Erster Stellv. des Vors.en des Ministerrates, 1960–71 auch Vors. des Nationalen Verteidigungsrats. Nach dem Tod ↑Piecks wurde er Vors. des Staatsrats (Staatsoberhaupt, 1960–73). Als mächtigster Mann der DDR verfolgte er, angeleitet von der Sowjetmacht, zwei Jahrzehnte lang e. dogmat. Kurs. Wohl wegen seines Widerstands gegen die sowjet. Entspannungspolitik, vielleicht auch wegen ideolog. Eigenmächtigkeiten u. aus Altersgründen, wurde er 1971 aus seiner Machtposition gedrängt u. mußte E. ↑Honecker Platz machen.

Lit.: Heinz Voßke, *W. U.* (²1984); Norbert Podewin, *W. U.* (1995); Mario Frank, *W. U.* (²2001).

Ulrich, Bf. von Augsburg, *890 Augsburg, †4.7.973 ebd. Ab 923 Bf. von Augsburg, förderte er die Bildung des Klerus u. die Reform von Klöstern u. Abteien. Um 926 befestigte er die Stadt Augsburg neu u. konnte sie so beim Ungarneinfall 955 bis zur Schlacht auf dem Lechfeld halten. Am dortigen Sieg hatte er Anteil. Er wurde 993 hl.gesprochen (Tag: 4.7.).

Lit.: Manfred Weitlauff, Hrsg., *Bf. U. von A.* (1993).

Ulrich, Hg. von Württ., *8.2.1487 Reichenweier (Elsaß), †6.11.1550 Tübingen. Bis 1503 unter Vormundschaft, regierte er danach selbständig u. konnte im Landshuter Erbfolgekrieg 1504–05 seinem Gebiet Löwenstein, Maulbronn sowie Heidenheim hinzufügen. 1514 vermochte er den Bauernaufstand des Armen Konrad nur mit Hilfe der Stände niederzuwerfen u. mußte ihnen im Tübinger Vertrag Mitspracherecht bei der Regierung des Hg.tums zugestehen. Er verfeindete sich mit ihnen, als er im Mai 1515 seinen Hofmarschall Hans von Hutten ermordete u. im Nov. seine Gemahlin Sabina von Bayern, e. Nichte Ks. ↑Maximilians I., vor seiner Gewalttätigkeit aus Württ. floh. Vom Ks. 1516 geächtet, überfiel er 1519 die Reichsstadt Reutlingen, woraufhin sein Hg.tum vom Schwäb. Bund besetzt u. 1520 Österreich überlassen wurde. U. wurde vertrieben, wandte sich 1523 dem Protestantismus zu u. fand 1526 Aufnahme bei Landgraf ↑Philipp I. dem Großmütigen von Hessen. Mit dessen u. Frankreichs Unterstützung gewann er 1534 durch e. Sieg über den habsburg. Statthalter sein Land als östr. Afterlehen zurück u. führte 1535 die luther. Reformation ein. 1536 trat er dem Schmalkald. Bund bei, mußte aber nach dessen Niederlage 1548 das Augsburger Interim annehmen.

Lit.: Volker Press, «Hg. U.», in Robert Uhland, Hrsg., *900 Jahre Haus Württ.* (³1985).

V

Verner, Paul, Politiker, *26.4.1911 Chemnitz, †12.12.1986 Berlin (Ost). Der gelernte Dreher schloß sich 1929 der KPD an. 1932–34 lebte er in Moskau, 1936–37 war er bei den Internat. Brigaden in Spanien. Nach Exil in Schweden u. der Sowjetunion war er 1946 Mitbegründer der FDJ u. trat der SED bei. 1950 wurde er Mitglied des ZK der letzteren, 1963 des Politbüros. 1971–84 war er Mitglied des Staatsrats der DDR. Er gehörte zum engen Kreis um E. ↑Honecker.

Vicari, Hermann von, Erzbf. von Freiburg, *13.5.1773 Aulendorf (Oberschwaben), †14.4.1868 Freiburg i.B. 1827 Generalvikar u. 1832 Weihbf. in Freiburg, wurde er 1836 zum Erzbf. gewählt, aber erst 1842/43 von der bad. Regierung u. Rom anerkannt. Sein Kampf gegen das Staatskirchentum führte zum bad. Kirchenstreit (1852–59), in dessen Verlauf er u. a. 1854 unter Hausarrest gestellt wurde.

Lit.: Karl-Heinz Braun, *H. von V. u. die Erzbf.swahlen in Baden* (1990).

Viktoria Adelheid Marie Luise, dt. Ks.in u. Kg.in von Preußen, *21.11.1840 London, †5.8.1901 Schloß Friedrichshof (Taunus). Die älteste Tochter Prinz Alberts u. der brit. Kg.in Viktoria heiratete 1858 den preuß. Kronprinzen Friedrich Wilhelm (später Ks. ↑Friedrich [III.]) u. nannte sich nach dessen Tod Ks.in Friedrich. Ihre Bemühungen um liberalen Einfluß auf die Politik brachten sie in Gegensatz zu O. von ↑Bismarck u. ihren Sohn ↑Wilhelm II.

Lit.: Richard Barkeley, *Die Ks.in Friedrich* (1959).

Virchow, Rudolf, Arzt u. Politiker, *13.10.1821 Schivelbein (Pommern), †5.9.1902 Berlin. Er habilitierte sich 1847 in Berlin für Pathologie u. war ab 1849 Prof. in Würzburg, ab 1856 in Berlin. Später Pathologe u. Anthropologe von Weltruf, betätigte er sich schon früh als Liberaler in der Politik. 1859 war er Mitglied des Dt. Nationalvereins, 1861 Mitbegründer der Dt. Fortschrittspartei u. 1862 bis zu seinem Tod Mitglied des preuß. Abg.hauses. Einer der entschiedensten Gegner O. von ↑Bismarcks im preuß. Verfassungskonflikt, beteiligte er sich in den 1870er Jahren engagiert am Kulturkampf. (Der Ausdruck «Kulturkampf» stammt aus e. von ihm verfaßten Wahlpamphlet.) 1880–93 saß er im Reichstag (ab 1884 Freisinnige Partei).

Lit.: Manfred Vasold, *R. V.* (1990); Heinrich Schipperges, *R. V.* (1994).

Vizelin, Bf. von Oldenburg in Holstein, *um 1090 Hameln, †12.12.1154 Neumünster. Von nichtadliger Herkunft, wurde er nach Studien in Paderborn u. Frankreich 1126 in Magdeburg zum Priester geweiht u.

ging als Missionar nach Holstein. Um die Mission unter den wagr. Wenden zu unterstützen, gründete er die Chorherrenstifte Neumünster u. Segeberg. 1149 wurde er zum Bf. von Oldenburg in Holstein geweiht. Er wird als Hl. verehrt (Tag: 12.12.).

Vogel, Bernhard, Politiker, *19.12. 1932 Göttingen. Der Bruder von H.-J. ↑V., promovierter Politologe, saß 1965-67 im Bundestag (CDU). 1971-91 saß er im Landtag, 1967-76 war er Kultusminister, 1976-88 Ministerpräs. von Rheinland-Pfalz. Seit 1992 war er Ministerpräs. von Thüringen. 1972-76 war er Präs. des ZK der dt. Katholiken.

Vogel, Hans-Jochen, Politiker, *3.2. 1926 Göttingen. Der Bruder von B. ↑V., promovierter Jurist, trat 1950 der SPD bei u. war nach Tätigkeit in der bayer. Staatskanzlei 1960-72 Oberbürgermeister von München, 1972-74 Bundesminister für Raumordnung, Bauwesen u. Städtebau, 1974-81 Bundesjustizminister. 1972-81 u. 1983-94 saß er im Bundestag (1983-91 Vors. der SPD-Fraktion). 1981 war er Regierender Bürgermeister u. 1981-83 Mitglied des Abg.-hauses von Berlin, 1983 Kanzlerkandidat der SPD. 1987-91 war er Bundesvors. der SPD.

Vogel, Wolfgang, Jurist, *30.10.1925 Wilhelmsthal (Schlesien). Er ließ sich 1954 als Rechtsanwalt in Berlin (Ost) nieder u. wurde 1957 auch an Gerichten im Westteil der Stadt zugelassen. Ab 1963 war er staatl. Beauftragter für Freikauf u. Austausch polit. Häftlinge. Er vermittelte die Ausreise von über 250000 DDR-Bürgern in die Bundesrepublik. Ab 1953 war er inoffizieller Mitarbeiter des MfS der DDR, ab 1981 Mitglied der SED.

Vogelsang, Karl Frhr. von, Sozialpolitiker, *3.9.1818 Liegnitz (Schlesien), †8.11.1890 Wien. Der Jurist schied 1848 aus dem preuß. Staatsdienst aus. Auf Empfehlung ↑Kettelers fand er in München Zugang zum Kreis um ↑Görres u. ging von da nach Innsbruck, wo er 1850 zum Katholizismus konvertierte. 1852 übersiedelte er nach Köln u. wurde Mithrsg. der antiliberalen *Polit. Wochenschrift*. Danach lebte er e. Zeitlang am Starnberger See u. zog 1865 in die Nähe von Wien, 1872 nach Preßburg. Ab 1875 Redakteur der kath.-konserv. Wiener Tageszeitung *Das Vaterland*, wurde er zu e. Mitinitiator der christl.-soz. Bewegung in Österreich. Einen konserv. Antikapitalismus verfechtend u. e. Sozialreform berufsständ. Prägung anstrebend, gab er der kath. Sozialehre starke Impulse. Er starb durch e. Verkehrsunfall. Hauptwerke: *Die materielle Lage des Arbeiterstands in Österreich* (3 Tle., 1883-84); *Zins u. Wucher* (1884); *Gesammelte Aufsätze* (12 Tle., 1885-87).

Lit.: Erwin Bader, *K. von V.* (1990); Alexander Egger, *Die Staatslehre des K. von V.* (1991).

Vögler, Albert, Industrieller, *8.2. 1877 Borbeck (bei Essen), †13.4.

1945 Dortmund. Der promovierte Hütteningenieur war 1915–26 Generaldirektor der Dt.-Luxemburg. Bergwerks- u. Hütten AG Bochum. Mitgründer u. Generaldirektor 1926–36 der Vereinigten Stahlwerke AG, war er einflußreich in der Montanindustrie. Er saß 1919–20 in der Nationalversammlung, im Reichstag 1920–24 (DVP) u. wiederum ab 1933 (parteilos). Er gehörte zu den Industriellen, die am Ende der Weimarer Republik ↑Hitler förderten. 1942–45 war er als Wehrwirtschaftsführer maßgebl. am Ausbau der dt. Rüstungswirtschaft beteiligt. Um der Festnahme durch amerikan. Soldaten zu entgehen, nahm er sich das Leben.

Lit.: Gert von Klass, *A. V.* (1957); Reinhard Neebe, *Großindustrie, Staat u. NSDAP* (1981).

Vollmar, *Georg* Heinrich von, Politiker, *7.3.1850 München, †30.6.1922 Urfeld (am Walchensee). Urspr. bayer. Offizier, wurde er nach 1871 Sozialdemokrat u. redigierte den *Dresdener Volksboten* (1877–78) u. den *Socialdemocrat* (Zürich; 1879–80). 1881–87 u. 1890–1918 saß er im Reichstag, 1893–1918 auch im bayer. Landtag. Anfängl. radikal links orientiert, trat er ab den 1890er Jahren für e. verantwortl. Mitarbeit der SPD in den Parlamenten ein.

Lit.: Reinhard Jansen, *G. von V.* (1958).

Vollmer, Antje, Politikerin, *31.5.1943 Lübbecke. 1971–74 Pastorin in Berlin, war die promovierte Theologin 1983–85, 1987–90 u. seit 1994 Mitglied (Die Grünen bzw. Bündnis 90/Die Grünen), seit 1994 Vizepräs.in des Bundestags.

Voscherau, Henning, Politiker, *13.8.1941 Hamburg. 1974–97 war er Mitglied der Hamburger Bürgerschaft (SPD; 1982–87 Vors. der Fraktion). 1988–97 war er Erster Bürgermeister von Hamburg.

W

Wagener, Hermann, Politiker, *8.3.1815 Segeletz (bei Neuruppin), †22.4.1889 Berlin. Der Jurist trat 1844 in den preuß. Staatsdienst u. wurde 1848 Rechtsanwalt in Berlin. Dort gründete er 1848 die *Neue Preuß. Zeitung* (Kreuzzeitung), deren Mitarbeiter er bis 1872 blieb. Er war als führender Konserv. Mitglied des preuß. Abg.hauses (1853–58; 1861–70) u. des Reichstags (1867–73). Wegen Teilnahme an Spekulationen der Gründerjahre mußte er 1873 von seinen Ämtern zurücktreten. Als Vertrauter O. von ↑Bismarcks beeinflußte er dessen sozialpolit. Vorstellungen im Geiste e. konserv. Sozialismus. 1859–68 gab er das *Staats- u. Gesellschaftslexikon* (23 Bde.) heraus. 1876 verfaßte er das Programm der Dt. konserv. Partei.

Lit.: Wolfgang Saile, *H. W.* (1958); Klaus Hornung, «Preuß. Konservatismus», in Hans-Christof Kraus, *Konserv. Politiker in Dtld.* (1995).

Wagner, Carl-Ludwig, Politiker, *9.1.1930 Düsseldorf. Der promovierte Jurist trat 1951 der CDU bei. 1959–69 war er beim Europ. Parlament tätig. 1969–76 saß er im Bundestag. 1976–79 war er Oberbürgermeister von Trier. 1979–81 Justizminister u. 1981–88 Finanzminister, war er 1989–91 Ministerpräs. von Rheinland-Pfalz.

Wagner, Eduard, Generalquartiermeister, *1.4.1894 Kirchenlamitz (Fichtelgebirge), †23.7.1944 Zossen. Der Berufssoldat wurde 1940 Generalquartiermeister des Heeres. Er stand schon vor dem Zweiten Weltkrieg in Kontakt mit L. ↑Beck. Nach dem Attentat am 20.7.1944 stellte er ↑Stauffenberg e. Flugzeug nach Berlin zur Verfügung. Nach Aufdeckung seiner Attentatsbeteiligung nahm er sich das Leben.

Wagner, Robert [urspr. Backfisch], Politiker, *13.10.1895 Lindach (heute Eberbach), †14.8.1946 Straßburg. Der Reichswehrsoldat nahm 1923 am Hitler-Putsch (↑Hitler) teil. 1925 gründete er den Gau Baden der NSDAP u. saß ab 1929 im bad. Landtag. 1933 wurde er kommissar. Ministerpräs. von Baden. Ab 1940 war er Chef der Zivilverwaltung im Elsaß. Ein franz. Militärgericht verurteilte ihn zum Tod u. ließ ihn hinrichten.

Waigel, Theodor, Politiker, *22.4.1939 Oberrohr (Schwaben). Der promovierte Jurist trat 1960 der CSU bei u. saß seit 1972 im Bundestag. 1982–89 dort Vors. der CSU-Landesgruppe, war er 1988–99 Vors. der CSU. 1989–98 war er Bundesfinanzminister.

Waldburg, Georg III. Truchseß von [«Bauernjörg»], Feldhauptmann,

*25.1.1488 Waldsee (heute Bad Waldsee), †29.5.1531 ebd. Als Feldherr des Schwäb. Bundes nahm er 1519 an der Vertreibung Hg. ↑Ulrichs von Württ. teil. 1525 befehligte er die Heerhaufen der süddt. Fürsten u. Städte bei der Niederwerfung der aufständ. Bauern. Danach verwaltete er Württ. als Statthalter bis zu seinem Tod.

Waldeck, Franz Leo *Benedikt*, Politiker, *31.7.1802 Münster, †12.5.1870 Berlin. Der Jurist war ab 1846 Mitglied des Obertribunals, des höchsten preuß. Gerichts. In der preuß. Nationalversammlung 1848 wirkte er an der Spitze der demokrat. Linken mit der «Charte W.» maßgebl. an der Ausarbeitung der Verfassung mit. 1861–69 war er im preuß. Abg.haus (Fortschrittspartei) e. der schärfsten Gegner O. von ↑Bismarcks. 1867–69 saß er im Reichstag des Norddt. Bundes.
Lit.: Wilhelm Biermann, *F. L. B. W.* (1928).

Waldemar ↑Woldemar.

Waldersee, Alfred von, Generalfeldmarschall, *8.4.1832 Potsdam, †5.3.1904 Hannover. 1882 Generalquartiermeister, wurde er 1888 Nachfolger H. K. B. Graf von ↑Moltkes als Chef des Generalstabs der Armee u. kam dadurch ins preuß. Herrenhaus u. in den Staatsrat. 1890 war er maßgebl. am Sturz O. von ↑Bismarcks beteiligt. Zum Generalfeldmarschall befördert, erhielt er 1900 den Oberbefehl über die alliierten Truppen im chines. Boxeraufstand.
Lit.: Wolfgang Fornaschon, *Die polit. Anschauungen des Grafen A. von W.* (1935).

Wallenstein, Albrecht Wenzel Eusebius von, Feldherr, *24.9.1583 Hermanitz (Böhmen), †25.2.1634 Eger. Der aus altem böhm. Adel stammende u. prot. erzogene W. trat 1606, zwei Jahre nach Eintritt in habsburg. Dienste, zum kath. Glauben über. Durch Heirat erwarb er 1609 reichen Besitz in Mähren. Das nach der Niederwerfung des böhm. Aufstands 1622 durch Rebellenbesitz weiter vermehrte Territorium erhob Ks. ↑Ferdinand II. 1623 zum Fürstentum Friedland. 1625 stellte W. auf eigene Kosten zur Unterstützung der kath. Liga gegen Dänemark e. Heer von 40000 Mann auf u. besiegte ↑Mansfeld 1626 an der Dessauer Elbbrücke. 1627 zog er mit ↑Tilly nach Norddtld., aus dem er den dän. Kg. ↑Christian IV. vertrieb. 1628 zum General des Balt. u. Ozean. Meeres ernannt, erhielt er nach dem Frieden von Lübeck 1629 Mecklenburg als ksl. Lehen. Die Fürsten erzwangen daraufhin auf dem Regensburger Kf.entag 1630 seine Entlassung, doch erhielt er nach dem Kriegseintritt Schwedens u. der Niederlage Tillys bei Breitenfeld 1632 erneut den Oberbefehl über die ksl. Truppen. Nach der unentschiedenen Schlacht bei Lützen im Nov. nahm er Verhandlungen mit Schweden, Brandenburg u. Sachsen auf u. versicherte sich im ersten sog. Pilsener Revers im Jan. 1634 der

Treue seiner Offiziere. Daraufhin wurde in Wien seine Absetzung u. Ächtung beschlossen. Zus. mit seinen nächsten Vertrauten wurde er, nunmehr als vogelfrei geltend, in Eger von ks.treuen Offizieren ermordet. Durch die Veröffentlichung belastender Dokumente versuchte der Wiener Hof in der Folge, die Schuld des Feldherrn zu beweisen, der zweifellos e. der bedeutendsten Persönlichkeiten des 30jährigen Kriegs gewesen war.

Lit.: Hellmut Diwald, *W.* (³1987); Golo Mann, *W.* (⁷1997); Josef Polisenský u. Josef Kollmann, *W.* (1997).

Wallmann, Walter, Politiker, *24.9. 1932 Uelzen. Der promovierte Jurist saß 1966–72 sowie 1987–91 im hess. Landtag, 1972–77 im Bundestag (CDU). 1977–86 war er Oberbürgermeister von Frankfurt/Main, 1986–87 Bundesumweltminister. 1987–91 war er Ministerpräs. von Hessen.

Walther, Hansjoachim, Politiker, *16.12.1939 Bütow (Hinterpommern). Der Mathematiker war nach Habilitation (Ilmenau 1969) seit 1986 Prof. in Ilmenau. 1990 war er Mitbegründer der Dt. Sozialen Union (1990–91 Vors.) u. Mitglied der Volkskammer. 1990–91 war er Mitglied des Bundestags u. Bundesminister für bes. Aufgaben.

Warlimont, Walter, General, *3.10. 1894 Osnabrück, †9.10.1976 Wildbad Kreuth. Der Berufssoldat war als Stellv. ↑Jodls im OKW (ab 1939) aktiv an der Vorbereitung des Angriffs auf die Sowjetunion u. die dortige völkerrechtswidrige Kriegführung beteiligt. Er wurde 1948 zu lebenslängl. Haft verurteilt u. 1957 freigelassen.

Warnke, Jürgen, Politiker, *20.3. 1932 Berlin. Der Jurist trat 1958 in die CSU ein. 1962–70 Mitglied des bayer. Landtags, saß er 1969–98 im Bundestag. 1982–87 u. 1989–91 war er Bundesminister für wirtschaftl. Zus.arbeit, 1987–89 für Verkehr.

Weber, Helene, Politikerin, *17.3. 1881 Elberfeld (heute Wuppertal), †25.7.1962 Bonn. Die Studienrätin war führend in verschiedenen kath. Frauenverbänden aktiv. 1919 war sie Mitglied der Nationalversammlung. 1921–24 saß sie im preuß. Landtag, 1924–33 im Reichstag (Zentrum). 1945 war sie Mitbegründerin der CDU. 1948–49 saß sie im Parlamentar. Rat u. 1949–62 im Bundestag. 1952–61 war sie Vors. des Dt. Mütter-Genesungswerks.

Lit.: Rudolf Morsey, «H.W.», in Jürgen Aretz u.a., Hrsgg., *Zeitgesch. in Lebensbildern.* Bd. 3 (1979).

Weber, Karl, Politiker, *8.3.1898 Arenberg (bei Koblenz), †21.5.1985 Koblenz. Der promovierte Jurist arbeitete ab 1925 als Rechtsanwalt in Koblenz. 1945 war er Mitbegründer der CDU u. saß 1949–65 im Bundestag. 1965 war er kurzfristig Bundesjustizminister.

Weber, Marianne [geb. Schnitger], Frauenrechtlerin, *2.8.1870 Oerlinghausen/Lippe, †12.3.1954 Heidelberg. Seit 1893 Gattin des Soziologen Max Weber (1864–1920), war sie ab 1898 in der Frauenbewegung aktiv u. 1919–23 Vors. des Bundes dt. Frauenvereine. In zahlreichen Veröffentlichungen (u.a. *Frauenfrage u. Frauengedanken*, 1919) trat sie für die Frauenemanzipation ein.

Lit.: Marianne Weber, *Erfülltes Leben* (1946).

Weddigen, Otto, Kapitänleutnant, *15.9.1882 Herford, †18.3.1915 Pentland Firth (Nordsee). Seit 1901 in der Marine, versenkte er als Kommandant des U-Boots U9 am 22.9.1914 in der Nordsee drei brit. Panzerkreuzer. Dieser Erfolg verstärkte wesentl. die Popularität der U-Boot-Waffe. Das von ihm geführte U29 wurde bei e. Angriff von e. brit. Schlachtschiff gerammt u. ging mit der gesamten Besatzung unter.

Lit.: Hans Bötticher, *Wölfe der See* (1977).

Wedemeier, Klaus, Politiker, *12.1.1944 Hof/Saale. Der gelernte Kaufmann trat 1964 der SPD bei. Der aktive Parteifunktionär war ab 1971 Mitglied der Bremer Bürgerschaft (1979–85 Fraktionsvors.). 1985–95 war er Senatspräs.

Wehner, Herbert, Politiker, *11.7.1906 Dresden, †19.1.1990 Bonn. Der kaufmänn. Angestellte trat 1927 der KPD bei u. saß 1930–31 im sächs. Landtag. Er emigrierte 1935 u. lebte 1937–41 in Moskau, danach in Schweden. 1946 zurück in Dtld., trat er der SPD bei. 1949–83 saß er im Bundestag (1969–83 SPD-Fraktionsvors.). 1966–69 war er Bundesminister für gesamtdt. Fragen. Seit Ende der 1950er Jahre hatte er trotz seiner gelegentl. schroffen Art maßgebl. Einfluß auf die ideolog. u. takt. Ausrichtung seiner Partei.

Lit.: Günther Scholz, *H. W.* (1988).

Weichmann, Herbert, Politiker, *23.2.1896 Landsberg (Oberschlesien), †9.10.1983 Hamburg. Der Jurist war 1932–33 persönl. Referent O. ↑Brauns. 1933–48 lebte er im Exil in Frankreich u. den USA. 1948–57 war er Präs. des Rechnungshofes, 1957–65 Finanzsenator u. 1965–71 Erster Bürgermeister von Hamburg.

Weidig, Friedrich Ludwig, Revolutionär, *15.2.1791 Oberkleen (bei Wetzlar), †23.2.1837 Darmstadt. Seit 1812 an e. Lateinschule in Butzbach tätig, wurde er ab 1819 wegen revolutionärer Aktivitäten behördl. verfolgt. In Flugschriften u. im *Hess. Landboten* trat er für e. Verfassungsstaat u. Pressefreiheit ein. Ab 1835 inhaftiert, starb er unter ungeklärten Umständen in seiner Zelle.

Lit.: Harald Braun, *Das polit. u. turner. Wirken von F. L. W.* (1983).

Weishaupt, Adam, Philosoph, *6.2.1748 Ingolstadt, †18.11.1830 Gotha. Der Jurist war 1772–85 Prof. in Ingolstadt. Dort gründete er 1776 den aufklär. Illuminatenorden. Als dieser 1785 in Bayern verboten wurde, verlor er sein Lehramt u. ging nach

Gotha, wo er Legationsrat u. später Hofrat wurde.

Weitling, Wilhelm, Sozialist, *5.10. 1808 Magdeburg, †25.1.1871 New York. Der Schneidergeselle schloß sich 1835 in Paris dem Bund der Geächteten (ab 1836 Bund der Gerechten) an. 1843 wurde er wegen kommunist. Agitation in der Schweiz verhaftet u. wanderte in die USA aus. 1848-49 wieder in Dtld., konnte er kaum polit. Einfluß erlangen u. kehrte daher in die USA zurück, wo er 1850-55 die Zeitschrift *Die Republik der Arbeiter* herausgab.

Lit.: Jürg Haefelin, *W. W.* (1986).

Weizsäcker, Ernst Frhr. von, Diplomat, *25.5.1882 Stuttgart, †4.8. 1951 Lindau (Bodensee). Ab 1920 im diplomat. Dienst, wurde er 1937 Leiter der Polit. Abteilung u. 1938 Staatssekretär des Auswärtigen Amts. 1943-45 war er Botschafter beim Vatikan. Er war bemüht, den Zweiten Weltkrieg zu verhindern bzw. Friedensverhandlungen herbeizuführen, blieb aber in die Politik des nat.soz. Regimes verstrickt. 1949 wurde er zu sieben Jahren Gefängnis verurteilt, aber 1950 entlassen.

Lit.: Marion Thielenhaus, *Zwischen Anpassung u. Widerstand* (²1985).

Weizsäcker, Richard Frhr. von, Politiker, *15.4.1920 Stuttgart. Der Sohn E. Frhr. von ↑W.s studierte nach dem Militärdienst im Zweiten Weltkrieg Jura u. war dann 1950-56 in der Wirtschaft tätig. Er trat 1956 der CDU bei u. war 1964-70 u. 1979-81 Präs. des Dt. Ev. Kirchentags. 1969-84 war er Mitglied der Synode u. des Rates der EKD. 1969-81 saß er im Bundestag. 1974 unterlag er ↑Scheel in der Bundespräs.enwahl. 1981-84 war er Regierender Bürgermeister von Berlin, 1984-94 Bundespräs.

Lit.: Werner Filmer, *R. von W.* (1994).

Welcker, Karl Theodor, Politiker, *29.3.1790 Oberofleiden (Oberhessen), †10.3.1869 Neuenheim (bei Heidelberg). Der Jurist habilitierte sich 1813 in Gießen u. war ab 1814 Prof. in Kiel, 1817 in Heidelberg, 1819 in Bonn u. 1822-32 sowie 1841-42 in Freiburg. 1830 wurde er mit e. Petition für volle Pressefreiheit bekannt u. saß dann 1831-48/49 in der bad. 2. Kammer, wo er zus. mit ↑Rotteck die liberale Opposition anführte. Zus. mit diesem gab er das *Staats-Lexikon* (15 Bde., 1834-43) heraus, das die Gedankenwelt des Liberalismus im Vormärz stark beeinflußte. 1848 war er Mitglied des Vorparlaments, der Frankfurter Nationalversammlung u. zugleich bad. Bundestagsgesandter. Urspr. großdt. gesinnt, stellte er nach dem Verfassungsoktroi der östr. Regierung 1849 in Frankfurt den Antrag auf Übertragung der erbl. Ks.würde an Preußen. Danach lebte er in Heidelberg u. wandte sich in den 1860er Jahren gegen den Weg O. von ↑Bismarcks zur kleindt. Einigung.

Lit.: Heinz Müller-Dietz, *Das Leben des Rechtslehrers u. Politikers K. T. W.* (1968);

Wolfgang D. Dippel, *Wiss.sverständnis* (1990).

Wels, Otto, Politiker, *15.9.1873 Berlin, †16.9.1939 Paris. Der gelernte Tapezierer trat 1891 in die SPD ein u. war 1907–17 Parteisekretär in Brandenburg, 1918 in Berlin. 1912–18 u. 1920–33 saß er im Reichstag, 1919–20 in der Weimarer Nationalversammlung. Ab 1919 war er neben ↑Müller(-Franken), ab 1931 alleiniger Parteivors. Beim Kapp-Putsch (↑Kapp) leitete er zus. mit ↑Legien den Generalstreik. Einflußreich in Innen- u. Außenpolitik, setzte er sich 1925 für den Locarnopakt u. 1930–32 für die Tolerierung der Regierung ↑Brüning ein. Im März 1933 lehnte er für die Parteifraktion das Ermächtigungsgesetz ab. 1933 emigriert, leitete er in Prag, ab 1938 in Paris den Exilvorstand der SPD.

Lit.: Hans J. L. Adolph, *O. W.* (1971).

Welsch, Heinrich, Politiker, *13.10.1888 Saarlouis, †23.11.1976 Saarbrücken. Der Jurist arbeitete im Justizdienst u. wurde nach Ende des Zweiten Weltkriegs Präs. des saarländ. Versicherungsamtes. 1955–56 war der Parteilose Ministerpräs. e. Übergangsregierung im Saarland.

Welser, Bartholomäus, *25.6.1484 oder 1488 Memmingen, †28.3.1561 Amberg (Allgäu). Er übernahm 1518 zus. mit seinem Bruder Anton (1486–1546 oder 1557) das väterl. Handelshaus. Wie die Fugger (↑F., J.) unterstützte er Ks. ↑Karl V. mit enormen Geldmitteln. 1528 rüstete er in Spanien e. Schiffsexpedition aus, die e. Teil Venezuelas in Besitz nahm. Nach der Abdankung Karls 1556 gingen diese Handelsgebiete wieder verloren.

Lit.: Stadt Augsburg, Hrsg., *B. W.* (1962).

Wenzel I., Hg. von Böhmen, *um 903, †28.9.929 Altbunzlau. Er regierte vermutl. seit 922. In Anlehnung an das dt. Kg.tum förderte er die Christianisierung Böhmens u. die Verbreitung kirchl. Einrichtungen. Aus religiösen u. polit. Gründen von Opponenten ermordet, wird er seither als böhm. Nationalhl. verehrt (1729 offiziell kanonisiert; Tag: 28.9.).

Wenzel, Kg. (als Wenzel IV. Kg. von Böhmen seit 1363), *26.2.1361 Nürnberg, †16.8.1419 Schloß Wenzelstein (Böhmen). Der Sohn Ks. ↑Karls IV. wurde 1376 zum dt. Kg. gewählt u. trat 1378 die Nachfolge seines Vaters an. Er versuchte, teilweise erfolgreich, zwischen Fürsten u. Städten zu vermitteln (Reichslandfrieden von Eger, 1389). Sein Lavieren hinsichtl. des Schismas, seine Untätigkeit u. Trunksucht sowie die Ermordung des Johannes von Nepomuk (um 1340–1393) führten zu seiner Absetzung 1400 durch die vier rhein. Kf.en.

Werner von Epp(en)stein, Erzbf. von Mainz, †2.4.1284 Aschaffenburg. Seit 1259 Erzbf. von Mainz, einigte er sich 1273 bei der von ihm nach Frankfurt ausgeschriebenen Wahl mit Köln, Trier u. dem Pfalzgrafen, aus der dann ↑Rudolf I. von Habsburg als Kg. hervorging. Er begleitete Rudolf 1276 auf dessen Feldzug gegen Kg. ↑Ottokar II. von Böhmen.

Werth, Johann Frhr. (1634) von [auch Jean de W.; Jan van Weert], Feldherr, *um 1600 Büttgen (bei Neuß), †16.1.1652 Benatek (Böhmen). Seit 1630 im bayer. Ligaheer, hatte er maßgebl. Anteil am Sieg der Ksl.en bei Nördlingen 1634. Zum Feldmarschall-Leutnant erhoben, drang er 1636 mit 32000 Mann bis vor Paris vor. Im März 1637 wurde er bei Rheinfelden im Elsaß geschlagen u. in Frankreich ehrenvoll inhaftiert. 1642 ausgetauscht, kämpfte er mit unterschiedl. Glück weiter bis zum Ende des 30jährigen Kriegs u. zog sich dann nach Böhmen zurück.
Lit.: Willi-Dieter Osterbrauck, *J. Reichsfrhr. von W.* (1992).

Wessel, Helene, Politikerin, *6.7.1898 Dortmund, †13.10.1969 Bonn. Die diplomierte Fürsorgerin saß 1928-33 im preuß. Landtag (Zentrum). Sie war 1945 an der Wiedergründung des Zentrums beteiligt u. 1949-52 dessen Vors. 1948-49 war sie Mitglied des Parlamentar. Rats, 1949-53 u. 1957-69 des Bundestags. Gegnerin der Westintegration u. der Wiederbewaffnung, gründete sie 1952 zus. mit ↑Heinemann die GVP. 1957 trat sie zur SPD über.
Lit.: Elisabeth Friese, *H. W.* (1993).

Wessel, Horst, SA-Sturmführer, *9.10.1907 Bielefeld, †23.2.1930 Berlin. Der Jurastudent trat 1926 der NSDAP u. der SA bei u. wurde 1929 Führer e. SA-Sturms in Berlin. Am 14.11.1930 in seiner Wohnung wegen e. Mietstreits von e. arbeitslosen Kommunisten überfallen u. verletzt, starb er an den Folgen. Die nat.soz. Propaganda präsentierte ihn als Märtyrer. Ein von ihm verfaßtes Lied («Die Fahne hoch...», 1927) wurde 1933-45 im Anschluß an die Nationalhymne gesungen.
Lit.: Thomas Oertel, *H. W.* (1988).

Wessenberg, Ignaz Heinrich Frhr. von, Theologe, *4.11.1774 Dresden, †9.8.1860 Konstanz. Aus e. Breisgauer Adelsgeschlecht stammend, wurde er 1802 Generalvikar des Bf.s von Konstanz ↑Dalberg. 1812 zum Priester geweiht u. 1815 Koadjutor, stellte er sich als Vertreter des Reformkatholizismus u. Verfechter des Konziliarismus in Gegensatz zur Kurie. 1817 deshalb als Bf. von Rottenburg u. 1822 als Erzbf. von Freiburg vom Vatikan abgelehnt, war er nach Auflösung des Bistums Konstanz 1827 theolog. nur noch als Schriftsteller tätig. 1819-33 war er Mitglied der bad. 1. Kammer.
Lit.: Karl-Heinz Braun, Hrsg., *Kirche u. Aufklärung* (1989).

Westarp, Kuno Graf von, Politiker, *12.8.1864 Ludom (Posen), †30.7.1945 Berlin. Der Jurist saß 1908-18 im Reichstag (Dt.konserv. Partei, 1913-18 als Fraktionsvors.). Während des Ersten Weltkriegs agierte er gegen e. Verständigungsfrieden u. für das preuß. Dreiklassenwahlrecht. 1920–32 war er wieder im Reichstag, erst für die DNVP (1925–29 Fraktionsvors.), dann, nach Zerwürfnis mit ↑Hugenberg, 1930–32 für die von ihm mitgegründete Volkskonserv. Vereinigung.

Westphal, Heinz, *4.6.1924 Berlin, †30.10.1998 Bonn. Der gelernte Flugmotorenschlosser trat 1945 der SPD bei. 1946–65 hauptberufl. Jugendfunktionär (u.a. Vors. der Falken), saß er 1965–90 im Bundestag (1983–90 Vizepräs.). 1969–74 war er Parlamentar. Staatssekretär beim Bundesfamilienminister. 1982 war er kurzfristig Bundesarbeitsminister.

Westrick, Ludger, Politiker, *23.10.1894 Münster, †31.7.1990 Bonn. Der promovierte Jurist war 1921–51 in leitender Position in verschiedenen Industrieunternehmen tätig. 1951–63 war er Staatssekretär im Bundeswirtschaftsministerium, 1963–64 im Bundeskanzleramt. 1964–66 war er, immer noch parteilos, Bundesminister für bes. Aufgaben u. Chef des Bundeskanzleramts.

Wichern, Johann Hinrich, Theologe, *21.4.1808 Hamburg, †7.4.1881 ebd. Der prot. Theologe gründete 1833 in Hamburg das Rauhe Haus, e. Heim für verwahrloste Kinder. 1848 gab er den Anstoß zur Gründung des Centralausschusses für die Innere Mission. Später engagierte er sich stark für e. Reform des Gefängniswesens. Er gilt als e. der bedeutendsten ev. Reformer des 19. Jh.s.

Lit.: Hansjörg Martin, *Ein Menschenfischer* (1981); Günter Brakelmann, «J.H.W.», in Klaus Scholder u. Dieter Kleinmann, Hrsgg., *Prot. Profile* (1983).

Wichmann, Erzbf. von Magdeburg, *um 1110, †25.8.1192 Könnern (bei Köthen). Er wurde 1149 Bf. von Naumburg-Zeitz. 1154 erhielt er von Papst Anastasius IV. das Pallium als Bf. von Magdeburg u. stand dementsprechend Ks. ↑Friedrich I. Barbarossa zur Seite sowohl in dessen Streit mit den Päpsten Alexander III. u. Urban III. als auch gegen Hg. ↑Heinrich den Löwen. Er konnte Besitz u. Bedeutung des Erzstifts Magdeburg beträchtl. mehren.

Lit.: Matthias Puhle, *Erzbf. W.* (1992).

Widukind, sächs. Adliger, †um 807. Er erscheint erstmals 777 als Anführer des sächs. Widerstands gegen Kg. ↑Karl I. d. Gr. 785 gab er den Kampf auf u. ließ sich in Attigny (Dép. Ardennes) taufen, wobei Karl Pate stand. Nationale Geschichtsschreibung u. Sage haben sich vielfach mit ihm befaßt.

Lit.: Anne Roerkohl, *W.* (1996).

Widukind von Corvey, Chronist, *um 925, †nach 973 Corvey (Westfalen). Er war seit etwa 940 Mönch im Benediktinerkloster Corvey. Seine Sachsengesch. (3 Bücher; 967/68, Ergänzungen 973) schildert die Entwicklung des Stammes bis zur Zeit Ks. ↑Ottos I.

Lit.: Helmut Beumann, *W. von Korvei* (1950).

Wieczorek-Zeul, Heidemarie [geb. Zeul], Politikerin, *21.11.1942 Frankfurt/Main. Die Lehrerin trat 1965 der SPD bei. 1987 wurde sie Mitglied des Bundestags, 1998 Bundesministerin für wirtschaftl. Zus.arbeit u. Entwicklung.

Wildermuth, Eberhard, Politiker, *23.10.1890 Stuttgart, †9.3.1952 Tübingen. Der Jurist trat 1919 der DDP bei u. war 1921–39 in verschiedenen Verwaltungspositionen tätig. Nach Kriegsteilnahme war er 1947–49 Wirtschaftsminister u. saß 1947–50 im Landtag von Württ.-Hohenzollern (DemVP/FDP). 1949–52 saß er im Bundestag u. war gleichzeitig Bundesminister für Wohnungsbau.

Wilhelm

HEILIGES RÖMISCHES REICH:
Wilhelm von Holland, Kg., *1227, †28.1.1256 bei Alkmaar (Friesland). Nach dem Tod ↑Heinrich Raspes wurde er 1247 vor allem von den drei rhein. Erzbischöfen zum Gegenkg. gegen ↑Friedrich II. gewählt u. 1248 in Aachen gekrönt. Seine Anhängerschaft wuchs nach dem Tod Friedrichs II. (1250) u. dem Abzug ↑Konrads IV. nach Italien (1251), zumal ihm die Unterstützung Papst Innozenz' IV. zuteil wurde. Durch seine Heirat 1252 mit Elisabeth von Braunschweig-Lüneburg (†1266) gewann er bei e. Nachwahl im gleichen Jahr auch die wichtigen Stimmen der Askanier. Nach dem Tod Konrads IV. (1254) wurde er allg. anerkannt u. übernahm die Führung des Rhein. Städtebundes (1255). Auf e. Feldzug gegen die Friesen versank er mit seinem Pferd in e. Sumpf.

Lit.: Otto Hintze, *Das Kg.tum W.s von Holland* (1885).

DEUTSCHES REICH:
Wilhelm I., Ks., Kg. von Preußen, *22.3.1797 Berlin, †9.3.1888 ebd. Der jüngere Bruder Kg. ↑Friedrich Wilhelms IV. trat 1807 in das Heer ein u. nahm an den Befreiungskriegen teil. Als Gegner der Märzrevolution («Kartätschenprinz») mußte er 1848 nach England fliehen, kehrte aber nach drei Monaten zurück, wurde in die preuß. Nationalversammlung gewählt u. unterdrückte 1849 die republikan. Aufstände in Baden u. der Pfalz. 1849–54 residierte er als Generalgouverneur von Rheinland u. Westfalen in Koblenz. Unter dem Einfluß seiner Gemahlin ↑Augusta öffnete er sich gewissen liberalen Ideen, was in manchen Kreisen zu entsprechenden Hoffnungen führte, als er im Okt. 1857 zum Stellv. (Okt. 1858 Regent) seines geistig erkrankten Bruders bestellt wurde. Mit der Entlassung O. von ↑Manteuffels leitete er dann 1858 auch die sog. Neue Ära ein, doch geriet er in der Frage der preuß. Heeresreform in den Verfassungskonflikt mit der Mehrheit des Abg.hauses u. erwog die Abdankung. Nach dem Tod seines Bruders bestieg er Anfang 1861 den Thron. Unter dem Einfluß der Militärpartei berief er 1862 O. von ↑Bismarck zum Ministerpräs.en. u. folgte künf-

tig, wenn auch oft erst nach harten Auseinandersetzungen, dessen Politik. So übernahm er 1867 das Präsidium des Norddt. Bundes u. wurde 1871 in Versailles zum Dt. Ks. proklamiert. Auch deckte er trotz beträchtl. Vorbehalte das Vorgehen des nunmehrigen Reichskanzlers Bismarck im Kulturkampf u. gegenüber Rußland. Volkstüml. u. allseits geachtet, wurde der «alte Ks.» zu e. Symbolgestalt des neuen Reiches.

Lit.: Karl Heinz Börner, *W. I.* (1984); Franz Herre, *Ks. W. I.* (1993); Hellmut Seier, «W. I.», in Anton Schindling u. Walter Ziegler, Hrsgg., *Die Ks. der Neuzeit* (1990).

Wilhelm II., Ks., Kg. von Preußen, *27.1.1859 Potdam, †4.6.1941 Doorn (Niederlande). Der älteste Sohn Ks. ↑Friedrichs (III.), vermählt seit 1881 mit ↑Auguste Viktoria, folgte seinem Vater 1888 als Herrscher nach. Intelligent, jedoch unstet u. impulsiv, u. a. wohl wegen e. körperl. Behinderung (bei der Geburt wurde sein linker Arm verkrüppelt) beständig Anerkennung u. Bewunderung heischend, versuchte er während der ersten Jahre seiner Herrschaft e. «persönl. Regiment» zu führen, bes., nachdem er 1890 Reichskanzler O. von ↑Bismarck entlassen hatte. Weder in der Innenpolitik, wo er zwischen Phasen der Reformfreudigkeit u. solchen reaktionären Verhaltens wechselte, noch in der Außenpolitik, wo er zwischen Großbritannien u. Rußland schwankte, vermochte er e. klare Linie zu verfolgen. Nach der *Daily-Telegraph*-Affäre 1908, die durch e. von ihm gegebenes bramarbasierendes Interview ausgelöst wurde, hielt er sich allerdings polit. zunehmend zurück. Während des Ersten Weltkriegs, in dem er sich als Integrationsfigur verstand, wurde er allmähl. durch die Oberste Heeresleitung vollends zur Seite gedrängt. Bei Ausbruch der Revolution floh er auf Rat ↑Hindenburgs am 10.11.1918 in die Niederlande. Am 28.11. verzichtete er offiziell auf den Thron, nachdem Reichskanzler Prinz ↑Max von Baden bereits am 9.11. eigenmächtig die Abdankung verkündet hatte. 1920 lehnte die niederländ. Regierung e. Auslieferungsersuchen der Alliierten ab. Danach lebte er als Landedelmann in Haus Doorn.

Lit.: Willibald Gutsche, *W. II.* (1991); Hans Rall, *W. II.* (1995); Christian von Krockow, *Ks. W. II.* (1999); Friedrich Hartau, *W. II.* (⁷2001); John C. G. Röhl,, *W. II. (1859–1888)* (²2001); ders., *W. II. (1888–1900)* (2001).

Wilhelm, Kronprinz des Dt. Reichs u. von Preußen, *6.5.1882 Potsdam, †20.7.1951 Hechingen. Der älteste Sohn Ks. ↑Wilhelms II. befehligte im Ersten Weltkrieg an der Westfront ab 1916 die Heeresgruppe «Dt. Kronprinz». Nach Ende des Kriegs ging er ins Exil in die Niederlande u. verzichtete am 1.12.1918 auf die Thronfolge im Reich u. in Preußen. 1923 kehrte er nach Dtld. zurück.

Lit.: Paul Herre, *Kronprinz W.* (1954).

BAYERN:
Wilhelm IV., Hg., *13.11.1493 München, †6.3.1550 ebd. Ab 1508 unter Vormundschaft regierend, trat

er 1511 die selbständige Herrschaft an, teilte diese aber unter dem Druck der Stände 1514-45 mit seinem Bruder Ludwig X. (1495-1545). 1516 erließ er e. Reinheitsgebot für Bier, das heute noch gilt. Als Feldherr des Schwäb. Bundes vertrieb er 1519 Hg. ↑Ulrich aus dessen Hg.tum Württ. Strikter Gegner der Reformation, bekämpfte er sowohl Lutheraner als auch Täufer. Rivalität mit dem Hause Habsburg ließ ihn 1531 im Saalfelder Bündnis Anschluß an den Schmalkald. Bund finden, doch mußte er 1534 die Wahl des späteren Ks.s ↑Ferdinand I. zum Kg. anerkennen. 1542 berief er die Jesuiten an die Universität Ingolstadt. Im Schmalkald. Krieg 1546-47 stand er auf seiten Ks. ↑Karls V., lehnte jedoch das Augsburger Interim ab. Vor allem ihm u. seinem Berater Leonhard von Eck (1480-1550) ist es zuzuschreiben, daß Bayern kath. blieb.

Hessen-Kassel:
Wilhelm I., Kf., *3.6.1743 Kassel, †27.2.1821 ebd. Ab 1764 Regent in Hanau-Münzenberg, trat er nach dem Tod seines Vaters Friedrich II. (1720-85) die Herrschaft an. Den von letzterem betriebenen Soldatenhandel setzte er erfolgreich fort, wobei er vom finanziellen Geschick seines Bankiers ↑Rothschild profitierte. Seine Beteiligung am 1. Koalitionskrieg gegen Frankreich endete mit dem Frieden von Basel 1795. Im Reichsdeputationshauptschluß 1803 wurde er für den Verlust seiner linksrhein. Gebiete durch etwas Territorialzuwachs rechts des Rheins u. vor allem die Kurwürde entschädigt. Seine unentschlossene Neutralitätspolitik 1806 führte 1807 zur Angliederung seines Landes an das Kg.reich Westphalen. Aus dem Exil in Holstein kehrte er 1813 zurück u. trat die Herrschaft in seinem auf dem Wiener Kongreß dann vergrößerten Land wieder an. Er verweigerte diesem die versprochene Verfassung u. oktroyierte vielmehr 1817 e. Haus- u. Staatsgesetz, das ihm e. streng autokrat. Regierung erlaubte.

Nassau:
Wilhelm I. der Schweiger, Graf, Prinz von Oranien, *25.4.1533 Dillenburg, †10.7.1584 Delft. Der älteste Sohn des prot. Grafen W. I. des Reichen von Nassau (1487-1559) erbte 1544 die Güter seines Vetters René von Orange in der Provence u. in den Niederlanden. Seit 1549 in Brüssel kath. erzogen, trat er 1552 in den Dienst Ks. ↑Karls V. Unter Kg. Philipp II. war er Mitglied im niederländ. Staatsrat u. ab 1560 Statthalter von Holland, Seeland, Utrecht u. der Franche-Comté. Nach der Heirat mit e. luther. Tochter des Kf. ↑Moritz von Sachsen trat er 1561 zus. mit dem Grafen ↑Egmond an die Spitze der ständ. Opposition gegen die einengende, zentralist. ausgerichtete span. Politik. Als der Hg. von Alba anrückte, legte er seine Statthalterschaft nieder u. wich 1567 nach Dillenburg aus. Versuche des Eingreifens in Friesland u. Limburg scheiterten, doch gelang e. all-

mähl. Empörung in den nördl. Niederlanden. 1572 von den Aufständ. zum span. Statthalter ernannt, konnte er, bei religiöser Indifferenz ab 1573 Kalvinist, in der Genter Pazifikation 1576 alle niederländ. Provinzen kurzfristig bis zur Bildung der Unionen von Arras u. Utrecht (1579) vereinen. 1580 von Philipp II. geächtet, wurde er von e. kath. Attentäter erschossen. Er gilt als der Begründer der niederländ. Unabhängigkeit.

Lit.: Hermann Romberg, *Der Prinz von Oranien* (³1991); Klaus Vetter, *Am Hofe W.s von O.* (1991).

WÜRTTEMBERG:

Wilhelm II., Kg., *25.2.1848 Stuttgart, †2.10.1921 Bebenhausen. Er trat 1891 die Thronfolge an. Sich strikt an die Vorgaben der Verfassung haltend, orientierte er sich bei polit. Entscheidungen, auch wenn keine konstitutionelle Notwendigkeit bestand, an der Meinung des Landtags. Am 9.11.1918 zur Abdankung gezwungen, verzichtete er am 30.11. offiziell auf den Thron.

Lit.: Paul Sauer, *Württ.s letzter Kg.* (²1994).

Wilhelmi, Hans, Politiker, *27.8.1899 Mainz, †5.6.1970 Frankfurt/Main. Der promovierte Jurist arbeitete ab 1924 als Rechtsanwalt u. war 1945 Mitbegründer der CDU. 1957-69 saß er im Bundestag, 1960-61 war er Bundesminister für den wirtschaftl. Besitz des Bundes.

Wilhelmine Friederike Sophie, Markgräfin von Bayreuth, *3.7.1709 Berlin, †14.10.1758 Bayreuth. Die Schwester Kg. ↑Friedrichs II. d. Gr. wurde 1731 gegen ihren Willen mit dem späteren Markgrafen Friedrich von Bayreuth (1711-63) vermählt. In ihren *Mémoires* zeichnete sie e. verzerrtes Bild ihres Vaters Kg. ↑Friedrich Wilhelm I. u. des Hofs.

Willigis, Erzbf. von Mainz, †23.2.1011. Wohl nichtadliger Abstammung, ist er erstmals 971 als Reichskanzler unter Ks. ↑Otto I. bezeugt. 975 wurde er von Kg. ↑Otto II. zum Erzbf. von Mainz u. Erzkanzler des Reiches bestellt. 983-94 Ratgeber der Ks.innen ↑Theophanu u. ↑Adelheid, zwang er 984 Hg. Heinrich II. den Zänker von Bayern (951-95), dessen Mündel ↑Otto III. auszuliefern u. rettete diesem damit die Krone. Ab 997 zog er sich von Otto III. zurück, griff aber nach dessen Tod 1002 wieder in die Reichspolitik ein u. unterstützte den späteren Ks. ↑Heinrich II., den er 1002 in Mainz zum Kg. krönte. Bedeutender Territorialpolitiker, war er gleichermaßen e. umsichtiger Kirchenorganisator u. aktiver Bauherr.

Lit.: Anton P. Brück, Hrsg., *W. u. sein Dom* (1975); Josef Nowak, *W.* (1985).

Wilms, Dorothee, Politikerin, *11.10.1929 Grevenbroich. Die promovierte Volkswirtin trat 1961 der CDU bei u. saß 1976-94 im Bundestag. 1982-87 war sie Bundesbildungsministerin, 1987-91 Bundesministerin für innerdt. Beziehungen.

Windelen, Heinrich, Politiker, *25.6.1921 Bolkenhain (Schlesien).

Kaufmänn. ausgebildet, war er 1947 Mitbegründer der Jungen Union (1951-56 Vors.). 1957-90 saß er für die CDU im Bundestag (1981-83 Vizepräs.). 1969 war er kurzfristig Bundesvertriebenenminister, 1983-87 Bundesminister für innerdt. Beziehungen.

Windischgrätz, Alfred Fürst zu, östr. Feldmarschall, *11.5.1787 Brüssel, †21.3.1862 Wien. Er trat 1804 in den östr. Militärdienst ein u. kämpfte in den Befreiungskriegen. Ab 1840 Generalkommandant in Böhmen, unterdrückte er 1848 blutig den Prager Pfingstaufstand, bei dem seine Frau getötet wurde. Nun Oberbefehlshaber aller östr. Truppen außerhalb Italiens, leitete er gemeinsam mit dem Banus von Kroatien ↑Jellačić im Okt. die Belagerung des revolutionären Wien. Nach Einzug in das letztere am 31.10. hielt er e. hartes Strafgericht u. führte dann den Krieg gegen die ungar. Aufständ., bis er im April 1849 nach einigen Mißerfolgen abberufen wurde. 1859 wurde er Gouverneur der Bundesfestung Mainz. 1861 wurde der Führer der konserv.-föderalist. Richtung des Hochadels erbl. Mitglied des Herrenhauses.
Lit.: Paul Müller, *Feldmarschall Fürst W.* (1934).

Windthorst, Ludwig, Politiker, *17.1.1812 Kaldenhof (bei Osnabrück), †14.3.1891 Berlin. Der Jurist war ab 1836 Rechtsanwalt in Osnabrück u. wurde 1848 Oberappellationsgerichtsrat in Celle. 1849-56 war er Führer der Regierungspartei in der 2. Kammer u. 1851-53 sowie 1862-65 Justizminister des Kg.reichs Hannover. 1857 setzte er die Errichtung des kath. Bistums Osnabrück durch. Nach der Annexion Hannovers durch Preußen 1866 führte er für das welf. Kg.shaus die Abfindungsverhandlungen. 1867-91 Mitglied des preuß. Abg.hauses u. des Reichstags, wurde er rasch nach der Gründung des Zentrums 1870 zu dessen unbestrittenem, aber formal nicht bestätigtem Führer. Scharfer parlamentar. Gegenspieler O. von ↑Bismarcks, bekämpfte er die Kulturkampfgesetzgebung aufgrund des bestehenden Verfassungsrechts. Gegenüber dem Vatikan u. Teilen des dt. Episkopats vertrat er e. eigenständige Linie, so bei der Verhinderung der Septennatsvorlage 1887. Eine Unterredung mit Bismarck am 12.3.1890 über e. mögl. Zus.arbeit erregte das Mißtrauen Ks. ↑Wilhelms II. u. trug so zu Bismarcks Sturz bei. Parlamentar. Geschick, rhetor. Talent u. ausgeprägtes Rechtsbewußtsein machten W. zu e. der hervorragendsten Vertreter des polit. Katholizismus im 19. Jh.
Lit.: Wilhelm Spael, *L. W.* (1962); Margaret Lavinia Anderson, *W.* (1988); Hans Georg Aschoff, *L. W.* (1991).

Winfried ↑Bonifatius.

Winkelried, Arnold, schweiz. Nationalheld, †9.7.1386 Sempach. Während der Schlacht bei Sempach 1386 soll der Unterwaldner W. die Spieße der Österreicher auf sich gezogen u. dadurch ihre Schlachtordnung aufgebrochen haben; die in die Lücke stürmenden Eidgenossen konnten dann die Schlacht zu ihren Gunsten entscheiden. Die Tat ist nicht durch zeitgenöss. Quellen belegt u. wird erst seit dem 16. Jh. W. zugeschrieben.

Winnig, August, Politiker, *31.3. 1878 Blankenburg (Harz), †3.11. 1956 Bad Nauheim. Maurer u. SPD-Mitglied, wurde er 1913 Vors. des Dt. Bauarbeiterverbandes. Im Nov. 1918 wurde er zum Reichskommissar für die balt. Provinzen u. 1919 zum Oberpräs. von Ostpreußen ernannt. Wegen seiner Beteiligung am Kapp-Putsch 1920 (↑Kapp) verlor er seine Ämter u. wurde aus der SPD ausgeschlossen. 1930 trat er der Volkskonserv. Vereinigung bei. 1933 lehnte er es ab, die Dt. Arbeitsfront zu führen.

Lit.: Wilhelm Ribhegge, *A. W.* (1973).

Winrich von Kniprode, Hochmeister des Dt. Ordens, *um 1310, †24.6.1382 Marienburg. Er wurde 1338 Komtur von Danzig, 1346 Großkomtur u. 1351 Hochmeister. Er betrieb den Ausbau der Marienburg, entwickelte das Städtewesen u. förderte den Handel des Ordens. Gegenüber Polen wahrte er Frieden; die Litauer konnten 1370 entscheidend geschlagen werden. Seine Regierung gilt als höchste Blütezeit des Dt. Ordens.

Lit.: Arnold Woltmann, *Der Hochmeister W. von K.* (1901).

Winzer, Otto, Politiker, *3.4.1902 Reinickendorf (bei Berlin), †3.3. 1975 Berlin (Ost). Der gelernte Schriftsetzer trat 1919 der KPD bei. 1928–30 u. ab 1935 lebte er in Moskau. Nach der Rückkehr 1945 war er ab 1947 Mitglied des ZK der SED u. 1949–56 Chef der Privatkanzlei des Präs. der DDR. 1956–65 war er stellv. Außenminister, 1965–75 Außenminister.

Wirth, Johann Georg August, Schriftsteller, *20.11.1798 Hof, †26.7.1848 Frankfurt/Main. Der promovierte Jurist scheiterte mehrmals an der bayer. Zensur bei dem Versuch, e. liberale Zeitschrift herauszugeben. Sein Auftritt zus. mit ↑Siebenpfeiffer als Hauptredner beim Hambacher Fest 1832 wurde mit Gefängnis bestraft. Er emigrierte 1837 nach Frankreich u. ging 1839 in die Schweiz. 1848 war er Mitglied der Frankfurter Nationalversammlung, wo er sich der Linken um ↑Blum anschloß.

Lit.: Michail Krausnick, *J. G. A. W.* (²1998).

Wirth, Joseph, Politiker, *6.9.1879 Freiburg i.B., †3.1.1956 ebd. Der promovierte Mathematiker war ab 1908 Gymnasiallehrer. Ab 1913 Mitglied der bad. 2. Kammer (Zentrum), saß er 1914–18 u. 1920–33 im Reichstag, 1919–20 in der Nationalversammlung. Nach der Nov.revolution 1918 bad. Finanzminister, war er 1920–21 Reichsfinanzminister. Als Reichskanzler (Mai 1921–Nov. 1922; zeitweilig auch Außen- u. Finanzminister) setzte er 1921 die Annahme des die Reparationenhöhe bestimmenden Londoner Ultimatums durch; mit dieser «Erfüllungspolitik» wollte er die Unmöglichkeit beweisen, den Reparationspflichten nachzukommen. 1922 schloß er den Rapallovertrag mit der Sowjetunion ab u. erreichte nach der Ermordung ↑Rathenaus die Verabschiedung des Republikschutzgesetzes. Nach seinem Rücktritt wirkte er als Führer des linken Zentrums. 1929-30 war er Reichsminister für die besetzten Gebiete, 1930-31 Reichsinnenminister. Die Jahre 1933-48 verbrachte er in der Schweiz im Exil. Nach seiner Rückkehr gründete er 1948 die Partei «Union der Mitte», 1953 den «Bund der Dt. für Einheit, Frieden u. Freiheit». Die Westintegration der Bundesrepublik ablehnend, befürwortete er e. Neutralisierung Dtld.s bei Verständigung mit der Sowjetunion. 1955 erhielt er den Stalin-Friedenspreis.

Lit.: Heinrich Küppers, *J. W.* (1997); Ulrike Hörster-Philipps, *J. W.* (1998).

Wischnewski, Hans-Jürgen, Politiker, *24.7.1922 Allenstein (Ostpreußen). Er trat nach Kriegsteilnahme 1946 in die SPD ein. 1952-59 war er Sekretär bei der IG Metall, 1959-61 Bundesvors. der Jungsozialisten. 1968-72 war er Bundesgeschäftsführer, 1984-85 Schatzmeister der SPD. 1957-90 war er Mitglied des Bundestags, 1966-68 Bundesminister für wirtschaftl. Zus.arbeit, 1974-76 Staatsminister im Auswärtigen Amt, 1976-79 u. 1982 im Bundeskanzleramt.

Wissell, Rudolf, Politiker, *8.3.1869 Göttingen, †13.12.1962 Berlin. Der gelernte Maschinenbauer saß 1918 u. 1920-33 im Reichstag (SPD), 1919-20 in der Nationalversammlung. 1919 war er Reichswirtschaftsminister, 1928-30 Reichsarbeitsminister. Seine planwirtschaftl. Intentionen konnte er gegen Widerstand im Reichskabinett nicht durchsetzen.

Wissmann, Hermann von (1890), Afrikaforscher, *4.9.1853 Frankfurt/Oder, †15.6.1905 Weißenbach (Steiermark). Mehrere Forschungsreisen führten ihn ab 1880 in das Gebiet des oberen Kongo. 1888-89 schlug er als Reichskommissar den Araberaufstand in Dt.-Ostafrika nieder, u. 1891 konnte er die dt. Herrschaft auch im Massaigebiet im Nordosten der Kolonie durchsetzen. 1895-96 war er deren Gouverneur.

Lit.: Oskar Karstedt, *H. von W.* (²1939).

Wissmann, Matthias, Politiker, *15.4.1949 Ludwigsburg. Er trat 1968 der CDU bei, studierte Jura u. arbeitete ab 1980 als Rechtsanwalt. 1973-83 war er Bundesvors. der Jungen Union. Seit 1976 saß er im Bundestag. 1993 war er kurzfristig Bundesforschungsminister, dann 1993-98 Bundesverkehrsminister. 1998-2000 war er Schatzmeister der CDU Dtlds.

Witzleben, Erwin von, Generalfeldmarschall, *4.12.1881 Breslau, †8.8.1944 Berlin-Plötzensee. Seit 1938 Befehlshaber e. Heeresgruppe, wurde er nach dem Westfeldzug 1940 zum Generalfeldmarschall befördert. Ab 1941 Oberbefehlshaber West in Frankreich, wurde er im März 1942 verabschiedet. Er hatte schon seit 1938 Kontakte zum militär. Widerstand u. war vom Kreis um ↑Stauffenberg als Oberbefehlshaber der Wehrmacht vorgesehen. Nach dem 20.7.1944 wurde er verhaftet, verurteilt u. gehängt.

Woermann, Adolf, Reeder, *10.12.1847 Hamburg, †4.5.1911 ebd. Er trat 1874 in die im Afrikageschäft tätige väterl. Reederei ein u. übernahm 1880 deren Leitung. Er richtete 1882 den Linienverkehr nach West- u. 1890 nach Ostafrika ein u. hatte großen Anteil an der Erschließung Togos, Kameruns u. Dt.-Südwestafrikas. 1884–90 saß er als Nationalliberaler im Reichstag.

Wohleb, Leo, Politiker, *2.9.1888 Freiburg i.B., †12.3.1955 Frankfurt/Main. Er war bis 1946 im bad. Schuldienst tätig. 1931–34 gehörte er dem bad. Staatsrat an. 1946 wurde er Vors. der CDU Südbadens. Als Staatspräs. von Südbaden (1947–52) widersetzte er sich der Bildung des Landes Baden-Württ. Ab 1952 war er Gesandter in Lissabon.

Lit.: Paul-Ludwig Weinacht, «L.W.», in Jürgen Aretz u.a., Hrsgg., *Zeitgesch. in Lebensbildern.* Bd. 7 (1994).

Woldemar, Markgraf von Brandenburg, *spätestens 1281, †14.8.1319 Bärwalde. Er war seit 1308 Markgraf u. vereinigte als Haupt sowohl der johann. als auch der otton. Linie der Askanier deren Besitztümer in der Mark Brandenburg. Da 1320 auch sein Vetter Heinrich II. starb, erlosch mit ihnen der brandenburg. Zweig der Askanier. 1348–50 gab e. unvermittelt auftretender älterer Mann (der «falsche W.») vor, W. zu sein, u. konnte einige Anerkennung finden.

Wolf, Markus, Geheimdienstler, *19.1.1923 Hechingen (Württ.). 1933 mit den Eltern emigriert, gelangte er 1934 in die Sowjetunion. Nach der Rückkehr 1945 (mit der Gruppe ↑Ulbricht) trat er 1946 der SED bei. 1952–86 leitete er im MfS der DDR die für die Auslandsspionage zuständige Haupt-Verwaltung Aufklärung, ab 1980 im Rang e. Generalobersten. 1986 schied er fakt. aus seiner Funktion aus. Seine Verurteilung 1993 wegen Landesverrats zu sechs Jahren Haft wurde 1995 wieder aufgehoben, doch wurde er 1997 wegen Freiheitsberaubung zu zwei Jahren Haft auf Bewährung verurteilt.

Wolff, Otto, Industrieller, *8.4.1881 Bonn, †22.1.1940 Köln. Nach kaufmänn. Lehre war er 1904 Mitgründer der Eisengroßhandlung Otto Wolff in Köln, die rasch mit Filialen im europ. Ausland u. in Übersee e. Großunternehmen wurde. In den frühen 1920er Jahren baute er e. Stahlkonzern auf. Diesen brachte er 1926 in die Vereinigte Stahlwerke AG ein, die zum damals größten europ. Montankonzern wurden.

Wolff-Metternich, Paul Graf, Diplomat, *5.12.1853 Bonn, †29.11.1934 Heppingen (bei Ahrweiler). Seit 1882 im auswärtigen Dienst, wurde er 1901 Botschafter in London. Da er sich für dt. Zurückhaltung in der Flottenfrage einsetzte, wurde er 1908 gerügt u. 1912 abberufen. 1915-16 war er Botschafter in der Türkei.

Wolfgang, Fürst zu Anhalt-Köthen, *1.8.1492 Köthen, †23.3.1566 Zerbst. Er übernahm 1508 die Regierung u. vertrat, in sächs. Dienst, die Interessen der Kf.en. Seit 1522 Anhänger der Reformation, war er 1529 e. der Protestierenden in Speyer u. unterzeichnete 1530 die Augsburger Konfession. 1531 dem Schmalkald. Bund beigetreten, verlor er im Schmalkald. Krieg 1546-47 sein Land u. erhielt es erst im Passauer Vertrag 1552 zurück.

Wollweber, Ernst, Politiker, *28.10.1898 Hannoversch Münden, †3.5.1967 Berlin (Ost). Der Hafenarbeiter war ab 1919 KPD-Mitglied, gehörte ab 1923 zum Vorstand der Partei, saß 1928-32 im preuß. Landtag u. 1932-33 im Reichstag. Nach Stationen in Skandinavien u. der Sowjetunion bekleidete er ab 1946 wichtige Funktionen in der späteren DDR, u.a. als Minister für Staatssicherheit (1955-57). 1958 wurde er wegen Kritik an ↑Ulbricht seiner Ämter enthoben.

Wörmann ↑Woermann.

Wörner, Manfred, Politiker, *24.9.1934 Stuttgart, †13.8.1994 Brüssel. Der promovierte Jurist saß 1965-88 im Bundestag (CDU) u. war dort 1976-80 Vors. des Verteidigungsausschusses. Als Bundesverteidigungsminister 1982-88 setzte er sich für die Durchführung des NATO-Doppelbeschlusses ein. 1988-94 war er Generalsekretär der NATO.

Wowereit, Klaus, Politiker, *1.10.1953 Berlin. Der Jurist trat 1972 der SPD bei u. saß ab 1995 im Abg.haus von Berlin (1999-2001 Fraktionsvors.). Seit Juni 2001 ist er Regierender Bürgermeister.

Wrangel, *Friedrich* Heinrich Ernst Graf von (1864), Generalfeldmarschall (1856), *13.4.1784 Stettin, †1.11.1877 Berlin. Seit 1796 in preuß. Militärdienst, nahm er an den Befreiungskriegen teil u. wurde 1815 Oberst, 1839 General. 1848 Oberbefehlshaber der dt. Bundestruppen im 1. Dt.-dän. Krieg, wurde er von Kg. ↑Friedrich Wilhelm IV. im Sept. zum Oberkommandierenden in den Marken bestellt. Nach der kgl. verordneten Verlegung der preuß. Nationalversammlung im Nov. verhängte er nach Einmarsch in Berlin den Belagerungszustand u. sprengte die Versammlung. Der wegen seines derben Witzes populäre «Papa W.» war Oberbefehlshaber im 2. Dt.-dän. Krieg, doch wurde er nach dem verlustreichen Sturm auf die Düppeler Schanzen 1864 abberufen.

Wrede, Karl Philipp Fürst von (1814), Feldmarschall, *29.4.1767 Heidelberg, †12.12.1838 Ellingen. Seit 1804 bayer. Generalleutnant, hatte er an Napoleons I. Sieg bei Wagram 1809 entscheidenden Anteil. Nachdem er das bayer. Korps 1812 nach Rußland geführt hatte, unterzeichnete er 1813 mit den Österreichern den Vertrag von Ried, mit dem Bayern die Wende gegen Napoleon vollzog. Als Diplomat auf dem Wiener Kongreß 1814–15 hatte er wenig Erfolg. 1822–29 war er Oberbefehlshaber des bayer. Heeres.

Lit.: Hasso Dormann, *Feldmarschall Fürst W.* (1982).

Wuermeling, Franz–Josef, Politiker, *8.11.1900 Berlin, †7.3.1986 Münster. Der promovierte Jurist saß 1947–51 im Landtag von Rheinland-Pfalz (CDU). 1949–69 war er Mitglied des Bundestags, 1953–63 Bundesfamilienminister.

Wullenwever, Jürgen, Politiker, *um 1492 Hamburg, †29.9.1537 Wolfenbüttel. Er ließ sich 1529 in Lübeck nieder, wo er 1531 das Bürgerrecht erwarb. Er wirkte bei der Durchführung der Reformation 1529–31 mit, wurde Mitglied des Bürgerausschusses zur Kontrolle des patriz. Rats u. 1533 Bürgermeister. Um die Vorherrschaft der Hanse in der Ostsee zu festigen, verwickelte er Lübeck 1534 in die sog. Grafenfehde. Die Stadt unterlag aber 1535 Kg. Christian III. von Dänemark, u. W. mußte im Aug. das Bürgermeisteramt aufgeben. Im Nov. wurde er auf brem. Gebiet gefangengenommen u. Hg. ↑Heinrich d.J. von Braunschweig-Wolfenbüttel ausgeliefert, der ihn als Aufrührer verurteilen, köpfen u. vierteilen ließ.

Lit.: Günter Korell, *J. W.* (1980).

Wurm, Theophil, Landesbf., *7.12.1868 Basel, †28.1.1953 Stuttgart. Der prot. Geistliche wurde 1929 Kirchenpräs. u. 1933 Landesbf. der Ev. Landeskirche in Württ. Er war leitendes Mitglied der Bekennenden Kirche. Engagiert im Kirchenkampf für die Erhaltung der kirchl. Institutionen, protestierte er gegen Euthanasie u. Judenverfolgung. 1945–49 war er Vors. des Rates der Ev. Kirche in Dtld.

Lit.: Gerhard Schäfer, Hrsg., *Landesbf. D. W.* (1968).

Y

Yorck von Wartenburg, Hans David *Ludwig* Graf (1814), Feldmarschall, *26.9.1759 Potsdam, †4.10.1830 Klein Oels (bei Breslau). 1779 wegen Ungehorsams aus dem preuß. Militärdienst entlassen, trat er 1781 in holländ. Dienste. 1787 wieder in das preuß. Heer aufgenommen, wurde er 1811 Generalgouverneur von Ost- u. Westpreußen sowie Litauen. Als Befehlshaber des preuß. Hilfskorps im Rußlandfeldzug Napoleons I. schloß er am 30.12.1812 ohne kgl. Ermächtigung mit den Russen die Konvention von Tauroggen, die das preuß. Korps neutralisierte u. den Abfall Preußens von Napoleon einleitete. Konserv. Gegner der Reformen ↑Steins, veranlaßte er dennoch mit diesem die Volksbewaffnung in Ostpreußen. Im Okt. 1813 erkämpfte er den Elbübergang bei Wartenburg. 1815 nahm er seinen Abschied, wurde aber 1821 noch zum Marschall erhoben.

Lit.: Peter Paret, *Y. and the Era of Prussian Reform* (Princeton N.J, 1966).

Yorck von Wartenburg, Peter Graf, Widerstandskämpfer, *13.11.1904 Klein Oels (Schlesien), †8.8.1944 Berlin-Plötzensee. Der promovierte Jurist arbeitete seit 1942 in e. Wehrwirtschaftsamt in Berlin u. gründete mit H.J. Graf von ↑Moltke den Kreisauer Kreis. Er plante zus. mit seinem Vetter ↑Stauffenberg das Attentat des 20.7.1944. Nach dessen Scheitern wurde er verhaftet, verurteilt u. gehängt.

Z

Zaisser, Wilhelm, *19.1.1893 Rotthausen (heute zu Gelsenkirchen), †3.3.1958 Berlin (Ost). Der Lehrer schloß sich 1919 der KPD an. 1927 ging er nach Moskau u. trat 1932 der KPdSU bei. 1936–38 nahm er als Kommandeur e. Internat. Brigade («General Gomez») am Span. Bürgerkrieg teil. Ab 1938 wieder in der Sowjetunion, kehrte er 1947 nach Dtld. zurück u. wurde Mitglied der SED sowie 1950 ihres ZK u. des Politbüros. 1948–50 war er sächs. Innenminister, 1950–53 Minister für Staatssicherheit der DDR. Als Gegner ↑Ulbrichts wurde er 1953 abgesetzt u. 1954 mit ↑Herrnstadt aus der SED ausgeschlossen.

Zeigner, Erich, Politiker, *17.2.1886 Erfurt, †5.4.1949 Leipzig. Der promovierte Jurist trat 1919 der SPD bei u. war 1921–23 sächs. Justizminister. Als sächs. Ministerpräs. 1923 nahm er zwei KPD-Mitglieder in sein Kabinett auf, woraufhin e. von der Regierung ↑Stresemann ernannter Reichskommissar die sächs. Regierung absetzte. Z. wurde 1924 zu drei Jahren Haft verurteilt, aber 1925 entlassen. 1945–49 war er Oberbürgermeister von Leipzig.

Zeitzler, Kurt, Generaloberst, *9.6.1895 Cossmar (Brandenburg), †25.9.1963 Hohenaschau (Oberbayern). Der Berufssoldat wurde 1942 Chef des Generalstabs des Heeres u. 1944 Generaloberst. Wegen starker Meinungsverschiedenheiten mit ↑Hitler hinsichtl. der Kriegsführung in Rußland wurde er im Juli 1944 beurlaubt, 1945 entlassen. Bis 1947 war er in brit. Kriegsgefangenschaft.

Zeppelin, Ferdinand Graf von, Luftschiffkonstrukteur, *8.7.1838 Konstanz, †8.3.1917 Berlin. Er wurde 1885 württ. Gesandter in Berlin u. 1891 als Generalleutnant verabschiedet. Danach befaßte er sich mit dem Bau e. lenkbaren Starrluftschiffs. Dessen Prototyp startete am 2.7.1900 auf dem Bodensee. Spätere Modelle profitierten u.a. von e. Volksspende, die nach e. Explosion 1908 gesammelt wurde.

Lit.: Rolf Italiaander, *F. Graf von Z.* (²1986).

Zetkin, Clara [geb. Eißner], Politikerin, *5.7.1857 Wiederau (Sachsen), †20.6.1933 Archangelskoje (bei Moskau). Seit 1878 Mitglied der SPD, war sie aktiv in der soz.dem. Frauenbewegung u. gab 1891–1917 die Arbeiterinnenzeitschrift *Gleichheit* heraus. 1916 war sie Mitbegründerin des Spartakusbundes u. wechselte 1917 zur USPD, 1919 zur KPD. 1920–33 war sie Mitglied des Reichstags. Seit 1924 lebte sie zumeist in der Sowjetunion.

Lit.: Gilbert Badia, *C. Z.* (1994).

Zeyer, Werner, Politiker, *25.5.1929 Oberthal (Saarland), †26.3.2000 St. Wendel. Der Jurist trat 1955 der

CDU bei u. saß 1972-79 im Bundestag. 1979-85 war er Ministerpräs. des Saarlandes. Danach arbeitete er als Rechtsanwalt.

Zieten, Hans Joachim von, General, *24.5.1699 Wustrau (bei Neuruppin), †27.1.1786 Berlin. Er stand seit 1714 in preuß. Diensten. Ab den 1740er Jahren bildete er die leichte Kavallerie zu e. schnellen Angriffswaffe aus. Er kämpfte erfolgreich in den Schles. Kriegen u. im 7jährigen Krieg u. entschied die Schlachten bei Liegnitz u. bei Torgau (1760).

Lit.: Frank Bauer, *H. J. von Z.* (1999).

Zimmermann, Arthur, Diplomat, *5.10.1864 Marggrabowa (Ostpreußen), †6.6.1940 Berlin. Der Jurist wurde 1911 Unterstaatssekretär im Auswärtigen Amt u. leitete dasselbe als Staatssekretär von Nov. 1916 bis Aug. 1917. In e. Note vom 19.1.1917, die über den dt. Botschafter in Washington an Mexiko weitergeleitet werden sollte, schlug er diesem Land e. Bündnis gegen die Vereinigten Staaten vor («Zimmermann-Note»).

Zimmermann, Friedrich, Politiker, *18.7.1925 München. Der promovierte Jurist trat 1948 in die CSU ein. 1956-63 war er deren Generalsekretär, 1957-91 saß er im Bundestag (1976-82 Vors. der CSU-Landesgruppe). 1982-89 war er Bundesinnenminister, 1989-91 Bundesverkehrsminister.

Zinn, *Georg* August, Politiker, *27.5.1901 Frankfurt/Main, †27.3.1976 ebd. Seit 1919 Mitglied der SPD, studierte er Jura. 1946-70 war er Mitglied des hess. Landtags, 1948-49 des Parlamentar. Rats, 1949-51 u. 1961 des Bundestags. 1946-49 u. 1950-62 war er Justizminister, 1950-69 Ministerpräs. von Hessen.

Zinzendorf, Nikolaus Ludwig Graf von, Theologe, *26.5.1700 Dresden, †9.5.1760 Herrnhut. Aus altem niederöstr. Adel stammend, wurde er 1710-16 im halleschen Pädagogium der Franckeschen Anstalten (↑Francke) erzogen. Nach dem Studium der Rechte u. der Theologie in Wittenberg reiste er durch Europa u. arbeitete 1721-27 im sächs. Staatsdienst. 1722 nahm er mähr. Exulanten auf seinem Gut in der Oberlausitz auf u. gründete mit ihnen die sich zur Nächstenliebe bekennende Herrnhuter Brüdergemeine. Er richtete diese missionar. u. ökumen. aus, organisierte auf die Dauer e. weltweiten Zeugendienst u. gründete Tochtergemeinden u. a. in England u. Pennsylvania. 1737 ließ er sich von dem reformierten Berliner Hofprediger Daniel Ernst Jablonski (1660-1741) zum Bf. weihen, erlangte aber freil. erst nach Annahme des Augsburger Bekenntnisses 1748 die Anerkennung durch die luther. sächs. Landeskirche. 1751-55 weilte er in London, wo er Verbindung zum sich dort entwickelnden Methodismus hatte. Seine letzten Jahre verbrachte er in seiner Heimat.

Von tiefer u. gelegentl. ekstat. Frömmigkeit, hat er mit seinen Reden u. Schriften, bes. aber mit seiner pietist.-schwärmer. Kirchenlieddichtung große Wirkung auf Theologie u. Kirche der folgenden Jh.e ausgeübt.

Lit.: Peter Zimmerling, *N. L. Graf von Z.* (1999); Erika Geiger, *N. L. von Z.* (³2000); Erich Beyreuther, *N. L. von Z.* (2000); Arno Pagel, *N. L. Graf von Z.* (2000).

Zwingli, Huldrych (Ulrich), schweizer. Reformator, *1.1.1484 Wildhaus (bei Sankt Gallen), †11.10.1531 bei Kappel (westl. des Zürichsees). Nach humanist. Studien in Wien (1498–1501) u. Basel (1502–06) wurde er zum Priester geweiht. 1506–16 Pfarrer in Glarus, wirkte er als Feldprediger in den Schlachten von Novara (1513) u. Marignano (1515). 1516 wurde er Leutpriester in Einsiedeln, ab 1519 am Großmünster in Zürich. Schon ab etwa 1514 in Korrespondenz mit humanist. Gelehrten, darunter Erasmus, entwickelte er schrittweise über Augustinus u. Paulus, auch unter dem Einfluß seiner Pesterkrankung 1519, e. reformator. Verständnis des Evangeliums. Beeindruckt von den Schriften M. ↑Luthers, forderte er e. grundlegende Erneuerung des individuellen u. gesellschaftl. Lebens. 1521 Chorherr, wurde er 1522 vom Rat der Stadt zum Prediger bestellt. Eine Schrift des Jahres 1522 gegen das Fastengebot führte zu e. Auseinandersetzung mit dem Bf. von Konstanz u. wurde damit zum Ausgangspunkt für die Reformation in Zürich. Der Rat erklärte 1523 die sich an das luther. Verständnis anlehnende Lehre Z.s für verbindl. Seine Auffassung, daß das Abendmahl nur symbolhaften Charakter habe, brachte ihn freil. in scharfen Gegensatz zu Luther, den beide auch im Marburger Religionsgespräch 1529 nicht aufheben konnten. Eifrig die militär. Auseinandersetzung mit den altgläubig gebliebenen Urkantonen annehmend, fiel Z. als Feldprediger in der für die Züricher katastrophal endenden Schlacht bei Kappel. Wichtige Schriften: *De vera et falsa religione commentarius* (1525); *Fidei ratio* (1530); *Christianae fidei expositio* (1531).

Lit.: Eberhard Grötzinger, *Luther u. Z.* (1980); Walther Köhler, *H. Z.* (1984); Ulrich Gäbler, *H. Z.* (1985); W. Peter Stephens, *Z.* (1997).

Register

Das Register enthält die zur deutschen Geschichte zu zählenden Personen, die keinen eigenen Artikel haben.

Albrecht IV., Hg. von Österreich (1377–1404) ↑Albrecht II., Kg.

Ernst August II. Konstantin, Hg. von Sachsen-Weimar (1737–58) ↑Amalia (Anna A.)

Matthias Corvinus, Kg. von Ungarn (1443–90) ↑Albrecht der Beherzte, Hg.

Agnes von Mansfeld (†nach 1601) ↑Gebhard II., Erzbf. von Köln

Agnes, Pfalzgräfin bei Rhein (1173/74–1204) ↑Heinrich der Lange (d. Ä.) von Braunschweig, Pfalzgraf bei Rhein; ↑Konrad von Staufen, Pfalzgraf bei Rhein

Albrecht II., Hg. von Österreich (1298–1358) ↑Rudolf IV. der Stifter, Hg. von Österreich

Albrecht VI., Erzhg. von Österreich (1418–63) ↑Baumkircher, Andreas Frhr. von

Albrecht von Baden ↑Christoph I., Markgraf von Baden

Arco-Valley, Anton Graf von (1897–1945) ↑Eisner, Kurt

Arnold, Erzbf. von Mainz (um 1100–1160) ↑Rainald von Dassel, Erzbf. von Köln

Arnold II., Erzbf. von Trier (†1259) ↑Alfons X. der Weise; ↑Konrad von Hochstaden, Erzbf. von Köln

August Wilhelm, Prinz von Preußen (1722–58) ↑Friedrich Wilhelm II., Kg. von Preußen

Ballenstedt, Graf Otto von (†1123) ↑Albrecht I. der Bär, Markgraf

Bartholdy, Felix Mendelssohn (1809–47) ↑Goerdeler, Karl

Beatrix von Schwaben, Ks.in (†1212) ↑Otto IV., Ks.

Beatrix von Tuszien (um 1015–1076) ↑Gottfried II. der Bärtige, Hg. von Ober- und Niederlothringen

Beauharnais, Stephanie (1789–1860) ↑Hauser, Kaspar

Bernhard, Kg. von Italien (um 797–818) ↑Ludwig I. der Fromme, Ks.

Bernhard I., Hg. von Sachsen (†1011) ↑Hermann Billung, Markgraf

Bianca Maria Sforza von Mailand, Ks.in (1472–1510) ↑Maximilian I., Ks.

Blumhardt, Johann Christoph (1805–80) ↑Blumhardt, Christoph Friederich

Bockelson, Jan (1509–36) ↑Rothmann, Bernhard

Bohlen u. Halbach, Arndt von (*1938) ↑Krupp von Bohlen u. Halbach, Alfried

Bohlen u. Halbach, Gustav von (1831–90) ↑Krupp von Bohlen u. Halbach, Gustav

Borsig, Conrad (1873–1945) ↑Borsig, Ernst von

Brun von Kärnten (972–99) ↑Otto III., Ks.

Burchard I., Hg. von Schwaben (†926) ↑Heinrich I., Kg.

Capito, Wolfgang (1478–1541) ↑Bucer, Martin

Childerich III., fränk. Kg. (†754) ↑Pippin III. d. J., fränk. Kg.

Chotek siehe unten Sophie Gräfin Chotek

Curtius, Ernst (1814–96) ↑Friedrich (III.), Ks.

Dalwigk, Reinhard von (1802–80) ↑Pfordten, Ludwig Frhr. von der

Dietrich, Hg. von Oberlothringen (†zwischen 1027 u. 1032) ↑Siegfried I., Graf von Luxemburg

Dietrich III., Landgraf von Thüringen (1260–1307) ↑Friedrich I. der Freidige, Markgraf/Landgraf von Thüringen

Dohm, Ernst (1819–83) ↑Dohm, Hedwig

Eberhard, Hg. von Bayern (†nach 938) ↑Arnulf der Böse

Eberhard d. J., Graf/Hg. von Württ. (1447–1504) ↑Eberhard I. im Bart, Hg. von Württ.

Echtermeyer, Ernst Theodor (1805–44) ↑Ruge, Arnold

Eck, Leonhard von (1480–1550) ↑Wilhelm IV., Hg. von Bayern

Eisler, Hanns (1898–1962) ↑E., Gerhart; ↑Fischer, Ruth

Elisabeth, Kg.in (1409–42) ↑Albrecht II., Kg.

Elisabeth von Bayern, Kg.in (†1273) ↑Otto II. der Erlauchte, Hg. von Bayern

Elisabeth von Bayern-Landshut (†1504) ↑Ruprecht, Pfalzgraf

Elisabeth, Kf.in von Brandenburg (1485–1555) ↑Joachim I. Nestor, Kf. von Brandenburg

Elisabeth von Braunschweig-Lüneburg, Kg.in (†1266) ↑Wilhelm von Holland, Kg.

Elisabeth Stuart, Kf.in von der Pfalz (1596–1662) ↑Friedrich V., Kf. von der Pfalz

Ernst August, Kg. von Hannover (1771–1851) ↑Bennigsen, Alexander Levin Graf von

Ernst I., Hg. von Schwaben (†1015) ↑Ernst II., Hg. von Schwaben

Eulenburg, Philipp Fürst zu (1847–1921) ↑Harden, Maximilian

Ferdinand Maria, Kf. von Bayern (1636–79) ↑Maximilian II. Emanuel, Kf. von Bayern

Ferdinand Albrecht II., Hg. von Braunschweig-Bevern (1680–1735) ↑Elisabeth Christine, Kg.in in/von Preußen

Ferdinand II., Erzhg. von Österreich (1529–95) ↑Maximilian II., Ks.

Follen, Adolf (1794–1855) ↑Follen, Karl

Forster, Albert (1902–48) ↑Rauschning, Hermann

Franz Karl, Erzhg. von Österreich (1802–78) ↑Ferdinand, Ks. von Österreich

Friedrich, Markgraf von Bayreuth (1711–63) ↑Wilhelmine Friederike Sophie, Markgräfin von Bayreuth

Friedrich II., Kf. von Hessen-Kassel (1720–85) ↑Wilhelm I., Kf. von Hessen-Kassel

Friedrich III. Graf von Saarwerden, Erzbf. von Köln (1348–1414) ↑Dietrich II. von Moers

Friedrich II., Hg. von Liegnitz (1480–1547) ↑Schwen(c)kfeld, Caspar

Friedrich, Erzbf. von Mainz (†954) ↑Liudolf, Hg. von Schwaben

Friedrich II., Kf. von der Pfalz (1482–1556) ↑Otto Heinrich, Kf. von der Pfalz

Friedrich IV., Kf. von der Pfalz (1574–1610) ↑Christian I., Fürst von Anhalt-Bernburg

Friedrich I., Hg. von Schwaben (um 1050–1105) ↑Hermann von Salm, Gegenkg.; ↑Konrad III., Kg.

Friedrich II., Hg. von Schwaben (1090–1147) ↑Friedrich I. Barbarossa, Ks.

Friedrich VIII., Hg. von Schleswig-Holstein (1829–90) ↑Auguste Viktoria

Fürstenberg, Wilhelm Egon Graf von, Bf. von Straßburg (1629–1704) ↑Joseph Clemens, Erzbf. von Köln

Georg der Reiche, Hg. von Bayern-Landshut (1455–1503) ↑Ruprecht, Pfalzgraf

Gerhard II., Erzbf. von Mainz (1230–1305) ↑Adolf von Nassau, Kg.

Gertrud von Supplinburg, Hg.in von Bayern u. Sachsen (1115–43) ↑Heinrich X. der Stolze, Hg. von Bayern u. Sachsen; ↑Lothar III. von Supplinburg, Ks.

Gozelo I., Hg. von Ober- u. Niederlothringen (†1044) ↑Gottfried II. der Bärtige, Hg. von Ober- und Niederlothringen

Hardenberg, Friedrich August von (1700–68) ↑Karl Eugen, Hg. von Württ.

Harnack, Mildred von [geb. Fish] (1902–43) ↑Harnack, Arvid von

Heinrich II. der Zänker, Hg. von Bayern (951–95) ↑Willigis, Erzbf. von Mainz; ↑Otto II., Ks.; ↑Otto III., Ks.

Heinrich VI., Hg. von Kärnten, Graf von Tirol (um 1270–1335) ↑Margarete Maultasch, Gräfin von Tirol

Heinrich III., Graf von Luxemburg (†1288) ↑Heinrich VII., Kg.

Heinrich d. J., Pfalzgraf bei Rhein (um 1195–1214) ↑Heinrich der Lange (d. Ä.) von Braunschweig, Pfalzgraf bei Rhein

Henkell, Otto (1869–1929) ↑Ribbentrop, Joachim von

Hermann II., Hg. von Schwaben (†1003) ↑Heribert, Erzbf. von Köln

Hermann II., Landgraf von Thüringen (†1241) ↑Heinrich Raspe, Gegenkg.

Hindenburg, Oskar von (1883–1960) ↑Meißner, Otto

Hoffmann, Heinrich (1885–1957) ↑Braun, Eva

Jacob, Franz (1906–44) ↑Saefkow, Anton

Jaspers, Karl (1883–1969) ↑Mann, Golo

Jobst, Markgraf von Mähren (1354–1411) ↑Sigismund, Ks.

Johann I. von Brandenburg (um 1213–1266) ↑Otto III., Markgraf von Brandenburg

Johann von Luxemburg, Kg. von Böhmen (1296–1346) ↑Balduin; ↑Karl IV., Ks.

Johann Heinrich von Luxemburg (†1375) ↑Margarete Maultasch, Gräfin von Tirol

Johann der Beständige, Kf. von Sachsen (1468–1532) ↑Friedrich III. der Weise, Kf. von Sachsen

Johann Friedrich II., Hg. von Sachsen (1529–95) ↑August II. der Starke; ↑Grumbach, Wilhelm von

Johann Parricida (um 1290–nach 1312) ↑Albrecht I., Kg.

Johanna die Wahnsinnige, Kg.in in Kastilien (1479–1555) ↑Ferdinand I., Kg.; ↑Karl V., Ks.; ↑Maximilian I., Ks.; ↑Philipp der Schöne, Erzhg., Kg. von Kastilien

Johannes von Nepomuk (um 1340–1393) ↑Wenzel, Kg.

Joseph Ferdinand von Bayern (1692–99) ↑Maximilian II. Emanuel, Kf. von Bayern

Joseph Jellačić, Banus von Kroatien (1801–59) ↑Windischgrätz, Alfred Fürst zu

Juan d'Austria (1547–78) ↑Blomberg, Barbara

Judith, Ks.in (um 800–843) ↑Ludwig I. der Fromme, Ks.

Karl, fränk. Kg. (845–63) ↑Lothar I., Ks.

Karl III. Wilhelm, Markgraf von Baden (1679–1738) ↑Karl Friedrich, Großhg. von Baden

Karl, Großhg. von Baden (1786–1818) ↑Hauser, Kaspar

Karl Theodor, Kf. von Bayern (1724–99) ↑Maximilian I. Joseph, Kg. von Bayern

Karl II., Erzhg. von Österreich (1540–90) ↑Maximilian II., Ks.

Karl Ludwig, Erzhg. von Österreich (1833–96) ↑Franz Ferdinand, Erzhg. von Österreich

Karl II. August, Pfalzgraf bei Rhein, Hg. von Zweibrücken (1746–95) ↑Maximilian I. Joseph, Kg. von Bayern

Karlmann, fränk. Hausmeier (vor 714–754) ↑Bonifatius; ↑Karl Martell, fränk. Hausmeier; ↑Pippin III. d.J., fränk. Kg.

Karlmann, fränk. Kg. (751–71) ↑Karl I. d. Gr., Ks.; ↑Pippin III. d.J., fränk. Kg.

Khlesl, Melchior Kardinal, Erzbf. von Wien (1553–1630) ↑Matthias, Ks.

Kolowrat-Liebsteinsky, Franz Graf von (1778–1861) ↑Ferdinand, Ks. von Österreich; ↑Metternich, Clemens Wenzel Fürst

Konrad II. d.J., Hg. von Kärnten (†1039) ↑Konrad II., Ks.

Konrad von Masowien (um 1190–1247)

Konrad I. von Wettin, Markgraf von Meißen (1098?-1157) ↑Lothar III. von Supplinburg, Ks.

Konrad von Rothenburg, Hg. von Schwaben (nach 1170–1196) ↑Philipp von Schwaben, Kg.

Krüdener, Burchard von (1746–1802)
↑Krüdener, Barbara Juliane Freifrau von

Krupp, Bertha (1886–1957) ↑Krupp von Bohlen u. Halbach, Gustav

Krupp, Friedrich (1787–1826)
↑Krupp, Alfred

Lassal, Heyman (1791–1862)
↑Lassalle, Ferdinand

Leopold, Hg. von Lothringen (1679–1729) ↑Franz I. Stephan, Ks.

Leopold IV., Markgraf von Österreich (†1414) ↑Heinrich II. Jasomirgott, Hg. von Österreich

L'Estocq, Anton Wilhelm von (1738–1815) ↑Scharnhorst, Gerhard Johann von

Liechtenstein, Alfred von (1842–1907)
↑Liechtenstein, Aloys, Prinz von u. zu

Liutgard, Hg.in von Lothringen (†953) ↑Konrad der Rote, Hg. von Lothringen

Ludendorff, Mathilde [geb. Spieß] (1882–1966) ↑Ludendorff, Erich

Ludwig II., Großhg. von Baden (1824–58) ↑Friedrich I., Großhg. von Baden

Ludwig I., Hg. von Bayern (um 1173–1231) ↑Heinrich (VII.), Kg; ↑Otto II. der Erlauchte, Hg. von Bayern

Ludwig X., Hg. von Bayern (1495–1545) ↑Wilhelm IV., Hg. von Bayern

Ludwig VI. der Römer, Kf. von Brandenburg (1330–65) ↑Ludwig d. Ä., Markgraf von Brandenburg

Ludwig V., Landgraf von Hessen-Darmstadt (1577–1626) ↑Georg II., Landgraf von Hessen-Darmstadt

Ludwig IX., Landgraf von Hessen-Darmstadt (1719–90) ↑Henriette Karoline Christiane, Landgräfin von Hessen-Darmstadt

Ludwig, Erzhg. von Österreich (1784–1864) ↑Ferdinand, Ks. von Österreich

Ludwig IV. der Hl., Landgraf von Thüringen (1200–27) ↑Elisabeth, Landgräfin von Thüringen; ↑Heinrich Raspe, Gegenkg.

Ludwig, Graf von Württ.(-Urach, †1450) ↑Eberhard I. im Bart, Hg. von Württ.

Luise, Großhg.in von Sachsen-Weimar (1757–1830) ↑Henriette Karoline Christiane, Landgräfin von Hessen-Darmstadt

Luitpold, Markgraf (†907) ↑Arnulf der Böse

Magdalene Wilhelmine, Markgräfin von Baden (1677–1742) ↑Karl Friedrich, Großhg. von Baden

Mann, Thomas (1875–1955) ↑Mann, Golo

Mansfeld ↑Agnes von Mansfeld

Manstein, Georg von (1844–1913)
↑Manstein, Erich

Margarete von Babenberg, Kg.in von Böhmen (um 1204–1267)
↑Ottokar II., Kg. von Böhmen

Maria, Ks.in (1528–1603)
↑Maximilian II., Ks.

Maria Amalia, Ks.in (1701–56)
↑Karl VII., Ks.

Maria Antonia, Erzhg.in von Österreich, Kf.in von Bayern (1669–92)
↑Maximilian II. Emanuel, Kf. von Bayern

Maria von Brandenburg-Kulmbach (1519–67) ↑Friedrich III. der Fromme, Kf. von der Pfalz

Maria, Hg.in von Burgund (1457–82) ↑Maximilian I., Ks.; ↑Philipp der Schöne, Erzhg., Kg. von Kastilien

Maria, Erzhg.in von Österreich (1551–1608) ↑Karl II., Erzhg. von Österreich

Mathilde, Hg.in in Schwaben (†1060) ↑Rudolf von Rheinfelden, Gegenkg.

Matthias Corvinus, Kg. von Ungarn (1443–90), ↑Baumkircher, Andreas Frhr. von; ↑Friedrich III., Ks.; ↑Maximilian I., Ks.

Matthieux, Johanna [geb. Mockel] (1810–58) ↑Kinkel, Gottfried

Maximilian III. Joseph, Kf. von Bayern (1727–77) ↑Karl Theodor, Kf. von der Pfalz

Maximilian II. Joseph, Kg. von Bayern (1811–64) ↑Ludwig I., Kg. von Bayern

Moritz, Hg. von Sachsen-Zeitz (1619–81) ↑Seckendorf, Veit Ludwig von

Neipperg, Adam Adalbert Graf von (1775–1829) ↑Marie Louise, Erzhg.in von Österreich, Ks.in der Franzosen

Odilo, Hg. der Baiern (†748) ↑Bonifatius

Oppenheim, Salomon (1772–1828) ↑Oppenheim, Abraham Frhr. von

Osiander, Andreas (1498–1552) ↑Albrecht, Markgraf von Brandenburg-Ansbach

Otto (VIII.) von Wittelsbach, Pfalzgraf von Bayern (†1209) ↑Philipp von Schwaben, Kg.

Otto V. der Faule, Markgraf von Brandenburg (1341/42–79) ↑Ludwig d. Ä., Markgraf von Brandenburg

Otto, Prinz von Bayern, Kg. von Griechenland (1815–67) ↑Ludwig I., Kg. von Bayern

Philipp der Aufrichtige, Kf. von der Pfalz (1448–1508) ↑Friedrich I. der Siegreiche, Kf. von der Pfalz

Philipp von der Pfalz (1503–48) ↑Otto Heinrich, Kf. von der Pfalz

Pippin I., Kg. von Aquitanien (um 797–838) ↑Lothar I., Ks.

Pirmin, Missionar (†um 755) ↑Karl Martell, fränk. Hausmeier

Planta, Pompejus (1570–1621) ↑Jenatsch, Georg

Plochl, Anna (1804–81) ↑Johann, Erzhg. von Österreich

Poppo, Erzbf. von Trier (†1047) ↑Ernst II., Hg. von Schwaben

Rahewin (†um 1170/77) ↑Otto von Freising

Regino von Prüm (um 840–915) ↑Adalbert I., Erzbf. von Magdeburg

Reuchlin, Johannes (1455–1523) ↑Melanchthon, Philipp

Röchling, Friedrich (1774–1838) ↑Röchling, Karl

Rudolf VII. von Baden (†1391) ↑Bernhard I., Markgraf von Baden

Rudolf II., Hg. von Österreich (1271–90) ↑Albrecht I., Kg.; ↑Rudolf I. von Habsburg, Kg.

Rudolf II., Kf. von der Pfalz (1306–53) ↑Ruprecht I., Kf. von der Pfalz

Ruprecht II., Kf. von der Pfalz (1325–98) ↑Ruprecht von der Pfalz, Kg.

Sabina von Bayern (*um 1492)
↑Ulrich, Hg. von Württ.

Sayn-Wittgenstein, Marie von (1829–97) ↑Hohenlohe-Schillingsfürst, Chlodwig Fürst zu

Schickedanz, Gustav (1895–1977) ↑Schickedanz, Grete

Schmorell, Alexander (1917–43) ↑Scholl, Hans

Schönborn, Friedrich Carl von, Bf. von Bamberg u. Würzburg (1674–1746) ↑Schönborn, Lothar Franz, Reichsgraf von, Erzbf. von Mainz

Schwarzenberg, Adam Graf zu (1583–1641) ↑Georg Wilhelm, Kf. von Brandenburg

Solf, Hanna (1887–1954) ↑Solf, Wilhelm Heinrich

Solms, Reinhard Graf von (1491–1562) ↑Boyneburg, Konrad von

Sophie Gräfin Chotek (1868–1914) ↑Franz Ferdinand, Erzhg. von Österreich

Sophie Dorothea von der Pfalz, Kf.in von Hannover (1630–1714) ↑Ernst August, Kf. von Hannover

Spener, Philipp Jakob (1635–1705) ↑Francke, August Hermann

Stephanie von Belgien, Kronprinzessin von Österreich (1864–1945) ↑Rudolf, Erzhg. u. Kronprinz von Österreich

Stürgk, Karl Graf (*1859) ↑Adler, Friedrich

Trenck, Friedrich Frhr. von der (1726–94) ↑Amalie

Tucholsky, Kurt (1890–1935) ↑Ossietzky, Carl von

Ulrich IV., Graf von Württ. (†1366) ↑Eberhard II. der Greiner, Graf von Württ.

Ulrich von Württ. (†1388) ↑Eberhard II. der Greiner, Graf von Württ.

Ulrich V. der Vielgeliebte, Graf von Württ.(-Stuttgart, 1413–80) ↑Eberhard I. im Bart, Hg. von Württ.

Welser, Anton (1486–1546 oder 1557) ↑Welser, Bartholomäus

Werner, Graf von Kyburg (†1030) ↑Ernst II., Hg. von Schwaben

Wilhelm, Hg. von Bayern-München (1375–1435) ↑Ernst, Hg. von Bayern-München

Wilhelm August, Hg. von Braunschweig (1806–84) ↑Karl II., Hg. von Braunschweig

Wilhelm V., Landgraf von Hessen-Kassel (1602–37) ↑Amalie Elisabeth; ↑Georg II., Landgraf von Hessen-Darmstadt

Wilhelm VI., Landgraf von Hessen-Kassel (1629–68) ↑Amalie Elisabeth

Wilhelm I. der Reiche, Graf von Nassau (1487–1559) ↑Wilhelm I. der Schweiger, Graf von Nassau, Prinz von Oranien